HISTOIRE SECRÈTE DE LA DROITE FRANÇAISE

DES MÊMES AUTEURS

Inch'Allah. L'islamisation à visage découvert : Une enquête spotlight en Seine-Saint-Denis (direction), Fayard, 2018.

« Un président ne devrait pas dire ça… » Les secrets d'un quinquennat, Stock, 2016.

La Clef. Révélations sur la fraude fiscale du siècle, Stock, 2015.

Sarko s'est tuer, Stock, 2014.

French corruption, Stock, 2013.

L'homme qui voulut être roi, Stock, 2013.

Sarko m'a tuer, Stock, 2011.

DE FABRICE LHOMME

L'Affaire Bettencourt. Un scandale d'État (avec Fabrice Arfi et la rédaction de Mediapart), Don Quichotte éditions, 2010.

Le Contrat. Karachi, l'affaire que Sarkozy voudrait oublier (avec Fabrice Arfi), Stock, 2010.

Renaud van Ruymbeke, le juge, Éditions Privé, 2007.

Le Procès du Tour, Denoël, 2000.

Gérard Davet
Fabrice Lhomme

Histoire secrète de la droite française

1. La Haine
2. Apocalypse

Pluriel

Couverture : Delphine Delastre
Image : © Albert Facelly / Divergence
ISBN : 978-2-818-50650-9
Dépôt légal : mars 2021
Librairie Arthème Fayard/Pluriel, 2021

Préface

2020. Un bien mauvais cru pour la droite républicaine. Une sinistre piquette, même.

Voici d'abord, en juin 2020, François Fillon condamné à une peine, inédite pour un ancien Premier ministre, de cinq ans d'emprisonnement, dont deux ans ferme, 375 000 euros d'amende et une peine d'inéligibilité de dix ans. Il lui est reproché d'avoir salarié un peu trop longtemps son épouse Pénélope – sans réelle contrepartie –, en faisant « prévaloir son intérêt personnel sur l'intérêt commun ». Fillon a fait appel, il y aura donc un second procès, un deuxième calvaire.

Six mois plus tard, en décembre 2020, la roue de l'infortune judiciaire s'arrête cette fois sur son rival, ou plutôt son ennemi, Nicolas Sarkozy. L'ex-chef de l'État subit lui aussi l'opprobre d'un réquisitoire sévère, accusé d'avoir fomenté avec un magistrat de haut rang un « pacte de corruption » dans l'affaire dite des « écoutes ». Le parquet national financier a requis une peine de quatre ans de prison, dont deux ans ferme.

Lestés par leurs boulets judiciaires, dont l'inventaire n'est pas exhaustif concernant Nicolas Sarkozy, les deux hommes, comme toujours, réagissent différemment. Fillon a quitté Tikehau, la société qui l'avait embauché ces dernières années, pour créer sa petite entreprise. Il chasse, court et prépare son procès en appel en toute discrétion. Nicolas Sarkozy, lui, continue à prospérer dans les affaires, entre Accor, le Qatar, la Russie, le groupe Lagardère ou l'empire Vivendi de Vincent Bolloré. Sans doute toujours aussi ambitieux sur le plan politique – on ne se refait pas. Mais pour le plus grand bénéfice d'Emmanuel Macron, les deux hommes se sont consciencieusement entre-tués, instrumentalisant les affaires judiciaires, mus par une détestation réciproque, jusqu'à précipiter la droite dans une mécanique mortifère dont l'épilogue n'est pas encore connu.

Car, si vous avez aimé 2020, vous adorerez 2021. Nicolas Sarkozy va poursuivre son marathon judiciaire devant le tribunal de Paris, pour y répondre du financement suspect de sa campagne présidentielle de 2012. C'est l'affaire dite « Bygmalion » où, une nouvelle fois, les haines vont être déballées au grand jour. Sans parler des suites de l'étrange affaire libyenne, des mystères du dossier russe – le parquet financier enquête sur les activités de conseil de l'ancien président – et même des accusations d'emploi de complaisance dont aurait bénéficié en 2003 Cécilia Attias, alors épouse de Sarkozy...

Nul doute non plus que, sur le plan politique, la droite va encore se déchirer, en attendant celui ou celle qui saura la dompter pour 2022.

Voici donc les deux tomes d'une enquête au long cours pour explorer la période 2007-2017, là où tout s'est joué, pour la droite, et donc pour la France.

Et en révéler tous les secrets.

Gérard Davet et Fabrice Lhomme
Février 2021

La Haine

Les années Sarko

« En politique, le cynisme est un instrument du quotidien qui atteint sa pleine efficacité s'il peut se reposer sur ses deux jambes, que sont la haine et la violence. »

Jérôme Lavrilleux

À la mémoire de Jean-Marie Laurence, oncle irremplaçable et homme inoubliable ;

À Sandrine Schifres, à la nostalgie et à notre jeunesse ;

À ma petite Emma et ma grande Natacha, mes raisons de vivre.

F. L.

À Sylvie, Lisa et Nicolas, mes repères, mes phares.

À mon chat, Yutah, qui, enfin, a daigné respecter mes documents et archives.

G. D.

Préface

La haine.

Ce titre peut surprendre. Choquer même. Et pourtant...

Comment mieux synthétiser cet ouvrage très particulier ? Singulier sur le fond en effet, ce livre l'est aussi sur la forme, puisqu'il se compose de deux tomes. Il fallait bien cela pour raconter, depuis les coulisses, la sidérante propension de la droite française, minée par des haines viscérales, à consciencieusement s'autodétruire ces dix dernières années, le tout sur fond d'affaires judiciaires.

Au point de s'apparenter aujourd'hui à un champ de ruines.

Haïr n'est pas l'apanage des laissés-pour-compte de la société envers nos élites : de manière plus sournoise mais pas moins brutale, cette détestation partagée s'épanouit aussi entre les murs des appartements bourgeois, dans les couloirs des ministères et jusqu'aux bureaux les plus prestigieux de l'Élysée.

Seule la haine permet de comprendre comment la droite républicaine a pu ne pas remporter, en mai 2017, une élection jugée imperdable par tous les observateurs, réussissant même l'« exploit », pour la première fois sous la Ve République, d'être absente du second tour de la présidentielle.

La haine, donc.

D'après le dictionnaire Larousse, c'est « un sentiment qui porte une personne à souhaiter ou à faire du mal à une autre, ou à se réjouir de tout ce qui lui arrive de fâcheux ». Difficile de qualifier plus exactement les rapports entretenus par les figures majeures de la droite française ces dernières années.

Nourri de révélations parfois renversantes, le récit totalement inédit que vous allez lire est celui d'une série d'aversions dont le nombre, la férocité et l'acuité sont probablement sans équivalent dans l'histoire politique récente. Avec une conséquence majeure : l'étonnante accession au poste suprême d'un quasi-inconnu, un homme qui n'avait jamais été élu, un certain Emmanuel Macron...

Certes, vous dira-t-on, les haines jalonnent l'histoire de la droite depuis 1958, notamment celle du mouvement gaulliste, sous ses appellations successives (UDR, RPR, UMP, LR...). Les guerres Chaban-Giscard, Giscard-Chirac, Chirac-Balladur, Sarkozy-Villepin, pour ne citer qu'elles, furent parfois, il est vrai, d'une grande sauvagerie.

Pourtant, jamais elles n'ont conduit cette famille politique à son propre anéantissement, jamais elles n'ont atteint l'intensité de la période actuelle, dont on peut dater l'origine, paradoxalement, à une brillante victoire, la dernière en date de la droite : celle de Nicolas Sarkozy, en 2007. On pourrait également objecter que des déchirures ont affecté la gauche plus d'une fois, certains conflits (Mitterrand-Rocard, Jospin-Fabius, Hollande et les frondeurs du PS...) n'ayant rien eu à envier en termes de virulence au camp d'en face, mais elles se fondaient le plus souvent sur des différends idéologiques.

Ici, il n'est pas question d'oppositions doctrinales, de convictions antagonistes, ni même de stratégies divergentes. Juste de haines personnelles. En général, elles s'expriment à huis clos, et sont connues des seuls initiés. Un cercle restreint dont les citoyens sont exclus. Eux ont droit aux propos insipides, aux amabilités de façade, aux déclarations d'amour ou d'amitié purement factices, aux « photos de famille » où les sourires artificiels sont de mise, évidemment.

Cette tartufferie généralisée, un « initié » en a eu assez de la cautionner. Cet homme en froide colère a ressenti la nécessité de vider son sac. D'édifier ses concitoyens et, sans doute, de soulager sa conscience, aussi.

Un affranchi devenu « repenti ».

Parce qu'il ne supporte plus ni les mensonges, ni l'omerta.

Cela tombe bien, nous non plus.

Pour reconstituer cette fresque, car c'en est une, il nous fallait un guide. Une personnalité capable de nous instruire, sans langue de bois. Bref, un Professeur. Nous devions avoir accès à l'envers du décor, aux secrets jalousement gardés, inavouables parfois, obtenir les codes d'accès à cet univers endogame.

Ce Professeur, c'est Jérôme Lavrilleux.

Son nom est passé à la postérité à l'occasion de l'affaire Bygmalion, l'un de ces nombreux scandales affectant la droite depuis dix ans et dont ce livre révèle aussi les dessous. Coupable de s'être un peu trop approché du soleil sarkozyste, Jérôme Lavrilleux est un grand brûlé de la politique. Fauché en plein vol au printemps 2014, l'homme lige de Jean-François Copé, aux premières loges de la guerre ouverte ayant opposé son patron à François Fillon, juste après avoir été au cœur de la seconde campagne présidentielle de Nicolas Sarkozy, est, de fait, « carbonisé ». Et il le sait.

Alors, il a décidé de « passer à table », comme on dit dans ce jargon policier devenu familier au sein de la droite, à force d'enquêtes, de gardes à vue et autres perquisitions que ses leaders ont eu à subir ces dernières années – et dont certaines, cet ouvrage en témoigne, sont le pur produit de règlements de comptes internes.

Écœuré de tout ce qu'il a vu, su, et même fait, Jérôme Lavrilleux a pris l'initiative de mettre sa parole en accord avec sa conscience. Élu député européen en 2014, il révèle les dessous d'un monde qu'il a décidé de quitter et dont le grand public ne peut soupçonner la cruauté. En effet, il a préféré ne pas se représenter aux élections de mai 2019 – il n'a pas eu trop le choix, il est vrai.

Les propos, exclusifs, de Lavrilleux constituent le fil rouge de ce double livre. Ils sont parfois stupéfiants, souvent surprenants, toujours instructifs. Et parfaitement assumés.

Cela dit, s'il en est le principal intervenant, il est bien accompagné dans ces pages. Certes, ni Nicolas Sarkozy (excepté une rencontre, dans ses bureaux, en juin 2018), ni François Fillon n'ont donné suite à nos nombreuses demandes d'entretien, mais qu'importe :

auraient-ils joué au jeu de la vérité ? Et puis, nous avions déjà eu accès à leurs déclarations sur procès-verbal, devant les juges ou les policiers. Surtout, de très nombreuses personnalités, issues pour la plupart de la droite républicaine, ont accepté de nous donner les clefs de ces affrontements souterrains. Et de se livrer à visage découvert. Car, arc-boutés sur nos principes, nous avons veillé à ce que cet ouvrage ne contienne pas la moindre citation anonyme.

Ajoutées aux nombreux documents exclusifs issus pour partie des procédures judiciaires visant la droite, c'est peu dire que les confidences de nos « grands témoins » ont conforté notre intuition initiale, à savoir que la haine – dont la violence est le corollaire – est la clef qui permet de comprendre le processus suicidaire à l'œuvre au sein de la droite. Cette haine débordante fait écho, et c'est tout sauf un hasard, à la radicalisation de la société française, dont les réseaux sociaux, inexhaustibles déversoirs de fiel, sont à la fois la cause et la conséquence.

Ce premier volume porte sur la période 2007-2014, soit les « années Sarko », ou comment, avec la participation active du premier concerné, la droite scia elle-même la branche sur laquelle son chef était assis. Un « septennat » sanglant, sept ans de malheurs dont la description ne pouvait qu'emprunter au vocabulaire de la guerre, tant les batailles opposant les différents camps en présence furent violentes. Il faut tuer l'« ennemi », *a fortiori* s'il vient de son propre camp. À droite, les généraux ne font pas de prisonniers.

Le second tome révélera les dessous du cycle 2014-2019, les « années Fillon », ou comment la droite réussit la prouesse de faire perdre son nouveau leader, là encore avec la complicité objective de celui-ci, et à s'enterrer durablement.

À présent, il est temps de se souvenir.

En 1995, un film de Mathieu Kassovitz provoqua une onde de choc dans l'opinion publique. Ce long-métrage racontait, avec un réalisme cru peu en phase avec la doxa cinématographique hexagonale, le quotidien désespérant de banlieusards, trois jeunes « black, blanc, beur » exclus et désœuvrés, en révolte contre la société et ses représentants. En clair, ils avaient « la haine » ; le titre du film.

Étonnamment, la morale de l'histoire est révélée dès le début du film. Lue par une voix off durant le générique, la parabole est devenue culte : « C'est l'histoire d'un homme qui tombe d'un immeuble de cinquante étages. Le mec, au fur et à mesure de sa chute, il se répète sans cesse pour se rassurer : "Jusqu'ici tout va bien, jusqu'ici tout va bien, jusqu'ici tout va bien..." Mais l'important, c'est pas la chute, c'est l'atterrissage. »

Avertissement des auteurs

Les citations reproduites dans ce livre sont majoritairement tirées d'entretiens avec les auteurs. Les autres proviennent de mails et autres documents inédits ainsi que de procédures judiciaires confidentielles, dont nous avons eu connaissance, qu'elles soient encore à l'instruction ou aient été classées sans suite.

Nous avons reconstitué certaines scènes et une série de dialogues le plus fidèlement possible, sur la base de documents et de témoignages recoupés.

Toutes les personnes concernées au premier chef par les faits évoqués ont été contactées ; parmi elles, une demi-douzaine n'ont pas souhaité nous répondre, dont Nicolas Sarkozy, François Fillon, Alain Juppé, Jean-Pierre Raffarin, Patrick Buisson, Éric Cesari, Éric Woerth, Christian Jacob ou encore Fabienne Liadzé.

Enfin, il va de soi que la présomption d'innocence s'impose à ce stade pour toutes les personnalités – et à droite elles sont nombreuses – impliquées dans des affaires judiciaires.

« Vous devriez voir Rachida »

Dès le premier entretien, Jérôme Lavrilleux nous avait donné ce conseil, pour commencer notre enquête : « Vous devriez voir Rachida. »

Rachida, c'est Rachida Dati, bien sûr. L'ex-garde des Sceaux. Préposée, donc, à notre déniaisement, pour planter le vrai décor de la droite républicaine, celui des culs-de-basse-fosse, des venelles où rôdent les assassins masqués.

Nous n'avons pas regretté le voyage dans le 7e arrondissement de Paris, dont Rachida Dati est la maire. Voici un petit florilège, pour débuter.

Le président de la République ?

« Macron, je le connais depuis longtemps, c'est un gosse de riches, qui a tout réussi, qui a le bon réseau, qui connaît parfaitement l'administration. Faut pas être dupe, c'est pas un gentil mec. Sa femme qui a vingt ans de plus que lui, à la limite, il va s'en servir comme d'un argument marketing. » Manuel Valls ? « C'est vraiment une crapule. Je l'ai toujours dit. J'ai toujours pensé qu'il n'avait pas de densité politique. »

On enchaîne.

Karim Benzema et Zinedine Zidane ? « Benzema, il

a un truc, il est plus intéressant que Zidane, qui lui n'a rien, c'est une usurpation, c'est le bon Arabe qui ne dérange pas, mais il est creux. » Brice Hortefeux ? « Un facho cynique, c'est un type sans intérêt. Moi je l'appelais "la pension alimentaire". C'est un petit mec. » Nathalie Kosciusko-Morizet ? « Elle n'a jamais bossé de sa vie. Elle est sans foi ni loi, sans états d'âme. » Jean-Pierre Raffarin ? « Un cynique. » Jean-François Lamour ? « Les élus parisiens, ils l'appellent l'enclume ! » Claude Guéant ? « Il adore l'argent. » François Fillon ? « C'est pas un mec de droite ou de gauche, c'est un dingue ! Égocentrique, frustré, jaloux. »

On s'en tient là. Pour l'instant.

Oui, vraiment, on a bien fait de suivre la recommandation de notre « guide-professeur ». Mais nous n'avons pas choisi par hasard, encore moins par facilité, de donner longuement la parole à l'ancienne garde des Sceaux pour commencer notre plongée dans ces eaux souvent hostiles, celles où baignent et surtout s'entre-dévorent les prédateurs de la droite française depuis une décennie. De toutes les personnalités que nous avons rencontrées au cours de notre longue enquête, il nous a semblé que Rachida Dati, garde des Sceaux de Nicolas Sarkozy de mai 2007 à juin 2009, était celle dont les déclarations épousaient le mieux le propos de ce livre.

Car la haine, mais aussi la violence, Rachida Dati en a été, suivant les périodes, le témoin, l'actrice ou la victime. Par ailleurs, son franc-parler détonne – et détone ! – dans une classe politique française gangrenée par la langue de bois. On peut l'apprécier ou la détester, un constat s'impose : dans un univers à la fois frileux, corseté et machiste, Rachida Dati est une femme courageuse et franche. Des qualités dont pourrait aussi se parer, à juste titre, Jérôme Lavrilleux. Ce qui n'exonère pas ces deux-là de leurs propres turpitudes, bien entendu.

D'ailleurs, collègues au Parlement européen, où ils ont été élus en mai 2014, ils s'apprécient. Ils se sont reconnus, flairés, ces deux Rastignac. Si différents, mais si proches. « Dati, observe Lavrilleux, elle est hallucinante, c'est un roman à elle seule… Quand elle s'emplafonne avec Hortefeux, il devient vanille-fraise ! Elle est tout sauf idiote et elle est très correcte. »

Ils ont pas mal de choses en commun, finalement.

D'abord, ils figurent deux élus issus de rien, et revenus de tout.

« La France, c'est 500 mecs, 250 de gauche, autant à droite. Et c'est tout », dit Dati. Elle a encore en tête cette scène, dans son 7e arrondissement. Une réunion d'appartement, alors qu'elle vient d'être nommée garde des Sceaux. Une femme, propriétaire des lieux, prend la parole : « Je vais vous présenter Rachida, elle est formidable, elle a appris à lire et à écrire, elle me fait penser à ma femme de ménage… » Rachida Dati, rouge de honte et de colère rentrée, qui se contient, à grand-peine. Et ladite femme de ménage, qui vient la trouver, peu après, pour lui glisser, en arabe : « Je suis contente de te voir, ici, c'est que des racistes… »

Dati a toujours assumé son extraction. Modeste, très modeste. Douze frères et sœurs, une petite provinciale des cités, beaucoup trop typée pour appartenir à la caste. On pourrait penser qu'elle y est parvenue. Après tout, n'a-t-elle pas été ministre ? En fait, il n'en est rien. Elle a beau appartenir aujourd'hui au très sélect Siècle, club élitiste s'il en est, rien n'y fait, elle n'a pas « la carte ». Et ne l'aura jamais. Comme Lavrilleux. Ça rapproche.

La haine ? Ils ont appris tous deux à s'en accommoder. Surtout, ils la racontent mieux que personne. La haine pure, certes, mais aussi ses conséquences.

Comme l'illustrent les quelques propos rapportés plus haut, Rachida Dati est cash. Dans cet univers politique aseptisé, où règnent en maîtres les « mâles blancs », la Rachida et son verbe à l'emporte-pièce jurent.

Si une personnalité, au sein de la droite française, s'est trouvée aux premières loges de ces déferlements de haine récurrents, c'est bien Dati, donc. « Je les connais tous par cœur, tous leurs points de faiblesse. Tout, tout, tout », nous a-t-elle lâché un jour à propos de ses « amis » politiques. Avant d'ajouter : « C'est pour ça que certains ont peur : "Elle va peut-être nous balancer…" Donc, ils me détestent, mais ils ne peuvent pas aller trop loin, ils se disent : "Si elle dévoile nos entrailles, on est mal…" »

Ils n'ont pas tort.

Rachida, on l'a rencontrée à de nombreuses reprises. Dans son bureau, dans le train, au restaurant… Le fait même d'accepter de nous parler n'était pas sans risque pour elle, elle nous l'avait dit d'emblée : « Sarko, il m'en a toujours voulu que je vous soutienne. Parce qu'un jour je vous ai cités positivement dans une émission, Sarko m'a attendue avec le fusil de chasse alors que je n'avais pas encore mis le pied en dehors du studio ! Je n'avais pas dit que vous étiez formidables, mais que vous écriviez des articles comme des romans, et que du point de vue de la magistrate que je suis, c'était assez intéressant à lire, et même les papiers sur Sarko, je les appréciais parce que vous décriviez d'abord un système, etc. Oh là là, je sors à peine, la secrétaire de Sarko qui me dit : "Rachida, prépare-toi, tu vas te faire engueuler." Et moi, je ne comprends pas, je me dis : "Qu'est-ce que j'ai dit, j'ai pas parlé de lui…" Et là, il m'explose : "Tu es contre moi, je ne savais pas que c'étaient tes copains", etc. Je lui ai dit : "Mais c'est pas mes copains, et je ne les ai même jamais rencontrés !" Mais il fait une fixette sur vous… »

Cela ne nous avait pas échappé, mais surtout, et c'est beaucoup plus intéressant, cet oukase ne l'a pas dissuadée de nous voir régulièrement.

Au total, près d'une dizaine d'entretiens, réalisés entre 2017 et 2019. Chaque interview ou presque débutait par cette remarque, lâchée en pouffant de rire : « Oh là là, qu'est-ce que vous allez encore me faire dire ?! » À vrai dire, on n'a pas eu besoin de la pousser. Manifestement, l'ancienne garde des Sceaux en avait gros sur le cœur.

Trop de colère, de rancœurs, de déceptions et de… haine accumulées.

En juillet 2017, alors que nous préparions un article sur elle pour *Le Monde*, elle nous avait suppliés : « Ne me faites pas passer pour une dingue ! » Ce n'est pas dans nos intentions. Rachida Dati est sans doute téméraire, imprudente, inconsciente parfois, mais elle est parfaitement sensée. Et n'invente rien, on a pu vérifier une grande partie de ses dires. « Moi, je suis loyale, résume-t-elle, je dis les choses, mais je ne trahis pas. »

Les coups tordus, elle connaît, elle en avait d'ailleurs livré un joli spécimen, dans cet article du *Monde*, à l'été 2017, lorsqu'elle révéla les dessous du violent conflit qui l'avait opposée, en 2009, au premier cercle du président de la République, Nicolas Sarkozy.

Un homme dont elle s'est pourtant toujours sentie proche. « Je lui reste fidèle, c'est plus fort que moi. On a une vraie amitié, on n'est pas toujours raccord, mais on ne se trahit pas », confie-t-elle. Avant d'ajouter : « Sarko, on a dit qu'on avait couché ensemble, mais c'est absurde ! Je connais tout de lui, mais je ne suis pas du tout son type ! Moi, il me tapait dans le dos comme un copain de régiment, je l'appelais Jean-Claude Duss, comme dans *Les Bronzés*... Je le connais par cœur. Mais si lui me tutoie, moi, je le vouvoie depuis toujours. » Jean-Claude Duss, l'homme-échec incarné, incapable de séduire, même « sur un malentendu ». Un vrai rôle à contre-emploi.

« Sarko, reprend-elle, je sais tout de lui, on est partis en vacances ensemble, dans tous ses voyages. Il disait : "On emmène Dati, c'est drôle." Ce qu'il aimait, c'est que je ne sois pas une racaille, une beurette de banlieue, et aussi que j'avais plein de choses à apprendre. »

Inépuisable sur « son » Sarko, elle dit encore : « Au moment où il rencontre Carla, il me montre ses albums et me dit : "Tu aimes ses chansons ?" Je lui dis : "Allez, arrêtez, vous êtes avec elle !" Lui : "Je ne peux pas te le dire." Pfff, c'est un gamin ! » Elle reprend : « Dites-moi qui, à droite, a le talent de Sarkozy ? Même sur les affaires, je suis sans doute naïve, mais je pense qu'il ne prend pas sous la table. C'est son entourage, tout est vérolé... » Elle dit également : « Sarko, il m'aime beaucoup. Et il m'aime pour de vrai. Moi aussi. Quand j'entre dans son bureau, je lui dis : "Attendez, avant que je sois dans le syndrome de Stockholm, laissez-moi parler" ! »

Son admiration pour l'homme, sa fidélité aussi, ne sont toutefois pas suffisantes pour faire perdre à Rachida Dati sa lucidité sur certains travers de l'ancien chef de l'État. On lui parle du non-lieu dont il bénéficia dans l'affaire Bettencourt, après que les juges l'eurent mis en examen pour avoir supposément perçu des fonds de la vieille milliardaire ? La voici qui dézingue et lâche : « L'histoire des espèces, dans Bettencourt, ça tient plus que la route. » Tiens donc, la justice serait-elle passée à côté ?

Des accusations similaires ont été portées contre Sarkozy, dans l'affaire du possible financement de sa campagne présidentielle de 2007 par des proches de l'ancien dictateur libyen Mouammar Kadhafi et/ou des intermédiaires douteux. Cette histoire semble inspirer la maire du 7e, en tout cas. « Vous avez vu, sur la campagne de 2007, tous ceux qui vont au ballon ? nous lance-t-elle un jour, avec sa gouaille coutumière. J'ai demandé à Xavier Bertrand : "Vous croyez qu'ils vont venir chez nous, les policiers ?" Il m'a dit : "Moi, depuis que je fais de la politique, je me suis préparé psychologiquement à ce qu'ils débarquent un jour." J'ai peur pour ma fille Zohra, parce qu'il paraît qu'ils sont cow-boys. Pourtant, j'ai rien fait de spécial, j'étais juste porte-parole, comme Xavier Bertrand. Nous, on n'a pas vu un euro passer… J'étais en détachement de la magistrature, j'avais un contrat-campagne qui a duré trois mois : février, mars, avril 2007. On a été payés trois mois, mais jamais en liquide, on ne nous a jamais rien proposé d'ailleurs. […] Je ne dis pas que je suis vertueuse, mais je fais gaffe à tout. Je n'ai jamais été citée dans la moindre affaire. Par respect pour ma famille, jamais je n'ai failli, et ce n'est pas aujourd'hui que je vais commencer. » Ses détracteurs, nombreux, stigmatisent un attrait pour l'argent qu'aurait notamment mis au jour *L'Express*, en février 2019. D'après l'hebdomadaire, la députée européenne aurait perçu, par exemple, en tant qu'avocate, 600 000 euros d'honoraires de Renault-Nissan, entre 2009 et 2013. « Ceux qui ont organisé [la campagne de 2007], c'est Woerth et Guéant, reprend Dati. Je sais que des petites mains ont dit : "Nous, on a touché 100 euros"… »

S'agissant de cette ténébreuse histoire, elle conclut : « Kadhafi donnant comme ça à Sarko, j'y crois pas. Mais, par contre, que des intermédiaires, des types comme Senoussi (ancien chef des renseignements libyens), donnent quelques valoches… » Ces histoires de valises de billets, un grand classique de la droite française.

Dati a d'ailleurs une anecdote en tête : « C'est comme Longuet en bureau politique un jour qui dit : "On m'a traîné dans la boue." Sauf que moi, j'ai connu l'affaire en tant que magistrate ! » s'exclame-t-elle, évoquant le scandale du financement occulte du Parti républicain (PR) dans lequel Gérard Longuet fut mis en cause, avant d'être blanchi : mis en examen en 1995, il bénéficia en effet d'un non-lieu quinze ans plus tard. « Alors, reprend Dati, je lui ai dit : "Eh, camembert, on pourrait sortir certains éléments ! Le liquide, on a vu où il sortait et où il arrivait, alors… On voit de l'argent qui sort de France Télécom et qui entre au Parti républicain…" Le mec, il a perdu vingt centimètres ! On avait classé non pas pour absence d'infraction, mais infraction insuffisamment caractérisée. »

Elle les connaît si bien, tous.

Jean-Louis Borloo, par exemple. Elle rigole encore au souvenir d'une anecdote, intervenue lors du psychodrame de l'été 2010, à une époque où le ministre de l'Écologie avait été pressenti pour remplacer François Fillon à Matignon. Arrivent les journées parlementaires de l'UMP, organisées en septembre à Biarritz. « Copé était toujours président du groupe, ce qui avait le don de mettre en rage Fillon, commence Dati. Et puis, Fillon est arrivé, dans le même avion que Borloo. Et j'ai entendu Fillon, à la table d'honneur, rapporter une histoire sur Borloo. Et sa conseillère en communication, Myriam Lévy, a ensuite fait le tour de toutes les tables, quasiment, pour la raconter à son tour. » L'histoire en question ? « Jean-Louis Borloo était quasiment à genoux dans l'avion en train de prier, parce qu'il y avait eu des trous d'air, rapporte Dati. Voilà jusqu'où ça va !… Et puis après, Jean-Louis Borloo faisait le tour des autres tables pour dire que ce n'était pas vrai, qu'il avait un brevet de pilote d'avion, que lui, il savait piloter un avion, contrairement à Fillon, qui savait à peine conduire une voiture, etc. Les grands hommes… Et voilà ce qu'on avait retenu de ces journées parlementaires… »

Rachida Dati a un autre souvenir concernant Borloo. « Un jour, je suis dans l'avion présidentiel, il y a Sarko, Borloo, Raffarin, tous à l'avant de l'appareil… », commence-t-elle, avant de restituer le – savoureux – dialogue, chacun s'adressant tour à tour au chef de l'État.

— Borloo : J'en peux plus de Pécresse, elle me fait chier, je veux que tu la dégages.

— Dati : Vous obéissez à sa demande ? C'est injuste.

— Raffarin : Je reconnais que Rachida a raison. Et pourtant, Pécresse, ce n'est pas ma copine.

Et Dati de conclure : « Au retour, NKM [Nathalie Kosciusko-Morizet] me dit : "Je sais ce que t'as fait pour Valérie, t'es une fille super." C'est là qu'on a sympathisé toutes les deux, on s'est invitées, on a fait des goûters... »

Il y a Claude Guéant, aussi. L'ancien patron de la police nationale, le préfet irréprochable, Guéant fut longtemps l'homme de confiance de Nicolas Sarkozy, avant d'être rattrapé par la justice dans plusieurs affaires, dont celle des primes en liquide du ministère de l'Intérieur détournées à son profit, qui lui a valu d'être condamné en appel à deux ans de prison dont un avec sursis. « Guéant, c'était le curé... sauf que c'était pas un curé ! s'esclaffe Dati. Sarko, un jour, me dit : "Guéant, tu savais qu'il aimait autant le fric et qu'il y avait toutes ces affaires ?" J'ai dit : "Moi, j'aurais pu faire un témoignage de moralité pour lui tellement il faisait curé de campagne." Donc j'ai été stupéfaite, je suis tombée de l'armoire quand j'ai découvert l'affaire... »

Les enquêtes visant Patrick Balkany ne sont pas moins récurrentes ni spectaculaires. Pourtant, Rachida Dati se montre plutôt indulgente avec l'insubmersible maire de Levallois-Perret : « Balkany, assure-t-elle, c'est encore autre chose par rapport à Guéant. Lui, il partage ! C'est le voyou généreux, au moins il y a ça, il sort la liasse, à l'ancienne. Il est hallucinant. Un jour, il m'invite à dîner, il me dit de rester, j'avais un problème avec ma nounou, il me dit : "Donne-lui ça." Et il sort ses liasses de billets verts, de 100 euros ! Mais c'est assumé, c'est généreux. Mon chauffeur adorait y aller, car il invitait tout le monde. Il me disait : "On va chez les Ewing !" »

Et Rachida Dati d'évoquer les presque deux ans, entre 2004 et 2005, qu'elle a passés au conseil géné-ral des Hauts-de-Seine, bastion historique de la droite « sarkozyste », en qualité de directrice générale adjointe en charge des marchés publics, des affaires juridiques et des affaires foncières et immobilières. Un poste hypersensible, le conseil général du 92, à cette époque présidé par Nicolas Sarkozy, ayant un lourd passif en matière de marchés truqués, comme Didier Schuller nous l'avait narré par le menu dans *French Corruption* (Stock, 2013).

« Un jour, rapporte Rachida Dati, je vais au conseil général du 92, et Balkany, je ne le connaissais pas, alors. Je lui dis que je suis la nouvelle directrice des affaires foncières et par ailleurs la présidente de la commission d'appel d'offres. » L'ancienne garde des Sceaux prend une voix gutturale et imite Isabelle Balkany, alors vice-présidente du conseil général, chargée notamment des constructions scolaires :

— I. Balkany : Ah ouais, d'accord, bon... La com-mission d'appel d'offres, c'est moi qui m'en occupe, tu vois ce que je veux dire ?
— Dati : Oui, mais, enfin, Sarkozy m'a demandé de

faire attention, de le protéger, il a vocation à devenir président de la République.

— I. Balkany : Ouais, t'étais pas née, je le connaissais, alors c'est bon !

« Isabelle, conclut Dati, elle bosse comme une damnée, lui il fout rien, il fait le beau, drague, met la main aux miches des filles… Mais on a découvert que tous les travaux sur les collèges et lycées étaient 40 % supérieurs au reste de l'Île-de-France ! Alors, on a envoyé tout ça au parquet. Mais Isabelle Balkany, elle n'est pas âpre au gain, elle est riche de toute façon. Elle peut vite copiner, mais elle est dangereuse, elle peut raconter n'importe quoi, donc faut la tenir à distance. Quand ils se foutent sur la gueule, Isabelle et Patrick, c'est les Thénardier ! »

La maire du 7ᵉ se rappelle avoir demandé à Nicolas Sarkozy, à cette période, la raison de son soutien indéfectible à l'infréquentable Balkany. « Il me dit : "Il m'a fait bouffer du caviar à la pelle à l'époque où j'avais pas un rond. Il m'a emmené aux plus belles soirées, dans les plus belles bagnoles, il a toujours payé et ne m'a jamais rien demandé." Et ça, il ne l'a pas oublié… »

Rachida Dati reconnaît à Nicolas Sarkozy une qualité majeure, sans doute nécessaire dans le combat politique : « Il sait riposter. Par exemple contre Villepin, lors de l'affaire Clearstream. » Persuadé que le Premier ministre de l'époque n'était pas pour rien dans la manipulation destinée à faire croire qu'il disposait d'avoirs occultes à l'étranger, Nicolas Sarkozy, au mitan des années 2000, organisa soigneusement la contre-attaque.

Elle fut violente, évidemment, Sarkozy promettant à Villepin de le pendre à « un croc de boucher »...

« Il a fait méthodiquement les trucs, explique Rachida Dati. Lui, c'est pas le genre : "J'y pense tous les jours." Il se dit : "Je mets un avocat, un mec en vigie, un mec qui me trouve des infos, et moi je continue mon boulot", puis il fait un point, etc. »

Elle révèle comment, en 2005, Nicolas Sarkozy, alors ministre de l'Intérieur, mit la pression sur l'ancien procureur général près la Cour de cassation, Jean-Claude Marin, alors procureur de Paris (il a été en poste de novembre 2004 à novembre 2011). Sarkozy souhaitait accélérer la communication – et la médiatisation – d'une commission rogatoire (CR) internationale qui le dédouanait, mais n'avait pas encore été formellement versée au dossier judiciaire.

« Je m'en souviens de Clearstream, j'y étais ! s'exclame Rachida Dati. Je me rappelle un déjeuner avec Marin, avec une commission rogatoire qui revenait d'Italie, et qu'il ne voulait pas donner parce qu'il n'y avait rien dedans. Sarko a défoncé Marin. Défoncé ! L'autre, il était pivoine ! Nous, on était hyper-mal. Sarko était ministre de l'Intérieur. Moi, j'étais à la table, je m'en souviens. » De fait, Rachida Dati a conservé en mémoire cette conversation entre un ministre de la République et un haut magistrat, plutôt surréaliste au regard de la séparation des pouvoirs. Il y a du monde, à table. Du beau monde judiciaire. Le chef de l'État ne s'adresse pas seulement au procureur Marin. Il parle haut et fort au président du tribunal, Jean-Claude Magendie, également présent. Et s'insurge contre la lenteur des procédures dans le dossier Clearstream.

– Sarkozy : Alors, ça donne quoi, la CR [commission rogatoire] ? Elle est rentrée ? Qu'est-ce que vous attendez pour la rendre publique ? Ah, c'est en italien ? C'est soit « *si* », soit « *no* », c'est pas très compliqué à traduire ! Je vous préviens, des procureurs comme vous, ça n'existera pas avec moi.

Sonné, le procureur Marin fait mine de se lever, il veut quitter la table. Il se ravise quand le conseiller justice de Sarkozy s'approche de lui et lui livre quelques mots d'apaisement. Sarkozy viendra le voir, un peu plus tard, en aparté. Plus calme.

Marin confiera ensuite : « Si j'avais su, je ne serais jamais venu, si c'était pour me faire humilier… »

Et une fois élu, que fait Sarkozy ? « Il garde Marin, et même le propulse ! s'exclame Dati. Il le convoque et lui dit même : "On peut voir, si vous voulez être dir' cab'…" Il avait oublié ! Moi, je lui dis : "Mais quand même, avec ce qu'il vous a fait", mais il me dit : "Mais non, c'est moi qui ai gagné, alors… Je ne vais pas l'humilier, ça ne sert à rien, j'ai gagné…" »

Ces propos rapportés par Rachida Dati font écho, de façon troublante, à ceux que nous avait tenus François Hollande, publiés dans le livre « *Un président ne devrait pas dire ça…* » (Stock, 2016) : « Quand je suis devenu président de la République, je me suis dit, tous ceux qui m'ont critiqué, je vais leur voter une loi implicite d'amnistie : ça n'a plus d'importance, j'ai gagné, je dois rassembler. Si je gagne et que je règle mes comptes, en fait, j'ai perdu. »

Elle pouffe, encore et toujours, Rachida Dati.

Commence ses phrases par : « Je vais vous faire marrer... » Raconte ses pépins de santé, comme ce jour de février 2019, la nuque entravée par une minerve, quand elle décrit encore et toujours cet arrondissement bourgeois qu'elle a su apprivoiser. Sa mairie lui ressemble, un peu foutraque, des couloirs encombrés de meubles entreposés un peu n'importe comment, des employés municipaux dévoués et rigolards, sa fille Zohra qui rapplique à la sortie de l'école...

Nulle trace de haine, ici.

En revanche, dès qu'il s'agit de certain(e)s...

Rachida Dati ne retient pas ses coups contre Nathalie Kosciusko-Morizet. Si la scène de l'avion, qui avait vu Dati prendre la défense de Pécresse, l'avait amenée à sympathiser avec NKM, elle s'est depuis brouillée à mort avec elle. Elle l'exècre même, depuis 2013, lorsque l'ex-porte-parole de la campagne présidentielle malheureuse de Nicolas Sarkozy décida de se lancer dans la primaire de la droite pour la mairie de Paris, que convoitait aussi l'édile du 7e – et qu'elle guigne toujours. « Je n'aime pas l'injustice, commence-t-elle, or je trouve que quelqu'un comme NKM, comme d'autres, a toujours surfé sur des facilités. Humainement, je ne l'aime pas du tout. On a été très proches, elle était fascinée par ma famille, on faisait des goûters ensemble. Tout ça jusqu'aux municipales. La rupture, c'est quand je l'appelle pour lui dire : "Nathalie, il y a une rumeur qui dit que tu viendrais à Paris", et qu'elle me répond : "Mais, jamais !" Puis, peu après, elle me dit : "Il y a des mecs qui me réclament pour que je vienne." Et finalement, elle se déclare, dans *Le Parisien* ! » La maire du 7e, furibarde, appelle NKM : « Je croyais qu'on était amies… » L'ancienne ministre de l'Écologie lui aurait répondu : « Mais tu n'as pas compris qu'en politique il n'y a ni loyauté ni amitié ? »

« Ensuite, elle a essayé de me reparler, mais ça a été : "Tu peux crever, je ne te parle pas." L'armoire pour moi a plus d'intérêt qu'elle », conclut Dati.

On vous l'avait dit, s'agissant de la violence et de la haine en politique, Rachida Dati fait figure d'experte. Elle sourit : « J'essaie de me civiliser, mais j'y arrive pas ! Il y a des choses dont on ne se départ pas, chassez le naturel, il revient au galop ! » Elle concède, malgré tout, qu'« il y a quand même des types corrects en politique : Jacob est sympa, Raffarin, même si c'est un cynique ». Ah, Raffarin… « Je l'aime bien, je m'entends bien avec lui, Sarko, lui, ne l'aime pas », assure-t-elle, mais c'est pour aussitôt préciser : « Raffarin n'aime pas les gens. Heureusement qu'il a le physique qu'il a ! Un notable de province, comme Bussereau, Larcher… »

Concernant l'avenir du mouvement gaulliste, Rachida Dati n'est pas franchement optimiste. « À droite, nous confiait-elle en juin 2017, il faut une nouvelle direction, dans tous les sens du terme. Sarko disait toujours : "Quand on est immobile, on devient une cible." Donc, il faut être en mouvement. Mais le problème, c'est le leader ; en 2004, Sarkozy s'est imposé. Juppé et Fillon n'ont pas réussi. Wauquiez s'est beaucoup amélioré sur ses talents d'orateur, et il peut fédérer, mais sur quel socle ? Je suis inquiète, on va tous se retrouver dans une rame de métro. Baroin n'a pas l'âme d'un chef, il n'est pas gaulé pour ça, il n'est pas armé. Le contraire d'un Sarko, toujours en effervescence. »

En décembre 2018, nous avons demandé à Rachida

Dati d'où venait ce tropisme malsain propre à la droite française, cette tendance hallucinante à s'entre-déchirer violemment. « Parce qu'il y a des écuries, a-t-elle asséné. Quand quelqu'un se sent agressé, c'est une écurie contre un mec tout seul. Regardez, l'écurie Chirac contre trois pauvres mecs avec Balladur... On a eu une aristocratie qui s'est cooptée, puis entretuée. »

D'où cette double conclusion, plutôt tranchante : « La France mérite mieux que ceux qui la dirigent, la France est toujours une République bananière. » Puis : « La politique, c'est un combat de rue, et tout le monde n'est pas équipé pour. Fillon, par exemple. Alors que Sarko, avec tout ce qu'il s'est mangé... »

Équipée, Dati l'est aussi, indéniablement.

Voilà, « la Rachida » a rempli sa mission : nous dessiller les yeux. Elle peut se consacrer à la conquête de la mairie de Paris. Elle va devoir, déjà, louvoyer entre les pièges tendus par les ténors de la droite locale. Elle saura faire.

Nous voici affranchis, nous aussi. Un peu moins naïfs.

À nous de soulever le rideau, maintenant. De dévoiler l'arrière-salle de cette droite pour laquelle, finalement, nous éprouvons une certaine fascination. Elle est moribonde, mais ses héros sont bien vivants, humains au possible. Et pour ce périple en zone de conflit, nous avons un atout majeur. Une carte maîtresse.

Le Professeur.

I

LA GUERRE DES NERFS

*Où Lavrilleux use sa jeunesse ;
et Sarkozy son Premier ministre*

CHAPITRE 1

La leçon inaugurale

Vous situez le personnage principal de la série à succès *La Casa de papel*, diffusée sur Netflix, anatomie d'un braquage chirurgical, celui de la Fabrique de la monnaie, à Madrid ? L'équipe de malfrats est dirigée par un grand type, roide, doté d'un humour à froid, prodigieusement intelligent. C'est le cerveau. Il a tout préparé, tout prévu, dans les moindres détails, en inculquant son savoir à une armée de bras cassés. Barbu, longiligne, des lunettes. Inquiétant et rassurant à la fois. Il s'appelle « le Professeur », dans la série.

Cela vous rappelle quelqu'un ?

Jérôme Lavrilleux sera donc notre Professeur. Il a accepté de tout nous raconter. Sans poser la moindre condition. Ni relecture de ses propos – tous enregistrés –, ni droit de regard sur le contenu, le titre, la présentation du livre...

On l'a découvert en 2014. Au cœur d'une tempête nommée Bygmalion. Mis en cause dans le scandale, il avait accepté de nous rencontrer. Il avait conforté nos doutes sur l'existence d'une supposée « caisse noire » au bénéfice de Jean-François Copé, dont il avait été le dévoué bras droit, si longtemps, depuis la mairie de

Meaux jusqu'à la tête de l'UMP. Il nous avait observés, jaugés. Nous avions écouté ses explications, il nous avait paru convaincant.

Et on l'avait écrit.

Il n'a jamais oublié. Car Jérôme Lavrilleux n'oublie rien.

Alors, on l'a revu. Cet homme froid – d'apparence –, 1,86 mètre pour 86 kilos, un bloc de raideur qui trimballe un drôle de chien nommé Jasper, ne s'apprivoise pas aisément. Barbu, bien avant que ce ne soit la mode, ponctuel jusqu'à l'obsession, distant mais jamais méprisant. On le vouvoie, on ne fait pas semblant d'être proches. Ascétique, il boit très peu d'alcool, pas du tout de café, mange frugalement, ignore superbement le sport et retape de vieilles bicoques à ses heures perdues, avec son père. Il est incollable sur les poutres IPN, dont il nous a – aussi – révélé l'existence... Sa vieille guimbarde accumule les kilomètres par dizaines de milliers. Le scrutin européen du 26 mai 2019 est le terminus de sa vie publique ? Voire. Le virus de la politique pourrait bien le conduire à briguer la présidence de l'agglomération de Saint-Quentin ; il nous l'a confié un jour où nous lui rendions visite sur ses terres...

C'est d'ailleurs dans l'Aisne que nous avons mené l'un de nos derniers entretiens avec Jérôme Lavrilleux, en janvier 2019. On voulait le voir chez lui, dans ce bucolique hameau de Wiancourt, riche de quelques dizaines d'âmes seulement, où il possède un immense corps de ferme depuis 2005. Il aimerait bien le revendre, personne n'en veut. Une piscine au fond du jardin, dont les voisins profitent. Deux ou trois semaines par an, on est tout de même dans le Nord. Un portail épais aussi, bien pratique pour décourager les caméras pendant la grande crise.

Pour s'y rendre, après avoir quitté l'autoroute A1, il faut zigzaguer, dans un cadre spleenétique, entre les champs de betteraves et les cimetières, beaucoup de cimetières, américains, britanniques, russes, allemands... À chaque virage, sa palanquée de morts. Ils témoignent des deux guerres mondiales qui ont ravagé la France, mais aussi désormais, de manière allégorique, des ambitions de Jérôme Lavrilleux, définitivement enterrées.

Car Lavrilleux, terreur des fillonistes au temps de sa splendeur, est rentré dans le rang. C'est un citoyen pas comme les autres, couturé de partout. Trop de coups, donnés, reçus, ça finit par vous démolir. Mais quand viendra l'heure du procès Bygmalion, il assumera sa part de responsabilité, on veut bien le parier.

Au Parlement européen, il incarne, paradoxalement, le sérieux en politique, avec un taux de présence record à Strasbourg comme à Bruxelles. Indésirable sur la liste des Républicains, dont il ne fait plus partie de toute façon, il reste un paria.

« Les types qui ont voulu me tuer ont presque réussi, mais pas totalement, dit-il. Ils ont fait de moi un homme heureux, comme je ne l'ai pas été depuis très longtemps. » Sans attache, sans laisse, parfaitement libre d'envoyer paître son collègue Brice Hortefeux quand il le veut, par exemple.

Encore il y a peu.

On dînait avec lui, à la winstub Chez Yvonne, restaurant emblématique de la capitale alsacienne, devant une roborative choucroute. Mais Strasbourg est tout petit pour ceux qui baignent dans un aussi grand désamour…

Hortefeux trônait à la table voisine. Le lendemain, l'ancien ministre de l'Intérieur de Nicolas Sarkozy dira à notre invité : « J'ai bien compris votre manège, Jérôme. Vous discutez avec ces journalistes, vous ne devriez pas… » Lavrilleux a ri, se gaussant ouvertement. Pourtant, Hortefeux, qu'il surnomme « vanille-fraise », rapport à son teint mi-blafard, mi-rougeaud, fait encore peur apparemment : « Il était ministre de l'Intérieur, donc il a lu toutes les fiches sur tout le monde. En politique, ce qui est important, pour avoir la paix, ce n'est pas de tout savoir, c'est que les autres pensent que vous savez ce qu'eux savent sur eux-mêmes… »

Sacré Hortefeux. En juillet 2014, alors que le scandale Bygmalion tourmente la droite, Lavrilleux se rend à Bruxelles. Les chaînes d'info le suivent pas à pas. Nouvellement élu député européen, en compagnie de Rachida Dati, Michèle Alliot-Marie et compagnie, il discute dans les couloirs avec l'ancien ministre de l'Intérieur. Lavrilleux est déjà devenu l'homme à fuir, celui qui sait trop de choses. BFM-TV l'a consacré dans ce rôle peu enviable. Mais il n'a pas encore fait connaissance avec le juge Serge Tournaire, il vient tout juste de recevoir une convocation des policiers. Lavrilleux s'interroge. Il n'a pas les bonnes clefs de compréhension. Doit-il vraiment tout déballer ? Et précipiter la perte de l'UMP, que Sarkozy s'apprête à reconquérir ?

Brice Hortefeux lui livre alors un conseil, en homme d'expérience, habitué aux tracasseries judiciaires. Lavrilleux rapporte la scène : « Oh, moi, j'en ai vu souvent, des policiers, pour des tas de trucs, lui dit Hortefeux. Il y a deux solutions : soit vous mentez, mais c'est très dur, il faut bien se rappeler, être cohérent, etc. Soit vous décidez de dire la vérité, c'est plus simple, mais à la fin vous pouvez payer cher. »

Hortefeux-les-bons-tuyaux, l'expert ès notes de frais du Parlement européen – la référence suprême en la matière pour tous ses collègues, paraît-il. L'homme prudent, aussi : il dispatche ses archives les plus sensibles dans les bureaux de quelques collègues de confiance. Au cas où.

Jérôme Lavrilleux profite de l'anecdote pour nous administrer sa première leçon. Connaissant son potentiel déflagratoire, ils sont nombreux, à droite, à craindre d'éventuelles révélations de sa part. Pas forcément à tort.

Le Professeur s'y connaît en engins explosifs.

Pour survivre en terrain hostile, il lui a fallu serpenter entre les mines antipersonnel et entretenir sa légende. « J'ai toujours préféré, en politique, jouer avec un frisbee qu'avec un boomerang, lâche-t-il. Le boomerang, c'est le frisbee de celui qui n'a plus d'amis. » Comprendre : si on lance une offensive, il faut être certain qu'elle ne vous revienne pas pleine face. Préférer le frisbee au boomerang, ça signifie aussi, à ses yeux, ne jamais dévoiler toutes ses cartes, en laissant entendre qu'on a les meilleures. Au poker, les meilleurs joueurs sont ceux qui maîtrisent l'art du bluff. Et, à la table des puissants, Lavrilleux s'est révélé un excellent joueur. « Je pars du principe que les gens ont tellement de choses à se reprocher qu'il n'y a pas besoin de savoir quoi. On ne doit jamais dire combien de sous-marins lanceurs d'engins sont à la mer, ni où ils sont... »

Il fait peur, lui aussi ? Comme Hortefeux ? « Je pense que cela m'a facilité la vie, admet-il. Mais les gens ont surestimé ma capacité à la méchanceté. » Survivant d'un univers sans pitié, il confie, à propos du tsunami Bygmalion : « J'ai senti de la haine politique. » Ses mots sont précis, forts. Ils collent si bien à notre sujet. Et puis, cet homme sait tout, c'est pratique.

Le témoin idéal, aussi, dans une salle d'audience, lorsque viendra l'heure des comptes judiciaires.

L'escorte rêvée, surtout, pour une enquête sur la droite. Ses propos ? Des cours magistraux d'arnaque politique, de manipulation de la presse, de décryptage des comportements humains lorsque le pouvoir est en jeu. D'autant plus crédibles que, souvent, il s'auto-incrimine.

« Ce qui arrive à la droite française, c'est du cannibalisme, c'est-à-dire qu'ils se mangent les uns les autres, synthétise-t-il. Ça va tant qu'il y a un échantillon assez grand autour de la table, vous pouvez manger à satiété : "Tiens, cette fois-ci, c'est lui, on va tous le bouffer !" Sauf que vous étiez douze, il n'en reste plus que onze. Et ainsi de suite. Le problème, c'est qu'à la fin, le cannibale qui reste, il meurt de faim, parce qu'il n'a plus personne à bouffer. Et il disparaît. La vocation des sociétés anthropophages, basées sur le cannibalisme, c'est de mourir. Elles ne peuvent pas se régénérer. C'est ce qui arrive à la droite. » À l'origine de tout, le socle constitutif, un banal sentiment.

La haine.

« La haine, ce n'est pas un ticket d'entrée en politique,

conclut Lavrilleux, mais c'est un moteur. La haine est consubstantielle à la politique – ce qui est totalement anormal, d'ailleurs... »

Mais la haine, ça s'apprivoise.

Lavrilleux va devoir se trouver des maîtres.

CHAPITRE 2

Des bris de verre dans la colle

Le Professeur vient de loin.

Il a fait ses classes en province, appris sur le tas, et cela vaut bien la sacro-sainte voie royale Sciences Po-ENA, à condition de savoir rester à sa place.

Derrière, dans l'ombre.

Lavrilleux, c'est un père garagiste, dans le Saint-Quentinois – l'Aisne profonde –, une enfance banale, des études moyennes. Il ne se rêve pas en futur grand de la politique. « Je n'ai pas suffisamment de classe pour être calife », estime-t-il lucidement. Alors, il s'est inventé une vie de marionnettiste, à créer de la gloire pour les autres. Il n'en conçoit aucune amertume. Éventuellement quelques regrets. « Si je n'avais pas cette affaire-là, dit-il en évoquant le scandale Bygmalion, j'ai la fatuité de penser que j'aurais pu faire un excellent politique. » Il ne le saura jamais. Son ami Xavier Bertrand, de quatre ans son aîné, croisé dès 1988 sur les bancs du lycée Pierre-de-la-Ramée de Saint-Quentin, finira peut-être un jour, lui, à l'Élysée, qui sait…

Lavrilleux, qui a vu le jour, à Saint-Quentin bien sûr, le 19 septembre 1969, est né de droite. Il ne s'en excuse pas, chez lui, c'est une fibre naturelle, gaulliste et sociale.

Très jeune, Lavrilleux a compris, et il a tout retenu. « En fait, dit-il, il n'y a pas d'école. Vous apprenez sur le tas. Moi, j'ai toujours été passionné de politique. À 8 ans, je connaissais la totalité des gouvernements en place. » En 6ᵉ, au tout début des années 1980, il organise une élection présidentielle en cours de dessin. Trente et un élèves, qui n'ont pas vraiment le choix, les pauvres : le jeune Lavrilleux penche clairement pour Chirac et entend bien imposer ses vues. Certes, tout se fait à bulletin secret. « Mais à la fin, quand on a dépouillé, Chirac fait trente voix, Mitterrand une voix. Et Giscard, zéro. Autant vous dire que je maîtrisais la classe ! » Il connaît d'ailleurs le nom du « traître » socialiste : « Je l'ai croisé à Saint-Quentin, il y a cinq ou six ans, sourit-il. En le voyant, je vivais toujours comme un échec personnel son vote pour Mitterrand ! »

En 1989, il cherche sur l'ancêtre d'Internet, le Minitel, l'adresse d'un parti de droite. Ce sera le RPR. « J'y vais, c'est une petite baraque, pas très reluisante. Je frappe, je suis accueilli par quelqu'un, l'assistant parlementaire du sénateur Jacques Braconnier : Xavier Bertrand. C'est lui qui me fait ma première carte d'adhérent. » Nous sommes au mois de mars 1989.

Xavier Betrand, lui aussi, a été marqué par cette première rencontre : « Lavrilleux, il est jeune, intelligent, pas diplômé, c'est pas le profil qui fait Sciences Po et autres, mais il a oublié d'être bête, et c'est comme ça que je propose qu'il vienne militer. »

Le voici bientôt colleur d'affiches. Avec son acolyte Xavier Bertrand, il parcourt les rues de Saint-Quentin

dans la vieille fourgonnette de son père. Les communistes étaient encore bien présents, dans l'Aisne.
La durée de vie d'une affiche vantant les mérites de
la droite ? Pas plus d'une demi-heure. Alors, il faut
trouver une solution pour dissuader les décolleurs
d'affiches du camp d'en face. « On prenait des vieux
néons, on les pétait, on mélangeait ça à la colle pour
affiches. Comme ça, s'il y a un con qui veut arracher
votre affiche, eh bien, les bris de verre, ça pique les
doigts. Et ça calme, en général ! » En fin de campagne,
il négocie finalement avec la municipalité PCF. Une
moitié de panneau pour les communistes, l'autre pour
le RPR. Et rien pour les socialistes, évidemment.

Un BTS de commerce plus tard, Lavrilleux succède à
Bertrand auprès de Braconnier. « Quand moi je décide
de prendre du champ par rapport à la politique, c'est-
à-dire que je comprends que, si je ne bifurque pas professionnellement, je vais être complètement dépendant
de la politique, et donc que je décide de reprendre un
cabinet d'assurances, il me semble tout à fait désigné
pour prendre ma place d'assistant parlementaire auprès
du sénateur, confirme Bertrand. Et donc c'est moi qui
dis à Jacques Braconnier : "Il y a Lavrilleux qui est là
depuis un moment, qui connaît bien tout ça, donc je
pense que ce serait vraiment bien." Braconnier a une
toute petite réticence au départ parce qu'il me considère
un peu comme son petit-fils, donc le fait que je m'en
aille, c'est pas quelque chose de simple-simple. »

Dès cette époque, l'actuel patron de la Région
Hauts-de-France détecte chez Lavrilleux « un potentiel, et l'intelligence… Et puis, très vite, il sait se rendre

indispensable, pour reprendre la formule de Sarkozy (*sourire*) ».

Bertrand repère-t-il chez Lavrilleux un potentiel d'homme de l'ombre ? « Non, pas forcément, dit-il. Il n'est pas nécessairement en première ligne, mais ce n'est pas forcément le côté "homme de l'ombre". L'une des premières fois où je l'ai vu, il devait être en bermuda, pas dans un costume de cardinal ! »

En tout cas, auprès du Braconnier, Lavrilleux s'informe, s'imprègne, écoute. Le vieux sénateur RPR de l'Aisne lui dispense quelques leçons : « Jérôme, maintenant que vous êtes mon assistant, deux choses. La première, un évêque ne doit jamais pécher dans son évêché. Vous faites ce que vous voulez avec votre cul, mais pas dans l'évêché. Et deuxième chose, l'habit fait le moine en politique. » Il n'oubliera pas : « Plus les gens sont en difficulté, plus vous devez aller les voir avec un beau costume, une belle cravate. » On ne singe pas les milieux que l'on côtoie, on ne se grime pas en sportif lors d'un match de foot du dimanche... En toute occasion, on soigne les apparences.

La politique est bien un métier, avec ses codes.

Au mois de septembre 1992, c'est la première rencontre avec Jacques Chirac. Le Grand Jacques. Braconnier embarque Lavrilleux avec lui à l'hôtel de ville de Paris. Et là, nouvel apprentissage.

Évidemment, au premier contact, le tout jeune assistant parlementaire – il a alors 23 ans – est impressionné. « Chirac, il vous tapait sur l'épaule et sur la bedaine, mais vous n'aviez pas envie de vous mesurer à lui. Et il a cette capacité, quand tu passes un quart d'heure en tête à tête avec lui, à te faire penser que tu es la personne la plus importante pour lui. » Les interlocuteurs de Sarkozy ou de Macron éprouvent souvent la même sensation. La marque des grands politiciens, sans doute.

Quinze jours après cette rencontre, Lavrilleux reçoit une photo de lui avec Chirac. Signée : « À Jérôme Lavrilleux, ma parfaite amitié ».

Donc, c'est aussi ça, la politique. S'assurer du soutien du plus petit militant. Au cas où. La photo est restée avec ses affaires, au parti, dans un carton. Depuis Bygmalion, il n'a plus jamais remis les pieds à l'UMP, devenue LR.

Lavrilleux prend le temps de se marier, en 1993. Un échec. D'autant qu'avec sa compagne ils n'ont pas d'enfant, alors qu'il le souhaitait tellement. Ah oui, au fait, il se dit banalement hétérosexuel. *A priori*, on s'en moque totalement, mais cela aura son importance en fin de compte, on le verra. De toute façon, au début des années 1990, il n'a pas beaucoup de temps à consacrer à sa vie privée. Lavrilleux passe rapidement au service de Pierre André, vice-président (RPR) du conseil régional de Picardie, qui guigne la mairie de Saint-Quentin. Il se perfectionne. Vite. Il a mis le pied dans le pas de la porte, on ne la lui claquera pas au nez. Propulsé directeur de la campagne, à 25 ans, le jeune Lavrilleux n'entend pas laisser passer sa chance. Tous les moyens sont bons. L'apprenti politicien découvre les joies des petites manips.

Par exemple, début 1995, à l'approche des municipales, il fait imprimer une trentaine de tracts, estampillés « Comité de défense de la laïcité ». Ils sont disposés sur les pare-brise, en face de la mairie, des journaux locaux… Ils revendiquent le changement de nom de la ville, prétendument au nom de la laïcité. Fini le nom de Saint-Quentin, pourquoi pas « Quentin libre » ? Les vieux électeurs s'interrogent : et si le maire communiste était derrière tout cela ? De quoi faire perdre au PCF quelques voix... et l'élection.

Passionné, le jeune militant sent, parfois, qu'on le prend pour un intrus. « Je pense qu'en politique, c'est quasiment impossible de réussir à très haut niveau sans avoir la carte de membre du club », dit-il, partageant le constat fait par Rachida Dati.

« C'est quoi, avoir la carte ? Être né, ou avoir vécu, dans le 7e arrondissement de Paris, ou à proximité immédiate, avoir été dans les bons établissements scolaires, privés, dès le primaire, et puis à Sciences Po, à l'ENA, etc. Si vous n'avez pas fait ça, vous pouvez réussir, mais cela vous prend vingt ans de plus. Car ces gens-là, eux, se rendront toujours service, à un moment ou à un autre, même s'ils sont dans une opposition violente. » Il lui a fallu un peu de temps pour comprendre le système, de l'intérieur. Au début, il était ébloui.

Comme tout le monde.

Ainsi, désormais dans la place, à l'hôtel de ville de Saint-Quentin, Lavrilleux se régale. La mairie gagnée par le candidat du RPR, Pierre André, Lavrilleux a en effet été propulsé directeur de cabinet. À peine intronisé, il décide de réduire au maximum le nombre de panneaux électoraux et, surtout, les fait placer à des endroits stratégiques, près des domiciles de militants de confiance. Qui n'ont plus besoin, dès lors, de parcourir la ville pour veiller sur leurs affiches et décrocher celles des adversaires. Lavrilleux améliore aussi la communication du maire nouvellement élu. Il supprime les magazines municipaux que personne ne lit, réduit les effectifs du service de presse, des gestes généralement appréciés de la population. Au moindre début de coup de pioche dans une rue, il organise un micro-référendum, une consultation de quartier, histoire de donner le sentiment aux habitants qu'ils ont voix au chapitre. Et la mairie leur adresse des courriers faussement personnalisés, afin de les rassurer.

Installé à la mairie, dans son bureau de directeur du cabinet, Lavrilleux repense à cette fameuse photo dédicacée que lui fit parvenir Jacques Chirac trois ans plus tôt, en septembre 1992. « Il n'en a rien à foutre de moi, mais il m'envoie une photo, je touche la dédicace avec mon doigt et l'écriture bave... C'était vraiment lui ! Alors, la première chose que je fais, trois ans après, quand je deviens directeur du cabinet du maire de Saint-Quentin, j'embauche un photographe. Il avait un carnet sur lui, en gros c'était : "Vous venez d'être pris en photo avec le maire, si vous la voulez, donnez-nous votre nom et votre adresse." Et comme ça, on cernait les gens et électeurs ! Des photos, on en a fait des milliers... » Même si c'est Lavrilleux qui signait à la place du maire, à s'en meurtrir les doigts. « Le mec, il vote pour vous, à vie. » Et, surtout, il est fiché.

Cette obsession photographique et épistolaire, elle ne quittera jamais Lavrilleux. Il saura l'utiliser pour ses propres desseins. Car s'il vient d'obtenir son « baccalauréat » avec mention, en matière politique s'entend, s'il maîtrise les petites tricheries du quotidien, il lui faut à présent se frotter vraiment aux campagnes électorales.

CHAPITRE 3

Du homard pour les anciens

Les vieux, toujours les vieux. Inépuisable réservoir à votes.

En politique, on ne fait qu'appliquer des recettes. Lavrilleux ne fait pas exception. Prenez cette année 2011, où, désireux de se représenter aux élections cantonales, mais pris par ses occupations auprès de Jean-François Copé, il n'a pas le temps de faire campagne. Alors, il applique la méthode Chirac. Il cible les quartiers supposés favorables et adresse à chacun des électeurs de plus de 60 ans une lettre manuscrite.

Nos chers anciens.

Quatre mille courriers, signés avec un feutre bleu, qui bave bien si possible, car ça doit faire « vrai ». « Ça prend un temps infini, j'écris à chaque fois : "Bien chaleureusement, Jérôme Lavrilleux". Mon seul budget de campagne, c'étaient les timbres ! Les vieux, plus personne ne leur écrit, à part La Redoute et les impôts. Mais, par contre, une personne âgée ouvre sa boîte aux lettres tous les jours. »

Il gagne l'élection.

C'est que, en l'espace de quelques années, il a eu le temps de roder son singulier talent. Il applique à la lettre durant sa période saint-quentinoise quelques martingales de ce genre. Par exemple, une règle d'or : ne jamais changer le menu des anciens lors des banquets du troisième âge. Les vieux, ils râlent vite, ils détestent le changement, mais, surtout, ils votent. Donc il convient de les choyer. « Plus la participation est faible, à une élection, plus le poids des plus de 65 ans est fort », rappelle-t-il. Avec une abstention croissante, le poids des anciens l'est tout autant. « Ils ont le sens civique, reprend le Professeur. Qu'il pleuve, qu'il neige, que le déambulateur soit rouillé ou pas, ils vont voter. » Un jour, il entend André Santini, le maire d'Issy-les-Moulineaux, clamer devant lui : « Sais-tu quand les vieux, chez moi, ils savent que les élections approchent ? C'est quand je leur sers du homard ! » Une fanfaronnade, peut-être...

Dans ces fondatrices années, Lavrilleux participe aussi aux élections départementales. L'occasion de roder un savoir-faire. « Si vous faites une campagne, il faut tuer l'adversaire politique », résume-t-il cliniquement. Ainsi, il fait courir le bruit que le maire de Saint-Quentin, son candidat donc, a tenu des centaines de réunions d'appartements. C'est invérifiable, bien entendu. Ça tombe bien, puisque c'est faux ! Mais tout le monde y croit... « Ce n'est pas vraiment un mensonge, relativise-t-il, on envoie un signal. » Joliment dit. En revanche, il ne fait jamais sauter un PV, cela ne rapporterait rien sur le plan électoral, assure-t-il.

Le conseiller général apprend à éviter les impairs. Deux réflexes à proscrire : « Faire chier les gens quand ils achètent leur bouffe, parce que c'est comme s'ils étaient déjà en train de manger, c'est comme au restaurant, on ne supporte pas le type qui vient vous vendre des roses », commence le Professeur. Second commandement : « Dans une tournée de commerçants, vous n'entrez pas chez les coiffeurs. Jamais. Parce qu'une femme ne veut jamais qu'un mec la voie avec des bigoudis sur la tête ! »

Voilà les petits secrets d'une campagne réussie. Ils se transmettent, d'année en année, de soldat en soldat. En plus, ce qui se pratique à l'échelon local peut parfaitement fonctionner au niveau national, Lavrilleux en fera bientôt l'expérience.

« J'ai été marqué par mon premier patron », reprend Lavrilleux à propos de Pierre André, dont il n'a jamais oublié les préceptes. « Quand on a gagné la mairie de Saint-Quentin en 1995, le lundi qui suit l'élection, on arrive à la mairie, on réunit le bureau municipal, c'est-à-dire tous les adjoints, à 18 heures. À six heures moins cinq, le maire rentre dans mon bureau, il dit : "Viens, on descend." On arrive au sous-sol, dans la salle, il trouve un appariteur. Il tremblait, parce que c'était le nouveau maire. "À six heures pile, vous vous mettez devant la porte et vous interdisez à tout le monde d'entrer." Et je me retrouve dans la salle, juste avec le maire, il y avait un ordre du jour. Six heures pile, il dit : "On commence. Le point 1, qu'est-ce que tu en penses ? On va faire ci et ça. Le point 2…" Et ça commence à gueuler dans le couloir, il y avait le premier adjoint qui gueulait sur ce pauvre appariteur : "Vous ne voyez pas qui je suis ? — Mais le maire m'a dit qu'il me virait si je vous laissais entrer." À 18 h 07, le maire ouvre la porte, tout le monde dit : "L'appariteur ne voulait pas nous laisser entrer ! — C'est moi qui lui ai dit. La prochaine fois, vous êtes tous à l'heure, le bureau est terminé, j'ai tout décidé tout seul puisque vous n'étiez pas là." Et le coup d'après, un quart d'heure avant la séance, tout le monde était dans la salle. Si on commence le mandat avec un quart d'heure de retard, on va le finir en retard, et nos projets ne seront pas inaugurés avant les prochaines élections. »

De cet épisode date l'obsession de Lavrilleux d'être toujours à l'heure – on peut en témoigner. « Je fais chier tout le monde à toutes les réunions, parce que je suis le premier dans la salle ! » s'esclaffe-t-il.

Il se confectionne à l'époque des idoles sur mesure. Les siennes, personne ou presque ne les connaît. Michel Baloche, par exemple, ou encore Daniel Le Conte, tous deux aujourd'hui décédés. Deux maîtres en organisation de meetings, dévoués à Chirac, préposés aux installations matérielles, aux petits détails qui font la différence. Le 7 mai 1995, il est avec eux au QG de campagne du Grand.

Le soir du triomphe. Le « traître » Balladur a été enfoncé au premier tour, l'adversaire socialiste Jospin croqué au second.

« Baloche, si vous regardez les meetings de Chirac, ou des réunions publiques, ou même à l'Élysée, c'est le type qui, quarante secondes avant que Chirac parle, vient et met les micros à la bonne hauteur. Toujours un pantalon dégueulasse, un pull qu'il a dû tricoter lui-même, ou alors sa mère, dans les années 1950 ! Vous ne le voyez pas. Le mec, c'est l'organisateur matériel de tout, dès que Chirac fait un pas, il y a Baloche qui est passé avant. Et Daniel Le Conte, c'est le mec qui est toujours avec lui. Toujours. »

Il les aime, ces deux-là. Les révère, même. L'« orga », ce sera son domaine de compétence à lui aussi. Et puis, il s'identifie. « Ce ne sont pas des mecs qui ont fait Sciences Po. Ce ne sont pas des énarques qui ne se salissent jamais les mains. » En 2002, Chirac tout juste réélu président se déplace à la mairie de Saint-Quentin, dont Lavrilleux est devenu le numéro deux, au soutien du maire, Pierre André. Le fidèle Le Conte l'appelle, juste avant le déplacement présidentiel : « Il me dit : "Jérôme, fais-moi une petite note sur Pierre André, des anecdotes personnelles, sa femme Maria, les enfants, etc." Je lui fais ça. Chirac arrive, se gare devant la mairie, il descend, et Daniel Le Conte me lance : "Guide le président, Jérôme." Je lui dis : "Monsieur le Président, Pierre André est là. — Mais oui, je sais qui est Pierre André, comment vas-tu, Pierre ? Alors, et Maria, et les enfants, et la petite Capucine, comment va-t-elle, est-ce qu'elle a réussi ses examens ?" Pierre André était en état de béatitude pour six mois. Il m'a dit : "Tu vois, je suis quand même proche du Grand, il me connaît bien, et même mes enfants, et les enfants de Maria...", etc. »

Un métier, on vous dit. Pierre André, hospitalisé en urgence au Val-de-Grâce, a un gros pépin de santé ? Lavrilleux prévient Le Conte. « Une demi-heure après, il y a Chirac qui essayait de téléphoner et qui a pris des nouvelles auprès du médecin-colonel, qui s'est empressé de dire quand il s'est réveillé à Pierre André : "Le président de la République..." Ils l'ont transféré et il a été dans la chambre allouée au président de la République. »

Autre leçon : la loyauté. C'est ce qui reste, à la fin.

Prenez Daniel Le Conte, devenu quasiment SDF, il logeait chez un militant, alors que Chirac disparaissait du paysage. Eh bien, Lavrilleux l'a recruté à l'UMP, des années plus tard. « On l'a remis d'aplomb, et après, quand nous on a quitté l'UMP, Claude Chirac l'a embauché pour rejoindre le cabinet de l'ancien président, et il y est resté jusqu'à sa mort. Il a eu au moins une petite place au paradis. »

Il ne reste plus rien de Chirac au domicile de Lavrilleux. Hormis une photo, glissée sur une étagère. Pas loin des fauteuils de Balladur, que Lavrilleux a rachetés, à l'occasion du déménagement de l'UMP. Sur le cliché, pris en 2002, on découvre un Chirac tout sourire. Et à côté de lui, un peu gauche, déjà discret, pas encore barbu, Lavrilleux. Avec, dans un coin, le jeune Xavier Bertrand. Et l'encore plus jeune Bastien Millot. Un natif de Saint-Quentin, lui aussi, passé très tôt au service de Jean-François Copé. À cette époque, Lavrilleux fourbit toujours ses armes à Saint-Quentin. Il se forge une ligne de conduite. Un épisode va sceller son avenir. Et créer sa réputation naissante.

« Je reçois un coup de fil à 8 heures du matin de la femme du maire, Maria : "Jérôme, Pierre vient d'être amené au Val-de-Grâce, où il est en train de mourir." Il avait fait un accident cardiaque. J'avais déjà des adjoints qui étaient en train de supputer pour la succession, Xavier Bertrand, etc. Je me suis dit que ça allait partir en couille. »

Pendant quinze jours, Lavrilleux donne le change, anime l'équipe municipale. Jusqu'au jour où l'adjoint aux affaires sociales renâcle, menace de prévenir la presse, et réclame la nomination d'un maire par intérim. Il ne faut pas trop chatouiller Lavrilleux. Il ne rit pas, en général.

« Dans la nuit, j'ai envoyé la fourrière municipale devant chez le maire-adjoint pour récupérer sa voiture de fonction et j'ai fait changer la serrure de son bureau à la mairie. Il revient le lendemain, je l'entends gueuler dans le hall de la mairie : "On m'a volé ma voiture, on m'a volé ma voiture !" Il va pour aller dans son bureau, et il n'arrive pas à l'ouvrir. Il déboule dans mon bureau : "Qu'est-ce que c'est ? On m'a volé ma voiture !" Je lui dis : "Non, elle n'est pas volée, la voiture. Elle est à la fourrière municipale. Défaut de loyauté au maire, je vous ai retiré la voiture, et votre bureau, vous le retrouverez quand Pierre André reviendra de vacances. — Ça ne va pas se passer comme ça… — C'est à vous de voir. »

Quinze jours après, Pierre André est de retour. Discours du maire : « J'ai eu un problème, Jérôme était le seul à être au courant, il était chargé de tenir la boutique, je ne sais pas tout ce qu'il a fait… mais ce qu'il a fait, il l'a fait pour mon bien et pour le vôtre. »

Et si Pierre André n'était pas revenu ?

« On m'aurait viré. Ça s'appelle la loyauté. »

Lavrilleux a passé dix ans à la mairie de Saint-Quentin. C'est beaucoup. Pas certain qu'il ait toujours eu l'ambition chevillée au corps. Même s'il est devenu conseiller général de l'Aisne, dès 2002, à la faveur de la démission d'un certain Xavier Bertrand, toujours lui. Dix années d'université politique assidues. Ainsi, le maire Pierre André ne goûte guère les permanences d'élus, il reçoit peu ses électeurs, ne parle pas aux journalistes, alors c'est au directeur de son cabinet de s'y coller. « Les gens à la fin ne demandaient même plus rendez-vous avec le maire, se souvient Lavrilleux. Ils venaient me voir, et c'est comme ça que j'ai gagné mes élections cantonales. » Il a été réélu en 2004.

C'est à cette occasion qu'il a saisi comment « traiter » les électeurs et les journalistes.

L'idylle avec Pierre André, et donc Xavier Bertrand, va pourtant se fracasser sur les premières ambitions politiques de Jérôme Lavrilleux. Bertrand se souvient : « Nos chemins vont s'éloigner pour deux raisons : parce que Pierre André décide de ne pas le garder auprès de lui à la mairie, et parce qu'en plus Jérôme voulait entrer sur la liste pour les prochaines municipales », celles de 2008. Bertrand rapporte les propos que lui tient alors le maire de Saint-Quentin : « J'en fais un *casus belli*, je ne veux pas qu'il entre sur la liste des municipales parce que je sais pertinemment qu'on va se foutre sur la tronche. » Bertrand revendique le fait de s'être vivement « opposé à ce qu'il entre sur la liste. J'assume complètement, d'ailleurs je l'ai dit à Jérôme. J'ai un grand principe, je dis les choses en face. En revanche, quand Pierre André estime qu'il faut s'en séparer, ça, je n'y suis pour rien ».

Entre le futur secrétaire général de l'UMP et Lavrilleux, la rupture est consommée. « Oui, c'est là où les chemins divergent, confirme Bertrand. Après, il se met à bosser avec Copé, on est à l'époque de la grande castagne entre moi et Copé, et donc c'est là où nos voies se séparent complètement. Mais on était vraiment très proches au début. Quand il bosse pour Pierre André, je suis celui qui est considéré comme le numéro 2 à Saint-Quentin, mais Jérôme s'est dit : "Pourquoi pas moi"… »

Jérôme Lavrilleux livre une version légèrement différente : « Ma brouille avec Xavier Bertrand était due au fait que Pierre André, après m'avoir assuré que je serais sur la liste, m'avait au dernier moment prévenu que je n'y serais pas, suite à un veto de Xavier Bertrand. Bertrand anticipait le fait que Pierre André abandonnerait son mandat de maire en cours de mandat, et il ne voulait pas prendre le risque d'avoir un concurrent sur la liste. Le paradoxe de cela est que ça m'a donc rendu disponible pour aller à l'Assemblée nationale avec Jean-François Copé, en avril 2008. J'étais encore dir' cab' à Meaux, mais, n'ayant pas été sur la liste à Saint-Quentin, j'ai accepté la demande de Copé de devenir son dir' cab' à l'Assemblée. Et deux ans après, en 2010, Copé réussissait à évincer Xavier Bertrand de la tête du parti ! »

Après ce que Xavier Bertrand qualifie lui-même de « très très long » moment de brouille, les deux hommes ont fini par renouer, récemment : « On se parle, lâche Bertrand. On se voit quand il est à Saint-Quentin, même si je ne suis jamais allé chez lui, à Wiancourt. Nos rapports sont complètement apaisés… »

En 2004, la fusée Lavrilleux change donc de trajectoire. Exit le prometteur Bertrand, il se glisse dans la roue d'un autre espoir de l'UMP, un certain Jean-François Copé, en renouant avec un ami d'enfance nommé Bastien Millot. Ce dernier s'était engouffré dès le départ dans le sillage de Jean-François Copé, son professeur à Sciences Po. Ensemble, Copé et Millot ont conquis la mairie de Meaux, en Seine-et-

Marne, en 1995. Le nouveau mentor de Lavrilleux, porte-parole du gouvernement, jamais en retard d'une ambition, s'apprête à partir à la conquête du conseil régional d'Île-de-France, contre le socialiste Jean-Paul Huchon.

Il leur faut un Daniel Le Conte, pour gagner.

Ce sera Jérôme Lavrilleux.

Le Professeur, désormais agrégé en sciences politiques occultes, va dispenser son savoir, à Meaux, expérimenter ses acquis. L'époque s'y prête. Il a survécu à la guerre Balladur-Chirac, vécue de loin, par procuration.

L'univers de la droite s'ouvre à lui. Sarkozy est l'étoile montante, Villepin l'étoile filante, la comète Fillon est encore lointaine. Et un météore nommé Copé entend bien jouer sa carte.

De quoi s'amuser.

CHAPITRE 4

Fallait pas l'énerver

En mars 2004, Lavrilleux a intégré le cénacle.

Il a grimpé de quelques marches l'escalier menant à la reconnaissance. Bastien Millot lui a chauffé la place, le voici organisateur des meetings de Jean-François Copé, élu maire de Meaux en 1995 et figure en devenir de l'UMP. Copé est en campagne pour la région Île-de-France, les réunions gagnent en importance. Il faut remplir de grandes salles. Et donc mentir sur le taux de remplissage. « Le seul moment où vous ne pouvez pas tricher, c'est quand vous prenez un Zénith, où les places assises sont vissées au sol. C'est pour ça que dans la fosse on ne met pas de chaises. »

Lavrilleux gagne ses galons. « Je deviens le spécialiste du nombre de personnes que l'on peut caser au mètre carré, dit-il drôlement. Mais vous mentez. Vous mentez parce que vous y êtes obligé, vous ne pouvez pas dire la vérité. » Les chiffres ont de l'importance, les rangs ne peuvent pas être clairsemés, question de crédibilité. Lavrilleux a été marqué, au cours de cette campagne, par l'attitude d'*imperator* d'un Sarkozy en route vers son destin présidentiel : « Son grand truc, lors de la campagne des régionales de Copé, c'était de débarquer en plein milieu du discours de Jean-François pour se faire applaudir. On savait qu'il attendait à un rond-point, avec son cortège de ministre de l'Intérieur, pour arriver en retard et faire chier... »

Copé perd l'élection régionale. Mais il est ministre de 2002 à 2007, période durant laquelle il doit abandonner provisoirement (de 2002 à 2005) le fauteuil de maire de Meaux, conservant un simple poste d'adjoint. Entre 2004 et 2008, Lavrilleux va veiller sur ses intérêts, en Seine-et-Marne, en tant que directeur de cabinet, avant de diriger sa campagne pour les élections législatives de 2007, puis celle des municipales l'année suivante. Il règle aussi les affaires courantes sur place.

En 2002, le dénommé Ange Anziani a donc pris la suite de Copé à Meaux, il est chargé de faire l'intérim. Temporairement calife à la place du calife. Anziani y prend goût rapidement. Le siège de maire lui convient bien, finalement. Un grand classique... Mais cela a le don d'énerver sérieusement Lavrilleux. « Le mec, raconte-t-il, il s'est mis à compter le nombre de fois où il était en photo dans le magazine municipal, s'il y était une fois de moins que Jean-François Copé, etc. Donc c'est vite devenu invivable, Copé en a eu marre et il a obtenu de Chirac de pouvoir redevenir maire tout en restant ministre. Tout le monde s'est d'ailleurs engouffré dans la brèche, mais le seul qui a mené le combat, parce que les autres n'avaient pas eu le courage, c'était Copé. Et donc il dit à l'autre : "Je redeviens maire", et Anziani lui répond : "Non, non, je ne te cède pas ma place." Or, on ne peut pas faire démissionner un maire, sauf à l'imposer à tout le conseil municipal. »

Voici donc le Professeur dans ses œuvres. En une

soirée, il récolte les signatures de démission de l'ensemble de l'équipe municipale. « J'ai donné le dossier à Copé, il a reçu Anziani et lui a dit : "Voilà. Je veux ta démission." L'autre a dit : "Non, je ne démissionnerai jamais." Copé a rétorqué : "J'ai la liste, y compris de tes très proches, qui m'ont signé leur acte de démission. Il y aura une élection partielle, tu feras ta liste si tu veux, mais tu feras zéro voix, et tu ne seras plus rien. Ou alors tu restes, tu redeviens premier adjoint et on se débrouillera." Anziani cède, il redevient premier adjoint. »

Mais, quelques années tard, Anziani repart en vrille. Il rejoint les rangs du MoDem, lui, le RPR (devenu UMP en 2002) pur jus. Et se présente à l'élection municipale de 2008. « Là, on a dit : "Stop, on le dégage, il ne sera même plus premier adjoint", rapporte Lavrilleux, qui va jusqu'à lui retirer son ordinateur de fonction. Il y a eu un bureau municipal de crise, se souvient-il. Anziani fait tout un cirque, il dit : "Regardez, on m'a éliminé, on vient même de piquer mon ordinateur." Copé se tourne vers moi et me lance : "Mais, Jérôme, c'est un mensonge, on n'a jamais piqué l'ordinateur ?" Et moi je réponds, droit dans les yeux : "Non, jamais, on peut tous monter voir si l'ordinateur est sur le bureau." Et j'envoie discrètement un SMS à un collaborateur, qui était au bureau : "Remets vite l'ordinateur en place." Donc on remonte, et l'ordinateur est là, même si l'autre n'a pas eu le temps de le rebrancher. Copé dit à Anziani : "Tu vois, tu racontes n'importe quoi, l'ordinateur est là." Anziani : "Oui, mais regarde, il ne fonctionne pas." Et Copé dit : "T'as jamais su t'en servir, de toute façon ! Et pourquoi on te l'aurait piqué ?" »

Anziani n'a plus existé politiquement par la suite. « Ça fait partie du job, philosophe le Professeur. Copé ne m'avait pas demandé d'enlever l'ordinateur. Mais il était bien content que je le fasse. » Et Lavrilleux de conclure : « On chasse en meute, on tue, mais surtout entre nous. »

Des remords, éventuellement ? « Non, non. Quelques regrets, oui, des remords, non. Je pense n'avoir rien fait dans ma carrière contre mon honneur personnel. Après, quand vous faites de la politique, vous faites des choses qui ne sont pas toujours bien. »

En 2008, il rejoint Copé à l'Assemblée nationale. Le maire de Meaux est président du groupe UMP, alors majoritaire au Palais-Bourbon. Le fidèle Lavrilleux devient logiquement le directeur de son cabinet.

Il veille sur tout. Absolument tout. Avec un axiome de base : « Ce qui compte, c'est le résultat, à la fin. Et je n'ai pas perdu une élection. » Hormis, petit détail, un scrutin présidentiel, celui de 2012. Mais, après tout, cette campagne-là, il en était seulement le directeur adjoint…

Lavrilleux a fait ses preuves, il joue dans la cour des grands, désormais.

Au printemps 2007, Sarkozy s'installe à l'Élysée, Fillon à Matignon, et la haine commence, doucement, à s'infiltrer dans les rouages gouvernementaux.

CHAPITRE 5

Le suzerain et son « pot de fleurs »

L'histoire remonte au soir même de l'élection de Nicolas Sarkozy, le 6 mai 2007, peu après 20 heures, au 18 rue d'Enghien, dans le 10ᵉ arrondissement de Paris. C'est à cette adresse, choisie à dessein car située dans le Paris populaire, depuis devenu « bobo », que le candidat de la droite a installé son QG.

Larges cloisons vitrées, épaisses moquettes, lampes design éclairant un vaste atrium… Le troisième étage, celui du « chef » et de sa garde rapprochée, a de l'allure. Nicolas Sarkozy jaillit de son bureau, où trône un canapé moelleux dans lequel il s'allonge quand son dos le fait trop souffrir. Il se dirige, bras tendus, vers celle qui est encore, pour quelques mois, son épouse, Cécilia. « Je le revois toujours, le soir : ça y est, il est président de la République », raconte Roselyne Bachelot, fidèle de François Fillon, présente pour l'occasion. « Cécilia monte l'escalier, il tend ses bras vers elle, elle le repousse. Elle a pris son fils (Louis, alors âgé de 10 ans) et l'a poussé vers lui, pour ne pas avoir à l'embrasser… C'est très violent. »

François Fillon l'a su, bien sûr.

Sarkozy humilié, un jour de triomphe. Il a exposé

ses faiblesses, devant celui qu'il s'apprête à nommer Premier ministre.

Dès les premières minutes, le quinquennat semble devoir dérailler.

L'anecdote n'en est pas une. Elle introduit au psychodrame qui s'est noué au sommet de l'État, de mai 2007 à mai 2012, entre un extraverti et un introverti, un président de la République communicatif et tactile, et un Premier ministre méfiant et secret, et dont l'impact se révélera tragique pour leur famille politique. Car les nombreux observateurs rencontrés sont unanimes sur ce point : c'est la nomination de François Fillon à Matignon, le 17 mai 2007, qui marque le point de départ de cette séquence mortifère dont la droite n'est toujours pas sortie, douze ans plus tard.

À peine arrivé au palais de l'Élysée, Nicolas Sarkozy se veut un hyper, et même un omni-président. Il est bien décidé à marquer d'emblée sa différence avec son prédécesseur, Jacques Chirac, méchamment qualifié par lui de « roi fainéant ». Et pas question que quiconque fasse de l'ombre au nouvel élu. *A fortiori* son Premier ministre, rabaissé dès le mois d'août 2007, devant une poignée de journalistes, au rang de simple « collaborateur ». Les rôles sont ainsi répartis : Sarkozy sera le suzerain, Fillon, son vassal.

« Il est intéressant de se rappeler que, dès son élection, Nicolas Sarkozy a fait changer les statuts de l'UMP afin d'éviter l'élection d'un président du parti quand le président de la République est issu des rangs de l'UMP, commence Jérôme Lavrilleux. En clair, ça voulait bien dire que l'UMP étant dirigée par un secrétaire général nommé par le bureau politique, le vrai chef du parti restait Nicolas Sarkozy. Ça remettait en cause deux dogmes de la Vᵉ République : un président au-dessus des partis et un Premier ministre censé être le chef de la majorité. Fillon a très mal vécu cet épisode, premier d'une longue série de vexations. D'ailleurs, quand Jean-François Copé devient secrétaire général du parti, en novembre 2010, les vraies réunions de direction du parti ne sont plus les convocations du bureau politique, dont le Premier ministre est membre de droit, mais celles qui se tiennent à l'Élysée, autour du président de la République, et sans le Premier ministre. Autre humiliation, Sarkozy instaure une réunion régulière de l'ensemble des députés, sénateurs et députés européens directement à l'Élysée. Le Premier ministre est à la tribune, mais sert de pot de fleurs. »

Dévalorisé dès le début du quinquennat, Fillon, très vite, se lâche en privé, se répand sur ce président qu'il juge superficiel et grossier, pas au niveau requis par la fonction, en tout cas. Entre eux, le mépris puis l'inimitié laisseront progressivement place à la haine pure. Sans doute parce que chacun de ces deux hommes, au tempérament radicalement opposé, a cru reconnaître dans l'autre tout ce qu'il exècre.

« Si je dois qualifier Sarkozy en un mot : une énergie hors norme. Et Fillon : sérieux et insondable », résume François Baroin, plusieurs fois ministre entre 2010 et 2012. « La première partie du quinquennat, la construction d'un couple entre un président et un Premier ministre, expliquent beaucoup, à mon avis, l'histoire entre les deux, reprend-il. Les premières heures, les premiers jours, les premières semaines de la mise en place d'un gouvernement structurent la vie d'un couple », analyse le maire de Troyes. Une analyse confirmée par Fillon lui-même dans un documentaire sur la Ve République diffusé en janvier 2019 sur France 2, dans lequel il emploie le terme de « cohabitation » pour qualifier sa relation avec Sarkozy : « Paradoxalement, c'est les premiers mois de cette cohabitation entre le président de la République et moi qui ont été difficiles. »

« Leur relation s'est presque améliorée au cours du temps ! renchérit Xavier Bertrand. Parce que, dès le départ, c'est un peu l'eau et le feu, ce n'est pas un attelage si complémentaire que ça. Mais leur relation ne s'est pas dégradée, elle s'est plutôt normalisée, banalisée. Mais dès le départ, oui, il y a un vrai différentiel, constate celui qui fut ministre une grande partie du quinquennat. Je le sais d'autant plus qu'à un moment, au tout début, je suis un peu l'instrument de tout ça, ajoute-t-il. On dit, "Bertrand, le chouchou", et le truc c'est : suis-je le concurrent potentiel de Fillon, est-ce que je pourrais prendre sa place ?... » Cependant, pour le patron des Hauts-de-France, « le vrai sujet, c'est que Fillon ne voit pas le nouveau monde dans lequel on est entrés, où le président, c'est l'hyper-président, pas comme Villepin avec Chirac. Et Fillon, qui est dans la politique depuis longtemps, depuis 1981, ce n'est pas son ère. Ce n'est pas qu'il est du passé, c'est juste qu'il n'a pas été habitué à ça. Et ce n'est plus du tout ça parce que c'est Sarkozy, aussi ! »

Plusieurs fois secrétaire d'État et ministre d'un bout à l'autre du quinquennat, Laurent Wauquiez évoque quant à lui « des relations d'une terrible banalité, entre un président de la République et son Premier ministre. Je pense d'ailleurs que, si on devait prendre un point de comparaison – c'est un peu audacieux –, ce serait avec ce qu'a pu être la relation entre de Gaulle et Pompidou. Je pense qu'au début Sarko et Fillon sont dans une très grande confiance, ils font quand même la campagne présidentielle avec une confiance extraordinaire tous les deux : Sarko s'appuie beaucoup sur Fillon, qui respecte beaucoup Sarko. Chacun est très complémentaire, ça se déroule parfaitement. »

Le patron des Républicains en convient malgré tout : à force d'avaler des couleuvres, Fillon a fini par s'étouffer. « Fillon a très, très mal vécu la relégation du Premier ministre, lâche Wauquiez. Et plus que ça, je pense que Fillon, c'est un élu, il pouvait comprendre l'autorité du président de la République, par contre, il ne pouvait pas accepter que ce soit Guéant qui lui donne les ordres, il ne pouvait pas accepter que le porte-parole de l'Élysée, David Martinon, se comporte comme il s'est comporté… Pour Fillon, il y a des choses qui n'étaient pas acceptables. Et là je pense que s'est noué en lui une espèce de ressort d'humiliation, et que Nicolas n'a pas compris. Je ne pense pas que Nicolas ait fait ça pour l'humilier. Dans l'esprit de Nicolas, ses collaborateurs faisaient quelque chose, ils étaient présents, ils étaient impliqués, je ne crois pas qu'il le faisait pour maintenir la tête de Fillon sous l'eau. Et après, fondamentalement, sur la deuxième partie du quinquennat, Fillon joue son rôle de point d'équilibre, et je trouve qu'il y a quand même une dynamique qui à l'arrivée s'est installée entre les deux et qui fonctionne ; la preuve, c'est que, quand il y a le choix de Borloo, il choisit de maintenir Fillon. »

« En fait, Fillon se construit pour Sarko, contre

Chirac, quand Villepin le sort du gouvernement », en mai 2005, assure Baroin. « Historiquement, reprend-il, la première étape du rapprochement Sarko-Fillon, c'est ça. Fillon se dit : "Je vais apporter à Sarkozy ce qui lui manque, c'est-à-dire le pilier gaulliste, social." Il se dit : "Je serai directeur de campagne, Sarkozy gagnera, j'aurai ma revanche sur Villepin et sur Chirac et je serai le Premier ministre, je serai au fond l'*alter ego* de Sarkozy." Sarkozy, lui, c'est : "J'ai tout fait tout seul, j'ai gagné contre Chirac, j'ai gagné contre Villepin, je n'ai eu besoin de personne, les autres sont venus à moi parce qu'ils n'avaient pas d'autre choix, Fillon en fait partie, je le nomme Premier ministre parce qu'il est un peu plus expérimenté, un peu plus solide..." Mais je pense qu'il se dit : "Je fais tout, tout seul." Donc il est dans l'hyper-présidence, un peu comme Macron aujourd'hui, faisant parler – ce qui a dû énerver Fillon dans sa conception un peu à l'ancienne – ses conseillers, les Guéant, Guaino... »

Henri Guaino, parlons-en. Conseiller spécial du président de la République de 2007 à 2012, c'est peu dire qu'il ne porte pas Fillon dans son cœur. On le retrouve au bar, dans la pénombre d'un palace proche de la place de la Concorde. On s'est chauffés, sur les plateaux de télévision, car en bon « séguino-sarkozyste », l'homme est éruptif – et souvent de mauvaise foi. Mais, quand tout vous sépare, il reste parfois le respect mutuel. Inutile de le lancer sur le sujet Fillon, les mots, ou plutôt les flèches, fusent spontanément ! La sévérité de ses propos à l'endroit de l'ancien Premier ministre en dit long sur l'ambiance irrespirable qui régna au sommet de l'État durant ces cinq longues années...

« Ce sont deux personnages diamétralement opposés, expose Guaino. L'un, Fillon, est introverti, cadenassé, l'archétype du rétracté, pas à l'aise avec lui-même, pas du tout d'affect. Fillon est ombrageux. Sarkozy peut être brutal, mais comme les affectifs peuvent l'être : c'est une défense instinctive. Il a tous les défauts de la terre, mais ce n'est pas un tueur, pas quelqu'un qui vous fait des coups tordus. Chirac, lui, tuait sans états d'âme. Sarkozy, il peut gueuler, avec des instants de violence, mais ce n'est pas un monstre froid, ni un rancunier. Il préfère aimer les gens que les détester, il veut être aimé. Fillon, il l'a pris car il n'y avait personne d'autre qui pouvait incarner le Premier ministre dans ce qui restait du paysage de la majorité. Il y avait une complémentarité, outre le fait que Fillon s'est proposé lui-même. »

Intarissable lorsqu'il s'agit d'évoquer les travers supposés de l'ancien Premier ministre, Guaino précise son propos : « Fillon, c'est le salut par la souffrance, mais pour les autres ! Il faut souffrir pour être sauvé... Ça se retrouve partout dans son comportement. Sarkozy, lui, n'est pas dans ce dolorisme. Ils n'ont jamais eu de relations amicales. Avec Fillon, il n'y a jamais rien de clair. Même parmi ceux qui continuent à bien l'aimer, il n'y a que des déçus du fillonisme. Il vit tout très mal. Sarkozy nous avait autorisés à parler, nous, ses conseillers, car il s'entoure de gens avec une forte personnalité. Fillon a tout vu comme une dépossession de son propre pouvoir. Mais c'est Sarkozy, le président ! Quand son Premier ministre dit qu'il est "à la tête d'un État en faillite", en septembre 2007, Sarko n'était pas content, imaginez un Premier ministre faire ça à de Gaulle !

On n'impose pas sa ligne politique au président, et Sarkozy n'a jamais été un maniaque de l'austérité. » Henri Guaino en est certain : « Sarkozy, il aime les gens, il n'a jamais eu de haine, mais la réciproque n'est pas vraie. Fillon, vous ne trouverez aucun des gens qui l'ont servi vis-à-vis desquels il n'ait pas commis une déloyauté. Aucun. La haine ne peut venir que de Fillon. » Le constat, ou plutôt le réquisitoire, est sévère, voire outrancier. Mais Guaino est ainsi, il fait rarement dans la nuance.

Et ne vous hasardez surtout pas à lui faire observer que Sarkozy a tout fait pour rabaisser, moucher, voire blesser son Premier ministre. « Fillon, il n'a jamais été humilié ! s'emporte-t-il. C'est lui qui s'est senti humilié. Tout l'humilie... Les gens qui ne sont pas sûrs d'eux-mêmes, ils ont la sensation d'être humiliés. Fillon, ce n'est pas l'orgueil du pauvre, c'est la vanité du faible. Jamais Fillon Premier ministre n'a été engueulé ou humilié publiquement par Sarkozy président de la République, ceux qui prétendent ça sont des menteurs. » Et Guaino de conclure, affirmatif : « Si on avait écouté Fillon, on aurait eu une politique de rigueur dès janvier 2009. C'était criminel. Sarkozy ne voulait jamais aller là où Fillon voulait. Sarkozy n'a jamais imaginé Fillon dans la position d'un présidentiable. Il n'y avait aucune rivalité imaginable de ce genre. Le nombre de fois où Fillon décrochait son téléphone pour appeler ses ministres ? Quand est-ce qu'il a travaillé avec eux ? Il ne travaillait pas, c'est ma conviction. »

Si Henri Guaino est prompt à sortir l'« artillerie lourde », surtout lorsqu'il s'agit d'évoquer François Fillon, les propos de François Baroin, en revanche, sont à l'image du personnage, tout en rondeur, nuancés. Ils n'en sont pas moins forts. Lui en est convaincu : dès le départ, le ver était dans le fruit, les rapports viciés. « Pour moi, la haine commence tout de suite, dit-il. Et Sarkozy qui laisse parler ses conseillers, qui parle de "collaborateur"... Pour quelqu'un qui est très orgueilleux, ce qui est le cas de Fillon – plus que la moyenne des hommes politiques de droite, même s'il l'a moins mis en avant –, ça a structuré une violence. Mais cela, je ne m'en suis aperçu qu'au moment où il a été question de changer Fillon. »

La théorie de la vexation permanente, Valérie Pécresse, ministre durant ces cinq années, y souscrit totalement. « Il y a des choses qui se passent entre les hommes, qui scellent leur relation, dit-elle. Il y a une volonté de Sarko de tout contrôler, et des visiteurs du soir d'être les vrais ministres. Fillon s'est senti humilié. L'entourage de Sarko voulait tuer à la fois le Premier ministre et les ministres... »

Roselyne Bachelot, quant à elle, juge qu'« au départ François Fillon était fasciné par Nicolas Sarkozy. L'ivresse de la victoire... ». Mais selon l'ancienne ministre, « dès la rentrée de septembre 2007, c'était foutu. Même s'il y a eu à nouveau une lune de miel au moment de la présidence européenne, où Sarkozy a été impérial. Le moment de bascule, c'est la post-crise : les filets sociaux de sécurité, après 2008, sont nécessaires, François Fillon se rend compte qu'on va dans le mur. Il est partisan de l'orthodoxie budgétaire. Il déclare que l'"État est en faillite", une phrase calamiteuse, évidemment. Par exemple, il veut la retraite à 63 ans, mais Sarkozy dit 62 ».

Pour Roselyne Bachelot, le rapprochement Sarkozy-Fillon avait en fait tout du mariage de raison, ou plus exactement d'intérêt(s). « Ces deux personnages avaient besoin l'un de l'autre, Sarkozy avait besoin de densifier, de "provincialiser" sa campagne, ce que Fillon pouvait lui donner, analyse-t-elle. Fillon, lui, était dans la situation où il n'aurait jamais pu être Premier ministre sans Sarko. Ils font cette rencontre improbable de la carpe et du lapin. » Plusieurs fois ministre tout au long du quinquennat, Roselyne Bachelot a vécu aux premières loges les multiples épisodes de cet affrontement feutré. Elle nous rapporte plusieurs scènes frappantes.

Tenez, celle-ci par exemple. Elle a marqué l'ancienne ministre de la Santé, tant elle en dit long sur les personnalités respectives du chef de l'État et de son Premier ministre, et leur incompatibilité structurelle – pour ne pas dire leur exécration réciproque.

Elle a pour cadre le fort de Brégançon où, à la fin du mois d'août 2010, Nicolas Sarkozy a convié plusieurs de ses ministres, dont le premier d'entre eux. Accompagné de son épouse Penelope, ce dernier étonne l'assistance encravatée en arborant une veste forestière signée Arnys, un couturier haut de gamme dont on reparlera sept ans plus tard.

Sarkozy accueille chaleureusement le couple Fillon. La suite, c'est Roselyne Bachelot qui la raconte : « Sarko dit : "C'est vraiment gentil d'être venus tous les deux." Puis : "Elle a vraiment été extraordinaire, quelle classe, quelle gentillesse…" » François Fillon est touché, il n'a pas l'habitude de ces marques d'effusion, tout particulièrement à l'endroit de sa compagne, à laquelle Sarkozy n'a jamais semblé prêter attention. Et pour cause : il y a méprise ! « François Fillon, poursuit Roselyne Bachelot, croit que Nicolas Sarkozy parle de Penelope, alors qu'il parle de Carla ! Fillon est blessé, ulcéré, quand, après plusieurs minutes, il se rend compte de sa confusion, et que Sarko tient Penelope pour moins que rien. »

Tout en colère rentrée, Fillon glisse ensuite à Bachelot : « Ce qu'il m'a encore fait subir… » Selon l'ex-ministre de la Santé, « au niveau d'intelligence où est Sarko, je serais tentée de penser que cette humiliation est volontaire. Mais, en même temps, Nicolas Sarkozy est un homme qui n'a pas de sensibilité, sauf pour les personnes de son entourage. » À n'en pas douter, ce jour-là, chez François Fillon, l'agacement, la colère, voire le dédain qu'il éprouvait à l'encontre de Nicolas Sarkozy ont laissé place à la haine. Les deux hommes vont désormais se rendre coup pour coup dans cette guerre des nerfs au sommet de l'État. Jean-Louis Borloo, alors ministre de l'Écologie et présenté en 2010 comme le successeur potentiel de François Fillon à Matignon, minimise dans un premier temps l'importance de cette détestation mutuelle. « Nicolas a terminé le quinquennat lessivé. Il y avait deux lignes, l'une incarnée par Brice Hortefeux, et l'autre par Fadela Amara et moi », dit-il d'abord. Borloo ne veut pas trop en dire. Ni ressasser le passé. Mais, au détour d'une question, il oublie ses préventions. Et finit par confirmer les rapports venimeux entretenus par les deux têtes de l'exécutif.

Ainsi, lorsqu'on lui demande : « Y a-t-il a eu de la haine, durant le quinquennat, entre Sarkozy et Fillon ? », il s'exclame sans la moindre hésitation : « Tout le quinquennat, ça a été comme ça ! » Et ajoute aussitôt, subitement inquiet : « Attendez, quel est le statut de cette conversation ? » Et quand on lui rappelle que, comme convenu, il s'agit d'une interview enregistrée, il lâche : « Je ne vous réponds pas là-dessus. Je ne suis pas collaborateur de votre maison d'édition. J'ai travaillé avec des gens, tout ce qu'on a vécu ensemble relève de la confidentialité. »

Désormais retiré de la vie politique, Borloo n'en a manifestement pas perdu certains (mauvais) réflexes !

Quoi qu'il en soit, en cet été 2010, pour Fillon, il n'est pas question de quitter Matignon.

Alors, il va devoir calmer les ardeurs de Sarkozy.

Et cacher les siennes.

CHAPITRE 6

Hortefeux, le « messager »

Nicolas Sarkozy n'a pas voulu nous (re)voir. Tant pis.

Dans ces cas-là, une seule solution, vieille comme la droite des années 1990-2000 : rencontrer Brice Hortefeux, son plus vieil ami et complice politique... avec qui il a l'interdiction d'échanger !

Tout de même, l'époque est singulière – à moins que ce ne soit la droite. Elle voit un ancien président de la République interdit (depuis mars 2018) par les juges d'entretenir le moindre contact, écrit, physique ou téléphonique, avec plusieurs de ses plus proches ex-collaborateurs, parmi lesquels Claude Guéant ou Brice Hortefeux.

Y aurait-il quelque chose de pourri au royaume de la droite française ?

Brice Hortefeux, donc. Sarkozyste pratiquant. Ami de jeunesse et serviteur loyal, il est à Nicolas Sarkozy ce que Jean-Louis Debré est à Jacques Chirac : le soutien ultime.

De Sarkozy, Hortefeux a été le chef de cabinet, le conseiller, le ministre de l'Immigration, du Travail, puis de l'Intérieur (2007-2011), et on en passe. Sa parole vaut onction sarkozyste. Seul souci, nos relations ne sont pas au beau fixe, quelques-unes de nos révélations, notamment dans l'affaire Karachi-Balladur, l'ayant mis en difficulté vis-à-vis de la justice ; il accepte, pourtant, de nous retrouver, près du siège des Républicains, dans le 15e arrondissement de Paris. S'il en est un qui peut narrer de l'intérieur la genèse de la haine Fillon-Sarkozy, c'est bien lui.

Durant quatre ans, il a tenté de maintenir le lien entre les deux hommes forts de l'exécutif, tant bien que mal. Souvent, il rendait visite à François Fillon, à Matignon, le dimanche, en fin de journée. À peine le portail franchi, une fois le Premier ministre passé à confesse, il prenait son téléphone et rendait compte à Sarkozy.

Curieuse façon pour un président de la République de communiquer avec son Premier ministre. Hortefeux, une forme de messager très privé.

Il se rappelle très bien ce 22 août 2007, quand Nicolas Sarkozy, au hasard d'un entretien avec la presse régionale, s'aventure à qualifier son Premier ministre de « collaborateur ». Le chef de l'État dément illico, mais il a bien utilisé ce terme, devant témoins. Sans malice, veut croire Brice Hortefeux : « Fillon a mal interprété ce qui n'était pas une attaque dans l'esprit de Nicolas, le terme "collaborateur". Il l'a mal vécu. Nicolas, il m'avait fait un coup involontaire aussi, lorsqu'il avait dit : "J'ai tué le job de ministre de l'Intérieur pour dix ans." Je lui avais dit : "Parfait, merci !" Il n'y avait aucune mauvaise volonté. Dans son esprit, ce n'était pas méprisant. Les responsables politiques préfèrent vraiment leurs collaborateurs aux politiques ! C'était une marque de confiance, genre : on est sur le même bateau... Mais Fillon prend tout mal, vous savez... »

La distance s'est d'abord installée. Puis la haine. « C'est venu progressivement », constate Brice Hortefeux. Qui qualifie ainsi celui dont il fut le ministre : « Il est secret, tenace et rancunier. » C'est ce dernier trait de caractère qui pourrait bien expliquer la faute majeure commise par François Fillon, le 21 septembre 2007. En déplacement en Corse, le « collaborateur » humilié assène en effet un diagnostic tout en nuances qui manque de faire s'étrangler le camp sarkozyste : « Je suis à la tête d'un État en situation de faillite », lâche-t-il. En mesurant le poids de ses mots.

Ce jour-là, il se trouve qu'Hortefeux croise, lors d'un événement officiel, la route du chef de l'État. Le vrai, pas François Fillon. Nicolas Sarkozy est furieux. « C'est là où ça a commencé à gripper. Quand Fillon dit : "Je suis à la tête d'un État en faillite"... "À la tête d'un État ?" Pardon, mais, par définition, c'est le chef de l'État qui est à sa tête ! Et "en faillite", ce n'est pas à lui de le souligner. Du côté de Sarko, cela a été un marqueur. » Sarkozy, sur le chemin du retour, demande à Hortefeux de grimper dans sa limousine officielle. Et il laisse libre cours à son courroux, devant son ministre préféré : « Il était agacé, rapporte Hortefeux. Il me dit : "Tu te rends compte, cette déclaration... Nous ne sommes pas en faillite !" Là, il y a eu un accrochage. »

Dès lors, plus rien ne sera comme avant, Hortefeux peut en témoigner. Tout est prétexte à algarades. Ainsi, Nicolas Sarkozy décide de réunir ses ministres les plus proches à l'Élysée, rituellement. Et Fillon n'est pas convié. « Je me souviens, je lui en avais parlé, pensant qu'il était au courant, et j'avais vu une pointe d'agacement, il avait dit : "Qu'est-ce que c'est encore que ce truc ?" Nicolas Sarkozy avait ce sentiment : la légitimité, c'est lui qui l'incarnait. » Se greffent sur cette mésentente au plus haut sommet de l'État de réels désaccords de fond. Par exemple, sur l'âge de départ à la retraite : « Fillon était beaucoup plus... jusqu'au-boutiste. Et Nicolas avait toujours cette phrase : "N'oubliez jamais que les Français ont coupé la tête de Marie-Antoinette." Il le répète souvent, couper la tête du roi, on le comprend, mais aller jusqu'à la tête de la reine... ? » Ne pas trop brusquer les citoyens. Sa crainte. Pourtant, il ne s'est lui-même pas privé de le faire, cinq années durant.

Les deux hommes ne communiquent plus, Hortefeux joue les intermédiaires malgré lui. À tel point que lorsqu'il est question de changer de Premier ministre, en 2010, il va jouer un rôle non négligeable. Il se souvient : « L'été 2010, Nicolas me dit : "Je ne sais pas ce que veut faire Fillon. S'il veut rester, faut qu'il le dise. Mais il ne dit rien !" Je vais donc voir Fillon un dimanche soir, et je lui dis : "Écoute, c'est vrai, Nicolas s'interroge, et il n'y a pas de geste de ta part." Et il m'a fait cette réponse – ça m'avait marqué, à l'époque : "Mais vous, les sarkozystes, vous fonctionnez comme ça, c'est tout ou rien." Sous-entendu : s'il veut que je parte, je partirai, je peux aussi décider moi-même de partir, mais je ne vais pas aller demander à rester. On sentait donc l'orgueil qui pointait, avec sans doute un certain nombre de ressentiments, sur la forme... »

Fillon se démène pour conserver son poste, fort de son emprise sur le groupe parlementaire. Il fait tout pour expédier *ad patres* Jean-Louis Borloo, coupable de guigner un peu trop ouvertement le poste.

« C'est Borloo qui tenait la corde à ce moment-là, confirme Hortefeux. Bon, il y avait la formule de Pierre Charon : "On ne va pas nommer Gainsbourg à Matignon !" » La vacherie, signée du sénateur de Paris, selon Hortefeux, est à l'image de la droite française : impitoyable.

« Et moi, reprend Hortefeux, j'ai dit à Nicolas Sarkozy : "La vérité c'est que je change d'avis tous les matins." Et je me souviens qu'à l'époque, il m'a dit : "Moi, c'est la même chose…" »

Sarkozy réfléchit, tergiverse et décide… de ne rien décider. Fillon a sauvé sa peau, il reste en place. Mais ne s'implique pas plus pour autant. Sarkozy n'ignore rien des états d'âme grandissant de l'hôte de Matignon. Lui qui passe son temps, à chaque conseil des ministres, à seriner ce refrain aux membres de son gouvernement : « Vous avez l'impression que c'est dur, vous avez l'impression que c'est pénible, vous avez l'impression que c'est une souffrance, vous avez l'impression que vous êtes attaqués… Mais dites-vous bien que ça restera comme le grand souvenir de votre vie. »

Du coup, le président ne comprend pas cette singulière manie qu'a son Premier ministre de geindre à tout propos. Hortefeux en témoigne : « Sur Fillon, il disait : "Mais qu'est-ce qu'il a ? Pourquoi il se plaint ? C'est formidable, il est Premier ministre, c'est une chance extraordinaire, qu'est-ce qui ne va pas ?" Vraiment… »

Sarkozy ne percera jamais l'armure de Fillon – rares sont ceux à y être parvenus. S'aventurer jusqu'à son cerveau reste une gageure. Alors, il ne s'en méfie pas non plus. Et ne le voit surtout pas comme un possible successeur. Un rival, encore moins. « Non, ça c'est vrai », opine Hortefeux. C'est que le chef de l'État n'a pas une très haute opinion de son Premier ministre : « Sarko disait que Fillon ne travaillait pas. Je lui disais de temps en temps : "Tu as eu François ce week-end ?" Nicolas me répondait : "Non, non, pas de nouvelles, c'est curieux…" »

Hortefeux, comme son mentor, n'a pas su déchiffrer les desseins secrets de Fillon. Un homme qu'il définit comme « retors » et, surtout, « masqué ». Le Premier ministre prendra son temps, cinq ans, au final, pour ôter ce masque. En tenue de camouflage, il a trompé son monde. Et notamment le camp sarkozyste.

CHAPITRE 7

Matignon à tout prix

Hortefeux a beau se démener, rien n'y fait. Fillon le taiseux est en danger.

À la fin de l'été 2010, l'hypothèse d'un remaniement d'ampleur incluant un changement de Premier ministre se précise.

Fillon est en danger.

« Là, on a eu des échanges avec Sarkozy, raconte Baroin. Il joue Borloo pendant l'été, mais il s'aperçoit que Borloo, ça ne va peut-être pas marcher, donc, il lâche deux noms, celui de Le Maire et le mien, comme les deux jeunes qui peuvent être à Matignon. Ça se joue à pas grand-chose puisque Sarkozy vient chez moi la semaine du remaniement (qui a lieu le 14 novembre 2010), accompagné d'ailleurs de Borloo, mais Borloo avait déjà du plomb dans l'aile. Je pense qu'il hésite et puis, à la fin des fins, en fait c'est l'ambiance de la majorité parlementaire qui crée les conditions du maintien de Fillon à Matignon. Je ne suis même pas sûr que Fillon souhaitait rester à Matignon, je pensais qu'il voulait plutôt intimement partir, mais je pense qu'il est entré dans un bras de fer personnel, sur le thème : "Je vais montrer d'une certaine manière où est le pouvoir." Pour moi, c'est quelqu'un qui était vraiment sur le départ, mais qui, par orgueil, a créé les conditions – ou a laissé faire par son cabinet – d'une pression de la majorité sur Sarkozy pour dire : "De toute façon, tu n'as pas d'autre choix." »

Henri Guaino confirme : « Quand j'entends dire que Fillon a déposé deux ou trois fois sa démission, je rigole ! Sarkozy s'est posé la question de changer de Premier ministre, il a parlé de Borloo trop tôt. Mais Fillon ne voulait absolument pas partir, il a tout fait pour rester, pour disqualifier Borloo. »

Rompant – à contrecœur – avec son vœu de chasteté médiatique, Borloo a accepté de livrer sa version de l'épisode : « Avant l'été 2010, le président voulait un virage plus social, il m'avait demandé de réfléchir, ce que j'ai fait, très discrètement d'ailleurs. Le tout en me disant que c'était en accord total avec Fillon. Ça m'a été présenté comme ça. François a changé d'avis, je ne sais pas bien ce qui s'est passé. Fillon était allé voir Sarkozy au cap Nègre. C'était le droit du président, c'est le président qui choisit son équipe. Et il a aussi changé d'avis. Alors je leur ai souhaité bonne chance. Fillon n'avait pas envie de partir, mais quand le président de la République dit : "Il y a le deuxième temps du quinquennat", eh bien, vous entendez, voilà. Mais François s'est rebellé durant l'été. » En clair, Fillon, d'abord résigné, comprenant que son sort était scellé, serait parvenu à convaincre Sarkozy de ne pas le remplacer par Borloo.

Observateur privilégié des états d'âme de son Premier ministre, Xavier Bertrand nous confie ses souvenirs : « J'ai vu Fillon. Il était vraiment prêt à arrêter, il en avait marre et tout ça... Il avait vraiment envie de partir. Je ne sais pas quel est l'arbitrage entre l'envie de partir et le désir de préparer quelque chose, pas en tout cas pour dans deux ans, puisqu'à l'époque tout le monde sait bien que Sarkozy sera candidat en 2012... Et puis, d'une certaine façon, il y a l'habitude de Matignon – je ne sais si, pour Fillon, on peut dire "confort de Matignon"... Donc, entre les deux choix, il hésite, mais il a quand même très envie de partir. C'est comme ça que vient l'hypothèse Borloo. Et puis après, c'est toujours la difficulté pour Sarkozy de trancher sur les questions d'hommes – et de femmes. Beaucoup lui disent : "Borloo, c'est pas possible !" Lui voit bien comment, après la crise de 2008, et surtout la crise de l'euro, Borloo lui permet de venir compléter son image, de corriger tout ça, et puis, au final, comme Fillon n'est plus à vouloir partir, Sarkozy décide de continuer. Mais est-ce que le changement de PM aurait changé la face du monde, est-ce que Sarkozy aurait été réélu en 2012 ? Moi, je ne crois pas. »

Ministre de la Santé et des Sports jusqu'au remaniement de novembre 2010, puis ministre des Solidarités et de la Cohésion sociale jusqu'en mai 2012, Roselyne Bachelot était déjà très proche du locataire de Matignon – elle l'est d'ailleurs restée jusqu'à aujourd'hui. Bachelot, chacun le sait, n'a jamais eu sa langue dans sa poche. Depuis peu éloignée du microcosme politique, elle officie d'ailleurs désormais comme animatrice à la télévision et à la radio. Elle est libre.

Elle nous assure que, « en 2010, François Fillon s'est posé la question de son départ comme Premier ministre. On en a discuté longuement ensemble. Je lui

ai dit : "Il faut que tu partes ! Tu connais la malé-
diction de Matignon qui poursuit les candidats à la
présidence de la République. Il faut que tu te refasses
une virginité." Il ambitionnait déjà la présidence de la
République, c'était clair entre nous. Ça faisait un peu
complot. Sarko devait s'en douter. Il y a peut-être des
micros à Matignon ?! » s'esclaffe-t-elle.

Mais Fillon n'écoute pas son amie, pour un motif, à
en croire cette dernière, bassement... financier. « Pour
des raisons personnelles, révèle en effet Bachelot, il
s'est dit : "Je ne suis pas dans la capacité financière de
prendre le risque." Fillon, c'est un type qui a toujours
vécu de la politique, il n'a pas de roue de secours.
Passer de 15 000 euros mensuels à rien, avec une
femme et cinq enfants à entretenir... Donc il reste, et
fait tout pour rester. Pour dégommer Borloo, il sort
la sulfateuse. Bon, Borloo s'est bien dégommé tout
seul, aussi... »

Désireux de ne pas réveiller de vieilles querelles,
Borloo minore les faits, une nouvelle fois. La « fatwa »
que les fillonistes avaient lancée contre lui à l'époque ?
« Je n'ai pas le souvenir de "sulfateuse" particulière,
assure-t-il, réagissant à la formule de Bachelot. Les
chausse-trapes, ce sont les entourages, comme cette
fameuse petite rumeur, à table : "Borloo a eu peur
dans l'avion..." », relativise-t-il, faisant allusion à
l'anecdote précédemment rapportée par Rachida Dati.
« L'entourage de François a été désagréable, oui, mais
ça n'a pas pesé dans la décision de Sarkozy », veut
croire Borloo.

Méprisé par Nicolas Sarkozy, François Fillon a donc
sauvé son poste, mais il doit se battre sur un autre front,

tenu par Jean-François Copé. Le maire de Meaux, devenu président du puissant groupe UMP à l'Assemblée nationale, a en effet inventé un concept : la « coproduction législative ». Cela ne veut pas dire grand-chose, si ce n'est l'occasion pour les députés de la majorité d'asticoter le gouvernement, de se mêler de tout. « Un seul but : faire chier Fillon. L'autre le vivait super-mal. De toute façon, il vit tout super-mal », sourit Lavrilleux, paraphrasant sans le savoir Guaino.

Le bras droit de Copé déploie alors tous ses « talents ». Quand le groupe UMP se réunit en présence du Premier ministre, c'est dans une toute petite salle du Palais-Bourbon. La salle Colbert. Une sorte d'Hémicycle en version réduite. « Symboliquement, il y a un petit perchoir, une place centrale plus haute que les autres, réservée au président du groupe. Donc à Copé. Et à droite, en contrebas, c'est le Premier ministre qui s'installe. Fillon ne supportait pas ça. » Pour faire bonne mesure, Lavrilleux a une idée perverse, une de plus : il fait installer pour Copé un nouveau fauteuil, plus haut, plus grand, histoire de rabaisser un peu plus Fillon.

C'est ridicule, mesquin. Comme peut l'être la politique, parfois.

Tout le quinquennat va se dérouler ainsi. Une guerre d'ego au cœur du pouvoir. Copé déteste Fillon qui hait Sarkozy. « Fillon avait peur de perdre Matignon, il s'y est accroché pendant cinq ans », conclut Lavrilleux. Copé, lui, s'ennuie dans sa position d'attente, à l'Assemblée nationale. Et va tenter de faire fructifier son temps libre. Devenu secrétaire général de l'UMP, en 2010, à la place de Xavier Bertrand, il travaille au corps les militants, quand Fillon se contente de gérer son capital de notoriété. Ennemi « irréconciliable » de François Fillon, les chapitres suivants l'illustreront jusqu'à la caricature, Jean-François Copé va jusqu'à mettre en doute la cohérence politique de l'ancien locataire de Matignon, en qui il voit d'abord un opportuniste. « Fillon, je n'ai jamais cru à la sincérité qu'il disait être la sienne, parce qu'il y a eu trop de sincérités successives ! assène le maire de Meaux. Quand les gens passent d'une sincérité à une autre de manière aussi radicale, je considère qu'il y a quand même matière à s'interroger, et même à en tirer des conséquences. Fillon, il était séguiniste, il était pour le "non" à Maastricht, après il est devenu l'homme de la rigueur budgétaire, tout en faisant exactement l'inverse au gouvernement, avec cette irresponsable augmentation d'impôts de 11 milliards en septembre 2011, après avoir laissé filer les dépenses. Tout en disant à chaque fois que ce n'était pas lui, mais que c'était de la faute de Sarko, ce qui quand même n'était pas très convenable. Et pour s'opposer ensuite à ma ligne – qui a toujours été la même, d'ailleurs – pendant des années, puis tout d'un coup dire : "Ben peut-être que Copé a raison, et donc je vais dire comme lui..." »

Skieur émérite, Fillon maîtrise l'art de la godille, celui qui, en politique, permet de durer.

CHAPITRE 8

Le baiser sur le front

Les hommes de droite, c'est encore Jean-Louis Debré qui en parle le mieux.

Nommé en mars 2007 président du Conseil constitutionnel, juste avant le départ de Jacques Chirac de l'Élysée, il bénéficie d'un poste d'observation exceptionnel. Cet homme, souvent sous-estimé jusque dans son propre camp, a poussé très loin l'art d'être partout et nulle part à la fois, tout en réussissant l'une des plus belles carrières politiques de la Ve République. Ce talent très particulier lui a rapidement permis de prendre la mesure de la discorde au sein du couple exécutif. Entre deux visites à « son » Chirac, dont il sera sans doute le dernier ami, il nous raconte.

« J'ai été frappé, quand j'étais au Conseil constitutionnel, de leur incapacité à communiquer l'un avec l'autre », se remémore-t-il, en évoquant le "couple" Sarkozy-Fillon. « Un jour, raconte-t-il, Sarkozy me dit : "Viens déjeuner à l'Élysée." Je lui réponds : "Le président du Conseil constitutionnel ne vient pas déjeuner avec le président à l'Élysée, mais, si tu veux, je t'invite à déjeuner au Conseil constitutionnel." Il vient. Nous parlons et je lui vends la QPC (question prioritaire de constitutionnalité). Il est malin, sur la loi pénale, tous les gouvernements font des lois répressives. "Là, pour une fois, tu donnes des droits nouveaux", lui dis-je. Il me répond : "Génial, fais-moi une note, mais ça reste entre nous." Je lui fais parvenir une note et l'affaire progresse, j'apprends par l'Élysée qu'ils vont l'inscrire dans la Constitution. Tant mieux. Quelque temps après, Fillon me demande de passer le voir, veut déjeuner avec moi. Je lui dis : "OK, mais ce n'est pas officiel, et l'on déjeune ensemble dans le pavillon du fond, en passant par la grille de derrière, le président du Conseil constitutionnel n'a pas à déjeuner à Matignon.

— Oui, me dit-il, mais il y a des problèmes, j'ai appris pour la QPC, c'est quoi, ça ?" Je déjeune avec lui. »

Et c'est tendu.

— Fillon : Je suis contre la QPC, c'est une violation de la Constitution, la loi est faite par des gens élus, elle ne peut être défaite par des gens qui ne sont pas élus, des juges.

— Debré : Va le dire au président, pas à moi !

— Fillon : Va dire au président que c'est une absurdité.

— Debré : Non, certainement pas, c'est moi qui la lui ai vendue.

— Fillon : Non, non…

Conclusion de Debré, qui en a pourtant vu d'autres : « Je vois alors qu'ils ne communiquent pas. La réforme de la Constitution passe, il faut rédiger les décrets d'application. C'est au gouvernement de le faire. Or, le cabinet du président nous demande de le faire : on les a rédigés. Matignon ne voulait pas le faire… »

Le Conseil constitutionnel préparant des décrets de première importance en lieu et place de l'exécutif, voilà qui
aurait sans doute fait bondir le propre père de Jean-Louis
Debré, Michel Debré, l'une des figures fondatrices de la
Ve République ! Mais la détestation et les non-dits étaient
tels, entre l'Élysée et Matignon...

Jean-Louis Debré connaît par cœur les deux hommes.
Ce chiraquien historique porte un jugement sans concession sur ce duo Sarko-Fillon, improbable attelage qui a
précipité son camp dans l'abîme, et sur cette seconde
partie du quinquennat qui a tourné au calvaire pour le
Premier ministre. Au moment de les départager, celui
qui fut aussi président de l'Assemblée nationale de 2002
à 2007 ne dissimule pas sa préférence pour le premier,
qu'il ne ménage pas pour autant.

« J'ai plus de respect pour un Sarkozy que pour un
Fillon, attaque-t-il. Sarko, avec toute l'affection que je
lui porte, c'est un agité, qui ne croit en rien, sauf en
lui. Au moins, il y en a un ! Fillon, c'est le chat madré,
tapi, qui donne des coups de patte. Vous savez comment je l'appelais, lorsque je présidais l'Assemblée ?
Le "ministre pipi" ! Dès que, dans l'Hémicycle, il y
avait un débat un peu violent, il s'en allait. Ou il avait
un problème de prostate, ou il fuyait ! Ce n'est pas
quelqu'un de courageux. Sarko, lui, affronte. C'est un
petit chef de bande de banlieue, un petit provocateur,
un petit voyou des banlieues. Fillon a sans arrêt voulu
emmerder Chirac. C'est l'hypocrite caché. »

Au cas où l'on n'aurait pas bien compris, Jean-
Louis Debré, justifiant le cruel surnom dont le Premier
ministre est alors affublé, « Courage Fillon », en remet
une couche : « Fillon, il ne vous regarde pas dans les

yeux, il est sournois. Quand j'ai été candidat contre Balladur au perchoir, Fillon a fait les couloirs, il ne m'a jamais rien dit en face. Je me suis affronté violemment avec Sarko, au moins, lui, c'est carré. Il y a de la rancœur, mais il reconnaît quand vous avez gagné. Fillon, on ne sait pas de quel côté il va tomber. L'hypocrisie. Il est caché. Il n'affronte pas. »

Entre deux maux, choisir le moindre.

Alors Debré, certes contraint et forcé, préfère encore Sarkozy.

« Un jour, conclut-il, je croise Sarkozy, et je lui dis : "Je ne sais pas comment tu fais pour travailler avec Fillon, il est toujours indécis, on ne sait pas ce qu'il pense... Je ne le sens pas." Il me répond : "Moi non plus, il râle tout le temps, mais je lui fais un petit baiser sur le front et il va mieux !" Je pense que ce sont les entourages qui ont alimenté leurs désaccords. L'entourage de François Fillon sentait que ça piétinait autour de Sarko et voulait pousser Fillon. Guéant, lui, était très important, il était directeur de la police nationale, et après, il a mal tourné. »

Cette coexistence bien peu pacifique entre deux hommes que tout sépare va pourtant devoir se poursuivre jusqu'au terme du quinquennat. Sous le regard de témoins avertis.

Et interloqués.

CHAPITRE 9

Le châle de Roselyne

De plus en plus sombre, François Fillon se calfeutre dans son bureau de l'hôtel Matignon, mûrissant sa revanche.

Dans cette guerre des nerfs qui se joue au pinacle de l'exécutif, ceux du Premier ministre semblent les plus fragiles. Au sens propre comme au sens figuré.

Atteint moralement par les brimades que lui infligent régulièrement le président et ses francs-tireurs, le Premier ministre souffre aussi physiquement, notamment de cette fichue sciatique due à une hernie discale qui lui pourrit la vie. Ces douleurs dans le bas des vertèbres, ça lui fait au moins un point commun avec Sarkozy. Fillon en a plein le dos. Jusqu'à en rendre le chef de l'État responsable ?

« Bien sûr, affirme très sérieusement François Baroin. C'est psychosomatique, c'est un environnement… Il s'était préparé pour être Premier ministre, il ne s'était pas programmé pour subir matin, midi et soir une forme d'addition d'humiliations. Ici Guaino, là Guéant… Je pense que c'est les trois premiers mois de leur couple qui, au fond, créent les conditions, chez Fillon, d'une volonté de régler des comptes et, plus tard chez Sarkozy, celles de son retour, lui qui n'avait pas *a priori* pris la décision de revenir coûte que coûte cinq ans plus tard. »

Xavier Bertrand ne dit pas autre chose. « Physiquement, le côté "en avoir plein le dos", ce n'était pas qu'une expression physique, analyse-t-il. Haine ou rancœur, en tout cas, tout ça, ça a joué, parce que Fillon n'est pas quelqu'un qui extériorise beaucoup. Ils ont dû s'expliquer vraiment très vertement entre eux, mais enfin, moi, j'ai aussi vu des réunions avec Fillon me sautant dessus à la fin, à la suite d'un arbitrage, en disant : "Mais vous ne vous rendez pas compte, tous ?!", et moi : "Eh, t'as qu'à lui dire, t'avais qu'à le dire en réunion." Mais ça, c'était François, avec beaucoup de choses rentrées, intériorisées, qui à mon avis l'ont rongé. » D'après l'ancien ministre de la Santé, les humiliations venaient « plus de la part des conseillers, parce que Sarko, lui, a vraiment fait attention… Il faisait assez gaffe, Sarkozy, parce qu'il voyait bien les interviews de Guaino, les interviews de Guéant, et l'effet que ça produisait. J'ai quand même vu des déclarations de Fillon à l'Assemblée, sur les retraites, notamment sur les régimes spéciaux, où là c'était compliqué. Sarkozy s'énervait à cause de telle ou telle déclaration qui mettait de l'huile sur le feu, ça, oui. Il s'emportait certainement devant ses conseillers et autres, mais, en interministériel, Sarko faisait attention. Même s'il n'en pensait pas moins… »

La cohabitation vire à la guerre froide. Larvée.

Toute la droite est aux aguets. Cela va mal finir, c'est sûr.

« Nicolas Sarkozy, c'est quelqu'un qui veut tout faire,

qui a un mal fou à déléguer quoi que ce soit », observe Thierry Solère. Pour le député des Hauts-de-Seine, jugé suffisamment consensuel pour être désigné organisateur de la primaire de la droite de novembre 2016, « nos institutions favorisent formidablement le fait d'avoir un président qui devient le PDG de la France, là où avant il était président du conseil de surveillance et où il y avait un directeur général exécutif ! Si François Fillon a cru qu'il serait directeur général exécutif du pays, il était complètement à côté de la plaque. Sarko, il voulait tout gérer, tout faire. Et finalement, il se satisfaisait assez d'un Fillon qui gérait bien l'aspect parlementaire. Au fond, dans le quinquennat, le Premier ministre, à quoi il sert, sinon à être un super-porte-parole du gouvernement, et un super-ministre des relations avec le Parlement ? Et ça, Fillon le faisait très bien. Il était très apprécié à l'Assemblée. Quand je suis arrivé après avoir été élu député, en juin 2012, mes collègues m'ont dit : "Avec Fillon c'était super, il était très présent, très à l'écoute des députés." »

« Sarkozy ne tue jamais, mais blesse souvent les gens, conclut Solère. Fillon, que j'ai beaucoup côtoyé, lors de la période de la primaire, puis quand j'ai été son porte-parole, est quelqu'un d'assez ombrageux et susceptible. Donc il a dû concevoir beaucoup d'acrimonie à l'encontre de Sarko. »

Éphémère directeur de campagne de Fillon fin 2016, Patrick Stefanini, fin connaisseur des haines droitières, se souvient d'une remarque qu'il avait faite à son candidat, à l'automne 2013. « Une période assez catastrophique pour Fillon, se rappelle Stefanini. Il est en voyage en Russie, où il donne du "cher Vladimir" à

Poutine, ce qui fait un scandale, puis il accorde une interview à *Valeurs actuelles* dans laquelle il critique violemment Sarkozy... C'était très moyen, et je me souviens de lui avoir dit : "Mais tu as dû beaucoup souffrir entre 2007 et 2012 pour avoir ce type de relations avec Sarkozy, pour exprimer ainsi ton ressentiment." Avec Sarkozy, c'était vraiment une relation à fleur de peau. »

Stefanini a vu, de près, ce duo artificiel se déchirer.

« Ce sont deux tempéraments très différents, dit encore Stefanini. Il y en a un qui est un séducteur, qui cherche à convaincre, sait jouer des différentes nuances de la psychologie humaine pour intéresser son interlocuteur, le motiver, ça, c'est Sarkozy. Et de l'autre côté, Fillon, un homme en retrait, plutôt secret... »

Henri Guaino abonde : « Fillon, il n'est pas frontal, c'est le moins qu'on puisse dire ! »

Bien plus que les divergences politiques, notamment sur les choix économiques, ce sont d'abord les différences de tempérament qui vont finir de faire imploser le couple exécutif, exsangue au terme du quinquennat. Et annoncer une longue séquence, toujours pas clôturée, au cours de laquelle les principaux responsables de la droite française, obnubilés, obsédés même, à l'idée de « flinguer » le rival haï, en ont oublié l'essentiel, à savoir qu'une bataille politique ne se gagne pas seulement avec des couteaux, si bien affûtés fussent-ils, mais aussi et surtout avec des idées...

« La relation entre François Fillon et Nicolas Sarkozy, ce fut la confrontation de deux mondes, de deux morales, de deux cadres de vie, qui ne peuvent absolument pas se confronter et se comprendre, relève Roselyne Bachelot. L'un, François Fillon, est un notaire de province, très sensible à un décorum, un cadre de vie bourgeois, pas trop exhibitionniste. Imaginer des fonds secrets chez lui… il n'y a pas un joli meuble, pas un joli tableau, quelqu'un qui vivrait dans un luxe tel que cela était ressorti de descriptions journalistiques, me paraissait décalé. Des commodes médiocres, des tapis usés… On avait décrit le château du notaire, en fait, ça ne vaut rien, la moitié de mon appartement ! Et puis, Nicolas Sarkozy, le *bling bling*, le tape-à-l'œil, une femme mannequin, le côté enfantin devant l'argent. Il est impressionné par l'argent. »

Elle a en mémoire ce déplacement avec le chef de l'État : « J'avais un châle de chez Hermès, tout de suite, il le repère, il me dit : "Hum, c'est beau ce que tu as, Hermès…" Et il me dit ensuite : "De toute façon, tout ce qui est cher n'est pas beau, mais tout ce qui est beau est cher." J'étais resté un peu interloquée, je lui ai dit : "Un paysage, ce n'est pas cher, et c'est très beau…" »

Et puis, il y a cette autre réflexion, début 2008, alors que Sarkozy vient d'épouser Carla Bruni. Bachelot raconte : « Je le complimente : "Tu as une femme délicieuse, belle, intelligente et sympathique…" Il me regarde – j'ai cru qu'il plaisantait, mais s'il y a une chose dont Nicolas Sarkozy est totalement dépourvu, c'est de sens de l'humour – et il me dit : "Et surtout, elle est riche." Ce n'était pas vulgaire, c'était une qualité. Si elle était riche, c'est qu'elle avait montré des qualités. »

Réalisée dans le cadre de « l'affaire libyenne », une écoute téléphonique du 1er août 2013 éclaire d'un jour cru les sentiments que vouent les sarkozystes, y compris le premier d'entre eux, à François Fillon. Ce jour-là,

Sarkozy est en ligne avec son consciencieux bras droit, Claude Guéant.

— Sarkozy : Quant à M. Fillon, il est... il est toujours comme on l'attendait.

— Guéant : Oui, oui, tout à fait, il est égal à ce qu'on a connu, absolument. Mais, cela étant, il a quand même, monsieur le Président, une caractéristique extraordinaire cet homme-là, c'est que... il peut dire n'importe quoi, tout glisse. Je pense que c'est parce que les gens n'y croient pas, quoi.

— Sarkozy : Personne ne s'intéresse à lui...

Pour la chiraquienne Valérie Pécresse, ministre tout au long du quinquennat, François Fillon a aussi payé son mode de fonctionnement, hyper-solitaire. « Fillon est très secret, il n'extériorise jamais, commence la patronne de la région Île-de-France. On était un certain nombre de ministres à être plus proches de lui que de Sarko. Moi, historiquement, je ne suis pas une sarkozyste, je suis chiraquienne, donc Sarko s'est toujours méfié de moi et ne m'a jamais incluse dans son premier cercle. Je n'ai d'ailleurs jamais souhaité l'être, même si j'ai été loyale avec lui.

« Fillon, conclut Pécresse, n'a jamais essayé de structurer un réseau de ministres proches de lui, il aurait pu le faire avec Christine Lagarde, Roselyne Bachelot, François Baroin... Mais il ne l'a pas fait... »

En retrait de la vie politique nationale depuis 2017, Benoist Apparu, ministre délégué au Logement de 2009 à 2012, a le recul nécessaire pour analyser ce quinquennat atypique, marqué par une guérilla souterraine et permanente au faîte du pouvoir. Pour ce fidèle d'Alain Juppé, accorder trop d'importance aux problèmes de personnes empêche de voir le vrai sujet, qui, de son point de vue, est d'abord institutionnel. « La cohabitation Sarko-Fillon ? C'est juste que l'importance du quinquennat, par rapport au septennat, est devenue démesurée, analyse le maire (LR) de Châlons-en-Champagne. Quand vous regardez la Constitution de 1958, qui explique énormément de choses sur l'histoire de la droite, elle est un équilibre entre des légitimités et des pouvoirs. En 1958, on a un président avec beaucoup de pouvoir et une légitimité moyenne, et une Assemblée avec peu de pouvoir, mais beaucoup de légitimité. Et un Premier ministre qui a une légitimité moyenne et un pouvoir moyen, sa légitimité tenant des deux. En 1962, vous créez un très fort déséquilibre avec un président qui a beaucoup de pouvoir et une énorme légitimité avec l'élection au suffrage universel direct. C'est une rupture très forte qui présidentialise le régime. En 2000, avec le quinquennat, vous accentuez ce truc-là, en tuant la légitimité du Premier ministre. Sa légitimité ne vient plus que du président, il devient un machin du président, avec plus aucune autonomie. Le premier à inaugurer vraiment le quinquennat, c'est Sarko, avec Fillon, qui n'est effectivement qu'un collaborateur. Le "PM" n'est plus aujourd'hui que le premier des ministres, et absolument plus une personnalité autonome. À la place de Fillon, la phrase de Sarkozy le qualifiant de "collaborateur", ça me serait aussi resté en travers de la gorge, mais c'est la réalité. »

Benoist Apparu en est convaincu, « Sarko n'a pas fait une erreur de casting en nommant Fillon ». « Le premier que l'on nomme à Matignon, c'est quelqu'un à qui l'on doit quelque chose, ça s'est toujours fait comme ça, conclut Apparu. Mais vous auriez mis Durand et Dupont à la place de Sarko et Fillon, vous auriez eu peu ou prou exactement la même chose. Les personnalités sont secondaires et écrasées par les institutions. »

Excepté quand le poids des « affaires » vient troubler le jeu politique. Et aiguiser les ambitions inassouvies.

CHAPITRE 10

Torpillage en règle

En Sarkozie, il y a de la haine, mais aussi un peu d'amour.

Enfin, surtout des preuves d'amour.

Il faut se plier à la règle collective. Prière de ne pas être trop regardant sur la morale.

Le Professeur n'est pas encore à l'UMP, mais à l'Assemblée, depuis 2008, il seconde efficacement Copé à la tête du groupe parlementaire, majoritaire.

Sa réputation commence à croître, celle d'un homme de l'ombre discret et efficace.

Cela tombe bien, car, en cette fin d'été 2009, voici donc Sarkozy empêtré dans une affaire de sondages qui embarrasse l'Élysée. La Cour des comptes vient de lever le voile sur les sommes astronomiques déboursées par le palais présidentiel pour des études d'opinion. Dix ans plus tard, l'affaire n'a toujours pas été jugée, mais, à l'époque, l'association Anticor envisage déjà de déposer une plainte, et les députés socialistes, eux, fourbissent leurs armes. Ils demandent la création d'une commission d'enquête parlementaire.

« Là, je comprends que l'Élysée veut absolument qu'on torpille cette commission d'enquête, se souvient le Professeur. Ce que nous avons fait joyeusement, sans aucun problème. »

Rien de plus simple. En la dévitalisant. À cette occasion, il va attirer l'attention d'un personnage essentiel de la Sarkozie : Patrick Buisson, conseiller caché et tout-puissant du chef de l'État. Un nouveau maître, pour Lavrilleux.

Petite leçon de choses.

« C'était panique à bord, commence Lavrilleux. Un jour, Buisson voit Copé en tête à tête. Moi, j'ai mon bureau en face de celui de Copé, au premier étage. Et, à la fin de l'entretien, Copé me fait venir dans son bureau. Il me dit : "Bon, j'ai vu Patrick, il va nous aider, il peut être un bon relais avec Sarko pour arranger les choses. Il y a ce petit problème, Jérôme, vous voyez techniquement comment on peut régler le sujet." Comment on a réglé le sujet des sondages ? J'ai fait ça de manière assez brutale, parce qu'au même moment il y avait le dir' cab' de l'Élysée, Christian Frémont, qui, lui, avait trouvé très intéressant de venir répondre, c'était en octobre 2009, à une commission parlementaire, la Commission des finances en l'occurrence, et de commencer à parler, à détailler les comptes de l'Élysée... Il a même fourni une liste de deux cents sondages ! Il n'aurait jamais dû le faire, sinon la séparation des pouvoirs, c'est fini. Donc, ça devenait chaud. Suite à ça, lancement de la commission d'enquête. Et Buisson me dit : "On fait comment, parce qu'il faut absolument arrêter tout ça ?"... »

Lavrilleux se tourne alors vers Jean-Luc Warsmann, président (UMP) de la Commission des lois à l'Assemblée nationale entre 2007 et 2012. « Je lui dis : "Jean-Luc,

l'intérêt supérieur de tout le monde fait qu'il faudrait…"
Warsmann, c'est un militant RPR depuis très longtemps,
il me dit : "OK, j'ai compris. Comment on peut faire ?
C'est dans la seringue, on ne peut pas faire autrement."
Je lui dis : "Mais ça va être une catastrophe !" Et donc
on en rediscute. » Et, d'après Lavrilleux, le député des
Ardennes trouve la solution.

« C'était l'idée de Jean-Luc Warsmann, rapporte
Lavrilleux. Grâce ou à cause de la révision constitutionnelle et donc du règlement de l'Assemblée nationale
voulus par Sarko en 2008, on avait octroyé le droit à
une commission d'enquête à chaque groupe, une fois
par an. Donc si vous brûlez votre cartouche, vous ne
pouvez plus en faire. Alors, plutôt que dire non à la
commission d'enquête voulue par le PS, on dit oui,
sauf qu'on trouve un petit truc qui traînait dans le
règlement : le fait que celui qui en détermine le champ,
concrètement, c'est le président de la Commission des
lois. »

Et donc Warsmann se met « au travail », selon
Lavrilleux, qui cite les propos que lui aurait tenus le
député UMP : « On ne peut pas faire autrement que
leur accorder la commission d'enquête, mais l'étendue et l'application, c'est du ressort de la Commission
des lois. Donc on feint d'accepter, on dit : "OK, on
accepte", mais voilà quel sera le thème de la commission d'enquête. Et en fait, on la vide complètement de
substance. »

Doctement, le Professeur décrypte : « Donc
Warsmann élargit le champ à tout et n'importe quoi.
Ce n'est plus juste sur les sondages, c'est sur la commu-
nication, machin, truc… Et donc, les socialistes voient

qu'on va les niquer. Ils retirent leur demande de commission d'enquête, parce que, sinon, ça les grille pour toute une année. Et du coup, il n'y a pas de commission d'enquête, elle a été torpillée par la Commission des lois le 17 novembre 2009. Du bel ouvrage ! »

Député des Ardennes, Jean-Luc Warsmann nous a fait savoir qu'il contestait l'intégralité des propos tenus par Jérôme Lavrilleux : « Aucun des éléments sur lesquels je suis cité ne repose sur une réalité », écrit-il. Le Professeur maintient pour sa part sa version des faits : un amendement présenté *in fine* en commission des finances videra de sa substance la commission d'enquête, qui ne verra jamais le jour.

À l'Élysée, on jubile. Le travail de sape a été remarqué. « Buisson trouve que c'est rondement mené. Et il le dit à Sarko. Et c'est là que j'ai commencé à être un peu intégré dans le truc », explique Lavrilleux. C'est que, déjà cité dans quelques histoires troubles, Sarkozy n'a aucune envie d'en voir prospérer une autre. Il se préoccupe donc personnellement de la mise à mort de la commission d'enquête. « Sarko appelait Copé deux fois par jour sur le sujet », soutient Lavrilleux.

Mais les affaires, c'est un peu comme le sparadrap du capitaine Haddock, on ne s'en débarrasse jamais vraiment.

En tout cas, Jérôme Lavrilleux fait partie, désormais, de l'équipe dirigeante de l'UMP. Ce qui lui octroie l'insigne privilège d'assister aux réunions d'état-major du parti présidentiel, à l'Élysée. Une vraie anomalie, d'ailleurs. Mais, sous Nicolas Sarkozy, il y eut un tel mélange des genres, tant de passe-droits, d'arrangements avec la morale – et, parfois, avec la loi…

CHAPITRE 11

Le dépucelage du Professeur

En désaccord sur la ligne politique, en guerre quasi ouverte sur le plan personnel, Sarkozy et Fillon seront, curieusement, unis par un thème, jusqu'au bout de leur belliqueuse collaboration : un souverain mépris pour les « affaires ». Celles concernant Sarkozy commencent à éclore, elles vont se diffuser au cours du quinquennat tel un poison lent. Outre l'affaire des sondages de l'Élysée, il y a l'affaire de Karachi révélée par Mediapart en 2008, le dossier Tapie, et surtout le scandale Bettencourt, qui explose au printemps 2010…

À en croire Roselyne Bachelot, à cette époque, le Premier ministre est parfaitement indifférent aux investigations judiciaires et/ou journalistiques qui menacent l'hôte de l'Élysée. « Pour François Fillon, estime Roselyne Bachelot, les affaires visant Sarkozy n'ont jamais été un problème. Pour lui, c'est *business as usual*. Il savait que cela faisait partie du personnage, les "affaires". Jamais il ne m'a dit : "Quand même, ce type exagère." Ce qui l'agaçait, c'étaient les détails de comportement personnel, et la ligne politique, bien sûr. Le reste, il en parlait plutôt avec un ricanement. » Loin d'imaginer que, quelques années plus tard, lui-même serait rattrapé par la justice.

Les « affaires », le Professeur va en faire lui-même l'expérience, de manière inattendue. En politique, à haut niveau, il faut toujours un dépucelage judiciaire. Pour lui, cela eut lieu le 7 mars 2011.

Ce matin-là, Lavrilleux expédie tranquillement les affaires courantes. Toujours le premier arrivé au bureau, des parapheurs plein les mains, le directeur du cabinet de Jean-François Copé, alors secrétaire général de l'UMP, gère le parti à sa façon, depuis novembre 2010. Sans états d'âme excessifs. À son arrivée, rue La Boétie, dans les beaux quartiers parisiens, Lavrilleux a fait d'étonnantes découvertes. Par exemple, quinze ans après son départ de Matignon, l'ancien Premier ministre Édouard Balladur dispose encore de confortables bureaux. Mieux, ses gardes du corps passent chaque matin récupérer les magazines et quotidiens auxquels il est abonné, via l'UMP. Il n'y a pas de petites économies.

« J'ai tout supprimé ! sourit le Professeur. Ses bureaux, celui de sa secrétaire, qui était encore payée par Matignon tout en étant localisée à l'UMP, ses abonnements médias.... J'ai eu dans la foulée un coup de fil de Brice Hortefeux, très en colère que l'on ait touché aux privilèges dus à "Sa Majesté". Mais tout cela n'était pas justifié. » Avant de confesser une raison plus... personnelle : « Et puis, je n'ai jamais pu saquer Balladur ! »

Mais, ce 7 mars 2011, un autre défi l'attend. Le redoutable juge Jean-Michel Gentil se présente à l'accueil. À l'époque, Nicolas Sarkozy est toujours président de la

République, et l'affaire Bettencourt étend ses tentacules judiciaires jusqu'à l'Élysée. À Bordeaux, le magistrat instruit ce dossier d'abus de faiblesse et de détournements de fonds avec une rare vigueur. D'où cette perquisition très matinale au siège de l'UMP. Le juge Gentil veut en avoir le cœur net : le parti présidentiel et son chef historique ont-il bénéficié des largesses de la milliardaire Liliane Bettencourt, l'héritière de L'Oréal ?

Rappelez-vous les confidences de Rachida Dati…

Il est tôt, Lavrilleux est la seule autorité présente sur les lieux. Il n'est pas spécialement rassuré. Dans les couloirs de l'UMP, on se raconte des histoires. De celles qui vous amènent dans le cabinet des juges.

Prenez l'affaire des archives de Louise-Yvonne Casetta, alias « la Cassette » pour l'éternité. La trésorière occulte du RPR de Jacques Chirac avait été suspectée d'agissements financiers coupables au début des années 2000, dans les affaires des HLM de Paris et des marchés truqués de la Région Île-de-France. « La légende qu'on se répétait au parti, c'est que, pendant toute l'instruction, les policiers avaient cherché en vain les archives de Louise-Yvonne Casetta, se souvient Lavrilleux. En fait, elles étaient stockées dans une vieille Peugeot 205, garée dans un parking souterrain, sur l'île de la Cité, juste à côté… du Palais de Justice ! Et cette voiture est restée là-bas, sans que personne n'y aille, pendant toute la durée de l'instruction ! Quand le jugement a été définitif, un type y est allé avec une batterie neuve, la voiture était recouverte de poussière, il a sorti la bagnole et les archives sont parties ailleurs, pour que ça ne soit jamais saisi. »

Il n'y a pas que les parkings. Les sous-sols d'un parti

peuvent aussi receler d'obscurs trésors, surtout pour un magistrat financier un peu fouineur. Et c'est justement là que se dirige le juge Gentil, escorté par Lavrilleux. Sous leurs yeux s'étalent des centaines de cartons, dans de longs couloirs. « Les cartons étaient ceux du RPR et de Démocratie libérale, les partis fondateurs de l'UMP. Le juge a ouvert les cartons, et on a trouvé des centaines de chèques – jamais encaissés –, à l'ordre de DL. Libellés en francs. DL, à l'époque, devait avoir plus besoin de liquide que de chèques ! »

Brève conversation entre les deux hommes.

— Le juge Gentil : Vous connaissiez l'existence de ces chèques ?

— Lavrilleux : Non, mais ils sont en francs, donc il y a prescription.

— Le juge Gentil : Décidément, l'argent et les partis, je ne comprendrai jamais...

C'était la première vraie rencontre entre Lavrilleux et un juge. « J'aurais dû partir en courant ce matin-là ! Il y en avait pour des millions de francs ! J'ai fait débarrasser ces archives, elles ont été détruites par la suite. » Lavrilleux prend connaissance à cette occasion de quelques vieux secrets de famille. Ça lui sera bien utile, durant la guerre Copé-Fillon, un peu plus tard.

Pour le Professeur, c'est une sorte d'initiation à vitesse grand V. Car les « cuisines » de la présidence de la République exhalent déjà un fort parfum affairiste. Il en a fait personnellement l'expérience. Et surtout, il a fourni les preuves de son singulier professionnalisme.

Buisson l'a bien noté.

CHAPITRE 12

La tête et les jambes

Ils se sont tant aimés.

Patrick Buisson, l'historien dont la pensée vaga-
bonde jusqu'aux confins de la droite extrême ; Jérôme
Lavrilleux, le pragmatique aux allures de sous-officier
d'active. La tête et les jambes, en quelque sorte. Mais,
c'est un fait, ces deux-là ont composé un couple improbable, longtemps. Au cœur de la machine présidentielle
sarkozyste pour l'un, les mains dans le cambouis de
l'UMP pour l'autre. Du coup, le Professeur est particulièrement légitime pour l'affirmer, l'idéologie « buissonniste » a bien gangrené la droite républicaine, du
triomphe de Nicolas Sarkozy en 2007 à sa débâcle en
2012. Et elle pourrait avoir survécu à la défaite, à travers le nouveau chef de file de cette famille politique,
Laurent Wauquiez...

« Buisson, je l'ai adoré, même si on n'était d'accord
sur rien, résume drôlement Lavrilleux. Au fil des mois,
durant le quinquennat, je l'ai vu évoluer vis-à-vis du
président Sarkozy, il avait cette façon de dire : "Il ne
me mérite pas"... Jusqu'à l'appeler "Le Petit". Il était
de plus en plus méprisant. »

Nicolas Sarkozy, lui, a longtemps apprécié Patrick

Buisson. L'homme qui murmurait à l'hémisphère droit de son cerveau, tandis que son autre conseiller préféré, le consultant en stratégie Pierre Giacometti, s'occupait de l'hémisphère gauche. Entre les deux, le publicitaire Jean-Michel Goudard, le troisième « chouchou ». Une sorte d'équilibrisme politique, qui oscille en fonction de l'humeur du moment.

Mais Buisson, c'est aussi, et peut-être d'abord, une affaire de gros sous. Buisson, ce sont ces centaines de sondages commandés à sa société par l'Élysée – puis l'UMP – sur les sujets les plus divers. Le scandale éclate au cœur de l'été 2009, lorsque la Cour des comptes pointe les sommes astronomiques dépensées par l'Élysée pour des enquêtes d'opinion au profit des sociétés de Buisson et Giacometti. Facteur aggravant, certains sondages (sur l'image de Carla Bruni ou celle de Jean Sarkozy, par exemple) portent sur des sujets certes chers au président, mais pas en rapport direct *a priori* avec la conduite des affaires de l'État.

« L'objectif de Sarko n'était pas, selon moi, d'enrichir Buisson, Giacometti ou Goudard, juge Lavrilleux. Le fric, il s'en fout, sauf le sien ! L'objectif de Sarko, c'est de dire : "J'ai mes trois conseillers, qui sont nécessaires à ma vie de président comme l'oxygène l'est, il faut qu'ils soient aussi récompensés." Sarko, on lui dit : "Tu as besoin d'un sondage sur ça", il dit : "Faites le sondage sur ça." Et Buisson arrivait tous les jours avec sa ration de trucs, pour prouver mathématiquement que ses grandes phrases bien tournées, avec des mots qu'on n'utilise pas toujours et qu'on comprend mal, correspondaient à une réalité du terrain. »

En s'enrichissant copieusement au passage, comme

l'a révélé l'enquête judiciaire, qui a convaincu le Parquet national financier (PNF) de demander son renvoi en correctionnelle aux juges d'instruction, qui ne s'étaient toujours pas prononcés, en avril 2019. Le 6 novembre 2018, le réquisitoire du PNF, dans ce qui est devenu l'affaire des sondages de l'Élysée, a évalué l'étendue des dégâts. En cinq ans, de 2007 à 2012, l'Élysée a versé plus de 3,3 millions d'euros sur le compte de ses sociétés Publifact et Publi-Opinion, en échange de sondages commandés à l'institut OpinionWay. Sans compter les 10 000 euros mensuels perçus, au titre de conseiller, par Buisson… Giacometti, de son côté, a encaissé sur la même période environ 2 millions d'euros. Lors de la livraison de ces enquêtes d'opinion, Buisson appliquait en moyenne, rappelle le parquet, « 65,75 % de marge pour Publifact, et 71 % pour Publi-Opinion ». Quand même…

Un business plutôt rentable, sauf pour les finances publiques, même si les intéressés se défendent d'avoir commis une quelconque infraction.

Le président de la République a encouragé le procédé, au mieux l'a laissé prospéré. Sans être inquiété par la justice : protégé par l'immunité s'attachant aux actes commis ès qualités, dans sa fonction de président de la République, Sarkozy ne pouvait être mis en cause. Il a d'ailleurs refusé fin 2016 de déférer à la convocation des juges, désireux de l'interroger.

Lavrilleux l'exonère, de toute façon : « Sarko disait : "Moi, je m'en fous." Personne ne lui a dit : "Attention, les sondages, c'est 600 000 euros sur l'année, vous ne pouvez pas le faire en un mois !" Et le jour où on lui a dit : "Vous ne pouvez pas le faire", ça ne s'est pas arrêté. C'est l'UMP qui va alors prendre le relais, et payer. »

Et c'est là que l'on va retrouver Jérôme Lavrilleux. Directeur du cabinet de Jean-François Copé à la tête du parti majoritaire, il va récupérer la patate chaude, en 2009. Et s'apercevoir que Patrick Buisson use habilement de ces fameux sondages pour se targuer d'un rôle essentiel auprès du chef de l'État.

« J'étais au courant de la grande emprise de Patrick Buisson sur tout le fonctionnement de la machine, explique le Professeur. Mais j'ai découvert le système mis en place bien après, en janvier 2016, lorsque j'ai été convoqué par les policiers en qualité de simple témoin. Je ne peux pas être coupable de tout ! On m'a montré des listes de sondages, avec des tableaux qui étaient faits par les policiers, des sondages supposés avoir été payés à la fois par l'Élysée, puis repayés par l'UMP, peut-être certains payés par des médias après... Ça fait une marge nette qui doit être assez confortable. C'est une espèce de truc endogamique où on ne sait plus qui est à l'origine de quoi. Ce n'est pas sain, et ça aboutit à des enrichissements non négligeables. » Pour le moins.

Dans le livre *C'était pas le plan* publié par Philippe Cohen et Laureline Dupont (Fayard, 2014), Buisson se défendra ainsi : « Jai refusé tout cumul [...], j'ai été le premier à exiger la traçabilité des prestations de l'Élysée [...]. Le fric ne m'a jamais intéressé. »

La polémique sur les sondages enfle à la fin de l'été 2009. Il faut la désamorcer d'urgence. Toutes affaires cessantes, Jean-François Copé présente Patrick Buisson à son démineur en chef, Jérôme Lavrilleux. Ces sondages, puisqu'ils ne peuvent plus être commandés par l'Élysée, vont donc échoir à l'UMP.

C'est à ce moment-là que Buisson et Lavrilleux vont se rencontrer et s'apprécier.

Lavrilleux a en mémoire une réunion d'état-major du parti présidentiel, à l'Élysée, à laquelle Sarkozy lui-même assistait. « Il me prend à part et me dit, à propos de Buisson : "Tu vois, Jérôme, Patrick, j'y tiens beaucoup, à ses conseils, il faut vraiment que ça se passe bien." J'ai compris, ça voulait dire : chasse gardée, ne pas toucher… » Il convient en effet d'« exfiltrer » en douceur Patrick Buisson et Pierre Giacometti, qui sont devenus des cibles pour l'opposition – « Les deux se détestaient, voulant toujours savoir combien touchait l'autre », rapporte le Professeur à leur propos.

Lavrilleux a bien saisi le message présidentiel. Pour éloigner les soupçons, Giacometti et Buisson seront dorénavant appointés par l'UMP. Mais Lavrilleux est d'une nature précautionneuse. Les deux conseillers devront donc, à l'avenir, justifier leurs très confortables émoluments. Salutaire prudence. Elle lui vaudra, plus tard, d'éviter les poursuites, lorsque l'affaire des sondages de l'Élysée sera devenue judiciaire.

Car, pressentant le traquenard, Lavrilleux va contraindre les conseillers grassement rémunérés à venir rendre compte dans son bureau, à l'UMP, une fois par semaine, afin qu'ils puissent justifier, un minimum, leurs émoluments.

Pas si simple.

« Après que Sarkozy m'a recommandé de bien traiter Patrick Buisson, je rentre au bureau, et je dis à Éric Cesari : "Tu peux venir me voir ?" Il vient dans mon bureau, on était au même étage, mais séparés par la cour, dans les locaux de la rue La Boétie. » Lavrilleux n'a rien oublié de son échange avec l'ex-directeur général de l'UMP.

— Lavrilleux : Il y a un contrat en cours avec Buisson ?

— Cesari : Bah oui, on a un contrat.

— Lavrilleux : Comment ça se fait ?

— Cesari : Quand a éclaté l'affaire des sondages de l'Élysée, tu étais à l'Assemblée, l'Élysée a coupé beaucoup de ponts. Et on s'est retrouvés avec un contrat.

— Lavrilleux : Mais qui a signé le contrat ?

Cesari va chercher ledit contrat. « Il était signé par Xavier Bertrand et Éric Woerth », assure Lavrilleux. À l'époque, le premier est secrétaire général du parti présidentiel, le second en est le trésorier.

— Lavrilleux : Mais tu les vois passer, les sondages ?

— Cesari : Non, non.

— Lavrilleux : On ne peut pas continuer comme ça, vous êtes fous.

Dans la foulée, le Professeur appelle Buisson.
Discussion serrée.

— Lavrilleux : Patrick, il va falloir, une fois par semaine, venir au moins une heure dans mon bureau.

— Buisson : Mais pourquoi ?

— Lavrilleux : Il y a un contrat de conseil…

— Buisson : Mais les conseils, je ne les donne qu'au président.

— Lavrilleux : Vous faites ce que vous voulez dans mon bureau, mais vous y venez, pendant une heure ! Moi, je le veux à mon agenda. Et je veux une copie de chaque sondage.

— Buisson : Ce n'est pas toi qui les commandes !

À contrecœur, Buisson s'exécute. Lavrilleux se retrouve bientôt avec des piles de sondages sur son bureau. Sans grand intérêt, le plus souvent. « L'objectif, c'était quand même de faire des sondages qui confortaient Sarkozy, mais qu'après, les uns et les autres revendaient aux journaux. Pour gagner de l'argent deux fois, ou aider des journaux amis à faire passer des messages, qui passent mieux si c'est en vertu d'un sondage plutôt que des déclarations d'un candidat. Objectivement, dans le fond, la folie de ce système, c'est que ça ne sert strictement à rien. Si un homme politique a besoin de ça pour savoir ce qu'il doit dire dans son discours pour commémorer le 11-Novembre, il doit changer de métier. »

Reste un souci : les sondages commandés n'ont que peu à voir avec l'UMP. Ennuyeux. Lavrilleux s'en émeut, l'affaire remonte à l'Élysée, au secrétariat général, chez Claude Guéant, qui tape du poing sur la table et éconduit l'insolent. Pas question de contrarier le conseiller favori du Prince. Buisson est un membre éminent de la caste des intouchables.

« J'ai compris qu'il y a eu beaucoup de sondages qui ont été payés par l'UMP, confirme le Professeur. J'ai découvert, quand j'ai été auditionné, des dizaines et des dizaines d'études facturées par Buisson, pour des centaines de milliers d'euros… »

Depuis son bureau de directeur du cabinet du patron de l'UMP, la vue est parfaite, pour Lavrilleux. Il peut observer la mécanique Buisson à l'œuvre.

L'art de la manipulation politique, à son degré le plus pervers.

« Buisson venait voir Copé très régulièrement, pour lui faire ce qu'il faisait à tout le monde, c'est-à-dire que, avec trois chiffres d'un sondage, il en confectionnait un roman national ! Et puis, il venait me voir, moi, plus souvent, de plus en plus, pour me raconter tout ça : "Voilà comment on va faire… Nicolas, tu comprends, il faut qu'il fasse ça…" »

« La manipulation, reprend le Professeur, c'est surtout ça : quand on ne veut pas que les gens regardent d'un côté, on monte un sujet pour qu'ils regardent de l'autre. Ça, c'est la grande stratégie buissonnienne, et sarkozyste en fait, qui est de faire des études d'opinion sur des sujets précis. On constate que les Français sont d'accord avec la question posée, même si ce n'est pas important pour eux. Mais, du coup, on fait un sondage, on fait monter un peu la sauce, on donne le sondage à un média peu regardant et sans le sou, ce qui est le cas de 90 % des médias. On file le sondage gratuitement, et quand le média publie le sondage, nous, on réagit ! Et on est vachement bien placés pour réagir parce que c'est nous-mêmes qui avons demandé le sondage ! Et puis, comme on a réagi, l'opposition réagit, et puis donc on en remet une couche, et puis vous faites huit jours avec le sujet… Ça relève en effet de la manipulation. Des masses et des médias. »

Patrick Buisson, qui, comme Pierre Giacometti, conteste les accusations du parquet, est passé maître dans cette technique de diversion. On appelle cela, aussi, du *storytelling*. « Vous le faites avec ces sujets-là, vous les mettez sur la scène, pas parce que vous pensez que c'est une priorité pour le pays, mais parce que vous pensez que ça va occuper tout le monde, et que l'on ne s'occupera pas du fait que les mauvais chiffres du chômage vont tomber lundi à 18 heures. Vous savez qu'ils ne seront pas bons, parce qu'on est déjà le vendredi. Donc, vous avez un truc dans le tiroir, vous appelez un média : "Allô, je te donne un truc… — Super… — Tu peux faire la une là-dessus et tu auras une interview du président ou du Premier ministre la semaine prochaine…" Puis on prépare des éléments de langage, on les distribue à ceux qui hantent les plateaux télé, et c'est parti… »

Lavrilleux et Buisson, du coup, passent des heures à discuter. Lavrilleux comprend que l'omniprésent conseiller joue de son influence, supposée ou réelle, auprès du chef de l'État. Et Lavrilleux se grise, s'enivre de ses belles paroles. « C'était vraiment passionnant. Vu ma position, comme il me raconte tout ce qu'il a dit à Sarko, moi, j'adore ! J'adore savoir comment ça se passe à l'intérieur. Bon, parfois il part dans des délires. Ses obsessions sur l'identité, les racines chrétiennes… Je le vois aussi évoluer au fil des mois, il est de plus en plus méprisant à l'égard du président. Oui, il avait vraiment le complexe de dire : "Il ne me mérite pas." »

Mais il reste Buisson, le favori, l'âme damnée du président, le rival de Pierre Giacometti, aussi, à la cour élyséenne. « Ils étaient jaloux l'un de l'autre, voulaient être sûrs qu'ils étaient payés aussi fortement l'un l'autre, et puis ils se détestaient. Donc c'était de la stéréo, mais pas en même temps. Donc j'avais mon oreille gauche, puis l'oreille droite qui me disait exactement l'inverse. Et les deux devaient fourrer, farcir le cerveau de Sarkozy, exactement de la même manière. Celui qui a pris le contrôle de l'hémisphère droit, enfin, d'une partie forte du cerveau de toute la droite, c'est Buisson. »

Au téléphone, à n'importe quelle heure, le conseiller est disponible pour narrer son dernier entretien avec le Président. « Lorsqu'il était avec moi et qu'il recevait un appel de Nicolas Sarkozy, Buisson me disait : "'Le Petit' a besoin de moi", se souvient Lavrilleux, qui conclut : Buisson avait créé une forme de dépendance chez Sarko. »

Pour l'ex-président, la désintoxication interviendra bien après son départ de l'Élysée, en mars 2014. Et elle sera brutale.

CHAPITRE 13

Les poissons rouges

Patrick Buisson peut quand même se frotter les mains.

Époques différentes, même constat. Sept ans après la fin de l'ère du buissonnisme triomphant, sur le fond, rien n'a vraiment changé à droite, à en croire Jérôme Lavrilleux en tout cas. « Laurent Wauquiez est dans les mains de Buisson, affirme-t-il à propos du patron du parti Les Républicains. L'idée de prendre François-Xavier Bellamy comme leader de la liste LR aux européennes de mai 2019, ce n'est pas Wauquiez. Car Wauquiez, c'est le bébé Buisson. Moi, je pense que la droite s'est perdue en suivant une espèce de pseudo-martingale vendue par Buisson. Courir après l'extrême droite, c'est s'éloigner de son électorat sans jamais rattraper l'extrême droite. »

Sur ce point, Laurent Wauquiez réfute vigoureusement les assertions de Jérôme Lavrilleux : « C'est un fantasme récurrent ! proteste-t-il. La réalité, c'est que j'ai dû voir dans toute ma vie Patrick Buisson une demi-douzaine de fois, que je ne l'ai pas revu depuis cinq ans et que je n'ai jamais eu de contrat de conseil avec lui, contrairement par exemple à Copé et Bertrand quand ils étaient à la tête du parti. » Au football, c'est ce qu'on appelle un tacle viril...

« Buisson fait partie de ces personnalités qui nourrissent le débat, en assumant parfois la digression, ajoute toutefois le chef des Républicains. C'est nécessaire au débat public, cela ne veut pas dire que je partage tout ce qu'il dit. Personne ne contrôle mon cerveau... »

Une chose est sûre, avec Buisson est arrivée l'obsession. Le Front national, auto-rebaptisé Rassemblement national, dans l'espoir d'adoucir son image. Mais, comme le Professeur, les figures actuelles de la droite, les Pécresse, les Bertrand, tous continuent de parler du « Front ». Jamais du Rassemblement. Quelle que soit la dénomination, une certitude : c'est une maladie auto-immune, dont on ne guérit pas. Et que Buisson aurait transmise à la droite, donc.

« Je pense que c'est devenu très rapidement, lors du mandat de Sarkozy, l'obsession, pour des mauvaises raisons, explique le Professeur. En fait, les politiques ont une mémoire de poisson rouge, mais ils ont toujours le même bocal. On a fini par penser que Sarko avait gagné en 2007 parce qu'il avait asséché le Front national. Or, s'il avait asséché le Front national, il avait aussi asséché le Parti socialiste. Mais très rapidement on n'a plus pensé qu'à Buisson. Lui, le grand magicien de la théorie, non pas de l'alliance avec le Front national, mais plutôt de l'assèchement du Front national. Ceux qui disent que Buisson veut faire une alliance avec le Front national se trompent. Je pense qu'il veut juste que la droite soit le Front national, c'est différent ! Donc il y a eu cette obsession à l'UMP. Chez Sarko aussi. C'était devenu même une obsession maladive à la fin du mandat et lors de la campagne présidentielle de 2012. »

Et lui, Lavrilleux, n'a-t-il pas cautionné les thèses de Buisson ?

« Si je veux être populaire, aujourd'hui, il faut que je casse du sucre sur son dos, commence-t-il. Je ne partage pas ses idées du tout. Sur la plupart des sujets. Mais ce qui était bien avec lui, c'est qu'on pouvait argumenter. Il finissait par gagner parce qu'il disait : "Oui, mais, électoralement, c'est ça qui va marcher." Et puis tu te dis : "Putain, c'est quand même le mec qui a fait gagner en 2007…" Mais, encore une fois, je ne l'ai jamais entendu dire qu'il fallait un rapprochement structurel entre le Front national et le parti UMP. Jamais. Son truc à lui, c'est plutôt : "On va tellement sur ces thèmes qu'on les siphonne." C'est plutôt la destruction du Front national. Mais détruire le Front national, en démontrant à tout le monde que ses idées ne sont pas bonnes, c'est une chose. Détruire le Front national en le devenant, moi, je ne peux pas. »

Sarkozy, lui, a cédé aux sirènes du buissonnisme lors de son mandat. C'est Buisson qui fixe le concept de « ni-ni », au début de l'année 2011, alors que se profilent les élections cantonales. Terminé le front républicain, s'il faut, en cas de duel au second tour, choisir entre la gauche et le Front national, eh bien… on ne choisit plus. Et tant pis si la droite extrême l'emporte, du coup.

La droite républicaine vient de perdre son âme. « Ni vote FN, ni vote PS », c'est donc l'instruction délivrée par Sarkozy devant l'état-major de l'UMP avant le second tour des élections cantonales, en mars 2011.

Et cette consigne, « c'est Buisson qui l'impulse, qui la met dans le cerveau de tout le monde, confirme Lavrilleux. C'est un bouleversement fondamental pour la droite en France. Mais c'est ce qui fait gagner. C'est toujours l'arbitrage quand on fait de la politique. Et ce "ni-ni" aurait pu être mortel pour la droite… si on ne l'avait pas fait ! Mortel en résultat électoral. On a eu des résultats électoraux pas trop catastrophiques en 2011 [16,97 % au premier tour, contre 15,06 % pour le FN], on s'est plutôt bien débrouillés. On a limité le FN dans les faits. Il n'a eu que deux élus. C'était le seul moyen de le limiter. Mais, moralement, on y a perdu beaucoup ».

C'est peu dire.

Le Professeur connaît bien l'extrême droite. Dans l'Aisne, chez lui, le FN devenu RN est très présent. L'élu local qu'il est demeuré a beaucoup observé la bête, il a vu croître les racines du mal.

« En fait, moi, le FN, je l'ai vu essentiellement grignoter sur les communistes. J'habite dans une ville, Saint-Quentin, où il y a des immigrés, mais où il n'y a pas de problèmes d'immigration. Quand il y a une voiture qui brûle, ça fait la une de *L'Aisne nouvelle*, le journal local, qui est la Bible. Ici, il y a surtout des problèmes économiques majeurs, forts, avec une population blanche au chômage. Quand le taux de chômage de la France tombe à 7, il reste à 12 chez moi. En ce moment, on est à 14-15… Ce n'est pas le Front national du Sud. C'est le Front national des gens désespérés économiquement. Les quartiers de droite traditionnels restent à 80 % acquis à la droite traditionnelle. Les quartiers uniquement d'habitat privé, les petites maisons ouvrières, chez nous on appelle ça des cours, des maisons avec une porte, une fenêtre et un truc rond à l'étage, et une courette, dans des impasses, eh bien, ça vote Front national. Et du jour au lendemain ! En 2011, moi, j'avais fait une note, à l'UMP, pour leur dire : Attention, le vote Front national, ce n'est pas un vote anti-immigrés, c'est un vote de désespérance sociale. Il n'y a pas de problème d'immigration dans les villages de deux cents habitants du département de l'Aisne. Et c'est là que le Front national fait le meilleur score. Le fait de ne pas avoir Internet, le fait de payer très cher son essence, etc., ça favorise le vote du Front national. Le fait que les gouvernements ne tiennent jamais leurs promesses. Le fait que cette population-là ne peut plus payer les impôts des villes, puisque les charges de centralité sont trop fortes, donc ils vont s'installer à l'extérieur, mais ils n'arrivent pas à vendre leurs petites maisons qui ne valent rien, donc ils construisent un pavillon, et quand on vous supprime les heures supplémentaires, les mecs ne peuvent plus. Et ils sont désespérés, par rapport au type qui est dans un logement social et qui, lui, ne va rien payer. Mais ceux qui pensent que c'est un problème d'immigration, ils n'ont rien compris, c'est désespérant. »

Il en tire un constat accablant pour sa famille politique.

« La droite ne regarde que le Front national, elle n'est obsédée que par cela. Ce qui la fait perdre à chaque fois, et qui continuera à la faire perdre. Le meilleur ennemi du Front national, c'est le Front national. On devrait prendre conscience de ça et les laisser faire. Ils sont destinés à s'autodétruire, parce qu'ils ne se conçoivent que comme minoritaires, donc dès qu'ils approchent de la ligne dangereuse pour eux, quasiment de la majorité, pouf… »

Lavrilleux a été aux premières loges pour décortiquer les erreurs commises par la droite républicaine. À trop vouloir taper sur le communautarisme galopant, la droite, pense-t-il, s'est enfermée dans un corner. « C'est les histoires de prières de rue, c'est les histoires de menus de substitution dans les cantines, c'est les histoires de menus halal dans un Quick, énumère-t-il. Mais il y a des rayons entiers de menus halal dans les supermarchés de mon quartier, et ça ne pose pas de problèmes ! Mais nous, à droite, on en fait tout un truc. Et ça va amener quoi à la société ? Il y a toujours des prières dans la rue. On n'a pas réglé le sujet, et Marine Le Pen dit : "Regardez, ils les ont dénoncées, mais les prières sont toujours dans la rue." Voilà. C'est un jeu sans fin, de plus en plus extrémiste. Mais ça nous éloigne de plus en plus du pouvoir. »

Lui l'assure, il n'a jamais été tenté de pactiser avec le diable frontiste. D'autres, admet-il, ont cette tentation. Mais pas son ancien chef. « J'ai travaillé pour Copé, qui a sans doute beaucoup de défauts, mais pour qui ça a toujours été une ligne infranchissable, le rapprochement physique dans le sens où l'on se parle, c'est juste in-en-vi-sa-geable. On peut cyniquement défendre tel ou tel sujet pour des raisons électorales, mais Copé, il n'a jamais franchi le Rubicon, et chacun sait que le Rubicon, on ne le franchit qu'une seule fois, et dans un seul sens. En revanche, quand je vois Julien Aubert, dans l'équipe dirigeante actuelle [secrétaire général adjoint des LR et député du Vaucluse], qui a eu des discussions avancées

avec les gens du Front national. Ce n'est pas tolérable.
Pas tolérable, parce qu'en plus c'est inefficace. Ça ne
nous fait pas aller au pouvoir. Je pense que l'"alliance",
c'est un mot encore tabou pour le moment. Mais, en
fait, c'est plutôt la substitution. On se déporte de plus
en plus vers la droite. Et pour autant, ça ne nous fait
pas gagner. C'est ce que je n'arrive pas à comprendre. »

Le Professeur pense que, pour combattre l'ennemi,
mieux vaut bien le connaître. Alors, il va au contact. « Je
rencontre régulièrement des gens du FN au Parlement
européen. On ne partage pas les mêmes idées, ça n'empêche pas de se voir, de discuter. Je suis relativement
peu suspect de connivence avec le Front national ! »

Donc, à Bruxelles, à Strasbourg, on ne compte plus
les discussions de couloir entre ennemis politiques, mais
voisins d'étage. À la buvette, dans les taxis, les restaurants, c'est un petit monde qui se croise, s'apprécie
même, parfois, malgré les divergences de fond. Marine
Le Pen ? S'il réprouve ses idées, sur le plan personnel, il
ne la trouve pas antipathique, loin de là. Et puis, Jérôme
Lavrilleux, on l'a constaté nous-mêmes, est un homme
courtois. Et taquin. « J'ai pris deux fois la voiture avec
elle pour aller du Parlement à la gare, dont une fois, en
mai 2015, le jour où on m'avait levé mon immunité, se
souvient-il. Elle m'a dit : "Bon, je suis désolée, j'étais
obligée de la voter." Je lui ai dit : "Il ne faut pas vous
tracasser pour ça, vous savez, ça vous arrivera aussi."
Et puis elle a rigolé… »

Au Parlement européen, il croise aussi le trublion
de la mouvance souverainiste, le vilain petit canard
de l'extrême droite française. Florian Philippot. Le
« patriote », en rupture avec Marine Le Pen et son

parti. « Son seul avantage à lui, c'est de finir en idiot utile, tacle le Professeur. Il peut prendre un point et demi ou deux, voire trois, à Marine Le Pen. Donc, voilà, il sera l'idiot utile du macronisme triomphant. »

Mais on n'en est pas là ; Sarkozy, nanti de son historien maléfique, Buisson, va tenter de se faire réélire. Pas gagné. Même avec Lavrilleux.

Fillon est à l'affût, les juges dans les starting-blocks. Un homme, un seul, s'évertue à déminer l'étroite route menant à la réélection : le Cardinal. Alias Claude Guéant.

CHAPITRE 14

Le Cardinal et l'incinérateur

Il est venu au rendez-vous, seul, sans ses petits cahiers, mais avec son vieil agenda. Au cas où l'on devrait se revoir. Tout prévoir, toujours.

Le grand public l'ignore : Claude Guéant, pendant ses longues années passées auprès de Nicolas Sarkozy – directeur de cabinet à l'Intérieur et à Bercy (2002-2007), secrétaire général de l'Élysée (2007-2011) puis ministre de l'Intérieur (2011-2012) –, a scrupuleusement noté, heure après heure, les petits et grands (mé)faits du pouvoir, sur des cahiers d'écolier. De quoi faire saliver plus d'un éditeur ou plus d'un... juge !

Mais, il nous l'apprend dans ce grand hôtel parisien où il s'assied sur un beau canapé, avec cette courtoisie légèrement surannée propre au haut fonctionnaire qu'il est resté finalement : il ne détient plus ces fameux cahiers. Il a usé et abusé de la broyeuse, ou plus exactement d'un incinérateur, situé au ministère de l'Intérieur, pour brûler ses archives, comme on immole ses illusions.

Claude Guéant a choisi de balancer ses notes plutôt que ses anciens amis.

Et il semble en concevoir aujourd'hui de vifs regrets...

Éminence grise ou âme damnée, au choix, de Nicolas Sarkozy, le Cardinal – on l'a affublé de tant de surnoms... – se fait discret ces dernières années. Il rase les murs, même. Rattrapé par les « affaires », lâché par les siens, l'ancien homme fort du sarkozysme triomphant, devenu symbole du sarkozysme décadent, a fait une entorse à la diète médiatique qu'il s'est imposée. Mémoire vive du quinquennat Sarkozy, et même un peu plus, Guéant le confie donc aujourd'hui, avec un mélange de dépit et d'amertume : « J'ai peut-être eu tort, mais j'ai détruit tous mes carnets. » L'intonation de sa voix et l'expression de son visage suggèrent que le « peut-être » est de pure forme... « Je les envoyais à l'incinérateur du ministère de l'Intérieur, pour qu'ils soient détruits », précise-t-il. Avant d'ajouter : « Cela aurait pu me servir, c'étaient des aide-mémoire... »

Il en sait tellement.

C'est qu'à droite ils sont nombreux à penser, à tort ou à raison, que Claude Guéant est une grenade dégoupillée. Ils n'ont pas forcément été rassurés par les conversations captées en juin 2013 par les policiers, dans le cadre de l'affaire libyenne. Certes, Guéant, alors au téléphone avec sa fille, scandalisée du peu de soutien reçu par son père mis en cause dans l'affaire des primes du ministère de l'Intérieur, lui avait répondu : « Je me défends, mais de là à mettre en cause des gens... [...] Je ne vais pas balancer... » Mais il avait aussi lâché : « Je sais quelques petits trucs, quand même ! [...] On n'est pas ministre de l'Intérieur en vain ! »

Claude Guéant a donc carbonisé ses archives. Après tout, quoi de plus logique pour cet homme qui, tel

Icare, s'est brûlé les ailes pour s'être trop approché du soleil sarkozyste, ce préfet modèle devenu le symbole d'une présidence contestée.

Pourtant, en février 2014, Guéant avait clamé sur Europe 1, alors que les juges avaient été surpris de ne trouver aucune trace écrite de son passage à l'Élysée : « Je n'ai pas détruit d'archives. [...] Je ne passais pas mon temps à accumuler des documents. »

On comprend mieux aujourd'hui pourquoi les magistrats avaient fait chou blanc.

S'il n'a pas conservé ses notes, Claude Guéant n'en a pas perdu pour autant la mémoire. Aux premières loges durant ce quinquennat sous haute tension, il conteste avoir participé à une opération concertée visant à déstabiliser le Premier ministre. François Fillon, on le sait, avait très mal vécu les immixtions répétées des conseillers du président de la République dans ce qu'il estimait être son pré carré – la conduite des affaires de l'État, rien que ça...

« Toutes les interventions que nous faisions, Henri Guaino, moi-même, tout ça était évidemment fait avec l'assentiment, et même à la demande de Nicolas Sarkozy, indique d'emblée Guéant. Est-ce qu'on s'est rendu compte des réactions que ça pouvait induire chez François Fillon ? Très sincèrement, sur le coup, non. François Fillon est quelqu'un d'assez taiseux. Il aime bien s'exprimer en public, pourtant, il en éprouve une certaine jouissance... Mais il n'exprime pas volontiers ses sentiments. Il a un caractère assez renfermé, et jamais il ne s'est ouvert à moi ou à quiconque, je pense, puisqu'à l'époque il voyait le président toujours en ma présence, et jamais il n'a protesté de quoi que ce soit. De la même façon d'ailleurs, quand il dit qu'il se sentait malheureux dans ses fonctions de Premier ministre : moi, je ne l'ai jamais entendu exprimer le moindre regret, ni la moindre tristesse sur l'exercice de ses fonctions... »

Les deux hommes avaient appris à se connaître lors de la campagne présidentielle victorieuse de Nicolas Sarkozy. « En 2007, j'avais le bureau voisin de Fillon, se souvient-il. J'étais le directeur de campagne, lui était chargé des relations avec les élus. Peut-être en concevait-il une certaine amertume, mais je ne l'ai jamais vue percer. Tous les matins à 9 heures, je présidais une réunion, sur les éléments de langage, Fillon était là. Moi, je sortais de nulle part, lui avait été plusieurs fois ministre. On mangeait un sandwich ensemble, il était charmant, mais peut-être qu'à l'intérieur ça bouillait quand même... »

Fillon a souffert, mais en silence. De ces multiples rancœurs accumulées, et tues, à même de nourrir sournoisement une haine réelle.

« Après coup, dit encore Guéant, on constate la haine de Fillon, mais moi, je ne l'observais pas au quotidien, il est vrai que je n'ai plus assisté systématiquement aux entretiens du mercredi. Il a dû souffrir beaucoup, dans le silence, en se racornissant d'amertume... »

En dépit des multiples témoignages que nous avons pu recueillir, Claude Guéant se dit sûr de son fait : à aucun moment, son mentor de président n'a eu la volonté de moucher, voire de blesser l'hôte de Matignon, y compris lorsqu'il le ravala au rang de simple « collaborateur ».

« Ah non, non, non, pas du tout, absolument pas,

proteste-t-il. Et sur l'affaire du "collaborateur", il n'y avait absolument pas de volonté d'humiliation, il y avait la volonté d'apparaître uni, en utilisant les qualités propres de Fillon, qui, dans le contexte politique de l'époque, avait une caractéristique : il était en excellente relation avec la majorité parlementaire, et ça, c'était très important. »

C'est à cette aune qu'il faudrait lire, à en croire Guéant, le vrai-faux départ de Fillon, en 2010 : « À vrai dire, commence-t-il en évoquant cette séquence, quand la question s'est posée, en 2010, de son éventuel départ et de son remplacement par Borloo, il a tout fait pour rester. En faisant donner sa garde rapprochée politique, en n'aidant pas franchement Borloo dans les démêlés qu'il s'était attirés sur la crise du pétrole – parce que c'est ça qui a cisaillé Borloo. [Guéant fait allusion à la crise des carburants, à l'automne 2010, durant laquelle le ministre de l'Écologie et de l'Énergie avait perdu du crédit dans l'opinion.] Les Français faisaient la queue aux pompes, et lui déclarait à la télévision que tout allait pour le mieux, qu'il n'y avait pas de crise, etc. Là, je pense qu'il aurait apprécié d'avoir un soutien du Premier ministre », note Guéant.

« Donc, conclut-il, Fillon a vraiment tout fait pour rester. » Preuve, aux yeux de Guéant, que le Premier ministre ne se sentait pas si misérable, à Matignon.

Et si Sarkozy a fini par se résoudre à proroger le CDI de Fillon, selon Guéant, c'est pour la même raison qui l'avait conduit à le nommer : « Il continuait à être un atout considérable dans la relation avec les parlementaires. »

Au cas où il en aurait douté, Guéant a tout de même

eu la confirmation, lors de son départ de l'Élysée pour la place Beauvau, en février 2011, des souffrances ressenties par Fillon toutes ces années. « Je me souviens, quand j'ai été nommé, Fillon a laissé un peu percer l'armure, relate-t-il. Il m'a dit : "Eh bien, je suis très content que vous ayez été nommé, comme ça, maintenant, vous êtes sous mon autorité !" Il avait dit ça avec un petit sourire, mais enfin… »

Claude Guéant ne le cache pas, à plusieurs reprises, il a été témoin de grosses colères de Nicolas Sarkozy, dont son Premier ministre était la cible.

« Il considérait qu'il n'en faisait pas assez », résume Guéant. Ce dernier partage – on s'en doutait – l'avis de l'ancien président : « Moi, révèle-t-il à propos de Fillon, j'ai été stupéfait, pour l'avoir vu souvent à l'époque, de constater que des pages entières de son agenda étaient absolument vierges ! La différence avec un Sarkozy, qui est un travailleur infatigable, c'est que, lui, il ne travaillait pas. Enfin, il ne travaillait pas autant qu'un Premier ministre à mon sens devait le faire… »

Côté Sarkozy, les motifs de courroux étaient nombreux, *dixit* Guéant. Par exemple cette sortie malheureuse de Fillon, affirmant, en septembre 2007 : « Je suis à la tête d'un État en situation de faillite. » Pour Guéant, cette déclaration a constitué « une double faute ; non, une triple faute, même : un, il n'était pas à la tête de l'État, deuxièmement, un État ne peut pas être en faillite, et troisièmement, de toute façon, il ne l'était pas, en faillite, même si on applique les critères du privé. Sans compter la faute politique ».

Sarkozy ? « Il n'était pas content, ça, c'est sûr », euphémise le toujours prudent Claude Guéant.

Pour autant, le chef de l'État avait-il conscience que son Premier ministre envisageait, déjà, de courir sous ses propres couleurs ? Son entourage proche, Claude Guéant le premier, n'a-t-il pas fait preuve de candeur, sous-estimé un futur rival ?

« Peut-être, concède l'ex-ministre de l'Intérieur. Mais c'est facile à dire après parce qu'on n'avait pas de signe de déloyauté. Alors c'est vrai qu'après, on a appris des choses incroyables. Je me souviens qu'un ministre m'a dit, plus tard, après que Sarkozy a quitté le pouvoir, et moi avec lui, que Fillon inaugurait parfois les réunions avec ses ministres en disant : "Bon, on va voir ensemble comment faire pour éviter de mettre en œuvre les instructions de Sarkozy." C'est quand même énorme ! »

Il n'empêche, tout indique que Nicolas Sarkozy a, si ce n'est sous-estimé, mésestimé son Premier ministre : « Je pense que Sarkozy ne le voyait pas comme successeur. Il ne le voyait pas comme président. »

Il est vrai que, au fil du quinquennat, c'est une autre personnalité du parti qui revendiqua, bruyamment et sans doute imprudemment, la succession : « Au sein de l'UMP, la volonté d'existence de Jean-François Copé a été, tout au long de l'exercice, très difficile à gérer, expose Guéant. Dès le départ, Copé, qui à l'époque avait une grande confiance en lui-même, en son destin, était absolument marri de ne pas être membre du gouvernement. Là, Sarkozy a sans doute fait une faute politique en promouvant sa candidature à la tête du groupe, car, immédiatement, Copé a dit : nous allons faire une "coproduction". Il y a eu des moments très, très difficiles. Parce que ce comportement personnel rejaillissait sur d'autres parlementaires, qui se sentaient pousser des ailes... »

Pas au point de pousser Sarkozy à couper celles de l'impatient et insolent maire de Meaux, qui avait été élu président du groupe UMP à l'Assemblée nationale dès le début du quinquennat. Cette ambition revendiquée, Sarkozy, à en croire Guéant, n'en fait pas un drame, à l'époque. « Je pense que ça peut l'agacer, mais ça ne le trouble pas vraiment, parce que c'est quelqu'un qui a une grande confiance en lui », dit-il.

L'ancien secrétaire général de l'Élysée en convient en tout cas, « ce qui est surprenant, à droite, c'est cette capacité à générer des ego qui se détruisent mutuellement et qui détruisent la famille, et même la pensée de droite ».

Désormais observateur très éloigné de la vie politique, Claude Guéant passe l'essentiel de son temps à gérer les procédures judiciaires dans lesquelles il est cité ou mis en cause. L'affaire du financement de l'aventure présidentielle de 2007, par exemple, dans laquelle il est poursuivi, aux côtés de Nicolas Sarkozy, dont la campagne aurait été abondée de dizaines de millions d'euros parfaitement occultes provenant du dictateur libyen Mouammar Kadhafi.

« Je sais que les juges mettent au jour la circulation d'espèces, mais à une hauteur assez dérisoire, de l'ordre de 20 000 euros ! persifle-t-il. En 2007, je ne m'occupais pas des finances, je demandais à Éric Woerth, qui avait le bureau en dessous du mien...

« Sur l'histoire des espèces, dit-il encore, j'ai appris en fin de campagne qu'un certain nombre de personnes avaient reçu des paiements en espèces. Une fois ou deux, ça m'est arrivé de constater des choses, en revenant du bistro du coin. Les gens à l'accueil me disaient : "On a une enveloppe avec des espèces, quelqu'un est passé la déposer." Ce n'était pas 20 000 euros, évidemment ! Ça venait de sympathisants. Je me souviens, j'avais dit une fois : "Montez-les à Éric Woerth" ; une autre fois, j'avais dit : "Vous n'avez qu'à payer des cafés à tout le monde..." »

Oui, mais il y a cette histoire troublante, révélée par *Le Monde* le 15 avril 2015, cette chambre forte ouverte à la BNP, place de l'Opéra, durant la campagne 2007. Une pièce entière, louée du 21 mars au 31 juillet 2007, et dans laquelle Guéant aurait, assure-t-il, stocké des archives. Une explication qui n'a guère convaincu les magistrats... L'explication est pourtant toute simple, à en croire Guéant, qui venait de quitter, en janvier 2007, le ministère de l'Intérieur, où il dirigeait le cabinet de Sarkozy, pour devenir directeur de la campagne présidentielle du même Sarkozy.

« Cette histoire de coffre-fort, c'est du fantasme, c'est complètement grotesque, s'enflamme-t-il. À l'époque, j'ai une armoire dans mon bureau, qui ne ferme pas, et les documents s'accumulent. Dans ces documents, il y en a qui méritent d'être sécurisés. Il y avait certes des discours de Sarkozy. Mais il y avait aussi des documents classifiés du ministère de l'Intérieur, sur des affaires corses, de terrorisme, et des affaires arrivées en début de campagne, sur des mises en cause de Nicolas Sarkozy, notamment l'affaire de son appartement de Neuilly-sur-Seine... Bref, j'avais rassemblé toutes les pièces pour le disculper de toute mise en cause. J'ai demandé un coffre à mon agence, à la BNP, mais on me dit : "On n'a pas de coffres." Alors, je me suis adressé à l'agence BNP de l'Opéra, où l'on me dit : "On n'a plus de coffres, mais on a une chambre forte." Du coup, mes deux ou trois paquets étaient très isolés, dans la chambre forte ! Mais il n'y avait pas d'argent du tout ! »

Au-delà des soupçons de financements politiques illicites, la justice s'est montrée à plusieurs reprises intriguée par le train de vie de l'ancien numéro 2 de l'Élysée ; elle l'a par exemple condamné pour avoir détourné des primes en espèces au ministère de l'Intérieur. De quoi justifier les bruits de la ville qui font du haut fonctionnaire autrefois irréprochable un homme devenu obsédé par l'argent, le luxe, notamment depuis sa rencontre avec l'intermédiaire Alexandre Djouhri, lui-même traqué par les juges dans le dossier libyen.

« Je sais que ça se dit, mais je n'ai rien reçu venant d'ailleurs, réfute Guéant. J'ai un train de vie ordinaire, pour ne pas dire modeste. Mais, c'est vrai, j'ai manié beaucoup d'espèces. J'ai été, tout au long de ma vie, souvent payé en espèces. Quand j'étais directeur général de la police nationale, entre 1994 et 1998, j'avais même beaucoup plus d'espèces que je ne pouvais en dépenser, je les ai conservées pendant très longtemps. »

Un rapport de la police judiciaire révélé par Mediapart avait établi, en septembre 2017, que Claude Guéant avait, entre 2003 et 2012, retiré sur ses comptes bancaires la somme totale de… 800 euros. Les policiers avaient dénoncé dans leur rapport « l'usage immodéré des espèces » de celui qui avait été leur ministre quelques années auparavant.

« Mais personne ne peut dire que j'ai eu un train de

vie fastueux, se défend encore Guéant. Djouhri est un personnage avec lequel je me sens bien, je l'ai fréquenté avec plaisir. De temps en temps, il lui arrivait de m'inviter dans des restaurants où je n'aurais pas l'idée d'aller moi-même, et c'était tout. Je ne vois pas comment on peut dire que j'aime l'argent. »

Claude Guéant, finalement, ne serait-il pas le fusible parfait, celui dont la présence – et l'obéissance – a évité jusqu'ici au système sarkozyste de totalement disjoncter ? Il ne rejette pas vraiment l'hypothèse. « Un fusible ? Dans un sens... Le système des primes était très ancien, et des milliers de gens en ont bénéficié. Je "porte" pour la communauté ! Je n'ai pas été très appuyé, c'est sûr. Mais Sarkozy, lui, a toujours été très sympa à mon égard, je ne lui demandais pas de prendre la parole pour me défendre. » Il insiste : « Je n'ai pas été très soutenu. Je pense que comme je ne suis pas... je suis un fonctionnaire, de formation, de tradition, de comportement, je ne suis pas un politique. Mais, par la force des choses, je suis apparu avec une certaine ampleur politique. Donc beaucoup de gens, qui pouvaient me voir comme un concurrent possible, étaient ravis que j'aie des difficultés... »

Un peu plus que ça, même. Car, aujourd'hui, le « vice-président » n'est plus rien, ou presque. Lâché par tous, dans l'impossibilité de converser avec son pygmalion Nicolas Sarkozy, du fait du contrôle judiciaire pesant sur ce dernier et, à l'en croire, quasiment sur la paille.

« Je fais du conseil, de l'accompagnement d'entreprises, mais cela m'est très difficile de travailler, déplore-t-il. Je ne suis plus avocat, j'ai abandonné le barreau pour un emploi salarié dans une entreprise de Londres, que j'ai quittée. Elle me payait avec irrégularité, et j'avais des doutes sur la *compliance* [la conformité]. J'ai créé une société qui n'a guère d'activités, cela fait des mois que je n'ai aucun revenu… Et ce n'est pas avec ma retraite de fonctionnaire que je peux payer mes amendes. J'avais des économies, je n'en ai plus. Je ne veux pas faire pleurer dans les chaumières, bien sûr. Mais c'est terrible… »

Il a un petit rire amer. Désabusé. L'homme qui faisait trembler les ministres se lève, rejoint son escorte d'ancien patron des flics. L'une des dernières choses qui le rattachent encore au pouvoir. « Castaner ne me l'a pas encore enlevée », sourit-il, tristement. Il n'a même pas sorti son agenda. Désespérément vide. Comme celui de Fillon, en son temps.

II

LE NERF DE LA GUERRE

*Où Sarkozy se lance
dans une campagne pharaonique*

CHAPITRE 1

Le sexe et le mépris

Bien calé dans la roue de Jean-François Copé, Jérôme Lavrilleux va pouvoir jouer les premiers rôles, accéder aux cimes du pouvoir, enfin.

En ce mois d'avril 2011, son patron, alors à la tête de l'UMP, est en déplacement en Nouvelle-Calédonie. Il faut bien le remplacer. Voici donc Jérôme Lavrilleux, numéro 2 bis du parti majoritaire, à la grille de l'Élysée, alors que s'aiguisent les appétits présidentiels, à un an de l'élection. Nicolas Sarkozy, évidemment, veut se représenter. Mais il n'en a encore dit mot.

Sauf à ses très proches.

L'élection à venir, c'est tout l'objet de ce dîner, dont Lavrilleux a conservé le menu imprimé en lettres d'or, avec un liseré bleu-blanc-rouge.

À cette date, il connaît Sarkozy, mais de loin. Il se rend parfois au Palais en tant que directeur du cabinet de Jean-François Copé. Mais rien de très intime. Ni de très important. Rien, en tout cas, qui lui permette à cette époque de se faire une religion personnelle sur le personnage. La plupart du temps, il s'agit de réunions d'état-major du parti présidentiel. Qui se tiennent, encore une fois, à l'Élysée, une confusion des genres très sarkozyste, alors à son paroxysme... À ces occasions, il a pu noter l'énergie très agressive du président, son talent oratoire aussi, mais comme tant d'autres, ni plus ni moins.

Ce soir-là, Lavrilleux est en avance, forcément. On le fait patienter dans une pièce, au rez-de-chaussée du Palais. « J'étais une sorte de François Pignon dans ce dîner de cons », se souvient-il, en référence à l'anti-héros récurrent, du genre crédule, popularisé par Jacques Villeret dans le film de Francis Veber. « Tous m'ont dit, en arrivant : "Mais qu'est-ce que tu fais là ?" Parce que c'était bien pour parler de la présidentielle... »

Il croise Bruno Le Maire, François Baroin... Des caciques. Mais il en manque un à l'appel. Brice Hortefeux. Il n'est plus ministre de l'Intérieur depuis deux mois, Sarkozy a besoin de lui à ses côtés, il faut organiser la reconquête. Le dîner débute, sans lui. Sarkozy le digère mal, et ses mots sont durablement imprimés dans le cerveau de Lavrilleux : « Mais il est où, ce con ? hurle-t-il. Ce Brice, putain, je suis président, on est à l'Élysée, il pourrait me respecter, il me fait chier ! Il est encore en train de baiser une gonzesse... C'est un scandale, pour qui il se prend ? »

Silence gêné dans la tablée. Lavrilleux, lui, est atterré par un tel étalage de vulgarité au sommet de l'État.

« Le cul... Sarko, il est obsédé par ça, commente le Professeur. Chez eux, tout s'explique par ça. Je ne veux pas commenter le physique des uns et des autres, mais quand vous baisez à couilles rabattues, c'est que vous avez ou du fric, ou du pouvoir. S'ils ont la faculté de penser que c'est juste à cause de leur *sex appeal*, de leur mètre quatre-vingt-dix ou de leurs packs de bière en guise d'abdominaux, c'est qu'il faut qu'ils enlèvent les talonnettes et qu'ils se regardent dans la glace. »

Hortefeux arrive enfin. « Il avait les cheveux longs, le teint rose », décrit Lavrilleux, avant de restituer la soufflante du chef de l'État : « T'es pas obligé de niquer quand tu sais que tu dois venir ! Tu te fous de ma gueule ! Je suis président, on est quand même chez le général de Gaulle. »

L'anecdote est confirmée par Brice Hortefeux... à un léger détail près. « Oui, je suis arrivé en retard à cette réunion à l'Élysée et je me suis fait engueuler, confesse le député européen. J'avais Valérie Pécresse dans mon département, j'avais mon avion qui était tout juste, mais j'ai dû avoir dix minutes de retard maximum. Mais ça l'horripilait, il détestait qu'on arrive en retard. Pour autant, il ne me soupçonnait pas de passer du bon temps, il ne faut pas exagérer ! » Hortefeux enfin dans les murs, Sarkozy enchaîne, subitement calmé. « Je vous ai réunis, Jean-François Copé n'est pas là – merci Jérôme de le remplacer –, car je vais avoir besoin de vous pour la présidentielle. »

C'est parti. Personne n'en doutait, mais l'annonce est faite, en petit comité, dix mois avant son officialisation. Maintenant, il faut assister au jeu favori du président. Dégoiser sur les amis politiques, les adversaires habituels, les rivaux éventuels... Tout le monde, en fait. François Fillon fait figure de parfaite tête de Turc. « Ce soir-là, j'ai vraiment ressenti le mépris de Nicolas Sarkozy pour son Premier ministre », rapporte le Professeur.

Au cours du repas, Bruno Le Maire évoque ainsi la place que pourrait occuper le locataire de Matignon

dans la future campagne. « Sarkozy répondit crûment que ça n'avait aucune importance », se souvient
Lavrilleux, qui n'a rien oublié du soliloque présidentiel.

« Fillon, il n'y a aucun risque, lance Sarkozy.
Il ne prend pas la lumière. Regardez, il est allé au ski
cet hiver, et tout le monde s'en fout ! Moi, j'aime pas
le ski, mais si j'y vais, je ne pourrais pas descendre
une pente, j'aurais toutes les télés, tous les magazines.
Fillon, c'est Mister Nobody. François vit mal d'être
Premier ministre, alors qu'il devrait être le plus heureux des hommes. Mais qu'il le vive bien ou pas n'a
aucune importance, on s'en fout, tout le monde s'en
fout. Il ne prend pas la lumière. Le problème de Fillon
est qu'il aurait envie d'être président de la République,
mais qu'en fait sa vie est pleine d'envie. C'est un
envieux. »

Puis le maître des lieux, enthousiaste, s'adresse à ses
soldats : « De toute façon, c'est tous des cons, il n'y a
que moi qui peux gagner, je m'en fous d'être très bas
dans les sondages, je vais remonter. J'ai gagné en 2007
contre tout le monde, contre l'establishment, j'ai cité
Maurras, Jaurès, sur une ligne que personne n'avait vue.
Donc je vais refaire un truc, je ne sais pas encore quoi.
Vous serez mes proches parmi les proches, je ne veux
pas que vous vous bouffiez entre vous, vous êtes mon
état-major, il y en aura pour tout le monde après. »

Autour de la table, tous se rengorgent. Ils font partie du cénacle, dégustant des vins fins, quand l'absti-
nent président se contente de jus d'orange. Lavrilleux
observe. Il est de la trempe des « efficaces », ces personnages discrets, qu'ils soient policiers, magistrats ou
hauts fonctionnaires, dont aime à s'entourer Sarkozy.

Une sorte de « préfet » de la politique, un homme capable de tout organiser, en un tour de main. L'homme fiable qui sert, à l'ancienne, en toute discrétion.

Un rouage essentiel.

Un type qui saura se sacrifier.

CHAPITRE 2

La bâche

Le Professeur n'a rien d'un fétichiste.

Mais cette campagne présidentielle de 2012 l'a profondément marqué. Traumatisé, même. Il en a conservé des cicatrices invisibles, un déchirement intime, des tourments intérieurs… Mais aussi un trophée.

Il y a plusieurs raisons de visiter la grange de Jérôme Lavrilleux, accolée à son corps de ferme, à Wiancourt. Une énorme poutre, déjà, sous laquelle le député européen passe régulièrement, en évitant soigneusement d'y porter son regard.

Au fond, tout au fond de la grange, avec vue directe sur la piscine, une vieille bâche, flétrie par le temps et l'humidité, face cachée, accolée au mur.

Retournons-la.

C'est une pièce majeure, elle figure un improbable mémorial politique. Cette bâche, passée du firmament à la déchéance, raconte à elle seule l'histoire récente de la droite française.

Elle a vécu son heure de gloire le 15 avril 2012, lors d'un meeting présidentiel, à la Concorde. Sarkozy en majesté devant des dizaines de milliers d'adorateurs. Lavrilleux en grand organisateur. « On met une scène, il y a l'obélisque, dos aux Tuileries, se souvient Lavrilleux. Moi, je me dis : "Super, la météo va être bonne, pas de fond de scène, on verra le Louvre, les Tuileries et la Pyramide derrière, puisque c'est sur-élevé." » Eh bien non, l'image ne serait pas assez belle... « Donc, reprend Lavrilleux, ils ont fait venir un photographe, avec un équipement hors de prix, qui est venu un soir, quand c'était allumé ; et il a fait une photographie de la place de la Concorde génialissime, en très très haute définition, on voit l'Assemblée natio-nale en fond. Donc on installe la scène et on projette aux gens la photo, en arrière-plan, avec les lampadaires, les voitures... Et cette grande photo a coûté, j'ai su ça après, entre quinze et vingt mille euros. Elle a été imprimée sur une bâche qui est arrachée ensuite, à la fin du meeting. Je la vois à la poubelle, et je dis aux mecs : « Elle ne resservira jamais, vous ne pouvez pas me la mettre de côté ? Et je l'ai récupérée. »

Depuis, elle pourrit, doucement. Hors de question de la jeter pourtant, car la vieille bâche remplit une double fonction cathartique auprès de Lavrilleux. Rappeler d'abord ce qu'il fut, du temps de sa splen-deur – le roi des facilitateurs, l'expert en coûts (et en coups) –, mais lui interdire, aussi, d'oublier pourquoi et comment il a violemment chuté de son piédestal.

Tout avait pourtant si bien commencé...

CHAPITRE 3

Le stand-up de Copé

Trois mois.

Trois mois qui ont duré toute une vie pour Jérôme Lavrilleux, le couteau suisse de l'UMP. De février à mai 2012, il va vivre en accéléré, sans jamais en maîtriser le tempo, une campagne présidentielle historique.

Il y a les événements. Et il y a ce que les hommes ressentent.

Pendant cette campagne présidentielle 2012, Copé est de tous les meetings de Sarkozy. Fillon tente de suivre, mais il a quand même un peu de travail, à Matignon. Les deux hommes sont bien décidés à marquer leur territoire, en prévision de la suite. L'un comme l'autre doivent anticiper la défaite de Sarkozy, donné perdant par tous les sondages. De leur point de vue, si le président sortant n'est pas reconduit, il abandonnera probablement le combat politique, et dès sa défaite actée, l'enjeu pour ceux qui guignent la succession sera de conquérir l'UMP. Et de s'imposer ainsi comme le candidat naturel de la droite pour l'élection présidentielle de 2017.

Prendre le parti, voilà la finalité. Et peu importe le programme.

Quand les deux hommes se retrouvent à l'ombre de Sarkozy, c'est forcément à celui qui parlera le premier aux assemblées de militants. « Ils ont commencé à faire chier Copé, rapporte Lavrilleux, en interdisant qu'il fasse un discours à chaque fois, car Fillon était vert de rage. Fillon était peu présent, mais jaloux. »

Du coup, le secrétaire général de l'UMP décide de changer de tactique. À chaque meeting, flanqué de Lavrilleux, il débarque bien avant le début des prises de parole. Il parcourt les travées, se prête aux selfies, aux discussions, amicales ou non. Peu importe. Ceux qui garnissent les salles sont déjà acquis à la cause. Il n'y a jamais, dans ce type de réunions, de quidams indécis, d'électeurs désireux de mieux comprendre le candidat, de citoyens susceptibles d'être séduits *in extremis*... Non, ce sont toujours des militants convaincus, des purs et durs, acheminés à grands frais par TGV, autocars ou voitures. Ce sont eux qui décideront, le moment venu, de l'identité du futur patron du parti, eux qui consacreront leur nouveau boss. Copé l'a bien compris, et Lavrilleux encore plus.

« Alors que le meeting n'avait pas officiellement commencé, je sortais de ma poche un micro HF, les caméras filmaient la salle, et Copé faisait son *stand-up*, dans les allées, au milieu des militants », raconte le Professeur. Copé fait son cirque, tresse les louanges du « grand leader », en rajoute même dans l'idolâtrie. « Il préparait la suite, sourit le Professeur. Il faisait du Sarko "+ +". Plus fayot que lui, tu meurs ! En fait, il faisait sa propre campagne gratos. Et les seuls moments où il se battait pour parler à la tribune, c'est quand Fillon se déplaçait. »

En coulisses, le duel est déjà bien installé, le bal des prétendants a commencé.

Le roi n'a pas encore perdu sa couronne que ses héritiers putatifs se la disputent déjà. À Cernay, près de Mulhouse, le 25 avril 2012, cela devient même violent. Fillon exige de discourir juste avant le président-candidat et obtient gain de cause. Copé sort en furie de la loge de Sarkozy, balance un rageur « Vous allez voir » et grimpe brusquement sur scène, alors que des applaudissements commençaient à annoncer le début de la réunion. Et il s'exprime, à la volée. Stupéfait par l'effronterie de son rival, le Premier ministre, pris de court, enrage, proteste, puis menace de quitter les lieux… Sarkozy le rattrape par la manche.

« La politique, en général, c'est une bataille d'ego de gens mal élevés », résume Lavrilleux. Et si, en plus, la haine vient à s'installer dans ce décor, alors, comme le clamait le slogan choisi par Sarkozy pour sa campagne de 2007, « tout devient possible ».

Surtout le pire.

CHAPITRE 4

La liste des 300

Il faut d'abord entrer un code secret : « nathalie ».

Et vous obtenez le Saint-Graal, la liste confidentielle des trois cents personnes, triées sur le volet financier, appartenant à « l'Équipe présidentielle 2012 ». Nous avons fini par l'obtenir, cette liste, à force d'insister, de chercher une source fiable. C'est le listing secret des privilégiés, des bienfaiteurs de l'ombre. En échange d'une contribution financière, ces heureux élus ont l'insigne honneur de participer à l'« effort de guerre », en clair, de financer la campagne de Nicolas Sarkozy, en toute discrétion. Sans compter la possibilité de deviser directement, à intervalles réguliers, avec le président-candidat.

Épluchons cette liste, jamais dévoilée jusqu'ici. Rien d'extravagant, en fait. On y trouve la communicante Patricia Balme, très proche aussi du président camerounais Paul Biya, l'industriel Henri de Pracomtal, l'avocat d'affaires Édouard de Lamaze, le directeur d'opéra Hugues Gall, le richissime homme d'affaires Philippe Journo, la banquière Virginie Morgon, l'ancien grand flic Pierre Ottavioli (décédé en août 2017), le commissaire aux comptes Philippe Peuch-Lestrade, le casinotier et ex-député RPR Georges Tranchant, ou encore Christiane Vulvert, à la fois journaliste et femme politique, faite chevalier de la Légion d'honneur par le président Sarkozy en mars 2010. Peu de noms ronflants donc, mais un assemblage hétéroclite de militants fortunés, capitaines d'industrie, communicants, banquiers, héritiers à particules et autres « réseauteurs » invétérés, qui y croient encore. Et s'achètent éventuellement une assurance sur l'avenir, au cas où...

L'entourage de Nicolas Sarkozy a toujours eu une propension troublante à empiler les structures parallèles de financement. Dès la fin de l'année 2004, marquée par la prise de l'UMP, apparaît ainsi le « premier cercle », créé pour engranger des dons en vue de la campagne présidentielle à venir. Éric Woerth s'occupe de tout, dès sa création. Il cumulera cette responsabilité, après 2007, avec celles de trésorier de l'UMP et de ministre du Budget. Près de cinq cents personnes, au total, apportent leur obole, de 3 000 à 7 500 euros, montant maximal autorisé par la loi. Au même moment, en décembre 2004, est fondé le « Cercle France », dans le même esprit, mais à destination d'un public un peu moins argenté : les dons oscillent entre 300 et 3 500 euros. Et voici donc venir, près de dix ans plus tard, parce qu'il faut bien remotiver les bonnes volontés, « l'Équipe présidentielle 2012 », structure lancée juste après la déclaration de candidature du président, en février 2012. En échange de leur obole, les généreux contributeurs ont la possibilité d'échanger avec leur « messie ».

« Ce genre de réunions faisait souverainement chier le candidat », résume crûment Jérôme Lavrilleux. Taper dans le dos d'admirateurs, fussent-ils riches à millions, puis tendre la main, ça n'a jamais franchement enthousiasmé Nicolas Sarkozy. D'ailleurs, il avait même cessé de rencontrer ses donateurs, à partir de janvier 2011. Laissant ainsi dans la nature des centaines de militants fichés, fortunés, influents, orphelins de leur idole. Tant bien que mal, des réunions mensuelles étaient encore organisées, pour ceux du « premier cercle », et tous les deux mois pour le « Cercle France ».

Mais rien de très concluant, au final.

C'est pourquoi Nathalie Etzenbach-Huguenin, la trésorière de l'UMP, s'active, ce 10 avril 2012. Elle s'efforce de rappeler Sarkozy à son devoir, avec une parfaite déférence. Dans une note confidentielle, dont nous avons eu copie, elle redonne quelques chiffres à même de donner des ailes à son président-candidat. « En 2007, le Cercle de soutien à votre candidature avait permis de lever près d'un million d'euros, avec une grille de dons comprise entre 3 000 et 4 600 euros », écrit-elle au chef de l'État. Et elle insiste : « Notre dynamique de collecte reste extrêmement forte. Nos résultats sont en hausse de 7 % par rapport à 2007. Nous venons de dépasser la barre des 100 000 dons reçus depuis le début de l'année pour soutenir votre candidature. »

Bref, Sarkozy n'a pas le choix, il va devoir s'y remettre. Le 13 avril, à l'hôtel Méridien, à 9 heures, il lui faudra sacrifier au rituel du candidat souriant et empathique. « L'Équipe présidentielle 2012 est volontairement ouverte à un public élargi de donateurs, avec une grille de dons comprise entre 300 à 4 600 euros », poursuit la trésorière dans sa note.

Déjà, le 21 mars 2012, Sarkozy aurait dû rencontrer 250 membres de la nouvelle structure de financement. Mais il avait annulé sa participation en raison des attentats de Montauban et Toulouse. Jean-François Copé et Nathalie Kosciusko-Morizet l'avaient alors suppléé.

Cette fois, il convient de mettre les bouchées doubles, assure Nathalie Etzenbach-Huguenin : « Alors que nous avons collecté à ce jour 520 000 euros au sein de l'Équipe présidentielle 2012, l'organisation de cette réunion doit permettre de lever 500 000 euros supplémentaires. »

Sarkozy débarquera donc au Méridien, à neuf jours du premier tour, juste après une interview matinale accordée à iTélé. Mais il faut mâcher le travail au candidat, à la fois débordé et peu motivé par l'exercice. Alors, ses équipes lui concoctent un petit discours, tout prêt, sans fioritures. Les éléments de langage sont calés, martelés dans un document rédigé pour Sarkozy. Il est poétiquement intitulé : « Éléments de langage sur l'importance du soutien en général et du don en particulier ». Voici ce que devra réciter très spontanément le candidat, selon cette note confidentielle : « J'ai besoin de vous, dans ce combat pour la France », dira-t-il. Avant d'évoquer, des trémolos dans la voix si possible, « cette vague que je sens monter des profondeurs du pays » !

« Permettez-moi de vous encourager très directement à poursuivre votre soutien », devra conclure le candidat, en demandant « à la majorité silencieuse », « ceux auxquels on ne donne jamais la parole », de se déplacer en masse deux jours plus tard, le 15 avril, à la Concorde, pour le « grand rassemblement du peuple français ».

Mais, au fait, pourquoi cet empressement de dernière minute, cet « appel aux dons » pour le moins tardif ?

Parce que les finances sont à sec, pardi.

CHAPITRE 5

Le Professeur prend les commandes

Ah, le meeting de la Concorde…

Roselyne Bachelot n'a jamais oublié ce dimanche 15 avril 2012. Tandis qu'à Vincennes Hollande réunit ses partisans, Sarkozy fait de même, place de la Concorde. Deux énormes meetings. Le destin de la présidentielle, dont le premier tour a lieu une semaine plus tard, se noue peut-être à ce moment-là, Sarkozy le sait, il joue son va-tout. « Je me souviens de la manifestation sur la place de la Concorde, parce qu'on avait vu que Hollande était à Vincennes. J'étais là, impressionnée, des écrans, des quadrilatères pour donner l'impression qu'il y a de la foule, etc. C'était admirablement fait, et là, je dis à un organisateur : "Bravo l'organisation !" Et il me répond : "Pfff, ça nous a coûté un bras, il nous a fallu aller chercher des praticables en Serbie, par camions." »

L'ancienne ministre de la Santé en a vu, des meetings.

Elle soupire : « C'était totalement fou, cette campagne… »

De fait, une telle profusion de moyens, c'est sans doute du jamais-vu en France pour une campagne électorale. Et ce, sur chaque meeting. Dans les loges, on se délecte de spaghettis aux truffes et de champagne

Ruinart. Les invités du président-candidat sont accueillis avec tous les égards – pas toujours dus à leur rang, d'ailleurs. Politiciens, notables locaux, amis, vedettes de la télé, de la chanson ou du cinéma… Sans compter les opportunistes et les intrigants.

Aucun détail n'a été négligé. Quelques jours auparavant, Olivier Henrard, conseiller à la Culture de l'Élysée, qui a quitté ses fonctions pour intégrer l'équipe de campagne, avait par exemple demandé, par mail, ce petit service à son ami David El Sayegh, un ponte de l'industrie du disque : « Tu as une idée de producteur qui pourrait nous faire un plateau de variétés populaire et de qualité (audible par les moins de 65 ans) pour la petite fête de la Concorde, ce dimanche en début d'après-midi ? »

La scène est monumentale, avec son fond rétro-éclairé pour mettre en valeur la photo géante du candidat. La foule est noyée sous les drapeaux tricolores achetés tout spécialement. Tout est à l'avenant : une grue télescopique, des écrans vidéo haute définition et, en régie, les meilleurs réalisateurs de télévision du marché… Bachelot conclut : « Tous ceux qui ont suivi la campagne de Sarko en 2012 voyaient bien qu'il y avait quelque chose qui n'allait pas, cette débauche de luxe… »

Pourtant, au départ, cette campagne de réélection s'annonçait au contraire plutôt modeste. Courte en tout cas. Sarkozy, qui n'a jamais caché son admiration pour la vista politique de François Mitterrand, a en tête les conditions de la réélection du président socialiste en 1988. Un modèle de (re)conquête électorale : intense, condensée, efficace. Du coup, alors que ses amis le pressent d'entrer en lice au tout début de l'année 2012, voire dès la fin de l'année 2011, Sarkozy choisit de maintenir le suspense et de se déclarer officiellement plus tard, le 15 février précisément. « Oui, je suis candidat à l'élection présidentielle », lance-t-il ce soir-là à Laurence Ferrari, au JT de 20 heures, sur TF1. « J'ai déclaré ma candidature le 15 février 2012, je voulais que cela soit secret : par les conditions et le moment de ma déclaration, je voulais créer une surprise, racontera-t-il plus tard au juge Tournaire. Personne d'autre que la toute petite équipe autour de moi n'était au courant. »

Cette « petite équipe » est composée de son très droitier conseiller Patrick Buisson, du secrétaire général de l'Élysée Xavier Musca, du publicitaire Jean-Michel Goudard et du spécialiste de l'opinion Pierre Giacometti, auxquels il faut ajouter Olivier Biancarelli, conseiller politique. Jérôme Lavrilleux n'est pas encore là. Pas vraiment.

Dans l'esprit du président sortant, ce sera donc une campagne format *Blitzkrieg*. Sarkozy n'est pas un novice, c'est sa troisième aventure présidentielle, la seconde menée pour son propre compte (en 1995, il était le porte-parole d'Édouard Balladur). Il n'ignore donc rien des contraintes qui pèsent sur les postulants. Financières, notamment. Le montant maximum des dépenses autorisées est de 22,5 millions d'euros pour les prétendants atteignant le second tour.

D'après des documents internes découverts quelques années plus tard par les policiers, les projections initiales, faites dès la mi-janvier 2012, prévoient, au seul titre des réunions publiques, un budget de 6 850 000 euros. Quinze meetings sont programmés, douze de moyen format pour un montant de 350 000 euros par réunion, et trois de grand format, évalués à 550 000 euros chacun. Selon Marc Leblanc, l'un des experts-comptables chargés de présenter le compte de campagne, aucune inquiétude à l'horizon : « Le budget, tel que présenté, me paraissait cohérent, le pourcentage de meetings par rapport au reste était cohérent. »

Tandis que, dans l'ombre, un marionnettiste nommé Patrick Buisson entend bien continuer à tirer les ficelles présidentielles, une demi-douzaine de personnes sont désignées pour gérer l'aspect logistique et financier, d'où se dégage un incontournable quatuor. Ou plutôt deux duos. Le premier est composé du préfet Guillaume Lambert, ex-chef de cabinet du président Sarkozy bombardé directeur de campagne, et d'un adjoint nommé sur le tard, Jérôme Lavrilleux.

Initialement, les sarkozystes avaient pensé confier la direction de la campagne à Patrick Stefanini, réputé pour ses talents d'organisateur – il avait mené la campagne victorieuse de Chirac en 1995. « Je me souviens, rapporte Stefanini, que Guéant était venu à Bordeaux, à l'automne 2011, il me semble, et il m'avait dit : "On s'interroge sur le directeur de la future campagne, tu es un bon organisateur..." Mais je n'avais pas réagi, et il n'y avait pas eu de suite. »

Autre option examinée par Nicolas Sarkozy : Brice Hortefeux, fidèle entre les fidèles, au profil purement politique. « Sarkozy m'avait proposé d'être directeur de campagne, quand j'ai quitté le gouvernement, en février 2011, révèle le député européen. Il m'a d'abord proposé d'être secrétaire général de l'Élysée, il m'avait fait venir un dimanche après-midi pour me le dire.

Mais ça n'aurait pas été une bonne idée, car il aurait donné le sentiment qu'il entrait déjà en campagne présidentielle. »

Ce sera donc Lambert. Il a été choisi au dernier moment par Sarkozy, un peu par défaut, juste avant sa déclaration de candidature du 15 février 2012. Initialement, le chef de l'État avait en effet jeté son dévolu sur René Ricol, qui avait été, durant le quinquennat, médiateur du crédit puis commissaire général à l'investissement, chargé de la gestion du fameux « Grand Emprunt » lancé en 2010. « Nicolas Sarkozy m'avait informé quinze jours plus tôt que je serais son directeur de campagne, René Ricol ayant refusé d'occuper ces fonctions, expliquera Lambert. Je n'avais pas souhaité exercer cette responsabilité, mon parcours professionnel [commissaire de la marine, sous-préfet et préfet] ne m'ayant jamais confronté ni aux exigences d'une campagne électorale, ni à la maîtrise des rouages d'un parti politique. » C'est donc un homme à la fois réticent et inexpérimenté que Sarkozy choisit pour diriger sa campagne.

Le destin de Jérôme Lavrilleux, lui, a basculé le 1er mars 2012. Ce jour-là, trois des hommes qui ont l'oreille du président, Patrick Buisson, Pierre Giacometti et Jean-Michel Goudard, envoient une note en forme de doléance au chef de l'État : « L'organisation est bien tenue par Guillaume, ainsi que les finances, mais le punch, la rage du combat, c'est Lavrilleux. Et nous en avons besoin. » À l'évidence, le discret préfet Lambert ne suffira pas, il manque un moteur, une âme. En clair, un faiseur de président : Jérôme Lavrilleux. Toujours à la tête du cabinet de Jean-François Copé à l'UMP, parti dont il reste salarié, Lavrilleux est ravi. Quoi de mieux qu'une élection présidentielle, quand on a le goût du combat politique ? Et puis, directeur adjoint de la campagne, ça pose son homme, tout de même. « Moi, comme un con, je suis fier d'avoir ce titre-là, et de l'utiliser, confesse-t-il. C'est plus un titre de courtoisie destiné à montrer le lien entre la campagne et le parti, entre le secrétariat général de l'UMP et le candidat à la présidence. » En vérité, Lavrilleux est déjà à l'ouvrage, dans l'ombre, depuis longtemps, bien avant même le lancement de la campagne et le tout premier meeting, à Annecy, le 16 février 2012.

En tant que cheville ouvrière de l'UMP, il participe en tout cas, chaque matin vers 10 heures, à une réunion présidée par Guillaume Lambert, au siège de la campagne, rue de la Convention à Paris (15ᵉ). « Lors de cette réunion, nous apprenons de Guillaume Lambert la liste, mise à jour quotidiennement, des prochains meetings à organiser, se souvient-il. À J – 10 au début de la campagne, et à J – 3 ou – 4 ensuite. »

Atypique, le couple formé par Guillaume Lambert et Jérôme Lavrilleux n'est pas forcément complémentaire, à en croire par exemple Benoist Apparu. « Dans l'équipe de campagne, ils ne sont pas assez politiques, ce sont juste des organisateurs, observe l'ancien ministre de François Fillon. Il manquait un Stefanini, quelqu'un avec le double hémisphère, à la fois ultra-techno et un vrai "pol". Ils ne sont pas très nombreux à avoir cette capacité-là… » Recourant à un néologisme évocateur, Apparu l'assure : « Beaucoup de présidents, pour leur campagne de réélection, font le choix d'"ultra-élyséer" le dispositif. »

À côté du binôme bancal Lambert-Lavrilleux, un autre tandem, formé par Éric Cesari, directeur général des services de l'UMP, surnommé « l'œil de Sarkozy » du fait de sa fidélité au président sortant, et Fabienne Liadzé, chargée des finances à l'UMP. « Dans l'équipe de campagne, je n'avais pas de fonctions, avouera cette dernière aux enquêteurs. En ma qualité de directrice des ressources de l'UMP, je suis cependant intervenue dans la campagne à titre de support, notamment en formalisant les contrats de travail des personnes embauchées pour la campagne, la prise en charge des déplacements et le support logistique des équipes sur les sujets financements. »

Sur le plan opérationnel, c'est Lavrilleux qui est en contact avec les prestataires, les techniciens chargés de monter l'infrastructure des réunions publiques.

Pour son plus grand malheur.

CHAPITRE 6

Le meeting dans le meeting

À l'époque, qui connaît Bygmalion ?

Pour organiser ces meetings que le candidat Sarkozy désire majestueux, il a été fait appel à deux sociétés spécialisées dans l'événementiel, contrairement à 2007, où le parti s'était occupé de tout lui-même, sans rien déléguer à des prestataires extérieurs. La principale entreprise, c'est Event & Cie. Filiale de la société Bygmalion, elle a été choisie pour gérer la totalité des meetings. Elle est réputée proche de Jean-François Copé, car dirigée par deux anciens directeurs de son cabinet, Bastien Millot et Guy Alvès. L'autre, Agence Publics, davantage située dans l'orbite sarkozyste, doit intervenir en renfort d'Event sur les trois plus grandes réunions publiques (Villepinte, Concorde, Trocadéro).

L'entrée en campagne est marquée, là aussi, par une totale improvisation. Et ça, Lavrilleux déteste. Ainsi, il est prévu, une heure avant le « 20 Heures » de TF1 où Sarko se déclare officiellement, qu'il faut caler un premier meeting dès le lendemain ! « Il n'y a même pas de compte de campagne d'ouvert. C'est le parti qui avance l'argent, et sur les cartons pour les militants du meeting d'Annecy, le premier, puis celui de Marseille

ensuite, il est écrit : "Invité par Jean-François Copé".
Moi, au départ, je pensais qu'il y aurait seulement trois
ou quatre meetings, c'est ce qu'on nous avait dit... »
Autre souci, dont le camp sarkozyste minimise les
conséquences selon Lavrilleux : « Bygmalion n'est pas
prêt, rien n'a été anticipé. »

S'agissant de la stratégie politique, Sarkozy n'a
confiance qu'en ses fidèles, aux premiers rangs desquels figure Brice Hortefeux. Ce dernier faisait partie du « groupe logistique » qui avait été constitué en
amont de la campagne : quatre personnes (Lavrilleux,
Biancarelli, Cesari et donc Hortefeux) qui se réunis-
saient alors, dans le plus grand secret, chaque semaine
à l'Élysée.

Jérôme Lavrilleux est l'homme clef du dispositif.
Pourtant, c'est loin d'être un sarkozyste historique,
juste l'homme à tout bien faire de Jean-François
Copé. Sarkozy s'en expliquera devant Serge Tournaire,
quatre ans plus tard : « Candidat, mon premier souci
est d'unifier ma famille politique. Pourquoi ? Je suis
attaqué par la gauche, ce qui est normal. Mais je suis
aussi attaqué par l'extrême droite. Si en plus j'ai la
pagaille dans mon camp, je ne peux pas m'en sortir,
je dois unifier ma famille, c'est une priorité. » Dans
cette logique, s'assurer le soutien de celui qu'il dit avoir
« propulsé secrétaire général de l'UMP en 2010 » est
primordial. « Je ne connais pas Lavrilleux », affirme-t-il
encore – ce qui est parfaitement faux. « Mais je me dis
qu'il faut que l'UMP se mobilise pour ma campagne,
reprend Sarkozy. Donc je veux tout faire pour rapprocher l'UMP de ma campagne, pour qu'il n'y ait pas
l'ombre d'un flottement entre les deux. » Il précise :

« Je prends donc Lavrilleux parce qu'il est de notoriété publique le plus proche collaborateur de Jean-François Copé. Il est un peu à Jean-François Copé ce que Brice Hortefeux est pour moi. Donc, avec Lavrilleux, j'ai la certitude d'avoir Copé, donc d'avoir l'UMP. »

Pour Sarkozy, c'est une opération gagnant-gagnant : « Copé fait campagne dans ma campagne. Il a tout intérêt, comme moi, mais pour des raisons différentes, à ce qu'il y ait une gémellité entre l'UMP et ma campagne. Si je gagne, il sera celui qui, aux premières loges, aura fait gagner le candidat de l'UMP, et si je perds, il aura été celui qui aura fait campagne, parlé dans tous mes meetings, et qui aurait assuré la succession, puisque j'avais dit que, si je perdais, j'arrêtais la politique. » Une petite phrase particulièrement instructive, elle signifie bien que dans l'esprit de Sarkozy, en cas de défaite, Fillon ne pouvait en aucun cas prétendre à récupérer son sceptre, celui de leader de la droite française.

Mais, pour l'heure, Fillon vit heureux, bien caché.

Alors qu'il aurait besoin d'un bloc soudé derrière lui, il doit faire avec les divisions qui, déjà, lézardent son camp. Figure montante de l'UMP, Laurent Wauquiez, pourtant estampillé sarkozyste pur sucre, est éconduit sans ménagement par les copéistes. « Je suis très peu dans la campagne, parce que, d'abord, il y a quand même plutôt une volonté de me mettre à l'écart, confirme le président de LR. À un moment, je devais être porte-parole, mais on a ce gros point de tension avec Nicolas au sujet de Lejaby, et donc, clairement, je ne suis pas du tout le maillon central de la campagne. » De fait, tout début février 2012, Nicolas Sarkozy avait piqué une immense colère lors de la reprise de l'usine de lingerie Lejaby, en Haute-Loire, fief de Laurent Wauquiez. Sarkozy avait reproché à son ministre de l'Enseignement supérieur et de la Recherche d'avoir bravé la consigne de l'Élysée, qui avait prévu de laisser le président annoncer lui-même cette issue heureuse. Toujours bon à prendre à l'orée d'une campagne présidentielle... Selon des propos rapportés à l'époque par *L'Opinion*, Sarkozy aurait incendié Wauquiez au téléphone en termes fleuris : « Tu es vraiment un pauvre con. C'est moi qui ai tout fait. C'est moi qui ai appelé Bernard Arnault, et toi, tu veux faire le malin ! » Du coup, le maire du Puy-en-Velay s'était senti obligé d'aller sur BFM-TV le 2 février pour affirmer très spontanément que « rien n'aurait été possible sans l'engagement du président sur ce dossier » !

Pourtant, quelques semaines plus tôt encore, Wauquiez semblait tout désigné pour jouer un rôle majeur dans la campagne présidentielle à venir. « Il y a un gros affrontement à l'époque sur le choix du porte-parole, rappelle-t-il. Il y a toute une partie des gens qui poussent Nicolas en disant : "Prends Laurent comme porte-parole, parce que c'est le choix de la cohérence", et il fait un choix dit d'ouverture à gauche et il prend Nathalie [Kosciusko-Morizet]. Et donc clairement, à ce moment-là, je ne suis pas du tout dans le cœur de la campagne. Donc moi, honnêtement, cette campagne, je la fais, parce que je fais beaucoup de meetings, mais je ne suis absolument pas dans le staff stratégique, absolument pas dans les réunions stratégiques... Je suis juste dans les réunions où on est, je m'en souviens encore, vingt-cinq à l'étage de leur QG de campagne, qui était d'ailleurs tout biscornu. Donc ce n'est pas du tout mon histoire… »

Le premier meeting d'envergure, à Marseille, est un échec en termes d'organisation et de mise en scène. Le candidat de droite s'en ouvre aussitôt à Lavrilleux : « La réalisation, mon Jérôme, ce n'est pas bien. Il n'y avait qu'une toute petite caméra, sur un bras télescopique. » Du coup, le réalisateur chevronné Yves Barbara est débauché, on fait venir les camions-régies du Tour de France, on installe des contre-écrans dans la salle, on recrute même des cameramen en plus.

L'objectif n'est pas forcément de remplir les Zénith, mais de donner l'impression d'une foule d'électeurs en mouvement. D'où l'importance des écrans disposés dans la salle. Un effet de magie télévisuelle : le réalisateur diffuse sur des télévisions géantes des images de foules en liesse… puis les filme. Les images étant fournies par l'équipe du candidat, le téléspectateur n'y voit que du feu.

Ce n'est pas le théâtre dans le théâtre cher à Shakespeare, mais le meeting dans le meeting – la fin sera aussi tragique…

L'important est de produire un effet démultiplicateur. Il se passe quelque chose autour de Sarkozy, il est incontournable, voilà le message. À faire passer d'urgence.

Et ça, Lavrilleux sait faire.

Méfiant, et peut-être aussi trop sûr de lui, le « boss » délègue peu, trop peu, durant cette campagne. « Il n'y avait aucun pilote, nous, on nous avait dit qu'on était des cons, bon, très bien, se souvient Roselyne Bachelot, présente à la quasi-totalité des meetings. Mais, plus tard, Sarko s'est rendu compte qu'il n'avait rien au bout du palonnier, et là, il nous en a voulu. » Bachelot n'en démord pas : « C'est de sa faute, totalement, à Sarkozy. Il va nous dire : "Je n'ai pas besoin de vous, je vais faire ma campagne, surtout vous ne faites rien", se rappelle-t-elle. On prépare des notes techniques, j'avais dit à l'Élysée, je suis à disposition, ce qui aurait empêché des conneries, comme l'autorisation parentale pour la pilule pour les filles mineures, évoquée par Sarkozy en fin de campagne : là, j'ai grimpé aux rideaux ! La campagne n'est pas préparée, ce qui va avoir des conséquences sur son financement. Et on arrive sur l'histoire Bygmalion… »

Comme en écho, Jean-François Copé confie : « Sarkozy a ce défaut, il n'est pas joueur d'échecs, or il ne faut jamais sous-estimer son adversaire. On est tous des nuls, tous des cons, lui, il sait tout… Mais il a cette capacité extraordinaire de baratiner les gens, les gars ils y croient, ou ils se convainquent d'y croire. »

François Fillon y croit-il, lui, ou fait-il semblant ? En tout cas, il donne le change et joue le jeu, même s'il doit supporter à plusieurs reprises ces petites humiliations auxquelles il ne s'habituera jamais, Sarkozy ne laissant pas passer une occasion de lui faire comprendre qui est le chef.

Nanti d'une impopularité record – il a depuis été égalé et même dépassé dans ce registre par ses successeurs ! –, le chef de l'État sortant part de très loin, il est nettement distancé en début de campagne dans les enquêtes d'opinion. « Tous les sondages me donnent perdant, certains me donnent éliminé dès le premier tour », rappellera-t-il plus tard aux juges. Ajoutant, entre forfanterie et regret : « À la minute où je suis entré en campagne, les sondages ont commencé à monter, et cela s'est joué au final à un point et demi. Les observateurs ont dit que j'étais entré trop tard en campagne... » De fait, au fil des semaines, l'écart avec le favori, François Hollande, se réduit. Sarkozy en est certain, l'exploit est possible. Pour cela, il faut passer la surmultipliée... et augmenter le nombre de meetings.

Pris dans un tourbillon, galvanisés par l'enthousiasme de leur charismatique leader, les sarkozystes se mettent à y croire : il faut accélérer, mettre les bouchées doubles. Voir grand. D'après Adiba Regragui, chargée de l'événementiel à l'UMP, « l'écart dans les sondages avec son opposant commençait à se resserrer, ce qui pouvait expliquer la demande d'accélération de la tenue des meetings ».

Lavrilleux tente de suivre le rythme infernal du boss, il finit par connaître les petites et grandes manies de Sarkozy, qu'il cornaque dans les meetings. Il jouait en Ligue 1, le voici propulsé en Ligue des champions, grisé, épuisé, son éternelle écharpe verte brandie comme un talisman. Les sondages remontent, le champagne fait un malheur dans les locaux privés construits à grands frais pour le président à chaque meeting : parois insonorisées, douches, écrans plasma... Lavrilleux n'a plus le temps de passer chez lui, sa secrétaire lui achète des chemises par paquets entiers, il revient chaque soir en Falcon, avec le candidat, doit subir au passage les chansons du barde officiel, Didier Barbelivien.

La frénésie s'empare du camp Sarkozy.

Et du Professeur.

CHAPITRE 7

L'écharpe verte

Le téléphone portable de Lavrilleux sonne, sans cesse.

Un numéro masqué, auquel il répond en s'écartant de la foule. « Comment ça va, mon Jérôme ? Il y a du monde, mon Jérôme ? » C'est le « président sortant », comme le qualifie ironiquement François Hollande. Un chef de l'État inquiet surtout, en mal d'affection populaire.

Le Professeur tient, sur les nerfs. Le TGV est devenu le nouveau domicile de Lavrilleux, au point de se créer des torticolis à force de s'endormir au-dessus des grilles de climatisation. D'où sa fameuse écharpe verte fétiche, d'un goût douteux, qu'il trimballe partout. Et ce satané téléphone, jamais en sommeil. Sarkozy et Lavrilleux ont rarement été si proches. Avec l'homme lige de Jean-François Copé, le chef de l'État dispose d'un sacré atout. D'autant que celui-ci est sous le charme. « J'ai rarement côtoyé quelqu'un avec un tel charisme, qui donnait un tel sentiment de puissance, de capacité à entraîner, dit-il. Une bête de scène. Quel bonhomme ! Il vous ferait lever une foule en lisant le Bottin ! Mais c'est plutôt un sprinter qu'un coureur de fond. »

Tous les soirs, vers 19 heures, à l'Élysée, une réunion stratégique fixe les déplacements à venir, en présence de Sarkozy. Il faut aller de plus en plus vite, multiplier les initiatives, jusqu'à organiser un meeting quotidien. Lambert en informe ensuite Lavrilleux, qui, lui, doit composer de son côté avec les angoisses grandissantes de Franck Attal, l'homme à tout faire d'Event & Cie ; il a engagé de gros frais, promis des paiements, et les fournisseurs commencent à s'impatienter. « Un jour, raconte le Professeur, Attal vient me voir dans mon bureau et me dit : "Jérôme, on fait plein de meetings, je paie plein de fournisseurs, et on n'a pas de rentrées d'argent." Je vois ça ensuite avec la directrice financière du parti, Fabienne Liadzé, qui me dit : "Il n'y a pas de soucis, l'UMP paie, et peut ensuite refacturer à la campagne." Alors, l'UMP paie. Et on se retrouve avec un meeting par jour. »

À la mi-mars 2012, Éric Cesari acte ce soudain changement de stratégie. Dans un mail adressé le 19 mars au patron de la campagne, Guillaume Lambert, et dont l'adjoint, Jérôme Lavrilleux, est en copie, le directeur général des services de l'UMP écrit : « Cher Guillaume, Jérôme et moi avons bien pris note du souhait du Président de tenir une réunion publique chaque jour à partir de la semaine prochaine. »

À l'arrivée, ce seront 44 meetings qui seront mis sur pied, là où une demi-douzaine, puis une quinzaine au grand maximum, avaient été budgétés ! Pour rameuter les fidèles, des trains spéciaux sont affrétés. Pour un tarif exorbitant : 150 000 euros, et même parfois plus, pour obtenir la mise à disposition d'un TGV bourré de militants jusqu'à la gueule.

Car encore une fois, à l'origine, comme le confiera le trésorier de l'UMP, Dominique Dord, les proches de Sarkozy tablaient bel et bien sur « une campagne courte et ramassée sur quelques grands rendez-vous ». Selon Dord, « on pouvait penser, à l'époque de l'élaboration du budget, que le compte de campagne de 22 millions d'euros suffirait à les couvrir ». Et d'ajouter : « Donc je suis plutôt sur la position de Lavrilleux de cinq meetings. La réalité, je l'ai découverte au fur et à mesure. Je crois d'ailleurs que c'est le cas de tout le monde. Il se dit par exemple que la réunion de la Concorde a été décidée quelques jours avant. »

Jean-François Copé, alors secrétaire général de l'UMP, a le même souvenir. Lui aussi dit avoir entendu évoquer, au début de l'année 2012, « quatre ou cinq grands meetings pour toute la campagne ». Guillaume Lambert lui-même le rappelle : « Concernant la stratégie de campagne, il avait été décidé au départ, avec l'équipe de campagne et le candidat Nicolas Sarkozy, quinze à vingt événements organisés dans le cadre de la campagne. »

Il y en a un, un seul, qui conteste totalement cette lecture, ou plutôt relecture des événements, c'est le principal intéressé. Sans doute parce qu'il a tout intérêt à invalider la thèse d'une accélération brutale, source d'inévitables dérives financières. Selon Nicolas Sarkozy, donc, il aurait toujours été clair que sa campagne présidentielle nécessiterait des dizaines de réunions publiques. Même le chiffre de quinze, pourtant attesté par plusieurs documents internes dont nous disposons, il le conteste. Il l'expliquera aux policiers en ces termes : « Quinze meetings, je ne sais pas qui a inventé ça, mais il y a vingt-deux régions, je suis candidat, j'ai de l'expérience, et j'irais dire à mon équipe de campagne que l'on n'irait pas dans les vingt-deux régions ? Cela est absurde. » Pas tant que ça, la preuve : le président sortant n'organisera aucun meeting dans le Limousin, en Haute-Normandie ou en Picardie... « Jamais personne ne m'a entendu dire que ma campagne aurait cinq meetings ou quinze meetings, s'énervera-t-il encore. J'ai trente-cinq ans d'expérience de la vie politique, penser que je puisse envisager de faire campagne en disant depuis le début au tiers des régions françaises que je n'irai pas, qui peut apporter crédit à une telle chose ? »

Qui ? Les juges d'instruction, malheureusement pour lui.

Ils ont recueilli de nombreux témoignages contredisant celui de Nicolas Sarkozy. Le président de la Commission nationale des comptes de campagne et des financements politiques (CNCCFP), François Logerot, évoque ainsi « un certain emballement de la campagne », se traduisant par une inflation fulgurante du nombre de réunions publiques : « Je rappelle qu'en l'espace de deux mois et demi, il y en a eu 44 alors que les prévisions initiales, d'après les informations que j'avais pu avoir au début de la campagne, tablaient sur une quinzaine de meetings. »

Les magistrats ont surtout mis la main sur une note adressée au candidat, dès le mois de décembre 2011, par l'équipe de pré-campagne, qui s'activait déjà dans l'ombre. « Nous sommes partis sur l'hypothèse que vous vous déclareriez candidat durant la première quinzaine de février, dit la note. Il nous semble qu'au-delà de vos réguliers déplacements en province ou dans des lieux symboliques de votre quinquennat (Les Glières, Toulon, Puy-en-Velay...), il serait opportun de prévoir une dizaine de lieux de "grands meetings" (5 000 ou plus). Cela ferait donc environ un "grand" meeting par semaine, de votre déclaration de candidature jusqu'au premier tour. » Confirmant que l'hypothèse d'une poignée de meetings avait été envisagée, le document précise même : « Faire moins risquerait de créer un phénomène de frustration dans une période de campagne »...

L'inflation du nombre de meetings ne doit surtout pas se faire au détriment de leur qualité. Pour les sarkozystes, pas de doute, il faut recourir aux grands moyens, en mettre plein la vue aux militants et, surtout, aux téléspectateurs.

En effet, comme le relèveront les juges, la campagne présidentielle de 2012 se déroule « dans un contexte nouveau, caractérisé par la montée en puissance des chaînes d'information en continu, qui a profondément transformé le paysage audiovisuel ». Et obligé le candidat Sarkozy à repenser la formule du meeting, qui serait « désormais axé sur la production d'images spectaculaires censées traduire la mobilisation et la ferveur militante, fournies clef en main aux diffuseurs, et destinées à passer en boucle dans les médias pendant toute la durée de la campagne ».

Si même les juges se piquent de stratégie électorale...

« Les meetings, ce n'est pas fait pour convaincre, cela sert de décor à une émission de TV en direct, avec l'avènement des chaînes d'info », confirme doctement le Professeur.

Comme en lévitation, le candidat ne tient aucun

compte des alertes portées à sa connaissance par Lambert, bien au contraire. Ce que Sarkozy veut... Ces foules se pressant pour venir boire ses paroles, recevoir l'onction sarkozyste, rien de tel pour réparer l'ego d'un président mal aimé. Le meeting de la place de la Concorde, en fin de campagne, est un pur condensé de cette thérapie dilapidatrice. Des militants venus par dizaines de milliers, acheminés par trains spéciaux, sans avoir un euro à débourser, bien sûr. « Les militants de droite, ils n'ont jamais rien payé de leur vie », persifle Lavrilleux. Là encore, des drapeaux par milliers, comme une multiplication des petits pains, des écrans de TV géants, des tentures pour masquer les barrières Vauban...

Et comme le signal télé est fourni par les équipes de Sarkozy, tout est sous contrôle. Les militants trop décatis sont cachés, on place en revanche les plus jeunes près du parcours pédestre de Sarkozy pour diffuser de belles images. Et juste à côté de l'espace dévolu à la presse, on met les plus bruyants, afin de donner aux journalistes l'impression d'une ferveur sans égale, d'un enthousiasme débordant. Lavrilleux est un orfèvre, il a dépassé ses maîtres chiraquiens en la matière. « Il faut de la couleur, aussi », note-t-il. Comprenez, de la diversité : « Des Blacks, des Asiatiques, de tout », précise-t-il.

Le Professeur est aux commandes du train fou. Avec Hollande dans le rétroviseur.

CHAPITRE 8

Hollande et les rappeurs

Cela peut surprendre, mais c'est un fait, pourtant : au cours de la campagne, le tube *Niggas in Paris*, signé des deux mégastars du rap américain Jay-Z et Kanye West, a passionné l'entourage du candidat Sarkozy ! C'est du moins ce qui ressort de la consultation de dizaines de mails inédits dont nous avons pu prendre connaissance au cours de notre enquête. Ils traduisent une préoccupation constante, pour ne pas dire une obsession, chez les stratèges sarkozystes, au cours de cette campagne présidentielle décidément pas comme les autres : surveiller en permanence l'adversaire numéro un, François Hollande. Et espérer découvrir une anomalie, voire, qui sait, une éventuelle irrégularité, susceptible d'être immédiatement exploitée, bien entendu.

Cette chanson de rap, par exemple, qui pourrait avoir été utilisée de manière indue par le candidat socialiste...

Le 10 avril 2012 en fin d'après-midi donc, Olivier Henrard, conseiller culture du président Sarkozy tout au long du quinquennat, s'enquiert auprès de David El Sayegh, alors directeur général du Syndicat national de l'édition phonographique, d'un sujet de première importance : « Bonjour David, pardon de te déranger pour une broutille, mais sais-tu qui représente en France les intérêts de Jay-Z et Kanye West, dont l'équipe de campagne de Hollande vient d'utiliser en fond sonore la chanson "Two Niggas in Paris" ? Je doute en effet que ces rappeurs bien connus comptent François "Gangstashit" Hollande parmi leurs nombreux amis... Merci de ton aide ! »

Amusant, mais pas seulement, on va le comprendre. « Je fais passer l'info à Universal, répond presque immédiatement David El Sayegh. Es-tu sûr qu'il s'agit d'un clip posté par l'équipe de campagne de F. Hollande ? » Henrard est formel : « Par un de ses "conseiller et ami", qui s'appelle François Laforestrie », répond-il en évoquant cette figure de la culture urbaine. Quant au clip en question, réalisé par 2H12 Crew, il a provoqué un buzz considérable, et la musique du duo West-Jay-Z n'y est pas pour rien. Henrard, décidément aux aguets, revient quelques minutes plus tard vers El Sayegh, presque triomphant : « Hollande vient de poster la vidéo de Jay-Z et Kanye West à toute sa base e-mail !!! »

Dimanche 29 avril. Les deux grands favoris, Hollande et Sarkozy, ont franchi comme prévu l'obstacle du premier tour le week-end précédent, il leur reste maintenant une semaine pour faire la décision. Olivier Henrard n'a pas oublié ce fameux clip, il revient à la charge en début d'après-midi auprès de David El Sayegh, aujourd'hui secrétaire général de la toute-puissante Sacem, la Société des auteurs, compositeurs et éditeurs de musique. « Salut David, pardon de te déranger en week-end pour une petite consultation. À ce jour, le clip a été visionné 360 000 fois sur YouTube. Sans compter l'envoi par mail à toute sa base de contacts (plusieurs centaines de milliers de personnes, logiquement) », commence Henrard, avant d'en venir à l'essentiel : « Si l'achat des droits correspondants avait été facturé par Jay-Z et Kanye West, ça représenterait un montant de combien ? Un ordre de grandeur ? Merci ! »

En début de soirée, El Sayegh se fait pédagogue : « La facturation au titre de la synchronisation s'effectue de manière forfaitaire quand le clip n'a pas vocation à être commercialisé comme c'est le cas en l'espèce. Il faut d'ailleurs obtenir deux autorisations, l'une au titre des droits voisins, l'autre au titre des droits patrimoniaux. Dans le cas d'une synchro pour une pub, cela se monnaye à plusieurs dizaines de milliers d'euros, voire centaines selon la notoriété de l'artiste. Ici l'artiste est très connu. Pascal pourrait te répondre plus précisément », conclut l'auteur du mail en faisant allusion à Pascal Nègre, l'incontournable patron d'Universal Music France (il en a été le PDG de 1998 à 2016), le label à l'époque des deux rappeurs.

Cette histoire commence à sentir bon, semble penser Henrard. La preuve, dès le lendemain, il en réfère par mail au directeur de campagne, Guillaume Lambert. « Importance : Haute », indique-t-il au début de son courriel, rédigé comme suit : « Après discussion avec Pascal Nègre, il s'avère que :

– L'utilisation de la musique de Jay-Z et Kanye West pour un clip commercial, type Dior, peut être valorisée autour de 1 million d'euros ; dans le cas d'une utilisation institutionnelle, type Hollande, on serait plutôt aux alentours de 200 000-300 000 euros ;

– Universal a préparé un référé, mais ça a pris du temps car c'est un de ses labels US qui est en cause ; *a priori* le juge devrait être saisi mercredi. »

Une éventuelle procédure judiciaire menée contre le candidat socialiste ? Dans le money time de la campagne, quelle aubaine ! Le soir même, Lambert s'empresse de communiquer par mail la (bonne) nouvelle à Philippe Blanchetier, trésorier de l'association de financement de la campagne, ainsi qu'à la responsable des finances, Fabienne Liadzé. Il s'agit d'exploiter sur tous les plans cette histoire. « Philippe, écrit Lambert, pour ta bonne information, Hollande a utilisé une musique pour l'un de ses clips vidéo sans en payer les droits. Il faudra veiller à ce que cela soit bien ré-imputé dans ses comptes de campagne. »

L'affaire n'ira finalement pas plus loin, mais elle est révélatrice d'une ambiance, tout de même...

Et plus l'échéance du dimanche 6 mai 2012 se rapproche, plus la fébrilité gagne les sarkozystes, les yeux toujours rivés sur le concurrent socialiste ! Le mercredi 2 mai, à 9 h 14 très précisément, Guillaume Lambert, convaincu que l'élection va se jouer dans un mouchoir, envoie un mail « préventif » à Cesari, Liadzé, Blanchetier... « Dans l'hypothèse où le scrutin serait très serré, une contestation devant le CC (Conseil constitutionnel) est possible... » Une observation qui, rétrospectivement, ne manque pas de saveur. « D'où une série de questions importantes, poursuit le directeur de campagne : A-t-on des émissaires dans les bureaux de vote en nombre suffisant, pour prendre acte sur les PV d'éventuelles irrégularités ? Les consignes ont-elles été passées en ce sens ? Qui anime et contrôle cela ?

Je me souviens qu'au Conseil d'État, quand on juge les scrutins électoraux, il faut que l'irrégularité ait été notée par l'électeur sur le PV des opérations de vote et que le fait qu'elle ait été notée est un élément dans le faisceau de preuves. »

Voilà donc que les responsables de la campagne de Nicolas Sarkozy soupçonnent ceux du candidat socialiste de se préparer à truquer l'élection, un comble ! Le message de Guillaume Lambert, qui apparaît, avec le recul, assez surréaliste, se conclut d'ailleurs ainsi : « Pour dire les choses autrement, je pense la gauche capable de tout et surtout beaucoup mieux organisée que nous. Donc s'il y a 300 000 voix d'écart, ils peuvent s'être organisés pour avoir suffisamment de contestations dans des bureaux de vote pour foutre un gros bordel. Et faudrait pas que nous on soit tout nus. »

Vindicatifs, les sarkozystes ?

Certes. Mais, dans le camp d'en face, on scrute, aussi, la drôle de campagne de l'adversaire. Et on s'étonne…

CHAPITRE 9

Chouquettes et chocolats fins

La démesure de cette campagne aux accents pharaoniques n'échappe pas, de fait, à l'œil expert du principal concurrent de Nicolas Sarkozy, le candidat socialiste. À l'occasion de l'un de nos nombreux entretiens, réalisés dans le cadre du livre *« Un président ne devrait pas dire ça... »* (Stock, 2016), François Hollande s'est souvenu de cette frénésie qui s'empara du camp sarkozyste au cours de la campagne : « C'était énorme... Il fallait encore en faire, il fallait toujours en faire plus... »

Hollande a notamment été marqué par le meeting du Trocadéro, et cette marée tricolore : « Là, on voit les drapeaux... Oh ! Ça doit coûter une fortune ! Rien que les drapeaux coûtent cher. » L'expérimenté François Hollande n'a pas tort : un drapeau coûte en moyenne 2 euros l'unité... à condition de s'y prendre un peu à l'avance. Commandés à la dernière minute, les fournisseurs, en position de force, les facturent jusqu'à 8 euros pièce, voire plus !

Le patron de la Commission de contrôle des comptes de campagne, François Logerot, le confirme : « Si vous commandez 5 000 drapeaux pour animer la manifestation, trois semaines à l'avance, vous allez les payer quelques euros la pièce. Si vous les commandez la veille de la réunion, le coût peut être multiplié par dix ou vingt, parce qu'il faudra que des gens travaillent la nuit pour les confectionner. Ce n'est qu'un petit exemple, mais tout est à l'avenant. »

L'argent, le nerf de la guerre.

Lorsqu'on demande à François Hollande si, à l'époque, il a des suspicions sur de possibles dépassements, il répond, formel : « Oui. On se dit... c'est pas possible... À l'œil nu, vous voyez ce que ça coûte. Villepinte, c'est le truc, là, qu'ils ont fait avec Depardieu, tout ça... On sentait que ça coûtait, quand même. Ça se voit ! Surtout que les boîtes, dans les périodes de campagne, plus vous improvisez, plus ça coûte cher. Par exemple, quand Ségolène, en 2007, a fait Villepinte, elle voulait le faire au mois de mars, on lui avait dit, non, ça va pas, Sarkozy vient de faire son discours porte de Versailles... Et donc elle l'avait avancé, au 11 février, et ça avait coûté beaucoup plus cher que si l'on avait maintenu l'événement le 11 mars. Parce que quand vous prévoyez un mois à l'avance, ou deux mois à l'avance, vous avez la location de salle que vous avez pu maîtriser, vous avez les décors que vous avez pu maîtriser... Toute improvisation est payée au prix le plus élevé. »

Villepinte, justement. Dans l'esprit des sarkozystes, ce meeting, programmé le 11 mars 2012, doit être l'un des temps forts de la campagne. Pris dans l'ivresse de sondages qui indiquent, jour après jour, que leur champion comble progressivement son retard, le premier cercle sarkozyste est de plus en plus déterminé à mettre les grands moyens. Les contraintes budgétaires ? L'intendance suivra, forcément...

Villepinte, ce sont – encore – des dizaines de milliers de drapeaux tricolores acquis en urgence, un nouveau slogan (« La France forte, c'est vous »), des écrans vidéo comme s'il en pleuvait, des figures du petit monde des « people », rameutées *in extremis*, parmi lesquelles on trouve Enrico Macias, Jean d'Ormesson, Christian Clavier ou, donc, Gérard Depardieu, qui lance aux journalistes, provocateur et maladroit à la fois : « Contrairement à beaucoup, j'aime M. Sarkozy. »

Pour ce meeting cinq étoiles, plusieurs centaines de mètres carrés ont été dévolus au chef, avec douche personnelle, maître d'hôtel... Dans la salle, des militants venus par milliers en train spécial, le tout payé par l'UMP – 150 000 euros la rame, quand même... « On était dans le délire total, résume Lavrilleux. À Nice par exemple, il y avait le Falcon de la campagne, le Falcon de l'Élysée et le Falcon du Premier ministre, qui n'en foutait pas une ! »

Fillon, précisément. Chemise claire, cravate grise, le locataire de Matignon ravale sa fierté si souvent bafouée et « fait le métier ». À la tribune, il dresse, vingt minutes durant, un panégyrique de l'action de celui qu'il déteste tant, Nicolas Sarkozy. « Personne ne se pose la question de savoir s'il peut tenir le rôle de chef de l'État, il l'est, et l'a prouvé, dans les situations les plus dures, clame Fillon. Ensemble, faisons gagner Nicolas Sarkozy, pour la France, et pour la République », conclut-il dans une ambiance survoltée.

« J'ai fait quarante-deux réunions publiques pour Sarko, Fillon n'avait pas de haine, à ce moment-là », estime Roselyne Bachelot. Le meeting de Villepinte en lui-même ? « Incroyable ! s'exclame-t-elle. J'avais une combinaison, je l'avais déchirée et on voyait mon slip, il fallait que je la retire. Je vois un officier de sécurité de Sarko, je lui demande si je peux entrer dans la tente du "chef", et là, je vois des buffets somptueux qui attendaient Sarko et ses amis, un valet de chambre qui lui tendait une chemise propre, etc. C'était impressionnant. »

Dans la salle surchauffée (près de 50 000 personnes ont fait le déplacement), le climat est électrique, la mise en scène, grandiose. Rien n'est laissé au hasard, comme le confirme une longue note, établie quelques jours auparavant par Agence Publics à destination de l'équipe de campagne et dont nous avons pu prendre connaissance : « Le 11 mars a lieu le premier meeting national de la campagne, commence le document. Il représente le point d'orgue après une série de meetings régionaux. Il s'agit d'incarner un point de rupture dans la campagne du candidat en termes de mobilisation, de trajectoire dessinée, d'organisation de la salle, de scénographie, d'innovation apportée au débat et aux meetings. Il est question d'une singularité à imposer. »

Concrètement, précise la note, « l'organisation de la salle, c'est-à-dire sa composition et la disposition des places assises, des gradins et du public debout, a été pensée et aménagée afin d'entourer le dispositif scénique. Il s'agit de donner un mouvement d'élan vers la scène et le candidat, et de montrer Nicolas Sarkozy entouré et porté par les Français. Les gradins et chaises sont aux couleurs de la France, bleu-blanc-rouge. Quinze écrans de rappel sont répartis dans la salle pour

le confort des participants. La scénographie est évolu-
tive et s'adapte aux besoins des différentes séquences ».
Clairement, dans l'esprit de ses concepteurs, les grand-
messes sarkozystes doivent davantage relever du show
à la Broadway que de la réunion politique classique.
« Le meeting de Villepinte illustre la démonstration
de force du candidat dans la reconquête des Français,
conclut la note. Toute l'organisation sert le candidat :
son arrivée en salle, sa montée sur scène, son propos,
son discours… Il doit impressionner ceux qui reçoivent
le meeting par retransmission et leur donner envie de
rejoindre une "force qui va", un cap tracé, une trajectoire qui apparaît dès lors évidente et inévitable. »

En coulisses, ce qui apparaît inévitable, c'est surtout
le risque d'un dérapage financier majeur. D'autant que
la pression augmente à mesure que l'échéance finale
se profile. Logiquement qualifié pour le second tour,
Nicolas Sarkozy ne veut pas rater la dernière ligne
droite, dans l'espoir de coiffer au poteau son adversaire socialiste et de conserver son trône élyséen. Les
deux sociétés d'événementiel, chapeautées par l'équipe
de campagne, sont chargées de mettre en musique le
« toujours plus » popularisé par François de Closets.
Tout est fait pour placer le président sortant, traité
comme une rock-star, dans les meilleures conditions. Sa
loge cinq étoiles est en fait un authentique appartement
bourgeois, avec cuisine, salon, salle de bains, etc.

Franck Attal, patron opérationnel d'Event & Cie,
fait bâtir des doubles cloisons en bois épais renforcées
de papier de verre pour une meilleure insonorisation,
gaine de bois les bancs des gradins, parce que c'est
quand même plus chic, fait livrer des monceaux de

chouquettes et chocolats fins, généralement estampillés Dalloyau, dont le candidat est particulièrement friand. Sans compter la mise à disposition d'un majordome, notamment chargé de veiller à ce que le candidat ait toujours du linge de rechange à disposition.

Avec tout ça, si Sarkozy n'est pas réélu…

CHAPITRE 10

Le barde, le druide et... la « poufiasse »

À chaque fin de meeting, le même cérémonial, dans le Falcon présidentiel. Sarkozy s'assoit. Et le rituel commence.

Tout un aréopage, à bord, se tient prêt pour divertir le président. Le médecin ami – surnommé le « druide » –, le chanteur ami, Didier Barbelivien – rebaptisé le « barde » –, l'avocat ami, Thierry Herzog – « Mon Thierry »... Ça chante, ça ripaille, ça décompresse, ça se moque, encore et toujours. Et puis, donc, il y a le majordome. Important, le majordome, il est par exemple chargé de ravitailler en boutons de manchette le chef de l'État, car fendre une foule, c'est dangereux pour les chemises... Rituellement, après le discours du candidat, c'est Lavrilleux qui le récupère pour le conduire à sa loge. Étrange attelage, les deux hommes ne se quittent pas, le petit teigneux et le grand impavide.

Roselyne Bachelot, alors ministre, est de tous les meetings. Pourtant, Sarkozy ne la supporte pas, il la traite même de « poufiasse » devant témoins, y compris Lavrilleux. Le candidat s'agace de la voir dévorer ses chouquettes, mais elle est populaire, alors... « Et il y a le top du top, se souvient Lavrilleux. La cérémonie traditionnelle d'enlevage de la chemise trempée, après le meeting. Il y a la maquilleuse qui essuie la sueur, tout le monde assiste au cérémonial, comme à Versailles, avec le roi. »

Au cours de cette odyssée électorale, les scènes cocasses s'accumulent. À chaque meeting, Lavrilleux installe des jeunes militants au premier rang à la place des VIP, en attendant que ceux-ci arrivent : il convient d'éviter les images de rangs clairsemés. Quitte à laisser les militants se faire copieusement engueuler, quand les personnalités arrivent enfin et découvrent leur siège occupé...

Parfois, il y a des moments de grâce. Comme à Arras, le 18 avril 2012. Les journalistes se raréfient, bridés par le CSA, car il faut désormais décompter le temps de parole de chaque candidat. Du coup, il ne sert plus à rien de se déplacer. Encore moins d'écouter attentivement le discours du patron. Toujours le même, d'ailleurs.

Même Lavrilleux se lasse.

— Sarkozy : Tu as vu la presse, mon Jérôme ?

— Lavrilleux : Oui, elle était là.

— Sarkozy : Oui, mais qu'est-ce qu'ils disent ?

— Lavrilleux : Ils disent qu'ils vont s'emmerder.

— Sarkozy : Comment ça ?

— Lavrilleux : Ils pensent que vous allez faire, comme hier, comme avant-hier, le même discours.

— Sarkozy : Hein ? Je ne vais pas me faire chier à faire un nouveau discours. Avec l'égalité du temps de parole, de toute façon, ça ne sert à rien. Je fais trente minutes et je me casse.

— Lavrilleux : Donc ils vont vraiment s'emmerder...

— Sarkozy : De toute façon, c'est tous des cons, cette espèce de corporatisme...

Et voici Nicolas Sarkozy qui s'approche du micro. Son officier de sécurité lui tend son discours, le texte habituel. « Poussez-vous, je n'ai pas besoin de vous », lui lance Sarkozy, tendu. Les journalistes soupirent, s'attendent à du classique. Lavrilleux aussi. Mais voilà que le candidat, sans même un regard pour ses feuilles de papier, invente un speech. Trente minutes, oui. Mais trente minutes d'improvisation bluffantes, même pas filmées.

Dommage, à en croire Lavrilleux : « De mémoire, c'est l'un des plus beaux discours de la campagne. Sarkozy descend de scène, me regarde et me dit : "Tu vois, Jérôme, c'est simple... Contrairement à ce que disent ces cons, je suis capable de les faire tout seul, mes discours. Mais ça ne sert à rien, ça ne sera pas repris." »

Sarko, bête de scène.

Entre les deux hommes, une complicité est née. « Il a toujours été d'une correction extrême avec moi », assure Lavrilleux, qui ne cache pas son admiration pour le personnage, « impressionnant et charismatique ». Peu à peu, ils se font confiance. Sarkozy, par exemple, lui parle, un jour, du « Forgeron ». Il surnomme ainsi un homme mystérieux, Jean-Baptiste Descroix-Vernier, seul sur sa péniche à Amsterdam, expert en e-réputation et autres amusements numériques. Un type dont Sarkozy loue les aptitudes, dans l'ombre. Lavrilleux déteste la vulgarité du président, exècre son clan, mais respecte son talent. Sarkozy, lui, apprécie la qualité des services et la discrétion du Professeur.

D'ailleurs, Lavrilleux, honneur suprême, est le seul à avoir le passe ouvrant la loge du candidat. Pas les clefs du paradis, mais presque. À lui de trier ceux qui peuvent y avoir accès : « Vous mesurez votre place près du soleil au fait que vous êtes l'un des derniers à quitter la loge. » Sarkozy lui a donné les noms des importuns. « Les casse-couilles locaux, les barons, explique Lavrilleux. Il y a aussi ceux qu'il ne peut pas blairer, comme Bachelot. Elle restait dans la loge pendant qu'il se concentrait, ça le rendait fou, elle bouffait tous les petits-fours. » Sarkozy, en retour, prend soin de « son » Jérôme. Il le rapatrie, le soir, dans son avion.

Lavrilleux a alors tout le loisir d'observer la cour à l'œuvre. Nathalie Kosciusko-Morizet, porte-parole, qui donne du « Nicolas » par-ci, « Nicolas » par-là, Barbelivien, le sempiternel troubadour dégainant sa guitare, tout Johnny y passe, évidemment. Ambiance de colonie. « Ce sont des surhommes, les candidats à la présidentielle, relève Lavrilleux. Je ne sais pas comment ils font. C'est invivable, un truc de chien. Alors, parfois ils décompressent. » Carla Bruni est là, aussi. En coulisse. « Adorable. La moins chiante de tous », tranche le Professeur.

Il a régulièrement des apartés avec « son » candidat. Ce dernier lui donne ses recommandations, prend la température, distribue quelques perfidies aussi – il ne peut pas s'empêcher. « Bon, mon Jérôme, ça se passe bien avec Cesari ? Il est très con, mais fidèle. Dati, elle est ingérable, mais fidèle, comme Morano, d'ailleurs, conne, mais fidèle. Je ne veux pas d'emmerdes, alors tu les gères. Et puis Giacometti et Buisson, je tiens beaucoup à leurs conseils, j'y attache beaucoup d'importance. Tu me comprends ? » En effet, Lavrilleux comprend parfaitement, d'autant que Sarkozy l'avait déjà « sensibilisé » au sujet, on l'a vu. « En gros, ils devaient continuer à gagner du fric, c'était ça, le message », résume-t-il. Du coup, l'UMP commande des sondages à tour de bras, via Patrick Buisson et Pierre Giacometti.

Sarkozy décide, Lavrilleux exécute, le duo est parfaitement au point. Et, curieusement, il n'y a pas trop de cadavres planqués dans les armoires, selon Lavrilleux. Le chef de l'État n'aurait pas vraiment de sang politique sur les mains, à l'en croire. « C'est un faux dur », soutient-il, rejoignant l'avis de Thierry Solère. « Il insulte, vulgairement, mais ne tue pas. » Pas sûr que les nombreuses victimes du sarkozysme, dont nous avions réuni en 2011 les témoignages dans *Sarko m'a tuer* (Stock), partagent ce point de vue...

Une chose est certaine, et le phénomène n'a cessé de s'accentuer à mesure que les sondages montaient : rien n'était trop beau, ni surtout trop cher, pour le président-candidat.

« Quand certains tiraient timidement la sonnette d'alarme, Sarko a dit aux gens : "Mais vous voulez que je perde ?!" juge Roselyne Bachelot. Il leur a dit : "Démerdez-vous !" »

Sarkozy, il est vrai, a déjà beaucoup à faire. Sa double casquette de président-candidat le contraint à suivre un rythme infernal, dont il donnera aux magistrats une petite idée : « Mon emploi du temps à ce moment-là : je suis à l'Élysée de 7 heures à 14 heures, où j'aligne les obligations du président de la République, et ensuite, à partir de 14 heures, je vais directement au Bourget prendre un avion, je vais en province, je fais le déplacement puis le meeting. Le déplacement, c'est faire un discours d'une heure sans papier. Ensuite, je rentre à l'Élysée à 22 heures ou 22 h 30, dans un état de fatigue physique qu'on peut imaginer, et avec un stress double, celui du président et celui du candidat. Entre-temps, le conseiller diplomatique appelle trois fois l'après-midi pour dire qu'il y a des élections en Roumanie, qu'il faut féliciter le nouveau Premier ministre, etc. C'est le quotidien d'un président, candidat en même temps. Alors, imaginez qu'à mon arrivée au Bourget le directeur m'attende avec la note de l'expert-comptable qui dit : "Il n'y a pas de marge de sécurité"... »

Au fil des jours, en ce printemps 2012, contrairement à 2007, il ne flotte certes plus ce parfum de conquête si enivrant, mais, en Sarkozie, le moral remonte, et on se prend à y croire, peu à peu. Prêt à tout pour éviter l'humiliation d'une défaite, pariant sur une droitisation de l'électorat, Sarkozy, encouragé par l'inévitable Patrick Buisson, mentor méphistophélique, agite des idées de plus en plus extrêmes.

En coulisses en effet, Buisson est omniprésent lors de cette campagne présidentielle. Il distille son savoir empoisonné. Lavrilleux se souvient ainsi d'une réunion, dans un café, près du siège de campagne. Il y a là plusieurs conseillers du chef de l'État, Emmanuelle Mignon, Sébastien Proto et, bien sûr, l'inévitable Patrick Buisson. Le sujet ? Le « mariage pour tous », auquel

Sarkozy s'était dit favorable en 2007. Que faut-il faire ?
« Je pose la question suivante, rapporte le Professeur :
"Hollande, il est sur le mariage pour tous, et nous, on
va faire quoi ?" Et eux me disent : "Mais, de toute
façon, si on va dans ce sens-là, on perd tout l'électorat de droite, faut être absolument contre ce truc-là."
Je dis : "Vous ne croyez pas qu'il faut purger le truc,
plutôt que de se le prendre en boomerang et de s'entendre dire : 'Mais il l'a promis en 2007' ?" Buisson me
répond : "Non, tu te rends compte, la France qui se
lève tôt, la France qui travaille, elle n'en peut plus de
ça, de la gauche caviar."… » Exit le mariage pour tous.

Même le modéré Bruno Le Maire prend soin de
recevoir l'onction buissonniste. Chargé d'élaborer le
programme post-élection, il va solliciter une entrevue
avec le conseiller favori du président, en passant par
Jérôme Lavrilleux. « Tout Bruno Le Maire qu'il est,
il me demande si je peux lui organiser un rendez-
vous avec Buisson, qu'il n'avait jamais vu ! s'exclame
Lavrilleux. Tout est passé sous les fourches caudines
de Buisson. Parce qu'à l'époque, Buisson, c'est Sarko,
pour toujours. »

Sarkozy et Buisson ? « Buisson a été utile à Sarko en
2007, mais c'était le pansement du capitaine Haddock
en 2012, synthétise Lavrilleux. Buisson, il a marabouté
complètement Sarkozy. La stratégie Buisson de la droitisation à outrance était valable pour le premier tour,
où il faut mobiliser la droite, mais mortifère pour le
second, où il faut élargir et convaincre plus d'un électeur sur deux. En 2007, il y avait du Buisson *et* du
Jaurès, en 2012 c'était du Buisson *et* du Buisson… »
D'après le Professeur, « en l'ayant abreuvé pendant

cinq ans de coûteux sondages sur tous les sujets possibles et imaginables, Buisson est devenu une sorte de filtre entre l'opinion publique et Nicolas Sarkozy. Jusqu'à ce que le président finisse par confondre ce qu'étaient censés dire les sondages et ce qui relevait de la seule pensée de Buisson ».

Dans l'entourage du candidat, cet « ensorcèlement » agace sérieusement. Toute la campagne est agitée de ces tiraillements internes. Pourtant, le fond de sauce a pris, semble-t-il. Au point de convaincre Sarkozy de mettre la pression sur son équipe pour passer la surmultipliée, en fin de parcours. Ce sera le fameux rassemblement de la Concorde, déjà évoqué. Mais l'ambiance est lourde, dans le camp sarkozyste.

La faute à Alain Juppé.

CHAPITRE 11

Les larmes du Professeur

La haine est de retour, en cette fin de campagne.

« Le vendredi 13 avril, deux jours avant la Concorde, Patrick Buisson m'appelle, raconte Lavrilleux. Il gueule contre ces "couards" de chiraquiens, qui anticipent déjà le second tour, il me dit qu'ils vont faire perdre Sarkozy. »

Le lendemain, samedi 14 avril, *Le Figaro* fait d'ailleurs sa une sur Alain Juppé, qui agite l'hypothèse Bayrou à Matignon. Sarkozy est furibard. Hors de question de recentrer une campagne qu'il a voulue clivante ; à son image, en somme. « Bayrou est un repoussoir absolu, s'agace le candidat devant Lavrilleux. Juppé le sait, il le fait exprès. Je vois tout, je n'oublierai rien. J'ai une excellente mémoire. »

Le dimanche, le chef de l'État est toujours d'une humeur massacrante. Pourtant, Lavrilleux a déployé tout l'arsenal. La foule est au rendez-vous, la bâche avec la photographie à 15 000 euros parfaitement déployée en arrière-plan de la scène.

Fillon prend la parole. Depuis sa loge, Sarkozy observe distraitement son Premier ministre s'époumoner. Il a autre chose en tête. Il scrute les différents écrans de télé, branchés en continu sur les chaînes d'info. Soudain, il aperçoit François Hollande surgir, à Vincennes, où le candidat socialiste tient simultanément meeting. Hollande s'apprête à prendre la parole. Or, BFM et Cie ont prévenu : elles retransmettront en direct le premier qui aura pris la parole. Et Fillon, qui parle, qui parle…

— Sarkozy : Jérôme, j'y vais.

— Lavrilleux : Mais, monsieur le Président, il y a Fillon…

— Sarkozy : J'en ai rien à foutre, personne ne le diffuse. J'y vais, sinon, c'est l'autre con qui va parler avant moi. Je veux être en direct !

— Lavrilleux : Mais le Premier ministre ?

— Sarkozy : J'en ai rien à foutre !

Le chef de l'État est hystérique, presque dans un état second. Le stress de la campagne a fait son œuvre. Alors, il fonce. Lavrilleux : « Je dis à Franck Attal, le responsable opérationnel de Bygmalion : "Tu lances le générique d'entrée de Sarko, à fond les ballons. Comme ça, Fillon va comprendre que c'est terminé." Et je sens le sol vibrer tellement on l'a lancé fort ! » Sur scène, Fillon a compris. Instantanément.

Blême, il écourte son discours.

Sarkozy, au pas de course, passe en trombe à travers les rangs des militants, sans même serrer les mains tendues. Le temps presse. Une petite tape dans le dos de Fillon, et il commence son speech. Bien joué. Il a quelques secondes d'avance sur Hollande.

« On l'a bien eu, le gros, hein ? » se marre-t-il en

quittant la scène, ravi du bon tour joué au candidat socialiste. Fillon, lui, est fou de rage. C'est l'humiliation de trop. Et il pense savoir d'où vient le coup. « C'est un coup des Copé boys, éructe le Premier ministre, c'est Lavrilleux qui a fait ça, je déteste ce salopard. »

Le dimanche suivant, 22 avril, c'est le premier tour de l'élection. François Hollande arrive en tête, avec 28,6 % des voix. Nicolas Sarkozy a grignoté une partie de son retard, mais, avec 27,1 % des voix, il échoue dans son entreprise : passer en tête le premier col de l'étape, comme au Tour de France, afin de prendre un ascendant psychologique sur son adversaire principal et de créer une dynamique vertueuse. Il est donc deuxième, qualifié pour un second tour dont il est donné perdant, les reports de voix n'étant clairement pas en sa faveur.

« Pourtant, moi, j'avais envie d'y croire, se remémore Lavrilleux en évoquant l'entre-deux-tours. Je suis un militant, pas un mercenaire dont on achète les services puis qui s'en va. » Il voit passer le conseiller Buisson au siège de l'UMP, une pile de sondages en mains, comme toujours. « C'est terminé, Jérôme, entame Patrick Buisson. Le Petit a perdu. Avec les conneries de Juppé, c'est fini. Le chiffon rouge Bayrou a fait basculer 2,5 % d'électeurs de droite chez Marine Le Pen. Ils n'ont pas pardonné à Sarkozy l'ouverture en 2007, ils ne veulent pas que ça recommence. Sans ces "intelligents", Sarko était à 29 %. C'est un complot, je l'ai dit au Petit... »

Et puis, il y a ce débat télévisé raté. Le 2 mai 2012, avec son interminable anaphore « Moi, président... »,

Hollande cloue le bec d'un Sarkozy décontenancé, incapable de réagir...

Il n'y a plus guère de suspense à l'issue du face-à-face. Dans sa loge pourtant, le candidat paraît de belle humeur, il plaisante, pioche allègrement dans les chouquettes.

Le communicant Jean-Michel Goudard est lui aussi souriant, alors que Lavrilleux déprime sévère.

— Goudard : Le débat était presque parfait, exactement ce qu'on voulait !

— Lavrilleux : Jean-Michel, explique-moi pourquoi il n'a pas atomisé Hollande, il y avait plein de trucs à sortir !

— Goudard : Mais, Jérôme, on va gagner la campagne !

— Lavrilleux : Mais c'est perdu, maintenant...

— Goudard : Celle-là, oui, elle est perdue. Mais celle de 2017, on va la gagner ! Il pouvait remporter le débat, mais, fondamentalement, cela n'aurait pas changé grand-chose. Et pour pulvériser Hollande, il fallait qu'il mette les mains dans le cambouis : il se serait abaissé, sans gagner. Là, il n'a pas écorné son image. Maintenant, c'est la campagne 2017 qui débute !

Le président-candidat eut beau mouiller sa chemise, au sens propre comme au sens figuré, l'argent couler à flots, l'écart se resserrer, Sarkozy prit donc l'eau, finalement. « Hollande n'a pas fait la campagne du siècle, mais Sarko trimballait ses boulets d'échecs successifs, dans tous les domaines », juge *a posteriori* Jean-François Copé. De fait, le 6 mai 2012, à l'issue

de cette campagne hors norme, et malgré une remontée spectaculaire, Nicolas Sarkozy perd son pari : avec
48,36 % des voix, il est battu par François Hollande.
Tout ça pour ça... Le président sortant en ressort
essoré. Une campagne présidentielle, confiera-t-il aux
policiers, « c'est quelque chose d'inhumain ».

Pour les membres du gouvernement, « réquisition-
nés » par le Chef, la période a également été éprouvante.
D'autant qu'elle s'est soldée par un échec. Comme les
sportifs, les politiques oublient plus facilement douleur et fatigue en cas de victoire. Mais si la défaite est
au rendez-vous, en revanche... « Durant cette campagne, je cours les réunions publiques, à mon petit
niveau », témoigne Benoist Apparu. Il ajoute joliment,
avec la franchise de ceux qui n'espèrent plus rien de
la politique : « Je suis encore ministre, je suis donc
officiellement encore à la tâche, avec cette espèce de
discours débile : "Nous continuons à assurer, le plus
important, c'est la France"... » Il ironise d'ailleurs de la
même manière sur le discours convenu des présidents
en campagne pour leur réélection, « avec cette formule
classique : "Je suis président jusqu'au dernier jour, pour
les Français", et patati et patata... ».

Surtout, Apparu pense avoir décelé « une erreur
technique devenue stratégique », commise dans les
dernières semaines et aux conséquences majeures :
« Sarko, il a complètement oublié un truc, c'est l'égalité du temps de parole du dernier mois. Regardez les
sondages, Sarko entre en campagne, il a une capacité
d'accès aux médias forte, et il remonte. Et le dernier
mois, il n'a plus d'accès aux médias, car tout le monde
a le même temps de parole, et il n'arrive plus à rattra-

per Hollande. Tactiquement, dans l'équipe de Sarko, tout le monde a oublié cet enjeu-là. Pour compenser, il aurait dû se déployer dans tout le pays et saturer l'espace géographique. »

Le soir du second tour, Lavrilleux est à l'Élysée. « Je chialais comme une Madeleine, comme tout le monde, d'épuisement. Vraiment lessivé, sans doute plus triste d'avoir perdu que ne l'était le candidat ! J'étais là quand Sarkozy a reçu individuellement tous les grands chefs de la droite. Il a été très bon. Il a réussi à les persuader que c'était grâce à eux s'il n'annonçait pas son retrait de la vie politique. Il les a neutralisés. Moi, j'avais en tête ma conversation avec Goudard, je savais que c'était parti pour 2017. »

Terriblement affecté par la défaite, Lavrilleux a comme un *flash-back*. Lui reviennent en tête des images de liesse populaire, d'euphorie, lors de la victoire de Sarkozy en mai 2007. C'était il y a cinq ans, c'était il y a un siècle... Aucune nostalgie pourtant, à cet instant, car, curieusement, il a conservé un souvenir amer de cette campagne. « En 2007, le soir de l'élection de Nicolas Sarkozy, j'étais à Meaux dans mon bureau, à la mairie, et je regardais, interloqué, les images du Fouquet's, se souvient-il. J'étais content que Sarkozy gagne, car je ne voulais pas de Ségolène. Mais, comme la plupart des chiraquiens, je n'ai pas exulté, parce que je savais que ce serait l'heure de la purge, organisée par les balladuriens contre les chiraquiens. Jean-François Copé en a d'ailleurs fait immédiatement l'amère expérience, puisque Nicolas Sarkozy l'a *blacklisté*. »

Le cortège encore présidentiel s'ébranle pour se rendre à la Mutualité, ce temple de la gauche, choisi à dessein pour, déjà, préparer 2017, et sans doute amorcer un recentrage. Lavrilleux suit le mouvement, il va bientôt retrouver le chef, dans sa loge. Sarkozy, digne, prend d'abord la parole, devant des militants émus et dépités. « Je prends toute la responsabilité de cette défaite », assume le chef de l'État. Avant d'accorder, une dernière fois, un entretien particulier et complice à « son Jérôme », qui est à la limite du *burn-out*.

— Sarkozy : Mais, Jérôme, elle est où, cette horrible écharpe verte ?
— Lavrilleux : Elle ne sert plus à rien, je l'ai jetée.
— Sarkozy : Un jour, je t'offrirai une écharpe. Et tu sauras qu'on repart.

L'échec de leur leader entériné, les membres du premier cercle de la Sarkozie s'attellent à une ultime tâche : soigner la sortie du « Grand Leader ». Le mercredi 9 mai 2012, trois jours après l'élection de François Hollande, Guillaume Lambert expédie un mail à une dizaine de personnes, parmi lesquelles figurent notamment l'incontournable Éric Cesari, le directeur de la communication de l'UMP, Pierre Chassat, ainsi que plusieurs responsables du Groupe de sécurité de la présidence de la République (GSPR), chargé de la protection rapprochée du chef de l'État. Ce courriel, que nous avons pu consulter, dit ceci : « Comme vous le savez, le mardi 15 mai en matinée, le Président passera le pouvoir à FH dans la cour d'honneur de l'Élysée avant de prendre congé en voiture en remontant la rue du Faubourg-Saint-Honoré. Il nous faut organiser pour cette occasion une très large mobilisation militante avec les Jeunes populaires, les fédés d'IDF et des environs pour réussir cette sortie et montrer ostensiblement que nos idées et nos valeurs restent populaires, si ce n'est majoritaires, dans l'opinion publique. » À l'évidence, les sarkozystes n'ont pas vraiment digéré la défaite de leur champion… À peine élu, Hollande fait déjà figure, à leurs yeux, d'imposteur.

« Pour bien faire, poursuit Lambert, il faudrait noircir les trottoirs de monde entre la sortie du Palais et la rue Royale. D'autant qu'il me revient que les socialistes se mobilisent en masse pour venir assister à l'événement à Paris… Et affrètent semble-t-il des bus pour Paris en annonçant la passation comme un grand moment de la présidence de FH ! Il ne saurait naturellement être question de laisser ce type de public s'installer à la sortie de l'Élysée et que la sortie du Président soit aussi chahutée que celle de Giscard en son temps… » De fait, en mai 1981, Valéry Giscard d'Estaing avait quitté l'Élysée à pied, sous les sifflets des Parisiens – en tout cas, ceux des supporters du nouveau président, François Mitterrand.

Après avoir perdu l'élection, il fallait tout faire pour que Sarkozy, en plus, ne perde pas la face. Le jour de la passation de pouvoirs, l'humiliation, finalement, ne vint pas du public, mais de Hollande lui-même, qui, en tournant ostensiblement les talons au moment de raccompagner Sarkozy à sa voiture, infligea à son prédécesseur un cuisant camouflet que ce dernier ne lui pardonnera jamais…

Lavrilleux, quant à lui, ne va pas perdre le contact avec celui qu'il avait cru pouvoir (re)faire président. Les deux hommes se reverront. Lavrilleux sera reçu chaque mois, rue de Miromesnil, à Paris (8ᵉ), dans les bureaux de l'ancien président. Avec, chaque fois, le même message, martelé comme un mantra. Sarkozy serine au directeur du cabinet de Jean-François Copé, comme à tous ses interlocuteurs, le refrain du rassemblement : « Jérôme, dis à Jean-François qu'il faut ouvrir les bras. » Les deux hommes parlent, de tout et de rien, surtout de rien. La sonnerie du téléphone portable de Sarkozy interrompt souvent la conversation. « Allô, ma Carlita. Tu sais avec qui je suis ? Avec Jérôme, tu te rappelles de Jérôme ? Dis bonjour à Jérôme, Carlita... »

Ah, il l'a tant aimé, « son » Sarkozy, Lavrilleux. Un reproche ? Oui, et un gros : « Il a fait rêver le peuple de droite. À gauche, ils ont l'habitude, ils en redemandent ! À droite, non. »

Après la défaite, les deux hommes continuent donc de se voir régulièrement. Sarkozy n'a pas oublié les services rendus par le directeur adjoint de sa campagne malheureuse. Le 15 octobre 2012, en lui remettant l'ordre national du Mérite, Sarkozy aura cette phrase : « Jérôme a le talent de ne pas embêter les personnes pour qui il travaille avec des problèmes qu'elles n'ont pas à connaître. »

Prémonitoire.

Parfois comparé, du fait de certaines mimiques et tics nerveux, à Louis de Funès, Nicolas Sarkozy a basculé, au cours de cette campagne délirante, dans la folie des grandeurs.

Il en est un qui a suivi de près cette (més)aventure électorale. Il s'est promis de ne jamais tomber dans ces travers : c'est Xavier Bertrand.

CHAPITRE 12

Xavier Bertrand, interdit de parole

Avant d'être à la mode, il a été marginalisé. Boudé, méprisé – c'est comme un rite de passage, à droite.

Surtout au printemps 2012.

Retiré stratégiquement sur un Aventin nommé, ou plutôt renommé – affreusement –, Hauts-de-France, Xavier Bertrand possède désormais la... hauteur de vue nécessaire pour tirer la morale de cette campagne présidentielle malheureuse. Il avait été aux premières loges, en sa qualité de porte-parole, lors du triomphe de 2007 ; mais, s'agissant du second tome des aventures présidentielles de Nicolas Sarkozy, l'ancien ministre du Travail en a été à la fois un acteur distant et un observateur très attentif. Même s'il y a joué, de son propre aveu, un rôle « marginal ».

Excommunié par Jean-François Copé. Un de plus.

« Moi, à ce moment-là, commence Bertrand, je suis soigneusement marginalisé. Par Copé. Je me souviens de ces grands meetings, comme la Concorde, où Sarkozy veut que je sois l'un des rares à parler, et il y a Lavrilleux, qui aussitôt fait un message à Copé, qui en fait un sketch : "C'est un *casus belli*, et patati et patata"... Donc durant toute la campagne, je ferai ma campagne à moi, j'irai partout... »

L'incident de la Concorde, Lavrilleux s'en souvient très bien. Et pour cause : « Le directeur de campagne, Lambert, avait eu l'idée, la veille du meeting, de faire parler Copé en premier et de terminer par Bertrand, NKM et Fillon juste avant Sarkozy, rapporte-t-il. Je me suis invité à la réunion de campagne du samedi, à laquelle je n'étais pas convié, et j'ai prévenu Lambert que, si Copé ne parlait pas juste avant Fillon et le PR, il n'irait pas à la Concorde et qu'aucun membre des équipes de Copé ne participerait à l'organisation du meeting. Lambert m'a rétorqué que le PR avait tranché. J'ai alors appelé Copé et lui ai passé Lambert. Copé a été convaincant, car, après avoir raccroché, Lambert a mangé son chapeau devant tout le monde et a dit que, bien entendu, Jean-François Copé parlerait juste avant François Fillon et Nicolas Sarkozy. Si Xavier Bertrand a été zappé, ça n'était pas dirigé contre lui, mais juste parce que Lambert s'était fait avoir par le chef de cab' de Fillon, car Fillon ne supportait pas l'idée de parler entre Copé et Sarkozy… »

Ridicules querelles, nous sommes bien d'accord.

Victime collatérale, sur ce coup-là, de la guérilla opposant, déjà, Jean-François Copé à François Fillon, Xavier Bertrand n'a pas beaucoup mieux digéré l'épisode du 1er mai 2012, au Trocadéro cette fois. À quelques jours du second tour, le président-candidat doit prononcer un discours sur le travail. « Et le ministre du Travail que je suis ne prend pas la parole, parce que c'est Copé ! s'étrangle Bertrand. Il ne voulait pas, et Sarko ne voulait pas d'emmerdes. Je le connais pas cœur. Je suis barré par Copé, et par Lavrilleux. Ça me reste en travers de la gorge… »

Contraint, du fait de son retour au gouvernement, de laisser l'UMP à Copé en novembre 2010, Bertrand avait compris, plusieurs mois auparavant que, loin de vouloir assurer un simple intérim, le maire de Meaux entendait s'installer durablement dans la peau du chef du parti. Donc de leader de l'opposition en cas d'alternance en 2012.

À la fin de l'été 2010, l'affrontement Copé-Bertrand éclate au grand jour. Le patron des Hauts-de-France l'admet aujourd'hui : ces querelles d'ego, « ça amène à faire des conneries. Avec Copé, j'avoue... ». Il fait notamment allusion à l'université d'été des Jeunes populaires, le 31 août 2010 à Port-Marly (Yvelines). « Il fait le "kéké" lors des universités d'été, donc, derrière, je réplique face aux caméras, se souvient Bertrand. C'est le jeu... C'est à ce moment-là qu'il faut y aller, parce que ça va le faire chier... Le temps qu'on passe à ces conneries ! Des trucs de gamins. Mais, à la limite, si vous ne le faites pas, si vous ne respectez pas les codes, vous êtes un con. Donc vous êtes obligé de le faire. Ça prend du temps et ça prend la tête. Est-ce que c'est de la haine ? Là, aujourd'hui, je peux très bien discuter avec Copé, et on sourira de ces trucs-là... Ce sont surtout des codes à la con. » Des « codes » qui abîment la politique – et l'image de ceux qui l'incarnent.

Jérôme Lavrilleux sourit lorsqu'on lui rappelle l'épisode de Port-Marly. Ces choses-là l'amusent, il y voit une forme d'art politique. « En fait, quand Copé a été écarté du gouvernement par Nicolas Sarkozy en 2007 et jusqu'à ce qu'il prenne la tête de l'UMP fin 2010, il a fait de Xavier Bertrand son punching-ball ! s'exclame le Professeur. Quand Copé est devenu secrétaire général du parti, il a décidé de le marquer à la culotte, car, dans son esprit – et à l'époque dans celui de Bertrand –, celui qui tient le parti est en course pour soit la présidence, soit être Premier ministre. Ainsi, lors de chaque université des jeunes UMP, on a appliqué la technique du "coucou", en profitant de l'événement organisé par Xavier Bertrand. »

Pédagogue, le Professeur ne se fait pas prier pour décrire la technique en question : « Le grand classique était d'organiser un déjeuner ou un dîner avec la presse dans un bon resto en plein discours de Bertrand devant les militants. Résultat : aucun retour presse pour Bertrand ! C'est ce qu'on a fait à Seignosse (Landes), lors des universités d'été de septembre 2009. Concernant Port-Marly, c'était plus violent, car, le matin même, Copé a pris un petit-déjeuner avec Sarko à l'Élysée, en tête à tête. Copé a fait clairement part au président de sa volonté de prendre le parti à Bertrand. Le président, à notre grande surprise, ne s'y est pas opposé. Nous avons dans la foulée fait fuiter auprès de quelques journalistes l'existence de ce petit-déj et on a débarqué à Port-Marly. Comme prévu, on a été accueillis par une meute de journalistes. Et plus Copé refusait de s'exprimer sur le petit-déj, et sur l'avenir du parti, plus les journalistes l'interrogeaient sur le sujet ! Xavier Bertrand est vite apparu physiquement isolé sur le site de Port-Marly. » Du coup, pour Xavier Bertrand, la rentrée de septembre 2009 s'est déroulée sous haute tension : « On a commencé à entendre le bruit : "Pour avoir la paix avec le groupe, est-ce que Sarko file le parti à Copé ?" Je vois bien le truc, je connais bien les uns les autres, je vois bien Franck Louvrier qui commence à être un peu… pas imprécis, mais bon, ils ne sont pas clairs. »

Bertrand veut en avoir le cœur net, il demande audience au « grand chef ». « Sarkozy me fait venir dans ses appartements privés, je lui dis : "Nicolas, tu es le président de la cinquième puissance mondiale, tu ne vas pas perdre une demi-heure à m'expliquer. Si tu veux filer le parti à Copé, tu le fais, je te souhaite bien du plaisir, mais enfin, tu assumes…" C'est lui le chef. Donc il décide. Après, je suis persuadé qu'il va faire une immense connerie, sans même imaginer plus tard les histoires de comptes de campagne avec Bygmalion, en 2012… »

Justement, cette campagne de 2012, Xavier Bertrand juge *a posteriori* qu'elle « n'était pas gagnable. Il fallait que Hollande fasse une vraie connerie. Hollande c'est l'équipe d'Italie qui marque un but et qui après joue en défense tout le temps, on bétonne, et après qui dit : "Hé, hé, hé, monsieur l'arbitre, c'est quand la fin du match ?" Mais il n'y a pas eu d'erreur. Je pense que les gens ne voulaient plus de Nicolas ».

À en croire le président du conseil régional des Hauts-de-France, de toute façon, c'est bien avant la campagne elle-même que s'est jouée la partie. Pour lui, Sarkozy a été, en quelque sorte, paradoxalement victime de sa maestria, en 2008, quand il s'est mis en tête de sauver l'Europe.

« Je pense que, sur la gestion de la crise de 2008, c'est : chapeau l'artiste, résume Bertrand. Et honnêtement, il valait mieux que ce soit lui en 2007 ! Parce que Ségolène Royal, elle est très bonne, elle a des intuitions géniales, mais, pour la crise de 2008, Sarko, c'était bien.

Le problème, c'est l'après-crise, il ne sait pas quoi faire de ce succès. Il y en a qui lui disent : "Il faut tout changer." Fillon par exemple, mais lui, dans le style : allons vers des réformes très dures. Je suis vraiment persuadé qu'il n'arrive pas, après la crise, à se dire : comment on redémarre ? On continue comme avant ? On fait un truc très dur, ce que lui propose Fillon ? Ou on fait un entre-deux ? Et avec, déjà, la perspective de la réélection… Pour la crise financière de 2008, il est le seul pilote, mais, pour la crise de l'euro, ils sont deux pilotes, lui et Merkel. Et partager le volant, humm (*il grimace*)… C'est son fonctionnement qui est comme ça ! Quand il est seul au volant, qu'il conduit à sa façon, il est capable de faire. Avant 2012, on n'a pas eu la créativité de 2007. Donc, à partir de ce moment-là, c'était compliqué de gagner. »

D'autant que, dans l'ombre, Buisson, en Gepetto cynique, tire plus que jamais les ficelles, au grand désarroi de nombreux soutiens du président-candidat, Xavier Bertrand en tête. Le conseiller pousse le président vers sa droite à grands coups d'épaule.

« Son truc avec Buisson, ça commence par le discours de Grenoble », assure Bertrand, en référence à cette allocution très musclée du 30 juillet 2010, quand le président Sarkozy fut ensuite suspecté de labourer sans vergogne les terres de l'extrême droite. « La question pour Sarko, reprend Bertrand, c'est : comment je réussis à récupérer un électorat que j'avais en 2007 ? »

Eh bien, en multipliant les réunions publiques, évidemment. À chaque étape de son tour de France, Sarkozy se sent galvanisé, l'énergie des militants lui procure un shoot d'adrénaline. D'autant que ses équipes ont bien fait les choses. D'ailleurs, s'agissant de la munificence des meetings, Xavier Bertrand se veut fataliste : « D'une certaine façon, toutes les campagnes présidentielles sont comme ça, juge-t-il. Sarko veut des meetings, des meetings, encore des meetings, parce qu'il pense qu'il peut aller chercher la victoire. Après, la question sur les meetings, c'est : est-ce que vous savez vous limiter en nombre ? Et ce qu'on met dedans. Sarko veut que ce soit chouette, parce qu'il pense à l'impact, aux images... Il faut une qualité visuelle. Ça débute en 2004, quand il prend l'UMP. C'est Renaud Le Van Kim [célèbre réalisateur de télévision] qui le fait, et c'est là que ça commence... »

Xavier Bertrand apporte une précision importante – notamment au regard de la mise en cause de Nicolas Sarkozy dans l'affaire Bygmalion – quant à l'implication du candidat dans la préparation et la logistique de sa propre campagne. « Sarko a toujours été comme ça, apportant lui-même du soin à l'organisation, la préparation, il rentre dans un détail fou, parce qu'il pense que tout a son importance. En 2004, c'est parce que la scénographie, la chorégraphie sont nickel que la fusée Sarkozy à la tête de l'UMP, elle part bien, alors que le contexte n'est quand même pas simple pour lui... Sarko, on le voit avec Attias, avec Lambert, voir lui-même les préparatifs de la salle. Ce qu'il ne fait plus quand il est président, mais c'est ce qu'il a fait... »

Car, d'après Bertrand, cette implication, elle est bien moindre en 2012. « Il ne regarde plus, assure-t-il à propos de Sarkozy. Il ne demande plus combien il y a de drapeaux, etc. Il ne va pas regarder ça, honnêtement, on peut chercher à lui faire tous les procès qu'on veut, mais il est président de la République, candidat à sa réélection, je ne l'imagine pas demander combien il faut de drapeaux ! Même en 2007, je participe aux réunions en tant que porte-parole, il veut que ce soit bien, tout le monde en plus sait qu'il est plus exigeant que la moyenne, d'accord, mais, sorti de là, je ne le vois pas demander : on prend 10 000 ou 15 000 drapeaux ? Mais il veut que ce soit des trucs beaux. Parce que, quand il se pointe dans une salle, il voit tout de suite, lui qui a l'habitude, si c'est très bien ou si c'est juste bien. »

Bertrand, qui a toujours en tête la façon dont les copéistes avaient imposé Bygmalion en prenant l'UMP en novembre 2010, n'est pas certain pour autant que Sarkozy ait été informé de l'implication de la société de Bastien Millot dans sa campagne présidentielle. À la question de savoir s'il est crédible que Sarkozy, comme il l'affirme, n'ait à l'époque jamais entendu parler de Bygmalion, Bertrand répond : « Que lui ne se soit pas occupé de savoir… ça, oui. Après, la question, est-ce que, pendant la campagne, certains lui disent que c'est Bygmalion qui opère, je ne sais pas s'il entre à ces niveaux-là. Pour Sarko, il n'y a qu'un seul truc : "Laissez-moi convaincre les gens, mettez-moi des meetings"… C'est un peu le *come-back kid*. Je pense que son obsession, elle est là. C'est le côté "il m'a manqué quinze jours" – ou un mois, c'est pareil. Donc combien ça coûte, c'est pas son sujet. »

Nul ne saura jamais si, avec quelques semaines de plus, Nicolas Sarkozy serait parvenu à coiffer François Hollande au poteau. De la défaite, Bertrand, lui, a surtout retenu une scène surréaliste, le soir même de l'élection de Hollande. Avec, en vedette, l'inévitable Patrick Buisson. « Je m'en rappellerai toujours ; on a perdu, les résultats sont connus, on va à l'Élysée pour la fameuse réunion avant d'aller sur les plateaux de télévision, vous savez, les fameux "EDL" à la con... », raconte Bertrand, qui, de fait, récitait à merveille à l'époque les « éléments de langage », version moderne de la langue de bois, distillés par l'Élysée... « Et Buisson, reprend Bertrand, sort du bureau de Sarkozy avant qu'on entre et dit : "Avec les abstentions, Hollande n'a même pas la majorité absolue..." Pfff... Mais quoi ? On a perdu, on a perdu... »

En effet, même s'il a fait un score honorable, Nicolas Sarkozy sort du jeu politique – au moins provisoirement. Une nouvelle ère s'ouvre à droite. Jérôme Lavrilleux espère bien que son héros, Jean-François Copé, en sera l'acteur principal. Dès la défaite actée, lui a une urgence à régler. Il faut s'occuper de François Fillon, qui frétille d'aise, se sent invincible, les ailes du désir gonflées par la défaite du « taulier ». Bertrand, c'est du passé, croit-il. Et de Copé, l'ancien Premier ministre se promet de n'en faire qu'une bouchée.

C'est bien mal connaître le Professeur.

III

LA GUERRE DE TRANCHÉES

*Où Sarkozy observe ses successeurs
s'entretuer*

CHAPITRE 1

Le « Sarko du pauvre »

Il arbore une cravate rouge vif, comme un rappel subliminal de l'affrontement sanglant qui déchire son parti.

Ce mardi 13 novembre 2012, François Fillon est l'invité de la matinale diffusée simultanément sur RMC et BFM-TV. L'audience est maximale, l'ex-Premier ministre ne doit pas se louper, l'élection à laquelle il concourt, celle du président de l'UMP, se déroule dans moins d'une semaine. Qui pourrait imaginer le prudent Fillon déraper ? Et pourtant.

Interrogé sur l'éventualité d'une alliance entre la droite et l'extrême droite, il se montre ferme : « Jamais. » Une réponse sans ambiguïté, à l'inverse de la suivante, lorsqu'il est sondé sur l'approche différente qui pourrait être celle de Jean-François Copé, son principal concurrent : « Je ne le crois pas, parce que je pense que tout dans ses origines, dans son engagement politique, le conduit... » Il ne termine pas sa phrase, comme s'il était conscient d'avoir commis une gaffe, mais le mal est fait. Pour les copéistes, le doute n'est pas permis : à quoi faisait allusion Fillon en évoquant les « origines » de Copé, sinon au fait que son rival est juif ? Ils dénoncent en chœur, à l'image de Michèle Tabarot, des propos « inacceptables » dont la députée des Alpes-Maritimes dit ne « pas croire un instant qu'il les ait utilisés à la légère ».

Une demi-douzaine d'années plus tard, alors que les deux ennemis d'hier sont plus (Fillon) ou moins (Copé) sortis du jeu politique, le maire de Meaux n'a toujours pas pardonné sa sortie malheureuse à l'ancien locataire de Matignon. « Vous savez, quand on veut éradiquer un rival, on cherche tout ce qu'on peut trouver, commence-t-il. Objectivement, ajoute-t-il, je pense que Fillon a laissé un peu libre cours à sa pensée ce jour-là. D'ailleurs, comme toujours, après, il s'en est justifié avec moi. »

— Fillon : J'ai été tellement ému par ce qui est arrivé à ta famille...

— Copé : Écoute, c'est bien la première fois que je te vois avoir une émotion !

Fillon a-t-il tenté devant lui de préciser ce qu'il avait voulu dire ? « Oh, il n'y avait pas besoin de justifier grand-chose, répond Copé. C'était suffisamment clair ! Je n'ai pas pensé un instant qu'il y avait un doute... »

Assistant, impuissant, aux règlements de comptes qui déchirent sa famille politique sitôt acté son départ de l'Élysée, Nicolas Sarkozy décide de ne pas s'en mêler : il veut tourner la page. Oublier. Du moins, essayer. « Battu à la présidentielle de 2012, j'abandonne la politique, je prends un nouveau métier de conférencier et je reprends mon cabinet d'avocat », résumera-t-il devant les juges. Converti tardivement aux joies de la littérature, le chef de l'État sortant aurait alors pu faire sien cet aphorisme de Voltaire : « Les guerres civiles sont des maladies qui tombent toujours sur les parties faibles. » Car, le « chef » officiellement en retraite, les seconds couteaux de l'UMP se sentent pousser des ailes, aiguisent leurs lames. Et s'étripent joyeusement.

La défaite de son leader à peine consommée, la droite commet ainsi l'erreur de se projeter immédiatement vers la prochaine présidentielle, avec une seule obsession : se trouver un *nouveau chef*. Renouveler son logiciel ? L'idée ne semble même pas effleurer les cadors de l'UMP, totalement focalisés sur leurs ambitions personnelles. Pourtant, à l'évidence, un *aggiornamento* s'imposait pour une droite usée par dix années d'exercice du pouvoir (2002-2012). À elle seule, l'expérience sarkozyste méritait un sérieux inventaire doctrinal, d'autant qu'elle avait été marquée par une grande confusion idéologique. Porté au pouvoir, en 2007, en se présentant comme « l'héritier de Jaurès », Nicolas Sarkozy tenta de se faire réélire, cinq ans plus tard, en braconnant sans vergogne sur les terres de l'extrême droite... Il est vrai que Sarkozy n'a jamais été un idéologue, juste un tenant du pragmatisme – la traduction politique du cynisme, diront certains. Mais, après sa défaite, de tout cela, à droite, il ne sera pas question, ou presque.

La prochaine alternance, prévue, ou plutôt espérée, pour 2017, passera manifestement par une bataille d'ego et non d'idéaux. Au lieu d'être le simple préalable à l'exercice du pouvoir, sa conquête est une fin en soi.

Et pour y parvenir, tous les moyens sont bons.

Les prétendants au trône ne sont pas si nombreux. Xavier Bertrand est poussé par ceux qui, à l'UMP, redoutent un affrontement fratricide entre Copé et Fillon. Mais la « troisième voie » va faire long feu. « À cette date, se remémore Bertrand, beaucoup me disent : "On n'a pas envie d'être enfermés dans Copé-Fillon, présente-toi." Donc on décide pendant l'été d'aller chercher les signatures, mais je vois qu'il n'y a pas d'espace politique. J'ai trop laissé s'installer l'idée que ce sera Copé ou Fillon. Et dans ces cas-là, quand vous êtes à trois, il faut être l'un des deux, mais je ne suis pas l'un des deux ! Donc, je vais faire campagne ? Mais pourquoi ? Je serai le troisième, mais j'ai pas envie d'être troisième ! Donc c'est pour ça que je me dis, ce truc-là n'est pas mon histoire. Par contre, je n'imagine pas la violence, et surtout derrière l'imbroglio... quelque chose de terrible... Une haine... »

Pour reprendre le leadership de la droite, ils ne sont donc plus que deux, puisque Alain Juppé a fait une croix – provisoirement – sur ses ambitions présidentielles : Jean-François Copé et François Fillon. Ce dernier, impatient de tourner la page sarkozyste, se déclare candidat à la présidence du parti dès le 30 juin 2012. Copé fait de même le 26 août. Cette fois, son rival l'a devancé.

Entre le secrétaire général de l'UMP à l'ambition dévorante, qui a par ailleurs la préférence de Sarkozy, et le Premier ministre sortant, persuadé d'être le seul postulant à avoir la stature présidentielle, un combat sans merci s'engage. Au-delà de leurs désaccords idéologiques apparents, Copé se faisant l'apôtre d'une « droite décomplexée » – titre d'un manifeste publié par lui en octobre 2012 – dont Fillon n'est pas du tout fan semble-t-il, les deux hommes n'ont rien en commun sur le plan personnel. Si Sarkozy, devant nous, au printemps 2018, qualifie cruellement son ancien Premier ministre de « Sarko du pauvre », Fillon pourrait renvoyer le compliment à Copé, tant ce dernier lui fait penser à l'ex-chef de l'État, en pire...

Copé-Fillon. Ces deux-là ne s'apprécient pas, c'est un euphémisme.

La haine, encore, la haine, toujours. Au point d'aveugler les plus éminents responsables politiques, jusqu'à dissoudre leurs convictions dans l'acide du fiel.

« Copé et Fillon, ils se détestent, confirme Lavrilleux. Ils n'ont rien en commun, du point de vue du caractère. Copé, au bout de cinq minutes, vous savez qu'il va vous éclater la gueule, il n'a pas de non-dits, il dit clairement les choses, même les conneries ! Si un jour il était mis en garde à vue, je déconseille de lui mettre une lampe dans la figure, ça ne sert à rien, il va tout vous raconter, immédiatement ! Tandis que Fillon garde tout pour lui, tout est secret dans sa vie. »

Entre Copé et Fillon, c'est donc la guerre ouverte. Qui va bientôt dégénérer en authentique guerre de tranchées. « Ce qui m'a frappé, relève Patrick Stefanini, qui a rejoint le *team* Fillon en mai 2013, c'est de voir qu'une bonne partie de l'équipe qui s'était occupée l'année précédente de la campagne de Fillon contre Copé était dans le ressentiment à l'égard de Copé, ils étaient vraiment très revanchards. » À couteaux tirés, Copé comme Fillon se rendent coup pour coup.

Car l'un comme l'autre en sont persuadés : en prévision de l'élection de 2017, la conquête du parti leur assurera une mise sur orbite présidentielle idéale. « Il y a un moment où certains, dont moi, disent : il n'y a pas de chef, celui qui a le parti mènera le combat », reconnaît aujourd'hui Benoist Apparu.

Xavier Bertrand abonde dans son sens. L'ex-secrétaire général de l'UMP, qui confie avoir « rarement » été le témoin d'une telle animosité – « Là, on était sur la quintessence de la haine », dit-il –, confirme : « Derrière cette guerre, faut pas se raconter d'histoires, c'est : qui sera candidat en 2017 ? Il y a la haine des deux personnages, parce que Copé-Fillon, pendant tout le quinquennat de Sarko, ça a été ça, Fillon disant : "Copé, pour l'après-Sarko, me savonne la planche auprès des députés…" Mais surtout, là, c'est 2017. Celui qui a l'UMP, il est candidat en 2017. En plus, pour eux, c'est : de toute façon, comme c'est Hollande, forcément, on gagne. Et puis, il y a aussi un problème charnel, viscéral, de la droite : le pouvoir lui appartient ! Si la gauche lui prend, elle est illégitime. C'est ce que les mecs pensent, quand même. Ils sont quand même tarés, mais c'est ça ! "C'est à nous, c'est à la droite. Pourquoi on bosserait ? Le fruit va tomber, il y aura juste à le ramasser. Et puis Hollande, franchement, ce sera facile après." Donc, derrière, ça donne : "C'est mon tour, il y a juste une formalité, il faut que j'aie le parti"… »

François Baroin pense, lui, que Fillon a, en fait, commis une erreur stratégique majeure. « Moi, je pense que Fillon, il a toutes les cartes en mains au début, nous confie-t-il en évoquant les premiers mois de l'après-Sarkozy. Il sort assez intact du quinquennat, il conserve une forte légitimité auprès des parlementaires, Juppé est à la retraite… Il n'a pas de troupes, mais personne n'en avait : le dernier grand chef de la droite et du mouvement gaulliste, c'est Sarko. Et Sarkozy, lui, est quand même défait, et n'est *a priori* plus en situation de pouvoir revenir. »

Fillon avait donc un boulevard devant lui ; pourtant, il s'est retrouvé dans une impasse. Selon plusieurs ténors de la droite, Fillon aurait sans doute gagné à ménager Sarkozy, mais aussi les chiraquiens, et de se concentrer sur la conquête du groupe UMP à l'Assemblée nationale, groupe où il était très populaire, plutôt que de s'engager dans une guerre larvée pour la conquête du parti. « Il s'y est mal pris, confirme Baroin. Il aurait dû prendre le groupe, puis ne pas soutenir Xavier Bertrand contre Christian Jacob, alors que le groupe à l'époque était encore dominé par les chiraquiens pur sucre et historiques que nous étions. »

Quelques mois auparavant, Fillon avait en effet appuyé Bertrand dans son combat pour la présidence du groupe UMP à l'Assemblée, contre Christian Jacob (facile vainqueur), lui-même soutenu par Copé… Après avoir pensé, un temps, se présenter à la présidence de l'UMP, Bertrand refuse les avances des fillonistes. « Fillon me propose d'être son "ticket", il y a des opérations d'approche, confie l'actuel patron de la région Hauts-de-France. Un jour, alors que je suis dans le Sud, Éric Ciotti (député UMP des Alpes-Maritimes) m'invite à dîner pour m'approcher au nom de Fillon… » L'ex-Premier ministre lui-même met la main à la pâte pour tenter de débaucher Xavier Bertrand, qui constituerait assurément une belle prise « Je me rappelle toujours, je vais voir Fillon chez lui, dans son appartement, il a la jambe immobilisée parce qu'il a eu son accident de scooter, raconte Bertrand. Et j'ai Wauquiez qui m'appelle avant, qui me passe des messages en disant : "Xavier, ça devait être moi, le vice-président, je t'en supplie, laisse-moi la place de vice-président, pour moi c'est hyper-important", etc. Il ne m'intéresse pas. Donc, Fillon fait son truc, mais il ne fait pas campagne comme il devrait… »

Si Xavier Bertrand a repoussé les multiple tentatives des fillonistes, c'est pour une raison bien précise : il a été marqué par les conditions de sa très pénible réélection (il l'a emporté avec 50,3 % des voix face à la candidate du PS) dans sa circonscription de l'Aisne, lors des législatives de juin 2012.

« Moi, j'ai un truc en tête : 2012, dit-il en évoquant cette période. En juin 2012, chez moi, avec des gens que je connais depuis longtemps, je manque d'aller au tapis. De très peu. Et pourquoi ? Parce que je suis devenu l'homme de Sarkozy. C'est-à-dire que tout ce qui n'a pas été dans le mandat de Sarkozy, les électeurs et les autres candidats le sortent contre moi : les hôpitaux, les réformes, etc. Et là, je me dis, coco, si t'as fait des conneries, tu les assumes. Mais je n'ai plus envie de payer les factures des autres… Alors à ce moment-là, je dis très clairement que je voterai pour Fillon, mais je n'ai plus envie d'être dans la "ligne". Or, si je suis le vice-président de Fillon, je suis dans la roue de Fillon. Ce n'est pas que je me mets à mon propre compte, c'est que je ne veux plus payer les factures des autres. Sarko, au tout départ, il m'avait vraiment bluffé quand même, l'énergie, tout ça, mais après, je n'ai plus envie.

Je ne me reconnais plus à 100 % dans quelqu'un, donc je n'ai plus envie. »

Au-delà de son échec à convaincre Bertrand de former un « ticket » avec lui et de son incapacité à conduire une campagne entraînante et mobilisatrice, Fillon aurait surtout commis une erreur stratégique, c'est du moins la conviction de François Baroin.

Le maire de Troyes va jusqu'à affirmer que « l'interprétation du suicide de la droite ces vingt dernières années, ça se joue là-dessus. Fillon ne veut pas y aller, alors que la logique politique, c'est : Je prends le groupe, je fais ma campagne avec les parlementaires, je n'insulte pas Sarkozy qui est quand même plébiscité par les militants, et enfin je gagne la primaire contre Copé sans problème… Mais il a tout fait dans le désordre. Fillon à la tête du groupe, l'histoire aurait changé. Erreur d'analyse, de non-respect des règles politiques ; erreur tactique ou péché d'orgueil, sur la place publique, à l'égard de Sarkozy, et, étant associé au bilan, ne pas se rendre compte qu'on ne va pas l'attaquer alors qu'il est parti. À mon avis, c'est le discours de Fillon qui redonne un peu d'énergie, et de l'agacement, à Sarkozy. »

Sarkozy, à ce propos, lui, s'agite. C'est dans sa nature.

CHAPITRE 2

L'espion du Professeur

Ils sont tous là, ce 15 octobre 2012, au 77 de la rue de Miromesnil, pour cette remise de breloque hautement symbolique, dans les nouveaux bureaux parisiens de celui qui a rejoint le cercle fermé des « ex ». Hollande, lui, découvre les joies de l'impopularité, déjà, à l'Élysée. L'état de grâce a été bref – l'état de disgrâce se révélera interminable.

Tout sauf anecdotique, car cela signifie qu'à l'UMP on a rapidement acquis la certitude que celui qui représenterait la droite à la présidentielle de 2017 aurait de grandes chances d'accéder à l'Élysée. Sentir le pouvoir suprême, là, à portée de main, galvanise ceux susceptibles d'y prétendre. Pour Copé comme pour Fillon, c'est une chance historique, pas question de la rater, quitte à s'affranchir de quelques règles désuètes qui ont pour nom loyauté, fidélité, fraternité, respect…

En clair, tous les coups sont permis.

Ce 15 octobre 2012, la vedette, c'est Jérôme Lavrilleux.

Le majordome chargé de faire patienter les visiteurs de Nicolas Sarkozy glisse sur le parquet ciré, il accueille avec égards le sénateur Jean-Claude Gaudin, qui salue le conseiller Patrick Buisson, qui congratule l'ancien ministre Roger Karoutchi… Curieux, tout de même, qu'il y ait autant d'« huiles », de beau linge, pour un événement somme toute anodin : la remise de l'ordre national du Mérite à Jérôme Lavrilleux.

Même pas une Légion d'honneur…

Mais Lavrilleux est en mission. Le casse du siècle. Ravir l'UMP au favori, François Fillon. Il est urgent d'envoyer un message, à un mois de l'élection pour la présidence du grand parti de droite, prévue le dimanche 18 novembre 2012. Sarkozy doit souligner sa préférence. « Il fallait envoyer un signal subliminal, se souvient le Professeur. Sarkozy soutenait Copé, bien sûr, et il fallait le montrer. » Au retour de l'été 2012, Lavrilleux en touche un mot à Patrick Buisson, encore très proche de Nicolas Sarkozy.

— Lavrilleux : Sarkozy m'a accordé le Mérite en 2010, mais on ne me l'a jamais remis. On n'a qu'à organiser un truc en catimini, rue de Miromesnil, et on le fait fuiter…

— Buisson : Je m'en occupe, c'est comme si c'était fait.

Trois semaines après cette conversation, toute la famille de Jérôme Lavrilleux, père, mère, sœur, frère, neveux, se presse dans l'antre sarkozyste. Mais l'impétrant, lui, n'est pas encore là. Ostensiblement, il arrive en voiture, presque au dernier moment, avec Jean-François Copé. Et ressort deux heures plus tard, nouvellement médaillé, toujours avec son mentor, bien visible. Devant des photographes judicieusement placés au bon endroit. Prévenus par qui de droit. Entre-temps, Nicolas Sarkozy a pris le temps de le féliciter en public pour son talent très particulier : protéger ses chefs.

Mais l'essentiel est ailleurs. Il s'agit là d'une question d'image. La politique au XXIe siècle est affaire de communication, et seulement de communication. « C'est une instrumentalisation réciproque, avec Sarkozy, à qui nous ne pouvons rien imposer », dit Lavrilleux. Le message est passé. Le rendez-vous a opportunément fuité. En décorant son bras droit, le « parrain » a adoubé son successeur. La droite française, d'âme bonapartiste, raffole de ce genre de démonstration.

« Sarkozy traite de cons la moitié de la Terre, et d'imbéciles l'autre moitié. S'il accepte cette remise de décoration, c'est dans un but bien précis, et Fillon le sait », conclut le Professeur.

Les militants ont donc bien compris, après la remise de la médaille à Lavrilleux : Sarkozy est du côté de Copé, et c'est tout sauf un détail, tant l'ex-président demeure populaire parmi les adhérents de l'UMP. Mais il reste un mois de campagne interne avant le scrutin. Et François Fillon a les faveurs de la presse nationale, quand Jean-François Copé n'a jamais su s'attirer la sympathie des médias. Affaire d'apparence, bien sûr, mais aussi d'ego hypertrophié, de déclarations un peu trop droitières ; le secrétaire général de l'UMP gêne aux entournures, dans un paysage claquemuré, où l'on doit taire ses ambitions.

Fillon, lui, surjoue la carte de l'humilité, il se drape surtout dans sa posture d'ancien Premier ministre dont il pense qu'elle lui octroie un avantage substantiel dans un parti légitimiste comme l'UMP. Ses troupes grossissent, il y a les opportunistes purs, les ralliés de la dernière heure... Et côté Copé, un carré de fidèles. Dont Jérôme Lavrilleux, toujours discret, légèrement en retrait. Mais à la manœuvre, ses quatre écrans de télévision branchés en permanence sur les chaînes d'info, dans son bureau.

Première règle à observer en période électorale : savoir ce que trame l'adversaire, pour mieux évaluer ses faiblesses. « Fillon n'est pas candidat pour être président de l'UMP, en fait, explique Lavrilleux, il est candidat pour être président de la France. C'est pareil que Balladur en 1995. Les mêmes erreurs. Or, la seule campagne efficace est celle qui s'adresse aux gens qui vont aller voter. »

Le Professeur n'a rien oublié des leçons tirées de ses campagnes à Saint-Quentin.

François Fillon multiplie les déjeuners-débats, avec les Lion's Club, les Rotary Club, il faut payer son couvert, ça dure des heures, le candidat s'ennuie... Copé, lui, enchaîne les petites réunions avec les vrais militants, ceux qui se déplacent pour voter. Et puis, Copé a un atout dans sa manche.

Un espion dans le camp Fillon !

Eh oui, le Professeur a réussi à infiltrer le cercle très fermé qui entoure l'ancien Premier ministre. « J'avais quelqu'un, dans l'équipe Fillon, qu'ils n'avaient pas identifié. Du coup, j'avais le planning des déplacements en avance, nous révèle-t-il, pas peu fier. C'est une personne qui au départ est entrée dans le camp Fillon parce qu'elle était attirée par lui. Elle a vu comment ça se passait, en a été dégoûtée... Elle m'a dit : "Je vais aller chez vous." Et je lui ai répondu : "Non, non, reste, on se reparle." C'étaient des pieds nickelés, en face, des nazes. S'ils n'ont pas fait pareil, ce sont des gros cons ! D'ailleurs, s'ils avaient eu un type chez nous, ils auraient gagné. »

Cet espion, dont Lavrilleux tient à préserver l'identité pour « services rendus », va être extrêmement utile aux copéistes. À en croire Valérie Pécresse, « l'indic » de Lavrilleux aurait finalement été identifié par les fillonistes... mais pas sanctionné. « On savait qui était leur espion, mais il n'y a pas eu de chasse à la taupe », révèle la patronne de la Région Île-de-France.

La campagne bat son plein, pour l'heure. Toutes les vieilles ruses sont de sortie. Par exemple, un jour, Lavrilleux laisse traîner à la photocopieuse, au siège de l'UMP, un plan prévisionnel des déplacements du candidat Copé dans les territoires de l'Ouest, presque totalement pro-Fillon, souvent catholiques, d'une droite quasi villiériste, dont le vote est déjà acquis à l'ancien locataire de Matignon. Y aller n'apporterait donc pas grand-chose, ni à l'un ni à l'autre. Faire semblant d'oublier un document confidentiel dans l'espoir de duper l'adversaire : le piège est grossier, mais il va parfaitement fonctionner !

« On se dit : il y a bien un con qui va le voir et qui va le vendre à l'autre, s'amuse notre Professeur. Ça met trois heures avant de se savoir. Et ça marche, puisqu'ils vont changer tous leurs plans ! » En effet, une bonne âme a transmis ce faux plan à l'équipe Fillon, qui s'est empressée de dépêcher son candidat sur place, afin de devancer le supposé déplacement de Copé. « C'est la règle du jeu », se défend le Professeur, pour justifier ce procédé déloyal. « Et je vous rappelle que ce n'est pas juste moi le méchant, qu'en face ils ont fait plein de trucs comme ça aussi. Même peut-être des choses que je ne sais pas. Au départ ils ne sont pas prêts à tout, ils ne sont prêts à rien, parce qu'ils ont gagné dans leur tête. Ce sont de grosses feignasses. »

Une guerre dans la guerre se joue également : celle des parrainages. Ils permettront de départager les différents candidats à la primaire et, surtout, de désigner publiquement les favoris. Le minimum requis est d'obtenir 7 924 engagements fermes, signés, de militants.

« On avait ciblé vingt départements, raconte Lavrilleux. Il y avait là-bas des gens en notre faveur. Et on avait envoyé sur place des militants, avec des photocopieuses portables. »

Efficace, comme toujours avec le Professeur. Car non seulement le règlement de la primaire contraint les candidats à obtenir le parrainage des militants à jour de cotisation, mais il faut aussi récupérer la photocopie des pièces d'identité des « parrains ». « En se déplaçant avec nos photocopieuses, on était sûrs d'obtenir tout cela, tout de suite. Et en plus, on faisait signer des pouvoirs. Un parrainage valide se transforme en électeur quasi captif, qui devient ensuite un relais de campagne impliqué. »

La méthode Lavrilleux paie. Dès le 18 septembre, Jean-François Copé annonce sur iTélé – devenu CNews – avoir obtenu plus de 30 000 parrainages. Un excellent score. Et pourtant, Lavrilleux peste. « Le chiffre, il fallait le garder secret », explique-t-il à Copé. Pourquoi se découvrir ainsi, si tôt ? Mais son candidat est ainsi fait, il plastronne et claironne sous les projecteurs des plateaux télé, quand le Professeur s'épanouit et fomente ses coups dans l'obscurité. Fillon en tout cas riposte immédiatement et fait encore plus fort. Il dépose le soir même au siège de l'UMP, devant les caméras, plus de 45 000 parrainages. Des cartons entiers, des classeurs disposés juste comme il faut.

Sauf que...

« Il n'y avait rien dedans ! assure Lavrilleux. Et je suis assez con pour ne pas avoir eu l'idée de lui demander de les ouvrir. On ne me la refera plus. J'ai manqué de réflexes, si seulement j'avais appelé la Haute Autorité chargée de vérifier les parrainages... Immédiatement, il était cuit, Fillon. »

Fillon l'aurait joué à l'intox, donc. Comment Lavrilleux peut-il être aussi affirmatif sur ce point ? « Je prends conscience que c'est du bluff quand je vois de frêles jeunes filles soulever avec une étonnante facilité les grands cartons, dit-il. J'aurai confirmation le lendemain 19 septembre qu'en effet une partie de ces cartons ne contenaient rien du tout, et une autre partie des feuilles blanches et des photocopies en plusieurs exemplaires des mêmes parrainages. D'ailleurs, plus tard, une source à la Haute Autorité de l'UMP me confirmera que Fillon était ric-rac s'agissant des parrainages requis pour la primaire. Je me suis fait avoir, mais j'ai retenu la leçon pour la suite. »

Les copéistes laissent faire, donc. Par manque de réactivité, certes, et de preuves, surtout ; mais aussi, *in fine*, parce qu'ils y trouvaient leur intérêt. La guérilla politique est aussi psychologique. « Ils ont fini par croire à leur propre bluff et se sont reposés sur leurs lauriers », décrypte Lavrilleux.

La campagne se poursuit de plus belle. Débats télé-visés, meetings, interviews… Officiellement, les adver-saires se respectent, bien sûr. Mais il n'en est rien, dans la réalité. Lavrilleux voit souvent, en cachette, l'état-major de Fillon. Pour régler les détails, organiser des périodes de « paix » et calmer le jeu.

Il sait que le pire est à venir. Le pire, c'est ce que François Baroin appelle l'« apocalypse de l'élection ».

CHAPITRE 3

Le Professeur sort de l'ombre

Le scrutin du 18 novembre 2012 a tout du cataclysme, en effet : Copé, donné perdant dans les sondages, se proclame finalement vainqueur… mais Fillon fait très vite de même ! Les deux hommes, qui s'accusent mutuellement de triche, s'écharpent par médias interposés.

Le parti est déchiré. Voilà le navire UMP piloté par deux capitaines, au risque de le faire couler.

Jérôme Lavrilleux n'a rien oublié de ces heures, puis de ces jours, dramatiques pour la droite française. Il livre sa vérité. LA vérité ?

Ce 18 novembre, une tension maximale règne au siège de l'UMP.

23 heures.

Le dépouillement débute à peine. Lavrilleux s'isole. Il vient de recevoir un SMS de son espion dans le camp Fillon. « Une personne en qui j'ai une totale confiance », martèle le Professeur. Ils sont une quinzaine tout au plus dans le bureau de l'ancien Premier ministre, dont l'agent secret de Lavrilleux. Le message de la taupe est laconique mais explicite : « Fillon va descendre annoncer sa victoire. » Lavrilleux se précipite vers Copé, l'entraîne à part.

— Lavrilleux : Jean-François, dans une minute trente, on est morts !

— Copé : Pourquoi ?

— Lavrilleux : Parce que Fillon va annoncer qu'il a gagné, et il va prendre la tête de l'UMP.

— Copé : Ce n'est pas vrai ! C'est nous qui avons gagné ! Comment on fait ?

— Lavrilleux : Il faut le griller !

Les deux hommes foncent. Coup de chance, l'ascenseur est stationné à l'étage. Copé s'y précipite et, arrivé face aux journalistes, s'empresse de revendiquer la victoire, avec 1000 voix d'avance. Quelques minutes plus tard, c'est l'ancien Premier ministre qui assure avoir gagné, avec 220 voix de plus que son adversaire. Trop tard. « Il fallait gagner cette bataille, développe le Professeur. Si tu ne "crantes" pas, tu es le contestataire. » Le premier qui parle paraît plus légitime, le second ne sera jamais que le râleur, le mauvais perdant de service. Du moins, estime Lavrilleux, est-ce ainsi que cela sera perçu par les médias, l'opinion et, surtout, les militants, par essence légalistes. L'image, toujours l'image...

Proche de Juppé pas encore revenu dans le jeu, Benoist Apparu suit malgré tout de près la lutte à mort entre les deux prétendants au trône. « Ça tapait fort dans les réunions de groupe, avec trois camps : Copé, Fillon et les neutres », confirme-t-il. Redevenu député après la défaite de Sarkozy, il se rappelle un coup de téléphone de Juppé, au plus fort de la crise, et des propos de l'ancien Premier ministre : « Je viens d'avoir

Fillon, ils font une conférence de presse cet après-midi, ils ont la preuve que les chiffres sont truqués, ils sont complètement fous. » Apparu cite une autre remarque que lui a faite Juppé à la même époque : « Fillon est paumé, il se raccroche à mes basques pour que je le sauve, il navigue à vue. » Apparu évoque aussi « cette conférence de presse lunaire, avec Ciotti, Pécresse, c'est complètement mortifère, et ça part dans une grande violence. Ce qui a généré cette violence, c'est quand l'équipe Copé pousse Copé à annoncer les résultats, ils ont des informations du camp Fillon disant : "Fillon va le faire." Ils veulent être les premiers. Fillon le prend comme un coup d'État, et c'est ça qui va, dès le dimanche soir, cristalliser quelque chose. Quand Fillon découvre ce qui pour ses partisans est une fraude, car, selon eux, on n'a pas comptabilisé tous les bureaux de vote, notamment outre-mer, il entre dans une rage d'une rare violence. Il dit : "Ils ont triché." »

Valérie Pécresse était à l'époque au soutien de l'ancien Premier ministre. « Avec Fillon, on a été proches au moment de la bagarre avec Copé, et quand il nous a demandé de protéger les fillonistes », confie-t-elle. Elle aussi a été marquée à jamais par ces heures sombres. Lorsqu'on évoque devant elle la victoire contestée de Jean-François Copé, la présidente du conseil régional d'Île-de-France s'emporte : « La victoire contestée ? Non, le coup de force ! Car on avait gagné. »

Pourtant, dans les faits, Copé est donné vainqueur par l'UMP, le lendemain, après recomptage des voix, avec 98 suffrages d'avance. La marge est plus qu'étroite, et Fillon va s'engouffrer dans la brèche. Il vitupère, conteste le résultat, annonce des recours, évoque même d'éventuelles suites judiciaires.

L'ancien Premier ministre semble sûr de son fait. Ses soutiens sont en effervescence. Il peut notamment compter sur Valérie Pécresse, vigilante. « J'étais là au comptage, ils nous ont grugés de trois bureaux ! » nous confie-t-elle, toujours remontée, cinq ans après. « C'est totalement acquis – j'étais là –, on avait 220 voix d'avance. On se dit qu'on va annoncer notre victoire avec 220 voix d'avance, et on voit à la télé Copé dire qu'il a gagné. Alors qu'il sait qu'il a perdu ! C'est un immense coup de bluff… Mais ils avaient un avantage, ils étaient au siège, et nous en dehors, ce qui, psychologiquement, n'était pas idéal. »

Valérie Pécresse vit vingt-quatre heures surréalistes, durant lesquelles les membres de la Cocoe (la Commission d'organisation et de contrôle des opérations électorales de l'UMP), sous haute pression, s'attellent à un fastidieux recomptage. « On vient pour recompter les voix, et là, ils ont été très forts, narre-t-elle. On a passé toute la nuit avec la Cocoe, avec des instructions données aux présidents de fédés de ne pas remonter les chiffres. On appelle au téléphone la fédé des Yvelines, et le mec me dit : "On a eu comme instruction de ne pas remonter ce soir, de ne pas remonter demain." Donc le mec était parti se coucher. Ils ne remontaient pas les chiffres ! Ce qui permettait à Copé d'ajuster. Sans parler de la triche à la procuration qu'on a découverte ensuite… » Désabusée, Pécresse conclut : « Peu importe, on avait gagné… »

Une certitude que ne partage pas Xavier Bertrand. « Je serais infoutu de vous dire qui a gagné ! s'ex-

clame l'ancien secrétaire général de l'UMP. Je pense
que Fillon est loin devant au départ, et que l'autre fait
une campagne de folie, une vraie campagne, alors que
Fillon ne fait pas campagne », analyse Bertrand.

Depuis le camp des fillonistes, on l'a compris,
les accusations fusent. Il ne faut pas trop chercher
Lavrilleux sur ce terrain. Pour une fois, il va sortir
de la pénombre. Pas le choix. Car, chez les copéistes,
on s'inquiète. Le patron est épuisé. À terre. Or, l'idée
d'un nouveau vote commence à circuler. « Je n'en peux
plus, Jérôme, je n'ai plus la force. Je suis incapable
de refaire une campagne », confesse-t-il au directeur
de son cabinet. Ce dernier a même le sentiment que
son patron est à deux doigts de rendre les armes, de
laisser filer la victoire dans le camp d'en face. Accusé
d'avoir triché, volé... Copé vit tout cela très mal. La
lassitude le gagne, l'écœurement aussi. Car les preuves
s'accumulent, prouvant, selon lui, l'inverse : le méchant,
le tricheur, c'est Fillon ! Lavrilleux, lui, est en mode
combat. Il faut dénoncer la manœuvre, poursuivre la
castagne, médiatique cette fois. Ils se regardent tous,
dans le bureau de Copé. Les Karoutchi, Tabarot... Mais
foncer sous le feu ennemi, le drapeau claquant au vent,
tout le monde ne sait (veut) pas le faire. « Karoutchi et
courage, ça fait deux », ironise le Professeur.

Alors, Lavrilleux élève la voix. « J'y vais », lance-t-il
fermement. Et, le 22 novembre 2012, il devient le Dark
Vador de l'empereur Copé. Il convoque les médias et,
devant eux, dénonce publiquement les « turpitudes
délibérées de l'entourage zélé » de Fillon et assure
disposer des éléments factuels venant à l'appui de ses
dires. De sa drôle de voix flûtée, qui a tendance à

monter dans les aigus, il enchaîne en direct les formules assassines. À ses côtés, Roger Karoutchi pâlit à l'écoute de ces propos belliqueux.

Une conférence de presse restée dans les annales.

Jamais, auparavant, deux adversaires d'un même bord politique n'avaient osé sortir les mitraillettes au grand jour. « Je savais bien que je me cramais en faisant ça, Fillon avait plus de chances de devenir président que Copé, commente le Professeur. Si j'avais voulu faire carrière, j'aurais léché le cul de Fillon, comme tous les autres... Il fallait bien que quelqu'un le fasse. Je ne voulais pas me donner le beau rôle, mais le procès que l'on nous faisait était injuste. »

De retour dans le bureau de son mentor, il reçoit une accolade chaleureuse de Copé. « Vous avez eu un courage phénoménal, Jérôme, c'est monstrueux, il fallait le faire ! » lui lance le maire de Meaux. Le soir même, en dévorant son hamburger dans le décor bucolique du McDo de Beaugrenelle, les clients du centre commercial le félicitent. Il est passé à la télé.

Cela vaut adoubement, de nos jours.

Le lendemain, Lavrilleux s'écroule. Dans son bureau. Éric Cesari, toujours directeur général de l'UMP, lui parle, mais il n'entend plus rien. Il fond en larmes. « Je suis comme prisonnier de mon corps, se souvient-il, je ne peux plus bouger, on me laisse seul. Je les entends derrière la porte, qui disent : "Ne l'embêtez pas." Et puis il y en a un qui entre, il me demande : "Ça va, Jérôme ?" Je ne réponds pas, je m'écroule. »

Lavrilleux est hors de combat.

Et, dans le camp d'en face, Laurent Wauquiez est hors... de lui.

CHAPITRE 4

Wauquiez et son diable

Un sale moment.

Laurent Wauquiez, stressé, en sueur, est cloîtré dans un cagibi sans fenêtre, au deuxième étage du siège de l'UMP, rue de Vaugirard, à Paris. Il compte et recompte les voix, ce dimanche 18 novembre 2012, au soir de l'élection, par les militants de l'UMP, du nouveau patron du parti. Copé *versus* Fillon. Wauquiez avait choisi son camp. « J'étais chargé par Fillon de regarder le décompte électoral, se rappelle-t-il. Je suis enfermé dans cette pièce, à peu près le pire souvenir de toute ma vie, et je me souviens très bien du sketch, on est complètement pris dans une mécanique que pilote Lavrilleux de façon totalement infernale, c'est-à-dire qu'il s'assure de mettre la pression au fur et à mesure pour empêcher qu'on puisse vraiment avoir un moment de recul… et on comparait les chiffres avec l'autre équipe de Fillon qui était au téléphone, et qui elle aussi collationnait, et il y avait un écart de voix. Et on n'arrivait pas à comprendre. »

C'est pourtant simple.

Le Professeur est passé par là, assure Wauquiez, qui campe Lavrilleux en Houdini des scrutins électoraux.

L'illusionniste aurait berné son public : pendant que le camp Fillon, hypnotisé, regardait dans une direction, lui s'amusait avec les votes.

« On s'est dit : "Merde, dans les totaux, on s'est plantés quelque part, il y a un écart de voix, c'est pas normal." Mais bon, le résultat est proclamé », raconte le patron de LR, qui s'endort ce soir-là avec un goût amer dans la bouche. La défaite, certes, mais surtout le sentiment de ne pas tout maîtriser. Du coup, il revient, le lendemain, et ressort sa calculette.

« Je viens pour la deuxième phase, qui est l'addition des scrutins, fédération par fédération. Et là, tout d'un coup, je vois apparaître le vote qui n'était jamais apparu : Mayotte, la Nouvelle-Calédonie et la Polynésie. Je comprends le pot-aux-roses. Et le soir, on rematche avec le conseiller de Fillon, Franck Robine, et on s'aperçoit qu'ils ont juste fait disparaître les résultats de trois fédérations, qu'ils avaient agglomérés dans les votes par correspondance dès le début et qu'ils avaient ensuite liquidés du truc ! »

Grosse colère dans le camp Fillon. On s'énerve, on appelle les journalistes, on prépare la riposte. Laurent Wauquiez est à la manœuvre, c'est plutôt musclé. « Autant vous dire, poursuit-il, que Copé me vouait une haine totale, que Lavrilleux me déteste, et que, pour eux, j'étais vraiment totalement *black-listé...* »

Mais, sept ans plus tard, le patron des Républicains n'a pas changé d'avis : pour lui, Jean-François Copé avait perdu l'élection. Clairement : « Il y a des choses qui s'appellent l'objectivité ! Ce sujet-là, honnêtement, ne peut même pas souffrir la moindre discussion... »

Il se remémore une scène, qui prend tout son sens,

pense-t-il, avec le recul. Comme ces films à suspense, parsemés d'indices qui deviennent évidents au moment de l'épilogue. Il revoit cette réunion, à laquelle il assiste, lors du dépouillement : « Je comprends qu'ils nous ont grugés, mais j'essaie de feindre au début en disant : "Tiens, au fait, est-ce que vous pouvez me ressortir les résultats d'outre-mer, Mayotte, Nouvelle-Calédonie et la Polynésie ? Ça m'intéresse parce que je ne suis pas sûr des les avoir vus." La directrice des affaires juridiques, qui depuis s'est fait mettre en examen, se lève et dit : "Oui, je vais aller vous les chercher…" Eh bien, je ne l'ai plus jamais revue de ma vie ! Donc est-ce que j'ai le moindre doute sur le fait qu'ils ont triché ?! Je n'ai absolument aucun doute sur le fait que c'était manipulé, structuré, avec une machine extrêmement bien conçue. Ils ont effacé trois bureaux de vote complets, faut quand même le faire ! »

Un tour de magie dont Laurent Wauquiez jure connaître parfaitement l'auteur : « C'est là où je dis que Lavrilleux est diaboliquement intelligent, il a orchestré tout ça… J'ai toujours considéré que Lavrilleux était diaboliquement doué. Doué, oui… mais diaboliquement ! C'est-à-dire que c'était un type qui était incroyablement compétent, qui avait un sens politique tout à fait hors norme, mais – je lui ai souvent dit – du côté obscur de la Force ! Et moi, ça ne fait pas partie des choses que j'apprécie, ni sur le plan financier, ni sur la façon de gérer le rapport aux autres. »

Le Professeur en a autant à son propos. Et il nie toujours toute manœuvre frauduleuse : « Ce n'est pas nous qui avons fait disparaître ces votes ! C'était notre intérêt qu'ils soient comptabilisés puisque nous avons pu prouver qu'il y avait eu fraude en Nouvelle-Calédonie à nos dépens. Comme nous avons pu prouver des fraudes massives à Nice... » Et d'insister : « Jusqu'à la fin de mes jours, je continuerai d'affirmer que Copé avait gagné. Fillon a juste réussi à se faire passer pour un saint avant d'être rattrapé par la patrouille sur sa moralité. »

Bref.

Une chose est sûre, Copé sera déclaré vainqueur. Et Wauquiez, comme Pécresse, a encore les nerfs à fleur de peau dès qu'il s'agit d'évoquer cette primaire à fleurets non mouchetés. Il s'en veut, en fait. Le vague sentiment d'être berné par plus roué que soi. Ainsi, il affirme avoir toujours su que Lavrilleux avait recruté un espion dans leur camp. « Moi, je l'ai toujours pensé. On l'a toujours pensé, à trois, Éric Ciotti, moi et Valérie Pécresse. On a trouvé très bizarre le fait qu'ils étaient toujours au courant. Pour être très honnête, je n'exclus pas que cela ait été reproduit ensuite au détriment de Fillon, dans les passerelles avec Macron, m'enfin, y a aucune preuve là-dessus... Mais je pense que, oui, il y a des gens qui sont des multi-traîtres. »

Et puis, il y a cette déception, aussi, lancinante. Ce sentiment de gâchis né d'une campagne mal gérée, peu enthousiasmante, avec un candidat, François Fillon, engoncé dans ses certitudes, incapable d'aller ratisser les fédérations. « Fillon a fait une campagne catastrophique, constate Wauquiez. On a été plusieurs à tirer le système d'alarme. Après, on a tous été responsables, on y était, il est trop facile de se défausser sur lui. »

Aujourd'hui, comme en 1995 après le conflit Chirac-Balladur, les plaies demeurent à vif. « Copé-Fillon, ça a été terrible, confirme Wauquiez. Et cette haine-là, je suis en fait seulement en train maintenant de tourner la page ! C'est-à-dire qu'encore maintenant, dans les fédérations, vous avez des gens qui étaient pro-Copé ou pro-Fillon ! Et moi, ce que j'essaie de faire, c'est précisément, fédération par fédération, de tourner ces pages. »

Pas si simple. Les rancunes sont tenaces, sans compter que Laurent Wauquiez n'a pas vraiment l'étiquette du rassembleur aux beaux sentiments. « Faut bien comprendre mon historique, convient-il. Moi, je suis celui qui fait sortir les trucs sur la triche de Copé. J'ai mené le combat jusqu'au bout, je l'ai même mené au-delà, puisque ensuite beaucoup de gens se ralliaient à Copé ; j'ai toujours considéré que, derrière Copé, il y avait trop d'obscurité. J'ai toujours continué à porter le combat contre lui après. Copé n'avait pas compris ce qu'étaient les exigences nouvelles de la politique, la page qui se tournait... »

En attendant, ce 23 novembre 2012, pendant que le camp Fillon se lamente, pestant contre les tricheries supposées des copéistes, il en est un qui râle, de douleur, cette fois.

C'est le Professeur, toujours face contre terre, dans son bureau.

CHAPITRE 5

Piqûres et dossiers bidon

Le combatif directeur de cabinet, la supposée âme damnée de Copé, redevient humain.

L'insubmersible Lavrilleux est touché, presque coulé.

Trop de pression accumulée. Trop de haine dans l'atmosphère. Sa conférence de presse l'a littéralement vidé.

On appelle SOS Médecins, mais, en pleine guerre médiatique, laisser entrer une voiture médicalisée devant les caméras... Alors, quelques permanents de l'UMP vont chercher un médecin dans le quartier, ils l'installent, allongé, sur la banquette arrière d'une voiture, le recouvrent d'une couverture, puis s'engouffrent dans le parking et grimpent enfin au 7ᵉ étage, ni vu ni connu. Le médecin, un peu éberlué tout de même, débarque dans le bureau de Lavrilleux. « Mais je vous ai vu à la télévision, vous ! Ça ne va pas ? — Non, pas du tout. — Je vais baisser votre pantalon, attention, ça va vous brûler. » Le docteur déballe son attirail, il va administrer en urgence une piqûre à ce drôle de patient. « J'ai eu l'impression que ma jambe allait brûler ! Mais dix minutes après, c'était reparti », se rappelle Lavrilleux. La mystérieuse injection a fait des miracles.

La guerre interne à l'UMP stupéfie la France, passionne celle qui se repaît de la politique. On est là dans l'inédit, à tel point que chaque partie engage ses avocats. Vous vous souvenez des propos de Lavrilleux, dupé comme un débutant par le coup de bluff des fillonistes au moment des parrainages ?

Il a effectivement retenu la leçon.

Le dimanche 25 novembre 2012, le voici qui se cache à l'arrière d'une voiture, décidément, pour sortir des locaux du parti cernés par les journalistes, et retrouver l'avocat Francis Szpiner, à quelques centaines de mètres de là. Dans ses bras, des dossiers d'un rouge pétant, où l'on distingue nettement sur une couverture la mention « Nice 06 ». Les Alpes-Maritimes constituent le département le plus suspect s'agissant des votes pro-Fillon. Les deux hommes gagnent ensuite l'UMP, pour présenter leurs arguments devant la commission de recours.

Lavrilleux exhibe ses beaux dossiers rouges. « Il n'y avait strictement rien dedans, révèle-t-il, hilare. Que des papiers pris dans ma poubelle pour le tri sélectif ! On n'avait pas encore reçu toutes les preuves de tricheries. Mais il fallait faire de l'image. Pour les chaînes d'info, mais aussi à destination des sbires de Fillon, dont Ciotti le Niçois. »

Le Professeur est aussi le Prince de Machiavel, à ses heures choisies. Il fait en sorte de se laisser photographier, quelques minutes plus tard, assis avant d'être auditionné, son dossier rouge sous le bras, détendu. Il a insisté pour que les photographes de presse puissent pénétrer dans l'atrium…

A-t-il triché, menti, au moins par omission ? Lui dit dans un grand sourire : « J'ai optimisé le système. »

Finalement, les deux camps vont signer un accord, laissant provisoirement la présidence de l'UMP à Copé. En effet, cette séquence extravagante s'achève lorsque la commission nationale des recours valide l'élection de Copé, avec 50,28 % des suffrages.

Et contre toute attente, François Fillon, pourtant convaincu d'avoir été volé, s'incline. Une attitude défaitiste qui afflige ses soutiens. Valérie Pécresse, par exemple : « Fillon, il a eu nombre de personnes qui lui ont dit de ne pas partir [de l'UMP], il en a beaucoup voulu à Baroin et Jacob qui ont été à la manœuvre, dit-elle. Fillon n'aime pas la confrontation. À un moment donné, il fallait tenir. Là où on a fait une erreur, c'est qu'on s'est aperçus plus tard que le parti était au bord de la faillite, il ne tenait que par le renflouement du groupe, tenu par Jacob, qui abondait. Tout était masqué, totalement opaque, ils étaient au bord du gouffre. On aurait tenu trois mois de plus… Moi, j'avais proposé de ne plus payer nos cotisations au groupe. »

Chez l'ex-Premier ministre, cette pusillanimité congénitale se double d'une incapacité à fédérer, à galvaniser. À entraîner. Fillon, ou le général incapable de parler à ses troupes.

« En 2012, révèle Pécresse, c'est Stefanini et moi qui faisons le job, appeler les parlementaires un par un… Je le fais à mon modeste niveau, c'est comme ça que j'ai été élevée en politique. Pour un élu de base, c'est important. Ni Juppé ni Fillon ne le font. »

Du coup, Valérie Pécresse relativise la défaite de celui qu'elle avait soutenu : « 220 voix pour un Premier ministre, c'est un écart trop faible, il aurait dû être à 60 %, observe-t-elle. Il y a vingt fédés qu'on n'a pas faites, à cause de sa jambe blessée, puis de ses calculs rénaux... Et là, il y a 60 % pour Copé qui, lui, est allé les voir. Et c'est normal. Il y a une espèce de ressentiment, de délaissement. Il faut être méthodique et traiter les plus petits. »

La présidente de la Région IDF tire la morale de cette consternante séquence : « L'histoire Copé-Fillon, c'est celle de Copé qui est dans un bunker avec la kalachnikov et qui, contre vents et marées, tient bon, alors qu'il est au bord du précipice. Il a perdu, il n'a plus d'argent, mais il tient bon dans sa grotte. Dans sa tranchée. Et un Fillon, pris au piège de certaines notables qui lui disent : "Il ne faut pas, ça va t'abîmer", et le conduisent à temporiser. C'est là, à cet instant-là, que s'est noué le Fillon 2017, celui qui n'a jamais cédé. Fillon 2017, c'est l'inverse de Fillon 2012, il ne cédera rien. Parce qu'il s'est rendu compte qu'en 2012 il n'aurait jamais dû céder. Il aurait alors pris le parti, et s'il avait pris le parti, l'histoire aurait été différente. On est partis de 2012 avec cette idée de Fillon, qu'il n'est pas pugnace. »

Observateur attentif et consterné du sanglant affrontement, Jean-Louis Borloo l'admet : « Copé-Fillon, ça a été violent. » Évoquant la bataille pour la prise de l'UMP, il ajoute : « Ça a atteint un paroxysme, c'était terrible... »

De son côté, Lavrilleux en est persuadé, le « triomphe » de son poulain, qui a tout d'une victoire à la Pyrrhus, ne peut masquer un échec majeur : il a perdu la bataille de communication. « Copé est resté le voleur, celui qui a volé la victoire de Fillon », déplore le Professeur.

Durant cette période d'une grande brutalité, au cours de laquelle deux camps se sont rendu coup pour coup, la France a découvert un tireur d'élite. L'homme de confiance de Copé, que les fillonistes appellent « le salopard », a défouraillé allègrement, justifiant sa réputation naissante.

Lavrilleux, lui, se vit plutôt en éminence grise. Comme son autre référence, Joseph François Leclerc du Tremblay, dit aussi « le père Joseph », conseiller officieux du cardinal de Richelieu, « éminence rouge » et principal ministre du roi. En raison de son affiliation aux capucins, il portait une robe de bure grise. « Si j'étais vraiment tueur, j'aurais fait plus de dégâts, assure le Professeur. Et je le regrette. »

« C'est une caricature absolue », s'agace Jean-François Copé lorsqu'on évoque les différents surnoms (âme damnée, sniper, porte-flingue…) attribués à son ex-bras droit. « Mais enfin, qui dit ça ? C'est surtout Fillon et ses amis, qui le redoutaient, nous lance-t-il. Mais ça n'est que 1 % de ce qu'il est. Alors, oui, évidemment, il est arrivé qu'il y ait besoin de dire des choses, et notamment au moment de cette crise de 2012 où je lui ai demandé de mettre les pieds dans le plat pour essayer de dénoncer ces turpitudes et ces hypocrisies de Fillon. Ce qu'il a d'ailleurs très bien fait, mais malheureusement vos confrères n'avaient pas envie de l'entendre, parce que, depuis le début, ils ne voulaient pas que je gagne. »

Très remonté contre une presse accusée d'avoir choisi son camp, Copé l'affirme aujourd'hui : « Pendant la campagne, les journalistes ne voulaient pas que je gagne, ils considéraient que c'était Fillon, et après, ils

ne voulaient pas accepter que j'avais gagné, et voilà…
Ce qui s'est passé a vraiment été scandaleux, du point
de vue journalistique, éthique. Scandaleux. »

Copé coupable, aux yeux des médias, d'un délit de
sale gueule politique ? L'explication n'est-elle pas un
peu simpliste, tout de même ?

« Je vais vous dire, insiste-t-il, on était dans une
période de *Sarko-bashing* très fort, et les journalistes
avaient considéré que j'avais, quelque part, le même
style que Sarko – j'ai beaucoup de différences avec lui,
enfin, bon… Alors que Fillon, c'était la droite convenable et raisonnable. Propre sur elle. Même des journalistes "modérés" trouvaient que c'était mieux que ce
soit lui. Moi, je faisais une campagne où je parlais des
vrais sujets, c'est moi qui ai complètement porté les
thématiques de la campagne : la droite décomplexée, le
racisme anti-Blancs, cette histoire de pain au chocolat
qui a fait tant parler et qui était pourtant peu de chose
au regard de ce qu'on voit aujourd'hui. »

Il avait en effet provoqué une belle polémique en
évoquant, en octobre 2012, un jeune qui se serait
fait arracher sa viennoiserie. « Sous prétexte qu'on
ne mange pas pendant le ramadan », *dixit* Copé…
« Mais je me suis fait fracasser, à Paris, par des gens,
des journalistes, qui ne voulaient pas entendre ce discours, assure-t-il. Donc je pense que le point de départ
de tout ça, c'est que je devais apparaître comme une
sorte de continuation de ce qu'avait été Sarko, et que
Fillon, lui, c'était la droite convenable, bourgeoise, qui
allait à la messe. »

Selon Benoist Apparu, ministre de François Fillon
de juin 2009 à mai 2012, au-delà des détestations per-

sonnelles, c'est à l'aune du leadership, ou plutôt de son absence, qu'il faut lire cette séquence désastreuse pour la droite : « Sarko retiré, Fillon comme Copé sont dans une logique de "pourquoi pas moi", et derrière, il y a une haine qui s'installe entre les deux bonshommes et leurs équipes, parce que, dès qu'il n'y a pas de chef, c'est le bordel. » Pour le maire de Châlons-en-Champagne, « la haine n'est pas consubstantielle à la droite, elle est consubstantielle à l'absence de chef. La haine, c'est une conséquence, pas une cause ».

D'une grande violence, l'affrontement Copé-Fillon a laissé des traces, évidemment. « La séquence de la guerre Copé-Fillon, avec les conférences de presse dans des bars à 2 heures du mat' en direct sur BFM, les mecs qui se tapent entre eux, je me dis que ce sont des malades mentaux », se souvient Thierry Solère.

Et le pire est à venir… Le parti est exsangue, les troupes déboussolées, Copé le mal-aimé reste à la tête du parti, mais très affaibli. Selon Benoist Apparu, c'est tout bénéfice pour Sarkozy, toujours en embuscade. « Après l'épisode Copé-Fillon, dans le parti, tout le monde se dit que le gagnant, c'est Sarko, car il ramassera la mise, d'autant que Juppé n'est pas encore candidat dans sa tête, se souvient-il. Les deux guignolos se tapent dessus, et quand le boss va revenir, ils s'écraseront… »

Fillon, pour le moment, rumine sa vengeance. D'autant que ses proches sont menacés d'être « purgés » par les copéistes. « On perd, je sauve les fillonistes de l'épuration », relate ainsi Pécresse. La scission est proche. Avec ses partisans, Fillon va jusqu'à créer un groupe dissident à l'Assemblée nationale, le

Rassemblement-UMP. Et il annonce son intention de saisir la justice, pour faire établir la fraude du clan Copé et annuler l'élection de son leader. Il n'en fera rien, au final, convaincu par les caciques. Mais il a découvert au passage les joies des joutes judiciaires.

CHAPITRE 6

Les mauvais comptes de Sarko

L'*annus horribilis* de l'UMP, confrontée au spectre de la scission, n'est pas tout à fait terminée. L'ombre envahissante de Nicolas Sarkozy continue de planer sur le paysage morcelé de la droite. Et les premiers doutes sur le financement de sa campagne malheureuse surgissent.

Pourtant, la comptabilité est bien au chaud. Préservée des regards. Les commissaires aux comptes n'ont pas fait les difficiles. Il reste à espérer que la Commission nationale des comptes de campagne et des financements politiques (CNCCFP) va avaler la couleuvre. Et valider les comptes de campagne de Nicolas Sarkozy. Le candidat perdant a signé une ardoise finale de 21 339 664 €, montant total des dépenses.

Mais, le 21 décembre 2012, ses comptes sont tout simplement rejetés par la CNCCFP. Une sanction rarissime puisque, jusqu'alors, seuls deux candidats – marginaux – en avaient écopé : Jacques Cheminade en 1995 et Bruno Mégret en 2002. En cause : le dépassement par le candidat du plafond du budget autorisé, suite à la réintégration de dépenses électorales indûment prises en charge par l'Élysée – la tenue en décembre 2011 d'un meeting à Toulon, imputé à tort, selon la Commission, sur le budget de la présidence de la République. L'ex-président est tenu de restituer au Trésor public deux sommes distinctes, pour un montant total de 516 615 euros : 153 000 euros, soit l'avance forfaitaire consentie par l'État aux candidats, et 363 615 euros, correspondant au montant du dépassement. L'article L 52-15 du code électoral est limpide : « Dans tous les cas où un dépassement du plafond de dépenses a été constaté par une décision définitive, la commission fixe alors une somme égale au montant du dépassement, que le candidat est tenu de verser au Trésor public ».

Un peu moins de 400 000 euros de dépassement constatés ? Nicolas Sarkozy, la suite le démontrera, s'en tire très bien, finalement ! De fait, si la Commission a épinglé le candidat Sarkozy pour avoir fait prendre en charge par le président Sarkozy, c'est-à-dire les caisses de l'État, des manifestations à visée, à l'évidence, purement électoraliste, elle n'a rien détecté de suspect dans les comptes eux-mêmes. Sans doute « parce que les coûts déclarés par le candidat Sarkozy en 2012 présentaient des ordres de grandeur comparables à ceux de 2007 », comme le soulignera plus tard le juge Serge Tournaire.

Une hypothèse validée dans son cabinet par le président de la CNCCFP, François Logerot, interrogé en qualité de témoin : « En 2007, une cinquantaine de réunions publiques, pour un total d'environ 10 millions d'euros, s'étalant de janvier 2007 au jour de l'élection, et en 2012, quarante-quatre réunions publiques, mais uniquement entre le 15 février, date de la déclaration de candidature, et début mai, pour un total de 11,7 millions d'euros. » D'ailleurs, par rapport aux autres comptes de campagne, le coût global comme le coût moyen des meetings ne faisaient pas apparaître d'éléments douteux. Ainsi, le total des réunions publiques du candidat Hollande s'élevait à 33, pour un montant de 6,8 millions d'euros, soit une moyenne de 205 000 euros par rassemblement, alors que l'équipe Sarkozy avait déclaré 11,7 millions d'euros de dépenses pour 44 meetings, soit une moyenne de 265 000 euros. En d'autres termes, l'affaire naissante des pénalités est un peu l'arbre qui cache la forêt.

Nicolas Sarkozy n'est pas homme à accepter de se faire taper sur les doigts. Extrêmement contrarié par la décision de la CNCCFP, vexé aussi, il formule un recours auprès du Conseil constitutionnel. En ce début d'année 2013, son ex-Premier ministre, lui, se réjouit. Si son ennemi avait des velléités de *come-back*, cette histoire pourrait bien lui causer un immense préjudice, pense – ou plutôt espère – François Fillon. Il ignore que, dans son dos, des proches de Sarkozy le surveillent du coin de l'œil, prêts à saisir la moindre occasion pour couler cet homme dont le comportement déloyal vis-à-vis du « patron » leur paraît de plus en plus évident.

En témoigne une conversation téléphonique du 28 mars 2013, entre Nathalie Kosciusko-Morizet, alors en plein combat pour la mairie de Paris, et Bernard Squarcini, patron du contre-espionnage de juillet 2008 à mai 2012, un protégé de Nicolas Sarkozy. Le « Squale » – surnom de Squarcini – et NKM l'ignorent, mais des policiers sont à l'écoute, dans le cadre d'une procédure pour « trafic d'influence » visant l'ancien taulier de la

Direction centrale du renseignement intérieur (DCRI). La discussion dérive sur Rachida Dati et François Fillon, deux ennemis du « Squale ». « Bon, allez, tu me tues Rachida et Fillon. [...] Parce que Rachida, on n'en veut plus. [...] Basta crapoto », lance Squarcini. NKM renchérit : « Je vais te dire, le meilleur moyen de la tuer, c'est d'éteindre. » Avant d'ajouter : « Et Fillon, c'est pareil, faut pas le tuer publiquement, faut l'éteindre. »

Afin d'occuper le terrain le plus rapidement possible, l'ancien Premier ministre annonce en tout cas, le 9 mai 2013, depuis le Japon où il est en déplacement, qu'il entend concourir à la primaire de la droite et du centre prévue pour la fin de l'année 2016 afin de départager les postulants à la présidentielle de 2017. « Je serai candidat, annonce François Fillon à une poignée de journalistes. Quoi qu'il arrive », ajoute-t-il, dans une formulation prémonitoire.

À la même période, dans un entretien accordé à France 3, il met en exergue « le côté lapin Duracell » de Nicolas Sarkozy. La remarque peut paraître de premier abord plutôt bienveillante, après tout, elle met en valeur l'énergie de l'ex-président, mais le sous-texte l'est beaucoup moins. Dans l'esprit de François Fillon, il s'agit de faire passer dans l'opinion publique l'idée que Sarkozy est un agité dont la capacité d'analyse n'est pas franchement le point fort.

Dans les rangs sarkozystes en tout cas, la fébrilité est totale dans l'attente du verdict du Conseil constitutionnel, attendu le mardi 9 juillet 2013. La veille, lundi 8 juillet, en début de matinée, Éric Cesari adresse une note confidentielle au patron de l'UMP, Jean-François

Copé. La direction du parti a en effet rendez-vous avec ses créanciers, c'est-à-dire les banques, à 12 h 30 ce jour-là. Les finances de l'ex-parti majoritaire sont clairement dans le rouge, comme l'atteste ce document que nous avons pu nous procurer. Évoquant le prêt de 10,5 millions d'euros contracté par l'UMP auprès de la Société générale, le 3 avril 2012, afin de financer en partie la campagne présidentielle, Cesari indique : « À ce jour, l'UMP doit rembourser ce prêt au plus tard le 31 juillet 2013. Il est impératif que la Société générale nous donne un délai supplémentaire afin de réunir la somme. »

La note évoque ensuite les dettes abyssales du parti. « Le 17 août 2012, l'UMP a contracté un prêt de 55 millions d'euros sur cinq ans auprès d'un pool bancaire, rappelle Cesari. L'UMP a remboursé la première échéance de 11 millions d'euros le 1er juillet 2013. La dotation annuelle de l'État (19 870 000 euros) ne permet pas de couvrir les charges fixes. Les dons, adhésions et cotisations d'élus ne suffiront pas à financer les besoins. » Bref, la situation est grave, car même si « des économies ont été réalisées sur le fonctionnement », « il est indispensable que la dette des 44 millions d'euros restants soit étalée sur trois annuités supplémentaires, soit passer de 2017 à 2020 ».

La sentence tombe, le lendemain, 9 juillet 2013 : le Conseil constitutionnel, présidé par le chiraquien Jean-Louis Debré, confirme le rejet des comptes de campagne de Sarkozy. « C'est à bon droit que la Commission nationale des comptes de campagne et des financements politiques a rejeté les comptes de M. Sarkozy », estiment les Sages de la rue de Montpensier. Debré comptabilise

22 975 118 euros de dépenses. Le plafond des 22,5 millions d'euros dépassé, le financement public est annulé. En effet, la décision du Conseil, du jamais-vu s'agissant d'un ancien président de la République, prive mécaniquement l'UMP du remboursement automatique par l'État de 10,6 millions d'euros, une somme considérable. Une catastrophe pour le parti de droite, déjà lourdement endetté. Et un vrai camouflet pour Sarkozy. Comment Debré a-t-il pu lui faire ça ? Décidément, c'est bien au sein de sa famille politique, et même de son propre parti, que se situent ses plus dangereux adversaires. Il le sait mieux que quiconque, lui qui avait, vingt ans auparavant, trahi Chirac pour rallier Balladur... Une félonie que les chiraquiens ne lui ont jamais pardonnée, Debré le premier.

L'œil malicieux, ce dernier ne se fait d'ailleurs pas prier pour rapporter la teneur de ses échanges avec un Sarko furibard. Le premier intervient quelques jours après le recours formé par l'ex-président : « Il m'appelle, raconte Debré, et il me dit : "Tu n'auras pas le courage d'invalider mes comptes ! Tu feras comme Roland Dumas" ! »

On ne l'a su que plus tard, bien plus tard, mais, en 1995, l'un des prédécesseurs de Jean-Louis Debré au Conseil, le socialiste Roland Dumas, avait « couvert » les irrégularités entachant les comptes de campagne de Jacques Chirac, qui auraient dû en fait être annulés.

— Debré : Je vais faire une procédure transparente. Je vais moi-même signer les investigations... Si la Commission nationale de contrôle s'est trompée, je prendrai mes responsabilités, je le dirai. Mais, Nicolas, si la Commission ne s'est pas trompée, je le dirai aussi et je confirmerai l'invalidation.

— Sarkozy : Tu n'auras pas le courage de le faire.

— Debré : Si, j'aurai le courage...

Jean-Louis Debré s'en souvient, l'entretien téléphonique avait « été très violent ». À l'évidence, loin d'être rassuré, Sarkozy avait été inquiet d'apprendre que Debré suivrait son dossier en personne.

« On fait toutes les auditions, j'interroge des gens... Le dossier était accablant ! s'exclame Debré. J'ai toujours pensé qu'il fallait nommer au ministère de la Justice un ancien détenu, il sait comment ça fonctionne ! » sourit l'ancien magistrat – il fut juge d'instruction de 1979 à 1986. « Là, il ne fallait pas nommer quelqu'un qui a fait tellement de comptes de campagne, qui sait où l'on truande. Mais, à l'époque, il n'y avait pas de règles. Tout a changé. Tous ces connards ont voté le changement de réglementation en pensant que, eux, ils en seraient exempts ! Comme Sarkozy. On était saisis de quelques éléments, mais j'ai regardé tous les comptes : le mec, il devait aller en taule ! » Une conclusion pour le moins extrême, évidemment contestée par le camp sarkozyste, mais surtout parfaitement symptomatique : elle résume parfaitement les rapports épouvantables qu'entretiennent les grandes figures de la droite française.

Juste avant de rendre sa décision publique, Jean-Louis Debré estime devoir prévenir, par courtoisie, Nicolas Sarkozy. « J'appelle Nicolas, en présence du secrétaire général, narre-t-il. J'avais mis le haut-parleur... Le téléphone est resté chaud pendant huit jours ! » Et de restituer la fin de leur échange musclé.

— Debré : Je t'appelle pour te dire que, dans une heure, on va annoncer l'annulation de tes comptes de campagne.
— Sarkozy : Mais tu ne te rends pas compte, tu m'assassines !
— Debré : Nicolas, tu ne m'impressionnes pas.

Sarkozy est dans les cordes. Pas encore K-O, mais groggy.

Quant au Professeur, il n'est pas au mieux, lui non plus. Il a raté la dernière marche. Pour lui, c'est le début d'un engrenage infernal.

Il va devoir, pour commencer, trouver de l'argent. Onze millions d'euros, rien que ça.

CHAPITRE 7

Carla Bruni, la caution qui s'ignorait

Au bout du fil, le fidèle Claude Guéant.

Ce 1ᵉʳ août 2013, Nicolas Sarkozy jubile : « Pour la souscription, on est à 9 millions et demi aujourd'hui. […] Oh, mais c'est exceptionnel ! Et puis ça me sort d'un sacré problème en plus. »

Ce « sacré problème » évoqué par Sarkozy, qui ignore être sur écoute ce jour-là, c'est cette histoire de pénalités qu'il est tenu de restituer personnellement à l'État, soit une somme d'un peu plus de 500 000 euros, en plus des 10,6 millions d'euros de remboursement dont son parti, l'UMP, a été privé. Et la souscription dont il parle au « Cardinal », c'est celle qui a été lancée dès juillet 2013, une fois la décision d'annuler les comptes rendus par Jean-Louis Debré.

« J'ai été stupéfait de découvrir la décision du Conseil constitutionnel », expliquera plus tard Nicolas Sarkozy devant le juge Van Ruymbeke, saisi de cette affaire. Et d'ajouter, dissimulant à grand-peine son ressentiment, que, « pour la première fois dans l'histoire de la République, un candidat qui a rassemblé sous son nom près d'un Français sur deux, soit plus de 19 millions d'électeurs, ne recevra aucun centime de financement public de sa campagne ».

Touché dans son amour-propre, en rage contre Debré et le clan des chiraquiens « historiques », Sarkozy prend immédiatement conscience de la gravité de la situation. Il organise sur-le-champ une réunion dans ses bureaux de la rue de Miromesnil, car, selon ses propres mots, il se sent « responsable politiquement, à double titre » : « D'abord parce que je suis le candidat, et par ailleurs au regard de ma situation au sein de mon propre parti. »

Sarkozy voit surtout se dessiner un scénario cauchemardesque : avec son épouse, Carla Bruni, il s'est porté caution solidaire du prêt accordé à l'UMP par les banques, à hauteur de 11 millions d'euros. Or, les établissements réclament à présent le remboursement de l'emprunt. « Je ne suis pas certain que Carla Bruni était au courant qu'elle était caution solidaire d'un prêt de 11 millions d'euros. Ce qui a beaucoup stressé Nicolas Sarkozy », se remémore Lavrilleux.

En deux ans, après avoir vécu la campagne présidentielle et la guerre Copé-Fillon, le Professeur maîtrise désormais les rouages du parti, anticipe les pièges et, surtout, connaît les secrets des uns et des autres.

Sarkozy, qui commence à paniquer, organise en urgence une réunion rue de Miromesnil, dans ses bureaux. Sont présents Copé, Catherine Vautrin, la trésorière du parti. Et Jérôme Lavrilleux.

Le président de l'UMP s'exprime le premier, comme Sarkozy le rapportera au juge : « Copé m'indique que c'est une catastrophe, car l'UMP a une dette totale de 96 millions. » Lavrilleux raconte la suite : « Sarkozy prend la parole et dit : "Je ne peux pas payer." Et Copé répond immédiatement : "Tu étais notre candidat, il est hors de question que tu assumes cela seul." Ce sera formalisé quelques jours après… » L'heure est grave. Il faut trouver quelque chose, provoquer un électrochoc. Sarkozy sait faire : « Nous décidons alors de lancer une grande souscription nationale, expliquera-t-il. M. Copé et ses collaborateurs nous indiquent que la Société générale exige, préalablement à toute renégociation de la dette de l'UMP, le remboursement de l'emprunt de la campagne. La situation est donc urgente. La banque demande à l'UMP 8 538 000 euros avant le 31 juillet 2013 et le solde de 2 millions avant le 1er septembre. »

Nicolas Sarkozy a de la chance, dans son grand malheur. Si le parti était tombé entre les mains de Fillon, il y a fort à parier que celui-ci aurait placé l'UMP sous mandat judiciaire. Et l'ex-chef de l'État aurait dû s'acquitter des amendes. Mais Jean-François Copé, lui, sait qu'il a besoin de Sarkozy. Il excipe de la jurisprudence Chirac. En 2010, l'UMP avait déboursé 1,7 million d'euros pour tirer l'ancien président d'un mauvais pas financier, dans l'affaire des emplois de complaisance à la mairie de Paris. Le 8 juillet 2013, le bureau politique de l'UMP entérine la décision prise collectivement, à la demande de Nicolas Sarkozy : le parti va se substituer à son ancien chef et s'acquitter des 516 615 euros réclamés par Bercy.

Et la « grande souscription nationale » évoquée par l'ex-président, immédiatement baptisée « Sarkothon », est lancée, via le site Internet de l'UMP. « Toute la presse a appelé cet appel aux dons le "Sarkothon", rappelle Sarkozy. J'ai lancé sur ma page Facebook, qui compte un million d'amis, le 5 juillet 2013, un appel faisant état d'un besoin de 11 millions d'euros. Je précise que la décision du Conseil constitutionnel est un bloc : 10,5 millions d'euros, 150 000 et 353 000 euros. »

Mais, au sein du parti, l'initiative divise.

Les fillonistes renâclent. « Ils étaient hostiles au Sarkothon, explique Lavrilleux. Il y a même eu un tweet de la secrétaire de Fillon, Sylvie Fourmont, disant, en substance : "Hors de question de payer pour ces gens-là, avec sa Carla, il n'a qu'à payer." Ce tweet avait été montré à Sarko, il était fou furieux ! Je l'entends encore – j'ai encore du larsen dans les oreilles ! – éructer sur ces "salopards". Comprenez bien, c'était pour lui une question de vie ou de mort, sinon il devait annoncer à Carla : "Va falloir sortir la guitare", pour lui permettre de rembourser… »

Fillonistes ou pas, les parlementaires mettent un temps fou à contribuer à l'effort de guerre. « Il a fallu les menacer, se rappelle le Professeur. Moi, je communiquais, je gavais les journalistes pour entretenir le suspense… On a appliqué le principe du Téléthon : on essaie de faire bouger le compteur, s'il annonce tout de suite 100 millions, personne ne se mobilise. On a menti, bien sûr. Comme sur le nombre de militants. J'assume complètement. »

Le député des Hauts-de-Seine, Thierry Solère, a bien en mémoire l'atmosphère toxique qui se dégage alors des rangs de l'UMP. « Il y a trois catégories de parlementaires à l'époque, relate-t-il. Il y a les anti-sarkozystes qui veulent le voir plonger, ils sont hystériques avec le Sarkothon, ils disent : "Le Sarkothon, c'est une honte"… Donc ça, c'est beaucoup les fillonistes, mais tous les anti-sarkozystes primaires, en fait. Il y a de la haine. Ensuite, il y a les sarkozystes, qui sont comme des gorets autour de ce Sarkothon, sur le thème, c'est un instrument de pouvoir, ça prouve que c'est le taulier, qu'il va plier le match, etc. Et enfin, la troisième catégorie – je suis très nettement dans celle-là –, qui se dit : "C'est tous des dingues !" Moi, je me dis vraiment ça : "Ils sont tous bien bien dingues." »

Sarkozy, lui, ne l'est pas. Il suit de très près cette quête à grande échelle, totalement inédite, en lien avec la directrice financière de son parti, Fabienne Liadzé. « Elle me téléphonait tous les jours pour me dire le montant des sommes collectées », avouera-t-il. Il s'informe également auprès du directeur de son cabinet, Michel Gaudin : « J'étais tellement inquiet des conséquences de la décision du 4 juillet du Conseil constitutionnel pour ma famille politique que mon directeur de cabinet me faisait un état quotidien sur l'état des recettes de la souscription. »

Durant cette période, il bombarde également Jérôme Lavrilleux de coups de fil.

« Je l'avais tous les matins à 11 heures, et tous les soirs à 18 heures, j'hallucinais, raconte ce dernier. "Mon Jérôme, où on en est ? Combien on a reçu ?"… Or, les trois ou quatre premiers jours, l'argent n'arrivait pas, même si on a raconté à tout le monde que l'argent entrait à flots. Si vous dites que c'est un échec, personne ne donne. Ça ne s'est vraiment déclenché qu'au bout de huit jours. Il était super-inquiet. Parce qu'on devait rembourser fin août les banques. »

Et encore, le parti et son patron ont échappé au pire. Imaginez que la CNCCFP ait eu connaissance,

à l'époque, de ce que le juge Tournaire allait découvrir bien plus tard : le dépassement réel des comptes
de campagne de plus de 20 millions d'euros... « Avec
des dépenses réelles avoisinant les 45 millions, Sarkozy
aurait eu une peine d'amende de 21,8 millions d'euros. Ce qui est une forme de mobile pour maquiller
la comptabilité, si vous voyez ce que je veux dire ! »
s'esclaffe le Professeur.

Durant l'été 2013, heureusement, les militants, res-
tés fidèles au « boss », se montrent particulièrement
généreux. À leurs yeux énamourés, Nicolas Sarkozy
est immarcescible.

Lavrilleux gère la communication externe. Et joue
avec les nerfs de Sarkozy. « Je lui donnais au départ des
chiffres surestimés, pour éviter qu'il ne se décourage,
et ensuite, à l'inverse, sous-estimés, car on avait besoin
qu'il continue à faire le travail, pour faire rentrer de
l'argent ! »

Pour l'ex-chef de l'État, en effet, le temps presse
vraiment : le 18 septembre 2013, la Direction générale des finances publiques (DGFiP) lui a adressé
deux titres de perception, précisant qu'il a moins de
deux mois, jusqu'au 15 novembre 2013 précisément,
pour payer. L'objet des deux titres de paiement est
sans ambiguïté : « Sanction au titre du dépassement du
plafond des dépenses électorales (élection présidentielle
2012)... »

Le succès de la collecte est au rendez-vous. En moins
de huit semaines, la dizaine de millions qui manquait
est créditée sur le compte en banque de l'UMP. Une
belle cagnotte. « Je savais, dès la fin juillet 2013, que
le Sarkothon arriverait à rembourser les 11 millions »,

parade Sarkozy. De quoi en tout cas combler les pertes de l'UMP et, surtout, effacer l'ardoise personnelle de l'ex-président vis-à-vis du fisc. Et même de renflouer (un peu) les caisses percées du parti. S'appuyant sur une analyse des comptes de l'opération, réalisée par un expert auprès de la Cour de cassation, Sarkozy relève qu'« une fois tout payé, sanction comprise, le Sarkothon a généré un bénéfice évalué par l'expert à 954 638 euros ».

C'est à Jean-François Copé qu'échoit l'honneur, le 8 septembre 2013, d'annoncer le succès de la souscription : 11 millions récoltés en huit semaines, Leetchi n'a qu'à bien se tenir. Dans un tweet, Sarkozy se déclare « ému ». Et se met en tête de remercier personnellement les contributeurs. Il souhaite écrire une lettre à tous les militants. Copé s'y oppose : trop cher. Déjà que le parti a payé l'amende pour son candidat, pas question d'ajouter 15 000 euros de timbres dans la corbeille. Lavrilleux se souvient de l'exaspération de l'ex-président : « Je me suis fait engueuler par Sarko, il m'a dit : "Copé est devenu dingue, le parti, c'est moi, c'est pas lui, je ne paierai pas les 15 000 euros de timbres, c'est à lui de le faire, si le parti, est à flot, c'est parce que je me suis mobilisé." Il était vraiment très en colère... »

Que croyez-vous qu'il se passât ? L'UMP finit par payer les 15 000 euros de timbres, évidemment. Pas question de braquer le « taulier »...

Par ailleurs, information restée confidentielle jusqu'ici, les chèques ont continué à arriver à l'UMP, bien après la fin du Sarkothon. Et l'argent est venu abonder les comptes de l'Association de soutien à l'action de Nicolas Sarkozy, créée par quelques fidèles (Hortefeux, Estrosi, Morano…) dès l'été 2012. Nous avons vérifié : au printemps 2019, l'association en question était créditrice d'une somme rondelette, 198 000 euros très précisément. Ça pourrait servir un jour, qui sait ?

Une chose est certaine : cette souscription nationale s'est révélée très fructueuse pour l'ex-président de la République, et pas seulement sur le plan financier. Idéale pour prendre, plus tard, d'assaut le parti, dans la perspective d'un retour triomphal, déjà dans toutes les têtes sarkozystes.

Du coup, c'est l'UMP qui va s'acquitter de la sanction financière infligée au candidat Sarkozy.

Mais, au fait, est-ce bien légal, tout ça ?

CHAPITRE 8

Bercy à la rescousse

Nicolas Sarkozy n'est pas homme à douter. Surtout pas devant un juge.

« Qu'il y ait eu irrégularités, c'est un fait acté par le Conseil constitutionnel, même si je ne suis pas d'accord, plaidera-t-il ainsi face à Serge Tournaire, chargé du dossier Bygmalion. Deuxième fait, j'étais le candidat. Troisième fait, je l'ai fait au nom de l'UMP, politiquement parlant et même financièrement, puisque j'utilisais l'argent emprunté par l'UMP. » Aux yeux de l'ancien chef de l'État, la situation est claire : la sanction prise ne le visait pas « à titre personnel », mais, selon sa propre expression, « ès qualités », c'est-à-dire en tant que candidat.

Devant le juge chargé du scandale Bygmalion, il dira encore, évoquant cette période tendue : « La campagne est derrière moi, d'autant plus que le Conseil constitutionnel a invalidé mes comptes. Je me retrouve en 2013 à devoir récupérer 12 millions d'euros pendant l'été. Et moi, à titre personnel, 340 000 euros, que j'ai payés de ma poche. Par mon nom, par le Sarkothon, j'ai fait rentrer les 12 millions d'euros dans les caisses et j'ai payé les 340 000 euros, la décision du Conseil constitutionnel est définitive. »

Et d'ajouter, pas peu fier : « Le Sarkothon, ça reposait uniquement sur mon image. Les gens ont donné pour Sarkozy. Qui pouvait le faire ? Personne d'autre que moi. Je ne pouvais donc pas faire autrement. »

Le 30 octobre 2013, Catherine Vautrin, alors trésorière de l'UMP, donne l'ordre de procéder au règlement. Un compte spécifique, baptisé « UMP Livret Souscription », a été ouvert à la Société générale. Depuis ce compte, les 516 615 euros dus par Sarkozy sont réglés par son parti au Trésor public, en deux virements. « Clairement, on ne nous a pas demandé notre avis », déplore Jean-François Magat, l'un des deux commissaires aux comptes de l'UMP.

Durant cette période, courant novembre 2013, un avocat parisien, Philippe Blanchetier, rédige pour la direction de l'UMP une « note explicative sur les conséquences de la décision du Conseil constitutionnel ». Dans ce document de sept pages, Me Blanchetier est formel : l'UMP est tout à fait fondée à payer en lieu et place de Sarkozy. « Il est préférable que ces sommes soient payées directement par l'UMP », plutôt que de les faire, par exemple, « transiter par le compte de Nicolas Sarkozy », indique même l'avocat.

Le raisonnement de Philippe Blanchetier est simple. S'il rappelle que « les sanctions pénales infligées à une personne morale ou physique doivent être supportées personnellement par la personne jugée coupable des faits reprochés, […] il en va différemment, en revanche, des sanctions administratives ». Or, dans le cas présent, Me Blanchetier l'assure, la somme réclamée par le Trésor public à Nicolas Sarkozy « ne constitue pas une amende au sens pénal, mais bien une sanction administrative dont la prise en charge n'est, ni par principe ni par nature, prohibée ».

L'analyse de Mᵉ Blanchetier s'apparente, pour l'ex-chef de l'État, à un cadeau providentiel. Un peu trop, estimera le juge Tournaire. En effet, Mᵉ Blanchetier n'était autre que le trésorier de l'association de financement de la campagne de Nicolas Sarkozy. « Et, à ce titre, selon le juge, précisément chargé de veiller au respect des plafonds légaux de la campagne. » Conclusion : « Dès lors, il n'est pas exclu que cette note, non datée, qui ne comporte aucun en-tête, et dont on ne sait pas précisément à la demande de qui elle a été rédigée, soit une note de pure complaisance rédigée dans l'urgence à la seule fin de justifier une prise en charge d'ores et déjà décidée par l'ancienne direction de l'UMP. »

Une charge inacceptable pour Mᵉ Blanchetier. Protestant de son innocence, il nous confiera : « Je goûte mal cette accusation, je ne fais partie d'aucun clan, j'ai juste donné un avis, je n'ai rien dicté à personne... »

Au ministère du Budget, en cette fin d'année 2013, cette histoire fait tiquer. Les hauts fonctionnaires de Bercy, austères, voire tatillons, sont plutôt à cheval sur les règles. Le 4 novembre 2013, Bruno Bézard, directeur général des finances publiques (DGFP), fait toutefois savoir en interne, dans un courrier « réservé et signalé », que l'UMP est *a priori* habilitée à se substituer à son ex-candidat. Prudent, Bruno Bézard demande cependant un avis éclairé au directeur des affaires juridiques du ministère de l'Économie, Jean Maïa. « Je saurais gré à mon collègue de bien vouloir m'éclairer sur la licéité de ce paiement », écrit-il. Mais il indique clairement de quel côté il penche, arguant qu'« aucune réglementation spécifique aux divers produits de l'État n'exclut qu'une créance de cette nature soit réglée par un tiers. La situation est la même en matière d'impôts ». En conclusion de sa missive destinée à Jean Maïa, le DGFP écrit : « En conséquence, et sous réserve que vous partagiez cette analyse, il conviendrait de se prononcer sur la licéité du règlement par l'UMP des deux titres avant d'engager les procédures comptables qui conduiraient au règlement définitif des créances. »

« Merci beaucoup ! » ajoute, à la main, Bruno Bézard.

Une semaine plus tard, sans surprise, Jean Maïa se range à l'avis de Bruno Bézard. Dans une note de quatre pages, datée du 12 novembre 2013, il conclut qu'« aucun dispositif ne semble s'opposer à ce que l'UMP procède au remboursement des dettes de M. Nicolas Sarkozy à l'égard du Trésor public » et que « les versements en cause semblent conformes aux règles de la comptabilité publique ». En regard de sa signature, le haut fonctionnaire ajoute cette phrase manuscrite, de son écriture en pattes de mouche : « Dans aucune des branches du droit auxquelles renvoie ce dossier, on ne trouve donc d'obstacle à ce que les sommes avancées par l'UMP tiennent lieu de règlement définitif des créances de l'État. » Définitivement convaincu de la légalité de la procédure, Bruno Bézard donne l'ordre dans la foulée d'encaisser les deux chèques provenant du compte « UMP Livret Souscription ».

Toujours bien informés, les réseaux sarkozystes s'activent, ils ont des antennes partout et n'ignorent rien de ce qui se trame au sommet de l'administration.

Lavrilleux confirme : « On avait appris par Gaudin, le dir' cab' de Sarkozy, qu'une note avait été faite par la direction des services de Bercy, compétente en la matière. » « Comme ils sont tous nommés par la pouvoir, ils ont tendance à faire des notes qui vont bien », ironise le Professeur.

Nicolas Sarkozy respire enfin. Il en est convaincu, cette histoire bien embarrassante est derrière lui. Il ignore alors qu'elle n'en est qu'à ses prémices et, surtout, qu'elle en cache une autre, encore plus gênante...

Où il va retrouver Copé, une nouvelle fois.

Sarkozy, Copé. Unis pour le meilleur, mais souvent pour le pire.

CHAPITRE 9

Rabbi Jacob danse à Meaux

Il est de bon ton de se gausser de Jean-François Copé.

Cette mise si bourgeoise, cette assurance que ses ennemis assimilent un peu facilement à de l'arrogance, cette certitude clamée mille fois de devenir un jour président de la République, jusqu'à fêter son anniversaire en dégustant un gâteau reproduisant le palais de l'Élysée, préparé par une mère en dévotion pour son fils...

Mais il a survécu. Et la haine, lui, il l'a éprouvée dans sa chair, lue dans les yeux de ses rivaux, sentie envahir l'atmosphère, durant cette séquence folle.

C'est vrai, parfois, il exagère. Comme lorsqu'il nous lâche : « C'est un truc un peu dingue qui fait que je vois exactement ce qu'il faut faire et que tout est organisé pour que je ne le fasse pas ! » Ou encore ceci : « Je pense, et je suis à l'aise pour le dire aujourd'hui, avoir quelques qualités, la compréhension des problèmes de la société française – je l'ai suffisamment théorisé – et des réponses à lui apporter, pour un management, un leadership. » Il a cette phrase, aussi : « J'ai cette capacité, grâce à mon mandat de maire, d'avoir anticipé, peut-être avant un certain nombre d'autres, un certain nombre d'évolutions de la société. »

Jean-François Copé, c'est un fait, a une assez haute opinion de lui-même, une foi en son destin qu'il assume et revendique avec une candeur presque touchante. Dans l'univers guère charitable de la politique, c'est à la fois un atout formidable et un défaut majeur.

Car cette assurance, c'est la certitude de susciter les moqueries, mais surtout la jalousie, et son corollaire, la détestation. Après tout, a-t-il totalement tort lorsqu'il nous confie : « C'est vrai que, jusqu'à 2014, j'ai fait une ascension fulgurante, qui a généré beaucoup de jalousies, beaucoup d'envies, de la part de gens souvent très médiocres, très petits. »

En fait, la chute de celui qui fut présenté comme « le plus doué de sa génération » – c'est lui qui nous le rappelle, évidemment – a été beaucoup plus brutale que son ascension, programmée, par lui-même en tout cas, de longue date.

Une ascension dont Jérôme Lavrilleux a été l'observateur privilégié. Le Professeur l'assume : il s'est dévoué corps et âme pour cet homme dont il a toujours admiré la ténacité, quitte à sacrifier ses propres ambitions, sa carrière, et même sa vie. « Directeur de cabinet, c'est comme être un valet. C'est faire en sorte que l'on ne voie pas les défauts de votre patron. Même si, moi, je n'ai jamais pu travailler pour un con. »

Depuis le psychodrame pour la conquête de l'UMP, chacun avait compris, dans le parti, qu'avant de s'en prendre à Jean-François Copé il faudrait d'abord enjamber le cadavre de Jérôme Lavrilleux. « Je me suis fait tuer pour lui, objectivement », lâche d'ailleurs le Professeur.

Le moment est venu, pour lui, de nous raconter « son » Copé. Il lui a toujours été fidèle. Et il le restera. À vie. Tout en demeurant lucide sur son ex-patron : « Il est fascinant de détermination, d'auto-confiance et de connerie en même temps ! C'est ce qui le maintient en vie. »

Quinze ans que ces deux-là ne se quittent plus. Encore aujourd'hui, alors que plus rien ne les lie professionnellement, ils s'appellent, se voient, se consultent mutuellement. Bien sûr, le vouvoiement est de rigueur. Même après toutes ces épreuves traversées en commun.

Ce respect vient de loin. De Seine-et-Marne.

Jérôme Lavrilleux est bluffé par le personnage quand, à l'orée des années 2000, il rend visite à son ami Bastien Millot. Ce dernier est alors le plus proche conseiller de Jean-François Copé, devenu maire de Meaux, dans le nord de la Seine-et-Marne, en 1995. Meaux, son côté ville de province et de banlieue tout à la fois, ces bourgeois du centre-ville qui évitent de se mêler aux immigrés de la cité Beauval. Meaux, plus grande ville du département avec ses quelque 55 000 habitants. Bref, un parfait bastion. Et Copé, donc, qui arpente les quartiers les plus sensibles, sûr de lui, malgré sa dégaine d'énarque. « Il est à l'aise », note d'emblée Lavrilleux. Tiré à quatre épingles à Paris, Copé le fils de bonne famille peut débarquer à Meaux avec un horrible survêtement bleu, des baskets aux pieds. À l'aise, toujours. « Les gens s'en foutent ici, ils vont faire du sport, je fais pareil », s'amuse Copé devant Lavrilleux.

En 2004, Lavrilleux organise les meetings de campagne pour Copé, alors parti à la conquête de la région Île-de-France. Échec, à l'arrivée. Mais le Professeur a plu au très organisé Copé. Il suit logiquement place Beauvau son nouveau mentor, nommé ministre délégué à l'Intérieur en mars 2004. Deux mois en cabinet, puis Lavrilleux est dépêché en urgence à Meaux, où il doit remettre de l'ordre à l'office HLM. En septembre 2004, il devient directeur du cabinet de Jean-François Copé à la mairie et à la communauté d'agglomération.

Une sorte d'évidence.

C'est alors qu'une idée saugrenue lui vient. Supprimer la partie musicale des vœux du maire. Copé adore se produire en début d'année devant les préfets, les élus et l'ensemble des Meldois (les habitants de Meaux). Il joue du piano, l'harmonie municipale en fond de scène. « Et ça fait chier tout le monde, dit crûment Lavrilleux. Donc, on avait fait un truc sympa, mais il ne jouait pas. Qu'est-ce qu'on s'est pris dans la gueule ! » Ulcéré, Copé hurle sur le directeur de son cabinet : « Vous ne me faites plus jamais ce coup-là ! » Et il enchaîne par cette phrase parfaite, qui lui ressemble tant : « Les Meldois sont en attente. »

Jérôme Lavrilleux retient la leçon, encore une. Depuis, plus personne ne s'est risqué à contrarier le destin d'artiste de Jean-François Copé. Et le directeur de son cabinet a dû s'ingurgiter les foires gourmandes, des tonnes de brie de Meaux, évidemment, sans compter le spectacle des communaux, où Copé va même, un jour, jouer Rabbi Jacob en public, danse comprise. Il le suit aussi dans les maisons de retraite, quand le maire se met cette fois derrière l'orgue Bontempi et fait danser les petites vieilles, puis les embrasse une par une.

« Il existe des maires qui se prennent pour des monarques, et dans ce type de situations, c'est à peine s'ils daignent venir. Mais Copé, lui, prend vraiment du plaisir », croit savoir le Professeur. Même si « monsieur le maire » ne réside plus à Meaux, depuis 2002. Il a d'ailleurs joué la transparence et pris soin de prévenir les habitants, par voie de courrier personnalisé. Le genre de geste très apprécié des électeurs.

La patte du Professeur, bien entendu.

Avec Copé, il se plaît à redessiner la ville, fait tomber les barres une à une, crée un musée de toutes pièces – le musée de la Grande Guerre –, il organise la vie municipale et veille à ce que « les Meldois en attente » ne soient pas déçus. Les permanences de quartiers deviennent le lieu où il faut être. De 14 heures à 16 h 30, Copé reçoit ses administrés, sans rendez-vous. Ils défilent tous, quel que soit leur statut social, chacun a le même temps de parole, la même attention du maire. C'est en tout cas ce que revendique le duo Copé-Lavrilleux – soyons honnêtes, nous n'avons jamais eu l'occasion d'assister à ce rituel. « Et le lundi matin, quand Copé revient à Meaux, j'avais intérêt à avoir un parapheur en main, celui contenant toutes les interventions nécessaires », se souvient Lavrilleux. Le maire suit personnellement tous les dossiers, s'adonnant à une forme de clientélisme « light ». Pas forcément par plaisir, non, n'exagérons rien. Mais parce que c'est le travail nécessaire pour tout élu désireux de rester à la tête de sa ville le plus longtemps possible.

« Copé, il vit la politique, du réveil au coucher, résume Lavrilleux. Partir au ski, par exemple, est un non-sens pour lui. Vous savez pourquoi ? "Vous vous rendez compte, Jérôme, si je me casse une jambe ? Il faut être prêt, au cas où... Et un élu ne se balade pas avec des béquilles..." Donc, ses enfants, eux, partaient au ski, mais sans lui. » Le Professeur, à force, connaît par cœur les quelques préceptes fondamentaux du copéisme, ce mouvement politique dont le fondateur est aussi aujourd'hui à peu près le seul membre : ne jamais baisser la garde, rester toujours aux aguets, être prêt en permanence à parer à toute éventualité, saisir toute opportunité. Toujours prêt, comme les scouts.

Des fois qu'une place se libérerait, au gouvernement...

Il faut aussi gérer les ennuis. Et début 2007, juste avant l'élection présidentielle, ils arrivent en rafale. C'est que Copé a de nouvelles ambitions ministérielles, évidemment, car Sarkozy semble en bonne position pour conquérir l'Élysée. Alors, il a pris soin de ménager le nouveau cador de la droite française. Le moindre grain de sable peut contrarier un destin, en politique. Il survient par le biais d'un article, publié dans *Le Canard enchaîné*, faisant état de l'existence d'un supposé « cabinet noir » à la mairie de Meaux. Cette structure informelle aurait notamment fait courir le bruit que Cécilia Sarkozy fréquentait assidûment un certain Richard Attias, au grand dam de son mari.

Jean-François Copé, prévenu, un mardi soir, de la parution de cet article le lendemain, appelle immédiatement Jérôme Lavrilleux.

— Copé : Qu'est-ce que c'est ce bordel, qu'est-ce que vous avez raconté, qu'est-ce qu'on a fait à Meaux ?
— Lavrilleux : De quoi vous me parlez ?
— Copé : Il y a un article dans *Le Canard* de demain

qui dit que j'ai mis en place un cabinet noir. Sarko veut
ma tête ! Je vous préviens, je veux demain matin à la
première heure des explications, sinon vous dégagez.
Il faut couper des têtes. Non mais, qu'est-ce que c'est
que ce bordel ?! »

À la fois intrigué et inquiet, Lavrilleux débarque le
mercredi matin dès 7 heures au bureau, à l'hôtel de ville
de Meaux. « À 7 heures et demie, se souvient-il, je vois
arriver un conseiller, un chargé de mission à la communication, un jeune que je connais bien, très sympa,
bosseur, et il éclate en sanglots dans mon bureau. Je
lui dis : "Ne me dis pas que c'est toi !" Il me répond :
"J'ai fait une connerie. — Qu'est-ce que t'as fait ?"... »
Lavrilleux reconstitue très vite le scénario catastrophe. À l'origine, un journal suisse a publié un article,
agrémenté d'une photo, sur l'amant de Cécilia Sarkozy.
Et le jeune conseiller est allé consulter l'information
sur le site du média helvétique. Ça l'amuse, alors il
envoie naïvement dans la foulée un mail à l'une de ses
amies, au conseil régional d'Île-de-France, en glissant
le lien hypertexte de l'article en question dans le corps
de son courriel. Évidemment, l'adresse numérique du
jeune conseiller apparaît, elle se termine d'ailleurs par
« meaux.fr », comme tous les collaborateurs du maire.
L'amie en question fait suivre ce courriel à quelques
amis, les destinataires font de même, et ainsi de suite.
L'effet boule de neige numérique produit rapidement
ses effets – désastreux. Inévitablement, le courriel finit
par atterrir dans la boîte mail d'un proche conseiller
de Roger Karoutchi, alors sénateur des Hauts-de-Seine
et fervent supporter de Nicolas Sarkozy. « Il faut

trouver un coupable à tout ce bordel, se remémore le Professeur, alors Karoutchi envoie ce mail à Brice Hortefeux et lui dit : "Voilà, j'ai la preuve, je sais d'où viennent les fuites… Ça vient de Meaux, c'est signé Furax." Et il le balance au *Canard enchaîné*, qui ne nous appelle pas et qui fait le papier. C'est ce qui rend hystérique Sarkozy, hystérique Cécilia. Sarko dit : "Ce Copé, c'est une grosse merde"… Enfin, on a vraiment eu la totale. Je me dis que c'est la fin. Donc, j'apprends à Copé le truc. Et je lui donne le nom du conseiller fautif. »

— Copé : Vous le dégagez.

— Lavrilleux : Ce n'est pas juste. Il a fait ce que des milliers de Français ont fait.

— Copé : Je m'en fous, il faut que je coupe une tête, sinon…

— Lavrilleux : Peut-être, mais ce n'est pas juste. Si vous le virez, je pars…

— Copé : Mais enfin, ça ne peut pas se terminer comme ça !

— Lavrilleux : Vous allez voir Sarko et vous lui expliquez les choses.

— Copé : Jamais il ne voudra me recevoir !

Cette histoire *a priori* anecdotique a eu une conséquence importante. Le fameux effet papillon fonctionne également en politique. Car Jean-François Copé, tenté d'aller s'expliquer en tête à tête avec le « grand chef », se ravise : il n'ira pas à Canossa. Il se contente d'en toucher un mot à Brice Hortefeux. Lequel lui promet qu'il en parlera à Sarkozy. Sauf qu'il n'en fait rien. Résultat : si le jeune conseiller, grâce à Lavrilleux, a sauvé sa tête *in extremis*, le maire de Meaux a en quelque sorte perdu la sienne, aux yeux du « patron » en tout cas. « Sarkozy en a conçu une sorte de haine envers Copé, confirme le Professeur. Une fois élu à l'Élysée, il le convoque et lui dit texto ceci : "Tu ne seras pas ministre, tu verras ce que ça fait d'être de l'autre côté de la table…" »

Le chef a été outragé, quelqu'un doit payer pour l'offense. Et Copé a – déjà – la tête du coupable idéal.

Et voilà Copé, instantanément dégradé en ce printemps 2007, contraint de purger sa peine à Meaux. Sur le marché sarkozyste, le cours de l'action Copé vient d'être brutalement déprécié. En guise de lot de consolation, tout de même, le maire de Meaux obtient la présidence du groupe UMP à l'Assemblée nationale. Si l'on refait l'histoire, un exercice toujours plaisant, un Copé ministre de Sarkozy ne se serait peut-être pas lancé à l'assaut de la présidence du parti, ensuite. Lavrilleux ne l'aurait alors pas suivi à l'UMP. Et il n'y aurait peut-être pas eu d'affaire Bygmalion.

Mais avec des si…

CHAPITRE 10

Chauffeur, gyrophare et petites tricheries

L'épisode Cécilia a laissé des traces.

Copé se rabat donc sur l'Assemblée nationale. Où il s'ennuie vite. Il invente le concept de « coproduction législative », évoqué précédemment, histoire de gêner Sarkozy et surtout Fillon, et de contenter ses troupes. « Fillon en a fait une apoplexie, tous ses textes devaient être bâtis avec nous », se remémore Lavrilleux. Les députés ne seront pas des godillots, Copé en fait une affaire personnelle. « Les parlementaires se sont sentis importants, ils se sont mis à l'adorer », note le Professeur.

En avril 2008, Lavrilleux débarque au Palais-Bourbon, en qualité de directeur de cabinet. Un mardi matin, à 10 heures, le groupe UMP se réunit salle Colbert. Jean-François Copé s'avance et lance à ses troupes : « Je vous annonce que je viens de changer de directeur de cabinet, c'est un nouveau. » À un député qui lui fait observer qu'il s'agit encore, immanquablement, d'un énarque, Copé rétorque : « Pas du tout. C'est un élu de terrain, qui n'a pas fait Sciences Po, ni l'ENA, vous allez apprendre à le découvrir. Il s'appelle Jérôme Lavrilleux. » Au premier rang, le tout nouveau ministre du Travail, Xavier Bertrand, pâlit. Lui, on s'en souvient, il connaît par cœur Lavrilleux. Et à l'époque, les deux hommes sont brouillés, Bertrand a empêché que son vieil ami ne soit adjoint au maire de Saint-Quentin. Trop dangereux. Il a deviné les appétits de Lavrilleux et connaît ses talents cachés.

Le duo Copé-Lavrilleux prendra, il est vrai, un malin plaisir à lui gâcher ses deux années passées au secrétariat général de l'UMP. Car Xavier Bertrand remplace Patrick Devedjian à ce poste en 2008. Et Copé s'éclate à surgir en plein discours de Bertrand, lors des grands raouts du parti, quand il n'invite pas les journalistes à déjeuner avant son rival... Des petites avanies, certes, mais de celles qui laissent des traces. Arrive novembre 2010, Copé remplace Xavier Bertrand, nommé ministre du Travail, au secrétariat général de l'UMP.

Dans son ombre, Lavrilleux le suit. Comme toujours.

Avec une première mission : « purger » l'UMP, et si possible déterrer une bonne vieille casserole afin de briser la résistible ascension de ce rival en puissance qu'est Xavier Bertrand. Ce dernier n'a rien oublié : « Jérôme me l'a confié après avec un grand sourire, mais quand lui et Copé arrivent à l'UMP, juste après mon départ, il s'enferme dans son bureau deux ou trois jours et il demande communication de toutes les factures de l'époque Bertrand, histoire de voir ce qu'on peut récupérer ou pas ! Il me l'a dit : "On s'enferme pendant 48 heures..." Or, il n'y a rien, et le seul truc qu'ils utiliseront à un moment donné, c'est le coût d'une facture à Center Parcs, qui sortira dans le *JDD* plus tard, comme quoi je me serais fait payer mes vacances.

Manque de bol, ma fille retrouve ma facture à moi ! Mes trucs perso, je les garde depuis des années et des années... Et je suis obligé d'aller sur France Info pour montrer que j'ai bien payé moi-même. Ensuite, Jérôme me l'a dit lui-même : "J'ai essayé." Je ne dis pas qu'il y a prescription, mais bon... En tout cas, oui, ils ont essayé ! »

Pour l'anecdote, Bertrand se souvient de la réaction de Sarkozy, qui avait surtout été choqué du mauvais goût supposé de son ex-ministre, de fait plus à l'aise dans les établissements populaires que dans les palaces ! « Sarkozy me dit : "Quand même, t'emmènes ta femme à Center Parcs ?! Non mais, Center Parcs, franchement..." Mais moi j'aimais bien Center Parcs avant d'être ministre, je n'allais pas changer mes habitudes ! » Pour l'ancien ministre de la Santé, c'est une certitude : « Toutes ces années, ça a été d'une violence terrible... »

Copé et Lavrilleux sont donc dans la place, bien décidés à exploiter au maximum l'avantage énorme que constitue le fait d'avoir la mainmise sur le parti. Lavrilleux poursuit son œuvre, en même temps qu'il perfectionne son apprentissage. Il observe son mentor en action. La répartition et la gestion des ego sont un art dans un parti politique. Déjà, les fillonistes râlent. Alors Copé nomme des secrétaires nationaux à tour de bras, pour contenter tout le monde. Une manœuvre non dénuée d'arrière-pensées, le Professeur l'admet volontiers : « Comme ça, tous les casse-couilles étaient noyés dans le dispositif ! On donnait dix places aux fillonistes, et, ni vu ni connu, on nommait trente copéistes. »

Et puis, il y a les conseils nationaux, sorte de parlement du parti, où affluent les délégués régionaux. Lavrilleux est initié aux subtilités de ces scrutins dont la régularité semble pour le moins discutable ! « Les votes truqués électroniquement, c'est un grand classique, tranche le Professeur. Chaque membre du conseil a un boîtier pour appuyer sur un bouton, vert, rouge ou blanc. » Mais les conseillers nationaux ignorent que, dans l'arrière-salle, des salariés du parti disposent, eux aussi, de boîtiers. Obéissants, ils appuient sur les boutons que le directeur général leur indique. S'il faut voter « vert », ils votent « vert », quoi qu'en pensent les délégués, qui ignorent que leur vote ne sera pas pris en compte, en fait. « On pèse ainsi sur les résultats du vote, on influe en appuyant sur les bonnes touches. Comme cela, la question a toujours la réponse que l'on souhaite qu'elle ait… » Lavrilleux assume : « Tous les votes électroniques dans les partis sont truqués, comme on ment systématiquement sur le nombre d'adhérents. Cela fait partie du package… »

Le Professeur se sent important. Même s'il a baissé son salaire de 10 % et habite en colocation dans une chambre sans charme, il dispose de quelques avantages. Le pouvoir se mesure souvent à ses attributs. Tenez, on lui a octroyé une limousine avec chauffeur, gyrophare et plaque de police. De quel droit ? Mystère.

Les joies d'un parti majoritaire, sans doute.

Copé, lui, bénéficie d'une protection policière. Totalement justifiée en revanche, à en croire Lavrilleux en tout cas : « Vous n'imaginez pas, pendant toute sa carrière, le nombre de menaces de mort, visant aussi ses enfants. On a reçu des balles, des détonateurs... Il est juif, a porté la loi sur l'interdiction de la burka... »

Copé fait front, n'en dit mot. Il a suffisamment à faire en interne. Mais sa naïveté, ou plutôt sa déconcertante manie consistant à avancer à découvert, afflige profondément le directeur de son cabinet. Il rêverait d'un Copé plus roué, fomentant quelques coups politiques dans l'ombre. Comme tous les autres, quoi. « C'en est désespérant, regrette le Professeur. Il veut vous mettre une torgnole, vous la voyez arriver avant qu'il n'ait bougé la main. Combien de fois lui ai-je dit : "Quand vous étiez avec Fillon, vous n'aviez pas vu qu'il avait un couteau dissimulé dans sa manche ?" Eh bien non, il n'avait pas remarqué... » Un trait de caractère qui, quelque part, explique la suite de leur histoire commune. Lavrilleux, tant qu'il a pu, a su le protéger, c'est indéniable : « Sans moi, il ne gagnait pas grand-chose. Mais je n'ai jamais pris Copé pour un cheval, et je ne me suis jamais pris pour son jockey. Je suis le coach, le conseiller, je ne veux pas qu'il y ait de confusion. Et je ne suis pas un mercenaire. »

C'est d'ailleurs ce que va comprendre Laurent Wauquiez, le mercredi 26 février 2014. Ce jour-là, le député de la Haute-Loire aurait tenté de débaucher Lavrilleux, lors d'un déjeuner, dans un restaurant du boulevard Saint-Germain, à Paris. Lavrilleux affirme avoir décliné ses offres de service. « Il me faisait des appels du pied », relate le Professeur, qui restitue un étonnant échange, qui serait intervenu au cours du repas.

— Wauquiez : Il faut travailler avec moi.
— Lavrilleux : Je travaille avec Copé.

— Wauquiez : Jean-François ne se remettra pas de l'affaire Bygmalion.

« Sauf que, au moment de ce déjeuner, il n'y a pas d'affaire Bygmalion », rappelle le Professeur.

Intrigant.

« Ça ne me dit absolument rien », réplique Laurent Wauquiez, qui pour autant « n'exclut pas d'avoir déjeuné une fois » avec Jérôme Lavrilleux. « Alors après, que les journalistes nous aient appelés, nous aient dit : "Tiens, il y a un truc qui va sortir dans deux jours…", c'est une possibilité », ajoute le président des Républicains. Quant aux offres de service évoquées par Lavrilleux, Wauquiez les balaie catégoriquement : « Alors là, on est totalement dans le fantasmatique ! Pour une raison toute simple : proposer à Lavrilleux de lâcher Copé, il ne fallait vraiment rien comprendre à ce qu'était leur histoire à tous les deux ! Donc cela n'a juste absolument aucun sens. »

De retour à l'UMP, Lavrilleux fonce rendre compte à Copé du contenu de son entretien : « Il voulait que je vous trahisse, mais il y a un truc qui m'inquiète : il m'a dit que vous ne vous remettriez pas de l'affaire Bygmalion. » Le patron de l'UMP s'interroge : « Qu'est-ce que c'est que cette histoire ? »

Il le saura dès le lendemain.

IV

LA GUERRE TOTALE

*Où Sarkozy et Fillon désignent
le coupable idéal*

CHAPITRE 1

Copé, forcément Copé

Jeudi 27 février 2014.

À un mois des élections municipales, *Le Point* tape très fort, mettant en scène, à la une, « L'affaire Copé », avec ce surtitre évocateur : « Sarkozy a-t-il été volé ? »

La réponse, bien entendu, est dans la question.

L'hebdomadaire cher à Franz-Olivier Giesbert, « FOG » pour les intimes, révèle qu'Event & Cie, la filiale événementielle de Bygmalion, la société de communication créée par deux proches de Jean-François Copé, Bastien Millot et Guy Alvès, aurait lourdement facturé à l'UMP, sans appel d'offres, « au moins 8 millions d'euros » de conventions ou conférences diverses durant la campagne présidentielle de 2012.

L'affaire Bygmalion est née. Mais mal née.

Toujours président de l'UMP, surveillé du coin de l'œil par des fillonistes bien décidés à laver l'affront de novembre 2012, Copé conteste, proteste, dépose plainte en diffamation… Il dénonce publiquement des « accusations malhonnêtes et des insinuations écœurantes qui relèvent d'une volonté délibérée de nuire ».

Dans l'entourage du patron de l'UMP, c'est la panique. Lavrilleux monte au front : « On se réunit le dimanche soir pour pouvoir réagir à tout cela, rapporte-t-il. Je ne dis rien à Copé de la "vraie" histoire Bygmalion. Sinon, cela l'obligeait à dénoncer et à se transformer en complice. Cela aurait plu à tout le monde, mais non. » Car Jérôme Lavrilleux sait bien, depuis deux ans, qu'une épée de Damoclès flotte au-dessus de sa tête – et celles de quelques autres. Les comptes de la campagne présidentielle 2012 ont été truqués afin d'assouvir la soif de reconquête de Sarkozy, et il en est l'un des responsables. Alors, périr en raison de ses fautes, pourquoi pas… En revanche, il peut le jurer, aucun euro n'a été détourné au bénéfice de son mentor.

Drôle de réunion ce dimanche, d'ailleurs. Car, ce soir-là, des regards s'échangent à la dérobée, on parle bas, les non-dits imprègnent la pièce… Et pour cause : la quasi-totalité des participants savent parfaitement ce qui s'est passé lors de cette campagne. Mais ils ont reçu pour consigne, donnée, ou plutôt ordonnée, par Lavrilleux : ne pas mettre Copé au courant des turpitudes passées.

« Tout le monde, sauf Copé et son avocate, était au courant de la réalité des choses, à cette réunion, mais j'ai interdit de le lui dire, confirme le Professeur. Son avocate me demande même : "Avez-vous surfacturé les prestations de Bygmalion au candidat ?" J'ai pu répondre "non", en toute honnêteté. »

C'est un fait, il n'y a pas eu surfacturation, mais fausse facturation, la nuance est d'importance, tout de même.

Les copéistes organisent donc la contre-attaque, comme ils peuvent. Mais le mal est fait, l'image de leur leader en prend un sérieux coup, et puis se profilent des ennuis judiciaires, puisque le parquet de Paris ouvre dans la foulée une enquête préliminaire pour « faux, abus de confiance et abus de biens sociaux ». Longtemps, la presse fut à la traîne de la justice ; c'est désormais souvent l'inverse.

« Je n'en connais aucun qui en ait autant pris plein la gueule », nous confie aujourd'hui Copé. Comme tout bon politicien expérimenté qui sait qu'une affaire politico-financière n'éclot jamais tout à fait par hasard, le maire de Meaux se pose immédiatement les deux questions essentielles : qui et pourquoi ? Aujourd'hui, la réponse lui semble doublement évidente. Il a bien été victime d'un « contrat », dont il pense avoir identifié à la fois l'exécutant, le commanditaire et les bénéficiaires.

« La manière dont on a voulu me faire plonger montre que ça arrangeait du monde, assure-t-il. Le vrai complot, il est sur moi. Mon malheur, c'était que deux membres de Bygmalion avaient été mes collaborateurs. » Copé se fait plus précis : « Fillon, il n'a jamais supporté que je l'aie battu en 2012, il veut se venger. Il a un ami qui est idéal pour lui qui s'appelle Giesbert. Ils sont très proches. Giesbert fait campagne pour lui, Giesbert me démolit après ma victoire en me traitant de tricheur, de président autoproclamé, ils se voient dans des dîners... Fillon veut se venger. Ce sont des haines successives : après moi, il sera dans la haine de Sarko. » Si Giesbert nous a démenti toute animosité personnelle dans le traitement de l'affaire, il n'en demeure pas moins qu'il a perdu le procès en diffamation que Copé lui avait intenté après sa mise en cause dans l'hebdomadaire.

Dans la tourmente, Jean-François Copé trouve peu de soutiens, y compris au sein de son propre parti, où sa légitimité n'a jamais été vraiment reconnue. « Les barons, croit-il savoir, ils n'avaient jamais supporté que je prenne le lead de l'opposition. Vous trouvez là-dedans monsieur Baroin, monsieur Woerth... Je suis le meilleur spécialiste français du profil psychologique de chaque homme de droite ! Je peux vous dire qui sont les courageux, les tordus, les lâches, les gentils mais un peu peureux, les gentils très solides, etc. »

Le maire de Meaux déplore notamment l'inélégance de l'ancien ministre du Budget, Éric Woerth, qu'il avait défendu lors de sa mise en cause dans l'affaire Bettencourt, entre 2010 et 2012. Mis en examen puis renvoyé en correctionnelle, Woerth avait finalement été relaxé. « Woerth, déplore Copé, je l'ai soutenu à bout de bras, je l'ai fait applaudir dans tous les conseils nationaux, nommé au bureau politique, donné l'animation d'une convention... Sa femme m'avait même envoyé un mail pour me remercier. Il ne m'a jamais, jamais, donné le moindre renvoi d'ascenseur, pas un mot. Et il soutient Fillon en 2012 ! C'est hallucinant. »

C'est la droite, en tout cas. À moins que ce ne soit tout simplement la politique, ce « combat de rue » évoqué par Rachida Dati...

Un combat, et c'est loin d'être anecdotique, dont les idées sont totalement absentes. À cet égard, les propos de Jean-François Copé sont parfaitement révélateurs... en creux.

Comme si, à droite, la psychopathologie avait remplacé l'idéologie.

On repense à ce que nous a confié Brice Hortefeux, pour qui la haine est consubstantielle à sa famille politique. « La droite, analyse-t-il, elle est plus pragmatique qu'idéologue, contrairement à la gauche. Quand il n'y a pas d'idéologie comme ossature, ce sont les problèmes de personnes qui s'imposent. Le combat humain à droite est plus violent qu'à gauche parce que le corpus idéologique est moins marqué. Observez d'ailleurs que, globalement, il y a plus de gens sectaires à gauche qu'à droite. » Le député européen, tombé dans la potion sarkozyste dès son plus jeune âge, prend un exemple : « Au Parlement européen, il y a une députée européenne du PS, Pervenche Berès, qui ne me dit pas bonjour – aucune importance, je m'en fous. Mais je suis frappé du sectarisme, beaucoup plus marqué à gauche qu'à droite. » Le pire, c'est que, de ces guerres intestines, aucun des belligérants n'est sorti vainqueur.

Une chose est certaine : à partir de la fin du mois de février 2014, au sein de l'UMP, c'est à nouveau la guerre totale.

Le Professeur fait la même lecture de la séquence. « Fillon, résume-t-il, est dans la détestation de Copé. Il y a un intérêt commun aux deux, Fillon et Sarkozy : pour le premier, faire la peau de Copé pour se venger, pour le second, faire de la place. Il y avait une coalition d'intérêts... Et le truc est livré clefs en main au *Point*. Moi, je pense qu'ils savaient, chez Sarko, que ça commençait à ne pas sentir bon et que des gens se rapprochaient de la vraie histoire. Parfois, on prend un arbre, on le balance dans la gueule de quelqu'un, et comme ça, on ne voit pas toute la forêt qui est derrière. En partant d'une hypothèse, c'est que Copé avait de toute façon magouillé, en avait profité pour détourner du fric. »

Les dénonciateurs – initiateurs ? – du scandale sont tellement sûrs de leur coup qu'ils se hasardent à découvert, sans précaution excessive. Sarkozystes et fillonistes rivalisent de propos blessants. Quant à Franz-Olivier Giesbert, il lâche sur iTélé cette phrase à propos de Copé : « Il va disparaître dans les égouts dans très peu de temps, c'est sa place d'ailleurs. » Il s'attire illico les foudres du journaliste qui l'interroge, Bruce Toussaint : « N'utilisez pas le plateau d'iTélé pour l'insulter. »

Pour Lavrilleux, c'est aussi simple que cela : deux grands requins politiques à l'appétit sans limites se partageant une proie vulnérable, et des journalistes un peu trop excités par l'odeur du sang, voilà la combinaison idéale pour monter un guet-apens. « Je pense qu'un scénario a été bâti, qui avait le mérite de trouver un coupable idéal, il s'appelle Copé, résume le Professeur. Une instruction rapide, un jugement rapide, tout le monde est content et on continuera comme avant. Regardez les plus acharnés contre Copé : Ciotti, Estrosi, Wauquiez, ils étaient tous avec Fillon, et ils sont partis où, tous ? Ils sont partis avec Sarko. »

Seul souci pour les accusateurs de Copé : l'argument alléchant de cette mauvaise pièce de théâtre présente quelques incohérences. La version vendue aux médias – et à la justice – se heurte à un fait incontestable : si Copé et Lavrilleux ne sont certes pas de blanches oies et comptent à leur actif quelques coups pendables, ils appartiennent à une génération qui s'est construite dans la crainte de la justice. Alors, ils ont fait attention. Eux n'ont pas trempé dans des affaires d'enrichissement personnel, voire même au strict bénéfice de leur vie politique, en tout cas à ce qu'on sache. « Ils ont fait une erreur d'appréciation, analyse après coup le Professeur. Ils ont tellement été persuadés que c'était la norme de piquer de l'argent qu'ils n'ont pas anticipé que ni moi ni Copé n'en avions détourné. Or, il n'a jamais été pris dans une affaire, et moi non plus. »

Si les fillonistes se repaissent des déboires du patron de l'UMP, le premier cercle sarkozyste s'inquiète un peu. Il ne faudrait pas que la presse, et encore moins la justice, aillent trop loin et mettent leur nez dans les finances de la dernière campagne présidentielle de Sarkozy, dont chacun pressent le potentiel sulfureux.

Jean-François Copé commence en tout cas à comprendre le danger : une coalition d'intérêts, au sein de sa propre famille politique, en fait le bouc émissaire parfait. Il est vrai que les apparences jouent contre lui. Bygmalion et sa filiale Event & Cie sont dirigées par deux hommes, Bastien Millot et Guy Alvès, qui ont travaillé plus de dix ans à ses côtés, à la mairie de Meaux, puis à son cabinet, chaque fois qu'il a été ministre.

Alors, Copé, aidé du Professeur, se débat. Il ne se laissera pas déboulonner comme ça. Mais, à l'UMP, ils sont nombreux à être convaincus de la culpabilité du maire de Meaux.

Trop nombreux.

CHAPITRE 2

Le juif et l'homosexuel

Autant le dire franchement, Copé a la gueule de l'emploi.

« Au début, confie avec franchise Thierry Solère, on se dit tous que Copé a la tête du coupable ! Parce que Bygmalion, c'est Lavrilleux et Bastien Millot, c'est-à-dire des mecs de Seine-et-Marne, des *Copé boys*. Et puis, Copé, ceux qui ne l'aiment pas disent : "Il aime le fric, ça se sent." Copé, c'est la photo avec l'intermédiaire Ziad Takieddine dans une piscine, c'est un train de vie, c'est son copain de la banque Rothschild, Grégoire Chertok... Donc, il y a ce supposé-là avec Copé : un garçon qui aime la thune. C'est d'ailleurs là que Fillon est très fort, à l'époque ! Fillon, c'est la caricature de la droite provinciale de l'Ouest, catholique, à qui vous donnez le bon Dieu sans confession, la raie bien mise et le pantalon tout droit. Alors que savoir qui aime le plus la thune entre Copé et Fillon, j'aurais du mal à le dire... Mais il y a un match ! Donc Copé, oui, tout le monde croit ça, parce que ça a l'air simple. Et Copé, ça lui a fait la peau. »

Jérôme Lavrilleux abonde dans le sens de Thierry Solère.

Toujours ce délit de sale gueule reproché à Copé...
Avec, dans le subconscient de certains de ses contempteurs, de vieux présupposés franchement abjects.
Lavrilleux : « Copé, c'est le mec qui a la gueule à aimer
le fric, un juif en plus, franchement... Ils se sont dit,
de toute façon, Copé, avec sa tête de juif amoureux de
Takieddine et qui aime bien vivre, il a la gueule de l'emploi. Il y a ceci dans l'inconscient collectif : il est juif,
donc il aime l'argent. J'en suis intimement persuadé.
Ça sentait trop mauvais, il fallait allumer un contre-feu
immédiat, on avait sous la main le type tellement mal
élu à la présidence de l'UMP, qui s'y était pris comme
un manche pour gagner l'élection. Le coupable idéal,
encore une fois... »

Valérie Pécresse le rappelle toutefois, les soupçons
visant Copé ne reposaient pas seulement sur des a
priori. Évoquant l'attitude des copéistes après leur
conquête de l'UMP fin 2012, elle relève ceci : « Ils
ont obligé tous les députés à faire facturer leur site
Internet par Bygmalion, ils ont obligé les maires à faire
des formations... Ce n'est pas forcément illégal, mais
il y a toute une nébuleuse... »

Patron depuis décembre 2017 du parti Les
Républicains, qui a succédé à l'UMP, Laurent
Wauquiez assure, lui, être tombé des nues lorsqu'il a
découvert le rôle joué par la société de Bastien Millot :
« Moi, Bygmalion, je n'en avais jamais entendu parler,
ni de près ni de loin. Je ne connaissais pas le nom, je
ne connaissais pas la structure, je ne savais même pas
qu'elle avait travaillé ni au groupe, ni ici au siège, et
je ne les avais jamais croisés – ce qui est d'ailleurs très
révélateur de la réalité de leur travail... Il n'y a jamais

eu ici une séance de travail où Bygmalion serait venu et, en tant que Bygmalion, nous aurait dit : voilà ce qu'on propose pour la campagne des européennes, voilà la stratégie qu'il faut avoir... »

Xavier Bertrand, lui, se souvient surtout du climat suspicieux entretenu autour de la personne de Jean-François Copé. « Tout le monde se dit : on va enfin savoir, relate le président des Hauts-de-France. Tout le monde se disait : "Il y a un truc avec Bygmalion, c'est quoi la relation ?" "Est-ce que c'est eux, Bygmalion, qui se font une force de frappe pour la présidentielle de Copé ?" Mais, aujourd'hui, quelqu'un qui veut se lancer dans une présidentielle en se fixant un lien à la patte, c'est qu'il est taré, un gars qui, dans une élection présidentielle, cherche à se faire du pognon, c'est radioactif, c'est un fêlé complet ! Honnêtement, c'est vrai que Bygmalion pratique des tarifs qui n'étaient pas donnés, mais se faire du fric à l'occasion d'une élection présidentielle, il faut être débile, il faut les interner ! Tout est épluché dans une présidentielle. Lavrilleux et Bastien Millot ? Quelle est la question derrière ? Et quel est le problème ? Ils sont amis depuis longtemps, tout le monde le sait, quel est le problème, ça n'a rien à voir. Ils se connaissent depuis qu'ils sont tout petits, le sujet n'est pas la nature de leur relation. » Xavier Bertrand fait allusion à ces médisances sordides, distillées à l'envi par sarkozystes et fillonistes, unis pour l'occasion, et dont Jérôme Lavrilleux et Bastien Millot sont la cible... Car, à l'UMP, c'est l'heure des raisonnements simplistes, scabreux parfois, sans même l'ombre d'une preuve d'ailleurs. Les nauséabondes rumeurs de la ville reviennent aux oreilles de Lavrilleux : on murmure dans le Tout-Paris que sa relation avec Bastien Millot ne serait pas seulement professionnelle. Entre initiés, on lâche le grand secret, en fin de repas : après tout, les deux hommes ne sont-ils pas amants ?

C'est de notoriété publique, n'est-ce pas...

Et du coup, tout s'explique.

« C'est vrai que nous, à l'UMP, on la connaît, la relation entre Jérôme Lavrilleux et Bastien Millot, raconte Solère. On sait qu'ils sont gays, que c'est un couple... Nous, on sait ça. » Lorsqu'on lui fait observer que cette rumeur serait en fait totalement infondée, le député de Boulogne-Billancourt ne cache pas sa surprise. Il concède que ce ragot a eu de lourdes conséquences – raison pour laquelle nous l'évoquons. « À partir de cette conviction, reprend Solère, s'est construite l'idée que Jérôme Lavrilleux et Bastien Millot forment un couple, vivent ensemble, et par ailleurs travaillent ensemble : politiquement, auprès de Jean-François Copé, puisque l'un a passé le relais à l'autre en tant que dir' cab', et d'autre part, Bygmalion, c'est la boîte de Bastien, donc du mec de Jérôme. Or, Jérôme est le donneur d'ordres dans la campagne, donc c'est facile de faire ce raisonnement, c'est très crédible. Ça signifie la bonne petite escroquerie, le bon petit business, le bon "bouclard" bien monté... »

Consternantes déductions, bâties sur du sable, ou plutôt un océan de préjugés.

« Désolé, je ne me suis pas tapé Bastien Millot », assène aujourd'hui le Professeur, volontairement provocateur. Ce grand pudique, à l'affectivité rentrée mais bien réelle, se doutait, au fil de nos entretiens, que la question lui serait posée, inévitablement. Non pas que cela nous intéresse, la vie privée des gens, c'est même tout le contraire... Mais cette relation amoureuse supposée a été l'un des éléments clefs du dossier judiciaire, jusque dans l'entourage de Nicolas Sarkozy, où l'on glosait sur ce lien fantasmé pour expliquer la première affaire Bygmalion.

Alors Lavrilleux s'explique, entre silences et franchise. Et il lui en coûte.

« Je suis parti en vacances avec Bastien Millot, j'ai dû tout justifier, tout a été payé régulièrement, en Carte bleue, j'ai payé ma chambre d'hôtel, qui n'était pas la même que la sienne, parce qu'il faut même répondre à des choses graveleuses... Tout a été mis sur la place publique, y compris les fantasmes sur ma sexualité, qui devait pour certains tout expliquer... Parce qu'ils sont dans ça, que dans ça. Tout doit toujours s'expliquer par le cul et l'argent. » Le Professeur dit encore : « La grande théorie, c'était : comme Lavrilleux devait se faire enculer, ou enculer Bastien Millot – texto, cela a été dit dans le bureau de Nicolas Sarkozy, rapporté par un témoin fiable ! –, eh bien, ça explique tout. Au moins, si ça avait été le cas, mais ce n'est pas le cas. Mais comment voulez-vous prouver que ce n'est pas le cas ? À la fin de l'enquête des juges, des avocats ont même refait une demande d'expertise, déjà réclamée l'année précédente, dans le but d'établir les liens intimes Millot-Lavrilleux. »

Jérôme Lavrilleux a été marié. Il a divorcé. Pour des raisons qui le, ou plutôt les, regardent. On les connaît. On n'en dira pas plus. La solitude lui pèse parfois, mais il a consacré sa vie à la politique. Il fait partie de ceux qui voient l'action publique comme un sacerdoce, un ascétisme forcé. Il lui arrive d'avoir des tentations, bien sûr. Des possibilités, aussi. « J'ai failli être avec quelqu'un, une femme, une élue. J'ai fait semblant de ne pas comprendre ses avances. Et pourtant, ça m'aurait plu. Mais je ne veux pas imposer ma vie à venir à quelqu'un, le procès Bygmalion, les médias... Et puis, je ne suis pas un coureur de jupons, cela fait de moi quelqu'un d'anormal, sans doute, mais je conduis ma vie comme je veux. »

Enfin, il nous confie les raisons de son silence sur le sujet devant les juges, les policiers, ses collègues en politique... En nous demandant de respecter sa discrétion. C'est chose faite.

Pour Laurent Wauquiez, ces rumeurs méphitiques ne doivent pas occulter ce qu'il considère être le vrai sujet : le rapport de Jean-François Copé à l'argent. Car le président de LR le maintient, certaines attaques visant Copé n'étaient pas dénuées de fondement.

« Quand c'est sorti, je me souviens très bien avoir eu la conviction que c'était fini pour Copé », attaque le président du conseil régional d'Auvergne-Rhône-Alpes à propos de l'article du *Point* de février 2014. « Parce que, dès le début, moi, j'ai toujours considéré que Copé pratiquait le mélange des genres, qui était plus que douteux. Aussi parce que, personnellement, sur ces questions, j'ai toujours été plutôt très exigeant. Donc le mélange des genres, c'est le fait que Copé ait continué, quand il était député, à avoir aussi des pratiques d'avocat, à l'époque où il est président du groupe, ce qui est plus que limite, où il dépose des amendements sur des sujets très "frontières" et où il se fait payer en même temps... Et il m'attaque énormément au moment de l'affaire Cahuzac, parce que je suis l'un des premiers à tirer et à dire : "Ce n'est pas acceptable, on doit sortir du mélange des genres", et je publie, moi, ma déclaration de patrimoine, ce qui à l'époque me vaut le tir à la kalachnikov de Copé. Donc, que j'ai en tête le fait que Copé a des relations compliquées avec cette question de la transparence, oui, très clairement. Mais qu'on ait soupçonné, derrière la mécanique de Bygmalion, tout ce que représentaient les millions d'euros, non, ni de près, ni de loin. »

Bygmalion, comme Voldemort dans *Harry Potter*, c'est désormais le nom qu'on ne veut plus prononcer, à droite.

CHAPITRE 3

Le mistigri Bygmalion

Mais qui a donc choisi Bygmalion ?

Personne ne s'en vante.

La réponse est pourtant centrale, essentielle.

Aiguillés sur la piste Millot-Lavrilleux, les policiers, mandatés par le parquet de Paris, découvrent qu'Event & Cie est devenue le prestataire privilégié de l'UMP depuis l'arrivée de Copé à la direction du parti, et ce, au détriment d'Agence Publics, société gravitant dans la galaxie sarkozyste. Au point d'avoir été épinglée, en 2009, par la Cour des comptes, pour des « dépenses somptuaires » réalisées, l'année précédente, au profit du président Sarkozy. Agence Publics avait organisé diverses manifestations durant le quinquennat, notamment, le 13 juillet 2008, le sommet de l'Union pour la Méditerranée. Un événement de quelques heures facturé à l'Élysée... 16 millions d'euros ! Dont 245 000 consacrés à la seule construction d'une loge avec douche pour le président. Comme quoi, le goût du luxe, l'amour du superflu, les dépenses faramineuses, tout cela n'a pas démarré en 2012...

Dirigée par Gérard Askinazi, Agence Publics a du reste continué à bénéficier de la générosité de Nicolas

Sarkozy après la présidentielle de 2012. La société a été choisie par l'Association des amis de Nicolas Sarkozy pour s'occuper de son site Internet et de l'organisation de trois réunions publiques, prestations facturées 250 000 euros, en 2013. Au cours de l'enquête, Askinazi expliquera entretenir des relations « respectueuses » avec Sarkozy, qu'il connaissait « depuis vingt-cinq ans dans le cadre de leurs fonctions électives dans les Hauts-de-Seine ». Élu de Boulogne-Billancourt depuis 1989, Gérard Askinazi avait même été fait chevalier de la Légion d'honneur par le président Sarkozy. En lui remettant sa décoration, en personne et au Palais, le 21 octobre 2009, le chef de l'État avait versé dans le dithyrambe : « Vous incarnez l'excellence. Votre savoir-faire, votre rigueur morale et votre éthique font de vous un homme très demandé. » Très demandé, oui, mais pas par tout le monde. Car, en accédant au secrétariat général de l'UMP, Copé va s'empresser de se débarrasser de l'encombrant Askinazi au profit de Bygmalion. Question de confiance.

Gérard Askinazi a décrit en détail cette séquence aux enquêteurs. « En 2010, s'est-il souvenu, je réponds à un appel d'offres pour l'organisation de neuf conventions thématiques pour l'UMP. Nous avons un contrat d'exclusivité pour un montant de 900 000 euros hors taxes. » À cette époque, Xavier Bertrand est secrétaire général du parti. Agence Publics emporte la mise en septembre 2010 et, le 9 novembre 2010, organise, à la Cité des sciences de la Villette, la première convention prévue par le contrat. Mais cinq jours plus tard, coup de théâtre, Nicolas Sarkozy, dans le cadre du remaniement, fait entrer Xavier Bertrand au gouvernement.

Le nouveau ministre de la Santé doit abandonner le très stratégique secrétariat général de l'UMP à Jean-François Copé.

« Au bout d'un mois, raconte Askinazi, je suis reçu à l'UMP par Jérôme Lavrilleux qui m'explique que, suite au changement de direction, il y a un changement de stratégie. Dès lors, il met fin au contrat qui nous liait. » Cette rupture unilatérale contrarie fortement, bien entendu, les dirigeants d'Agence Publics, au point d'envisager une action en justice. Mais ils se ravisent bien vite. Askinazi confie pudiquement : « Je n'ai pas souhaité attaquer le client, car c'est un petit monde et les conséquences peuvent être préjudiciables pour une agence de communication. » Exit, donc, Agence Publics, et bienvenue Bygmalion ! Désormais dans la place, la société de Millot et Alvès va naturellement être choisie pour mettre en scène la nouvelle odyssée présidentielle de Sarkozy, en 2012.

D'après Guillaume Lambert, c'est bien le camp Copé, via l'incontournable Jérôme Lavrilleux, son adjoint à la direction de la campagne, qui a imposé Event & Cie, la filiale événementielle de Bygmalion : « C'est Jérôme Lavrilleux qui a très clairement indiqué que c'était la société Event & Cie qui devait être retenue pour l'organisation des meetings de la campagne. »

Début février, quelques jours avant l'annonce de la candidature, une réunion est organisée par Lambert dans son bureau, à l'Élysée, en présence de Lavrilleux et Cesari. Ces derniers, d'après Lambert, lui auraient « indiqué que c'était l'UMP qui était chargée de l'organisation des meetings, de A à Z, et qu'ils avaient leur prestataire, qui était la société Event & Cie que

[je] ne connaissai[s] pas ». Surpris, Lambert passe un coup de fil à Franck Louvrier. Le tout-puissant chargé de communication de Sarkozy lui répond, prudent : « On va voir »...

À en croire Lambert, « Jérôme Lavrilleux s'est en quelque sorte un peu fâché, m'indiquant : "C'est Event ou ne comptez pas sur nous pour faire campagne." J'en ai parlé par la suite à Franck Louvrier, qui m'a dit qu'on allait les laisser faire et voir comment cela allait se passer ».

Une version vivement contestée par Lavrilleux face aux enquêteurs : « On pourrait croire à la lecture des déclarations de Lambert que j'aurais imposé un prestataire aux dépens d'autres prestataires, corrige-t-il. En réalité, le choix s'est fait dans la précipitation et dans, semble-t-il, l'impréparation totale du côté de l'entourage proche du candidat. C'est tout naturellement que j'ai indiqué que nous avions l'habitude à l'UMP de travailler avec un prestataire et que celui-ci était disponible si Franck Louvrier le souhaitait. Comment peut-on imaginer une seule seconde que, pour une question de choix de prestataire, l'UMP puisse refuser de participer à la campagne électorale du candidat issu de ses rangs ? »

Cette position, Lavrilleux l'a maintenue depuis le début, et il n'en démordra pas, y compris au tribunal lorsque sonnera l'heure du procès. « Quand vous travaillez pour un parti politique, vous faites appel à des sociétés que vous connaissez », confie le Professeur, avant de nous livrer sa version des faits. Selon lui, le point de départ se situe en novembre 2011, quand

Olivier Biancarelli, conseiller du président, vient le questionner.

— Biancarelli : Vous travaillez avec qui, pour organiser les réunions ?
— Lavrilleux : C'est la société Bygmalion.
— Biancarelli : Ah bon ?
— Lavrilleux : Et vous, vous n'avez personne ?
— Biancarelli : Si, c'est Agence Publics, avec Gérard Askinazi.

Mais l'Élysée a quelques soucis. Agence Publics a tendance à voir grand, trop grand. Avec elle, les dépenses sont parfois extravagantes. De retour à l'UMP, Lavrilleux s'en ouvre à Copé, à qui il ne dissimule pas sa stupéfaction. À quelques semaines d'une échéance aussi importante, l'Élysée semble baigner dans une forme de désorganisation qui flaire bon l'amateurisme. Quelques jours plus tard, un frisquet dimanche de décembre, retour à l'Élysée, cette fois dans le bureau de Franck Louvrier, l'influent « communicant » du président. « On va travailler avec Bygmalion », lâche le conseiller. Ça tombe bien, Lavrilleux est justement accompagné de Franck Attal, le maître d'œuvre d'Event & Cie, la filiale de Bygmalion.

Ce dernier a le sourire aux lèvres. Il y a de quoi : une campagne présidentielle, ce sont de formidables rentrées financières en perspective. « Moi, je n'impose rien, note Lavrilleux, je m'en fiche, je ne prends pas de commission ! Il n'y avait pas de favoritisme, car la société Idéepole, dans laquelle était Franck Attal, travaillait déjà pour l'UMP. Donc je le redis, ce n'est pas

Jean-François Copé qui a choisi la société Event & Cie, elle a été choisie par Louvrier et moi-même. »

Face aux juges, pourtant, Nicolas Sarkozy lui-même a renvoyé la responsabilité du choix de recourir aux services de Bygmalion sur le duo Copé-Lavrilleux. « En 2012, je n'étais plus le dirigeant, a rappelé l'ex-chef de l'État. Ce n'est qu'après que j'ai appris que, lorsque Jean-François Copé était arrivé à l'UMP, il avait pris la décision de faire entrer Bygmalion. Ce que j'ai appris par Franck Louvrier après les révélations de l'affaire dans la presse, c'est que c'était une demande absolue de l'UMP que l'exécution des meetings soit organisée par les gens de Bygmalion. Franck Louvrier m'a précisé que c'était une recommandation très ferme de la part de Jérôme Lavrilleux et de Jean-François Copé. Je savais que les choses avaient changé à l'UMP puisque c'était Copé qui dirigeait et pas moi. » Et l'ancien président d'ajouter une précision, non exempte de sous-entendus : « Partout où est passé Jean-François Copé, il a pris Bygmalion. »

Et partout où est passé Sarkozy, il a intrigué la justice…

CHAPITRE 4

Mariage, fleurs et vidéos

En ce début de printemps 2014, ils sont nombreux, à l'UMP, à penser – et, pour certains, à se répandre dans les rédactions – qu'il y a matière à écrire un scénario séduisant sur le papier : grâce à Bygmalion et ses amis Millot et Alvès, Copé s'est constitué un « trésor de guerre » au détriment de l'UMP, le tout afin de financer ses ambitions présidentielles et/ou d'arrondir ses fins de mois... « On dit que j'ai volé Sarkozy, s'exclame devant nous Jean-François Copé. Mais je n'ai jamais volé Sarkozy ! »

Copé se souvient d'avoir été trouver, quelques semaines après l'article du *Point* le mettant en cause, l'un des « éléphants » du parti, Jean-Pierre Raffarin, pour se plaindre de l'attitude de son propre camp, prompt à le dénigrer, voire à le calomnier, comme plusieurs journalistes le lui rapportent. « J'ai vu Jean-Pierre, en lui disant que j'étais outré. Et j'ai compris. Il me l'a expliqué, le truc », témoigne le maire de Meaux. Il restitue l'échange.

— Raffarin : Mais de quoi tu me parles, je dis moi-même partout que t'es innocent ?!....

— Copé : Arrête de te foutre de ma gueule ! Pour que des journalistes me disent ça…

— Raffarin : Mais pas du tout, je vais te dire ce que j'ai dit. Je leur ai dit : « Il y a deux options, soit c'est Copé, soit c'est Sarkozy. Comme c'est pas Copé, c'est Sarkozy. Mais pourquoi ça pouvait être Copé, parce que c'étaient ses amis, et que Sarkozy lui-même me disait qu'il avait mis des comptes en Israël… »

Commentaire affligé de Copé : « C'est-à-dire que l'autre [Sarkozy] balançait en disant qu'en plus, c'était pour moi. Pfff… Des comptes en Israël… Il faut l'inventer ! Quand on connaît l'histoire familiale de Sarkozy, vous vous rendez compte ? Mais ça s'arrête quand ? » Il relate la fin de sa conversation avec Raffarin.

— Raffarin : Moi, au tout début du tout début, j'ai eu des doutes. Parce que tu comprends, tes copains, comment ils ne te l'ont pas dit, etc.

— Copé : Mais tu m'emmerdes ! Comment t'es fait, toi ?! Je te l'ai dit moi-même, on a dîné avec nos femmes, et t'as ta femme qui nous envoie à Nadia et moi des textos toutes les dix minutes, en nous disant : « Je prie pour vous, je crois en vous. » Et toi pendant ce temps-là, tu vas dire à je ne sais qui que tu as des doutes… Mais c'est de moi que tu parles !

— Raffarin : Tu as raison, maintenant les choses sont claires…

Pas pour tout le monde. Les policiers de l'Office central de lutte contre la corruption et les infractions financières et fiscales (OCLCIFF), mandatés par le parquet de Paris, se lancent sur la piste de l'enrichissement du clan Copé. Ils sont opportunément mis sur une piste prometteuse : celle du mariage de Jean-François Copé, le 3 décembre 2011, qui aurait été « sponsorisé » par Bygmalion.

« Dans le cadre de l'enquête, noteront les policiers dans un procès-verbal, il apparaissait que trois sous-traitants d'Event & Cie pour la campagne présidentielle, Leni, Match Event et Côté Jardin, avaient effectué des prestations lors du mariage de Jean-François Copé. » De fait, les investigations vont faire apparaître que, via ses sous-traitants, Bygmalion a réalisé et offert à Copé le film de ses noces, dans le cadre pompeux du Pavillon Cambon, à deux pas de la place de la Madeleine, à Paris. Or les vérifications très poussées effectuées par les hommes de l'OCLCIFF vont établir que c'est à l'insu du maire de Meaux que Bastien Millot a offert des prestations non facturées. « Bastien Millot m'a dit qu'il voulait en faire cadeau à Jean-François Copé », se souvient Franck Attal, directeur général adjoint d'Event & Cie. Bastien Millot, lui, précisera que c'est en fait le patron de la société Leni, sous-traitant chargé de réaliser le film lui-même, qui avait « offert la vidéo du mariage à M. Copé », en précisant qu'il s'agissait d'« un petit geste commercial ».

Entendu à son tour, Copé réfute avoir demandé la moindre faveur : « La seule chose que je puisse vous dire, lance-t-il aux policiers, c'est que je n'ai jamais demandé de prestations à qui que ce soit d'autre que celles que j'ai réglées. » L'enquête a d'ailleurs établi que le maire de Meaux avait payé au Pavillon Cambon la rondelette somme de 38 193,86 euros...

Jérôme Lavrilleux a également mis la main à la poche, et le moins que l'on puisse dire est qu'il a été généreux avec son patron. Il a réglé la facture de la composition florale, d'un montant de 5 908,24 euros...

« J'avais des réponses à tout, j'avais toutes mes factures, se souvient Jean-François Copé. Bastien me dit qu'il m'offre mon film, je ne peux pas savoir qu'il ne le paie pas. Les enquêteurs ont même appelé la Taverne de Maître Kanter, à Meaux, où j'avais fait mon vin d'honneur ! » De fait, le cocktail, facturé 1 000 euros TTC, a bel et bien été réglé à l'estaminet meldois par Copé lui-même.

Passé au scanner policier, Copé sait qu'il devrait en sortir indemne. Judiciairement, en tout cas. Mais, le temps que la vérité éclate, il doit accepter la sentence médiatique et populaire. Car, en ce printemps 2014, les enquêteurs n'ont pas encore tous les éléments en main. Alors, Copé devient un pestiféré. Pour longtemps.

« Je suis pas un ami de Jean-François Copé, conclut Solère. Mais il a quand même eu en moyenne... une voix par bureau de vote à la primaire de novembre 2016, soit environ 10 000 ! C'est pire qu'un naufrage, c'est terrible... Pour quelqu'un qui a quand même été ministre à plusieurs reprises, un type courageux, qui a de grandes qualités... Mais s'est construite l'image du pourri, et aujourd'hui, pour lui, c'est compliqué. Il était en train de construire son image, et là, paf, Bygmalion... Ça l'a acculé à partir. »

Le maire de Meaux a tiré les enseignements de cette période douloureuse : « Me concernant, il y avait tellement de violence et de tensions... J'ai compris à ce moment-là que, de toute façon, il allait me falloir du temps pour que les Français veuillent bien entendre qu'en fait j'étais innocent. Parce que, comme toujours quand vous êtes désigné coupable par la vindicte, ça prend vingt-quatre heures, mais pour démontrer qu'en fait vous étiez innocent, ça prend des mois, voire des années. C'est donc dans ce contexte-là que j'ai compris que l'élan que je pouvais imaginer pour 2017 était brisé. Mais ça, il y a des gens qui ne veulent pas l'entendre pour eux-mêmes ! Sarko à l'époque est déjà empêtré dans des affaires, mais il ne veut pas entendre qu'il ne pourra pas prendre 2017. Moi, je l'ai entendu. Je me suis dit, c'est comme ça, c'est la vie, il faut l'accepter, il y a un travail de résilience à faire. J'ai fait un choix totalement contre-nature, c'est-à-dire que je me suis dit : mes concurrents veulent ma peau et sont ingéniés à me détruire de manière sordide ; soit Fillon pour se venger, soit Sarko disant : "Pendant que c'est Copé, c'est pas moi." Et donc les petits marquis autour, les journalistes se dédouanaient de 2012 en disant : "Ben voilà, vous voyez, c'est pas 2012, mais c'est 2014…" Donc je me suis dit, les seuls qui peuvent me sortir de là, ce sont les magistrats. »

Bon calcul, d'autant qu'il n'est pas tombé sur les plus mauvais, loin de là : dans le monde politique, habitué à frayer avec la justice, les juges Serge Tournaire et Renaud Van Ruymbeke sont des figures craintes mais surtout respectées.

Pour la justice, l'enquête Bygmalion est une priorité, les magistrats veulent démêler l'écheveau des responsabilités. Et aller au-delà des apparences. En particulier le plus jeune des deux, Serge Tournaire, qui instruit déjà plusieurs procédures visant… Nicolas Sarkozy.

CHAPITRE 5

Sarko sous influence

En ce début de printemps 2014, François Fillon est aux anges.

Ses deux principaux adversaires – ou plutôt ennemis – sont au tapis, ou presque. Car tandis que Jean-François Copé se débat pour prouver son innocence dans l'affaire de détournement de fonds liée à Bygmalion, Nicolas Sarkozy se trouve au cœur d'un nouveau scandale.

L'affaire a éclaté le 7 mars précisément.

Deux jours plus tôt, le toujours retraité de la vie politique, décidément omniprésent sur la scène médiatique, mais pas vraiment comme il l'aurait souhaité, a été éclaboussé par des révélations plutôt glauques. Le site Atlantico et *Le Canard enchaîné* ont publié les extraits d'enregistrements clandestins réalisés durant le quinquennat, à l'insu de Nicolas Sarkozy, par son conseiller Patrick Buisson. Le procédé, particulièrement choquant, sera condamné par la justice, saisie d'une plainte de Sarkozy, qui excommunie illico Buisson.

Les conversations captées illégalement par Buisson ne sont évidemment pas à l'avantage de l'ancien locataire de l'Élysée. D'un intérêt limité, elles confirment principalement que, entre 2007 et 2012, au sommet de l'État, la bienveillance n'avait pas franchement droit de cité...

Choqué, Lavrilleux coupe aussi les ponts brutalement avec Buisson, qu'il continuait à voir depuis la défaite de mai 2012. « Je n'ai pas été étonné quand j'ai appris qu'il avait enregistré, en fait, confie-t-il. Mais, pour moi, c'est la rupture avec lui. Je cesse tout contact à partir du moment où je sais qu'il a fait ça. Ce n'est pas loyal. Plus de rendez-vous, plus rien, on a cassé la convention entre lui et l'UMP... Il a même essayé de nous menacer d'un procès. »

Lavrilleux n'a toujours pas digéré le procédé. « Moi, dit-il, je n'ai jamais enregistré et, pendant toute ma carrière politique, je n'ai quasiment pas fait de notes écrites. Je l'ai eu au téléphone, Buisson, quand ça a éclaté, il m'a dit : "Mais non, c'est totalement faux, n'importe quoi, c'est un coup monté de Giacometti..." Après, je trouve que ça a été trop facile, ils se sont tous mis à baver dessus, alors qu'ils avaient tous fait la queue devant lui pour bénéficier de ses conseils. Moi, je n'ai jamais bavé sur lui. Je pourrais, pour fanfaronner, dire : "Oui, oui, il a voulu faire une alliance avec le Front national", mais ce n'est pas vrai, c'est trop facile, c'est trop simple. Mais ce monde politique adore se racheter des virginités. »

Mais il y a encore plus grave, donc. Le vendredi 7 mars, nous écrivons, à la une du *Monde*, que l'ex-chef de l'État est suspecté dans une nouvelle affaire, cette fois-ci pour des faits de corruption et de trafic d'influence. Rien que ça. Il aurait tout simplement tenté d'orienter en sa faveur une décision de la Cour de cassation dans le dossier Bettencourt. Et ce par l'entremise de son avocat et ami Thierry Herzog, et d'un haut magistrat, Gilbert Azibert, à qui l'on aurait fait miroiter un poste prestigieux à Monaco. Les soupçons sont nés de la mise sur écoute de l'ancien président, dont l'article du *Monde* révèle aussi l'existence. Un « branchement » décidé dans le cadre d'une autre procédure, menée par l'incontournable Serge Tournaire : l'affaire libyenne, dans laquelle Sarkozy est accusé d'avoir perçu des fonds occultes de Mouammar Kadhafi, cette fois pour sa campagne présidentielle de 2007. Décidément, pour l'ancien président, les ennuis judiciaires se multiplient et se croisent dans des dossiers gigognes.

La double révélation du *Monde* provoque un tsunami. Il faut désamorcer le scandale, de toute urgence. Et ça, les sarkozystes savent faire. Leur stratégie relève *a priori* du lieu commun : la meilleure défense, c'est l'attaque. « Il a un sens du mouvement bien supérieur aux autres, c'est-à-dire que c'est un tacticien hors pair, il est très difficile à attraper si l'on est son adversaire – et à suivre, aussi, si l'on est son partenaire ! » analyse François Baroin. Jean-Louis Debré aussi l'assure : « Sarko a compris quelque chose : il faut toujours être à l'offensive, et pas sur la défensive. » Souvenons-nous de la confidence de Rachida Dati : « Sarko disait toujours : quand on est immobile, on devient une cible. Donc, il faut être en mouvement. »

Recette éculée ? Pas tant que ça. Élevé à bonne école, Sarkozy lui-même n'a rien oublié des conseils de son premier mentor, un expert ès coups tordus, Charles Pasqua. Rompu à l'art de la contre-offensive, l'ancien ministre de l'Intérieur, décédé en 2015, l'avait même théorisé : « Quand on est emmerdé par une affaire, il faut susciter une affaire dans l'affaire, et si nécessaire une autre affaire dans l'affaire de l'affaire, jusqu'à ce que personne n'y comprenne plus rien. »

Avec un brio indéniable, s'appuyant sur leurs précieux relais dans la presse, c'est exactement ce que les membres du premier cercle de la Sarkozie vont faire. En suggérant, contre l'évidence, que les révélations du *Monde* ont été orchestrées par le pouvoir socialiste, Sarko & Cie parviennent à allumer un habile contre-feu. En quelques jours, l'ancien président passe du rôle d'accusé à celui d'accusateur, de coupable à victime. Les médias n'y voient que du feu, l'affaire de trafic d'influence à la Cour de cassation devient, comme par magie, « l'affaire des écoutes ». Le scandale n'est plus que Sarkozy ait pu faire pression sur la plus haute juridiction française, mais que ses téléphones aient été placés sous surveillance par la justice...

Brillant.

À droite, pourtant, si personne n'ose s'en prendre publiquement à celui qui reste le patron, le trouble est palpable. Même les proches de l'ancien président craignent que, à force d'accumuler les casseroles, leur leader, dont chacun pressent que le retour en politique est imminent, finisse par perdre toute crédibilité. C'est d'ailleurs l'analyse de Jérôme Lavrilleux.

« L'éclatement de l'affaire Azibert, c'est-à-dire le fait qu'un ancien président de la République se sente suffisamment inquiet pour son avenir judiciaire pour se livrer possiblement à un trafic d'influence poisseux sur fond de principauté monégasque et de portable au nom de "Bismuth", marque un tournant dans l'opinion des gens de droite sur Nicolas Sarkozy », estime le Professeur en évoquant cette affaire dans laquelle l'ancien chef de l'État reste présumé innocent. « Contrairement aux autres affaires, ajoute Lavrilleux, il ne peut plus invoquer un pseudo-complot judiciaire ou rejeter sa responsabilité sur d'autres. C'est lui qui, ayant sans doute des choses à se reprocher, est accusé de s'être livré à une illégalité. Ça marque une profonde rupture dans son électorat, y compris chez ses fans. Pour moi, c'est à ce moment qu'il perd toute chance de revenir. Chez les élus, Hortefeux est quasiment le seul à se dévouer pour le défendre. Car son retour apparaît désormais comme un moyen d'échapper à la justice plutôt qu'une volonté de proposer un projet pour la France. »

L'affaire Azibert révélée, François Fillon savoure, en silence. Sarkozy, lui, retranché rue de Miromesnil, est furieux. Il sait, en avocat expérimenté, que ce nouveau front judiciaire va empoisonner ses mois à venir. Il nourrit une crainte, également. Ces écoutes téléphoniques menées par les magistrats, que contiennent-elles exactement ? Les policiers ont-ils consigné l'intégralité de ses conversations ? Si oui, il a du souci à se faire. Si jamais ces interceptions téléphoniques venaient à fuiter. Elles révéleraient les bassesses du petit monde entourant l'ancien président. Jean-François Copé, lui, observe. Et nous confie son sentiment. Il tient en cinq mots : « Cette affaire Azibert est effrayante. »

Il n'a pourtant encore rien vu.

CHAPITRE 6

Fausses factures pour vraies réunions

Il faut toujours écouter Jean-Louis Debré, qui a des souvenirs plein les poches – « J'ai dix mille pages de notes », sourit-il.

Nous sommes en mars 1995, à quelques semaines du premier tour d'une présidentielle qui, au sein du RPR, vire à la guerre fratricide, puisque deux de ses leaders se disputent l'élection : Jacques Chirac et Édouard Balladur, dont le porte-parole est Nicolas Sarkozy, alors ministre du Budget. Colère des chiraquiens lorsque *Le Monde* révèle que la famille de Bernadette Chirac, née Chodron de Courcel, a réalisé une plus-value de plusieurs dizaines de millions de francs en revendant, en janvier 1993, dans des circonstances troubles, des terrains à une société d'aménagement créée pour la circonstance. À l'époque, déjà, les regards chiraquiens s'étaient spontanément tournés vers le locataire de Bercy. À tort, à en croire Brice Hortefeux, à la fois porte-voix et porte-drapeau de Nicolas Sarkozy. « En 1995, j'étais chef de cabinet de Nicolas à Bercy, rappelle-t-il. On avait en effet laissé entendre que c'était de chez Nicolas Sarkozy qu'était sortie l'affaire des terrains des Chodron de Courcel. Chirac pensait même que c'était moi ! Mais c'est faux. Moi, je sais qui c'est. Je ne vous dirai pas qui. Je peux juste dire que c'est quelqu'un de Bercy qui, sincèrement, pensait que Chirac était un danger pour la France, et qui a pris l'initiative lui-même. Pensant peut-être devancer les désirs de Sarkozy, oui, c'est vrai. Mais Nicolas déteste ça, ce genre de méthodes. Vraiment, je peux en témoigner, ce n'était pas Nicolas, ni dans la demande d'information, ni dans la transmission d'information. »

L'ambiance était, alors, irrespirable au sein du parti gaulliste. Les haines s'exprimaient même parfois au grand jour, comme ce samedi 29 avril 1995, lors du meeting de Jacques Chirac au parc de Bagatelle, à Paris, dans l'entre-deux-tours. Sarkozy rase les murs. Condamné à soutenir Jacques Chirac, après l'avoir trahi au profit de Balladur, il n'a d'autre choix que de se rendre au meeting. Arrivé dans la salle… La suite, il la racontera, plus tard, à sa confidente favorite, Rachida Dati : « Rachida, j'avais un costume gris souris, je traverse l'allée, j'arrive au premier rang, mon costume est blindé de crachats. Et c'est ma famille politique. Je vois encore le visage de haine de Bachelot, me crachant dessus. »

Chirac a finalement triomphé de Balladur, Sarkozy s'est fait pardonner, bref, le temps a passé…

Mais Jean-Louis Debré, le plus chiraquien des chiraquiens, n'a rien oublié : « Le Sarko, en 1995, il avait fait sortir du ministère des Finances l'affaire du terrain des Chodron de Courcel, maintient-il. Il avait trahi Chirac. Car l'affaire, c'est bien lui qui l'a sortie… »

Comment mieux résumer l'histoire de la droite, faite de règlements de comptes, et autres coups bas ? Les ennuis ne tombent jamais du ciel, dans l'univers souvent barbare de la droite française. Alors, lorsque *Libération* publie, le jeudi 15 mai 2014, un article suggérant l'existence de fausses factures établies au détriment de l'UMP, les sarkozystes, qui pressentent les soucis arriver, pensent immédiatement au camp Fillon. Qui d'autre aurait intérêt à instrumentaliser une affaire qui a déjà déstabilisé Copé et menace maintenant Sarkozy, sinon leur ennemi commun ?

Libération, qui a eu accès aux factures de la filiale de Bygmalion, explique que l'UMP a réglé pour près de 20 millions d'euros l'organisation d'événements, qui semblent pour certains purement fictifs. Le député Pierre Lellouche dément formellement par exemple avoir participé à une conférence sur la réforme des retraites – facturée 299 000 euros à l'UMP – où son nom apparaît pourtant comme principal intervenant !

L'affaire Bygmalion change brutalement de nature.

L'évidence commence à apparaître, enfin : la piste Copé pourrait relever de la paréidolie. La « vraie » affaire n'est pas celle que l'on croyait. Les policiers de l'OCLCIFF, piqués au vif par les révélations de la presse, s'en saisissent immédiatement et relancent leurs investigations, notamment en convoquant les dirigeants de Bygmalion et d'Event & Cie.

Elles sont fructueuses.

Un procès-verbal résume la teneur de ces premières auditions : « Ces personnes indiquaient que les fausses factures avaient été établies à la demande des responsables de l'UMP et de la campagne de Nicolas Sarkozy, pour déplacer vers l'UMP une partie de la facturation liée à l'organisation des meetings du candidat, de manière à dissimuler le dépassement du plafond légal des dépenses électorales. »

Sous le contrôle du parquet de Paris, les policiers multiplient les opérations. Ils recueillent ainsi la déposition du secrétaire national chargé de la réforme des retraites à l'UMP, le député Arnaud Robinet, qui confirme leurs soupçons. S'agissant de la fameuse convention où était supposé être présent Pierre Lellouche, le 21 mars 2012, il lâche : « Je reste stupéfait. Pour moi, au vu des montants et de la date, c'est totalement bidon. » Interrogé sur le système de fausses facturations mis au jour, le trésorier de l'UMP, lui, botte en touche : « Je comprends qu'il y a deux thèses qui s'affrontent aujourd'hui, observe-t-il prudemment. L'une, qui dit qu'il s'agit de dépenses de campagne du président, dépenses que l'équipe de campagne ne pouvait ignorer, version de Lavrilleux. L'autre, de l'équipe de Sarkozy, qui dément et qui considère que les fonds ont servi à autre chose. »

S'ils se gardent bien de trancher pour l'instant entre les deux versions, les enquêteurs, eux, vont rapidement acquérir la conviction que la seconde avait sans doute été mise en avant pour dissimuler la première...

À l'UMP en tout cas, c'est l'affolement. Rares sont ceux à avoir été dans l'inavouable secret. Pourtant, au sein du parti, certains ont été destinataires de quelques « alertes ». Thierry Solère, par exemple. « J'ai vu cette histoire arriver et pourrir l'ambiance au sein du groupe, raconte le député de Boulogne-Billancourt. Je me rappelle ce que m'avait confié Bernard Gérard, député et maire de Marcq-en-Barœul, une ville du Nord où Sarko avait tenu un meeting. On était deux cents, en réunion de groupe, et j'étais assis à côté de lui. Il avait l'air effondré. Je lui demande si ça va, et il me répond : "Non, ça va pas, je suis écœuré." Et il m'explique que le meeting dans sa ville a coûté une fortune, je ne me souviens plus du montant exact, peut-être 30 000 euros, et ce, alors qu'il se tenait dans une salle municipale, et que la location n'aurait pas dû être facturée plus de 100 euros ! Là, je comprends que c'est une grande escroquerie, cette histoire-là. Tout ça pourrit l'ambiance. »

D'après Solère, un autre événement va faire des remous au sein du groupe UMP à l'Assemblée, en marge de cette affaire Bygmalion. Si Christian Jacob n'a pas souhaité s'exprimer, Thierry Solère, lui, est plutôt loquace : « Il y a un mec qui s'en sort très bien, c'est un magicien pour moi, le mec, c'est Christian Jacob, le président du groupe UMP à l'Assemblée : il a pris le pognon du groupe pour renflouer le parti afin qu'il puisse payer Bygmalion, et ça sans le dire aux députés ! Je ne comprends pas, il aurait dû se faire lyncher, c'est une honte. »

Bonne ambiance, en effet.

Dès le vendredi 16 mai 2014, Jean-François Copé, qui lui-même tombe des nues, fait convoquer le matin même Franck Attal, dirigeant d'Event & Cie, et Fabienne Liadzé, la directrice des finances du parti. « Et c'est là, dira Copé aux enquêteurs, que M. Attal me révèle cette folie qui avait consisté à ce que Event facture à l'UMP des dépenses qui en réalité étaient celles de la campagne présidentielle, afin d'éviter que ne soit dépassé le plafond autorisé pour cette campagne. J'ai été absolument sidéré par cette révélation puisque j'ai ce jour-là compris que l'on m'avait sciemment dissimulé ce qui était une illégalité absolue. » Épouvanté,

Copé cherche à voir d'urgence Jérôme Lavrilleux, évidemment. Mais, alors en pleine campagne pour les européennes, il est injoignable.

Les deux hommes se rencontrent finalement, dimanche 18 mai. « Inutile de vous dire que le climat de cet entretien a été tendu et douloureux, racontera Copé aux juges. J'ai demandé à Jérôme Lavrilleux comment il avait pu se trouver dans cette situation et me dissimuler la vérité. C'est là qu'il m'a dit, avec beaucoup d'émotion, avoir commis deux graves fautes. La première de ne pas s'être opposé à cette pratique évidemment illégale, la seconde de ne pas me l'avoir dit parce qu'il savait que je m'y serais immédiatement opposé – en cela il avait raison – et qu'il ne voulait pas créer un clash politique entre Nicolas Sarkozy et moi. Il a ajouté que les dépenses de campagne avaient filé tel un TGV qu'on ne pouvait pas arrêter et que, prise dans la spirale de ces dépenses astronomiques, l'ensemble de l'équipe de campagne avait abouti à cette conclusion absurde de commettre cette illégalité qui consistait à faire prendre en charge par l'UMP les dépenses de campagne qui allaient excéder le plafond autorisé. »

Aujourd'hui encore, Lavrilleux ne dit pas autre chose : « C'est une faute, majeure, dont je me repentirai sans doute toute ma vie, mais je demande aux beaux esprits, qu'ils soient journalistes, juges ou politiques : qui êtes-vous pour me dire ce que j'aurais dû faire ? J'aurais pris la responsabilité d'arrêter la campagne du président en exercice ? J'aurais été le type qui, dans l'histoire de la Ve République, fait un coup d'État en interdisant *de facto* à un président de se représenter ? »

À partir de ce mois de mai 2014, les choses commencent à s'éclaircir. Le 26 mai, le patron d'Event & Cie confirme la supercherie aux policiers. « Je me souviens d'avoir rencontré, début avril à mon souvenir, à l'UMP, Fabienne Liadzé, Jérôme Lavrilleux et Éric Cesari à ce sujet, révèle Franck Attal. Et c'est là qu'ils me disent que le rythme des meetings va encore s'accélérer, mais qu'il y a un problème d'ordre financier lié au plafond de campagne qui va être complètement dépassé en raison du nombre de meetings déjà tenus et à venir. Jérôme Lavrilleux propose alors de facturer des prestations relatives aux meetings de campagne sur des conventions UMP. Il me demande donc de faire des fausses factures. »

Et pas qu'un peu. Car cette frénésie qui s'empare de l'équipe de campagne, à mesure que l'écart avec Hollande se réduit, elle a un coût, et il est exorbitant. Il est avéré aujourd'hui que l'extravagante campagne de Nicolas Sarkozy a coûté plus de 45 millions d'euros, soit très exactement le double du montant maximum autorisé par l'État.

Vertigineux. D'après les policiers, les malversations ont débuté un peu plus tôt que ne le pense Attal, puisque, dès le 26 mars 2012, un premier lot de vingt-quatre fausses factures était émis.

« Au total, indique Attal dès sa première audition, Event & Cie a facturé à l'UMP environ 19 millions d'euros correspondant à des meetings du candidat Sarkozy. Sur ce montant, seuls 3 millions d'euros ont été facturés au titre de meetings relatifs au premier tour, et 1,5 million d'euros environ au titre du second tour. Sur le restant, une partie a été facturée normalement à l'UMP, car n'entrant pas dans les dépenses de campagne, et une autre l'a été sous la forme de prestations relatives à des conventions UMP. »

Une version confortée par Guy Alvès, cofondateur de Bygmalion : « Je sais, et j'en suis conscient dès le départ, que l'UMP n'a pas le droit de régler ces factures. » Alvès insiste sur le fait que sa société, prise à la gorge par les fournisseurs inquiets de ne plus être payés, ne pouvait faire autrement qu'accepter de participer au système délictueux alors mis en place… « On a rencontré des difficultés de trésorerie dès avril 2012, soutient de son côté Matthieu Fay, le comptable d'Event. Les principaux sous-traitants n'ont pas été payés dans le délai de trente jours. »

« J'en ai évidemment parlé à Bastien Millot et nous étions d'accord sur le fait que c'était la seule façon de sauver la société, ajoute Alvès. Nous avons donné le feu vert à M. Attal pour qu'il dise oui à la proposition de Jérôme Lavrilleux. Nous n'avions pas le choix. Je suis conscient que, lorsque M. Lavrilleux fait cette demande, c'est qu'il n'a plus le choix lui-même. » Bastien Millot, lui, dément avoir été informé de la mise en place du système de fausse facturation. Quant à Jérôme Lavrilleux lui-même, on va le voir, il contestera formellement avoir été à l'instigation du système frauduleux et relatera avoir été mis devant le fait accompli par l'équipe de campagne.

Ainsi, même si ses protagonistes se renvoient la responsabilité de la mise en place des fausses factures, le dossier Bygmalion est de moins en moins l'« affaire Copé », et de plus en plus l'affaire Sarkozy – ou, plus exactement, une nouvelle affaire Sarkozy.

CHAPITRE 7

La cible se rebelle

Drôle de situation pour Copé. Il est accusé de tous côtés, se démène, s'époumone pour se faire entendre, mais personne ne l'écoute vraiment.

« Dans Bygmalion, analyse-t-il, Sarko s'est dit : Faut que je me barre du truc. Et quel coup de bol, le responsable de Bygmalion, c'est un ancien collaborateur de Copé : génial ! Il y avait un alignement d'intérêts entre des écuries concurrentes. Fillon, il n'a jamais supporté que je le batte en 2012, il veut se venger. »

Quitte à assumer une naïveté confondante, lorsqu'il dit : « Je ne pouvais pas voir l'inflation des coûts, puisque je ne m'en suis jamais occupé. Je n'ai même pas réfléchi, je ne pouvais pas imaginer que l'UMP paie ! C'est leur campagne, je pensais que c'étaient des dons. Je ne savais même pas combien il y avait de meetings de prévus. Je ne suis ni idiot ni incompétent, mais je n'ai pas eu une alarme, pas une seule fois, on m'a dit : "Est-ce que vous nous autorisez cette illégalité qui consisterait à financer la campagne ?" Comment voulez-vous, alors que j'ai confiance en mes collaborateurs, que je puisse imaginer que tout ça se passe dans mon dos ? C'est impossible. »

Trois jours après avoir recueilli les aveux de son bras droit Jérôme Lavrilleux, Jean-François Copé se rend rue de Miromesnil. Il veut savoir, il doit en avoir le cœur net. « Je vais voir Sarkozy, nous confie-t-il, j'explique ce que je sais, et là, il m'indique ne pas en avoir été informé. Je fais surtout face à un mur de silence. J'ai compris rétrospectivement pourquoi... Quand je l'ai revu au mois de juin, à ma demande, chez lui, je lui dis : "Je suis déterminé à aller jusqu'au bout, je ne lâcherai rien et je n'accepte plus que tu me mettes en cause." Et il me dit : "Non, non, je comprends que ce n'est pas toi"... Pfff... On n'avait rien de plus à se dire. »

En février 2016, interrogé par les magistrats instructeurs sur la réaction de Sarkozy au moment de la révélation de l'affaire, en mai 2014, Copé dira ceci : « Je sais que Nicolas Sarkozy a rapidement dit beaucoup de mal de Jérôme Lavrilleux, et peut-être même de moi. »

Copé fait notamment allusion au supposé forcing, thèse défendue par Sarkozy, qu'il aurait mené afin d'imposer ses « amis » de Bygmalion dans la campagne. « Je ne me suis jamais prononcé, je dis bien jamais, sur le choix du ou des prestataires de la campagne présidentielle de Nicolas Sarkozy, s'indignera-t-il devant les juges. Je le répète, je n'ai jamais été à l'initiative de cela, je le démens formellement. » Et d'ironiser : « Cela me paraît assez incompatible avec la personnalité de Nicolas Sarkozy que de lui "imposer" quelque chose sans son accord. Je ne vois pas ce qui empêchait l'équipe de campagne, voire le candidat lui-même, de récuser l'idée d'un prestataire extérieur, d'autant que, si j'ai bien compris, ils en ont rajouté un deuxième, en l'occurrence l'agence Publics, pour quelques meetings. »

Chacun, en fait, essaie de sauver sa tête.

Quitte à enfoncer sous l'eau celle des collègues.

Informé par les juges des déclarations de Nicolas Sarkozy, Jean-François Copé n'a pas masqué sa déception, ni même sa colère : « Pour tout vous dire, lorsque j'ai découvert qu'il avait tenu ces propos, je n'ai pas voulu les croire. Le fait que vous me les confirmiez m'amène à les considérer comme très inélégants de sa part. »

Avant même que l'enquête judiciaire ne se rapproche de lui, Nicolas Sarkozy l'a très vite perçu : Jean-François Copé n'acceptera pas de jouer les fusibles dans cette histoire. Hors de question pour le maire de Meaux de porter le chapeau, de « couvrir » des irrégularités qu'il juge inadmissibles. Et tant pis s'il se fait un ennemi de poids.

Même pas peur...

« Sarko, plastronne-t-il, il a quelques connexions avec des patrons de presse, mais il ne m'a jamais impressionné. » De ses rapports avec l'ex-président, il dit : « On a une relation qui, depuis des années, est faite de *up and down*. C'est une relation qui n'est pas désincarnée, on va dire, qui n'est pas dénuée d'affect en tout cas ! »

Mais cette affaire Bygmalion marque une rupture forte entre les deux hommes. « Avec Sarko, ça a été toujours compliqué, analyse aujourd'hui le maire de Meaux. Ça le fait chier depuis des années d'entendre des gens dire : "Vous avez vu le jeune Copé, il est bien." Et puis, d'autre part, parce que je n'ai jamais été dans le système. Il a une vision féodale : c'est le suze-rain, vous êtes vassal ou rival. Pour lui, l'idée, c'est : Tu es avec moi et tu ne m'intéresses plus, soit tu es contre moi et je te combats à mort. »

L'ancien patron de l'UMP a gardé, à l'évidence, une profonde rancœur envers l'ancien président de la République, dont il ambitionnait de prendre la suc-cession. « Moi, confie-t-il, j'ai appris à agir en chef de famille. Toute ma vie, j'ai raisonné en chef, et quand on est chef, il faut assumer, il faut faire face. Parce que, moi, j'ai une haute idée du leadership. C'est d'ailleurs ça que j'ai regretté et qui a cassé beaucoup de choses dans ma relation avec Nicolas Sarkozy, en fait : c'est qu'il n'assume pas. Moi, je ne lui deman-dais rien. Mais pas qu'il dise : "C'est Copé", quoi... Ça, j'ai trouvé, pour reprendre la formule de Chirac, que ce n'était pas convenable. Quand il s'est retrouvé face aux magistrats et qu'en substance ils lui ont dit : Eh bien, c'est pas Jean-François Copé, d'ailleurs il est sorti de l'histoire, c'est votre campagne, on vous met en examen, et qu'il leur a dit : "Ah, non, non, c'est pas moi", là, j'ai trouvé que ce n'était pas très convenable. Je lui ai dit, d'ailleurs. Il m'a répondu : "Oui, j'ai réfléchi, je pense que ce n'est pas toi." Je lui ai dit : "T'avais besoin de réfléchir ?" Puis, j'ai ajouté : "Eh bien non, c'est pas moi, puisque c'est toi !" "Toi", ça voulait dire, sa campagne, bien sûr... »

Ici, c'est frappant une nouvelle fois, il est moins question d'arguments idéologiques que d'arguties juridiques. À l'image de ce qu'est devenue la droite, finalement. Comment espérer dessiner une vision pour son pays lorsque l'horizon est d'abord... judiciaire ?

Mais nous ne sommes qu'en mai 2014. En ces temps de guerre totale, tout le monde est suspect, et Copé un peu plus que les autres. La justice n'aime pas se hâter. Ce qui permet à la haine de prospérer. Cet entre-deux est propice aux bruits de couloir, aux duels feutrés. À Paris, cela se passe dans les coursives de l'Assemblée, au cours des dîners, dans les coulisses des plateaux de télé… Les rumeurs font office d'informations, les réputations deviennent des évidences.

Lorsqu'on demande à Jean-François Copé ce qu'il a retenu de cette séquence, au-delà de sa propre personne, il répond que « ça a été vraiment une très grande tristesse, affective, parce qu'on a vécu pendant dix-quinze ans une aventure d'équipe formidable, reconnue comme à la fois sympa, performante, organisée et, paradoxalement, éthique. Ça peut paraître bizarre, avec tout ce qu'on a pris sur la tête, de dire ça ! Mais cette équipe a été formée avec cet état d'esprit. »

Une équipe dont faisait partie le Professeur.

Pour les peuples aztèques, afin d'assurer l'équilibre du cosmos, il fallait consentir à un sacrifice humain.

Lavrilleux va se dévouer.

CHAPITRE 8

Le sacrifice

Jérôme Lavrilleux est déjà en miettes ?

Il va tomber encore plus bas.

Homme de l'ombre par excellence, apparu brièvement sur le devant de la scène lors du conflit Copé-Fillon pour la conquête de l'UMP, il va se projeter une seconde fois brutalement dans la lumière, comme un soldat se précipiterait en première ligne dans l'espoir de sauver son général, voire son armée.

Il va endosser le poids d'une affaire menaçant de plomber son patron, quitte à y laisser sa peau, au sens propre du terme. « J'y pense tous les jours. Si je ne l'avais pas fait. Si... » Lavrilleux, tel qu'en lui-même. « J'aurais pu faire ce qu'on attendait de moi. Trahir Copé. On m'aurait recasé quelque part. Je préfère mourir que de faire ça. Je me repens de ma faute, mais je n'ai pas honte. C'est différent. »

Le « sacrifice » du soldat Lavrilleux, son patron ne l'a pas oublié.

Même si, lorsqu'il parle des autres, Jean-François Copé parle de lui, en fait. C'est comme ça, c'est plus fort que lui, son ADN en quelque sorte. Ainsi, quand on le questionne sur Jérôme Lavrilleux en décembre 2018, dans un cadre à son image – les salons du luxueux hôtel Shangri-La, à deux pas du Trocadéro –, Copé lâche : « Il a fait preuve de beaucoup de dignité, parce qu'il a assumé, et ça, ça fait aussi partie de notre mode de pensée à tous les deux. Parce que moi j'ai toujours assumé ce que j'ai fait dans ma vie, toujours considéré que ne pas assumer ce n'était pas convenable... » Quelques instants plus tard, il s'interrompt un moment pour admettre : « Je parle plus de moi que de Jérôme Lavrilleux... » Comme quoi, l'égotisme n'empêche pas la lucidité.

Thierry Solère, qui a ferraillé entre 2012 et 2014 contre Jérôme Lavrilleux, éprouve du respect pour l'homme. « Je le trouve intelligent, il est à la fois très malin, mais paraît aussi très affecté par les choses, il est touchant, je trouve, confie le député des Hauts-de-Seine. Je me souviens qu'on s'est accrochés plusieurs fois, c'est normal d'ailleurs, mais je lui ai dit : "Jérôme, je t'en prie, pas avec moi !" En gros, c'était : Il faut que tu soutiennes Copé, sinon... Il était très offensif. Pour obtenir des soutiens auprès des parlementaires, c'est soit l'affection, soit un peu tordre le bras. Et lui, c'était le genre de garçon à vous dire : "Si tu veux avoir l'investiture aux municipales, faut pas te tromper de choix." Il y a des gens avec qui ça marche très bien, et avec d'autres comme moi, ça ne marche pas. »

Jérôme Lavrilleux a assumé, donc.

Le bras droit du patron de l'UMP stupéfie la France, le 26 mai 2014 au soir, lorsque, sur le plateau de BFM-TV, il reconnaît, en larmes, sa participation au système de fausses factures destiné à maquiller les dépenses astronomiques de la campagne Sarkozy.

Face à la journaliste Ruth Elkrief, ému comme jamais, la gorge nouée, Lavrilleux, parle de « dépenses qui ont explosé », évoque, comme il l'a fait devant Copé quelques jours plus tôt, « l'engrenage irrésistible d'un train qui file à grande vitesse et où les personnes qui devaient tirer sur le signal d'alarme ne l'ont pas fait ». « Pendant la campagne, explique-t-il, on me demande d'organiser des meetings et nous terminons la campagne avec plus de quarante meetings. Tout cela a coûté de l'argent que ne permettaient pas d'absorber les comptes de campagne. Mais toutes les prestations facturées ont été réelles. Une partie a été mise sur les comptes de campagne. L'autre partie a été absorbée par l'UMP. » Des propos qu'il va rapidement réitérer, devant les policiers, cette fois.

Mais s'il a le dos large, Lavrilleux – qui n'a jamais varié dans ses explications – n'entend pas jouer pour autant les coupe-circuits, pas question de porter le chapeau de l'incendie. Tout simplement parce que ce n'est pas lui qui a… disjoncté.

Il veut bien assumer ses responsabilités, toutes ses responsabilités, mais seulement ses responsabilités. Sa position est simple : ce sont les proches de Sarkozy au sein de l'équipe de campagne, en premier lieu Éric Cesari, qui ont élaboré, sans lui en parler, le stratagème, qu'il aurait découvert peu après l'élection présidentielle et la défaite du candidat de l'UMP. « Fin mai 2012 je crois, racontera-t-il plus tard aux enquêteurs, Éric Cesari et Fabienne Liadzé sont venus me voir dans mon bureau, à l'UMP, à l'issue d'une réunion qu'ils ont tenue avec Guillaume Lambert et Franck Attal pour parler des comptes de campagne. Ils m'ont indiqué alors qu'il était impossible de mettre toutes les dépenses dans les comptes de campagne et qu'il faudrait donc ventiler le surplus des dépenses sur le compte de l'UMP. Je ne peux pas vous dire si c'était l'idée de M. Cesari ou s'il me transmettait la décision prise par un tiers. » Devant les policiers de l'OCLCIF, Lavrilleux, bien décidé à rétablir les faits, dit encore : « D'après ce que j'en ai compris, l'UMP, en la personne de M. Cesari ou de Mme Liadzé, a fourni à Franck Attal, de la société Event & Cie, une liste de dates et d'intitulés de manifestations afin qu'une facturation qui corresponde puisse être établie avant la clôture des comptes. » Des accusations contestées par les personnes désignées.

Bien entendu, les policiers se montrent curieux de savoir si les « supérieurs » politiques de Lavrilleux, à savoir Jean-François Copé et Nicolas Sarkozy, ont été mis dans la confidence. Dans les deux cas, il répond par la négative. S'agissant du député de Seine-et-Marne, Lavrilleux est formel : s'il ne l'a pas mis au courant, c'est en connaissance de cause. « Je ne l'ai pas fait après y avoir réfléchi, dit-il, car cela aurait mis Jean-François Copé dans une alternative impossible, laquelle alternative aurait été, si je l'en avais informé, de l'obliger à être soit complice, soit responsable, d'un événement politique majeur. J'ai estimé que le travail d'un directeur de cabinet était de protéger son patron. C'est pour éviter les conséquences politiques prévisibles que je n'en ai pas informé Jean-François Copé et que je n'ai jamais abordé la question avec le président Nicolas Sarkozy. »

Le Professeur a encore en tête – il a tout en tête – ces instants où s'est joué son destin. En cette amère fin de mois de mai 2012, la défaite à peine digérée, il faut clôturer les bilans financiers, les porter à la CNCCFP, l'organisme chargé de tout vérifier, où ils vont être auscultés par quelques fonctionnaires ou vacataires mal payés, chargés de scruter, une loupe à la main, la moindre facture correspondant aux dépenses engagées par le candidat. Inquiétude maximale dans le bureau d'Éric Cesari, le directeur général du parti. Qui vient ensuite trouver Lavrilleux.

— Cesari : Voilà, les sous, on n'y arrive pas...
— Lavrilleux : De toute façon, maintenant, il faut sauver les meubles.
— Cesari : On en parle à Copé ?
— Lavrilleux : Non. Personne n'en parle à Copé. Je vous l'interdis.

C'est donc à ce moment précis, selon Lavrilleux, que se décide la combine destinée à duper la Commission des comptes de campagne. Il s'agit de ventiler les dépenses payées par l'UMP au gré de 35 conventions. Des réunions de quat' sous, souvent réelles, que l'on réinvente totalement, et auxquelles on affecte des sommes faramineuses. Car la campagne a coûté plus de 20 millions d'euros de trop. Plus de 45 millions d'euros de dépenses en tout genre au total. Et encore, on ne sait pas, à l'époque, que 10 autres millions d'euros ont été dissimulés dans les comptes du parti. « On se dit que la CNCCFP n'a pas de pouvoir d'investigation, qu'elle ne peut pas saisir notre comptabilité, relate le Professeur. Et l'on souhaite que, dans le fonctionnement du parti, les élus chargés de certifier les comptes ne se posent pas de questions. C'est uniquement la volonté d'assurer une tranquillité interne qui a motivé la création de ces fausses conventions. Ces réunions de quinze ou vingt personnes, qu'on transformait fictivement en meetings avec plusieurs milliers de participants... »

Mais Lavrilleux n'aurait-il pas dû stopper le processus, voire refuser sa mise en œuvre immédiatement ? « Mon tort est de ne pas m'être opposé à Liadzé et Cesari, qui, comme moi, n'ont pas vu d'autres solutions possibles », reconnaît-il aujourd'hui. Ne pas négliger, aussi, la force d'un système qui vous broie, vous noie, au point de vous faire perdre toute lucidité.

Ne pas oublier, non plus, ce qui constitue fondamentalement Jérôme Lavrilleux : la loyauté. Même au prix, parfois, de compromissions avec la morale... « Rétrospectivement, sur le moment, je n'avais pas d'autre solution », répète-t-il avec insistance, comme s'il cherchait à se convaincre lui-même. « Et puis, je ne voulais pas finir comme Robert Boulin, l'ancien ministre de Giscard, noyé dans deux centimètres d'eau. » Lavrilleux était entré en terrain miné.

Prière de rester prudent.

Tout de même, il aurait eu beau jeu d'impliquer ses patrons, afin de diluer, et surtout d'atténuer, sa responsabilité dans la mise en place du mécanisme frauduleux... Mais non, il n'en a rien fait. Question de principe. Son attitude loyale lui vaut l'estime et la reconnaissance éternelles de Jean-François Copé. « C'est vrai, confie ce dernier, que Jérôme a fait preuve, même dans cette période – et c'est pour ça que j'ai décidé de conserver des liens réels, de rester assez proche affectivement de lui –, de beaucoup de dignité dans cette épreuve.

Ce qui lui ressemble, ce qu'il est fondamentalement. C'est quelqu'un qui a, paradoxalement, une approche éthique sur un certain nombre de choses. Ce que j'ai toujours beaucoup apprécié en travaillant avec lui, c'est que c'est quelqu'un de supérieurement intelligent, et qui a une analyse d'une très grande finesse des sujets. Donc, faire du *brain storming* avec lui, c'est toujours extrêmement intéressant. »

Pour le maire de Meaux, la tornade Bygmalion a fauché en plein vol, à 44 ans, un homme qui se destinait sans doute à une très belle carrière politique. « Oui, je pense que c'était programmé. C'est d'ailleurs dans cet état d'esprit que je lui avais proposé de prendre la tête de liste aux européennes, il a d'ailleurs fort bien agi et a été un excellent député européen, remarquable même. »

Thierry Solère voit les choses différemment : « Pour moi, Jérôme, ce n'est pas un homme politique. Justement, quand je vois sa prestation à BFM, je me dis… C'est très dur, la politique, c'est pas Sarko, Copé ou Fillon qui vont aller pleurer à la télévision. Il y en a qui prennent des balles, et là, Jérôme, lui, il prend une grosse balle, mais c'est pas un homme politique, quoi… Mais humainement, ce qu'il vit à ce moment-là, c'est quand même terrible. »

Xavier Bertrand n'est pas loin de partager l'avis de Thierry Solère. « Le connaissant, je n'ai pas été surpris de cette confession, témoigne-t-il. Parce qu'il a toujours été présenté comme un monstre froid, or je pense que ce n'est pas lui. Je pense qu'il a vraiment été meurtri, et je pense qu'il aurait effectivement pu faire une grosse connerie. Après, je ne sais pas s'il avait

vraiment envie de passer dans la lumière et de devenir élu "de plain-pied". L'un de ses rêves à l'époque
où je l'ai connu, c'était par exemple d'être adjoint à
l'urbanisme, à Saint-Quentin. Ça, il aurait bien aimé,
dessiner le Saint-Quentin de demain, etc. Plus que le
contact charnel de la politique, être avec les gens... »

Aujourd'hui, même si, évidemment, ils ne se côtoient
plus en permanence comme à la « grande époque »,
Copé et Lavrilleux sont toujours en excellents termes.
« On se téléphone, on s'envoie des textos, on déjeune
ensemble de temps en temps », dit Copé. Une anomalie dans cet univers où la rancune et la haine sont
les sentiments les mieux partagés... « Quand j'ai pris
conscience de tout ça, conclut Copé en évoquant les
révélations que lui a faites Lavrilleux, j'ai d'abord été
très triste affectivement, en me disant, quel gâchis, mais
quel gâchis... »

Et le gâchis, il était loin d'être terminé...
Politiquement, mais surtout humainement. « Jean-
François Copé a une capacité d'absorption de la violence qui force mon admiration », synthétise Lavrilleux
au moment de tirer la morale de cette triste histoire. Et,
contrairement à un Fillon par exemple, lui sait « traiter » ses collaborateurs ou alliés politiques. « Si vous
avez le malheur de lui dire que vous avez un ongle
incarné, il vous prend immédiatement un rendez-vous
avec le meilleur chirurgien de la planète », s'amuse le
Professeur.

Les deux hommes se sont tout de même accrochés, parfois. Comme lors de l'épisode du « mariage
pour tous », en 2013, quand Lavrilleux recommande
à son mentor de défendre cette initiative sociétale de

François Hollande. « Il fallait le faire, cyniquement, politiquement », estime le Professeur. Copé, au nom de la logique politique, qui a parfois peu à voir avec les convictions, suivra sans ciller la droite dans son combat contre le « mariage pour tous », au grand dam du directeur de son cabinet.

Le Professeur juge cette séquence fondamentale si l'on veut comprendre la faillite de sa famille politique. D'après lui en effet, « la droite a sauté à pieds joints dans le piège tendu par Hollande », dont l'un des objectifs aurait été de diviser l'opposition. À en croire Lavrilleux, « obnubilés dès cette époque par la perspective de la primaire, qui consiste à remporter une élection face à des candidats de sa propre famille politique, très vite, chacun des candidats potentiels à cette primaire s'est mis à n'agir qu'en fonction de ce que l'électorat de droite était supposé vouloir ». Avec une conséquence majeure : « Peu importent les convictions personnelles, seul comptait ce fameux noyau dur de la droite qui se mobiliserait à la primaire et la prise de position d'éventuels rivaux. C'est ainsi que Jean-François Copé, pourtant intimement favorable au "mariage pour tous", se prononcera contre, car il s'est pensé prisonnier de cet électorat de droite "décomplexé" et ne voulait pas être dépassé sur sa droite par Bertrand, Sarkozy, Fillon, Wauquiez… » Conclusion en forme de jugement sans appel du Professeur : « Ces gens qui se détestent se sont donc unis pour des raisons de rivalité dans le refus du "mariage pour tous". »

Le Professeur se remémore une autre divergence l'ayant conduit à s'opposer à Copé. C'est lorsqu'il apprit que le patron de l'UMP avait décidé de s'allier à Alain Juppé. Colère de Lavrilleux : « Mais, Juppé, il n'en a rien à foutre de vous ! »

Sévère empoignade verbale. Qui ne dure pas. Jamais.

Le Professeur en revient au caractère de ce drôle d'oiseau qu'est Jean-François Copé, ce résilient de la République. « Il sait que les gens ne l'aiment pas, dit-il, mais comme il pense que ce n'est pas mérité... Il n'a aucune idéologie, mais une telle foi en lui-même. Ou un tel aveuglement, je ne sais pas... Sa devise pourrait être : Il faut savoir aimer ce que l'on est obligé de faire... »

Aujourd'hui, Copé se consacre à sa ville de Meaux et gagne – très bien – sa vie dans un cabinet d'avocats. Au fond de lui, il n'a renoncé à rien. Après tout, sur un malentendu... La justice l'a totalement innocenté dans le scandale Bygmalion. Il suivra le procès, peut-être même sera-t-il appelé à la barre, comme témoin. Sous les yeux de Jérôme Lavrilleux, sur le banc des prévenus, lui, aux côtés d'un certain Nicolas Sarkozy. Condamné par avance. Dans la « vraie » affaire Bygmalion.

Ce scandale, conclut le Professeur, c'est finalement très simple : « L'histoire d'un bordel généralisé, de l'incapacité de dire les choses au candidat. Il n'y avait même pas de volonté de frauder ! Vous savez quoi ? C'est sans doute la campagne présidentielle la plus honnête de tous les temps, car il n'y a pas eu de liquide ! En 2007, le gouffre Bygmalion avait été remplacé par des palettes de billets venant de Libye, non ? »

Mais ça, c'est une autre histoire, toujours en cours d'instruction d'ailleurs.

Et surtout, ce 26 mai 2014, jour du grand sacrifice, rien, encore, ne permet de penser que la justice va innocenter le duo Copé-Lavrilleux. La droite républicaine, toujours puissante, mais en mal d'incarnation, se laisse dévorer par de sombres ressentiments. Une ère d'une singulière noirceur s'ouvre.

Les cannibales ont faim.

ÉPILOGUE

La grange

Il est rare que l'on connaisse à l'avance la date et l'heure de sa disparition. Sauf lorsqu'on décide de la provoquer soi-même. Et que l'on est bien organisé.

Comme le Professeur.

Son acte de décès, qui a bien failli ne pas être seulement politique et médiatique, il l'a signé, personnellement, le lundi 26 mai 2014. Ce jour où il a senti, physiquement, le souffle de la haine.

Pour clôturer le premier tome de cette saga, la logique imposait de laisser Jérôme Lavrilleux en signer l'épitaphe.

« Le dimanche 25 mai 2014, dans l'après-midi, je vois que ça se barre en couille, et c'est très ambivalent parce que je viens d'être élu député européen ce jour-là ! Je savais déjà que j'allais l'être, puisque j'étais tête de liste, mais bon, ça devait être un moment de joie... Je suis tout seul chez moi, à Saint-Quentin. À 17 heures, je rencontre un grand élu de la municipalité, à qui je parle d'avenir, etc., et qui me dit : "Ça va être dur parce que Bygmalion, franchement..." Et sans me le dire en face, il fait des sous-entendus.

« Ça, je ne le supporte pas. Physiquement. On peut

m'accuser de tout, mais sous-entendre que j'ai pris du fric, que je l'ai fait avec un de mes meilleurs amis, voire qu'on coucherait ensemble, ce qui a été dit, en off, par Sarko et plein de monde – ce qui est une des choses fausses dites par Sarko d'ailleurs –, que Copé s'est fait son trésor de guerre, qu'il a détourné de l'argent, etc, etc.

« Alors, je me dis, je veux bien crever, mais au moins que ce soit pour la vraie raison. Et je décide d'appeler Ruth Elkrief, à BFM-TV. Quand je prends ma décision, il doit être 17 h 30, je lui envoie un SMS pour lui dire : je suis disponible, si vous avez besoin de quelqu'un pour réagir sur les européennes, et sur le reste... Avec trois points de suspension. Elle me répond : "OK, je vois ça", et une heure après me dit : "Demain, à 19 heures." Je ne préviens personne, ni Copé, ni qui que ce soit. Je ne voulais pas laisser Copé aller au bureau politique le mardi matin se faire sortir sans que personne ne dise la vérité.

« Ce qui est débile parce que c'est une vérité qui, ce jour-là, est totalement inaudible. D'ailleurs, cela ne lui a pas permis de sauver sa tête. Mais j'ai "cranté le truc", comme on dit. Je me dis : c'est la fin pour moi, mais j'aurai dit les choses. Je quitte donc Saint-Quentin, je me rappelle, je suis sur l'autoroute, en route pour Paris, et j'entends à la radio : dans une demi-heure, conférence de presse de M. Alvès, co-président de Bygmalion, avec Mᵉ Maisonneuve. Les deux vont dire : Bygmalion n'a pas détourné d'argent, etc. Mais ce n'est pas coordonné du tout. Du coup, quand j'arrive à 19 heures, j'ai encore moins de raisons de jouer au con, de dire : mais non... Ça, je l'ai fait des dizaines de fois, pour des raisons différentes ! On est payé pour faire ça, quand on est directeur de cabinet !

« Cinq minutes avant d'entrer sur le plateau, je sais que c'est peut-être ma dernière apparition publique. Arrivé à BFM, je suis d'abord dans le petit salon d'attente. Sur le plateau, il y a Lellouche, qui n'est quand même pas un parangon de vertu ! Et qui commence à dire : "Mon honneur est atteint, on a déclaré que j'avais animé une convention fictive", etc. Et voilà qu'arrive Jean-Marie Le Pen, qui, lui, passait après moi. J'entre enfin sur le plateau, Ruth Elkrief commence à m'interroger. J'explique qu'il a fallu faire rentrer les factures dans les clous, qu'il a fallu faire payer par l'UMP les dépassements de campagne.

« J'étais déterminé à le dire depuis la veille au soir. La gorge nouée, l'émotion et les larmes, c'est parce que je suis fatigué. J'ai fait la campagne européenne tout seul, avec quelques militants, sans compter ces années de folie depuis 2012 à l'UMP. Et puis j'ai cette pression, car je sais que ça se rapproche de plus en plus, que le scandale va éclater…

« À ce moment-là, au fur et à mesure où je dis les choses sur le plateau, j'ai l'impression de me regarder. Je ne me dis pas : c'est la fin de ma vie, mais, plutôt, c'est la fin de ma vie actuelle. Et au fur et à mesure, je m'aperçois qu'il n'y a pas de point de retour. Oui, j'ai atteint le point de non-retour. Mais j'ai la certitude que ce que je dis est vrai, même si personne ne le croit. Je sors du plateau, un ami m'envoie un SMS et me dit : "Tu vas avoir besoin d'un avocat, va chez Me Jean-Yves Le Borgne, il est prêt à te recevoir."

« Mais, entre-temps, des dizaines de caméras

m'attendent. Ruth Elkrief a été super : moi, je suis effondré, et elle me dit qu'il y a un problème, il y a une horde de journalistes qui attend. Je lui dis : "Mais je ne peux pas…" Et ma bagnole est garée juste devant en plus ! Donc j'ai donné mes clefs à la stagiaire de Ruth Elkrief, qui est allée chercher la voiture, la mettre au parking souterrain, d'où je suis sorti sans que les journalistes me voient… Puis j'arrive boulevard Saint-Germain, je vois en urgence Me Le Borgne, Me Saint-Palais et son associée. Ils me rassurent, mais je n'y crois pas. Ils me disent, parce que c'est le calme des vieilles troupes : "Allez vous reposer, pas de panique, on est partis pour des années de procédure."

« Et là, je repars pour Saint-Quentin, sauf que, là où je mets une heure et demie normalement, j'ai mis presque quatre heures ! Parce que j'ai dû faire du 80 km/h au lieu de 130. J'ai pleuré tout le long de la route, mon téléphone sonnait sans arrêt, sans arrêt, je n'ai répondu à personne. Je n'ai pas culpabilisé par rapport à l'UMP, qui allait elle-même toute seule dans le mur. L'UMP, je n'en ai plus rien à foutre à ce moment-là, justement parce qu'ils m'ont fait faire des choses que j'étais en train de payer. Non, c'est plutôt la culpabilité d'entraîner des gens qui n'ont rien à voir avec ça…

« Une semaine après ça, on a quand même annoncé des descentes des services vétérinaires, de la lutte anti-fraude, dans les restaurants de Saint-Quentin. Dans *L'Aisne nouvelle*, ils précisaient que ça concernerait Le Boudoir, dont la cheffe de cuisine, précisait l'article, "est la sœur de Jérôme Lavrilleux"… Ils annonçaient des perquisitions. Mais personne n'est jamais venu.

C'était purement gratuit. J'ai senti de la haine politique, chacun a prononcé sa peine, sans enquêter. Et là, vous voyez la couardise, la veulerie de personnes qui auparavant se roulaient devant votre bureau pour obtenir telle ou telle chose. Je sais qu'on me reproche d'avoir brisé l'omerta, parce qu'ils sont si peu habitués à assumer les conséquences de leurs actes, les politiques. Pour eux, il fallait payer, et cher.

« La politique, c'est une force centrifuge : si vous êtes au centre, vous ne la ressentez pas, mais si vous vous en écartez un peu, on essaie de vous éjecter. Et là, j'ai senti que ceux qui étaient responsables se sentaient capables de sauver leurs fesses sans rien assumer.

« Arrivé chez moi, j'ai fait ce que je n'aurais pas dû faire, à savoir allumer les chaînes d'info. Il était aux alentours de minuit, et je tombe sur BFM, vous savez, les éditorialistes, ces mecs qui tous les jours donnent leur avis sur un sujet différent, que ce soit sur Zidane, une bimbo qui a essayé de poignarder son mec ou sur moi...

« Et il y en a un, qui est toujours sur cette chaîne, qui dit : "Une chose est sûre, c'est que, ce soir, il y aura eu un mort." Le présentateur dit : "Oui, enfin, façon de parler." L'autre reprend : "Oui, oui, façon de parler... Quoique..." Ça, je l'ai dans la tête. Et là... En plus, je reçois un SMS d'un député, un "ami", que j'ai beaucoup aidé pour sa carrière, je ne donnerai pas son nom, et qui me dit : "Des journalistes m'interrogent pour savoir si c'est vrai que tu couches avec Bastien Millot, que dois-je leur répondre ?" Alors qu'en plus il sait quoi leur répondre, à savoir la vérité...

« Là, je me dis, non, c'est pas vrai... mes parents, tout ça... C'est n'importe quoi.

« Comme j'ai une grande grange, je me dis, moi, j'arrête, j'en peux plus. Donc là, je vais dans la grange, je prends une corde, je la lance et la passe autour d'une poutre. Voilà, pour moi, c'est fini, je n'ai plus qu'à me passer la corde au cou... »

Apocalypse

Les années Fillon

« *Sometimes, the dark side overcomes...* »
(Parfois, les ténèbres l'emportent...)

Apocalypse Now,
Francis Ford Coppola, 1979

À la mémoire d'Anna Politkovskaïa, Daphne Caruana Galizia, Jàn Kuciak, Nevith Condés Jaramillo, Jamal Khashoggi et ces dizaines de journalistes assassinés ; ils sont morts pour la vérité, au nom de nos libertés. On sait ce qu'on leur doit, et la chance qui est la nôtre.

Préface

Il fallait au moins ça. Oui, un second tome était nécessaire pour cette « fresque » destinée à révéler les dessous de l'implosion de la droite française, sur fond d'affaires judiciaires.

L'acte I de cette tragédie politique, intitulé *La Haine* et sous-titré *Les années Sarko*, portait sur la période 2007-2014. Il exhumait les secrets d'une période sanglante : la « cohabitation » Sarkozy-Fillon au sommet de l'État entre 2007 et 2012, l'affrontement Copé-Fillon pour la conquête de l'UMP fin 2012, le déclenchement de l'affaire Bygmalion début 2014… Sept ans de malheur.

Sept ans de haine, surtout.

Le second acte de ce récit s'articule autour de la personnalité de François Fillon, l'homme qui devait laver l'honneur de la droite et qui l'a conduite dans l'abîme. Le fruit d'une longue enquête de terrain.

Penelope et François, leurs manies, bonheurs et vilenies, accumulés depuis 1981 et narrés par des témoins de tout ordre, les proches comme les ennemis. Nous avons en effet choisi de mettre en scène, au cœur de cet ouvrage, l'association à but très lucratif « Penelope et François Fillon », à Paris et dans la Sarthe. Ou comment « utiliser » son épouse, parfaitement consentante, afin de renflouer les finances du couple. Illégalement ? Le tribunal correctionnel de Paris, appelé à juger cette affaire du 24 février au 11 mars 2020, le dira.

En tout cas, les comptes des policiers sont précis : depuis 1981, c'est une somme de 1 306 400 euros que le couple aurait détournée à son profit.

François Fillon, présumé innocent, nie tout acte délictueux et invoque par ailleurs la séparation des pouvoirs, estimant par principe ne pas avoir de comptes à rendre à la justice quant à l'utilisation des fonds parlementaires. Mais tout dans son histoire personnelle – cachée à ses proches amis – montre le goût de l'argent et des belles choses, de la première embauche secrète de sa femme en 1981 à l'affaire des costumes dont nous dévoilons la genèse.

Cette chronique des « années Fillon » s'appuie sur des déclarations exclusives – et aucune citation anonyme, bien entendu –, nombre de documents confidentiels et autres révélations étonnantes. Ils ponctuent cette histoire hors norme, celle d'un sabordage sidérant, dont le score catastrophique de la liste LR lors des élections européennes du 26 mai 2019 (8,48 % des voix !) est l'aboutissement logique.

Nous avons reconstitué les dialogues, scènes et anecdotes au plus près, recoupé tout ce qui pouvait l'être. Nous avons aussi gardé par-devers nous certaines informations que nous n'avons pu suffisamment étayer.

À elles seules, les vicissitudes du couple Fillon offrent un saisissant raccourci des égarements de la droite et de ses leaders au cours de la dernière décennie. Au fond, et c'est pour cette raison qu'ils structurent notre récit, les trois « péchés capitaux » – l'envie, l'avarice et l'orgueil – imputés à l'ancien Premier ministre, catholique fervent, contiennent une dimension parabolique. L'affaire Fillon aura été à la fois un concentré et un précipité – dans tous les sens du terme – des dérives d'une famille dont les chefs historiques sont tous passés à la trappe. Exeunt Juppé, Sarkozy, Fillon – il s'agit d'ailleurs des seules personnalités n'ayant pas souhaité répondre à nos sollicitations dans le cadre de cet ouvrage...

Fille naturelle de la Ve République, la droite française s'est donc consciencieusement autodétruite. L'élection à la tête des Républicains du terne Christian Jacob dès le premier tour, en octobre 2019 ? Un signe de plus du déclassement de ce courant politique orphelin de ses leaders – même si les politiciens ont l'art de ressusciter. Car ce ne sont pas les élections municipales de mars 2020, traditionnellement favorables aux élus sortants, et la droite en compte encore quelques-uns (12 597 conseillers municipaux estampillés LR), qui risquent de modifier radicalement l'horizon politique.

D'autant que s'annoncent les grands procès. Le dossier Fillon, d'abord, puis, très vite, les scandales Azibert (l'affaire dite des « écoutes ») et Bygmalion, visant cette fois Nicolas Sarkozy, l'autre damné de cette effarante épopée digne de l'œuvre de Joseph Conrad *Au cœur des ténèbres*.

C'est la fin d'une époque de fureur, de napalm et de sang. Apocalypse Now.

I

L'ENVIE

CHAPITRE 1

« Je t'en supplie, reste »

Vendredi 3 mars 2017, 8 h 28.

SMS de François Fillon à Thierry Solère, porte-parole de sa campagne présidentielle.

« Thierry.

Tiens jusqu'à dimanche.

Je te le demande comme un service personnel et j'en tirerai toutes les conséquences.

La solution Juppé ne fonctionnera pas et le rassemblement de dimanche sera un événement populaire de soutien sans la moindre connotation anti-justice.

Tu n'as pas fait tout cela pour rien !

Amitiés.

François »

Ce matin-là, quand il expédie son texto, Fillon est déjà un « ex-futur » président de la République. Autour de lui, le vide. Bruno Le Maire est parti, son directeur de campagne aussi, Sarkozy et Juppé jouent à cache-cache… Les juges viennent de le convoquer en vue d'une mise en examen. Il lui reste pour seule perspective, le dimanche à venir, un ultime rassemblement populaire, place du Trocadéro, pour défier la justice et prouver qu'il reste debout, stoïque dans la tempête.

À 12 h 13 ce vendredi, Thierry Solère officialise sa défection, sur Twitter.

« J'ai des appels pathétiques ensuite de Fillon, quand je dis que je vais partir », confie Solère, qui a depuis rallié La République en marche. Mais sa décision est irrévocable, il l'explique au candidat de la droite : « Au-delà de mon choix, tu ne peux pas me garder comme porte-parole, alors que j'ai dit les mêmes conneries que toi. »

Les mêmes « conneries » ? Cet engagement public de se retirer en cas de mise en examen, par exemple. Cette certitude affichée avec morgue : le scandale des rémunérations de complaisance dont aurait bénéficié sa femme ne serait qu'un ballon de baudruche, une fausse affaire montée de toutes pièces. Autant de messages assénés sur toutes les antennes, depuis de longues journées.

Et ça, Solère n'en peut plus.

Fillon laisse des messages, encore et encore, lui si lointain ces derniers mois. « Il me dit, se souvient Solère : "Ne me lâche pas maintenant, je t'en supplie, je t'en supplie…" C'est dur. Ça ne me fait pas rire. La seule chose à faire, c'était de dire : "Je stoppe ma campagne, *game over*". Moi, j'étais sur le point d'arrêter la politique. » Les deux hommes se parlent, une dernière fois, au téléphone. Fillon revient encore à la charge : « Thierry, je t'en supplie, reste, je vais gagner, et j'en tirerai les conséquences pour le reste de ta carrière. » Le débonnaire député des Hauts-de-Seine s'emporte à ce souvenir : « Le pire de ce qu'il pouvait dire. Je ne fais pas tout ça pour être secrétaire d'État délégué… » Il largue définitivement les amarres. Comme tous les autres, ou presque.

Fillon a toujours été envieux des triomphes présidentiels de Chirac, Sarkozy ou Hollande, trois hommes à qui il s'est continuellement jugé supérieur. À en croire un vieux proverbe allemand, l'envie est un scorpion qui se pique lui-même. Mais le venin fait parfois d'autres victimes. Car Fillon n'a pas seulement creusé sa propre tombe, c'est toute sa famille politique qu'il a durablement enterrée.

L'apocalypse est le fruit d'un long processus.

Le déjanté Jack Kerouac l'a si bien décrit, dans son roman culte *Sur la route* : « Puis vient le jour des révélations de l'Apocalypse, où l'on comprend qu'on est maudit, et misérable, et aveugle, et nu et alors, fantôme funeste et dolent, il ne reste qu'à traverser les cauchemars de cette vie en claquant des dents. »

Maudit, misérable, aveugle et nu, Fillon l'est, en ce début d'année 2017. Il va bientôt devenir un fantôme politique. Traînant son boulet.

Le même destin, en bien pire, que Nicolas Sarkozy ou Jean-François Copé, si proprement assassinés, avec son active participation.

Trois ans auparavant.

CHAPITRE 2

« Il fera beau demain »

Vous souvenez-vous du Professeur ?

Jérôme Lavrilleux, notre guide, dans le premier opus de cette saga. Nous l'avions surnommé ainsi, pour son expertise en art et traquenards de la politique.

Revenons au 26 mai 2014, là où nous l'avions laissé. Il est au plus mal.

L'affaire Bygmalion aurait pu faire une première victime. Une vraie. De chair et de sang.

Nous avions en effet quitté l'ex-directeur adjoint de la campagne présidentielle de Nicolas Sarkozy en 2012 au bord de l'irréversible. Dévasté, après ses aveux spectaculaires sur BFM-TV. Face à la journaliste Ruth Elkrief, il a révélé les graves malversations commises au cours de la campagne, avant de se réfugier le soir même en catastrophe chez lui, à Wiancourt, un hameau dans l'Aisne. Et voici son cerveau, pourtant si bien ordonné, soudain envahi d'un terrifiant vertige, d'idées sombres, de solutions radicales.

Cinq ans après, il raconte. À contrecœur, parce qu'il lui en coûte. Il en souffre encore. Curieuse ambivalence chez cet homme, force et faiblesse combinées.

Il faut l'écouter, sans l'interrompre.

« Comme j'ai une grande grange, je me dis : "J'arrête, j'en peux plus." Donc, je vais dans la grange, je prends une corde, je la lance et la passe autour d'une poutre.

Voilà, pour moi, c'est fini, je n'ai plus qu'à me passer la corde au cou... La chaise était là, il suffisait de monter dessus, le nœud était fait.

« Je reçois un SMS d'un député, un "ami", que j'ai beaucoup aidé pour sa carrière, et qui me dit : "Des journalistes m'interrogent pour savoir si c'est vrai que tu couches avec Bastien Millot [cofondateur de la société Bygmalion, au cœur de l'affaire éponyme], que dois-je leur répondre ?" Alors qu'en plus il sait quoi leur répondre, à savoir la vérité, c'est-à-dire : Non ! Là, je me dis, c'est pas vrai, mes parents, tout ça, c'est n'importe quoi...

« Donc je mets la corde.

« Et mon téléphone vibre. Je reçois un SMS, puis un deuxième. Le premier est de la journaliste Ruth Elkrief, qui me dit : "Jérôme, ça doit être très dur, mais il fera beau demain." Et le second, c'est un journaliste de l'AFP, que j'avais connu à l'Assemblée, et qui me dit : "Je ne rentre pas dans cette affaire-là, mais tiens bon"... Et à ce moment-là... Il fera beau demain... [Sa voix s'étrangle, il a les larmes aux yeux.] Cette phrase, je crois que toute ma vie, je ne... Et je laisse la corde sur la poutre.

« Ça s'est joué à pas grand-chose.

« Le lendemain, mardi 27 mai, je suis bloqué chez moi, je n'en peux plus, mes parents, qui habitent à 10 kilomètres de là, sont assaillis, une journaliste brandit un micro sous le nez de mon père : "Alors, ça fait quoi d'être le père d'un voyou ?" Saint-Quentin c'est une petite ville, j'ai été dix ans directeur de cabinet, dix ans au conseil général, ma sœur tient un restaurant... Bref, je suis en train de tuer toute ma famille.

« Durant cette période, j'ai reçu des lettres anonymes disant que j'étais un salopard, des mails, des tweets... J'ai d'ailleurs arrêté mon compte Twitter le 25 mai ! Twitter, c'est la lettre anonyme qui dénonce le juif pour récupérer l'appartement au-dessus. »

Lavrilleux a survécu. Sans le savoir, deux journalistes ont joué les sauveurs. Comme quoi...

La lessiveuse médiatique l'a pourtant rincé, meurtri. Il en veut à quelques-uns. Dont certains chroniqueurs politiques, qui l'ont tant sollicité, durant ses heures de gloire. « Il y a des gens très bien, dit-il, mais deux ou trois qui ont abdiqué toute forme de colonne vertébrale. Je n'aime pas les éditorialistes politiques, qui passent leur temps dans une espèce de connivence. De fausse proximité avec les élus. Ils font de la lèche, puis les lâchent et enfin les lynchent. Les trois L. Est-ce qu'ils pensent aux jeunes journalistes qu'ils étaient ? »

Il est passé à autre chose, loin de cet univers dont il dit que la vanité et la superficialité lui sautent aux yeux maintenant qu'il l'a délaissé. Tout juste a-t-il déjeuné, en octobre 2019, avec Ruth Elkrief. Un lien étrange les unit, désormais.

Il ne peut plus être le Professeur, le décideur de l'ombre, le marionnettiste. Le régisseur occulte de la salle des Quatre-Colonnes, à l'Assemblée nationale, où les journalistes, bloqués par un cordon rouge, tentent d'obtenir les phrases prémâchées des quelques députés qui passent, en mal de reconnaissance médiatique. Un ballet un peu trop bien réglé.

Il n'a plus besoin de courtisans. Qui ne se pressent plus auprès de lui, de toute façon. Renvoyé devant le tribunal, ex-député européen (il a quitté le Parlement de Strasbourg en juillet 2019), il gère désormais des gîtes dans le Périgord, et analyse pour son propre compte la situation politique, parce que ça reste la passion de sa vie. Scrute le destin « en marche » de Xavier Bertrand, son vieux complice et rival de Saint-Quentin. Attend le procès Bygmalion, où Sarkozy sera suspendu à ses lèvres.

Lavrilleux peut « tuer » Sarkozy, ils le savent tous les deux. Il suffirait que l'ancien numéro 2 de sa campagne

présidentielle dise que l'ex-président a eu connaissance du
système délictueux mis en place pour couvrir les dépenses
inconsidérées de celle-ci. Mais Lavrilleux n'est pas fait de
ce bois. C'est une poutre en chêne massif, de celles qui
résistent au temps, aux mauvais traitements, de celles qu'il
a installées lui-même dans ses gîtes périgourdins.

Sait-on jamais ? Les tribunaux, quels qu'ils soient,
dégagent leur propre vérité.

Jean-François Copé en sait quelque chose.

Il a vécu, lui aussi, un procès. D'un autre genre.

CHAPITRE 3

Le tribunal des tartuffes

Ils sont tous là, au siège de l'UMP, attirés par l'odeur du festin, mardi 27 mai 2014. Les caciques du parti ont identifié une proie facile.

Le gibier ? Un drôle d'animal nommé Copé.

Le voici donc au « tribunal ». C'est ce mot que Jean-François Copé emploie spontanément à l'évocation de cette matinée et de son dramatique « BP », le bureau politique au cours duquel les cadors de l'UMP décidèrent de décapiter leur patron.

Copé et son profil de coupable, victime expiatoire d'un énième scandale politico-financier, l'un de ceux dont la droite raffole tant. Copé l'infatué, projeté dans l'œil d'un cyclone nommé Bygmalion, parce qu'il fallait bien en sacrifier un, et qu'il a tellement la gueule de l'emploi...

La veille, 26 mai 2014, les déclarations de Me Patrick Maisonneuve, l'avocat de la société d'événementiel, suivies des aveux retentissants de Jérôme Lavrilleux sur BFM-TV, ont fait passer l'affaire dans une nouvelle dimension. Il n'y a désormais plus de doute : l'UMP a couvert de manière parfaitement illégale les dérapages financiers ahurissants de la campagne présidentielle malheureuse de Nicolas Sarkozy, en réglant à Bygmalion, via des factures trafiquées, des prestations fournies en réalité au candidat de la droite. L'addition est lourde – l'enquête évaluera les dépassements illicites à plus de...

20 millions d'euros, soit près de deux fois le montant autorisé (22,5 millions) !

Quelqu'un doit régler la note.

Jean-François Copé, qui avait, en novembre 2012, raflé l'UMP dans des conditions surréalistes à son rival et ennemi François Fillon, est sur la sellette. La situation du mal-aimé de la droite française est même intenable : celui qui s'est toujours cru « l'élu » va devenir le banni. Le bagnard de la droite.

Certes, le 27 mai, en pénétrant dans la salle de l'Assemblée nationale où les hiérarques de l'UMP ont invité, ou plutôt convoqué, leur chef, Jean-François Copé se doute qu'il va passer un très mauvais moment. Mais à ce point-là…

À peine assis, Copé, le teint blême, le regard grave, comprend qu'il n'est pas venu présider une réunion politique, mais assister à un procès.

Le sien.

« Le jour du tribunal, relate Copé, c'était un phénomène de meute. J'y avais été sans avoir l'idée de démissionner, j'avais l'intention de me battre et de voir ce qui allait se passer. C'est très intéressant du point de vue psychanalytique. En fait, j'ai utilisé la technique du dédoublement, je me suis regardé voir la scène. C'était mécanique. Trop dur… Je fais d'abord le rapport précis démontrant pourquoi il était impossible que j'aie su quoi que ce soit, que jamais je n'avais été informé du système de fausses factures mis en place. »

Saisi par les policiers chargés de l'affaire – improprement baptisée Bygmalion, puisqu'il s'agit en réalité du financement occulte de la campagne 2012 de Sarkozy –, le texte de l'intervention de Copé révèle un homme combatif, protestant fermement de son innocence, répondant point par point aux soupçons relayés par la presse. Évoquant les révélations intervenues les jours précédents, notamment les « confessions télévisées » de son bras droit Jérôme Lavrilleux, Copé les qualifie de « sidérantes » et affirme qu'elles constituent pour lui « un choc considérable ». « À aucun moment, martèle-t-il devant une assemblée dubitative, je n'avais été informé d'irrégularités dans les dépenses et les procédures de l'UMP. Dans le cas contraire, je l'aurais évidemment interdit ou dénoncé à la justice. J'estime qu'à aucun moment, dans mes fonctions de secrétaire général puis de président de l'UMP, je n'avais les moyens de déceler de telles opérations. »

Copé conclut son intervention en indiquant qu'il n'a pas l'intention de démissionner, en tout cas pour l'instant.

C'est à peine si on l'écoute.

À quoi bon plaider puisque le jugement a déjà été rendu : ce sera la mort... politique.

Dans la salle, l'ambiance est polaire. Les « jurés » n'ont pas eu besoin de délibérer pour livrer leur verdict.

« En face de moi débute la litanie, reprend Copé. NKM veut commencer la première, car elle a besoin d'exorciser sa défaite à Paris, ce qu'elle n'a jamais supporté. Elle s'est foutu dans la tête que je l'avais fait perdre. Son échec à la mairie de Paris, elle n'a jamais pu l'assumer elle-même, donc elle considérait que ça ne venait que des autres, alors qu'elle a fait une campagne absolument catastrophique, c'est-à-dire trop à gauche pour les gens de droite et trop à droite pour les gens de gauche. Donc elle s'est fait un film. Et du coup elle se venge, et démarre fort. »

La voix ferme, Nathalie Kosciusko-Morizet, battue à Paris par la socialiste Anne Hidalgo deux mois auparavant, plante la première banderille : « Cette affaire, quoi que tu dises, c'est pas la campagne présidentielle, c'est toi et tes amis de Bygmalion, tu n'es pas complice, tu es coupable. »

Vient le tour de François Fillon. Le regard sévère, l'ex-Premier ministre, qui a juré la perte de Copé depuis sa défaite pour la conquête du parti en novembre 2012, goûte sa revanche. Avant d'entrer dans la salle, il a habile-ment adressé aux agences de presse un communiqué. Sans ambiguïté, il contient des extraits du texte qu'il va lire à Copé durant le bureau politique : « Ta responsabilité est de te mettre en réserve pendant la durée de l'enquête et de laisser une véritable direction collégiale conduire l'UMP jusqu'à un congrès extraordinaire refondateur qui permet-tra aux militants de choisir une nouvelle direction et de débattre sereinement de notre ligne politique. »

Commentaire amer de Copé, *a posteriori* : « Fillon prend la parole et, la main sur le cœur, dit : "Mon éthique, ma conception de l'honneur, mon sens de la morale, font que je ne peux pas rester dans un parti où des choses aussi graves se passent, si tu ne pars pas, je partirai..." Rétrospectivement, on se bidonne, c'est quand même à mourir de rire ! »

Impitoyable, Fillon conclut sa déclaration par cette for-mule cinglante : « C'est intolérable, tu dois partir. » La sentence laisse Copé groggy. Il dit aujourd'hui, écœuré : « Et dix jours après, Fillon va bouffer avec Jouyet pour "finir" Sarkozy... »

Au tour de François Baroin de prendre la parole, d'une voix plus grave que jamais. L'avocat qu'il est se mue en procureur, dont le réquisitoire est impitoyable. Copé décrypte : « Baroin, il se dit depuis très long-temps : "Il faut absolument que je flingue Copé, c'est mon adversaire absolu." Lui, il ne veut jamais se donner de mal, mais il se dit : "Si je peux être Premier ministre, c'est bien, comme j'aime pas m'emmerder, travailler, tout ça..." Et là, il voit le moment. »

Xavier Bertrand n'est pas en reste : « Ta gestion du parti est inacceptable, tu dois partir », lance-t-il à son tour au président en sursis de l'UMP. Bruno Le Maire est sur la même ligne. « Le Maire, s'indigne Copé, comme il n'a pas réussi à incarner quelque chose, il m'a "frappé" le 27 mai en se disant : "J'ai une occasion unique de prendre la place de Jean-François…" »

Laurent Wauquiez, futur – et éphémère – patron des Républicains, se joint au cortège funèbre. C'est le bal des tartuffes. « Il y a eu des moments d'anthologie, sourit Copé, avec, à la manœuvre, je le vois très vite, Wauquiez. Il a été très présent dans les jours qui ont précédé, il avait même fait une interview juste avant d'entrer dans la salle, disant à la fois que j'étais coupable et que je devais partir. Puis il cogne massivement, avec des termes très brutaux, très directs, très moralisateurs. La même rengaine que tout le monde : au nom de la morale, etc. C'était intéressant d'un point de vue presque anthropologique de voir comment se déclenchait progressivement ce phénomène de haine collective, où un certain nombre de gens avaient un tel intérêt objectif à se venger du fait que je les avais soit mis en difficulté, soit battus, ou qu'eux-mêmes exorcisaient leurs propres faiblesses, c'était la logique du bouc émissaire, avec un auto-entraînement. »

Saoulé de coups, l'« accusé » Copé trouve tout de même un peu de réconfort auprès de Renaud Muselier et Claude Goasguen, parmi les rares, avec Nadine Morano, à ne pas prendre part au lynchage. « Muselier et Goasguen ont été extraordinaires, glisse-t-il simplement, toujours ému à l'évocation de ces heures terribles, les pires de sa vie politique. Quelques-uns vont quand même dans l'autre sens, notamment mes amis, Bernard Deflesselles, Michèle Tabarot bien sûr, et aussi Guillaume Peltier, dit-il encore. Les copéistes ont assez bien tenu, résume-t-il. Ils ont dit : "Vous êtes cons, il veut être président de la République, pourquoi voulez-vous qu'il se fourvoie dans des bêtises pareilles ?" »

Mais la grande majorité de l'Assemblée penche en faveur de l'« exécution ». Les pseudo-liens d'amitié ont volé en éclats.

CHAPITRE 4

La curée

Au « BP », l'atmosphère est franchement irrespirable.

Même les supposés « amis » y vont de leur sentence.

On voit bien que ça ne l'amuse pas, Christian Jacob, mais il se lance, lui aussi. Visiblement empêtré dans ses sentiments. « Jacob, depuis quinze ans, ne manquait pas une seule manifestation familiale, soupire Copé. Il faudra bien qu'on se rabiboche, mais ce ne sera plus pareil. J'ai fait un travail de résilience, il faut accepter le truc, sinon vous êtes mort... » Ils se sont rapprochés, depuis, mais sans illusions ; Jacob, cinq ans après sa diatribe au bureau politique, a pris la lointaine succession de Copé à la tête de l'ex-grand parti gaulliste, devenu une formation marginale.

Même le modéré Alain Juppé se joint à l'hallali. « Juppé prend la parole deux fois pour que je quitte mes fonctions, se souvient Copé. Finalement, il est celui qui fait basculer les choses et qui commet une vraie erreur tactique. Quand il me dit : "Tu dois partir tout de suite", je l'ai regardé en me disant : "Décidément, ce pauvre Juppé, il ne comprendra jamais rien à rien..." »

Copé et Juppé s'étaient parlé, quelques heures avant le « tribunal ».

— Juppé : Si tu es solide, je peux organiser une transition pour aménager la curée. Je ne peux pas te soutenir, tu as tout le monde contre toi.

— Copé : Qui ? Tu peux me donner deux ou trois noms ?

— Juppé : J'ai eu Baroin tout à l'heure qui m'a dit qu'il ne voulait plus de toi.

Autour de la table, seul le bras droit de Nicolas Sarkozy, Brice Hortefeux, reste mutique. Un silence très… éloquent, pour Jean-François Copé. La preuve que l'ancien président de la République lui-même l'a lâché : « Un seul ne prend pas la parole, confirme Copé, alors qu'il pouvait la prendre pour me défendre, c'est Brice Hortefeux. CQFD. Donc, ce jour-là, le décor est dressé. J'ai compris qu'il y avait un alignement d'intérêts entre des écuries différentes, j'apparaissais pour chacun d'entre eux comme le coupable idéal, l'alibi parfait. »

Si Fillon a donné le ton dès le début de la séance, il fait aussi tonner sa troupe, à l'image du toujours zélé député des Alpes-Maritimes, Éric Ciotti.

« Ciotti, très filloniste à l'époque, est aussi à la manœuvre, approuve Copé. Mais il porte toujours la poisse, c'est connu dans le milieu politique ! Ne jamais être soutenu par Éric Ciotti ! Il a soutenu Sarkozy, puis Fillon, et ensuite Wauquiez ! » À cette aune, François Baroin, dont Ciotti pousse la candidature pour représenter Les Républicains en 2022, peut s'inquiéter…

S'il nourrissait encore en pénétrant dans la salle l'espoir de convaincre ses collègues et donc de sauver son poste, Jean-François Copé a rapidement déchanté. « J'ai compris durant cette réunion qu'il fallait que je parte, lâche-t-il. Fillon voulait régler ses comptes et avait donc réuni son petit groupe la veille. Les sarkozystes n'ont pratiquement pas bougé parce que je pense qu'ils se disaient : "Pendant que c'est Copé, on n'accuse pas Sarkozy." Et Juppé, dont la finesse politique est légendaire – je dis ça avec ironie –, n'a pas vu, alors que c'était le moins hostile, qu'à partir du moment où je quittais mes fonctions, Sarkozy reprendrait le parti. Fillon était aveuglé par la haine et ne voyait pas que si je partais, c'était Sarkozy, et donc beaucoup plus compliqué pour lui, et quant à Juppé, il le faisait parce qu'il avait été chauffé par un grand stratège politique qui s'appelle Édouard Philippe ! J'aime beaucoup Alain Juppé, mais ça n'a jamais été un tacticien hors pair, ou alors j'ai manqué un épisode... »

À l'issue de cette éprouvante séance, Jean-François Copé se rend à l'évidence : il doit jeter l'éponge. Contraint de capituler sans condition, il annonce au bureau politique sa décision de quitter ses fonctions dès le 15 juin 2014. Le voilà brutalement écarté, comme frappé d'apostasie. Copé est excommunié de la chapelle LR, déjà sérieusement lézardée par les querelles internes.

« Moi, contrairement à Fillon en 2017, je n'ai pas pris en otage ma famille politique, et je n'ai pas fait comme Wauquiez juste après les élections européennes disant : "Je n'ai pas perdu, c'est la faute de Macron", moi, j'ai démissionné immédiatement, je me suis sacrifié, cingle aujourd'hui Copé. Les fillonistes ont dit "on l'a démissionné", pfff, ils ne m'ont rien démissionné du tout ! C'est moi, voyant la tournure de ce bureau politique ignoble, qui ai pris cette décision. Il n'était pas question de bloquer ma famille politique durant des mois, pendant que les magistrats enquêtaient. À l'inverse de Fillon qui nous a pris en otage en 2017 et qui nous a envoyés dans la falaise d'Étretat en direct ! »

En sortant du « tribunal », le condamné Copé rejoint ses soutiens dans une salle attenante. Certains d'entre eux sont en larmes. « Ils pleuraient, confirme Copé. Tout le monde savait que je n'y étais pour rien. »

Le fidèle Lavrilleux, lui, se tient loin de tout cela.

« J'étais dans une espèce de trou noir, se remémore-t-il. Mais je savais que le but du bureau politique était d'assassiner Jean-François Copé. À ce moment-là, j'ai peu de contacts avec Copé, d'autant que lui est plus lucide que moi et sait qu'on est sur écoute. Je suis radioactif...

D'ailleurs, je découvrirai plus tard à la lecture des procès-verbaux que j'étais bien sur écoute, dans le cadre de l'enquête préliminaire Bygmalion... Il n'y avait rien d'intéressant dans ces écoutes, je ne dis rien par téléphone en général. Par prudence, je ne jette même pas mes papiers dans la poubelle ! De toute façon, la seule chose que j'aurais pu raconter, c'est la vérité, je n'avais rien à craindre. »

Au revoir Copé, donc. Ou plutôt adieu. Un nouveau congrès est prévu le 12 octobre 2014 afin de procéder à son remplacement. En attendant, une direction collégiale transitoire va être mise en place. Elle sera composée de trois anciens Premiers ministres : Jean-Pierre Raffarin, François Fillon et Alain Juppé. Ce dernier fait connaître son souhait que « le candidat à la présidence s'engage à ne pas être candidat aux primaires », en vue de la présidentielle de 2017, il écarte d'ailleurs l'idée de diriger le parti lui-même.

« Ce qui m'a permis de dormir, à peu près, c'est qu'au fond de moi je savais que j'étais innocent, conclut Copé. J'avais deux sujets : est-ce que j'avais envie de revenir ou pas en politique ? Et si je décidais de revenir, je savais que je ne pourrais le faire que totalement innocenté par la justice. Seule la justice pouvait me sortir de là... »

La justice, et pas la presse, surtout pas. À l'époque, Jean-François Copé est présenté dans les médias comme le personnage le plus arrogant de la vie politique française, et accessoirement comme le fossoyeur de l'UMP. « Selon moi, les journalistes, ils ont eu envie de voir ce que ça fait un mec qui tombe, ils m'ont fracassé. Sur la base d'un agrégat de soupçons mélangés, mais les médias ont "acheté", sans aucune espèce de regard critique. Or, ce qui était scandaleux dans l'histoire, c'est qu'il n'y avait aucune preuve matérielle, il y avait simplement délit de sale gueule. Parce que c'était forcément moi. Ça ne pouvait être que moi. Tant la haine des fillonistes que j'avais battus en 2012 était forte. Ils ne pouvaient pas supporter. »

À compter de ce printemps 2014, le maire de Meaux va entamer une très longue traversée du désert, dont il n'est finalement jamais sorti, près de six ans après son « exécution »...

« Ils m'ont tous laissé pour mort, en 2014 », constate-t-il, clinique. En repensant à cette période, il dit encore : « C'est quand même des trucs de dingue, les enfants, les parents, je ne vous raconte pas... Mon fils, qui passait le bac au même moment, et qui m'envoie un texto : "Papa, tu es le meilleur." Il m'a appelé au téléphone, j'avais une toute petite voix, il pensait que j'allais me jeter dans la Seine... En fait, mes enfants ont vraiment craint que je me foute en l'air. Mais je ne suis pas du tout suicidaire, je n'y ai pas pensé une seconde. Sans compter ma mère hospitalisée en urgence en cardio, le jour même du bureau politique, et ma fille qui se casse la gueule et va aux urgences la même journée... C'était un truc de fou. »

« Ma résilience ? Je ne fais pas ça pour eux. Je sais à qui j'ai affaire. Mais je ne leur en veux pas. Je les ai tous revus, dit-il. Un jour, une femme a sauvé ma famille dans une rafle. Je vis avec ça. Mon père, toute notre enfance, nous a raconté ça. Je consacre ma vie à me préparer. De manière très sérieuse. Ce truc m'est tombé dessus alors que j'avais un parcours cohérent. » Pour traverser cette sombre période, Copé savait pouvoir compter sur le soutien de son épouse Nadia, elle-même... psychologue. « Elle m'a appris les vertus du lâcher-prise », sourit Copé. Nadia Copé sera bientôt éclaboussée par la *vendetta* menée par les fillonistes contre son époux...

Le 15 juin 2014, Copé laisse donc les clés de la maison UMP au triumvirat. Lui qui s'est toujours cru un destin présidentiel doit ravaler ses ambitions. Dans une ambiance crépusculaire, ses collaborateurs lui offrent l'affiche du film *Le Retour de Zorro*.

On ne sait jamais.

CHAPITRE 5

Complot de famille

Fin mai 2014.

La troïka composée de trois anciens Premiers ministres – Fillon, Juppé, Raffarin – se trouve face à 96 millions d'euros de dettes, et une montagne d'ennuis à venir.

L'UMP dans toute sa décadence, à l'issue d'un bureau politique aux relents de procès stalinien.

Stalinienne, la séquence suivante ne l'est pas moins, à en croire Jérôme Lavrilleux, bras droit historique de Jean-François Copé. « L'une des premières décisions de ce triumvirat, relate Lavrilleux, c'est de demander ma démission en tant que salarié, ce que comme un crétin je fais, puis de me couper mon téléphone portable. Et tout ce que les flics n'ont pas pris dans mon bureau lors de la perquisition le lundi 26 mai, eh bien, tout est foutu à la benne ! Des trucs personnels, des souvenirs... Je n'ai rien récupéré ! Ils ont tout balancé. C'est l'éradication, c'est Staline qui fait découper les photos pour éliminer les uns et les autres situés à côté de lui ! Ils ont licencié Pierre Chassat, Fabienne Liadzé, même Éric Cesari, qui a été mis de côté... »

Respectivement directeur de la communication, directrice financière et directeur général, ces trois cadres de l'UMP, renvoyés en correctionnelle aux côtés de Nicolas Sarkozy (et qui protestent de leur innocence) ont été emportés par la tourmente Bygmalion.

« Tous les collaborateurs de Jean-François Copé, reprend Lavrilleux, sont contraints de partir : Marc Vannesson, Emmanuelle Robin-Teinturier. Tous. Vous avez travaillé, même de loin, pour Copé ? Vous dégagez ! »

Une vraie purge.

C'est à cette époque que Lavrilleux, pourtant docteur ès sciences politiques occultes, abandonne ses ultimes illusions.

« Il n'y a pas de pitié, philosophe l'ancien homme-lige de Copé. Ce sont des vautours, il n'y a pas de sentiments. Vous avez eu tort de penser que vous avez eu des amis en politique. L'amitié, ça n'existe pas en politique, c'est une communauté d'intérêts passagère. Et tout ça avec une violence inouïe. Les gens qui se roulaient dans votre bureau pour obtenir une investiture vous crachent à la gueule le lendemain à la télé, mais alors, sans aucun problème ! Laurent Wauquiez, par exemple, m'appelle un samedi pour me dire : "Jérôme, c'est difficile pour toi en ce moment, mais sache que, si un jour tu as besoin de quelque chose, n'hésite pas..." etc. Et le lendemain, à la télévision, il dit : "Bygmalion, c'est une honte, j'ai toujours su qu'il y avait un problème d'argent, etc." Et il me crache dessus ! C'est incroyable, inimaginable, mais pourtant ça existe. Et je me marre cinq ans après en voyant ça, où ils sont tous ces gens, cinq ans après ? Renier tant de convictions pour arriver à ça... »

Pour les membres de la troïka, du passé copéiste, si merveilleusement incarné par Lavrilleux, l'urgence est donc de faire table rase.

Au sein du trio propulsé en catastrophe à la tête de l'UMP, il va très rapidement être question de poursuites judiciaires.

À l'instigation d'un homme, François Fillon.

Dans le triumvirat, c'est lui qui se montre d'emblée le plus actif. L'ex-maire de Sablé-sur-Sarthe, peu démonstratif comme à son habitude, jubile intérieurement. Marginalisé depuis sa défaite face à Copé en novembre 2012, il a repris la main. D'autant que les deux autres membres du trio affichent une prudente réserve. « Raffarin, résume Lavrilleux, c'est quelqu'un de sympathique mais de pas très courageux, il a été relativement proche de Copé, donc il doit s'excuser de cette proximité, alors il n'est pas à la manœuvre, mais il laisse faire. Juppé, lui, est très emmerdé, qui est-il pour s'occuper de financement de parti politique ?! » Et Lavrilleux de restituer cet échange avec l'ancien Premier ministre, à l'automne 2016, dans les couloirs du Parlement européen, à Strasbourg.

— Juppé : Jérôme, je n'ai pas apprécié que vous fassiez plusieurs fois référence au fait que j'aie pu être condamné pour des financements politiques.

— Lavrilleux : Monsieur le Premier ministre, moi je n'ai pas apprécié que vous ne vous en soyez pas rappelé !

— Juppé : Quand même, je vous ai toujours soutenu, moi.

— Lavrilleux : Euh, non, pas trop, quand même !

Juppé paralysé, Raffarin embarrassé, Sarkozy marginalisé. Et Fillon libéré. Ce dernier est convaincu d'avoir une occasion en or de s'imposer définitivement comme le chef de son camp.

Surtout si la justice lui donne un petit coup de main.

Dans son langage imagé, l'ancienne ministre de la Santé Roselyne Bachelot, restée proche de Fillon, ne dit pas autre chose : « À cette période, François Fillon est dans son *trip*, il voit le développement des affaires avec amusement, il pense que la mèche allumée avec Bygmalion va plomber Sarko, et que le reste, c'est "pain d'épices et chocolats" ! »

De fait, en ce printemps 2014, Fillon a quelques raisons de croire en sa bonne fortune, et pas seulement parce que sa société de conseil engrange les contrats juteux. Car, sur le plan politique, l'alignement des planètes est presque parfait. L'éviction brutale de Jean-François Copé l'a débarrassé de son premier rival, à qui il voue une violente détestation depuis le psychodrame de l'élection du nouveau patron de l'UMP à l'automne 2012. Et son arrivée aux commandes du parti va lui permettre, il n'en doute pas un instant, de mettre la main sur des informations susceptibles de « liquider » son autre ennemi, le principal à ses yeux, Nicolas Sarkozy.

« Pourquoi Sarko avait soutenu Copé au moment de la guerre interne, fin 2012 ? C'est pour que Fillon ne mette pas la main sur le parti, et sur les archives du parti, n'allez pas chercher une autre raison », souligne Jérôme Lavrilleux.

À peine installée, la troïka s'inquiète donc de l'état des finances d'un mouvement menacé de faillite. La situation est effectivement préoccupante avec ces 96 millions d'euros de dettes. Un audit financier, confié au cabinet Advolis, a été commandé. Ses conclusions doivent être présentées aux dirigeants du parti lors du bureau politique du 8 juillet.

En attendant, Fillon s'active.

CHAPITRE 6
Échange de mauvais procédés

Ah, Roselyne Bachelot…

Un bonheur de témoin, elle qui n'a jamais quitté son « François », ce Fillon dont elle connaît les bons côtés, mais aussi les faiblesses.

Celle qui est définitivement « la plus proche de François », comme nous le confie Jean-Louis Borloo, voit son ami à l'œuvre, ou plutôt à la manœuvre. Aux commandes de l'UMP en ce printemps 2014, Fillon tient ferme le gouvernail et plonge avec délice dans la malle aux secrets de famille. Lui qui n'a jamais été un grand fan de management ou d'organisation.

« Quand il accède à la direction de l'UMP, qu'il voit les magouilles financières, François Fillon n'est pas outré, nous rapporte, amusée, Bachelot. Je ne suis pas sûre qu'il soit choqué. » Toutefois, ajoute l'ancienne ministre de la Santé, « il est assez fine mouche pour se rendre compte qu'il y avait un cafard dans le potage, ça se voyait comme le nez au milieu de la figure. Il se dit qu'il tient sa revanche ».

À peine installé, Fillon commande à son avocat, Mᵉ François Sureau, une expertise portant sur la licéité du paiement par l'UMP de l'amende infligée à Sarkozy.

Il est là, pense-t-il, « le cafard dans le potage ».

Car Fillon a une obsession : le règlement par le parti, en octobre 2013, de l'amende (516 615 euros) infligée, personnellement, à Nicolas Sarkozy pour avoir dépassé le plafond des dépenses autorisées lors de sa dernière campagne présidentielle – et ce, avant même la découverte du scandale Bygmalion…

Inacceptable, juge-t-il.

Entre un Raffarin surtout désireux de recoller les morceaux d'une famille politique éclatée et un Juppé persuadé qu'il a tout intérêt à s'éloigner des bisbilles intestines s'il veut ménager ses chances de pouvoir candidater en 2017, Fillon est, *de facto*, le nouveau « boss ». Et il entend bien en profiter pour éliminer définitivement Sarkozy, dont chacun pressent alors l'imminence du retour aux affaires – et aux « affaires ».

Ministre du Logement dans le gouvernement Fillon, Benoist Apparu, fervent juppéiste, se souvient : « Dès que le triumvirat s'installe à l'UMP, au sein du parti, les équipes de Juppé sont en dehors de la machinerie quotidienne. Et les gens de Fillon essaient de faire sortir tout ce qu'on a connu ensuite. Ils sont dans le match retour contre Copé. Leur thèse, c'est : si Copé avait été à ce point jusqu'au-boutiste sur le thème "j'ai gagné, j'ai gagné", c'était pour garder la main et cacher ces choses. »

Mais la cible principale, dans le collimateur des fillonistes, c'est bien l'ex-président Sarkozy. « La thèse de Fillon, c'est : "Il faut que je le tue, que je le décanille avant qu'il revienne, sinon, je n'aurai pas ma chance" », confirme Apparu.

Fillon confie donc à une fidèle, Nathalie Etzenbach, le soin de le représenter lors des réunions prévues avec le cabinet Advolis et, bien sûr, de décrypter les comptes de l'UMP. Conseillère municipale à Neuilly-sur-Seine, Etzenbach connaît parfaitement le parti, pour y avoir déjà travaillé comme trésorière adjointe, mais aussi en qualité de directrice administrative et financière. Cette même Etzenbach participera aussi, en 2017, à la campagne présidentielle de Fillon.

Pour Jean-François Copé, il ne fait aucun doute que, « dans le triumvirat, le seul actif pour détruire, c'est Fillon. Pas Raffarin, il n'est pas comme ça ; ni Juppé, il n'est pas tordu. Fillon cherchait des trucs sur nous deux, Sarkozy et moi. Il était déchaîné. Déchaîné ! ».

Copé reçoit des coups de fil, des messages discrets. « Je suis informé en interne, car les gens de l'UMP ont été extrêmement fidèles. Sont alors à la manœuvre les soutiers, Stefanini [proche de Fillon], Boyer [bras droit de Juppé]... Tous les quatrièmes couteaux de chacun des trois, qui, non contents de me voir *a priori* mort, se disent : "Mais il doit bouger encore un peu, donc on va le finir !" Ce sont eux qui vont ensuite sortir les factures de Nadia. » Copé fait allusion à la révélation en juillet 2014, par *Le Journal du dimanche*, de la prise en charge par l'UMP des déplacements de Mme Copé, pour un montant total de 24 000 euros.

Cinq ans après, le maire de Meaux n'a pas pardonné ce coup fourré, qu'il impute clairement à Fillon : « Il est d'une naïveté invraisemblable, il dénonce Sarkozy, mais il me dénonce aussi à la presse pour dix malheureuses factures de TGV en quatre ans pour ma femme ! Mais ma femme, elle m'a suivi partout ! Moi, j'avais bien regardé comment faisaient mes prédécesseurs à la tête du parti, leurs épouses les accompagnaient à chaque fois que c'était nécessaire, et Nadia a toujours joué un rôle très important pour moi. Vous voyez le niveau... »

On voit, oui. Jérôme Lavrilleux a en mémoire cette sombre période. « Celui qui va essayer, en mettant la pression, y compris sur les permanents de l'UMP qui restent – c'est raspoutinien –, pour dire : "Sortez-nous des trucs sur Copé, sortez-nous des trucs sur Sarkozy", c'est Fillon, relate l'ex-bras droit de Copé. Ils épluchent tout. Ils ont épluché mes notes de frais, mais je n'ai jamais donné de notes de frais au parti, donc ils n'ont rien trouvé ! Et ils poussent Christian Jacob à faire pareil au groupe UMP de l'Assemblée, et Jacob, pour sauver sa tête à la présidence du groupe, commence à dire du mal de Copé. Mais chaque fois qu'il y a un nouveau patron du groupe – Copé, il a fait comme tous ses prédécesseurs –, la comptabilité du groupe est détruite ! Ils ont vraiment cherché dans tous les coins pour essayer de trouver des trucs. Ils ont fait sortir l'affaire Nadia, mais Cécilia, qui était cheffe de cabinet officieuse de Sarkozy, quand il a pris l'UMP en décembre 2004 avant de revenir au gouvernement six mois plus tard ?... Ça s'est toujours fait. »

Les coups de Jarnac aussi, ça s'est toujours fait. Surtout à l'UMP. La preuve : « Lorsqu'est sortie dans la presse l'histoire des 300 000 euros d'avion de Fillon, quelques jours plus tard, là, ça l'a calmé », sourit Copé. En effet, moins de trois semaines après le lancement de la bombinette visant le couple Copé, Europe 1 révèle les frais d'avions privés de Fillon payés par l'UMP, chiffrés à près de 300 000 euros.

Retour à l'envoyeur.

À la manœuvre, il le reconnaît aujourd'hui, Jérôme Lavrilleux, évidemment. « Les factures Fillon ? Ah, ça, j'ai toujours eu une mémoire bien ordonnée ! ricane-t-il. Sont sorties aussi quelques factures des frais d'avion de Fillon, cette fois pour la campagne présidentielle de 2012. Car Monsieur exigeait de voyager dans le même Falcon que le président de la République. » Lavrilleux a notamment en tête ce meeting à Nice, le 20 avril 2012, « et son armada d'avions sur le tarmac, avec le Falcon de la campagne de Sarko, le Falcon de l'Élysée, car il y en avait toujours un, et le Falcon de Fillon ! Loué lui aussi aux frais de la campagne ! Fillon ne venait pas s'il n'avait pas le même avion ! Et les autres, comme moi, devaient se serrer dans un vieil avion à hélices, avec le pilote qui était au bar où on a été le chercher, et qui pétochait alors que le président et le

Premier ministre étaient chacun dans leur Falcon... Donc quand on a commencé à sortir un peu tout ça, ça les a calmés. Là, j'avais un peu repris du poil de la bête. »

Jean-François Copé se rappelle être allé trouver son rival après la mise en cause de son épouse :

— Copé : Comment tu peux faire ça, tu n'as pas honte ? Tu vois bien que je suis mort, et maintenant tu tapes ma femme ?

— Fillon : C'est pas moi, c'est pas moi, c'est Éric Cesari.

— Copé : Tu es lamentable, tu signes deux fois ton crime.

« Il me dit ça sans rire, le regard fuyant, poursuit Copé. Il ne répond pas et s'enfuit. Et ça, c'est du Fillon tout craché. Cesari, ils l'ont viré le lendemain de ma démission, et s'il y en a un qui n'avait strictement aucune raison, aucun intérêt, c'était lui. »

Affaire de contexte, aussi. « N'oubliez pas que la droite se redressait, reprend Copé. Deux mois avant, avec les municipales, qui ont été un immense succès, on était d'ailleurs dans l'euphorie, sauf Fillon, qui faisait tout ce qu'il pouvait avec les barons pour essayer de minimiser le truc. Donc pour Fillon, c'était important de me faire tomber. »

Copé, certes.

Mais la « vraie » cible, c'est Sarkozy.

CHAPITRE 7

Règlement de comptes

« Conséquences pénales ».

Tout le monde se redresse sur son siège.

Nathalie Etzenbach retient son souffle, puis l'« envoyée spéciale » de François Fillon note fébrilement l'expression sur son cahier.

Hommes de chiffres, peu enclins aux embardées verbales, Jean-François Magat et Georges Couronne, les commissaires aux comptes de l'UMP, viennent pourtant de prononcer la phrase qu'elle attendait, espérait, probablement.

« Conséquences pénales ». Que ces deux simples mots sonnent doux aux oreilles des fillonistes.

Car le vendredi 20 juin 2014, au siège de l'UMP, se tient une réunion décisive, consacrée à la clôture des comptes, censée intervenir au plus tard le 30 juin. Luc Chatel, propulsé secrétaire général, y assiste aux côtés, notamment, du nouveau trésorier, des comptables du parti, de l'avocat Philippe Blanchetier, qui avait validé la prise en charge par le parti de l'amende de Sarkozy, ainsi que de Gilles Boyer et Nathalie Etzenbach, proches collaborateurs respectivement d'Alain Juppé et de François Fillon. La réunion débute à 15 heures.

Elle va durer près de cinq heures.

Elle a été organisée à l'initiative des deux commissaires aux comptes de l'UMP. Jean-François Magat et Georges

Couronne sont remontés. Comme ils le confieront plus tard à la justice, ils n'avaient « pas été associés à la décision » prise par l'UMP, en 2013, de payer l'amende infligée à Sarkozy. « Clairement, on ne nous a pas demandé notre avis », selon Magat. Au cours de la réunion, la note juridique de Philippe Blanchetier, l'avocat consulté à l'époque par la direction de l'UMP et qui avait donc conclu à la licéité de l'opération, est longuement évoquée. « Nous disons très clairement que la consultation de Me Blanchetier n'est pas satisfaisante, rappellera Magat, et nous avons même évoqué le fait que, s'il s'avérait que la prise en charge n'était pas justifiée, nous étions dans le domaine du droit pénal. » « Nous n'étions pas convaincus par la note de Me Blanchetier, renchérira Georges Couronne. Cette interrogation, nous l'avons eue le 20 juin avec la nouvelle direction. Il a été clairement évoqué au cours de cette réunion du 20 juin les conséquences pénales d'une possible infraction en raison de cette prise en charge »…

Tiens donc. Les soupçons du camp Fillon se trouvent confortés. Il existe bien un angle d'attaque, sur le plan pénal, pour s'en prendre à Sarkozy.

Ce 20 juin 2014, Nathalie Etzenbach ne perd pas une miette des débats, dont elle s'empresse ensuite de restituer la teneur à son patron. « Prise en charge pas justifiée », « possible infraction »… Cette fois, l'ex-Premier ministre en est convaincu : il a entre les mains l'arme qui sera fatale à Sarkozy. Mais il lui faut des certitudes. On ne se lance pas à « la chasse au Sarko » sans munitions de gros calibre. Il demande à voir les deux comptables, ceux qui peuvent, légalement, déposer une plainte au pénal.

« Quelques jours après, nous avons été informés du souhait de François Fillon de nous rencontrer pour nous entendre sur les points abordés lors de la réunion du 20 à laquelle il n'était pas présent, se rappelle Jean-François

Magat. M. Fillon avait un mémo en main qui retraçait visiblement les points évoqués le 20 juin et que nous lui avons confirmés », explique Georges Couronne.

La rencontre du 20 juin a été largement répercutée au sein de l'UMP, le jour même. Les patrons du parti se sont consultés.

« La réunion avec les experts-comptables m'a été rapportée, nous confirme Copé. Raffarin et Juppé ont été indignés. Raffarin a dit à Fillon : "Je te préviens, on n'ira pas avec toi là-dessus." C'est en tout cas ce que Raffarin m'a raconté. »

Le 20 juin, Fillon n'avait pas fait mystère de ses intentions, selon les propos tenus par Raffarin à Copé, que celui-ci se fait un plaisir de nous relater. « On le tient ! » aurait ainsi proféré Fillon, tout à sa joie. Et l'ancien Premier ministre de Jacques Chirac lui aurait alors répondu : « Je ne te permets pas, je ne te soutiendrai pas là-dessus, on n'est pas là pour ça. » Juppé adopte la même posture de prudence.

Si les membres de l'ex-troïka n'ont pas souhaité répondre à nos questions, nous avons pu reconstituer les faits.

Têtus, probants.

C'est bien le filloniste Patrick Stefanini qui a demandé à la direction de l'UMP d'organiser la seconde réunion avec Magat et Couronne. Rendez-vous est pris pour le mercredi 25 juin. La veille, mardi 24 juin, et c'est évidemment tout sauf un hasard, François Fillon déjeune avec l'un de ses anciens ministres, un certain Jean-Pierre Jouyet, devenu entre-temps rien de moins que le principal collaborateur du président de la République, le socialiste François Hollande. Un déjeuner dont le « menu » est appelé à rester parfaitement confidentiel. Du moins Fillon le pense-t-il…

Ce 24 juin, l'avocat de Fillon, Me Sureau, transmet aux deux commissaires aux comptes ses propres conclusions :

à l'inverse de Mᵉ Blanchetier, Mᵉ Sureau conclut que la prise en charge de l'amende par l'UMP n'était pas légale, il évoque même un possible « abus de confiance » susceptible d'être reproché à Nicolas Sarkozy. Ce qu'il confirme donc lors de la réunion du 25 juin à François Fillon, en présence de Jean-François Magat et Georges Couronne, ainsi que de l'incontournable Nathalie Etzenbach.

Deux jours plus tard, le vendredi 27 juin, les deux commissaires aux comptes sont dans le bureau du procureur de Paris. « J'avais deux avis contradictoires, ce qui m'a confirmé que mon métier de commissaire aux comptes m'obligeait à aller chez le procureur », témoigne Couronne. « Le 27, nous avons décidé de révéler les faits au procureur de la République, rapporte à son tour son collègue Magat. Nous étions en effet en présence de deux notes contradictoires, celle de Mᵉ Sureau évoquant l'abus de confiance apparaissant plus pertinente que celle de Mᵉ Blanchetier, justifie-t-il. Même si nous n'avions pas eu la note de Mᵉ Sureau, nous aurions quand même révélé les faits, car nous n'étions pas convaincus par la note de Mᵉ Blanchetier », ajoute Couronne.

La visite des deux commissaires aux comptes au procureur, « c'est deux jours après une réunion qu'ils ont eue avec François Fillon et son avocat, François Sureau, dans le bureau de l'UMP, le 25 juin après-midi, réunion dont ils se gardent bien de faire état », persiflera plus tard devant les enquêteurs l'ex-trésorière de l'UMP, Catherine Vautrin. Devant les juges, Jean-François Copé sera encore plus explicite : « J'observe que Mᵉ Sureau est l'avocat de François Fillon. Je pense qu'il était l'avocat le plus insusceptible de donner son avis dans cette affaire. »

Le 28 juin, les commissaires aux comptes saisissent officiellement, par courrier, le parquet de Paris, qui ouvre dans la foulée une enquête pour « abus de confiance », « recel » et « complicité » de ce délit commis au préjudice de l'UMP. François Fillon est aux anges, lui qui a suivi de près tout le processus, contrairement à ce qu'il prétendra ensuite à plusieurs reprises. Il est même parvenu à convaincre Alain Juppé de l'intérêt à voir la justice saisie, quand Jean-Pierre Raffarin, consterné d'observer sa famille politique se déchirer un peu plus chaque jour, restait en retrait.

Comme l'assure François Baroin, alors membre du bureau politique de l'UMP, s'agissant de ce dossier ultrasensible, « en fait, c'est les équipes de Fillon qui gèrent l'affaire ». Catherine Vautrin résumera le sentiment général devant les policiers : « J'ai la très désagréable impression d'être au milieu d'un règlement de comptes politique. »

Jean-François Copé ne nous raconte pas autre chose : « L'histoire des commissaires aux comptes, c'est Fillon qui organise ça, tandis que Raffarin et Juppé ne veulent pas aller à cette réunion [du 20 juin]. Et c'est Stefanini qui exige des commissaires aux comptes de saisir la justice : "Si vous ne le faites pas, je déposerai un recours", dit-il. »

Xavier Bertrand confirme : « À l'UMP, Fillon va chercher, dans les comptes... » Avant de souffler ces trois mots, qui renvoient à notre premier tome : « C'est la haine. » Fidèle entre les fidèles de Nicolas Sarkozy, Brice Hortefeux confie de son côté : « On dit que Stefanini a monté ça. Qu'il a été celui qui a examiné le dossier... »

Patrick Stefanini conteste cette interprétation des faits : « Fin juin ou début juillet, après avoir certifié les comptes de l'UMP sans formuler de réserves – pour ne pas bloquer le financement bancaire de l'UMP –, les commissaires aux comptes ont fait un signalement au parquet au sujet de la pénalité. Nous l'avons découvert comme tout le monde par une dépêche de l'agence France-Presse. Je précise que je n'étais présent ni à la réunion du 20 juin, à laquelle

M. Fillon était représenté par Nathalie Etzenbach, ni à celle du 25 juin. »

Si Stefanini veut bien admettre que Bygmalion et les pénalités, « c'étaient des affaires susceptibles d'affaiblir soit Copé, soit Copé et Sarkozy », il assure aussi : « Mais honnêtement, est-ce que nous, les fillonistes, on avait la main sur ces affaires-là ? Non. »

À en croire de nombreux témoins, dont Valérie Pécresse, Nicolas Sarkozy est persuadé du contraire. De quoi nourrir une solide aversion à l'encontre de son ancien Premier ministre. « La haine se cristallise au moment où Fillon arrive à l'UMP, avec l'histoire du triumvirat, et où il commence à récupérer les comptes, explique la patronne de la Région Île-de-France. Pour le coup, Sarko, il a son tableau de bord : "Machin était dans le bureau", etc. Il en parle en permanence, à chaque fois qu'il voit Stefanini, il lui dit : "Tu te souviens, Patrick…", qui répond : "Mais je n'étais pas là, ce jour-là !" Il fait une fixation sur les pénalités… »

Curieusement, ou pas, c'est François Hollande qui se montre le plus indulgent à l'égard de François Fillon. Le 3 avril 2015, il nous reçoit à l'Élysée et nous lance, à propos de cette histoire de pénalités : « Ce n'est pas l'affaire la plus grave. Mais, en même temps, il y avait une certaine logique que le coprésident du parti, Fillon, puisse engager des poursuites. »

Fillon tient sa revanche.

CHAPITRE 8

« Sarkozy est mort »

Vendredi 27 juin 2014.

Le « boss » est dans la tourmente. Sarkozy a l'habitude, sa vie politique est un combat permanent. Mais l'offensive de François Fillon a porté ses fruits. Et le contexte judiciaire est « porteur »…

Car, ce jour-là, le parquet de Paris, au terme de trois mois d'enquête préliminaire, ouvre une information judiciaire dans l'affaire Bygmalion, notamment pour « faux, usage de faux, tentative d'escroquerie et abus de confiance ». Les investigations sont confiées aux juges financiers Serge Tournaire, Roger Le Loire et Renaud Van Ruymbeke. Un autre genre de troïka. Or, ce même 27 juin, dans l'affaire des pénalités de Sarkozy prises en charge par l'UMP, les commissaires aux comptes ont informé le procureur de Paris qu'ils avaient mis au jour un délit potentiel. Et le parquet s'empresse de déclencher une enquête préliminaire pour « abus de confiance » – elle est ouverte formellement le 2 juillet.

Ce n'est pas tout : dans la nuit du 1er au 2 juillet, Sarkozy se voit signifier, dans le bureau des juges Claire Thépaut et Patricia Simon, une triple mise en examen pour « trafic d'influence », « corruption active » et « recel de violation du secret professionnel », dans l'affaire Azibert, révélée par *Le Monde* au mois de mars !

Cerné de toutes parts, Sarkozy a un genou à terre, et Fillon, qui n'ignore rien des velléités de l'ancien président de revenir dans l'arène politique, a bien l'intention de tout faire pour l'empêcher de se relever.

Roselyne Bachelot se souvient de l'état d'esprit de l'ancien Premier ministre à cette période : « Il me dit : "Sarkozy est mort." Mais je crois, s'agissant de Bygmalion, qu'il n'a pas ourdi de machination, il a pensé que la machine allait fonctionner toute seule, qu'il n'allait pas perdre du temps, que Copé allait s'en occuper, car c'était lui qui était menacé. Il y a eu une alliance objective des frères ennemis. »

Mort, Sarkozy ? Voire. L'ancien maire de Neuilly est une bête politique. Jamais meilleur que lorsqu'il se sent agressé.

Déjà, devant les policiers chargés de l'affaire Azibert, il a sorti l'artillerie lourde dès son arrivée dans les locaux de la PJ, à Nanterre, le 1er juillet. « La mesure de garde à vue retenue contre moi porte atteinte à mes droits pour la raison simple et spécifique qu'elle sera connue de la presse instantanément, attaque d'emblée l'ex-ministre de l'Intérieur, et, à ce titre, ancien patron des officiers de police judiciaire qui l'interrogent. Me mettre en garde à vue correspond à la volonté de m'humilier publiquement, tonne-t-il encore, je ne suis pas un justiciable en dessous des autres. »

Dès le soir de sa mise en examen, Nicolas Sarkozy est au journal de 20 heures de TF1. Il bout littéralement, ulcéré de se trouver englué dans une affaire de trafic d'influence qui lui a non seulement valu d'être placé sur écoute, mais aussi d'être poursuivi pour avoir, selon les juges, fait pression, via son avocat Thierry Herzog, sur un haut magistrat de la Cour de cassation. Solennel, voire grandiloquent, Sarko fait du Sarko. Sa première phrase donne le ton : « J'ai estimé que la situation était suffisamment grave pour que je dise aux Français ce qu'il en était de l'instrumenta-lisation politique d'une partie de la justice aujourd'hui. » La suite est de la même veine, une violente charge contre les juges, les journalistes et, bien sûr, le pouvoir socialiste, accusé, sans la moindre preuve, d'influer sur le cours de la justice – ce qui lui est précisément reproché dans l'affaire Azibert !

Hollande, à l'Élysée, ne manque rien de l'interview de son prédécesseur, évidemment. Il nous livre son com-mentaire, en direct, par SMS : « Le même, la bave aux lèvres… »

Ce grand entretien télévisé, le premier de Nicolas Sarkozy depuis son départ de l'Élysée, se termine sur son possible avenir politique. « J'aurai à décider, après un temps de réflexion, au début du mois de septembre, de ce que je devrais faire », lâche Sarkozy.

À droite, chacun a compris le message. Le principe est acquis, ce n'est plus qu'une question de semaines : le Chef est de retour. Plus combatif que jamais. Et en bon tacticien des champs de bataille, il sait qu'il doit maîtriser le tempo, le mouvement. Et se lancer dès que possible à l'assaut.

Fillon comprend le danger. Alors, le 19 juillet, il passe à l'attaque, médiatiquement parlant cette fois. Dans un entretien accordé au *Monde*, il lapide son ennemi.

À la question « Les affaires peuvent-elles empêcher le retour de Nicolas Sarkozy ? », il cingle : « En tout cas, ce ne sont pas les affaires qui participent à l'établisse-ment d'un climat serein au sein de l'UMP et d'un lien de confiance avec les Français. » Comme Alain Juppé avant lui, l'ex-Premier ministre critique la posture de Sarkozy, qui s'en est pris aux juges de l'affaire Azibert lors de son interview sur TF1 : « Le rôle des responsables politiques – en particulier un ancien président ou un ancien Premier ministre – n'est pas de remettre en cause les institutions judiciaires, quelles que soient leurs imperfections. »

S'agissant des flèches décochées par Fillon, selon Patrick Stefanini, qui fut le directeur de sa campagne présidentielle jusqu'au 3 mars 2017, « le problème, c'est que c'est une stratégie sur courant alternatif. Les attaques contre Sarkozy, oui, elles existent, mais pas tant que ça... Déjà, à l'automne 2013, il livre contre Sarkozy, dans *Valeurs actuelles*, une attaque violente qui à mon avis est totalement hors de propos, et puis après, il passe à autre chose, nous aussi. Mais il a probablement ça en lui ».

D'après Roselyne Bachelot, depuis la victoire de Hollande en mai 2012, « Fillon sait que Sarkozy va le poursuivre de sa haine. Il sait que Sarko n'acceptera jamais que son ancien Premier ministre, sa chose, se lève comme un adversaire. Il sait qu'il le trouvera non pas sur sa route, mais sur le bord de sa route, à lui tirer dessus. Ce qui n'est pas tout à fait pareil... ».

CHAPITRE 9

Le retour du roi

L'insupportable suspense prend fin le vendredi 19 septembre 2014 dans l'après-midi : « Je suis candidat à la présidence de ma famille politique », annonce Nicolas Sarkozy sur sa page Facebook. « J'aime trop la France », ose l'ancien président pour justifier un retour périlleux, qui doit beaucoup à la guérilla fratricide à laquelle se sont livrés ses successeurs putatifs, Jean-François Copé et François Fillon. « Les circonstances ont permis qu'il revienne de manière absolument hallucinante », opine François Baroin.

S'il pense pouvoir récupérer facilement les commandes de l'UMP, du fait de sa forte popularité chez les adhérents appelés à désigner un nouveau chef le 29 novembre, Sarkozy n'ignore pas qu'il est encore largement rejeté par une grande partie de l'opinion publique. Or, s'il fait sa réapparition, c'est évidemment dans la perspective de la présidentielle de 2017, et pas pour le plaisir de se replonger dans la gestion quotidienne d'un parti déchiré et exsangue financièrement. Quoique…

En cette rentrée 2014, il lui revient régulièrement aux oreilles qu'il s'en passe de belles, au 238, rue de Vaugirard, siège parisien de l'UMP. Les équipes de François Fillon œuvreraient dans l'ombre contre lui. Et pour savoir ce qui se trame dans son dos, la meilleure solution est encore de remettre la main sur l'appareil.

Désireux de laver l'affront de mai 2012, Sarkozy est peut-être motivé par d'autres sentiments, encore moins avouables. Ainsi, à droite, ils sont nombreux à être persuadés qu'il cherche aussi à se mettre à l'abri des juges grâce à l'immunité attachée au statut de président de la République. Jean-Louis Debré, par exemple : « Sarko avait été battu une première fois par Hollande, revenir n'était pas possible, les gens avaient fait leur deuil. Mais revenir pour éviter certaines poursuites, oui. Il vaut mieux avoir un statut. » Chiraquien historique, l'ancien président du Conseil constitutionnel dit encore : « Sarko est orgueilleux, toute sa vie, il a rêvé d'être président de la République, et être viré par Hollande, ce n'est pas supportable. Il veut sa revanche. Chirac ne s'est jamais posé la question : "Qu'est-ce que l'histoire va retenir de moi ?", Sarkozy, lui, y pense tous les matins ! Ils sont tous à rêver de De Gaulle. Mais Sarkozy était trop petit, et de Gaulle trop grand… »

Si Fillon est obsédé par Sarkozy, la réciproque n'est pas vraie, du moins à cette date. Soutien indéfectible, Brice Hortefeux le confirme, l'ex-chef de l'État « ne voyait pas Fillon président, ça c'est vrai. Moi non plus, jusqu'à la primaire de novembre 2016 ».

À peine revenu dans l'arène politique, le taureau Sarkozy doit affronter les premières piques sur le thème des « affaires » qui lui collent aux pattes. Le 21 septembre 2014, soit deux jours après l'officialisation de son retour, il affirme sur France 2 avoir « appris le nom de Bygmalion longtemps après la campagne présidentielle » de 2012. Dans son propre camp, la défense de Sarkozy fait sourire. Fillon, lui, est carrément hilare. Quelques jours plus tard, l'ancien Premier ministre va clouer au mur celui qui lui a fait tant de misères cinq années durant. Comme si le « parrain » de la famille n'était plus intouchable. « La question du retour de Sarko ne s'était pas posée, car tout le monde considérait que Sarko allait revenir, qu'il était le boss, confie aujourd'hui l'ancien ministre Benoist Apparu. Mais on va s'apercevoir assez vite que non, ce n'est plus le boss. La défaite électorale l'a mis au même rang que les autres. »

Désinhibé, Fillon se lâche, donc, sur BFM-TV, le 1er octobre 2014 : « Je n'étais pas associé à l'organisation de la campagne de 2012, mais j'ai souvent entendu parler de Bygmalion, et j'ai souvent vu que Bygmalion était une entreprise qui travaillait régulièrement avec l'UMP. » En d'autres termes, Fillon fait coup double en assurant à la fois que lui n'a rien à voir avec les malversations et, surtout, que la défense de Sarkozy n'est pas crédible.

Les avancées judiciaires ravissent Fillon : le 6 octobre 2014, à l'issue de l'enquête préliminaire entreprise en juillet, le parquet de Paris ouvre une information judiciaire pour « abus de confiance » dans l'affaire des pénalités, celle qui lui tient tant à cœur. Au même moment, l'enquête sur le financement illégal de la campagne de Nicolas Sarkozy en 2012 connaît une brutale accélération. Le redouté juge Serge Tournaire a Nicolas Sarkozy dans son viseur. L'enjeu est clair : déterminer si oui ou non l'ancien chef de l'État peut être mis en cause judiciairement.

Et les témoins ne manquent pas.

CHAPITRE 10

« Nous n'avons plus d'argent »

Que savait Nicolas Sarkozy, au printemps 2012, des conditions matérielles extravagantes dans lesquelles s'est déroulée sa campagne présidentielle ?

Tout. Ou presque.

Certaines dénégations de l'ancien président, qui soutient même avoir découvert l'existence de Bygmalion après la présidentielle de 2012, se heurtent à l'épreuve des faits. Et des témoignages. Lui, totalement étranger à l'affaire, comme il le clame sans relâche depuis la révélation du scandale ? Même dans son camp, on se montre plutôt sceptique.

Avec son franc-parler habituel, Roselyne Bachelot y va de son commentaire : « Durant la campagne, il y a des gars qui ont mis la main dans la merde pour Sarko, et Sarko ne pouvait pas ne pas le savoir. C'est évident. » Philippe Briand, président de l'association de financement de la campagne sarkozyste, a aussi son avis sur la question. « Il ne peut pas dire qu'il ne connaissait pas Bygmalion, assène-t-il. Il ne peut pas, parce que le gars, c'est celui qui le faisait monter sur scène », ajoute-t-il, allusion au patron d'Event & Cie – la filiale de Bygmalion en charge des meetings –, Franck Attal, l'homme qui escortait Sarkozy de sa loge jusqu'à la tribune lors des grands meetings.

Gardes à vue et mises en examen se succèdent au mois d'octobre 2014.

Les policiers et les juges s'attachent rapidement à établir que Nicolas Sarkozy avait été dûment informé que sa campagne déraillait sur le plan financier, et c'est donc en toute connaissance de cause qu'il aurait demandé, plutôt que les freiner, d'augmenter le nombre de meetings coûteux. Pour ce faire, ils s'appuient sur les nombreux documents saisis lors d'une série de perquisitions. Plusieurs attestent que le candidat Sarkozy avait été alerté sur les énormes risques financiers qu'impliquait sa volonté de multiplier les réunions publiques d'envergure, dans l'espoir de coiffer Hollande sur le poteau. Ainsi, dès le 7 mars 2012, alors que seulement cinq meetings avaient eu lieu sur les quinze programmés (il y en aura finalement quarante-quatre !), les experts-comptables anticipaient déjà un dépassement de plus de 600 000 euros du plafond légal des dépenses. Ils recommandaient, pour ne pas dire exigeaient, à en croire une note saisie durant l'enquête, « une stricte limitation des dépenses restant à engager », « une renégociation dans la limite des prix du marché des contrats engendrant les coûts les plus importants » et, surtout, « une interdiction absolue d'engager toute dépense complémentaire par rapport aux dépenses budgétées qui sont d'ores et déjà supérieures au plafond légal ». Or, le directeur de campagne, Guillaume Lambert, assure avoir informé le candidat du contenu de cette note.

Juste avant le premier tour, qui s'est déroulé le 22 avril, les experts-comptables, décidément très inquiets, rédigèrent une seconde analyse à l'intention de Nicolas Sarkozy. Dans ce document, ils se disent contraints de « réitérer les observations formulées dans [leur] note du 7 mars 2012 transmise à [son] directeur de campagne, soulignant déjà les conséquences extrêmement graves d'un éventuel dépassement du plafond des dépenses autorisées ».

Une nouvelle alerte, également restée sans suite, est parvenue à Sarkozy, quatre jours après le premier tour.

Le 26 avril, Pierre Godet, le comptable signataire du compte de campagne, prévient que le candidat n'a plus « aucune marge de sécurité » en vue du second tour. Il y a encore, le 28 avril, ce SMS adressé par Jérôme Lavrilleux à son supérieur Guillaume Lambert : « Nous n'avons plus d'argent. JFC [Jean-François Copé] en a parlé au PR [président de la République]. »

À l'évidence, ce ne sont pas les alarmes qui ont manqué. Pourtant, le candidat Sarkozy n'a jamais semblé vouloir en tenir compte. Dans une conversation téléphonique interceptée par les policiers, Éric Cesari, s'adressant à un proche, a sans doute donné l'explication : « En politique, tu sais bien que les mecs, ils regardent jamais à l'argent : quand t'es président d'un truc… Il veut un truc, on le fait, et après, peu importe que ça coûte… »

Alors, Sarkozy a-t-il été mis au courant ou non de difficultés financières, sans jamais avoir voulu mettre le holà ?

Tout l'indique. Ce qui ne suffit pas nécessairement à établir sa responsabilité pénale dans la mise en place du mécanisme frauduleux.

« Moi, j'ai confiance dans ce que dit Nicolas, voilà », nous répond prudemment Laurent Wauquiez, qui a payé pour savoir ce qu'il en coûtait de s'en prendre au « parrain » de la droite. « Moi, j'ai fait une campagne des régionales : on croit toujours que le candidat maîtrise tous les détails, mais une campagne, c'est un truc où vous êtes très concentré sur les thèmes, la stratégie politique… Normalement, le staff qui est autour de vous, il est là pour faire en sorte que vous n'ayez pas à vous plonger dedans. Donc l'idée que Nicolas faisait l'addition du budget de sa campagne tous les soirs à 18 h 30, c'est pas exactement ce que je pense être crédible… »

Ancien député LR aujourd'hui rallié à la Macronie, Thierry Solère se dit lui-même « partagé » : « Sarko, nous confie l'élu des Hauts-de-Seine, il a quand même la caractéristique de s'occuper de tout, mais aussi de ne pas se laisser emmerder par des trucs… Je vois très bien la scène : "Moi, je veux que vous fassiez ça, et vous vous démerdez avec ces contraintes…" Je ne pense pas qu'il ait regardé les comptes. » Solère juge surtout que Sarkozy a pâti de son entourage : « Cesari, par exemple, je le connais bien, c'est les Hauts-de-Seine, et puis le côté corse, Pasqua, et tout ça… Enfin, je ne comprends pas qu'on s'entoure de gens comme ça… »

Plus tard, bien plus tard, lorsqu'il sera interrogé par les juges, Nicolas Sarkozy prétendra ne pas avoir été informé de ces différents avertissements, ou ne plus en avoir le souvenir, insistant sur le fait que, tout entier plongé dans sa trépidante campagne, il avait eu autre chose à faire qu'à s'intéresser à la comptabilité. Une posture loin de convaincre le juge Tournaire. Celui-ci estime que, signataire des comptes de campagne, le candidat est donc comptable… de ses dérives.

Celui qui est encore moins convaincu, c'est un certain François Fillon. En cet automne 2014, il le sait, c'est la justice qui peut lui dégager la route menant à l'Élysée…

CHAPITRE 11

Un déjeuner indigeste

Ambiance feutrée, dans un restaurant chic à deux pas des Champs-Élysées. Mardi 24 juin 2014, 13 heures. Nous voici au cœur du Paris des puissants, dans l'un de ces établissements cossus où l'on échange des propos qui ne doivent jamais franchir le seuil de ces alcôves pour VIP. En règle générale, rien ne transpire.

Dans un coin, une tablée attire quand même les regards.

Il y a d'abord là Jean-Pierre Jouyet. Un drôle de type, chaleureux, à la fois timide et bavard. Un cocktail dangereux. Personnalité majeure de l'État entre 2014 et 2017, en sa qualité de secrétaire général de l'Élysée, ce vieil ami de François Hollande, avec qui il s'était brouillé lorsqu'il accepta d'être secrétaire d'État aux Affaires européennes sous Sarkozy, de mai 2007 à décembre 2008, est surtout un haut fonctionnaire à la carrière immaculée. Mais aussi un grand gaffeur.

Face à lui, François Fillon, rien de moins qu'un ancien Premier ministre lancé à la conquête de l'Élysée, et qui avait donc eu Jouyet dans son gouvernement. Et comme il faut toujours un témoin de « moralité », un compagnon d'agapes taiseux et loyal, ce sera Antoine Gosset-Grainville, ancien directeur adjoint du cabinet de Fillon à Matignon, devenu son conseil.

Au menu ? Du Sarkozy, à toutes les sauces.

Au début du mois de novembre 2014, ce déjeuner devient l'élément central d'un scandale dont les répercussions ont pesé lourd.

Tous les « ténors » de la droite que nous avons rencontrés nous l'ont assuré, ce qui est communément appelé l'affaire Jouyet-Fillon a eu des conséquences déterminantes, largement sous-estimées au moment de sa révélation. Et pas seulement sur la popularité de Fillon, évoquée par exemple par son ex-bras droit Patrick Stefanini dans son livre *Déflagration* (Robert Laffont, 2017) : « Après ce calamiteux déjeuner avec Jean-Pierre Jouyet, François Fillon décroche dans les sondages. »

L'affaire débute le 5 novembre 2014. *L'Obs* publie en exclusivité des extraits de notre nouvel ouvrage, *Sarko s'est tuer* (Stock), dont la scène d'ouverture va provoquer un séisme politique que nous étions loin d'avoir imaginé. L'histoire ? Ce fameux déjeuner du 24 juin 2014. Organisé, à la demande de l'ex-Premier ministre, par l'intermédiaire d'Antoine Gosset-Grainville, il porte donc rapidement sur le sujet qui en a vraisemblablement motivé l'organisation : Nicolas Sarkozy. L'obsession de François Fillon.

À cette date, ce dernier, on l'a vu, est au cœur des finances de l'UMP, il doit même rencontrer les commissaires aux comptes le lendemain, mercredi 25 juin. Son objectif est clair : obtenir que la justice soit saisie de l'affaire des pénalités et enquête ainsi sur son rival, ou plutôt son ennemi, Nicolas Sarkozy.

Mais cela n'est pas suffisant, à ses yeux. Il entend aussi s'assurer que la justice fasse preuve de zèle et investigue à vitesse grand V. Depuis un demi-siècle, la droite française a une longue – et mauvaise – habitude : l'interventionnisme dans les procédures judiciaires. Fillon, élu pour la première fois député trois décennies plus tôt, a tout cela en tête au moment où il déjeune avec Jouyet.

L'entrée avalée, il aborde le dossier qui lui tient tant à cœur, le paiement par l'UMP des 516 615 euros dus par Sarkozy – même si, aujourd'hui encore, Fillon nie avoir évoqué ce sujet ce jour-là, quand Gosset-Grainville affirme également ne pas avoir le souvenir de cet échange.

Jouyet, lui, est formel, il a même en tête tous les détails de la conversation. Dans l'entretien qu'il nous a accordé, en septembre 2014, afin de nous confirmer la teneur de ce déjeuner, il a été tout à fait explicite, ce qu'il allait d'ailleurs regretter par la suite.

Jouyet affirme d'abord que, s'il a accepté d'aller festoyer avec l'un des leaders de la droite, c'est après en avoir parlé avec François Hollande : « J'ai dit au président : "Est-ce que je vais voir Fillon puisqu'Antoine [Gosset-Grainville] m'a dit : 'Ben, François Fillon serait content de te voir, et tout'…" Bon, il m'a dit : "Bien sûr, [mais] faut pas que ce soit à l'Élysée." Très bien, donc on est allés dans un restaurant, à côté, avec Antoine et Fillon. Mais faut voir ce que Fillon m'a mis sur le truc ! » Et Jouyet de préciser : « Où Fillon a été le plus dur, vraiment le plus dur, c'est sur le remboursement que Sarkozy avait demandé. » Avant de restituer cet échange avec Fillon.

— Fillon : Jean-Pierre, c'est de l'abus de bien social, c'est une faute personnelle, y avait rien à demander à l'UMP de, de, de… payer tout ça.

— Jouyet : Vous pensez que [cet avis] est partagé par Raffarin et Juppé ?

— Fillon : Bien sûr, Juppé le sait, et Raffarin le sait. Mais Jean-Pierre, t'as bien conscience que, si vous ne tapez pas vite, vous allez le laisser revenir. Mais agissez ! Agissez ! C'est pas Copé, c'est pas Bygmalion, hein, là, c'est lui.

— Jouyet : Moi, on me dit qu'on ne peut pas aller plus vite et que c'est la justice qui instruit normalement les trucs…

Jean-Pierre Jouyet insiste. D'après lui, François Fillon, depuis son arrivée à la tête de l'UMP aux côtés d'Alain Juppé et Jean-Pierre Raffarin, était « très choqué de ce qu'il voyait, très choqué de Bygmalion, et très choqué de cette affaire de pénalités. [...] Je lui dis : "La justice est indépendante..." » Il pense toujours, et tout le monde pense, que l'Élysée a toujours une main invisible sur la justice et qu'on va... ». Jouyet en profite pour décrypter les ressorts de l'aversion de Fillon à l'égard de Sarkozy : « Je crois que Fillon n'aime pas tout l'entourage, il a été victime de l'entourage, ils ont sorti des trucs sur lui... » Pour conclure l'entretien, Jouyet lance, à propos de Fillon : « Il m'a dit : "Faut aller vite", ça je me souviens : "Faut aller vite. [...] Pour lui casser les pattes, avant"... » Sous-entendu, avant le retour annoncé de Sarkozy, alors présenté comme imminent.

François Hollande, que nous interrogions régulièrement à l'époque dans le cadre de notre futur livre « *Un président ne devrait pas dire ça...* » (Stock, 2016), nous confirmera plus tard le récit de son secrétaire général : « Fillon a dit à Jouyet : "Mais comment ça se fait que vous ne poussiez pas la justice à en faire davantage ?" On pouvait penser que c'était un piège. D'ailleurs, avec une idée, la même que Sarko, c'est que c'est nous qui instrumentalisons la justice... »

La révélation de ce déjeuner et surtout de son contenu provoque une onde de choc. L'un des barons de la droite française demande au numéro deux du pouvoir socialiste de faire pression sur la justice afin d'éliminer son rival, membre du même parti, et dont il a été le Premier ministre cinq ans durant... Cela semble à peine croyable.

Le scandale est d'autant plus grand que, dans un premier temps, pressé par Fillon, le maladroit Jouyet commet la folie de démentir. Dans la panique, le distrait secrétaire général a manifestement oublié que l'entrevue accordée deux mois plus tôt avait été enregistrée par nos soins ; nous procédons ainsi, afin de pouvoir restituer le plus fidèlement possible les propos de nos interlocuteurs, mais aussi pour nous prémunir contre ce type de revirement. La publication du contenu exact de ses déclarations dans les colonnes du *Monde* fait deux victimes : Jouyet lui-même, accusé d'avoir menti, et poussé au bord de la démission, mais surtout Fillon, dont chacun lit désormais le jeu. Tout particulièrement à droite.

Sous pression, l'ancien Premier ministre tente de répliquer sur le terrain judiciaire, il demande à faire saisir l'enregistrement de l'entretien avec Jouyet et dépose plainte pour diffamation contre ce dernier et contre nous-mêmes. Fillon proteste de son innocence, dément en bloc, évoque une manipulation politique de grande ampleur...

Mais, dans son camp, personne n'est dupe.

CHAPITRE 12

« Digne de Pierre Laval »

Encore une fois, se tourner vers Roselyne Bachelot.

On ne la lui fait pas. Les démentis outragés de François Fillon ? Elle préfère en sourire. Jusqu'à pilonner la défense de son ami : « Je connais mon François, je crois qu'il a dit à Jouyet : "Vous êtes vraiment cons, hein, pourquoi vous ne faites rien, ça va être Sarkozy l'adversaire, il faut vous sortir les doigts du cul !" Il lui demande ça, car, pour lui, c'est : "Vous êtes les rois des cons, qu'est-ce qui vous prend, vous êtes des nuls, vous avez de l'or entre les mains, il faut foncer", sachant qu'il y a moyen d'agir sur la justice. Mais je ne pense pas que Fillon ait dit : "Je te demande pour moi de faire ça..." La conclusion est la même, cela dit. » Bachelot ne cache pas que l'épisode a eu de graves conséquences pour sa famille politique. « Je comprends que Sarko soit devenu dingue après ça, dit-elle. Les ennemis sont sortis de la tranchée, on les voit parfaitement, avec la mitrailleuse. Sarko est passé du mépris à la haine ce jour-là. Il se dit : "Il est impossible que Fillon devienne président et je vais tout faire pour"... »

On le surnommait déjà « François Fuyons » du temps où, siégeant à l'Assemblée nationale, il était réputé pour son art de s'esquiver au moment opportun, par exemple lorsqu'il y avait des coups à prendre à la tribune ; après la révélation de son déjeuner avec Jouyet, Fillon va hériter, dans sa famille politique, d'un second sobriquet, tout aussi désagréable : « François Félon ».

Une félonie, oui, c'est bien ainsi qu'est jugée, au sein de la droite républicaine, la démarche inavouable de Fillon auprès du pouvoir socialiste. Une requête dont, malgré les dénégations de l'intéressé, personne ne doute de la réalité dans son propre camp. Et qu'ils sont nombreux à juger impardonnable.

Tous, ils n'ont pas de mots assez durs. Tous, ils jugent le déjeuner Fillon-Jouyet comme un moment charnière.

Ministre du Logement de 2009 à 2012, Benoist Apparu le dit sans ambages : « Le déjeuner avec Jouyet est un moment majeur. C'est la première déclaration de guerre lourde et massive de Fillon à Sarko. Ce n'est pas juste un coup de flingue. »

« L'affaire Jouyet ? Rien ne m'étonne avec Fillon », tranche un autre chiraquien historique, Jean-Louis Debré, avant d'ajouter : « C'est de l'amateurisme. »

Le pondéré François Baroin va dans le même sens : « Je peux porter témoignage d'un échange avec Sarkozy pour dire, pudiquement, que ça l'a rendu fou furieux ! Je pense qu'on peut le dire comme ça. Est-ce le point d'inflexion ? Connaissant Sarkozy, qui est un affectif... Si l'on veut comprendre ce personnage hors norme, de roman, même, il faut avoir en tête que c'est un affectif. Et si Fillon, son Premier ministre, avait dit du bien de Sarkozy tout de suite après la défaite de 2012, qu'il avait fait campagne à la primaire sur le thème "reconnaissance au grand homme" et qu'il n'avait pas voulu jouer par orgueil, inutilement, sur les blessures et lui renvoyer la monnaie, on n'en serait pas là aujourd'hui. C'est évident. Au fond, j'ai l'impression que le moteur de haine, il était du côté de Fillon. »

Lorsque l'affaire a éclaté, Baroin se souvient d'avoir été particulièrement choqué. « Je ne me dis pas : "C'est la politique", se remémore-t-il. Je me dis : "C'est tout sauf la politique." Dans le pire des cas, c'est d'une naïveté confondante d'aller voir le secrétaire général d'un pouvoir dont on est l'opposant. Imaginer qu'une conversation de cette nature puisse exister... Je connais Jouyet, donc je me dis : "Oui, c'est peut-être possible, il dit sûrement la vérité." Sarko, je me souviens de ce qu'il m'avait dit, c'était un truc du style : "Tu te rends compte, regarde jusqu'où il va." Il y croit vraiment, il ne se pose pas de questions. »

Valérie Pécresse, elle, se souvient de sa stupéfaction en apprenant cette histoire. « Je tombe des nues quand j'apprends Fillon-Jouyet, révèle la patronne de la Région Île-de-France. Je pense qu'en politique il y a des haines, mais aussi des moments-clés utilisés pour tuer l'adversaire. On fait beaucoup de judo en politique, on prend le faux pas de l'adversaire, on prend son erreur, sa faute, et on en fait un emblème pour le tuer. La visite de Fillon à Jouyet est ensuite utilisée par Sarko comme une pierre pour le lapider. Et Sarko a beaucoup, beaucoup tapé... » Avec le recul, l'ancienne ministre en est convaincue, elle aussi : « Fillon-Jouyet, c'est le moment déclencheur de la vraie haine. Pour Sarko, il y a le sentiment de la trahison. »

Rival historique de François Fillon, Jean-François Copé, sans surprise, pourfend son imprudente initiative : « Il a été assez bête pour penser que Jouyet avait la moindre prise sur le parquet pour faire une comparution immédiate. Comme si l'Élysée avait ce type de pouvoir ! Je n'y crois pas du tout. C'est tellement traçable que c'est suicidaire. L'affaire Jouyet, elle est scandaleuse. C'est une honte. C'est une honte ! Il est allé dénoncer Sarkozy ! Moi, j'étais scandalisé, Sarko aussi était scandalisé. Mais c'est effrayant !... » Copé a encore en tête la réaction de l'ancien président, juste après l'explosion du scandale : « Sarkozy était dans un état... Il m'a dit : "Tu te rends compte, c'est digne de Pierre Laval"…» Outrancière, cette référence à l'ancien président du Conseil, figure de la collaboration, en dit long sur les sentiments que nourrit alors l'ex-chef de l'État pour celui qui fut son Premier ministre cinq années durant.

Copé se souvient que « même Raffarin était indigné. Mais on l'était tous ! Ce qui est scandaleux c'est que les fillonistes par intérêt – il n'y a pas de fillonistes de cœur – ont mis une espèce de chape de plomb pour expliquer que cette histoire, ça ne pouvait pas être vrai. Lui a toujours eu droit, jusqu'à la période finale, à : "C'est pas possible, pas lui…" ».

De fait, malgré l'ampleur des réactions lorsque les faits ont été mis au jour, l'affaire fut vite éclipsée. Tout sauf un hasard, à en croire Copé : « Je n'en revenais pas que la presse soit aussi indulgente avec Fillon. Mais, là aussi, par haine de Sarko. La presse a toujours nourri ce sentiment vis-à-vis de lui – après l'avoir adoré d'ailleurs, comme avec Macron. »

Xavier Bertrand apporte son propre éclairage : « Si Sarko était vraiment fou furieux, je le comprends, on peut se foutre sur la gueule, mais aller demander au camp d'en face d'arbitrer, c'est enfreindre la règle. Ce que Fillon vit après Matignon, c'est une forme d'aveuglement contre Sarko. Il a vraiment une haine de Sarko. Beaucoup de choses l'ont rongé pendant les cinq ans, c'est tout ça qui ressort. Un truc devenu intérieur et qui l'a rongé. »

Au point de commettre l'irréparable.

Car François Fillon, au cours de ce déjeuner passé à la postérité, a commis plus qu'un crime de lèse-majesté en s'attaquant au chouchou des militants de l'UMP. Il a brisé un tabou, commis un blasphème politique : dénoncer à l'ennemi un membre de sa propre famille.

CHAPITRE 13

Dati les bons tuyaux

Rachida Dati s'installe au bar du TGV Paris-Strasbourg, où elle nous a donné rendez-vous, ce 11 décembre 2018. Le socialiste Vincent Peillon passe en coup de vent dans le couloir, bientôt suivi par Florian Philippot, en rupture de ban avec le RN. Drôle d'endroit pour une interview.

Mais ça lui ressemble bien, finalement.

Rachida Dati, grande gueule, oui, bien sûr. Mais pas que. C'est aussi l'une des meilleures connaisseuses des guerres intestines qui ont ravagé la droite depuis dix ans. Elle connaît surtout très bien Jean-Pierre Jouyet et est restée suffisamment proche de Nicolas Sarkozy pour évaluer les dégâts irréversibles provoqués, dans l'entourage de l'ancien président, par la démarche de François Fillon auprès du pouvoir socialiste.

À notre grande surprise, s'agissant de l'affaire Jouyet-Fillon, Dati assure ne pas l'avoir découverte en novembre 2014, et en avoir même parlé à Sarkozy plusieurs semaines auparavant ! « Mais moi, je lui avais dit, déjà ! s'exclame-t-elle. Je lui en avais parlé. J'ai dû en parler à Sarko en juin ou juillet... Sarko qui, évidemment, fait "gloups" ! Ça ne le surprend pas, mais il prend quand même un petit coup à l'estomac. C'est-à-dire qu'il se dit : "Ça se fait pas"... Même s'il sait que Fillon est capable de le faire ! Donc, quand vous le sortez, Sarko ne découvre rien, on le sait, nous... D'ailleurs, Jouyet lui-même, lorsque c'est sorti en novembre,

surtout que l'autre [Fillon] le traitait de menteur, me dit :
"Rachida, tu t'en rappelles, je t'en avais parlé." Et je lui dis :
"Oui, je sais, tu m'en avais parlé…" »

Sarkozy, à en croire Dati, « ne s'est jamais fait aucune
illusion sur Fillon ». S'il a été heurté par l'initiative de
son ancien Premier ministre, l'ex-président, pourtant,
n'est pas monté au créneau au moment de la révélation
de l'affaire. Pour mieux mûrir une vengeance machia-
vélique ? « Non », balaye Dati, en invoquant une scène
remontant aux cinq années durant lesquelles les deux
hommes cohabitèrent à la tête de l'État. « Un jour,
alors que je "tapais" sur Fillon, et que lui, évidemment,
pleurait chez Sarko en disant : "Faut qu'elle arrête, faut
qu'elle arrête", Sarko me dit : "Pourquoi tu fais ça ?" Je
lui réponds : "Monsieur le président, Fillon, c'est une
usurpation, on ne peut pas le laisser faire, il va nous
emmener à notre perte." Et là, il me dit : "Rachida, toi
et moi, quoi qu'on fasse, on a des visages d'agresseurs.
Lui, il a un visage de victime. Donc même s'il nous
agresse…" Donc, Sarko me dit : "Ça ne sert à rien, il va
tomber tout seul. Plus tu vas le taper, plus il va se victi-
miser, et donc on ne verra jamais qui il est vraiment. Et
le jour où il tombera, on dira que c'est à cause de nous.
Donc laisse-le tomber de ses propres turpitudes." C'est
pour ça que, quand vous sortez l'info du déjeuner, il ne
réagit pas. Rien. »

Lorsqu'elle évoque l'ancien secrétaire général de l'Élysée,
avec qui elle a noué une solide relation, Dati recourt à ce
langage imagé qui est sa marque de fabrique : « Jouyet, il
est fragile, et pas étanche ! Je disais souvent à sa femme :
"Brigitte, je te dirai un truc, mais après, parce qu'il est là
et il va le répéter !" Parfois, au téléphone, je lui dis : "J'ai
un truc à te raconter, mais je ne vais pas te le dire parce
que t'es pas étanche !" Il est adorable et malin. Et je l'ai
rabiboché avec Sarko. »

Chez Dati, l'affection n'empêche pas la lucidité, manifestement. « Moi, insiste-t-elle, je l'aime bien, Jouyet, et j'adore sa femme, une femme de droite, mais dans le bon sens du terme. Dans les gens de droite, vous avez les gens genre charité chrétienne, c'est-à-dire : "Heureusement qu'on est là pour vous aider, mais ne venez pas à notre niveau." Et ceux que j'appelle la vraie droite : on a bossé, on est méritants, et justement, il faut donner le relais. On est plus dans la transmission que dans la charité. »

De charité, il sera très peu question, ici. Et de pardon, encore moins. Car, même s'il n'en laisse rien paraître à l'époque, Nicolas Sarkozy écume de rage depuis qu'il sait que François Fillon a été le dénoncer. Dans son camp, ils se bousculent pour vouer le « traître » aux gémonies.

Henri Guaino, par exemple. « Sarkozy a toujours pensé que Fillon, ce n'était pas un type très bien, nous rapporte l'ancienne plume du président. La cassure, c'est l'histoire Jouyet. J'ai tout fait pour éviter qu'ils s'écharpent en public. Mais, pour Sarko, c'est impensable de faire des trucs pareils. Ce n'est même pas une manœuvre politique, c'est pire que ça. »

« C'est inadmissible, ce qu'a fait Fillon, abonde l'ancien bras droit de Sarkozy, Claude Guéant. Nicolas Sarkozy a parlé après avec Jouyet, pour vérifier. Il a eu l'occasion de le rencontrer, et cette affaire est venue sur le tapis. Et Jouyet lui a dit qu'il s'était passé quelque chose. Il l'a bien confirmé. »

Le dévoué Brice Hortefeux, confident de l'ex-président depuis plus de quarante ans, est sur la même longueur d'onde. L'ami de toujours nous confirme lui aussi au passage que Sarkozy, outré, est bien allé voir Jouyet pour obtenir confirmation : « Avec l'affaire Jouyet, tout d'un coup, Sarkozy écarquille les yeux, traduit Hortefeux. Mais je pense qu'il savait déjà… Nicolas, lui, est incapable de faire des trucs comme ça, il a d'autres défauts, mais ça, il sait

pas faire. Il a été d'autant plus surpris. Et touché. Quand
même, voir le gars dire : "Il faut accélérer, il faut s'en
débarrasser..." Alors que c'est le type qui vous a nommé
Premier ministre... J'en parle avec lui à l'époque, il me dit :
"Regarde ce dont il est capable." Il a vu Jouyet, qui lui a
confirmé la conversation. Jouyet était son *punching-ball*, à
un moment donné. Fillon est très retors... masqué. Après
ça, la haine est installée, dès lors, il ne lui pardonne pas.
J'ai vu Fillon avoir des haines, pour Rachida par exemple
– pas tout à fait à tort, d'ailleurs. Nicolas, non. Mais là, il
se dit : "Si j'ai la possibilité, je lui réserve un chien de ma
chienne..." »

Patience...

CHAPITRE 14

La pire contre-attaque

Accro aux succès électoraux, son endorphine à lui, Nicolas Sarkozy savoure le moment. Le 29 novembre 2014, il est réélu à la tête de l'UMP.

La première étape de son retour est réussie.

De nouveau dans la place, Sarkozy va pouvoir régler ses comptes. Au propre comme au figuré : en succédant aux commandes du parti à la troïka chargé d'expédier les affaires courantes, l'ancien chef de l'État a de nouveau autorité sur les services administratifs, peut accéder aux archives, mais aussi aux dossiers en souffrance aux services juridique et financier… Et il ne va pas s'en priver.

Drôle d'« alternance », tout de même, où l'on pense d'abord à faire les poubelles de ses prédécesseurs au lieu d'essayer de rénover un logiciel idéologique pourtant déjà en voie de péremption.

Cinq mois plus tôt, les fillonistes avaient fait exactement la même chose, fouillant méticuleusement les placards dans l'espoir d'y débusquer quelques cadavres.

Jérôme Lavrilleux le confirme : « Pour Sarkozy, à ce moment-là, il faut absolument remettre la main sur le parti, les finances, les archives, la mémoire… Il se demande ce qu'ont fait les fillonistes exactement. Est-ce qu'ils ont tout vu ? Tout trouvé ? N'oubliez pas, l'important, c'est que mes ennemis pensent que je sais. Or, Sarkozy ne sait pas ce que Fillon a exactement, donc il faut remettre la main dessus. »

Reprendre le parti, cela signifie, bien entendu, placer d'abord des fidèles aux postes-clés. Chez Sarkozy, ce sont souvent d'anciens policiers. Un curieux tropisme qui n'a pas échappé à Lavrilleux. « Il met quand même, comme directeur général du parti, Frédéric Péchenard ! s'exclame-t-il. Vous m'expliquez en quoi il a une expérience politique, en quoi c'est une personne tellement importante qu'elle peut diriger un parti politique ? Il met l'ancien directeur général de la police nationale ! Je rappelle que son dir' cab', payé par le contribuable, rue de Miromesnil, c'est Michel Gaudin, autre ancien DGPN ! Ça ne choque personne... Pourquoi s'entourer tout le temps de policiers ? Et vous avez aussi l'ex-patron du contre-espionnage, Bernard Squarcini, recasé chez LVMH. Pourquoi tout ça, pourquoi autant de flics pour faire de la politique ? Il y a un autre intérêt... C'est un homme de réseau. Le DGPN, il a la police judiciaire derrière lui. »

De retour dans la place, le grand manitou de la droite obtient en tout cas rapidement confirmation, documents à l'appui, de ce que ses soutiens lui serinaient depuis des semaines, à savoir que les fillonistes ont tout fait pour que cette affaire des pénalités lui explose à la figure comme un pétard à mèche lente. « Regarde ce qu'il m'a fait », répète-t-il à ses visiteurs, de cette voix blanche si caractéristique où se mêlent la consternation et la colère.

Il enrage.

Sans parler de l'affaire Jouyet-Fillon, qui fait grand bruit, même si Nicolas Sarkozy, conseillé par Guaino et Guéant, décide de faire le mort, ou plutôt le coup du mépris. Tout juste a-t-il dénoncé, lors d'un meeting à Caen, le 10 novembre 2014, une « marée de boue », mais c'était pour aussitôt préciser dans une forme d'antiphrase qu'il n'entendait « polémiquer avec aucun membre » de sa formation politique.

Politicien avisé, car expérimenté, Nicolas Sarkozy sait que, dans l'esprit des sympathisants de l'UMP, François Fillon s'est totalement décrédibilisé en allant « pactiser » avec l'ennemi socialiste pour obtenir le scalp du rival honni, qui est aussi le préféré des militants. Alors à quoi bon en rajouter ? Mieux vaut feindre de prendre de la hauteur et renvoyer les autres, notamment ce Fillon qu'il a toujours méprisé, à leurs « bassesses ».

De son côté, l'ancien Premier ministre occupe le terrain médiatique, continue de crier au complot politique dans l'affaire Jouyet… Parmi les cadors du parti, ses démentis ne trompent personne, mais l'essentiel est ailleurs pour lui. Il s'agit de convaincre les militants et sympathisants de l'UMP de sa bonne foi. Il prépare aussi son offensive sur le terrain judiciaire, visant donc à la fois Jean-Pierre Jouyet, accusé d'avoir menti, et les auteurs du livre par qui le scandale est arrivé – c'est-à-dire nous-mêmes. Fillon passe la consigne à son entourage : il a besoin d'une défense sans scrupule, prête à « cogner » sans états d'âme. Convaincu que l'opinion publique ne comprend pas grand-chose à cette histoire, et conscient aussi que le dossier ne se présente pas forcément très bien pour lui, il prône une défense de rupture. Mais rien ne se passe comme prévu. Comme les intéressés nous le confieront plus tard, plusieurs figures du barreau, réticentes à cautionner une défense à la fois agressive contre la presse et complotiste à l'égard du pouvoir, déclinent poliment les avances du camp Fillon. Voilà l'ex-Premier ministre contraint d'improviser, faute d'avoir pu attirer dans ses filets l'un des avocats d'envergure qu'il guignait. Le résultat va être calamiteux.

Le 20 novembre 2014, le tribunal de grande instance de Paris, saisi en urgence, rejette la demande exorbitante du camp Fillon de faire saisir l'intégralité de l'enregistrement audio de notre entretien avec Jouyet dans lequel l'ex-secrétaire général de l'Élysée le met en cause. Un premier fiasco, mais le plus gros camouflet est à venir.

« Droit dans ses bottes », comme aurait dit Juppé, Fillon ne lâche rien. C'est une constante chez lui, la suite le montrera : surtout, ne pas concéder de terrain à l'adversaire, ne jamais reculer, même d'un millimètre. Moins par stratégie politique que par orgueil, sans doute.

À défaut d'être crédible, son argumentaire est simple : l'histoire Jouyet a été inventée de toutes pièces par des journalistes malhonnêtes avec la complicité du pouvoir socialiste. Durant cette séquence à haut risque, un homme joue un rôle-clé auprès de François Fillon : Patrick Stefanini. Directeur de la première campagne présidentielle victorieuse de Jacques Chirac, en 1995, ce haut fonctionnaire est réputé être un organisateur hors pair, et un piètre candidat, aussi, puisqu'il a perdu toutes les élections auxquelles il s'est présenté personnellement. L'homme de l'ombre par excellence, épaulé par une autre personnalité influente dont il est l'ami, Patrick Dray – aujourd'hui conseiller du président du Sénat, Gérard Larcher.

« Moi, le déjeuner avec Jouyet, je n'étais pas au courant, Nathalie Etzenbach, pas davantage, nous confie Stefanini. Je pense qu'à part Gosset-Grainville, qui avait organisé le déjeuner, et la secrétaire particulière de Fillon, personne n'était au courant de ce déjeuner, que moi je découvre lorsque vous sortez votre livre. Je reconnais que vous êtes tentés, vous, de faire une séquence entre la réunion du vendredi, le déjeuner du mardi, la réunion avec les commissaires aux comptes du mercredi... C'est sûr que la chronologie est dans ce sens. Mais est-ce que Fillon, lorsqu'il va déjeuner avec Jouyet et Gosset-Grainville, alors qu'il n'a pas encore eu sa réunion avec ses commissaires aux comptes, a intégré le fait que les commissaires

aux comptes sont tentés de faire un signalement au parquet ? Je n'en suis pas certain du tout. Mais je n'en sais
rien, Fillon ne m'a jamais dit ce qui s'est dit au cours de ce
déjeuner, donc c'est un secret entre ces trois-là. Et comme
ils livrent des versions différentes, ce n'est pas très simple
de s'y retrouver... »

La justice, elle, y est parvenue. Dans tous les cas,
Stefanini en convient volontiers, cet épisode a révolté
Sarkozy. « Un jour, raconte-t-il, Patrick Dray m'a dit :
"Jamais Sarko ne pardonnera ce déjeuner à Fillon." Moi,
ma principale préoccupation a été de convaincre Fillon,
avec François Sureau, qu'il ne pouvait pas rester en l'état,
qu'il fallait qu'il porte plainte pour diffamation. Mais je
me foutais pas mal du contenu du déjeuner. Il me semblait que, si Fillon ne portait pas plainte en diffamation,
ça équivalait à acquiescer à tout ce que vous aviez écrit,
et que ça, ce n'était pas bon pour son image de candidat.
Et je continue à ne pas avoir de regrets à l'avoir poussé à
porter plainte.

« Concrètement, se rappelle Stefanini, c'est moi qui
me suis payé les séances chez l'avocat pour préparer tout
ça ! Ça m'a pris beaucoup, beaucoup de temps, beaucoup
d'énergie, et je garde du coup un très mauvais souvenir de
ce déjeuner, qui m'a parasité. »

Patrick Stefanini le maintient, ce procès, « on a eu raison de le faire, même si Fillon a perdu ». « Vis-à-vis de son
électorat, traduit-il, il fallait donner l'image d'un Fillon
qui se battait. » Peu importait le fond des accusations portées contre son leader, l'essentiel était de faire passer un
message.

Celui de la justice va être cinglant. François Fillon
est débouté en première instance le 9 juillet 2015, puis
encore en appel, le 24 mars 2016. Humilié sur le terrain
judiciaire, François Fillon a compris que son salut ne

viendrait pas de là. Il en est réduit à compter sur le travail d'autres magistrats.

Ceux qui sont aux trousses de Nicolas Sarkozy.

CHAPITRE 15

Un juge au secours... de Sarkozy

Incroyable, pour qui croyait bien le connaître.

Le mercredi 4 septembre 2019, invité spécial de l'émission « C à vous », sur France 5, Nicolas Sarkozy, quasi souriant, complimente le juge Renaud Van Ruymbeke. Celui-là même qu'il vomissait, quelques années plus tôt, en plein scandale Clearstream.

Le temps aurait-il fait son œuvre ? Pas le genre de la « maison Sarko », où l'on a la rancune tenace, généralement. Non, c'est surtout que le magistrat a su gagner le respect de l'ancien Président... en lui rendant une décision favorable.

Tout s'est joué le mercredi 1er avril 2015. Ce matin-là, à 8 h 30 précisément, Nicolas Sarkozy, les traits tirés, pénètre dans le cabinet de Renaud Van Ruymbeke, au 3e étage du pôle financier parisien.

Entouré de son avocat historique, Me Thierry Herzog, et de la collaboratrice de ce dernier, Me Gesche Le Fur, l'ancien président, convoqué dans l'affaire des pénalités sur laquelle son rival François Fillon mise tant, est fébrile, stressé. Il affiche un petit sourire crispé, ce rictus généralement signe, chez lui, d'un agacement à peine contenu.

Preuve de l'importance revêtue par cette audition, l'autre juge saisi de l'affaire, René Grouman, mais aussi le vice-procureur, Nicolas Baïetto, sont présents.

Si l'ex-chef de l'État est si nerveux, ce n'est pas seulement parce qu'il joue gros. De fait, s'il ressortait du pôle financier affublé d'une nouvelle mise en examen, ce serait un rude coup politique. Une perspective rendue très probable depuis février 2015 et les poursuites lancées dans le même dossier contre Jean-François Copé, pour « abus de confiance ».

Non, si Nicolas Sarkozy est dans tous ses états, c'est d'abord à la perspective de devoir croiser le fer avec un magistrat qu'il déteste. Le président de l'UMP en est convaincu depuis l'affaire Clearstream, au mitan des années 2000, Renaud Van Ruymbeke est un juge « rouge » qui a juré sa perte.

Sarkozy est devenu président de la République, mais les rancœurs ne se sont pas forcément apaisées. D'autant que Sarkozy est persuadé que Van Ruymbeke n'a eu de cesse de le « chercher » dans un autre dossier politico-financier, l'affaire de Karachi. Dans le cabinet du juge, l'atmosphère est réfrigérante. Pour ne rien arranger, Sarkozy, en reportant trois fois son audition, a considérablement agacé Van Ruymbeke – c'était sans doute le but.

À peine installé face au magistrat escorté de son inséparable greffière, Maryse Noël, Sarkozy se renfrogne un peu plus en écoutant Van Ruymbeke lui rappeler qu'il a été convoqué pour avoir, « en connaissance de cause, bénéficié de 363 615 euros et 153 000 euros, constituant le produit d'abus de confiance commis au préjudice de l'UMP ». Le juge conclut son exposé liminaire par la phrase tant redoutée : « Nous envisageons de vous mettre en examen. »

Nicolas Sarkozy, qui tempête intérieurement, lâche sobrement au juge : « Je vais vous répondre. » Avec l'ancien président, le madré magistrat – qui a pris sa retraite en juin 2019 – a affaire à un sacré client. Car Sarkozy n'a pas seulement une formation d'avocat, c'est surtout un combattant hors pair, dont les qualités sont décuplées dans l'adversité. Alors, près de quatre heures durant, « Me Sarkozy », qui a très sérieusement travaillé son dossier, va plaider pour lui-même. Il développe longuement un argumentaire bien rodé, comme nous l'avons évoqué dans le tome 1. Selon lui, non seulement la prise en charge par l'UMP des pénalités infligées au candidat Sarkozy était parfaitement régulière, mais, de plus, personne ne l'a jamais alerté sur l'existence d'une possible infraction.

Homme méticuleux, qui se décrira en juin 2019, dans un entretien à l'agence France-Presse, comme un magistrat « besogneux » et à l'« intelligence moyenne », le juge Van Ruymbeke a lui aussi bien préparé son interrogatoire. Il bombarde de questions précises un Sarkozy hyperconcentré, qui répond du tac au tac. À la fin de l'audition, le procureur y va aussi de ses questions, qui ne déstabilisent pas le moins du monde l'ancien chef de l'État. Il est midi passé. « J'ai essayé de vous convaincre, je vous demande de penser que c'est une injustice qui m'est faite, une grande injustice », conclut Nicolas Sarkozy, un rien emphatique.

Renaud Van Ruymbeke et René Grouman échangent un regard et décident de suspendre l'audition, le temps de se concerter. Vingt-cinq minutes plus tard, les deux juges d'instruction rendent leur verdict. « Nous ne vous mettons pas en examen, vous bénéficiez des droits du témoin assisté », annonce Van Ruymbeke. Sarkozy se sent soudain délesté d'un poids immense. S'il n'en laisse rien paraître, intérieurement, il jubile. Le voilà sorti d'affaire ! Et en plus par le juge Van Ruymbeke, sa bête noire !

Manifestement, les arguments de Nicolas Sarkozy ont été jugés convaincants par les magistrats. D'ailleurs, ils dédouaneront *in fine* l'ensemble des protagonistes de cette histoire, notamment Jean-François Copé, en rendant quelques mois plus tard un non-lieu général.

À peine rendue publique, la nouvelle de la « non-mise en examen » de Nicolas Sarkozy vient aux oreilles de François Fillon. L'ex-Premier ministre râle. Il avait tant misé – et risqué – sur cette affaire. Dans le camp des fillonistes, on s'interroge quasi ouvertement sur l'attitude du juge Van Ruymbeke. Ce sera encore le cas en février 2017, lorsque le même magistrat, co-saisi avec le juge Serge Tournaire du dossier Bygmalion, dans lequel Sarkozy est poursuivi, refusera de signer l'ordonnance de renvoi, laissant seul son collègue assumer la décision de faire comparaître l'ancien président devant le tribunal correctionnel.

Au pôle financier aussi, des magistrats se disent intrigués. Quand certains imaginent Van Ruymbeke ayant succombé avec Sarkozy à une forme de syndrome de Stockholm, d'autres estiment que le juge, traumatisé par la manipulation Clearstream, redoute plus que tout d'être soupçonné d'instruire à charge contre l'ancien président. Et puis, autant le juge Tournaire a l'image d'un « dur », autant Van Ruymbeke a la réputation d'être plus souple.

L'explication est peut-être beaucoup plus simple, à savoir que juridiquement, aussi bien dans l'affaire des pénalités que dans le scandale Bygmalion, si l'implication de Nicolas Sarkozy est largement documentée, sa responsabilité pénale, en revanche, est loin d'être acquise.

N'en déplaise à François Fillon.

CHAPITRE 16

« Je lui ai indiqué l'alerte... »

Depuis 2015, Guillaume Lambert a disparu des radars.

Cet ex-commissaire de la marine, devenu préfet en mai 2012 par la grâce de Sarkozy dont il fut le chef du cabinet à l'Élysée les deux années précédentes, est aux abonnés absents. Pourtant, il va bien falloir qu'il réapparaisse lors du procès Bygmalion. Dans ses petits souliers, sur le banc des prévenus. Conscient d'avoir failli. D'abord, en 2012, lors de l'épopée présidentielle de Sarkozy, en ne s'opposant pas à la gabegie générale, lui, le directeur de la campagne, mais aussi, peut-être, en décidant de prévenir son patron de la folle fuite en avant des dépenses. Enfin, en confirmant lui-même lors de l'enquête avoir alerté le « boss », il a singulièrement affaibli la défense de son ancien patron.

Car le bon directeur de cabinet, c'est celui qui assume, tout, et plus encore. Quitte à se taire, en pleine tornade judiciaire, voire à payer pour les incartades du Chef. Bosseur acharné, fusible désigné. Dernier parti, premier sacrifié.

À cette aune, Jérôme Lavrilleux fut sans doute un bras droit exemplaire. Il a su protéger Jean-François Copé. Il est moins convaincu, c'est un euphémisme, par l'attitude de Guillaume Lambert, à qui il attribue sans hésiter les ennuis judiciaires de Nicolas Sarkozy dans l'affaire Bygmalion. Lavrilleux sait de quoi il parle : il était l'adjoint de Lambert. Accessoirement, il connaît le dossier judiciaire sur le bout des doigts.

À la rentrée de septembre 2015, s'il s'est sorti presque miraculeusement de l'affaire des pénalités, s'il a repris la main politiquement, allant jusqu'à changer le nom de l'UMP, rebaptisée Les Républicains quelques mois plus tôt, Nicolas Sarkozy a bien conscience que, sur le front judiciaire, le plus dur est à venir. Déjà mis en examen dans le scandale Azibert, il reste sous la menace des deux procédures visant le financement de ses campagnes présidentielles, la nébuleuse affaire libyenne pour celle de 2007, mais surtout le dossier Bygmalion, s'agissant de 2012. Ces deux instructions ont la particularité d'être conduites par le juge Serge Tournaire.

Le 4 septembre 2015, le juge fait convoquer l'ancien président par l'Office central de lutte contre la corruption et les infractions financières et fiscales (OCLCIFF), le service de police judiciaire chargé de conduire les investigations dans le dossier Bygmalion. Durant plus de sept heures, escorté une nouvelle fois par son inséparable avocat et ami Thierry Herzog, Nicolas Sarkozy plaide sa cause, encore et toujours. Il est entendu sous le régime de l'audition libre, mais sait pertinemment qu'il est en danger, judiciairement parlant.

Car quelques mois plus tôt, le 3 avril 2015 précisément, Guillaume Lambert, l'ex-responsable de l'association de financement de la campagne de Sarkozy, Philippe Briand et l'avocat de l'UMP Philippe Blanchetier ont été mis en examen pour « usage de faux », « escroquerie », « recel d'abus de confiance » et « complicité de financement illégal de campagne électorale ». Et le 15 juin, c'était au tour de Jérôme Lavrilleux d'être poursuivi pour « usage de faux », « recel d'abus de confiance », « complicité d'escroquerie » et « complicité de financement illégal d'une campagne électorale ».

Face au commandant de police Pascal Repingon, qui maîtrise lui-même parfaitement le dossier, Nicolas Sarkozy a réponse à tout, ou presque. Sa défense tient en quelques points : non, il n'a jamais été informé d'un système de fausses factures, non, il n'a pas été alerté de manière précise sur les graves dérapages financiers émaillant sa campagne, et puis, de toute façon, le président-candidat qu'il était avait autre chose à faire que s'occuper de ces vulgaires détails matériels. Un argumentaire rodé, efficace.

Joueur de tennis amateur à ses heures, Sarkozy se comporte comme un défenseur acharné, acculé au fond du terrain mais remettant systématiquement dans le court adverse les smashs de son adversaire.

Enfin, presque tous. Car il y a un trou dans la raquette du tennisman Sarkozy. Il porte un nom : Guillaume Lambert. Nommé au dernier moment et un peu contre son gré au poste-clé de directeur de campagne, le préfet Lambert, au profil plus administratif que politique, a gagné la confiance de Sarkozy à l'Élysée. Jamais pris en défaut de loyauté jusque-là, il va refuser, devant la justice, d'endosser la responsabilité des « abracadabrantesques » dérives financières de la campagne dont il assurait la direction. Et donc mettre Sarkozy en grande difficulté.

Le commandant Repingon a bien entendu repéré la brèche, il s'y engouffre avec méthode, à la fin de l'audition de Sarkozy, ce 4 septembre 2015. Le policier tend à l'ancien président la note du 7 mars 2012 adressée par l'expert-comptable Pierre Godet au directeur de campagne Guillaume Lambert et au trésorier Philippe Briand. « Vous pouvez constater qu'il y est fait état du risque de dépassement de plafonnement des dépenses électorales au vu des dépenses budgétées, résume-t-il. Que pouvez-vous nous dire sur cette note ? » lance le policier à Sarkozy. Ce point est essentiel, bien entendu. Car pour les enquêteurs, s'il est établi que le candidat Sarkozy a été mis au courant des dérapages financiers, alors sa responsabilité pénale dans le processus ayant abouti à la mise en place du système délictueux pourrait être engagée.

« Je n'ai aucun souvenir de cette note, rétorque Sarkozy au commandant de police. J'observe qu'elle ne m'est pas adressée et donc que je ne l'ai pas eue, assure-t-il. Je suis sûr que Guillaume Lambert ne m'a pas informé de cette note, ni M. Briand à qui elle est aussi adressée. Si cela avait été le cas, Guillaume Lambert l'aurait fait par un écrit que j'aurais annoté. »

Voici le moment que le commandant Repingon attendait. « Guillaume Lambert déclare vous avoir fait part de cette note », oppose-t-il, presque triomphant, à Nicolas Sarkozy. De fait, devant les enquêteurs, l'ancien directeur de campagne a très clairement impliqué l'ancien président. « Je lui ai indiqué l'alerte transmise par l'expert-comptable ainsi que le fait que nous nous efforcions de mettre immédiatement en œuvre ses recommandations, a déclaré Lambert. J'ai dû lui en parler la semaine du 12 mars, lors d'une réunion de coordination à l'Élysée en présence des responsables de l'équipe de campagne, a-t-il précisé. Il m'a dit : "Très bien." »

Pour Sarkozy, le coup est rude. « Je ne m'en souviens pas », maintient-il d'abord, avant de concéder : « Mais cela est possible… » Quelques mois plus tard, devant les juges cette fois, il campera sur cette étroite ligne de crête : « Je ne m'en souviens pas. Mais Guillaume Lambert dit l'avoir évoqué avec moi, d'après ce que je lis dans le dossier. […] Je n'ai pas le souvenir qu'il m'en ait parlé, mais puisqu'il le dit, c'est ce que j'ai dû lui dire. »

Le commandant Repingon va rapidement pousser son avantage. Il présente à l'ancien président la seconde note signée de l'expert-comptable, celle du 26 avril 2012, jour du premier tour, dans laquelle Pierre Godet révèle à Lambert et Briand que le plafond des dépenses de cam-

pagne a été dépassé et souligne « les conséquences extrêmement graves » susceptibles d'en découler.

— Sarkozy : Ce jour-là, ma préoccupation était tout
entière tournée vers les résultats. Croyez-vous que, ce
jour-là, j'ai eu le temps de recevoir l'expert-comptable
de ma campagne ? Si je l'avais reçue [la note], je l'aurais
annotée en disant : « Guillaume, faites très attention, que
nous n'ayons pas d'ennuis... »

— Commandant Repingon : Comment se fait-il que
M. Lambert, dont vous parlez en termes élogieux, ne
vous communique pas cette note qui est indiquée comme
vous étant destinée ?

— Sarkozy : Nous sommes le jour des résultats. Toute
mon équipe, comme moi, était alors focalisée sur le résultat. En outre, les dépenses visées par l'expert-comptable
sont des dépenses déjà engagées pour le premier tour.
L'incertitude sur le résultat et la présence au second tour,
et le fait que les dépenses ont déjà été engagées, on n'y peut
rien. Cela explique que M. Lambert ne m'en parle pas.

Las, face aux enquêteurs, Guillaume Lambert a soutenu
l'inverse. À propos de la note qu'il dit avoir fait parvenir à
Nicolas Sarkozy, ses déclarations sont en effet sans ambiguïté. « Je lui ai passé en lecture celle qui lui était destinée,
du 26 avril. Je lui ai dit alors qu'il fallait s'en tenir strictement à ce qui était prévu pour le second tour, assure
le préfet. Je ne me souviens pas de commentaires. Il me
semble que la note m'est revenue par son secrétariat après
qu'il en a pris lecture. » Dépité, Sarkozy maintient pourtant que l'ex-directeur de sa campagne ne lui a pas donné
communication de cette information : « S'il m'avait passé
la note en lecture, je l'aurais annotée comme j'annote absolument tous les documents qui passent entre mes mains. »

Les démentis de Nicolas Sarkozy n'y feront rien. Convoqué par le juge Serge Tournaire le 16 février 2016, il sait son sort quasiment scellé, encore un peu plus depuis l'audition, huit jours plus tôt, de Jean-François Copé. En lui accordant le statut de témoin assisté, les juges ont mis le maire de Meaux *de facto* hors de cause. Les magistrats ont validé la version défendue par Copé, confortée par les déclarations constantes de Jérôme Lavrilleux, selon laquelle à aucun moment il n'avait été informé des dérives financières, et encore moins du montage frauduleux mis en place pour les couvrir.

Mais si Copé a été protégé par son bras droit, pour Sarkozy, il en va autrement. De fait, ce 16 février, il ressort de son interrogatoire de première comparution lesté d'une mise examen pour « financement illégal de campagne électorale ».

Jérôme Lavrilleux a vu juste, les déclarations du préfet Lambert, désireux de « sauver sa peau », ont pesé lourd dans la mise en cause judiciaire de son ancien patron. « Sans les déclarations de Lambert à la police, Nicolas Sarkozy ne serait pas mis en examen dans cette affaire, et *a fortiori* renvoyé devant le tribunal, assure Lavrilleux. Guillaume Lambert, dressé pour obéir au président, s'il ne dit pas devant les flics : "J'ai eu deux alertes d'experts-comptables, je les ai transmises au président", Nicolas Sarkozy s'en sort ! Si moi je dis : "J'ai alerté Jean-François Copé" – ce qui est faux –, si je fais ça, je le tue… »

Mais il ne l'a pas fait. Le maire de Meaux n'a donc pas, lui, été poursuivi par la justice. Mais il ne ratera rien pour autant du procès Bygmalion.

Et s'il doit être appelé à la barre comme témoin, ce qui est probable, Copé aura bien des choses à dire.

CHAPITRE 17

Un procureur nommé Copé

Automne 2019.

Jean-François Copé se fend d'un coup de fil.

Il s'inquiète de notre livre en préparation.

Allait-on lui faire dire ce qu'il pense vraiment de Nicolas Sarkozy, de son entourage, des financements suspects ? Copé sait bien qu'en politique il faut maîtriser l'art de ne pas enterrer définitivement l'adversaire. Au cas où...

Pourtant, Copé en veut terriblement à Sarkozy, lequel le lui rend bien. Après trente ans de compagnonnage politique, rien là que de très normal, à droite. Mais, entre ces deux hommes, il y a désormais une échéance, qui a créé entre eux un océan de doutes et de rancœurs. Cette échéance, c'est le procès Bygmalion, dans lequel Sarkozy comparaîtra sur le banc des prévenus. Tandis que le maire de Meaux observera les débats en témoin privilégié, lui qui fut un temps inquiété avant d'être mis hors de cause, et sans ambiguïté, par les juges. Il sera probablement appelé à s'exprimer lors de l'audience, mais du bon côté de la barre, celui des témoins.

Jean-François Copé porte un regard impitoyable sur l'implication de Nicolas Sarkozy dans le scandale Bygmalion. Il ne digérera jamais le fait que l'ancien chef de l'État ait voulu lui faire porter le chapeau. « La mise en examen n'est pas technique, elle porte sur une vingtaine de millions, qui en réalité sont un détournement, dit ainsi

Copé à son sujet. Ça ne peut pas être simplement : "Je ne savais pas." Moi, oui, je peux dire : "Je ne savais pas." Je n'ai rien signé, je ne signais pas les comptes de l'UMP en vertu d'un règlement statutaire. Ce que m'avait dit d'ailleurs Jérôme Lavrilleux : "Moi, monsieur, je ne vous en ai jamais parlé." »

Le maire de Meaux, redevenu avocat – ou plutôt procureur –, insiste également d'un point de vue juridique sur ce qui, selon lui, « sera lors de l'audience un très gros sujet » : « Je comprends que Lambert a dit aux magistrats qu'il avait alerté Sarkozy d'un premier dérapage de 500 000 euros, déjà supérieur à celui observé par le Conseil constitutionnel, dont je rappelle que la règle du *non bis idem* ne s'applique pas : ce n'est pas une sanction, c'est un constat qui engendre des conséquences. »

En effet, les conseils de Sarkozy excipent de la décision du Conseil constitutionnel qui, en retoquant en 2013 les comptes du président-candidat, l'aurait déjà jugé. Mais les « sages » n'avaient pas eu connaissance des malversations mises au jour plus tard par la presse puis la justice...

« L'argument invoqué par Sarko ne marche pas, insiste Copé. Ils savent tous très bien que le dossier est très mauvais. Son entourage est paniqué, également, à l'idée de lui en parler, c'est un concept clanique. » La présomption d'innocence ? « Elle trouve ses limites dans le fait qu'on ne concourt pas pour être président de la République quand on est mis en examen ou renvoyé en correctionnelle », tance Copé.

Sur ce point, le réquisitoire définitif du parquet, signé le 5 septembre 2016, n'a pas laissé le maire de Meaux insensible : « Le réquisitoire est très bien fait. On n'a pas besoin de cocher toutes les cases du financement illégal pour être pénalement responsable, celles qu'il coche, elles sont très sévères : instigateur, bénéficiaire, voilà pourquoi, voilà comment... C'est une fuite éperdue en avant, ne pas vouloir voir. Un déni assez fort de la réalité. »

Au moins, Sarkozy est fixé : son salut ne viendra pas de Copé. Et qu'il ne lui vienne surtout pas l'idée de se défausser sur le maire de Meaux, au motif que plusieurs de ses proches (Jérôme Lavrilleux, Bastien Millot...) sont impliqués dans l'affaire. À la mi-novembre 2019, Copé nous prévient : « S'il assume à l'audience, pas de problème, mais s'il me cherche... Il me trouvera. »

CHAPITRE 18

Fillon cogne, Sarko grogne

Mardi 23 août 2016.

Dans cinq jours, le candidat Fillon va sortir de sa léthargie estivale et donner le coup d'envoi – brutal – de sa campagne pour la primaire ouverte de la droite et du centre. Avant de prononcer son discours, Fillon en envoie par mail un *draft* à ses cinq principaux collaborateurs, dont Patrick Stefanini, assorti de ce commentaire : « Discours de dimanche pour avis et suggestions dont je ne ferai que ce que j'ai envie de faire ».

Tellement à l'image du personnage...

Mercredi 24 août. Sarkozy sort du bois. Plus galvanisé que découragé par ses mésaventures judiciaires, Nicolas Sarkozy préempte la rentrée politique en annonçant dans un ouvrage (*Tout pour la France*, Plon, 2016) sa candidature à la primaire – et donc à la présidentielle de 2017. Dans son livre-programme, Sarkozy préconise notamment le placement dans des centres de rétention de toutes les personnes fichées « S ». Une mesure qui fait hurler la gauche et bondir les professionnels de la sécurité, mais à même de satisfaire un électorat de droite en demande d'annonces musclées et de mesures fortes.

Dimanche 28 août 2016, au tour de Fillon, donc.

L'ancien Premier ministre joue à domicile, puisqu'il effectue sa rentrée politique à Sablé-sur-Sarthe, sa terre d'élection. Il doit marquer les esprits. Son discours est d'abord une ode au gaullisme, mais aussi au libéralisme, à la ruralité, l'enracinement, la chrétienté, la France éternelle... Il a muté. « Dans ce discours, François Fillon nous offre une profession de foi gaulliste, mais d'un gaullisme emballé dans une culture de droite bien estampillée, analysera dans *Le Monde* l'historien Michel Winock. Une certaine nostalgie de la France ancienne se révèle dans sa représentation très rurale de la société. Les paysans sont privilégiés : ce sont les "héros" de notre histoire – thème itératif depuis le XIXe siècle chez les conservateurs. »

Valérie Pécresse a en mémoire le moment où François Fillon a brutalement changé de stratégie politique. « Je pars aux régionales, en décembre 2015, je m'immerge, je gagne. Je me retourne, je regarde le paysage national : Fillon avait complètement changé de posture, raconte celle qui préside aux destinées de la Région Île-de-France depuis plus de quatre ans. Il était parti sur le fait que, Sarko ayant repris le parti et Juppé l'héritage gaulliste chiraquien, il lui fallait un autre positionnement : Sens commun et les réseaux catholiques. Il devient un libéral très conservateur. Il change de politique entre 2012 et 2017. Le Fillon que j'avais soutenu, il vote pour la légalisation de l'avortement pour les femmes. Je me rappelle, on était assis à côté, au Parlement, il vient me voir, il me dit : "Comment tu vois les choses ?" Je lui dis : "On ne peut pas ne pas le voter, on a voté la loi Veil, on doit voter ça", et il le vote. Le Fillon d'après va dire : "Je ne suis pas pour l'avortement." Il y a un glissement politique de Fillon qui va l'aider à gagner la primaire. La puissance des réseaux catholiques dans la droite française est très forte. Ce réseau se structure après la Manif pour tous. »

Voilà pour l'orientation politique. Un positionnement tactique – ou opportuniste, au choix –, mais aussi largement impulsé par ses fréquentations libérales, le richissime homme d'affaires Marc Ladreit de Lacharrière ou le patron historique d'AXA Henri de Castries, à qui il ne saurait rien refuser.

Mais ce n'est pas cela que l'on retient de ce discours pour le moins musclé. Non, ce qui frappe, c'est la virulence de ses diatribes à l'égard de Nicolas Sarkozy, qu'il se garde toutefois bien de nommer. « Il y a un temps pour l'agitation et il y a un temps pour l'action », lance Fillon, stigmatisant au passage les « bonimenteurs » et autres « opportunistes sans convictions ». Pas besoin de sous-titres.

Les oreilles de Sarkozy sifflent déjà très fort, mais le plus blessant est à venir. « Ceux qui ne respectent pas les lois de la République ne devraient pas pouvoir se présenter devant les électeurs, tance Fillon. Il ne sert à rien de parler d'autorité, quand on n'est pas soi-même irréprochable. » Avant d'asséner le coup de grâce, sous les vivats de ses supporters : « Qui imagine un seul instant le général de Gaulle mis en examen ? »

Ce n'est pas une critique, c'est une agression pure et simple. Qui fait coup double. Car Alain Juppé, condamné dans l'affaire du financement illégal du RPR, est également visé par le *strike* de Fillon.

Un homme est particulièrement bien placé pour narrer les dessous de cette sortie brutale. C'est Patrick Stefanini, directeur de la campagne de François Fillon, témoin impuissant, les années précédentes, des premières rafales tirées par l'ancien Premier ministre en direction de Sarkozy. « Il remet le couvert très brutalement et très frontalement à Sablé-sur-Sarthe, concède Stefanini. Ce jour-là, Fillon joue la présidentielle à la roulette russe et met une première balle dans le barillet. Mais il l'a voulu, il l'a voulu sciemment. »

Comme à son habitude, l'érémitique François Fillon a monté son coup sans prévenir personne, mettant ses troupes devant le fait accompli. « Il fait ça tout seul, confirme Stefanini. On découvre son discours quelques jours avant, il nous l'envoie, il y a des discussions entre nous, par mail... » Lorsque Stefanini fait savoir qu'il trouve le discours trop agressif vis-à-vis de Sarkozy, il n'est pas entendu. « Je suis assez largement minoritaire, reconnaît-il. Pas tellement sur cette phrase-là, il y a une autre phrase passée plus inaperçue, où il dit en substance que Sarkozy n'est pas légitime pour être candidat, et ça, ça m'avait un peu choqué, parce que ce n'est pas à un concurrent de dire qu'un autre concurrent n'est pas légitime. Mais bon, il tenait à cette phrase, il l'a prononcée... Je me souviens d'ailleurs que Retailleau et Larcher étaient effondrés. Mais je dois reconnaître qu'on s'est assez largement trompés : moi, j'ai cru que cette phrase allait se traduire à nouveau par une chute de popularité de Fillon – vous me direz, à l'époque, il était bien bas, entre 10 et 12 % ! Mais ça n'a pas entraîné de vraie chute de sa popularité. C'est le problème de la politique, il faut bien parler aussi à l'opinion publique, qui, à mon avis, s'en foutait de ses propos sur Nicolas Sarkozy. Une partie même devait penser qu'il avait raison. Mais en même temps, et ça c'est un truc que Fillon n'a jamais voulu voir, c'est que la politique, c'est un jeu collectif. Qu'il ne suffit pas de gagner la primaire, qu'il faut ensuite que les autres vous soutiennent pour que vous gagniez l'élection présidentielle, et que pour qu'ils vous soutiennent, il faut qu'ils aient le sentiment que la primaire a été gagnée dans des conditions de loyauté. Or, il est clair que Sarkozy ne le pense pas, on va s'en rendre compte très très vite. Moi je passe une bonne partie de mon mois de décembre et de mon mois de janvier à essayer de colmater des brèches dans notre dispositif territorial, parce que, dans certains endroits, les sarkozystes traînent délibérément des pieds. Les sarkozystes de Marseille, je peux vous dire qu'ils ne faisaient pas beaucoup d'efforts pour se mobiliser pour Fillon en décembre 2016 et en janvier 2017 ! Et ça, ça peut être relié en effet directement aux déclarations qu'avait faites Fillon sur Sarkozy. »

Dans les rangs du parti, on reste perplexe. Pourquoi une telle hargne ? Même les sarkozystes restent cois. Rachida Dati en convient, Fillon a tapé fort. « Mais ce n'est pas pire que quand Sarkozy apprend qu'il demande à Jouyet d'accélérer la justice, parce que ça, c'était violent quand même ! » tente de relativiser l'ancienne garde des Sceaux. « Quand il sort sa phrase sur de Gaulle, elle est d'une violence hallucinante », glisse de son côté Xavier Bertrand. De fait, l'apostrophe de Fillon est inédite. Comme le faisait dire Michel Audiard à Bernard Blier dans *Les Tontons flingueurs* : « Faut reconnaître, c'est du brutal. » Pour flinguer, Fillon flingue.

Et se flingue lui-même. Mais ça, il ne le sait pas encore.

En attendant, il semble avoir trouvé la bonne ligne pour séduire les militants de droite, et pas seulement ceux encartés à LR. L'épouvantable attentat de Nice (86 morts et 458 blessés), le 14 juillet 2016, a bouleversé le jeu politique, à droite. Les curseurs ont bougé. Si Alain Juppé campe sur sa ligne habituelle, très modérée, celle de « l'identité heureuse », les frères ennemis de l'ex-UMP, devenue LR, Nicolas Sarkozy et François Fillon, « durcissent » le jeu.

Les deux hommes en sont convaincus : les thématiques de la sécurité, de l'identité et de la laïcité seront au cœur de l'élection présidentielle de 2017. Elle se gagnera à droite, très à droite. Et la primaire, prévue les 20 et 27 novembre 2016, encore plus.

À l'automne 2016, François Fillon publie à son tour un livre, *Vaincre le totalitarisme islamique* (Albin Michel), dont le seul titre en dit long sur le positionnement qui sera celui de l'ancien Premier ministre en vue de la primaire, puis de la présidentielle. Biberonné au conservatisme social incarnée par Philippe Séguin, Fillon enfourche désormais des thèmes bien éloignés de ceux portés par son maître à penser politique.

Entre Sarkozy et Fillon, tout est donc désormais en place pour l'affrontement final.

CHAPITRE 19

Le régicide

François Fillon, en dépit de son allure corsetée, est un briseur de tabous.

En allant « dénoncer » Nicolas Sarkozy au pouvoir socialiste, via Jean-Pierre Jouyet, il s'était rendu coupable d'un premier sacrilège. Avec sa petite phrase rendant Sarkozy indigne de l'intouchable général de Gaulle, dont l'ombre tutélaire plane sur la droite française depuis des décennies, il en a commis un second. Un crime de lèse-majesté.

Ces deux transgressions vont sceller sa perte, tous les témoins interrogés dans le cadre de cette enquête nous l'ont assuré. Car pour les sarkozystes, avec sa sortie outrageante de Sablé-sur-Sarthe, fin août 2016, Fillon, qui était déjà devenu une cible à abattre à la suite de l'affaire Jouyet, a définitivement signé son arrêt de mort politique.

« Je ne supporte pas la petitesse », cogne Henri Guaino lorsqu'on le questionne sur l'allusion à de Gaulle. « Il s'en prend à Sarko et à Juppé, et en même temps, pfff... C'est ça, la politique ? Même ses amis le lui ont reproché. »

Parmi ceux-ci, Roselyne Bachelot. Pour l'ancienne ministre de la Santé, pas de doute : « La fameuse phrase "Imagine-t-on de Gaulle mis en examen ?" scelle sa mort politique. Je ne l'appelle pas, il ne m'en parle pas avant. » Fataliste, Bachelot précise toutefois : « La politique, c'est comme la guerre, c'est une chose sale qu'il faut faire salement. Tous les coups sont permis. »

Jean-Louis Debré, qui ne supporte pas le personnage, dresse un constat sévère : « Pas lui ! Le niveau de ces attaques... J'ai trouvé cela tellement triste, pénible. C'est du Fillon... »

Jean-François Copé, lui, alterne entre trois adjectifs : « Ignoble, lamentable, honteux. »

Pourquoi avoir tapé ainsi sur Sarkozy, en public ? À en croire Benoist Apparu, alors soutien d'Alain Juppé, si François Fillon a sorti l'artillerie lourde, c'est moins par conviction personnelle que par calcul politique : « En 2016, sauf à la toute fin, Fillon n'est jamais dans la course, il n'existe pas, c'est Juppé-Sarko, point, rappelle l'ancien ministre du Logement. Le coup "imagine-t-on...", c'était pour se relancer, car le côté "scolaire" ne marchait pas. C'est de la tactique pour se remettre dans le jeu : je cogne comme un sourd, je sors le flingue. C'est vécu comme une mauvaise manière par tout le monde. Le coup de fusil est pour Sarko, le ricochet pour Juppé. On se contrefout de Fillon, sauf qu'on se dit qu'on aura besoin de lui pour le second tour face à Sarko, on se dit qu'on va plutôt être gentils avec lui. »

Du côté des sarkozystes, on meurt d'envie, évidemment, de châtier immédiatement le misérable. Rachida Dati la première. L'ancienne ministre de la Justice a encore en tête son échange, juste après l'épisode de Sablé-sur-Sarthe, avec le « chef », qui réagit devant elle comme il l'avait fait après avoir appris l'existence du déjeuner Jouyet-Fillon.

« Sarko, relate Dati, il connaît ses turpitudes, il dit : "Il faut laisser le temps." C'est pour ça qu'il dit : "Ne l'agressez pas." Mais ça le touche, forcément, comme la une des journaux, lors de la primaire 2016, sur l'argent prétendument donné par Kadhafi – honnêtement, j'ai cru qu'il allait pleurer. Donc, quand il prend un truc injuste dans la figure, on le voit accablé. Sur Fillon et de Gaulle, bien sûr que ça le touche, mais il dit : "Ce type va finir un jour par être découvert..." »

Le Sarkozy sanguin aurait donc vécu, place à un général tout couturé mais assagi. La force de l'expérience. François Baroin, qui s'est rangé derrière l'ex-chef de l'État dans la course à l'investiture à droite, l'assure : « On en a parlé. Il m'a dit : "Tu te rends compte…" Mais il avait tourné la page, dans le genre, "un truc de plus…". »

Baroin le confirme : « Sarkozy a changé ; il a encaissé les attaques de Fillon avec beaucoup de sérénité, et avec plutôt une certaine distance, pas violent, pas agressif. Pas avec le sourire non plus, mais de l'agacement, rien de plus. »

Au-delà du missile de Fillon à destination de Sarkozy, et à un degré moindre de Juppé, Baroin se rappelle surtout avoir éprouvé une vive inquiétude pour sa famille politique, en voie – déjà – d'implosion. « Je suis alors dans une autre écurie, mais ça reste la même famille, précise-t-il ainsi. J'ai du respect pour Fillon, son parcours, sa trajectoire… Et on a bien bossé ensemble. Je ne suis pas un adversaire de Fillon, mais je me dis : "Il faut recoller les morceaux, derrière, il faudra se retrouver." J'ai l'expérience quand même de la campagne 95, j'étais au cœur du réacteur, je sais ce que c'est de dire un mot plus haut que l'autre, et la difficulté de rassembler derrière. J'ai le souvenir de l'isolement de Chirac, et des blessures qu'il a pu ressentir sur les coups portés par Balladur, par Pasqua, par Sarko… En tout cas par des gens qu'il a faits. »

Observateur attentif des guerres internes à la droite, Jérôme Lavrilleux juge lui aussi que les torpilles tirées par Fillon en direction du navire sarkozyste obéissent à un choix mûrement réfléchi.

Une pure manœuvre électoraliste.

« Parce que François Fillon a tiré un enseignement de sa guerre contre Jean-François Copé : il a fait campagne vis-à-vis des Français en 2012, contre Copé, or, ce ne sont pas eux qui votent, analyse l'ancien bras droit du maire de Meaux. Nous, on parlait aux adhérents. En 2016, Fillon a compris qu'il y a d'abord la primaire à faire, alors que, cette fois, c'est Nicolas Sarkozy qui parle aux Français, en tant qu'ancien président de la République. L'adversaire de Fillon au premier tour, c'est pas Juppé, c'est Sarkozy, car ils sont tous deux sur un électorat de droite. Donc il doit dézinguer Nicolas Sarkozy. "Qui imagine…", c'est la verbalisation de son obsession qui s'était manifestée au moment du déjeuner avec Jouyet. »

Une « obsession » nourrie, aussi, d'une conviction, à savoir que Nicolas Sarkozy et ses proches, cernés par les juges, payeraient leur goût immodéré pour l'argent. Lavrilleux a en tête une scène, remontant au mois de juillet 2012. « Jean-François Copé, alors secrétaire général du parti, fait un petit dej' avec les "barons", à la questure de l'Assemblée nationale, raconte-t-il. Il y a là François Fillon, Jean-Pierre Raffarin, Alain Juppé, Christian Jacob, Jean-Claude Gaudin et Gérard Larcher. Je descends à la fin, je me retrouve à côté de Fillon, qui me dit : "Vous êtes au courant de combien prenaient Patrick Buisson et Pierre Giacometti pour leurs sondages ? C'est dingue ! Chez Sarko, ils sont obsédés par le fric." Rétrospectivement, c'est à mourir de rire. Il y a un problème de schizophrénie chez lui. En tout cas, tout ça, Sarkozy le prend très mal. »

Depuis le palais de l'Élysée, François Hollande observe attentivement ses potentiels futurs adversaires se déchirer. Le caractère dévastateur de la petite phrase de Fillon sur de Gaulle ne lui échappe pas, bien entendu. « Je me dis, s'il dit ça, c'est qu'il est vraiment, lui, inattaquable », nous confiera l'ex-chef de l'État, en décembre 2018. « C'est humiliant pour Alain Juppé, alors qu'on sait qu'il a payé pour l'ensemble de sa formation politique, et pas correct à l'égard de Nicolas Sarkozy, dont il a été le Premier ministre », ajoute-t-il.

Hollande prenant la défense de Sarkozy ? Il faut vraiment que Fillon ait frappé fort pour réussir pareil exploit.

CHAPITRE 20

« C'est Fillon qui déballe... »

François Hollande, justement.

Peut-être le meilleur commentateur de la vie politique française des dernières décennies. Bien plus épanoui, manifestement, dans le rôle d'observateur que dans celui d'acteur – en tout cas au sommet de l'État.

Dans ses confortables bureaux parisiens de « président-retraité », rue de Rivoli, Hollande disserte avec gourmandise sur cette propension fascinante de la droite française à s'envoyer et se renvoyer les scandales politico-financiers à la figure. « C'est vrai qu'à droite, faute de se distinguer idéologiquement, il y a eu cette attitude d'utiliser des affaires, vraies ou supposées, pour écarter ou empêcher », commence-t-il. À l'en croire, c'est même à l'aune de ce triste tropisme qu'il faudrait lire la victoire inattendue de François Fillon à la primaire de la droite et du centre, au détriment des deux favoris, Alain Juppé et Nicolas Sarkozy.

« La gauche, développe l'ex-chef de l'État, elle se déchire sur des questions d'orientation. Et des questions personnelles, au sens du comportement personnel, c'est-à-dire le manque de responsabilité face à l'exercice même du pouvoir. La droite, c'est sur les affaires : d'ailleurs, François Fillon fait même la différence sur ce point lors des primaires. »

Programmée fin novembre 2016, la primaire de la droite n'a viré en faveur de l'outsider Fillon qu'au tout dernier moment. Sans doute le fruit du travail de sape mené par l'ancien élu de la Sarthe. Ce dernier, comme grisé par sa propre audace, continue de défier publiquement Sarkozy à la rentrée 2016. La justice lui donne bien involontairement un sacré coup de pouce puisque, le 5 septembre 2016, le parquet de Paris requiert le renvoi de Nicolas Sarkozy en correctionnelle dans l'affaire Bygmalion, dont l'instruction a été clôturée avant l'été.

Fillon ne laisse pas passer pareille aubaine. Sur BFM-TV, il qualifie l'affaire Bygmalion de « scandale » et exige que la justice « passe dans des délais raisonnables ». En clair, il rêve de voir Sarkozy jugé avant la présidentielle.

Plus que jamais, les sarkozystes pestent. D'autant que, quelques semaines plus tard, au-delà du tollé qu'il provoque dans la classe politique, tout particulièrement au sein du gouvernement et au Parti socialiste, la publication de notre livre « *Un président ne devrait pas dire ça…* » (Stock, octobre 2016) vient définitivement corroborer le contenu du fameux déjeuner entre Jean-Pierre Jouyet et François Fillon, ce dont les proches de Nicolas Sarkozy n'avaient en réalité jamais vraiment douté. François Hollande le confirme sans la moindre ambiguïté : oui, l'ancien Premier ministre est bien venu trouver son secrétaire général pour lui demander d'accélérer les procédures judiciaires susceptibles de nuire à son ennemi, Nicolas Sarkozy.

« Jouyet m'avait demandé l'autorisation de déjeuner avec Fillon et son collaborateur, Gosset-Grainville, nous confiait notamment Hollande. Et ensuite, quand il en est revenu, il m'a dit combien Fillon était alerté sur l'affaire Bygmalion. Je lui ai dit, de toute façon, nous ne ferons rien sur quoi que ce soit. C'est ça que m'avait restitué Jouyet : si rien n'est fait, il va revenir. C'était ça, le message de Fillon, c'était : "Si vous ne faites rien, il reviendra." »

Dans l'ouvrage, le président de la République dit encore : « C'est Fillon, hein, qui déballe sur toutes les affaires Bygmalion, bien sûr que c'est lui ! » Avec une cible, et une seule, en tête : « Sarko. Copé, non, ça ne l'intéresse plus. C'est Sarkozy. En poussant les feux sur les affaires : "Allez-y, allez-y, vous n'imaginez pas tout ce qu'ils ont fait, avec Bygmalion, les comptes de campagne, les financements…" »

La publication du livre produit d'autres effets, à droite. Après de longues semaines de polémiques, l'évidence apparaît : la réélection du président sortant, déjà compromise, apparaît désormais comme impossible. En se mettant à dos les « barons » du PS, qui, de Manuel Valls à Claude Bartolone, fustigent violemment ses propos, Hollande s'est carbonisé. Du coup, alors que la campagne pour la primaire bat son plein, plus personne chez Les Républicains ne doute du fait que le président sortant, et avec lui la gauche, va quitter le pouvoir. C'est écrit, le vainqueur de la primaire de la droite et du centre sera donc le prochain président de la République.

De quoi décupler davantage les ardeurs des principaux concurrents.

CHAPITRE 21

« Quelle image ça donne… »

Le député des Hauts-de-Seine Thierry Solère tortille sur sa chaise ce corps massif qui semble le gêner, parfois. Nous sommes au mois d'août 2016, au 77, rue de Miromesnil, dans le bel immeuble haussmannien où Nicolas Sarkozy a installé ses confortables bureaux parisiens. À l'époque, Solère rend régulièrement visite à l'ex-président. Qui se lamente de l'état de la droite : « Dès que j'ai le dos tourné, bravo… Quelle image ça donne… » L'expression est devenue un gimmick chez ses visiteurs, qui, à l'image de Solère, répètent, amusés : « Quelle image ça donne ! »

Solère se souvient encore de sa discussion avec un Sarkozy euphorique – les médias campent en bas de ses bureaux – le jour de l'annonce de sa candidature pour la primaire de la droite. Évidemment, toujours à l'affût des talents potentiels, l'ancien chef de l'État essaie de récupérer un pion dans le camp ennemi. En l'occurrence Thierry Solère, partisan de Bruno Le Maire.

— Sarkozy : Comment vas-tu, Thierry ? Ça me fait plaisir de te voir, t'as vu tous ces journalistes depuis ce matin 6 heures, c'est incroyable quand même, non ? Quel métier, après on dit que ça n'intéresse pas, la politique, qu'est-ce que ce serait si ça intéressait… Ça gêne les voisins, ils sont près de 200 à m'attendre. On va tout changer, Thierry, les hommes, les pratiques, les méthodes, tout.

— Solère : Je soutiens Bruno, je t'arrête tout de suite, Nicolas. Dans une élection, c'est bien d'avoir un mec bien comme Bruno en face, il n'y aura pas de coups bas, il n'est pas tordu, ce n'est pas un voyou.

— Sarkozy : Il ne va pas arrêter de me critiquer, de dire du mal, on ne va pas rassembler, viens avec moi...

— Solère : Mais ça se passera bien, je te le jure, tu pourras m'appeler, à tout moment.

— Sarkozy : Eh bien, je vais t'appeler, je t'appellerai, hein... on va se retrouver.

Thierry Solère est ce qu'on appelle dans le jargon journalistique un « bon client ». Le député aux mille amitiés, qui l'ont porté côté LREM après la débâcle de son camp au printemps 2017.

Mais les solides relations de l'homme qui murmure à l'oreille d'Édouard Philippe ne l'ont pas empêché d'être mis en examen, le 11 octobre 2019, pour ses activités de consultant entre 2003 et 2017. Lui sont reprochées diverses infractions, de la fraude fiscale au détournement de fonds publics, en passant par le trafic d'influence passif. Il les nie vivement, déplore un règlement de comptes à son endroit, évoque un « chantier » monté contre lui. Si ça se trouve, il n'a pas totalement tort, tant la machine judiciaire semble s'être emballée de manière surprenante, mais il n'empêche, à court terme, tout avenir ministériel semble compromis.

En attendant, le député de Boulogne-Billancourt peut continuer de conter les déboires des autres.

Et de se souvenir.

Car c'est à Solère qu'a été confiée la lourde tâche d'organiser la primaire ouverte (c'est-à-dire permettant à tout citoyen, et non aux seuls adhérents, de voter) destinée à départager, en novembre 2016, les postulants de droite à l'investiture présidentielle. Un défi, ou plutôt un sacerdoce, quand on sait à quel point les leaders des Républicains se détestent. Sans compter que, pour le principal courant de la droite française, par essence bonapartiste, la primaire est un exercice franchement contre-nature.

D'ordinaire, dans cette famille, le Chef n'est pas désigné, il s'impose.

L'instauration de primaires a été actée au début de l'été 2013 dans les nouveaux statuts de l'UMP, alors dirigée par Jean-François Copé – pourtant lui-même très réservé sur le principe. Mais les guerres Copé-Fillon, puis Fillon-Sarkozy, ont durablement déchiré la maison UMP devenue LR. Trouver un « casque bleu » toléré par tous les leaders n'est pas chose facile. Ce médiateur, ce sera Thierry Solère.

Apprécié ou au minimum accepté par les différents « clans » œuvrant au sein de LR, Solère présente le profil idoine, même s'il est proche de Le Maire depuis la mi-2012.

À cette date, l'ancien directeur du cabinet de Dominique de Villepin à Matignon (de juillet 2006 à mai 2007) avait été convaincu par le discours de Solère, désireux de se mettre à son service. « Et donc, trois ou quatre mois après l'élection de Hollande, on fait affaire, raconte celui-ci. Et plus je vois les turpitudes de la campagne pour l'élection du président de l'UMP fin 2012, plus je vois les déchirements entre le clan Fillon et le clan Copé, plus je vois les affaires qui commencent à sortir, y compris sur Claude Guéant, plus je suis conforté... Donc, pour sa campagne pour la présidence de l'UMP, je deviens son numéro 2. »

Bruno Le Maire a en effet fait le choix de défier Nicolas Sarkozy, dont le retour fracassant, à l'été 2014, n'était que la première étape dans sa nouvelle course à l'Élysée. La deuxième, c'est de prendre le parti lors de l'élection interne programmée en décembre 2014. Une formalité, pense-t-il. C'est entendu, il ne fera qu'une bouchée de ses deux challengers, l'inconnu Hervé Mariton et le discret Bruno Le Maire, donc. Les « cadors » du parti, notamment Fillon et Juppé, ont passé leur tour, ils savent que, face aux militants, ils n'ont aucune chance contre Sarkozy, dont ils pensent – à juste titre, l'avenir le prouvera – pouvoir en revanche triompher dans le cadre d'une future primaire ouverte, en vue cette fois de l'investiture pour la présidentielle.

Reste une inconnue, tout de même, l'ampleur de l'écart entre le favori et son challenger, notamment chez les députés UMP, partagés entre l'idole sulfureuse, Sarkozy, ou la nouveauté tentante, Le Maire.

Solère n'a guère de doute : « Les gens en politique, surtout les députés, ne sont pas courageux, il y a une dimension de troupeau, et la survie de l'espèce est dans l'ADN. Personne n'a envie de se foutre en l'air, de se suicider, encore moins collectivement. La guerre Copé-Fillon amène le troupeau devant le ravin, genre "on va tous mourir", et les affaires de Sarkozy, c'est jamais blanc ou noir. Ils regardent ça, mais en même temps ils sont impressionnés par la bête. Voilà comment le cheptel vit. » Et vote. D'un seul bloc. Enfin, presque.

Car Sarkozy est élu, bien sûr ; toutefois, loin du plébiscite attendu, cette élection se révèle moins triomphale qu'il l'espérait. En récoltant seulement 64,5 % des suffrages, le 2 décembre 2014, il a convaincu moins de deux tiers des adhérents de l'UMP. Si Mariton, du haut de ses 6,32 %, fait comme prévu de la figuration, Bruno Le Maire crée la surprise en raflant 29,18 % des voix.

« Il fait 30 %, un très bon score, confirme Solère. D'ailleurs, à chaque fois que je vois Nicolas Sarkozy, il me corrige : "Non, 29." Sans rire. C'est fou comme il est, ce Sarko, quand même… »

Dès le lendemain de l'élection, Sarkozy et Le Maire se rencontrent. « Et Le Maire, qui a manigancé ça avec

Juppé et avec Fillon, arrive avec une seule demande, rapporte Solère. Qu'une primaire, bien carrée, soit organisée en vue de l'élection présidentielle. Il dit à Sarko : "Et pas une primaire organisée par la direction générale du parti sous prétexte que tu as gagné. Il faut que ce soit fait de manière indépendante." Et la demande qu'il lui fait, c'est que j'en sois chargé, moi. Sarko lui dit non. Il lui dit même : "Tu ne veux pas mon bureau, aussi ?!" Et le lendemain, Sarko, sans me le dire, devant le groupe réuni, avec tous les députés UMP – on est deux cents –, lâche au bout de trois minutes : "On va faire une vraie primaire et [il imite en riant Sarkozy] : "J'ai chargé Thierry Solère de l'organiser." C'est comme ça que ça s'est passé ! »

Pourquoi ce revirement ? Sans doute parce que Sarkozy n'a pas trouvé d'autre profil susceptible de faire l'unanimité au sein du parti.

« J'apparais digeste pour Sarko, résume Solère, parce que je ne suis pas Édouard Philippe ! Parce que Sarko dit qu'il y a deux mecs qui peuvent faire une primaire propre : Édouard Philippe ou moi. Mais Philippe, il est très techno, c'est un juppéiste... Sarkozy, il n'acceptera jamais. Alors que Solère, il se dit : "Bah, il est du 92, je le connais, et puis, je peux l'engueuler et puis après lui promettre des choses, je peux le câliner..." Édouard, c'est un conseiller d'État, il fait 2,12 mètres, pour Sarkozy, c'est l'horreur ! »

Solère devient à cet instant le rouage essentiel, l'homme qui peut parler à Fillon, Juppé, Sarkozy ou Le Maire, sans se faire agonir d'injures.

Un profil rare, à droite, en ces temps de guerre froide.

CHAPITRE 22

Peur primaire

Ils ont beau être sept sur la ligne de départ, ils n'ont rien de nains politiques. Hormis Jean-Frédéric Poisson, les candidats à la primaire de la droite et du centre prévue en novembre 2016 boxent à peu près tous dans la même catégorie, celle des poids lourds. Outre Alain Juppé et Nicolas Sarkozy, les deux principaux candidats, qui rallient tous les suffrages... des sondeurs, concourent François Fillon, Jean-François Copé, Bruno Le Maire et Nathalie Kosciusko-Morizet.

Juppé et Sarkozy ont « la pression », comme l'on dit des champions abordant leur dernière grande compétition, dans la peau de favoris qui plus est. Pour filer la métaphore sportive, l'un comme l'autre doivent repousser ce sentiment destructeur appelé la peur de perdre. Car l'enjeu n'est pas mince : c'est à l'évidence leur ultime chance de (re)devenir président.

Quoique sorti d'affaire sur le plan judiciaire, Copé, quasiment répudié par sa famille politique, ne se fait en revanche pas beaucoup d'illusions sur ses chances de victoire. Mais semble très inquiet à l'idée que Sarkozy, dont il n'a pas pardonné l'attitude dans l'affaire Bygmalion, puisse l'emporter, et donc redevenir président en mai 2017. Le 18 septembre 2016, il nous confie, à propos des électeurs de droite : « Là, ils ont un choix cornélien : est-ce qu'ils font genre : il n'y a pas de sujet, on aime tellement Sarko,

et alors, est-ce qu'on ouvre les vannes de la berlusconisa-
tion du pays ? Si la presse ne fait pas le choix d'une campagne massive qui viendra sensibiliser les Français à ce qui
s'est passé, il gagne – c'est une option –, et là il a tous
les moyens pour tordre les événements. Le parti est à lui,
il peut tout contrôler. Et s'il gagne, Le Pen attend tranquillement… » Copé, désormais implacable avec Sarkozy,
pense – et il est loin d'être le seul – que l'ancien président
veut d'abord retrouver son trône pour bénéficier de l'immunité qui s'y attache et échapper ainsi aux griffes des
juges. « Vous, quand vous dépassez de 15 km/h la limitation de vitesse, vous êtes renvoyé devant le tribunal. Lui, il
voudrait que vous l'élisiez pour ne pas aller au tribunal ! »
persifle Copé.

Donnés largement gagnants du premier tour, les deux
finalistes supposés, Juppé et Sarkozy, mènent une campagne de second tour, ils se rendent coup pour coup
par meetings interposés, ignorant les autres concurrents,
notamment Fillon. Lourde erreur.

Sarkozy, à la fois ému et regonflé à force de trouver
des salles pleines de militants en pâmoison, en conclut, à
tort, qu'il a retrouvé sa popularité d'antan. Juppé, de son
côté, capitalise sur son image rassembleuse, sous-estimant
le caractère extrêmement clivant d'une campagne primaire que Fillon, lui, a au contraire parfaitement pris en
compte. Tablant sur une radicalisation de l'électorat de
droite, il présente un programme d'une grande dureté,
sur les plans économique, social et sécuritaire, très éloigné de l'image modérée sur laquelle il s'est construit.

« Bien conseillé, Fillon a fait une campagne de primaire, et Juppé a fait une campagne de candidat à la
présidentielle, résume Jean-Louis Debré. Annoncer à
l'électorat de droite qu'on va faire un gouvernement avec
les centristes… Fillon, lui, ne l'a pas fait. Juppé n'a pas
saisi. »

Futur (et éphémère) porte-parole de François Fillon lors de la campagne présidentielle, Thierry Solère résume parfaitement l'histoire de cette élection dont il fut la tête pensante. « Je pense que Nicolas Sarkozy s'en veut de ne pas avoir vu François Fillon arriver sur la ligne d'arrivée de la primaire, présume le député des Hauts-de-Seine. Il a focalisé intégralement sur Alain Juppé. Les deux se sont attrapé le coltard, sont parvenus au bord du précipice, et les deux sont tombés. Et Fillon regardait tout ça de là-haut ! »

François Baroin, lui, propose une autre explication, presque psychanalytique. « Mon interprétation, c'est que Fillon n'est candidat à la primaire que pour tuer Sarko, lâche le maire de Troyes. Et c'est pour ça qu'il y a les accords très en amont avec Juppé, et que le report de Fillon sur Juppé – qui devait arriver en tête, avec en deux Sarko et en trois Fillon – était déjà acté. C'est si vrai que, quand il s'agit de faire travailler les équipes sur son programme, il prend le truc qui est à l'opposé de sa construction sur trente ans de vie politique, il prend une option ultra-libérale... Donc il ne fait pas un projet pour gagner, il fait un projet pour se démarquer, avec un programme extraordinairement difficile, car il n'est pas fait pour gagner, et Fillon est trop intelligent et trop structuré pour ignorer qu'il ne pouvait pas gagner avec ce projet. »

Baroin le martèle : « Je pense que pas une seconde Fillon ne se dit : "Je vais gagner la primaire", pas une seconde il ne se dit : "Je vais être président de la République." Il pense régler ses comptes avec Sarkozy au soir du premier tour de la primaire. Et contre toute attente, dans les dix derniers jours de la campagne, il surgit. Parce que Juppé a été très mauvais, et parce que la mayonnaise de Sarkozy n'a pas pris... »

Patrick Stefanini, au cœur du réacteur filloniste en sa qualité de directeur de campagne, voit les choses bien différemment.

« Fillon a toujours cru qu'il serait élu à la primaire, il me l'a toujours dit, révèle-t-il. Ça nous bluffait quand même, parce qu'il était en retard. Je me rappelle, je refais faire un meeting à Fillon au Cirque d'Hiver, le jour du démarrage officiel de la primaire, mi-septembre, c'est un succès. Mais ça ne le fait pas bouger d'une ligne dans les sondages ! Et l'équipe de campagne, elle n'a pas un moral d'enfer à ce moment-là. »

Selon Stefanini, ce sont les débats télévisés qui permettent à Fillon d'inverser la dynamique, et même de renverser la table. « Ce qui va faire décoller Fillon, c'est lui-même, assure-t-il. Il gagne parce que, dans les débats, il est meilleur que les autres, Fillon joue de façon très habile, il joue en contre, et quand il prend la parole, il tape. Il laisse Sarkozy et Juppé s'entre-tuer sur le problème Bayrou et à un moment donné il regarde sa montre, il prend la parole et dit : "Ça fait un quart d'heure qu'on parle du maire de Pau, ça fait peut-être beaucoup…" Je peux vous dire que, dans l'électorat, ça a fait mouche. »

Meilleur sur la forme, Fillon semble aussi le plus affûté sur le fond.

« Au fur et à mesure, c'est ce à quoi on s'est employés, il y avait chez Fillon la volonté de présenter un vrai projet, avec une vraie colonne vertébrale, c'est l'un de ceux qui avaient le plus bossé son programme, confirme Stefanini. Entre 2012 et 2016, c'est celui qui fait un vrai effort de programme, réfléchit sur le monde, publie des cahiers… »

C'est aussi celui qui tape comme un sourd sur Nicolas Sarkozy, s'attirant de mortelles inimitiés dont il ne semble absolument pas prendre la mesure. Pourtant, derrière, pour gagner la présidentielle, il faudra bien réunir la « famille ». Et puis, pour avoir été son Premier ministre durant cinq longues années, il est plutôt bien placé *a priori* pour savoir que les sarkozystes, pour défendre leur guide, sont prêts à tout, vraiment à tout. Inconscience ?

« Ce que vous avez du mal à comprendre, c'est qu'on n'a jamais été dans la position du favori, on était outsider de chez outsider, proteste Stefanini. Et quand vous êtes outsider, vous vous préoccupez de faire remonter votre candidat, mais vous n'êtes absolument pas dans la peau du type qui va gagner la primaire et qui ensuite va faire en sorte de rallier tout le monde à son panache blanc, on n'était pas du tout dans cet état d'esprit. On se disait, il a de l'estomac, mais, à part lui, il n'y avait personne pour y croire... Le renversement, c'est la semaine avant la primaire, mais, 95 % du temps, on n'a pas vocation à être qualifiés, donc on ne se pose pas la question de savoir si Sarkozy nous en voudra de l'avoir privé de la phase finale, on est persuadés que la phase finale, ce sera Juppé et Sarkozy. »

Les fillonistes eux-mêmes n'y croyaient pas. L'affiche se résumerait, c'était écrit, à un duel Sarkozy-Juppé.

Sur l'affiche, Sarkozy s'y voyait déjà.

Tout en haut, évidemment.

CHAPITRE 23

Un dîner chez Carla

Le patron de la primaire de la droite, Thierry Solère, s'apprête à fêter son quarante-cinquième anniversaire, ce 17 août 2016. Il est dans le sud de la France, afin de s'accorder un peu de repos avant le sprint final.

Coup de fil de Nicolas Sarkozy, qui l'invite à dîner dans la résidence de sa femme Carla, au cap Nègre, un petit coin de paradis à la pointe du Lavandou. Le genre d'invitation qu'on ne refuse pas.

« C'est mieux que superbe, s'extasie Solère des années plus tard. C'est raffiné, on n'est pas chez Donald Trump. Demeure ancienne, vieille bibliothèque, vue sur un cap à 360 degrés, les pins maritimes qui tombent dans l'eau… »

Surtout, il se remémore le dîner. Un grand moment. Du Sarkozy dans le texte, incisif, méchant et drôle. Charmeur, il s'adresse à la femme de Thierry Solère et taquine son mari : « Qu'est-ce qu'il fait encore avec Bruno Le Maire, celui qui a longtemps pensé que son intelligence était un obstacle ?! » La tablée s'esclaffe. « Même moi je ris, raconte Solère. Un croisement entre Tapie et de Funès. L'horreur, avec le sourire. » Et Sarkozy d'insister : « Quand t'es président, c'est très pratique, un énarque qui parle allemand [Bruno Le Maire est germanophone], tu l'emmènes, quand il y a un truc que tu comprends pas… »

Entre deux plats, il est évidemment question de Fillon. Sarkozy se lâche : « Il ne sert à rien, Fillon… Il ne faisait rien du tout à Matignon. On les a invités à dormir chez nous, Fillon et sa femme, ici, au cap Nègre. Le soir, en passant pas loin de leur chambre, on entendait bien qu'ils disaient du mal de nous. » Devant Solère, Sarkozy s'en prend aussi au conseiller de Fillon : « Patrick Stefanini ? Ni compétent, ni sympathique. »

Seul Juppé semble échapper aux sarcasmes, ce soir-là en tout cas. Sarkozy reconnaît une dimension d'homme d'État à l'ancien maire de Bordeaux. Fillon, c'est autre chose. « Il a beaucoup de parlementaires avec lui, et ça, ça l'agace, le côté pleutre du troupeau, décrypte Solère. Fillon, c'est la Suisse. T'as pas de couilles, t'es rien, ben t'es en Suisse ! Ça ne sert à rien. Comme un énarque qui parle allemand, ça ne sert qu'une fois par an, à un sommet ! »

À la fin de l'été, justement, « l'Allemand », Bruno Le Maire, lance sa campagne. L'un de ses soutiens, le député de l'Ain Damien Abad, monte à la tribune et harangue la foule. Il tente une comparaison osée entre Nicolas Sarkozy et Donald Trump. « Mon téléphone sonne, rapporte Thierry Solère. Sarko me dit : "T'as vu ce qu'il vient de dire, Abad ? Je le vois, je le bute." »

Chassez le naturel...

CHAPITRE 24

Le double mou

Ça rigole fort, à table, on se répartit déjà les postes. On suppute, on se jauge du coin de l'œil, aussi. Le 14 novembre 2016 au soir, une semaine avant le premier tour de la primaire de la droite, les partisans d'Alain Juppé se font plaisir, au restaurant. Leur champion a été à la hauteur au Zénith de Paris, quelques minutes plus tôt, lors de son dernier meeting.

Au zénith, Juppé y est aussi dans les sondages. Autant dire que son équipe n'est pas loin de baigner dans l'euphorie.

Benoist Apparu, l'aide de camp de Juppé, se souvient : « On se met à part, à une table de quatre, avec Gilles Boyer, Édouard Philippe et Charles Hufnagel, et on fait les paris. Personne ne met Fillon en tête, tout le monde met Juppé en un, puis Sarko. On va prendre une méga-claque dans la gueule. »

Qui mieux que Benoist Apparu, désormais en retrait de la vie politique nationale, pouvait nous narrer, de l'intérieur, comment celui qui était présenté depuis des mois, et même des années, comme le futur président de la République, a pu être balayé fin 2016 par un ouragan nommé Fillon lors de la primaire de la droite et du centre ? Une tornade dont aucun « météorologue » politique n'avait prévu le déclenchement, et qui a emporté encore plus spectaculairement Sarkozy, noyé lui dès le premier tour, le 20 novembre 2016.

Jusqu'au bout, les enquêtes d'opinion annonçaient un duel Juppé-Sarkozy, les autres candidats (Copé, NKM, Le Maire, Poisson et donc Fillon) étant, selon les sondeurs, appelés à jouer les simples faire-valoir. Co-porte-parole d'Alain Juppé aux côtés d'un certain Édouard Philippe, Benoist Apparu lui non plus n'a rien vu venir.

« D'ailleurs, se souvient-il, le dimanche soir du premier tour de l'élection, le 20 novembre, avaient été invités à la radio et à la télé le porte-parole de Juppé, moi en l'occurrence, et celui de Sarko. Pas celui de Fillon ! Toutes les radios calent les débats, mais jamais avec Fillon ! Personne ne l'imagine. Les vendredi 18 et samedi 19, on voit que ça monte. On se disait : "Il est passé de 9 à 18 % en quinze jours, c'est déjà énorme", mais on ne s'imaginait pas qu'il doublerait encore ! Parce que, pendant six mois, Fillon n'existe pas. »

Mais comment expliquer l'échec d'Alain Juppé, dont les médias avaient fait l'incontestable favori ? Benoist Apparu évoque d'abord « une erreur stratégique ». « On est doublement centriste, résume-t-il. Dans le sens nuancé du terme, ça peut passer, si on a une présentation ultra-réformatrice de ce qu'on veut faire. Qu'on va défoncer la baraque. Or, Juppé est considéré comme un double mou, d'autres ont réussi à imposer cette image-là. Mou sur le fond, les propositions ; et sur la forme, sous-entendu : il ne fera rien. »

Surtout, les juppéistes se sont trompés d'adversaire – ils ne sont pas les seuls. « On est obnubilés par Sarko, on protège les autres, dont on se contrefout, reconnaît Apparu. On est convaincus que les Français ne veulent plus de Sarko. Et Sarko est convaincu qu'en flinguant Juppé sur son côté centriste, c'est lui qui en prendra le bénéfice. Sauf que c'est un troisième larron qui va prendre le truc.

Les défauts de Sarko vont servir Juppé, et inversement : voilà ce qu'on se dit tous. Mais on oublie les acteurs qui peuvent bénéficier de ce marquage à la culotte. »

À en croire Benoist Apparu, Juppé et son équipe ont également failli dans leur approche des débats télévisés, qui se sont révélés décisifs. « Il y a eu une erreur d'analyse absolue, chez nous, sur ce que sont les débats, argumente l'ancien porte-parole. On les voit comme un débat présidentiel, quand vous avez 10 millions de téléspectateurs sur 40 millions d'électeurs. Donc 25 % des Français intéressés regardent. Sur 10 millions, le nombre de personnes qui vont basculer, il faut vraiment que le type ait écrasé les débats. Donc, si on fait bouger 2 ou 3 %, c'est déjà énorme. Or, là, pour la primaire, on a trois débats, qui font 6, puis 4, puis 6 millions de téléspectateurs, sur 100 % d'électeurs ! On n'a pas vu les volumes... »

En clair, un débat réussi – ou raté – peut faire basculer une part significative d'électeurs. Or, si Juppé et Sarkozy n'ont pas fait grande impression à l'écran, Fillon, lui, l'a crevé.

« Il fallait être plus combatif, observe Apparu. On fait l'archétype du type qui est en tête et qui gère. Il fallait être agressif, gagner les débats... » Mais, pour cela, il aurait fallu que le pondéré Juppé bouscule sa nature.

De fait, les joutes télévisées tournent clairement à l'avantage de Fillon, dont le discours clair, le ton offensif et le programme radical ont tout pour satisfaire les électeurs de droite désireux de tourner furieusement la page du quinquennat Hollande, symbole à leurs yeux de faiblesse et de renoncement(s). Il donne le sentiment de prendre à la fois des risques et de la hauteur face aux deux favoris qui se neutralisent et s'embourbent dans la politique politicienne. Et puis, Juppé s'entête à défendre son concept d'« identité heureuse », totalement en décalage avec les aspirations d'une grande majorité de l'électorat LR, quand

Sarkozy, excédé, est inlassablement ramené sur le terrain des « affaires ».

D'autant que quarante-huit heures avant un débat télévisé décisif, le très versatile intermédiaire Ziad Takieddine dégaine opportunément l'une de ces interviews spectaculaires dont il a le secret, au cours de laquelle il affirme avoir remis des fonds libyens, en espèces, directement à Nicolas Sarkozy ! Une accusation qui n'a pas peu contribué à la mise en examen de l'ancien président dans ce dossier, en mars 2018.

« Juppé était plutôt satisfait des débats, se souvient Apparu. On se fout complètement que Fillon soit le meilleur, parce que Sarko, lui, n'est pas bon. Sur le premier débat, il est lesté par les affaires, il se défend mal, et puis il donne cette impression : "Mais qu'est-ce que je fais avec ces branquignols ? Moi, ancien président, je vais débattre avec Poisson ? Qu'est-ce que je fous ici ?" Ça se voit à l'écran... »

Soutien de l'ancien maire de Bordeaux, Valérie Pécresse le maintient encore aujourd'hui : « Le meilleur programme était celui de Juppé, sur l'économique et le social. L'État fort, c'était bien, sauf que Juppé ne l'a pas du tout incarné. Il avait écrit un bouquin où il y avait tout. » Mais sans jamais l'assumer, à en croire la présidente de la région Île-de-France. « Sa campagne, ce n'est pas du tout ce qu'il m'avait vendu, affirme-t-elle. Il avait vendu l'État fort, un programme de réformes audacieux, mais acceptable et réalisable. Sur l'identité heureuse, je lui dis : "Fais du judo, prends l'identité heureuse et fais-en une fierté retrouvée, qui donne l'espoir." C'est le pacte qu'on avait avec Juppé quand il vient me voir et qu'il m'en parle. Je lui dis : "Tu sais, je sors d'une campagne des régionales, l'Île-de-France, c'est une droite plus modérée que celle du Sud, c'est une droite qui a besoin d'entendre du régalien fort, des mots forts sur l'identité." Je lui dis : "Ne te trompe pas, parle à ta droite ; le centre, tu l'as." Il me dit oui. Et il ne le fait pas. Lui aussi a eu une évolution idéologique que je n'ai pas vue. Je restais sur le Juppé qui m'a formée, quand je suis arrivée chez Chirac, il était très réformateur, mais très carré, très très ferme. »

Dans l'ultime ligne droite, les instituts perçoivent une soudaine remontée du cours de l'action Fillon. Insuffisant pour inquiéter les juppéistes. « Le dimanche, se remémore Apparu, on pense encore qu'on est à touche-touche avec Fillon, 30/30. Du lundi au vendredi, il a pris 25 pions ! » Le maire de Châlons-en-Champagne en convient volontiers, un autre facteur a été largement sous-estimé : la volatilité de l'électorat de droite. Les électeurs passent sans état d'âme d'un candidat à l'autre, comme le résume Apparu : « Ils se disent : "On ne trahit rien, c'est le même parti." Les Français ne veulent pas de Sarko, se font chier avec Juppé, et découvrent un type lors des débats dont ils se disent : "Il est de droite et a des couilles" : c'est Fillon. »

Le verdict tombe dimanche soir 20 novembre 2016. À la stupéfaction générale, François Fillon sort en tête du premier tour, et très largement en plus. Avec 44,08 % des suffrages des 4,5 millions de votants, il écrase même la concurrence. Alain Juppé est certes qualifié pour la « finale », mais son score (28,56 %) ne lui laisse quasiment aucun espoir de refaire son retard. Une élection, c'est d'abord une dynamique, et c'est peu dire qu'elle a tourné en faveur de Fillon. Quant au troisième larron, le supposé « taulier » de la droite républicaine, Nicolas Sarkozy, il subit une déconvenue mémorable, avec à peine 20 % des voix…

Dans un discours très digne, l'ancien président, comme souvent plus grand dans la défaite que dans la victoire, prend acte de son échec, le second d'affilée après celui subi face à Hollande en 2012. Pour un homme aussi orgueilleux, ça fait beaucoup. Trop, même. Cette fois, il doit l'admettre, les Français ne veulent plus de lui. S'il est même à ce point minoritaire dans sa propre famille politique... Fair-play, il annonce sans mégoter son soutien à son ancien Premier ministre, son ennemi.

Le lendemain de l'élection, il reçoit Solère à son bureau : « Thierry, je t'avoue, je n'ai pas vu venir ça. »

Fillon n'a même pas besoin des voix de Sarkozy, tant il a de l'avance. D'ailleurs, Juppé n'est pas loin de jeter l'éponge avant même le second tour. « Juppé le vit assez mal, le soir de la primaire, euphémise Apparu. Il sait qu'à 30/45, c'est mort. Je rentrais des plateaux de télé sur mon scooter. Je prends de l'essence, je reçois un texto : "Il paraît que Juppé va arrêter." Ce qui est vrai. C'est ce qu'il a en tête. Je me dis, il ne peut pas nous faire ça, vis-à-vis de nous. »

Benoist Apparu s'éloigne de la pompe à essence, dégaine son portable et appelle Juppé. Son ton est ferme, presque comminatoire. « T'abandonne pas ! On va paumer, c'est clair, mais tu ne peux pas faire ça à tes équipes. On va au bout. »

Apparemment, Apparu s'est montré convaincant. « C'est ce qui va générer le "j'ai décidé de continuer" », pense-t-il. Mais les états d'âme de Juppé ont déjà fuité, tout Paris bruisse de rumeurs sur un possible abandon du maire de Bordeaux. « Et nous, sourit Apparu, on va ramer pendant deux jours sur le thème "mais non, ce n'est pas ce que vous avez cru...". Alors qu'évidemment que oui ! De ce que je traduis de ce qu'il me dit, il veut arrêter – il faut traduire le Juppé ! Il fonctionne comme ça, ça fait partie de son charme, on fait avec. » Ou plutôt sans, désormais.

Apparu : « Il s'est dit une première fois : "Je serai président" et, en 2004, il prend une condamnation. Putain, le train passe une deuxième fois, il est vraiment en pole position, et il prend une deuxième cartouche ! La troisième fois, on ne l'aura pas, pour ces raisons-là. »

La troisième fois ? On va y venir. Mais, pour le moment, Fillon triomphe et savoure. Élu sans surprise au second tour avec un score royal, 66,5 %, le voici enfin leader incontesté de son camp, le commandant en chef de la droite. Inespéré ! Grâce au ralliement de Sarkozy, il ne doute pas de pouvoir compter sur les troupes venues de LR pour lui dérouler le tapis rouge jusqu'au palais de l'Élysée. Les militants du parti se comporteront en bons soldats, et rien ne pourra empêcher que l'ultime bataille tourne au triomphe.

La guerre est presque gagnée. À part un pépin judiciaire, bien sûr.

Mais qui imagine un seul instant le général Fillon mis en examen ?

CHAPITRE 25

François Pignon a disparu

Pour un peu, ils lanceraient un avis de recherche.

Au lendemain de son triomphe inattendu, pendant plusieurs jours, François Fillon est tout simplement introuvable. Injoignable, même pour ses plus proches collaborateurs ! Le candidat de la droite à la présidentielle de 2017 est porté disparu.

En fait, sans prévenir personne, l'ancien Premier ministre a filé dans une station de ski des Alpes françaises. Épuisé physiquement et psychologiquement après un an et demi de campagne, le nouveau champion de la droite a éprouvé le besoin de tout couper. Sans doute aussi pense-t-il, même inconsciemment, que, dans sa course à l'Élysée, le plus dur est fait. Après tout, la presse ne répète-t-elle pas sur tous les tons depuis des mois que la primaire de la droite désignera le futur président de la République ? De fait, un boulevard s'ouvre devant Fillon. La « capitulation » de François Hollande, le 1er décembre 2016, accentue encore un peu plus l'atomisation de la gauche, exsangue au crépuscule du quinquennat. Quant à Marine Le Pen, elle semble dans l'incapacité de crever ce fameux plafond de verre qui a jusqu'ici douché les espoirs de l'extrême droite d'accéder au pouvoir.

Il n'empêche. L'évanouissement soudain du candidat Fillon inquiète, à droite.

Rachida Dati s'en ouvre à Nicolas Sarkozy. « Tu gagnes une primaire, tout de suite, tu vas en campagne ! Ça ne peut que mal se finir », lui lance l'ancien président. Les très proches de Fillon, notamment les trois hommes qui vont être chargés de conduire la campagne présidentielle, Patrick Stefanini, Bruno Retailleau et Jérôme Chartier, ne sont pas moins préoccupés. « Moi-même, raconte Dati, j'ai envoyé un SMS à Fillon. Mais il ne me rappelle pas… Même Retailleau ou Chartier, ils n'ont pas de nouvelles. Il ne parlait plus à personne, il pensait gagner tout seul. Après la primaire, il est à 120 % dans les sondages, Fillon, il peut aller se coucher, on gagne l'élection présidentielle ! Et l'autre, il part au ski ! C'est pour ça que Sarko dit : "Il n'y arrivera pas." Il s'isole, ne voit personne, il pense qu'il a gagné. »

Quelques jours après la primaire, Dati croise Retailleau devant les locaux d'Europe 1.

— Dati : Il paraît que Fillon ne rappelle jamais personne, et pas seulement les sarkozystes…

— Retailleau : Mais, Rachida, moi ça fait deux jours que j'attends, il ne me rappelle pas !

Thierry Solère est devenu le porte-parole du candidat. François Fillon n'est clairement pas son choix de cœur. D'ailleurs, il l'appelle François Pignon – ils sont nombreux à le surnommer ainsi au sein du parti –, comme le héros ridicule et bravache créé par Francis Veber et incarné successivement par Jacques Brel, Pierre Richard et Jacques Villeret, dans *L'Emmerdeur*, *La Chèvre* ou le *Le Dîner de cons*… C'est dire la grande estime que Solère lui porte. Mais il a (encore) la fibre partisane. « Le mec part en vacances un mois, s'agace le député. Il s'est barré ! Je ne l'ai pas revu jusqu'à janvier. Je vois le bordel s'installer… Il y a des gens qui prennent le melon, type Jérôme Chartier, mon héros, il est fascinant ! »

Cela étant, François Fillon n'est pas le seul à s'enfuir de Paris. Solère, lui, se rend à Avoriaz. Les fêtes de fin d'année, c'est sacré. En bon porte-parole, il accepte malgré tout, entre deux fondues, de « faire » la matinale de RTL, le 26 décembre 2016. Seul souci, l'actualité nationale est plate. Rien à l'horizon. Sur le plan international, en revanche, une résolution vient d'être votée par l'ONU pour sanctionner Israël et la colonisation sauvage en Cisjordanie. Il en sera forcément question lors de l'interview, encore faut-il connaître la position du candidat de la droite, putatif futur président de la République. « J'envoie un SMS à Fillon, raconte Solère : "Pardon de te déranger un jour de Noël, as-tu des consignes précises ?" Réponse instantanée de Fillon : "Je t'envoie ce soir des éléments de langage précis." Je pars sur les pistes, aucune nouvelle. Le soir, je mange une raclette, et il m'envoie un mail de sa boîte perso, qu'il a lui-même rédigé. Et il met : "Si j'avais été président de la République, jamais la France n'aurait voté cette résolution." Là je me dis, ça va se voir, si la France s'oppose à l'ONU sur la colonisation d'Israël ! C'est un revirement complet pro-israélien, alors qu'on a toujours eu un point de vue partagé. »

Stupeur et tremblements, Solère ne peut assumer une prise de position aussi hétérodoxe. « J'envoie ce mail à Bruno Le Maire, qui est le conseiller "affaires étrangères" de la campagne. Je lui dis : "Bob, il y a Pignon qui me sort un truc…" Le Maire me répond : "C'est n'importe quoi, jamais tu ne dis ça…" » Toute la soirée, jusqu'à minuit, les échanges se multiplient entre Solère, Fillon et Le Maire.

Solère : « Fillon me rappelle à 23 heures : "Qu'est-ce que t'en penses, toi ?" Je dis : "Pas très équilibré, ça va faire une polémique majeure, la campagne va démarrer

à fond sur ces sujets-là." C'est dingue. Ma femme me dit :
"C'est un malade, jamais tu ne dis ça." Fillon me lâche :
"Ne dis pas que je l'aurais voté, mais démerde-toi, ciao."
Le lendemain, à RTL, je tergiverse… »

Pour le moins. À réécouter l'interview, on sent un
Thierry Solère plus que gêné aux entournures. Drôle de
job, dans de telles conditions. Dans ces cas-là, un seul
remède : la bonne vieille langue de bois. Et sur les ondes
de RTL, Solère se borne à prôner un insipide « dialogue
impartial avec toutes les parties ».

Mais le doute s'est insinué en lui. « Je me dis : "Le
gars, il n'est incroyablement pas au niveau sur l'essentiel. C'est qui, ce mec ? C'est tellement léger…" Il se
sait président, il se croit président. Et j'ai un gros doute,
j'ai peur du quinquennat à venir. J'ai peur des pouvoirs
sans contre-pouvoirs. J'en parle à Bruno Le Maire, à
Édouard Philippe, ils me disent : "Tu déconnes ? C'est
stupéfiant…" »

Nouvelle alerte, quelques jours plus tard. Fillon, après
ses vacances au ski, a enchaîné avec un long déplacement
au Salon de l'ultra-technologie, à Las Vegas, alors que les
sondages reflètent sa disparition momentanée de l'image.
Solère propose de reprendre la main sur un thème régalien. « Je trouve un sujet dont je suis très fier ! rapporte-
t-il. Le gouvernement de Hollande vient de prendre un
décret autorisant la distribution de seringues dans les pri-
sons. C'est du pain béni, trop facile ! Je vends à Stefanini
que, de retour de Vegas, j'emmène Fillon dans une prison – je connais un directeur à Nanterre – et, à la fin,
une prise de parole nette sur le laxisme. En plus, avec
Taubira… vous appuyez sur le bouton Taubira, tout
de suite la salle fait ouh ! Et ils vendent ça à Fillon de
manière autoritaire. »

Tout est calé. Mais, le lendemain, c'est la déconvenue.
« Une heure avant, rapporte Solère, Stefanini m'appelle et

me dit : "En fait, il ne veut plus venir, il est chez lui, il est fatigué, mais il veut que tu y ailles, toi, que tu fasses le point presse." Moi je dis : "Non, non, je ne suis pas candidat, moi je vais sur BFM raconter mes conneries." Et il ne nous en parle même pas directement. »

Nous sommes le 10 janvier 2017.

J-15 avant l'impact.

CHAPITRE 26

Le portrait de Dorian Gray

Le fantôme est de retour. Enfin revenu à Paris, le taciturne Fillon reprend ses mauvaises habitudes : il s'isole. Pourtant, l'urgence est de réunir sa famille politique, fracturée par une campagne fratricide. L'autre impératif, c'est d'envoyer des signaux rassurants à ceux qui l'ont soutenu depuis le début. Il ne fait ni l'un, ni l'autre.

« Le 27 novembre, juste après la primaire, il n'appelle pas Sarko, même en décembre, il ne l'appelle pas, révèle Dati. Et puis, ajoute-t-elle, beaucoup de fillonistes étaient amers en se disant, il va mettre quelqu'un d'autre. Et quand, après, il s'est senti obligé de prendre des sarkozystes, alors là, il y a des fillonistes qui étaient vent debout. Certains se sont dit : "Perdu pour perdu pour moi, autant que tout le monde perde !" »

D'après Valérie Pécresse, cette forme d'« autisme politique » dont semble souffrir François Fillon s'est révélée au grand jour, et à ses dépens, dès qu'il a été investi par son camp pour le représenter à la présidentielle. « En politique, il y a les lignes, les fondamentaux, et puis il y a les failles de caractère, explique la patronne de la Région Île-de-France. Et à un moment, nos hommes politiques sont rattrapés par leurs failles de caractère, on le voit avec Macron, ou Hollande avant lui. Fillon n'a jamais réussi à faire un vrai cénacle de politiques. Il n'y est pas arrivé. Il nous a juste réunis un coup par-ci, par-là. »

Roselyne Bachelot déplore, elle aussi, l'isolement volontaire de « son » candidat : « Fillon n'a personne autour de lui, il a un problème. Chartier ? Les soupirs ne sont pas des mots… s'esclaffe-t-elle cruellement. Dans les gouvernements auxquels j'avais participé, il n'y avait personne à part moi qui soit prêt à le soutenir. Ce n'est pas son truc, à Fillon, il ne va pas téléphoner à un type qui fait une matinale en lui disant : "Tu as été formidable", il ne sait pas faire. C'est ce qui a causé sa perte, aussi. Il y a une pudeur chez lui, une timidité. Il n'est pas hautain, il est complexé. Il n'a pas fait l'ENA, il a été le Petit Chose, qui doit sa carrière à l'ancien député de la Sarthe, Joël Le Theule », conclut-elle.

Là où la droite attendait un leader apaisé, humble et rassembleur, Fillon renvoie l'image d'un candidat ombrageux, orgueilleux et revanchard. La politique obéit à une loi d'airain : on perd seul, mais on gagne en équipe.

Incapable de rassembler son camp, distant vis-à-vis de ses soutiens, Fillon se lance dans la bataille présidentielle, dont il est désormais l'incontestable favori, lesté d'un nouveau handicap majeur : son programme, tout simplement. Draconien. Réduction des dépenses publiques de 100 milliards d'euros en cinq ans ; suppression de 500 000 emplois publics sur la même période ; baisse des charges et impôts sur les entreprises de 40 milliards d'euros ; relèvement de deux points du taux normal de TVA ; suppression de la cotisation salariale maladie ; abrogation des 35 heures et de la durée légale du travail, les entreprises négociant le temps de travail ; augmentation du temps de travail des fonctionnaires à 39 heures ; retraite à 65 ans ; alignement des régimes de retraite du public sur ceux du privé ; suppression du tiers payant généralisé ; réécriture de la loi Taubira, etc., etc.

Recommandées par les professeurs à particules, de Castries et Ladreit de Lacharrière, les prescriptions drastiques du docteur Fillon inquiètent. Candidat à la primaire, il intéressait. Postulant à la présidentielle, il effraie. D'autant que les couacs se multiplient dans son entourage proche, trop exposé, pas assez préparé. « Je faisais mon boulot, j'essayais de réparer les conneries, se souvient Thierry Solère. Ce n'était pas ma droite, j'étais à contre-emploi. Et je voyais bien qu'il était très cynique. »

Sans parler de l'infirmité chronique qui plombe tant le candidat de la droite : allergique au collectif, il est à la fois solitaire et rancunier. Catholique fervent, Fillon est l'anachorète – un moine-ermite – du monde politique français.

« Le premier point d'achoppement, c'est l'incapacité à réconcilier, confirme Valérie Pécresse. C'est pour moi très étonnant. J'ai travaillé avec Chirac et Sarko, les deux sont incroyables de pragmatisme. Ils le font naturellement. Chirac a payé pour savoir : il a été une fois rancunier, quand il a refusé de récupérer les balladuriens de 1995, ça lui a coûté 1997. Il sait, en 2002. Je vois Chirac obligé de se réconcilier, grâce à Jérôme Monod, avec tous les traîtres de la Balladurie. Je vois Monod obliger Chirac à revoir Fillon, qu'il déteste, les Douste-Blazy, etc. Tous ceux qui n'étaient pas avec lui. Il les traite. Monod fait gagner Chirac grâce à la réconciliation. »

Valérie Pécresse a encore en tête la séquence qui avait suivi la première accession de Nicolas Sarkozy à la tête de l'UMP, en novembre 2004. « Quand Sarko arrive, je suis alors porte-parole de l'UMP, nommée par Juppé. Je me dis : "Je vais me faire renvoyer." Sarko me convoque. Je me dis, il va me dire : "Tu es une fille charmante, mais tout ça est terminé." Et lui me dit : "J'aimerais que tu restes porte-parole de l'UMP, car j'aimerais qu'il reste dans l'UMP des gens qui ne m'aiment pas au départ." Je ne le connais ni d'Ève ni d'Adam. Je lui dis : "Ça va être compliqué pour moi d'être porte-parole." Lui : "Non,

HISTOIRE SECRÈTE DE LA DROITE FRANÇAISE

non, tu vas y arriver très bien, mais je te demande une seule chose : être loyale." J'appelle Chirac : "Président, Nicolas me demande de rester porte-parole, qu'est-ce que vous en pensez ?" Il me répond : "Il faut que tu dises oui, tu seras obligée d'être loyale envers lui... et envers moi en même temps !" »

Mais jeter la rancœur à la rivière, François Fillon ne sait pas faire, ce n'est pas dans son ADN. Faut-il vraiment l'en blâmer ? Après tout, si son pire ennemi, Nicolas Sarkozy, l'a joué grand seigneur en proposant ses services dès sa défaite consommée afin de l'aider à gagner la présidentielle, dans l'ombre, les fantassins de l'ancien président conjurent déjà...

Le déjeuner avec Jouyet, l'instrumentalisation de l'affaire des pénalités, la sortie sur « Imagine-t-on le général de Gaulle mis en examen ? »... Les sarkozystes n'ont rien oublié. Pour se distinguer de l'ex-chef de l'État, Fillon a un peu trop joué les « Monsieur Propre » au goût de certains. Un jeu dangereux.

Fillon a triomphé à la primaire, c'est un fait. Mais c'est une victoire à la Pyrrhus, car, dans son camp, les pertes sont terribles. Il l'ignore encore, mais beaucoup l'ont déjà lâché, écœurés par les multiples coups bas dont ils le soupçonnent de s'être rendu coupable pour se débarrasser de ses concurrents.

« Quand on part dans un règlement de comptes, en politique, il faut être un dieu, ne pas avoir fait de conneries », sourit le roué Jean-Louis Debré. Et des « conneries », même l'ascétique François Fillon a bien dû en faire – qui n'en fait pas ?

Les secrets les plus profonds finissent toujours par remonter à la surface. Alors, il est temps maintenant de replonger aux racines, de revenir aux origines. De s'interroger sur le parcours de cet homme insaisissable, étranger à ses propres amis. L'envie, ce premier péché capital, il l'a satisfaite, enfin. Il est le futur président de la France.

À moins que…

Et si, derrière ce profil marmoréen, ces manières de notable et cette posture ascétique, cet homme masquait son vrai visage ? « Les méchants ne sont pas toujours punis, ni les bons récompensés », observait Oscar Wilde dans *Le Portrait de Dorian Gray*. Une allégorie sur la duplicité, la fatuité et le narcissisme dans laquelle le héros, qui a vendu son âme pour rester éternellement jeune, dissimule dans son grenier un tableau reflétant son vrai – et atroce – visage, subissant, lui, les ravages d'une vie de débauche.

Et si les combles du manoir de Beaucé, la résidence du couple Fillon dans la Sarthe, abritaient une effroyable peinture ?

II

L'AVARICE

CHAPITRE 1

La conseillère municipale

À quoi pense-t-elle ?

Où s'égaillent ses pensées, ce lundi 23 septembre 2019, au moment de feuilleter négligemment un opuscule local, pendant que ses collègues du conseil municipal de Solesmes, une bourgade de la Sarthe, dissertent sur la programmation à venir de L'Entracte, jolie petite salle de spectacle, fierté de Sablé-sur-Sarthe, à trois kilomètres de là ? S'inquiète-t-elle en découvrant que l'humoriste Sophia Aram, sourire innocent mais du genre féroce, doit y donner une représentation, le 5 octobre ?

Bien sûr, l'occasion est trop belle : en plein territoire filloniste, la chroniqueuse de France Inter évoquera forcément l'« affaire », s'imagine probablement Penelope. Car, ici, tout le monde l'appelle par son prénom.

On l'observe attentivement. Un serre-tête emprisonne ses cheveux blancs, qu'elle a laissés pousser. Elle se méfie des journalistes, fuit les appareils photo qui la mitraillent, toujours à la dérobée. Elle fait presque pitié, dans sa campagne. Ici, on ne veut pas trop la heurter, on la sait fragile, presque détruite. Ce qu'elle a subi, depuis ce cruel mois de janvier 2017, a été d'une grande violence, il est vrai.

À Solesmes, elle se sent encore protégée par le maire, qui la voudrait tant sur sa prochaine liste, pour les élections municipales de mars 2020. Ici, un Fillon, ça compte encore.

Penelope réserve sa réponse.

Solesmes, ses 1 190 habitants, ses deux abbayes bénédictines en pierres anciennes, ses cars de touristes. Des petits soucis de village – riche –, qui a tout de même voté à 48 % pour le Rassemblement national de Marine Le Pen aux élections européennes de mai 2019 ! La religion catholique est encore solidement ancrée, comme les valeurs d'un autre temps, et cette discrétion qui sied aux notables ; pas l'ombre d'un immigré, si ce n'est pour refaire la chaussée de la rue principale... On est au cœur de la « droite profonde ».

Tiens, il y a même un moine au conseil municipal.

Un cocon, où l'on tente d'observer le commandement édicté par saint Benoît : « Chacun cherchera à honorer ses frères, choisissant leurs intérêts plutôt que les siens propres. »

Pour ne pas avoir respecté ce précepte, cette ascèse, les Fillon subissent l'opprobre national, depuis janvier 2017. Le pire reste peut-être à venir, avec le procès, audiencé trois ans plus tard. Une mise à nu. À Sablé-sur-Sarthe, on ne veut d'ailleurs plus entendre parler de l'« affaire ». La place Élizé, patiemment restaurée par François Fillon, alors maire, est désormais en pleins travaux. On efface tout.

Sauf à Solesmes.

Penelope Fillon ne se confie jamais. Aujourd'hui encore moins qu'hier. Elle lève la main, ce soir-là, pour signifier que oui, elle participera bien au repas municipal, prévu le 11 novembre.

Et puis, elle s'éclipse. Rapidement. Quelques kilomètres d'une route déserte, épousant les méandres de la rivière. Puis de hauts murs de pierres. Le portail de son manoir est généralement fermé. Il y a une boîte à lettres frappée d'un écusson rouge, le dragon gallois, seule excentricité. La Sarthe s'écoule tranquillement au bas du manoir de Beaucé, racheté par les Fillon en 1993 ; trois ans, déjà, que l'« affaire » a déferlé ici, charriant son flot de journalistes parisiens.

Depuis, on voit moins Penelope à l'hypermarché Leclerc, où elle remplissait si souvent son Caddie, fagotée à la diable. Une dame qui se tenait bien droite, digne. On s'était habitué. On la désignait, en se poussant du coude. On la respectait, Penelope. Parfois, elle poussait jusqu'à Sablé-sur-Sarthe.

Les jours de marché, François Fillon lui aussi prenait son café à Sablé, comme tout le monde, au bar-tabac Le Globe. Il le payait, même. Avec un mot gentil pour le propriétaire. Souvent, il revenait juste de Paris, il avait pris le volant de sa berline à la place de son chauffeur-garde du corps, ça le détendait. Il adore conduire.

Et puis, il aime bien tout contrôler, c'est ainsi.

Mais ça, c'était avant.

Les Fillon se sont comme évanouis. Tout juste a-t-on aperçu l'ancien Premier ministre rendre hommage, à l'été 2019, au directeur du centre de soins de Sablé. « J'étais ce matin à Moscou, demain, je serai à Washington, Sablé était sur mon chemin », a-t-il claironné devant l'assistance, comme pour donner de ses nouvelles, montrer qu'il a survécu, et plutôt bien. L'homme est orgueilleux. Il a un peu forci, on dirait, depuis qu'il gère des actifs pour le compte du fonds d'investissement Tikehau. Le 31 août 2019, on l'a vu faire acte de présence à la cérémonie des quarante ans de la communauté de communes de Sablé. Il a été pris en photo, ça ne lui a pas plu, il a interpellé les journalistes locaux : « Vous faites les paparazzis ? »

Pressée, Penelope Fillon a quitté un peu trop vite la réunion municipale du 23 septembre 2019. Peut-être, tout compte fait, n'a-t-elle pas voulu attirer l'attention, quand le maire a notifié à la maigre assemblée les dates envisagées pour les prochains conseils municipaux de Solesmes, notamment celui consacré au budget.

Il est question du 24 février 2020.

Elle ne sera pas disponible, à cette date.

Avec une bonne excuse.

C'est le jour de l'ouverture du procès Fillon.

CHAPITRE 2

« L'Anglaise »

François Fillon a épousé Penelope Kathryn Clarke le 28 juin 1980.

Ou alors le 31 mai 1980.

Intriguant. Les époux Fillon, devant les policiers, n'ont pas le même souvenir de la date de leur mariage.

En réalité, s'ils se sont d'abord unis civilement dans la Sarthe, ils se sont mariés religieusement au pays de Galles lors d'une seconde cérémonie, un mois plus tard.

Jour de célébration à Sablé-sur-Sarthe, donc, le samedi 31 mai 1980. Le fils du notaire local épouse la Galloise aux yeux bleus.

Elle signe déjà ses courriers d'un délicieux « Penny ».

On pense un peu à Miss Moneypenny, l'intrépide secrétaire amoureuse de James Bond. Mais Penelope Clarke, fille de George Clarke et de Glenys Jones, née le 31 juillet 1955 à Abergavenny, dans le sud-est du pays de Galles, n'a rien d'une héroïne.

Rien non plus d'une châtelaine-jardinière un peu cruche comme certains ont pris plaisir à la caricaturer. Même si, dans la mythologie grecque, Pénélope, mariée à Ulysse, est l'archétype de l'épouse modèle, tissant puis défaisant chaque jour sa tapisserie afin de décourager les prétendants, en attendant le retour de son guerrier de mari...

Penelope Clarke, et cela a dû contribuer à séduire son Ulysse à elle, vient d'une microsociété où l'on sait encore se taire, et d'ailleurs, aujourd'hui, elle dit regretter le côté « douillet » de son cocon gallois, même si elle n'en parle pas l'idiome. Penelope Clarke est intelligente, éduquée. Cultivée. Indépendante aussi : sa vie, elle l'a décidée. Cinq enfants, dont le dernier, né en 2001, n'avait pas 18 ans au moment de l'« affaire ». Quasiment tous de gauche, il y en a même qui lisent *Libération*...

Elle fuit les journalistes, comme son mari en somme, et s'accommode fort bien de l'ombre.

Pour bien comprendre les Fillon, il fallait bien sûr se plonger dans le dossier judiciaire ouvert dès le déclenchement de l'« affaire ». Il en dit long sur cette famille et ses secrets. Une foultitude de témoins, de perquisitions, d'actes intrusifs, signes ostensibles d'une instruction menée par un juge au tempérament offensif. Mais un procès-verbal, si précis soit-il, ne saurait résumer un homme, une femme ou une famille. Alors, il était tout aussi nécessaire de se rendre sur place, dans la Sarthe. Pour observer. Sentir, et ressentir. Discuter avec les gens du cru. Déguster les « sablés » locaux, ceux de la Maison Drans, la boutique à la façade bleue de la place centrale de Sablé-sur-Sarthe, celle où l'on met le plus de beurre dans la friandise locale.

Lire les journaux locaux, les bulletins de mairie. Assister à des conseils municipaux. Bref, s'imprégner.

Pour connaître et, qui sait, comprendre les Fillon.

D'abord, la rencontre. Qui n'a rien d'un coup de foudre, d'après les souvenirs de « Penny », confiés à une journaliste du *Sunday Telegraph* en mai 2007.

1979. Penelope a 24 ans, elle passe avec succès les examens du Law Society, elle peut, du coup, devenir notaire. « *Sollicitor* », selon le terme anglais. Mais elle aime la France. Et François Fillon, accessoirement, qu'elle a rencontré, via un ami anglais, lors d'un séjour d'études au Mans, pendant sa troisième année de fac. Échange de regards pendant un dîner où la Galloise timide et rougissante séduit le futur notable de province, lui-même fils de notaire, ça tombe bien. L'été suivant, le couple se forme vraiment pendant des vacances au Pays basque, sur fond d'alpinisme tranquille.

Pendant quelques mois, Fillon multiplie les allers et retours en Angleterre, à Bristol précisément, où Penelope Clarke étudie. Ferry, train de nuit... À l'époque, Fillon est l'assistant parlementaire du député RPR de la Sarthe, Joël Le Theule, ministre dans le gouvernement de Raymond Barre du 31 mars 1978 au 14 décembre 1980, jour de son décès soudain. Sa fiancée galloise le rejoint à Paris, travaille brièvement dans une maison d'édition. Il finit par l'épouser au printemps 1980. Elle aime son aspect lisse, posé. « Il n'est pas un tueur », dit-elle encore à la reporter du *Sunday Telegraph* venue interviewer l'épouse du nouveau Premier ministre, tout juste nommé par Sarkozy.

Pas un « tueur », Fillon ? Comme elle se trompe...

Mais, ses amis le disent tous, Penelope Fillon est gentille, bienveillante. Naïve. D'ailleurs, elle ne comprend pas trop les Français, ce peuple curieux, éruptif, râleur et un brin arrogant. « Ils pensent tout de même qu'ils sont un peu supérieurs aux autres. Les Français ne sont pas particulièrement chaleureux et accueillants », confie Penelope Fillon à la journaliste britannique.

Le couple Fillon va fêter ses noces d'émeraude, soit quarante ans de mariage, en 2020. Imaginait-elle, la douce Penny, qu'en guise de célébration elle devrait affronter l'opinion publique et les juges, dans un procès qu'elle redoute tant ? Lugubre anniversaire. Elle qui aime par-dessus tout la simplicité, sa vieille guimbarde qu'elle a trimballée sur toutes les routes de la Sarthe, mais aussi le confort de son petit château, à Solesmes, et puis les chevaux – elle en a possédé cinq –, la musique baroque, Shakespeare... Et ses petits-enfants, bien sûr. Quand elle se promène, à Sablé-sur-Sarthe, elle pense toujours que

les gens la remarquent à peine, ou ne voient en elle que
l'« Anglaise », comme ils la surnomment, la « jardinière »
comme elle le dit elle-même drôlement. La mère au foyer
idéale et l'épouse dévouée.

Elle se trompe, là encore.

CHAPITRE 3

Le député

Voilà un exploit dont le rogue et bourru Fillon n'est pas peu fier.

Le 14 juin 1981, élu sous les couleurs du RPR député de la 4ᵉ circonscription de la Sarthe, il devient, à 27 ans, le plus jeune parlementaire du pays.

Belle réussite, même si elle est largement due au décès de son mentor, dont il va reprendre le fief électoral, Joël Le Theule, emporté subitement par une crise cardiaque fin 1980, quelques jours avant Noël. La gauche accède au pouvoir, mais « François », le collaborateur parlementaire parfait, dont le nom ne disait rien à personne, est enfin devenu Fillon.

Le député.

Le couple Fillon vit alors à Asnières-sur-Vègre, un patelin médiéval d'à peine quatre cents âmes. Une première fille, Marie, naît en 1982. Puis Charles, en 1984, et Antoine, en 1985. Le rythme des naissances est soutenu, il faut biberonner, faire les courses, conduire les enfants à leurs activités… Ce qui n'empêche pas l'irréprochable mère au foyer qu'est Penelope Fillon de « travailler ».

En effet, à peine élu à l'Assemblée, son mari l'embauche, sans trop se poser de questions. Eh oui, tout commence en 1981, si tôt, contrairement à ce qui a souvent été rapporté. Même Fillon avait « oublié », prétendra-t-il, ces premiers contrats « conjugaux ». Au point de déclarer aux policiers,

le 30 janvier 2017 : « Penelope a tenu ce rôle gracieusement jusqu'en juin 1997. » Faux. Cela n'avait rien de
« gracieux ».

Il est de vilaines habitudes qui se transmettent, de
député à député. Les emplois familiaux, c'est une sorte
de routine parlementaire. Et puis, de toute façon, Fillon
n'aime pas que l'on se mêle de ses affaires : « Je n'ai pas
à rendre de comptes sur la répartition des rémunérations
au sein de mon équipe parlementaire », indique-t-il aux
enquêteurs, invoquant le « principe de la séparation des
pouvoirs ». Voilà donc Penelope Fillon salariée en tant
que « collaborateur occasionnel » – la féminisation des
noms de métiers n'a pas encore été instituée. Elle signe
son premier contrat le 22 novembre 1981, moyennant une
rémunération forfaitaire de 30 000 francs, une très belle
somme pour l'époque. Sa mission, qu'elle accepte sans
barguigner – elle non plus ne s'interroge pas indéfiniment
sur l'aspect éthique du dispositif : rédiger un rapport sur
« l'aménagement du bocage sabolien ». Pas sûr, pourtant,
qu'elle soit la plus compétente dans ce domaine.

Jusqu'en 1985, elle va ainsi signer neuf contrats de ce
type. Les commandes sont rarement précises ; la jeune
femme doit s'attaquer à des « problèmes politiques généraux », ou plancher sur « le rôle des élus locaux ». Difficile
de faire plus vague. Elle empoche, au total, durant cette
période, 156 148 francs, soit l'équivalent de 59 000 euros
aujourd'hui si l'on se base sur le convertisseur franc-euro
de l'Insee qui tient compte de l'inflation. Mme Fillon était
joliment payée.

François Fillon ne fait pas mystère, à l'époque, du peu de
crédit qu'il accorde à ses « travaux ». Ainsi, le contrat portant sur « la situation économique de la Sarthe à l'aube de
1986 » est surtitré d'une mention manuscrite : « Reliquat
du crédit collaborateur ». En clair, il restait quelques sous
dans les sommes allouées par l'Assemblée nationale au

député Fillon. Autant en faire profiter la famille. En 1986, il est loin d'être le seul à procéder ainsi, il faut l'admettre.

« J'ai bien fait ces études, c'était pour des sujets très précis, pour lesquels mon mari avait besoin de documentation et d'analyses », s'insurge Penelope Fillon, quand elle est questionnée un peu précisément par la police. « Je ne sais pas comment mon mari fixait ces rémunérations. François Fillon avait réellement besoin des études qu'il me commandait. Je n'ai pas du tout le souvenir de ces contrats », dit-elle encore. Avant de concéder : « Je n'ai pas conservé ces rapports. » Dommage, d'autant que Penelope Fillon garde tout, en général. Impôts, factures, et même quarante-sept cartons d'archives ministérielles, entreposés dans les dépendances du manoir familial. Tout, sauf les productions écrites qu'elle aurait réalisées pour son mari. Vraiment regrettable, car ses « études générales », par exemple, facturées 15 500 francs en novembre 1983, devaient forcément être éclairantes, à ce tarif-là. François Fillon, lui, a mis longtemps à retrouver la mémoire : « C'était il y a trente-six ans, et je ne m'en souvenais pas. » Pourtant, il se remémore avec une extrême précision son premier rapport, en tant qu'assistant de Joël Le Theule : « En 1978, c'était une étude sur la viabilité de la ligne de chemin de fer Mamers/Saint-Calais », précise-t-il. « Mon épouse avait tout à fait les compétences pour faire ces études qui étaient des compilations d'informations », conclut Fillon.

En 1986, le futur Premier ministre préside la commission de la défense au Palais-Bourbon. Il commence à se faire une petite réputation. Et un réseau. Il a droit à son premier portrait dans les colonnes du *Monde*. On y apprend que, dès 14 ans, quand nous collectionnions les posters de Michel Platini ou de Joe Strummer, lui avait disposé dans sa chambre d'enfant trois portraits du général de Gaulle. Donc, logiquement, vingt ans plus tard, le voici gaulliste, tendance sociale, séguiniste plus précisément. Chirac, en revanche, n'est décidément pas sa tasse de thé. Mais il faut bien se confectionner un avenir. Alors, il emprunte le sillage du « Grand », redevenu Premier ministre, de cohabitation cette fois. En ces temps anciens, la politique est aussi un moyen de gagner sa vie. Les lois sur le financement des partis ou des campagnes électorales n'ont pas encore vu le jour, alors, on se débrouille, comme on dit pudiquement. Fillon le fait d'ailleurs plutôt bien. Il professionnalise le « système » conjugal et salarie sa femme, cette fois comme « collaborateur parlementaire permanent », à compter d'avril 1986, à raison de 10 000 francs mensuels. Les services administratifs de l'Assemblée ne se font pas prier. Ainsi, sur un document avalisant le contrat de Penelope Fillon, un fonctionnaire inscrit, en toute sincérité : « Le contrat conclu entre François Fillon et son épouse a pour but d'utiliser son crédit collaborateur. J'ai vérifié, OK pour 10 000,00 (avant c'étaient des contrats d'étude). » Pendant deux ans, Mme Fillon touche 9 822 francs par mois, puis 6 000 francs mensuels de 1988 à 1990.

Avec l'argent des autres, en revanche, Fillon se montre du genre économe, tatillon même. Ainsi, lorsqu'il devient président de la communauté de communes, il baisse d'office l'indemnité de ses vice-présidents, quand lui est déjà au plafond, du fait de ses autres mandats. L'élue de Sablé-sur-Sarthe, Martine Crnkovic, est encore toute retournée d'avoir appris par la presse le montant du salaire versé à Penelope Fillon comme collaboratrice, alors qu'à l'époque elle devait se serrer la ceinture, sur ordre de son rigoriste patron, François Fillon…

Car l'essentiel de son temps, l'épouse du député le passe à Solesmes, à quelques kilomètres du fief électoral de son mari, Sablé-sur-Sarthe, commune où il a été élu maire en 1983 – il le restera jusqu'en 2001. Consolidant son ancrage, Fillon s'empare aussi du conseil général de la Sarthe en mars 1992.

Vivre en province a ses avantages. Les mauvais coucheurs parisiens, ennemis politiques ou amis mal intentionnés ne savent rien de ce qui se trame, au-delà du boulevard périphérique. On y est tranquille. Penelope Fillon se rend aux concours d'équitation ou aux compétitions de boules de fort, un jeu traditionnel du Val-de-Loire.

Elle s'est entichée d'une somptueuse gentilhommière, acquise pour 440 000 euros en 1993 auprès de la famille de l'épouse du maire de Solesmes, Pascal Lelièvre. Un très joli corps de ferme seigneurial, avec tourelle, poutres, parquets et grands espaces pour y laisser paître les chevaux. Un ensemble architectural estimé aujourd'hui à 860 000 euros. Au manoir de Beaucé, elle n'est plus seulement « l'épouse de », mais la maîtresse du domaine. La châtelaine. Penelope Clarke baigne dans son élément. La Galloise n'est-elle pas originaire du pays présentant la plus grande concentration de châteaux au monde ?

Jours heureux à Solesmes.

Il y a bien eu une période de repos prolongé pour Mme Fillon. Ainsi, lorsque son mari connaît une nouvelle consécration : entrer au gouvernement, où il siégera de 1993 à 1997. Intronisé en mars 1993 par le nouveau Premier ministre Édouard Balladur, il est d'abord ministre de l'Enseignement supérieur et de la Recherche. Mais l'occupant de Matignon se découvre des ambitions présidentielles, à la grande fureur de son « ami de trente ans », Jacques Chirac. Le RPR est écartelé. L'orage politique gronde, balladuriens et chiraquiens s'étripent joyeusement, chacun est sommé de choisir son camp. Fillon, lui, parvient à passer entre les gouttes. Il met un peu de temps à se décider, et opte finalement en faveur du Premier ministre sortant pour la présidentielle de 1995. Mauvaise pioche, Chirac emporte cette « primaire sauvage » en devançant – de peu – son rival de droite au premier tour, avant d'être élu au second face au candidat du PS, Lionel Jospin. Fillon bénéficie de la mansuétude du nouveau président, qui le reconduit au gouvernement. Le voici ministre des Technologies de l'information et de la Poste, le 18 mai 1995, mais Chirac, échaudé, se méfiera toujours de lui.

Côté financier, plus vraiment besoin d'employer son épouse. De simple député, à 7 200 euros par mois, il a alors largement doublé sa rétribution en entrant au gouvernement : 14 200 euros mensuels, sans compter les avantages matériels liés à sa fonction.

En juin 1997, retour de balancier. La gauche revient déjà au pouvoir : voulue par Chirac, la dissolution de l'Assemblée nationale a viré à la bérézina électorale, et Fillon retrouve sa circonscription de la Sarthe. Son train de vie ne va pas baisser pour autant, une telle propriété, cela coûte cher à entretenir, sans compter les études des enfants… Bref, Penelope Fillon est une nouvelle fois mise à contribution : « Je repars à zéro avec mon équipe, raconte Fillon. J'ai alors décidé de ne pas recruter d'autre collaborateur, en raison de plusieurs mauvaises expériences, de resserrer mon équipe et de rémunérer mon épouse pour le même rôle qu'elle avait tenu jusqu'alors gracieusement. » C'est aux policiers qu'il dit cela, toujours en 2017. Et, à nouveau, il insiste sur le fait que son épouse n'était pas rémunérée avant 1997.

Panne de mémoire, blocage inconscient ou mensonge délibéré – et réitéré ?

Penelope perçoit de son député de mari, durant quatre ans, à partir d'avril 1998, une rémunération mensuelle des plus généreuses, l'équivalent de près de 4 000 euros. Il faut croire que cette collaboratrice très exceptionnelle donne satisfaction : elle touche même une prime de son patron/ mari de 2 177 euros en juillet 2001, et une deuxième gratification de 2 188 euros en mars 2002. « Je ne me suis pas intéressée à la somme que j'allais toucher », certifie-t-elle.

Moyenne horaire des rémunérations de Madame ? 19 euros. Quand les trois autres collaboratrices du député Fillon ne touchent, elles, jamais plus de 8 euros de l'heure. Pour payer son épouse, François Fillon a même dû réduire de moitié, en avril 1998, le salaire de Nathalie Blin, son autre assistante. « C'était une décision de François Fillon, se rappelle celle-ci. Il m'a été expliqué que je devais être rémunérée comme assistante parlementaire à mi-temps, car l'autre partie de ma rémunération allait désormais revenir à Penelope Fillon. » Pour autant, elle ne pipe mot et est récompensée par une affectation au parti, le RPR.

Penelope Fillon est du genre consciencieuse, à en croire son employeur/époux. « Comme beaucoup de personnes qui assument des responsabilités, elle n'a pas pris de congés au-delà des quelques jours suivant l'accouchement », rapporte fièrement François Fillon. De fait, en dépit de cinq grossesses, Penelope Fillon cumule les contrats, année après année. Sans se plaindre, sans prendre de congés de maternité. Personne ne la connaît, ça l'arrange. Elle ne fait même pas semblant, elle n'a par exemple jamais fait de demande pour obtenir un badge d'accès au Palais-Bourbon.

Son travail ? « Une grande partie de traitement du courrier, énonce-t-elle. J'ouvrais le courrier arrivant à mon domicile, je le triais, je préparais également des fiches, des mémos à l'attention de mon mari, pour les manifestations locales auxquelles il devait participer. Il m'arrivait d'accompagner mon mari. » Elle précise aussi avoir consulté la presse locale, *Ouest-France*, *Le Maine Libre* et les *Nouvelles de Sablé*, et réalisé des revues de presse, pour informer son mari de « qui avait gagné un prix, une compétition sportive... ».

Il ne reste malheureusement aucune trace de ces ins-
tantanés de vie locale, car, se souvient-elle, son mari « les
jetait après en avoir pris connaissance ». Fâcheux, une
nouvelle fois.

François Fillon en tout cas abonde dans son sens face
aux enquêteurs. « Elle s'est mise à l'ordinateur très tardivement », précise-t-il, citant des « mémos manuscrits qu'elle
rédigeait seule ». Les quelque cinq cents discours qu'il
estime avoir prononcés en une seule législature ? « Elle
travaille sur le texte que je lui donne », dit-il. Les manifestations, les banquets du dimanche ? « Elle m'accompagne
de façon régulière et pas systématique », assure-t-il.

En 2002, la droite est déjà de retour. François Fillon a
su être patient, il profite de l'élan. Il retrouve les plaisirs
de la politique nationale : à 48 ans, il est nommé ministre
des Affaires sociales et du Travail, le 7 mai 2002. Il lui faut
mettre de l'ordre dans ses affaires provinciales. Il a une
maxime : « Ne jamais quitter la base ». Donc, se choisir
un député suppléant aux petits oignons, qui ne regimbera
pas quand il s'agira de laisser sa place, en cas d'alternance
gouvernementale par exemple.

Et puis, désormais, il a un standing à maintenir.

CHAPITRE 4

Le « demi-député »

Marc Joulaud découvre son nouveau métier.

Député virtuel. Le voici, ce 19 juillet 2002, intronisé à l'Assemblée nationale en sa qualité de suppléant de François Fillon, nommé dans le gouvernement Raffarin. Mais il n'affiche aucune volonté de se distinguer.

Marc Joulaud est un élu délicieux. Mais un peu fantôme.

Qui nous accueille au débotté, à l'automne 2019, dix-sept ans après son jour de gloire, dans le grand bureau du maire de Sablé-sur-Sarthe, où rien n'a changé depuis la fin du règne municipal de Joël Le Theule, maire de 1959 à son décès, vingt et un ans plus tard. Le même mobilier, très années 1980, la même grande table aux teintes noires et transparentes. C'est ici, à cet endroit précis, que Marc Joulaud a pactisé avec le diable Fillon. « On continue en équipe, avec Penelope », lui a dit le nouveau ministre du Travail. C'était en juillet 2002. Ordre du patron. Et Joulaud n'est pas du genre à contredire le patron. S'il a poliment accepté de nous recevoir, il a insisté pour ne pas être cité, il s'exprimera seulement le moment du procès venu.

Marc Joulaud, député de la Sarthe de 2002 à 2007, est d'abord un homme affable et doux. Fiable aussi. Voilà pourquoi François Fillon lui a confié son siège de député. Avec Marc Joulaud, il n'y aura pas de souci, il saura s'effacer quand il le faudra. Affaire de tempérament, et de hiérarchie.

Mais, à partir du 24 février 2020, ils seront tous deux sur le banc des prévenus, à Paris, patron et ex-suppléant. « Je m'en veux de vous avoir mis dans cette situation », lui a récemment confié Fillon. Il peut s'en vouloir, en effet. Joulaud l'avait alerté des dangers de la situation, courant 2016. En lui rappelant, au moment de la primaire de la droite, leurs petits arrangements conclus quinze ans plus tôt. « Si la presse venait à le savoir… », s'était même inquiété Joulaud. « Mais tout le monde faisait pareil, lui avait rétorqué Fillon. Et puis, ça ne sortira jamais. »

Et pourtant… Joulaud avait raison de s'inquiéter. Il se pense condamné par avance, même s'il espère que sa fragilité personnelle, sur le plan psychologique, lui vaudra une peine légère. Candidat à sa réélection à la mairie de Sablé – où il a succédé à Fillon, évidemment –, à l'occasion des municipales de mars 2020 dont le premier tour, le 15 mars, intervient quatre jours après la fin du procès, il s'est aussi lancé dans un bilan de compétences, à Angers. Dix fois deux heures pour s'imaginer un nouvel avenir, en cas de condamnation trop sévère…

Il aimerait regarder devant lui mais reste obsédé par ce passé, qu'au fond de lui, il a toujours craint de voir ressurgir.

Dès juin 2002, à peine installé au ministère du… Travail, Fillon licencie sa femme, qu'il salariait en tant que collaboratrice parlementaire.

Avec les différentes indemnités dont elle a légalement le bénéfice, elle perçoit 16 619 euros du 1er au 21 juin 2002.

Joulaud récupère le bureau de Fillon, mais la doublure peine à endosser le costume du patron. Il s'exprime peu et mal, traîne derrière lui une réputation peu flatteuse. À 34 ans, il a pour tout viatique son ancien poste de chef du cabinet du président du conseil régional des Pays de la Loire, dirigé de 1998 à 2002 par Fillon le cumulard. Le nouveau ministre s'inquiète. Il ne faudrait pas, en outre, que son siège de député soit mal occupé, s'il devait être amené à le récupérer, un jour ; ministre, c'est tellement aléatoire. Et puis, il y a Penelope...

La solution s'impose : flanquer Joulaud d'une collaboratrice émérite. Et de confiance.

Pas le choix, le député putatif aura une assistante qui ne l'est pas moins. Drôle d'attelage. « Fillon me définit alors l'organisation dans laquelle nous allons fonctionner, raconte Joulaud aux enquêteurs. C'est-à-dire en poursuivant la collaboration qu'il a de longue date avec son épouse, Penelope. »

Rappelons-nous cette phrase de Fillon : « On continue comme avant, Marc... »

La secrétaire éternelle de Fillon, Sylvie Fourmont, fournit le contrat clé en main, « intégralement rempli, dont la rémunération à signer », se souvient l'apprenti député. Penelope Fillon n'a vraiment pas à se plaindre, avec un salaire mensuel de 5 200 euros net. Soit 40 euros de l'heure. De toute façon, elle n'a pas son mot à dire. C'est François qui décide. « Il savait que j'étais d'accord pour travailler, mais nous n'avons jamais discuté des détails de la rémunération. Je ne savais pas qu'une telle augmentation était prévue », assure Penelope Fillon.

Sur le contrat de travail, que nous avons consulté, il est spécifiquement mentionné que le lieu de travail de la collaboratrice est situé au 101, rue de l'Université, Paris 7ᵉ, soit l'adresse officielle de l'Assemblée nationale. Il est même précisé sur le document que « le lieu de travail constitue une modalité d'exécution du contrat de travail ». Penelope Fillon ne franchira pourtant jamais le seuil du bureau de Joulaud, n'essaiera même pas de se procurer un badge de collaborateur... « Je ne sais pas pourquoi mon mari a mis cette adresse », s'étonne Penelope elle-même.

Quant à Joulaud, il n'est pas en position de négocier quoi que ce soit, comme le précise Sylvie Fourmont : il n'était « pas un vrai député, rapporte-t-elle. Je pense que lui-même ne s'est pas considéré comme le député, il avait besoin d'être soutenu et même de prendre ses ordres auprès de M. ou Mme Fillon ». Le député fantôme décrit par Sylvie Fourmont obtempère : « J'ignorais que sa rémunération précédente était à environ 3 000 euros, expliquera Joulaud aux policiers. J'ai simplement avalisé la proposition qui m'a été faite. » François Fillon nuance : « Je n'ai pas fixé le salaire, mais je l'ai proposé. Après, c'est lui qui décide. » Pas vraiment, non.

D'ailleurs, lorsqu'il lui est demandé s'il estimait avoir une relation hiérarchique avec sa collaboratrice très particulière, qu'il connaissait depuis dix ans, Joulaud doit admettre l'évidence : « Non, bien sûr que non. » Mais il jure y avoir vu des avantages pour son activité de parlementaire. Penelope Fillon lui aurait apporté, soutient-il, « légitimité » et « notoriété ».

Bien sûr, ils se voient peu, se téléphonent rarement, elle ne connaît d'ailleurs même pas le nom de ses autres assistants – « J'étais dans mon coin sarthois », avoue-t-elle. Mais elle lui a quand même « appris » la circonscription, dit-il. Étrange, tout de même, s'agissant du premier adjoint au maire de Sablé-sur-Sarthe. Il avait donc besoin d'une chaperonne... Plutôt du genre très discrète qui plus est. À tel point que Joulaud peine à se souvenir des membres du réseau relationnel dont lui aurait fait profiter sa collaboratrice. Il y aurait bien Mme Dupeyroux, habitante d'Avoise, qui « investit dans le tourisme et le patrimoine », ou encore Pierre Serrault, le notaire des Fillon... Ah, oui, il se rappelle aussi les compagnes respectives de Michel Legendre, maire de Chassillé, et Michel Drouin, conseiller général, connues grâce à Penelope Fillon.

« Ma présence lui apportait du poids », assure cette dernière. Mais encore ? Son apport concret ? Difficile à évaluer, à en croire la principale intéressée elle-même, qui rechigne à décrire son labeur quotidien. « Je ne m'occupais que de l'aspect gestion du courrier adressé à mon mari, je m'occupais de recevoir des personnes venant directement à notre domicile pour solliciter des choses », évacue-t-elle.

Le manoir de Beaucé n'est pas encore doté d'un portail digne de ce nom, à cette époque, il aurait donc suffi au premier importun venu de parcourir les 300 mètres d'une allée terreuse pour aller sonner à la porte des Fillon ? « Ce n'était pas fréquent, peut-être une ou deux personnes par week-end, et c'est pour son mari qu'elle les recevait. Une fois encore, les personnes veulent s'adresser au député », s'arc-boute Joulaud. Qui lâche cette phrase révélatrice, en évoquant Fillon : « Le député, c'est lui, c'est moi. » Un fauteuil pour deux, en quelque sorte. Marc Joulaud, ou le « demi-député »…

Une chose est certaine en tout cas, à Sablé-sur-Sarthe, vous ne trouverez pas une personne aujourd'hui pour vous assurer que l'on débarquait à l'improviste chez les Fillon, en sonnant à la porte, histoire de papoter.

Les visites impromptues, ce n'est pas exactement le genre de la maison – ou plutôt du manoir.

Pourtant, même si aucun témoin ne vient à son soutien, Penelope le martèle, c'est arrivé, plus d'une fois, c'est même toujours elle qui s'y collait. À l'en croire, elle offrait le café à ses hôtes, dans la cuisine, quand le maître de la maison, lui, restait enfermé dans son bureau. « Je ne me suis jamais intéressé à cette question, élude François Fillon, sondé sur ces supposés visiteurs. Peut-être pour des raisons de caractère, je n'ai jamais été très patient pour écouter les sollicitations des uns et des autres. »

Le couple Fillon vit à Paris, et rentre à Solesmes au mieux le vendredi matin, pour repartir le lundi suivant.

Pour Penelope, le week-end n'est pas propice aux échanges professionnels avec son « employeur », puisque le député Joulaud court d'inaugurations en banquets. Elle n'est jamais présente, en ces circonstances. « Il ne se passait pas deux ou trois semaines sans échanger à l'occasion de sa venue hebdomadaire à Sablé », proteste Joulaud. Parfois, le samedi matin, « Penny » passait quand même une tête dans son bureau, à la mairie. « Elle feuilletait le classeur où étaient classées les invitations reçues à la mairie, afin d'envisager celles où son mari et elle-même pourraient aller », rapporte Joulaud. Toujours en restant à sa place. Celle d'épouse parfaite, de mère aimante, de femme au foyer exemplaire... Mais surtout pas de collaboratrice.

Elle n'est mandatée pour aucune sortie officielle ? « Je suis discrète, réservée, se défend-elle. Je ne me manifeste pas énormément », ajoute-t-elle, preuve qu'elle a le sens de la litote. Seule exception, le festival de musique baroque de Sablé. Ah, oui ! Cet événement-là, il lui tient vraiment à cœur, elle insiste sur ce point. Sinon, aucune tâche de secrétariat, zéro tenue d'agenda, pas la moindre recherche documentaire. Rien. Le néant.

Mais un vide professionnel bien payé, à 5 200 euros net mensuels. Au fait, sans ces contrats, n'aurait-elle pas participé de la même façon à la carrière de son mari ? « Je l'aurais aidé, sûrement », concède-t-elle, avant de s'interroger à haute voix : « Est-ce que cela aurait été exactement pareil ? » Et ces fameux contrats, préremplis ? « Les contrats étaient déjà préparés, et je les signais après les avoir lus. Je n'avais pas de prétention salariale. »

Plusieurs années se passent ainsi. En toute discrétion.

Jusqu'à la victoire de Nicolas Sarkozy à l'élection présidentielle, au printemps 2007. Il choisit comme Premier ministre François Fillon, dont il se défie, mais qui a la confiance des parlementaires de la majorité, un atout considérable aux yeux du nouveau chef de l'État.

Le 17 mai 2007, Penelope Fillon s'installe à Matignon.

En juillet 2007, Marc Joulaud lui verse quand même son dernier salaire : 29 565 euros. Primes comprises, bien sûr.

Il faut savoir récompenser les collaborateurs méritants.

CHAPITRE 5

Le préfet

À 62 ans, on a des certitudes.

Il ne faut pas trop venir chatouiller Stéphane Bouillon.

D'abord parce qu'il dirige le cabinet du ministre de l'Intérieur Christophe Castaner, près de dix ans après avoir été le bras droit de Claude Guéant, en 2011, place Beauvau déjà. Cet homme sait tout sur tout le monde, et puis, il a du boulot, avec son ministre qui a tendance à multiplier les bourdes ou les approximations. À Stéphane Bouillon de ramer, derrière...

Il est de la race des grands préfets, haute stature et fines lunettes, avec une forte appétence pour la chose policière. L'homme a de l'entregent, et des amitiés clairement marquées à droite.

Sa carrière préfectorale, de belle facture, prend un nouveau tour en juillet 2003, lorsqu'il est affecté dans la Sarthe. « On ne choisit jamais », se rappelle-t-il. Il effectue un rapide tour de la situation, par téléphone, avec son prédécesseur. Et fait rapidement connaissance avec l'actualité des élus du département, notamment à l'occasion d'une manifestation d'intermittents du spectacle qui menacent d'envahir le manoir de Beaucé. Cela crée des liens.

C'est ainsi qu'il se retrouve, un soir, à dîner chez les Fillon. Dans la belle salle à manger, avec la grande cheminée à l'ancienne en fond, et la table joliment dressée. On sait recevoir, chez les Fillon. La châtelaine aime les choses bien faites, sans trop de protocole non plus. Mais régaler le préfet de la Sarthe, cela peut être utile.

En 2003, François Fillon est ministre du Travail, avant de passer à l'Éducation nationale en mars 2004, puis d'être éjecté du gouvernement à l'arrivée de Dominique de Villepin à Matignon, au printemps 2005, et de gagner un siège de sénateur. Un poste où il aura tout loisir de mûrir sa revanche, en se mettant dans les pas conquérants du rival de Villepin, Sarkozy. Durant ces années, c'est donc Marc Joulaud le député de la circonscription. Assisté, en toute discrétion, par Penelope Fillon.

La vie d'un préfet, dans la Sarthe, c'est d'abord un univers de mondanités. On se fréquente, entre notables du cru, intrigants de salon et bourgeois pas du tout bohèmes, on se retrouve dans les mêmes cocktails, intérêts communs bien compris et sourires souvent de façade. Stéphane Bouillon croise François Fillon aux 24 Heures du Mans, bien sûr – la course automobile est la grande passion de l'ancien Premier ministre. Il le retrouve dans les foires agricoles, ou lors des réunions cantonales du samedi matin. Une proximité toute professionnelle qui peut virer à la franche camaraderie. Le préfet Bouillon dîne donc chez les Fillon, qui se déplacent en retour pour ripailler à la préfecture du Mans, une ancienne abbaye nantie d'un escalier ébouriffant dont les 120 marches, comme suspendues en l'air, pourraient aisément donner le vertige.

Stéphane Bouillon fait partie d'une espèce rare, c'est presque un spécimen. Il appartient à la coterie de ceux qui savaient pour l'emploi caché de Penelope Fillon. Et qui n'ont rien dit. « Honnêtement, sur la fin de mon séjour, soit fin mars, début 2006, on me l'a dit », admet-il face aux policiers. Il ne se souvient plus du nom de son informateur, mais il a retenu qu'il avait évoqué un possible emploi fictif.

Lors des dîners en compagnie des Fillon, en revanche, jamais ce sujet n'est arrivé sur la table, ça, c'est sûr, il se le rappellerait – il y avait peu de chance que le couple s'en vante, il est vrai. Et puis, de toute façon, l'information ne l'avait pas franchement étonné. « C'était vraiment ancré dans la vie politique et cela arrangeait les élus », excuse-t-il, en évoquant le recours aux emplois de complaisance. Le préfet n'est par ailleurs absolument pas dupe de la situation politique locale. Marc Joulaud, pour lui, représente « l'homme de paille de François Fillon, il donnait l'impression de garder la place pour François Fillon. Concrètement, je me suis dit que si elle devait travailler pour lui, elle devait travailler de la même manière pour son mari. En fait, M. Joulaud était transparent. Elle travaillait donc pour son mari à travers lui. Je pense que Mme Fillon, sur le secteur de Sablé, était l'oreille de son mari, car les gens préféraient parler à l'épouse de l'élu s'ils ne pouvaient le voir directement ».

Pour notre préfet, c'est plus simple. Il a le numéro de téléphone portable de François Fillon, nul besoin d'intermédiaire. Au début du printemps 2006, après trois ans de vie sarthoise, Stéphane Bouillon quitte le département, en se doutant qu'il croisera à nouveau un jour la route de François Fillon, avec qui le courant est si bien passé.

Cela se produit plus vite que prévu : dès l'année suivante, en 2007, l'élu de la Sarthe devient Premier ministre. Et Stéphane Bouillon est appelé à son cabinet, en qualité de conseiller aux affaires intérieures.

Parfois, il faut savoir miser sur le bon cheval politique.

Son successeur, Michel Camux, découvre la Sarthe en avril 2006. Lui jure n'avoir rien su des « particularités » du couple Fillon. Avant qu'elle n'emménage à Matignon, en mai 2007, il rencontre Penelope. Et ne pense pas une seconde avoir affaire à la collaboratrice du député Marc Joulaud : « Je l'ai toujours vue en tant qu'épouse de

M. Fillon et elle ne s'est jamais présentée à moi autrement », souligne-t-il.

Résumons : voilà deux hauts fonctionnaires, rompus
à la vie politique, hyperinformés, qui ne trouvent rien à
redire au fonctionnement très singulier du couple Fillon.
Et si l'un d'eux, Stéphane Bouillon, a bien découvert, sur
le tard, l'emploi « caché » de Penelope Fillon, il ne s'en est
pas ému plus que ça…

Question d'époque, sans doute.

CHAPITRE 6

La journaliste

Pour Florence Loyez, 2002 est une année importante. La journaliste est nommée responsable de bureau à Sablé-sur-Sarthe, dix ans après son intronisation dans la presse locale.

Voilà donc près de deux décennies qu'elle arpente les comices agricoles, les pots de départ à la retraite ou les inaugurations de foyers d'anciens. Dans le coin, c'est une personnalité. Les Fillon ? Elle ne connaît qu'eux. Son témoignage et ceux de ses confrères de la presse locale ont largement contribué au renvoi du couple devant un tribunal correctionnel.

Florence Loyez est reporter au *Maine Libre*, son petit bureau sis à deux pas de la place centrale. Il faut la voir jongler avec ses téléphones, les horaires des conférences de presse, saluer les élus, cornaquer les correspondants locaux, avec l'inévitable instituteur à la retraite désireux de tromper son désœuvrement...

Gérer ce microcosme est d'abord un sacerdoce.

Sans parler du reste, ces lieux/liens de connivence qui ne devraient pas exister, mais comment faire, quand on est parent d'élève soi-même et que l'on croise Penelope Fillon à la sortie de l'établissement scolaire, venue récupérer le petit dernier ? « Si elle avait vraiment travaillé comme collaboratrice du député, on l'aurait su... » glisse-t-elle aujourd'hui.

Il faut avoir tâté de la presse locale pour comprendre.

Pas une minute à soi, samedis et dimanches compris. Des pages à « descendre », des photos à faire, des articles à titrer… « Localier », c'est une fonction qui permet trop rarement d'approfondir les sujets. Encore moins d'enquêter. On est mal payé, on n'a pas forcément le sentiment d'être irremplaçable, on se sait à la merci du courroux des lecteurs et encore plus des élus. Surtout, on n'a pas le temps, tout simplement. Le journalisme de proximité, qui est aussi l'honneur de cette profession, a parfois un côté sacrificiel.

La Sarthe n'échappe pas à cette réalité. Trois journaux s'y disputent le leadership : *Le Maine Libre*, *Ouest-France* et *Les Nouvelles de Sablé*. Quand on a la chance d'avoir, dans son département, un élu d'envergure nationale tel que François Fillon, pas question de louper le moindre de ses déplacements. D'autant que votre avenir professionnel peut dépendre de cette proximité géographique, donc personnelle. Ainsi, Bernard Larvol, responsable du bureau du *Maine Libre* à Sablé à la fin des années 1980, a géré ensuite, jusqu'à sa retraite, en 1998, le bulletin édité par le conseil général de la Sarthe, dont le « rédacteur en chef » n'était autre que… François Fillon.

Même principe pour Pascal Coconnier, reporter aux *Nouvelles de Sablé*, de 1983 à 1995, chargé plus tard de la communication du conseil général de la Sarthe, toujours pour le compte de François Fillon. « J'ai reçu plusieurs fois M. et Mme Fillon à notre domicile, on se tutoie », reconnaît Coconnier.

Manifestement, pour un homme qui prétend détester les journalistes, Fillon sait aussi en user. Les cajoler. Florence Loyez se rappelle avoir été conviée au vin d'honneur du mariage d'un des enfants Fillon. « Je ne le tutoie pas, je ne lui fais pas la bise », précise-t-elle tout de même à propos de l'ancien Premier ministre, revendiquant un recul parfaitement professionnel.

Garder ses distances relève malgré tout de la gageure. La presse locale n'a jamais tenté de lever le voile sur les pratiques suspectes des élus du coin, sans doute parce que tout un écosystème extrêmement fragile en dépend, et cela peut se comprendre.

Mais que savaient-ils, tous, du « travail » parlementaire de Penelope Fillon ? Rien du tout, en fait. L'encéphalogramme professionnel de « Madame » est resté désespérément plat, toutes ces années, à en croire les journalistes locaux. D'avril 1992 à mars 1998, Bernard Larvol est donc responsable d'une rubrique du journal publié par le conseil général, *La Sarthe*. Il décrit « la vie des cantons » et suit François Fillon dans ses pérégrinations, notamment quand il préside l'assemblée départementale. Il y a des événements « obligatoires », concède Larvol, au moins trois week-ends sur quatre. Non seulement il rédige, mais en plus il bat le rappel des anciens confrères, signalant la présence de Fillon à telle ou telle manifestation. « Pour un petit bassin comme Sablé, il y avait trois journaux de presse écrite, c'est énorme, dit-il. La couverture presse était donc importante et inévitable. Même pour des événements mineurs comme la rénovation d'un centre-bourg ou le ravalement de l'église. » D'autant que, à l'époque, Fillon raffole de cette présence médiatique. Pas question de couper le ruban d'inauguration d'une bibliothèque hors la présence des médias locaux. Sinon, Larvol le reconnaît, il se faisait « taper sur les doigts par François, qui aimait bien ces moments-là ». Alors, la presse, « il valait mieux qu'elle soit présente. On peut dire qu'elle était là 90 % du temps ».

Celle qui n'est jamais présente, en revanche, c'est Penelope Fillon. Pour une attachée parlementaire, c'est un peu surprenant, tout de même. Ne devrait-elle pas accompagner son élu de mari, puisqu'elle est censée s'imprégner de la vie locale et le renseigner à tout bout de champ ? « Penelope Fillon n'est pas une élue, elle n'est pas un personnage public », justifie François Fillon, qui précise : « Les journalistes locaux ne connaissaient pas un grand nombre de mes collaborateurs. » De fait, Larvol assure n'avoir jamais deviné les attributions de Mme Fillon, passées et à venir.

Pascal Coconnier a peu ou prou les mêmes souvenirs. Lui a œuvré au conseil général jusqu'en 2007, il a donc connu Penelope Fillon durant ses années passées auprès de Marc Joulaud. Il se souvient de l'avoir croisée au festival de la musique baroque de Sablé-sur-Sarthe. Mais c'était « en tant que Mme Fillon et pas autre chose », jure-t-il. Pire, il prétend que, si elle avait eu des fonctions auprès de son mari, il l'aurait forcément su : « Ça n'aurait pas pu m'échapper. On avait une relation assez personnelle. »

Hervé Petitbon, reporter photographe pour *Le Maine Libre*, est lui aussi de toutes les manifestations régionales. Et n'aperçoit jamais « Madame » dans le champ de son objectif. « Je n'ai jamais eu de contact avec elle, assure-t-il. C'était la femme du Premier ministre, mais c'est tout. Et avant, c'était la châtelaine qui s'occupait de ses roses, il n'y avait aucun intérêt à en parler. » Dans les conférences de rédaction, Mme Fillon est un non-sujet. Jusqu'au printemps 2007, quand elle devient l'épouse du Premier ministre, et qu'elle quitte Solesmes pour s'installer à Matignon.

Florence Loyez est invitée à déjeuner rue de Varenne, à Paris, par Penelope Fillon, qui accepte, pour une fois, le principe d'une interview. Il ne s'y dit rien d'intéressant. Et pas un mot sur son travail passé d'assistante parlementaire. « Cela ne m'est pas venu à l'idée de lui en parler », reconnaît la journaliste. Et pour cause : « Je ne pouvais pas le deviner. Il n'y avait aucun signe extérieur pouvant me laisser supposer que Mme Fillon pouvait travailler pour son mari ou Marc Joulaud. » Au passage, Florence Loyez certifie que les visiteurs ne défilaient pas au manoir de Beaucé, comme le prétend aujourd'hui le couple Fillon. « Cela ne serait jamais venu à l'idée de quelqu'un de se rendre à leur domicile », explique la journaliste.

Quand l'affaire Fillon éclate, en janvier 2017, les reporters photo du département s'offrent un petit plaisir. Ils s'appellent, se concertent. Et décident de fouiller dans leurs archives, des fois que la mémoire leur aurait fait défaut. Et si Mme Fillon avait bien participé aux manifestations locales ces dernières années, dans l'ombre écrasante de son mari et patron, ou du député Joulaud ? Peut-être sont-ils passés à côté de quelque chose, après tout. Elle se faisait tellement discrète... Jean-François Monier, photographe pour *Le Maine Libre* puis l'agence France-Presse, parvient à exhumer 102 photographies sur la période 2004-2017, correspondant à dix-neuf événements. Dont certains purement privés, comme le mariage de Dominique Fillon, le frère de François. Cent deux clichés sur lesquels on discerne le couple Fillon. « Pour moi, elle était là en tant qu'épouse de François Fillon, tranche-t-il. On n'appelle jamais Penelope Fillon, d'ailleurs, on n'a pas le portable... » Il se rappelle avoir aperçu « Penny » lors des cérémonies annuelles d'hommage à Joël Le Theule, au cimetière. Mais ça s'arrête là.

Aucun de ces journalistes, même l'ancienne membre du Conseil supérieur de l'audiovisuel, Christine Kelly, auteure d'une biographie de Fillon (*François Fillon, le secret et l'ambition*, éd. du Moment, 2007), n'a jamais entendu parler du rôle d'attachée parlementaire de Penelope. La journaliste l'avait pourtant brièvement confessée, pendant une trentaine de minutes, à l'automne 2007, à Matignon. Mais le sujet ne s'est jamais invité dans la discussion.

L'épouse de l'ancien Premier ministre ne conteste pas vraiment : « Ma mission, ce n'est pas forcément d'être sur la photo. De toute façon, j'étais toujours au fond de la salle pendant les discours, pour entendre les réactions des gens. » François Fillon, lui, ne nourrit plus exactement les mêmes sentiments à l'égard des journalistes qu'à sa grande époque d'élu local. « Je trouve ça assez curieux, cet empressement à interroger des journalistes qui, dans l'affaire qui nous occupe, m'ont condamné à la minute où les informations ont été publiées », persifle-t-il devant les enquêteurs.

La réponse à cette question lancinante – que faisait vraiment Penelope Fillon durant toutes ces années d'assistanat parlementaire ? – aurait pu se trouver dans les dizaines de cartons d'archives dormant dans des locaux appartenant à la mairie de Sablé-sur-Sarthe. Évidemment, ils ont été fouillés, inventoriés, expertisés par la police. Seul document trouvé : une lettre rédigée par Penelope Fillon, en anglais, pour remercier les organisateurs d'un voyage de son mari à Washington en 1983. C'est mince. Pas une mention de son épouse dans les articles relatifs à Marc Joulaud non plus. Pas une photo.

La fastidieuse recherche menée dans les… 380 000 articles publiés depuis février 2009 par *Les Nouvelles de Sablé* n'apporte pas de résultat plus probant : seuls 104 malheureux papiers font mention de Penelope Fillon. Le quotidien *Ouest-France* a exhumé, de son côté, 26 pauvres articles dans lesquels l'épouse de l'ancien Premier ministre est citée, entre 1998 et 2016. Une poignée de micro-événements : inauguration d'une stèle, remise de prix, obsèques, cérémonie de jumelage, marraine d'un concours de gâteaux. Quelques portraits, souvent élogieux, voire flagorneurs.

Mais pas une seule référence à son vrai métier : assistante parlementaire.

Côté presse locale, c'est clair : on est dans l'ignorance totale de la « double » vie de Penelope Fillon.

CHAPITRE 7

La secrétaire

Sylvie Fourmont appartient à une catégorie bien particulière, celle des collaboratrices rêvées, cerbère quand il le faut, mais d'une loyauté à toute épreuve. Qui mieux qu'elle pour illustrer ce lien indéfectible entre l'élu et son assistante ?

La soixantaine, mâchoire carrée, silhouette trapue, cheveu blanc dru, sourire franc, elle pose pour le photographe de la revue *Charles* aux côtés de François Fillon, dans le parc de Matignon, début 2012. On devine la complicité immarcescible qui les unit.

La confiance mutuelle.

Près de quatre décennies au service de François Fillon. Secrétaire à Sablé-sur-Sarthe du tout frais député, en 1981, elle l'a suivi dans ses différents postes : mairie, conseil régional, ministères, Matignon, Palais-Bourbon, Sénat... Une carrière d'anonyme indispensable, au service d'un destin politique, pour achever sa vie professionnelle aux côtés de son grand homme, auprès de qui elle est détachée par le secrétariat général du gouvernement – privilège consenti aux anciens Premiers ministres –, moyennant 4 600 euros mensuels.

C'est peu dire qu'elle connaît la famille Fillon sous toutes ses coutures. Évidemment, elle savait depuis toujours que Penelope Fillon était rémunérée en tant que collaboratrice parlementaire par son mari, les feuilles de paie des assistants étant à l'époque expédiées au bureau du député Fillon. C'est elle qui triait, répartissait. Elle les a tous vus passer, les Igor Mitrofanoff, Anne Faguer, Caroline Morard, Nathalie Blin, Anne Koenig, Pierre Molager... Une phalange de collaborateurs consciencieux, recrutés au fil des années. Même Marc Joulaud, devenu député en 2002, elle l'a rencontré tout balbutiant, alors simple assistant de François Fillon. Elle est un peu leur marraine à tous.

Que Penelope Fillon ait été salariée de son mari ou de Marc Joulaud, toutes ces années, dès 1981, et jusqu'en 2013, avec quelques interruptions tout de même, cela n'a jamais été un problème pour elle. Déjà, parce qu'elle l'apprécie infiniment. « C'est une femme formidable, c'est un lien très fort au bout de trente-cinq ans, remarque-t-elle face aux enquêteurs. Il y a forcément de l'affectif. Je ne dirais pas que nous sommes amies, mais c'est une relation de proximité, chacun ayant sa vie. Je connais également les enfants du couple, que j'ai tous vus naître. »

Et puis, surtout, elle en est persuadée, Penelope Fillon a vraiment travaillé. Sylvie Fourmont assure ainsi avoir toujours géré le planning de François Fillon « en lien avec Mme Penelope Fillon », de même que le courrier destiné à l'élu, même si, c'est vrai, l'épouse ne tape aucun mot elle-même. « Elle me donne concrètement des consignes sur tous ces courriers, oralement uniquement. » De plus, « Penelope Fillon me fait réserver des dates pour lesquelles son mari doit être présent, elle décide que son mari doit participer à tel événement... ».

Le rôle banal d'une épouse d'homme politique, en somme. Pas forcément celui d'une salariée. Mais ne comptez pas sur Sylvie Fourmont pour le dire. De même, les années passées par Mme Fillon « au service » du député Marc Joulaud, le suppléant de son mari, ne souffrent pas, selon elle, la contestation. « Elle lui a tout appris ou presque, ose la secrétaire. Connaître la circonscription, connaître les gens, elle l'a beaucoup secondé sur tout ce qui était sarthois. Et puis, bien sûr, le lien avec son mari. M. Joulaud, de par sa timidité, passait beaucoup par Penelope plutôt que d'appeler directement François Fillon. » L'épouse accomplie joue donc par ailleurs le rôle d'« intermédiaire », à en croire la secrétaire.

Quitte à se muer en factrice, parfois. Les courriers de solliciteurs abondent, ils s'accumulent au domicile conjugal, Penelope Fillon ne sait qu'en faire. Elle s'en débarrasse en les confiant à Sylvie Fourmont, lui envoie d'ailleurs des mails pour la prévenir, comme ce jour de janvier 2013 : « J'ai beaucoup de courrier que François oublie tous les jours donc je pourrai passer vous donner cela... Je peux vous inviter à prendre un café/thé à 17 h 30 ? » Des courriels comme cela, il en reste quelques-uns qui n'ont pas été détruits. Tous montrent que Penelope Fillon se contente de transmettre les missives destinées à son mari, elle ne tente même pas d'y répondre ou simplement de les trier. Les rares fois où elle prend la peine de s'impliquer, c'est parce qu'elle y est intéressée, d'un point de vue personnel. Un problème de terrain au prieuré de Flée, une demande de piston au lycée Montaigne pour le fils d'une connaissance, une mutation à promouvoir...

C'est donc là une routine entre les deux femmes. Un café sis en face de l'Assemblée nationale fait office de bureau provisoire. Puis la secrétaire repart avec les courriers, prend tout en charge, comme toujours. L'efficacité incarnée. Elle règle aussi le ballet des invitations : dîner chez le journaliste Franz-Olivier Giesbert, avec les milliardaires François et Maryvonne Pinault, chez l'ami Jean de Boishue, ex-secrétaire d'État de Jacques Chirac...

Penelope Fillon, durant toutes ces années de « dur labeur », ne met jamais un pied au Sénat ou à l'Assemblée nationale. « C'est moi qui vais toujours la voir, deux à trois fois par semaine, l'excuse Sylvie Fourmont. Elle est l'oreille de son mari et la femme du patron. » Ce qui justifierait, selon elle, les confortables émoluments perçus durant toutes ces années. « Le montant de ses rémunérations ne m'a jamais choquée, dit-elle. Le moindre conseiller dans un ministère gagne nettement plus que ce qu'elle a pu toucher, et elle est plus qu'un simple conseiller de mon point de vue. » Au point, jure-t-elle, que Penelope Fillon, entre 1981 et 1986, aurait tenu les permanences de député à la place de son mari.

Sylvie Fourmont se rappelle aussi cette visite d'une poignée d'élus sarthois, à Paris, le 17 octobre 2002. À l'époque, Penelope Fillon est l'assistante du député Marc Joulaud, son mari étant ministre dans le gouvernement de Jean-Pierre Raffarin. Le conseil municipal de Solesmes se déplace en nombre au ministère du Travail, où le couple Fillon élabore un savant plan de table… en l'absence de Marc Joulaud ! « S'il avait pu être là, cela aurait pu être bien pour lui, euphémise Penelope Fillon. Les gens étaient flattés de venir dîner au ministère. » Pas de chance, le député Joulaud a préféré, comme tous les jeudis, rentrer chez lui, dans la Sarthe. « Cet événement a été organisé en fonction de l'agenda de mon mari, et pas de celui de Marc Joulaud », confesse Mme Fillon.

Avec une bonne dose de naïveté, ou de franchise, c'est selon, Penelope Fillon admet ainsi bien volontiers que son salaire de collaboratrice de Marc Joulaud n'est pas vraiment utilisé pour les besoins de ce dernier. Et quand on repère enfin la trace d'une intervention, par exemple la traduction en anglais de discours de son mari, à l'occasion de déplacements au Kazakhstan ou encore pour aborder le sujet de l'« European defense », Penelope Fillon dit avoir travaillé dessus « en tant que femme anglaise » de François Fillon.

Pas comme collaboratrice parlementaire.

Ainsi est Penelope Fillon. Désespérément sincère, elle ne dissimule pas grand-chose. Elle ne sait pas faire. Voilà pourquoi, sans doute, elle lâche fin mai 2007 quelques phrases qui lui ressemblent tant, mais compliquent sérieusement la tâche des avocats du couple et la poursuivent encore, aujourd'hui. Son mari ? « Je n'ai jamais réellement été son assistante, ou quelque chose de ce genre », dit-elle à la journaliste du *Sunday Telegraph* venue la confesser trois jours après la nomination de François Fillon à Matignon. « Je suis toujours parvenue à mener ma propre vie, en parallèle », poursuit-elle. Des propos à même de ruiner la défense du couple Fillon, évidemment.

« Je ne suis pas très douée pour répondre à une journaliste », tentera de plaider Penelope Fillon face aux policiers, dix ans plus tard. Avant d'ajouter : « Mais je n'estime pas devoir dire à un journaliste ce que je faisais pour mon mari. » Ou plutôt ce qu'elle ne faisait pas.

Les mêmes policiers qui, en perquisitionnant la demeure sarthoise du couple, tomberont sur une note troublante, découverte dans l'ordinateur de Penelope Fillon. Intitulée « Pour Penny », elle est datée de janvier 2017 et débute par ces mots, écrits à la première personne : « Juin 1997. Je commence à travailler en étant rémunérée par François, jusque-là, c'était de façon informelle. » En clair, des éléments de langage fournis clé en main à Penelope Fillon. Or, cette dernière ne se souvient pas d'avoir écrit ce curieux vade-mecum. Et pour cause, selon les enquêteurs, une seule personne a pu le rédiger.

La dévouée Sylvie Fourmont, évidemment.

CHAPITRE 8

Les enfants

François Fillon a du vague à l'âme en cette rentrée 2005.

Avant l'été, Jean-Pierre Raffarin a dû quitter Matignon, victime de l'inattendu échec du « oui » au référendum sur l'adoption du traité constitutionnel européen. Il est remplacé par le vibrionnant Dominique de Villepin, pour qui il était hors de question de reconduire le CDI ministériel de François Fillon, en poste à l'Éducation nationale. Ces deux-là ne se supportent pas. Fillon quitte la rue de Grenelle en claquant la porte. S'en prend à Jacques Chirac, coupable de ne pas avoir plaidé sa cause auprès du nouveau locataire de Matignon : du chef de l'État, « on ne se souviendra de rien, sauf de mes réformes », prétend-il alors, en toute humilité. Il s'en voudra, plus tard, d'avoir confié ces mots si révélateurs à un journaliste du *Monde*. « Un accès de vanité », reconnaîtra-t-il dans un accès de... lucidité.

De fait, il est sérieusement vexé. Il reprend illico son siège de sénateur de la Sarthe et mise désormais sur Nicolas Sarkozy, parti à la conquête de l'Élysée. Il ne délaisse pas pour autant sa petite entreprise familiale, car, passé de ministre à sénateur, il a divisé au moins par deux ses revenus et perdu standing et confort financier. Sa femme, Penelope, est déjà employée par le député Marc Joulaud. Rien de plus à espérer de ce côté-là.

Restent les enfants.

Pas facile d'être un Fillon.

Les sarcasmes au collège, les remarques acerbes, la jalousie... Dès l'âge de 14 ans, les rejetons de la famille sont donc envoyés en pension. Pour y grandir en toute sérénité. Charles et Marie Fillon, les aînés, ont connu ce destin scolaire. Mais aussi les vacances familiales au Pays basque, parfois aux Diablerets, en Suisse, ou encore en Toscane. Pas de quoi se plaindre, au final.

D'autant que papa est fort généreux.

En 2005, Marie Fillon termine ses études d'avocate. Le sénateur Fillon décide de la salarier, comme assistante parlementaire, pour 2 700 euros net mensuels. Entre octobre 2005 et décembre 2006, elle empoche ainsi 47 000 euros au total. « Le maximum de la rémunération d'un collaborateur familial travaillant à temps plein », estime Jean-Charles André, le secrétaire général de la questure du Sénat. Circonstance aggravante : ce contrat exclut de fait toute autre activité salariée. Or, Marie Fillon effectue dans le même temps son stage – rémunéré – d'avocate, de janvier à décembre 2006 très précisément. Le cumul est pour le moins discutable. À la lisière de la légalité. Car son contrat de collaboratrice mentionne bien, en toutes lettres : « L'assistante exercera ses fonctions, qui sont exclusives de toute autre activité rémunérée. » Clair. Et pourtant... « Il me paraissait tout à fait possible de concilier les deux », assume Marie Fillon face aux policiers.

Le fait de toucher deux rémunérations en même temps, comme avocate stagiaire et collaboratrice parlementaire, ce qui n'est pas vraiment recommandé par le Code du travail ? « Pour moi, revendique-t-elle, le stagiaire n'est pas salarié, de sorte qu'il n'est pas soumis aux règles de durée légale du travail. » Collaboratrice plus que zélée à l'en croire, elle prétend même avoir travaillé 70 heures par semaine, y compris le soir et les week-ends, pour son père.

Autre particularité insolite, voire fâcheuse, l'argent versé par le Sénat ne fait que transiter par le compte en banque de la jeune fille pour venir alimenter celui de son père ! L'explication est simple, selon Marie Fillon : « J'ai financé mon mariage, l'essentiel des rémunérations perçues a été utilisé par le biais de remboursements à mes parents. Une somme d'un peu moins de 40 000 euros. »

De fait, pour la noce, qui a eu lieu en août 2006, les parents Fillon avancent les fonds. Le père s'occupe notamment de la location de la tente, la mère prend en charge les fleurs et le traiteur. La cérémonie coûte 50 000 euros. « Ma fille n'a pas rétrocédé une partie de son salaire, s'agace François Fillon, elle a financé une partie de son mariage ! »

Durant cette période, Marie Fillon se rend à la bibliothèque du Sénat pour affiner ses recherches, qui portent sur la décentralisation, la stabilité gouvernementale, l'école, la retraite, la démocratie sociale, les syndicats… « Une partie de ces travaux se retrouve dans le livre qu'il a écrit, *La France peut supporter la vérité* (Albin Michel, octobre 2006) », s'enorgueillit-elle. Seules trois notes de travail sont entre les mains de la justice. Les autres ? « Tous les sujets n'ont pas fait l'objet d'une note dactylographiée », assure la jeune femme. Qui dit avoir jeté aussi nombre de documents, depuis le temps… Son agenda, lui, ne mentionne que huit références liées à ses recherches, toutes en novembre 2005. Elles correspondent aux visites effectuées à la bibliothèque du Sénat. Après cette date, plus rien. Étonnant.

À partir de janvier 2007, trop accaparée par son second travail, celui de stagiaire dans un cabinet d'avocats, elle démissionne. Et lance vraiment sa carrière.

Désormais avocate, mère de deux enfants, Marie Fillon perçoit près de 20 000 euros mensuels, mais ne reverse plus d'argent à son père, *a priori*. Elle s'apprête à endurer le procès à venir, dans lequel elle verra son ancienne vie d'étudiante disséquée, sans pour autant risquer elle-même de condamnation puisque le juge Tournaire n'a pas estimé avoir réuni de charges justifiant son renvoi devant le tribunal. Même si ses rares notes exhumées ne semblent pas avoir franchement contribué à l'activité parlementaire de son père. Clairement dubitatif, à en croire son ordonnance de renvoi, le juge ne l'a pas mise en examen, pas plus que son frère Charles, au contraire de leur père, poursuivi pour détournement de fonds publics.

Car Charles Fillon, lui aussi, a été rémunéré : 47 000 euros, juste après sa sœur, du 5 janvier 2007 au 17 juin 2007 – alors même que son père est entre-temps devenu Premier ministre. À l'époque, il a 23 ans et se destine, lui aussi, à une carrière d'avocat. Il ne met carrément pas les pieds au Sénat. La bibliothèque ? Très peu pour lui. Il est étudiant à Paris-Dauphine, doit rédiger un mémoire de DEA. « Le salaire a été déterminé par mon père, avance-t-il. En gros, j'ai dû rédiger une vingtaine de notes, d'une dizaine de pages en moyenne. Soit une par semaine. » À l'en croire, c'est son paternel qui lui indiquait le thème à approfondir, par téléphone. Les sujets abordés ? L'Agence des participations de l'État ou encore le processus législatif français. Mais, comme pour les documents évoqués par sa mère, il n'existe aucune trace de ces écrits. « Je travaillais à l'époque sur un vieil ordinateur portable que je n'ai pas conservé », se défend Charles Fillon.

Son père, en 2005, ne manifeste pas une activité forcenée au Sénat. Son travail parlementaire ? Il se borne à signer une proposition de résolution tendant à la création d'une commission d'enquête sur l'immigration clandestine ou à se pencher sur la filière avicole. Rien à voir, semble-t-il, avec les sujets d'enquête confiés à son fils, dont le contrat de travail stipule pourtant qu'il doit « le seconder personnellement dans les tâches directement liées à l'exercice de son mandat parlementaire ». L'ancien Premier ministre a une explication toute simple : « Ce sont des thèmes qui ont été au cœur des propositions de réforme que j'ai formulées et que nous avons ensuite mises en œuvre après la présidentielle (de 2007). » Voilà qui est plus déroutant encore : François Fillon assume donc en 2017 que son fils Charles a nourri sa réflexion dix ans plus tôt, non pas en sa qualité de sénateur, mais en tant que soutien d'un candidat à la présidentielle nommé Nicolas Sarkozy. « Pendant quelques mois, de janvier à mai 2007, développe-t-il, j'ai été chargé de rédiger le programme du candidat à l'élection présidentielle et j'ai fait travailler mon fils Charles sur toutes les questions institutionnelles. »

Tiens donc, les subsides du Sénat auraient du coup été destinés à une campagne électorale ? Qui plus est sans être déclarés dans les comptes officiels de Nicolas Sarkozy ? Voyant le danger, Charles Fillon va rapidement démentir devant les enquêteurs la version proposée par son géniteur : « Je n'ai aucune idée de la raison pour laquelle mon père a dit cela. Je n'ai effectivement jamais travaillé dans le cadre d'une campagne électorale. Le seul but de mes notes était d'alimenter la réflexion générale de mon père sénateur. » Conscient de sa bévue, François Fillon rectifiera un peu plus tard sa position face aux juges : « Ma réponse devant les policiers est un raccourci. C'est moi qui participe à la campagne, ce n'est pas eux. »

Le salaire de Charles, comme celui de sa sœur, ne fait que transiter par son compte bancaire, pour alimenter ensuite le compte joint de ses parents. Charles fournit le même type d'explication que Marie : il s'agit simplement de rembourser l'argent avancé, dans son cas pour ses études.

« Je savais que les deux avaient un contrat », témoigne Penelope Fillon. Qui ajoute : « Ils ont effectué un travail visible dont mon mari avait besoin. Et c'est de leur propre initiative qu'ils ont voulu nous rembourser d'une partie des charges que nous engagions pour eux. »

On se serre les coudes, chez les Fillon. C'est ainsi que, en 2015, Marie Fillon va virer 30 000 euros à ses parents. En deux fois. « Pour payer les impôts, commente Penelope Fillon. Nous n'avions pas assez d'argent disponible à ce moment-là. Nous aurions préféré éviter d'emprunter 30 000 euros à notre fille. » Et de conclure : « Nous ne sommes pas très dépensiers. »

Bien élevés, ces enfants. Et reconnaissants.

Ils peuvent l'être : au total, grâce à leur père, ils ont touché, en quinze mois, 117 400 euros de fonds publics.

CHAPITRE 9

Le PDG

François Fillon vit l'un de ces instants de grâce où les ennemis d'hier deviennent les courtisans du jour.

Le 17 mai 2007, Nicolas Sarkozy le nomme Premier ministre.

Le couple Fillon s'installant à Matignon, le manoir de Beaucé devient presque une destination exotique, tant l'agenda est rempli. Premier ministre, c'est sans doute le job le plus prenant de la Ve République. En première ligne, constamment, une prise de décision à la minute, des incendies à éteindre dix fois par jour... S'ajoute un élément essentiel : il faut soigner les relations avec le président de la République. Or, à l'Élysée, Nicolas Sarkozy se veut omnipotent. Sa garde rapprochée taille des croupières à François Fillon. Les conseillers, tels Claude Guéant ou Henri Guaino, interviennent dans les médias et se font fort, eux aussi, de faire acte d'autorité. Au point de parasiter, par exemple, le premier discours de politique générale que doit prononcer Fillon. Très vite, une cohabitation qui ne dit pas son nom s'installe, on se surveille du coin de l'œil.

Pour Fillon, il est déjà temps de compter ses amis.

L'homme d'affaires Marc Ladreit de Lacharrière est de ceux-là. Un énarque passé très vite au privé, doué pour les affaires. Au point que, à 79 ans, sa fortune est aujourd'hui estimée à 3,2 milliards d'euros. Il détient un véritable empire dans le domaine des médias numériques, du divertissement et de l'immobilier. « Un ami très proche, depuis très longtemps », explique François Fillon. C'est Philippe Séguin qui a servi de trait d'union dans les années 1980. Les deux hommes commencent à se fréquenter. D'abord de loin. Puis de très près. À l'époque, Ladreit de Lacharrière est déjà le PDG de Fimalac, holding qui détient une agence de notation, Fitch Ratings. Il ne fait pas mystère de ses convictions très libérales. Le conformisme bourgeois mâtiné de gaullisme social de François Fillon n'est pas franchement sa tasse de thé. Mais cette drôle de maladie se guérit, il en est persuadé. Dans tous les cas, Fillon à Matignon, c'est aussi une belle occasion de faire prospérer ses intérêts. Rien d'illégal là-dedans, *a priori*. Après tout, avoir des amis bien placés, ce n'est pas un délit, plutôt un talent, n'est-ce pas ?

Le 20 juillet 2007, le patron de Fimalac se déplace donc à Matignon. Quelques semaines plus tôt, le directeur du journal *Les Échos*, Érik Izraelewicz (décédé brutalement en novembre 2012 alors qu'il dirigeait *Le Monde*), est venu le voir, à la requête des journalistes, pour lui demander d'acquérir le quotidien, que ses propriétaires britanniques, le groupe Pearson, souhaitent céder. Or, le groupe LVMH est sur les rangs, et cela inquiète les journalistes. « Je lui ai dit que j'étais prêt à étudier cette acquisition, à la condition que les journalistes souhaitent mon arrivée », raconte Ladreit de Lacharrière. Un appui du Premier ministre pourrait également s'avérer utile. De tout temps, en France, les affaires de presse ont intéressé le pouvoir politique.

Une note est donc pondue par un conseiller de Matignon. Destinée au Premier ministre, elle envisage les différents cas de figure. « Il pouvait être naturel que François Fillon me pose la question sur ce que je voulais faire des *Échos* », soutient le PDG. Il n'a plus souvenir du contenu exact de la conversation. De toute façon, les Britanniques ont finalement opté pour la proposition de LVMH et, très vite, le sujet ne sera plus d'actualité.

En ce début d'été 2007, Marc Ladreit de Lacharrière est également nommé président du conseil d'administration de l'agence « France-Muséums », une structure qui doit veiller au devenir du projet Louvre-Abou Dabi. Matignon suit le dossier de près : « Bien sûr, assume François Fillon, c'est un dossier important pour le rayonnement culturel de la France. Je rappelle que les fonctions de Marc Ladreit de Lacharrière sont totalement bénévoles. »

Les deux hommes se voient une à deux fois par trimestre. « C'était d'abord des rencontres amicales, relate l'ancien Premier ministre. Mais c'était aussi l'occasion d'évoquer la situation économique générale, notamment avec le président de l'agence de notation Fitch, qui a une vision économique privilégiée des grands équilibres économiques du monde. » Le PDG de Fimalac abonde. Pas question, assure-t-il, de profiter de cette relation pour avancer ses pions. « Mon amitié avec François Fillon n'a jamais eu de lien avec mes affaires », jure-t-il. À voir.

Mardi 23 octobre 2007, François Fillon est l'invité d'honneur du dîner de *La Revue des Deux Mondes*, le mensuel détenu par Marc Ladreit de Lacharrière. Au George-V, on festoie. Et François Fillon prend la parole : « Je voudrais d'abord remercier Marc Ladreit de Lacharrière : je ne peux rien lui refuser. »

Et réciproquement.

Viennent 2008 et la redoutable crise des subprimes. Les agences de notation dégradent à tout-va, elles deviennent les oracles dont se défient les gouvernements et les institutions. Cela n'altère pas la relation de proximité entre les deux hommes. Ils continuent d'entretenir des relations chaleureuses. Début 2010, l'homme d'affaires offre à la famille Fillon un séjour d'une semaine au ski.

À Courchevel, où il possède un superbe chalet et un moniteur à sa disposition. Fillon n'est pas en reste d'amabilités. Et puis, leur ami commun, Philippe Séguin, vient de décéder, ça rapproche. « Il avait perdu un mentor, se rappelle Ladreit de Lacharrière, il se sentait un peu seul. »

Le 31 octobre 2010, Marc Ladreit de Lacharrière est élevé à la dignité de grand-croix de la Légion d'honneur, une récompense pour, notamment, son engagement dans le projet « France-Muséums ». C'est le Premier ministre qui officie. « Je suis intervenu parce que je lui ai remis cette décoration à sa demande », assure François Fillon. Ce que Ladreit de Lacharrière contestera devant les policiers, affirmant n'avoir jamais sollicité cette faveur à son ami Premier ministre. Toujours est-il que ce sont également les services de Matignon qui ont instruit la procédure. La cérémonie d'élévation se déroule le 10 février 2011. « Marc Ladreit de Lacharrière la mérite pleinement, s'énerve Fillon. Pour ma part, je n'aurais pas proposé une personne que je connais personnellement. »

À l'époque, le PDG de Fimalac a des échanges très suivis avec Matignon. En effet, la Commission européenne envisage sérieusement d'encadrer le pouvoir des agences de notation. Une perspective inquiétante pour Fitch. L'homme d'affaires s'en ouvre à Marie-Anne Barbat-Layani, conseillère du Premier ministre pour les affaires économiques. Il décroche aussi un rendez-vous avec Fillon lui-même, le 9 mars 2011. Du coup, comme à chaque entretien important, le chef du gouvernement reçoit une analyse de sa conseillère. Dans une note du 7 mars 2011, cette dernière lui explique que le PDG de Fitch est « agacé par les déclarations des uns et des autres contre les agences de notation ». Il va être aussi question de l'ISF, qui gêne tant les grandes fortunes. Fillon est prévenu, il va devoir rassurer son ami.

On frise le conflit d'intérêts amicaux...

« Je ne lui ai jamais demandé d'intervenir dans ce domaine de la régulation des agences de notation », allègue l'homme d'affaires. Quant à Fillon, il va encore plus loin. « En tant que responsable du gouvernement français, j'ai défendu les positions qui étaient celles de la Commission, et qui faisaient l'objet de critiques très vives de la part de Marc Ladreit de Lacharrière », assure-t-il. Une divergence qui n'aurait pour autant pas dégradé les liens unissant les deux hommes. « Notre relation est trop ancienne pour être altérée », estime Fillon.

Ladreit de Lacharrière continue tout de même son très empressant travail de lobbying. En mars 2012, il remet le couvert auprès des conseillers de Matignon, puis du Premier ministre lui-même. La Commission européenne veut imposer aux émetteurs de dettes de changer d'agence de notation tous les trois ans et réformer les cas de conflits d'intérêts évidents. Autant de mesures extrêmement dérangeantes pour Fitch. « C'est normal que je leur fasse part de mes préoccupations pour l'avenir de mes entreprises », remarque son patron.

Durant ces nombreuses conversations, il est aussi question des thèmes qui sont chers au très libre-échangiste PDG. La suppression de l'impôt sur la fortune en fait partie. « Beaucoup de personnes, dont moi, ont été très inquiètes du départ de Français à l'étranger », expliquera-t-il aux policiers. Il fait part aussi de son ressentiment à l'encontre de la fonction publique. Et transmet un mot manuscrit au Premier ministre, accompagné d'une note : « François, ce petit papier t'intéressera peut-être. » Le document est sans nuance : intitulé « Coût pour la France d'un fonctionnaire », il explique notamment que, si « l'on se base sur l'embauche de 60 000 enseignants aujourd'hui, cette promesse représente un engagement futur pour l'État français d'environ 11 milliards d'euros, soit un engagement représentant environ 5,7 % de dettes en plus du PIB ». Quand les enseignants sont d'abord vus comme une charge pour l'État français...

Ces thèmes chers aux grands patrons, dont Ladreit de Lacharrière est un représentant presque caricatural, vont être largement repris par François Fillon lors de sa campagne présidentielle. Il pense qu'en musclant son discours, en remisant ses positions trop étatistes, en réorientant ses propositions économiques sur un axe moins social, il saura convaincre un électorat manifestement en voie de droitisation. Le « nouveau » Fillon, converti à l'ultralibéralisme, est en marche. Escorté, cornaqué par ses riches amis, au premier rang desquels figure l'incontournable Marc Ladreit de Lacharrière.

Le PDG a su se montrer persuasif, toutes ces années.

Et généreux.

CHAPITRE 10

La conseillère littéraire

Échange de courriels au ton peu charitable, ce 31 janvier 2013, entre Aurélie Julia et Caroline Meffre, deux salariées de *La Revue des Deux Mondes*. Un mensuel très parisien à l'audience confidentielle – environ 5 000 abonnés –, mais fort coté. Objet de la discussion : « Le retour de Pauline Camille ». Il est donc question de la dernière livraison de la prose d'une chroniqueuse visiblement peu en cour au sein du mensuel.

Commentaire final d'Aurélie Julia : « J'ai commencé à lire et j'ai arrêté : vraiment pas bon. Elle peut pas se trouver un amant au lieu de nous faire chier ? »

Sympathique.

Or, Pauline Camille n'est autre que... Penelope Clarke, l'épouse de François Fillon, qui se dissimule sous ce pseudonyme. Par pure coquetterie ? Non, répond François Fillon, mais pour permettre « une lecture plus objective » et afin d'éviter « une polémique immédiate liée à son statut d'épouse d'un ex-Premier ministre ». Penelope, elle, dit avoir opté pour cette identité d'emprunt afin « de ne pas embarrasser mon mari, si mon travail n'avait pas été satisfaisant », dit-elle.

Voilà six mois que l'ex-Premier ministre a quitté Matignon. Il est redevenu député, à Paris cette fois, et c'est d'ici, depuis les beaux quartiers du 7e arrondissement, qu'il compte lancer son opération de conquête de l'Élysée. Il a bien vite renoué avec ses vieilles et imprudentes habitudes. À commencer par salarier son épouse, Penelope Fillon. C'est que l'argent fait défaut et, s'il a pu compter sur les largesses de la République pendant cinq ans – il émargeait à 21 200 euros par mois à Matignon –, il se retrouve fort dépourvu, l'hiver électoral venu.

À tel point qu'il se voit même « contraint » d'emprunter, le 15 octobre 2012, 50 000 euros à son vieil ami Marc Ladreit de Lacharrière. « À l'époque, justifie Fillon, j'avais des travaux importants à faire dans ma maison. Je l'ai évoqué auprès de Marc de Lacharrière qui m'a proposé de me prêter cette somme. » Le milliardaire signe le chèque sans se poser trop de questions. Après tout, ne se vante-t-il pas d'avoir déjà prêté 40 000 euros à Frédéric Mitterrand, ministre de la Culture de Nicolas Sarkozy de 2009 à 2012 ?

François Fillon s'interroge encore moins que « Ladreit », d'ailleurs. Il omet de déclarer ce prêt – la loi l'y oblige pourtant – auprès des autorités *ad hoc*. « C'est une erreur de ma part », dit-il, arguant qu'il ne savait pas qu'il devait le mentionner. Et pourtant, en 2014, il avait bien signalé à l'Assemblée un autre prêt, bien plus officiel, accordé cette fois par le Crédit agricole.

Toujours cet art de l'« oubli » malencontreux.

Le prêt Ladreit de Lacharrière sera remboursé en février 2017. En pleine affaire Penelope. Un pur hasard, vraiment ? « Cela n'a pas de rapport, prétend Fillon. En janvier 2017, j'ai touché le solde de mes droits d'auteur pour mon livre *Faire* et j'étais alors en mesure de rembourser. »

Retour à Penelope Fillon. Dès le 10 juillet 2012, le député Fillon emploie donc son épouse comme collaboratrice à plein temps, moyennant une rémunération mensuelle de 3 450 euros net. Soit 27 euros de l'heure, bien plus que tous ses autres collaborateurs.

Pourtant, ils travaillent vraiment.

Car Penelope Fillon ne change rien, elle non plus, à ses vieilles habitudes. Elle se contente de gérer l'emploi du temps conjugal et de transmettre le courrier de son mari à Sylvie Fourmont ou Anne Faguer, les deux « vraies » collaboratrices du député. « La compétence de Penelope était sarthoise, plaide François Fillon. C'est là qu'elle avait la plus-value la plus importante. Quand on a été élu depuis plus de trente ans dans un territoire, il n'est pas anormal de vouloir garder avec lui une relation étroite. » Mais Penelope Fillon passe peu de temps dans la Sarthe, dont son époux n'est de toute façon plus l'élu. Elle apprécie le confort de leur appartement spacieux, square de La Tour-Maubourg, à Paris. 140 mètres carrés, loués 4 000 euros par mois. Elle n'est clairement pas débordée. Elle parvient même à mener de front des études à l'Open University de Paris, dont elle sera diplômée d'un *bachelor of arts*, en 2015. Nul doute sur ce point, elle aime la lecture, la réflexion, s'en nourrit. C'est aussi pour cela que sa situation à *La Revue des Deux Mondes* la frustre intensément. Elle y croyait fort, pourtant, au début.

Créé en 1829, le mensuel a publié Alexandre Dumas ou Alfred de Vigny. Aujourd'hui, il vivote, rêvant d'incarner un humanisme de droite. Sous la férule, donc, de Marc Ladreit de Lacharrière, qui a racheté le titre en 1991. Depuis, c'est sa danseuse, il dit y être « viscéralement attaché ». Il perd de l'argent, mais s'en fiche – il peut se le permettre. Du moment qu'il reste en mesure de décerner le prix de l'« audace créative » et d'organiser au palace George-V le dîner de *La Revue* – deux cents participants, 150 euros par personne… Deux occasions de convier le Tout-Paris, de célébrer le bel esprit et, bien sûr, de cultiver ses réseaux. Mais pour l'heure, en ce début d'année 2013, il doit surtout gérer les ego boursouflés de ses collaborateurs de *La Revue*, et le désarroi de Penelope Fillon, qui se sent déconsidérée.

Tout avait pourtant si bien démarré, six mois plus tôt, au printemps 2012. Ladreit de Lacharrière avait enfin réussi à trouver un point de chute à Penelope Fillon. Des semaines que François Fillon, qui s'apprêtait à quitter Matignon le bassinait avec les états d'âme de sa femme, manifestement frappée d'une crise de bovarysme aigu. « Je lui ai demandé s'il pouvait recevoir mon épouse et voir s'il avait une activité à lui proposer », opine François Fillon.

« Il m'a dit qu'elle pouvait s'ennuyer », après Matignon, renchérit Marc Ladreit de Lacharrière. La perte de revenus conséquente liée au départ de Matignon, qui contraint François Fillon à diviser ses revenus au moins par trois, le PDG de Fimalac l'a-t-il à l'esprit ? « Cette idée-là ne m'a même pas effleuré », soutient-il, lui qui, à la même époque, octroie pourtant au couple ce fameux prêt de 50 000 euros.

L'homme d'affaires tente d'abord d'imposer Penelope Fillon au sein de France-Muséums, qu'il préside. Cela se passe très mal. Laurence des Cars, alors directrice scientifique de l'agence, se souvient : « J'ai reçu un appel de Marc Ladreit de Lacharrière me disant qu'il avait eu la veille un dîner privé avec le couple Fillon, que l'épouse du Premier ministre s'embêtait, et qu'il fallait lui trouver une occupation. » Rémunérée, bien entendu.

Dans la foulée, une réunion de crise est organisée au sein de l'agence, dont les collaborateurs s'affolent. Penelope Fillon ne détient aucune des qualifications requises pour le job. Laurence des Cars se rend ensuite dans les appartements privés des Fillon à Matignon pour la rencontrer : « Elle n'avait absolument pas les clés pour comprendre l'enjeu du projet », tranche-t-elle, en évoquant en outre, lucide, un « problème de conflit d'intérêts ». Penelope Fillon confirme l'épisode : « Je me suis rendu compte que je n'avais pas les compétences pour faire cela », admet-elle.

L'homme d'affaires ne s'entête pas, il enterre cette première piste. Pourquoi ne pas tenter, du coup, de placer l'épouse Fillon au sein de l'équipe de *La Revue des Deux Mondes* ? « Je ne me suis senti obligé de rien, je n'ai pas demandé son CV à Penelope Fillon », confie-t-il.

Pourtant, Marc Ladreit de Lacharrière, décidément très serviable, décroche son téléphone et appelle Michel Crépu, rédacteur en chef du mensuel depuis 2002 – il quittera le titre en 2015. Mme Fillon « s'ennuyait », confirme le journaliste, en restituant la conversation avec son patron. Alors, il fallait trouver une solution. Et donc « un contrat fictif », conclut Michel Crépu. Mais pas n'importe lequel non plus.

Le 2 mai 2012, quatre jours avant le second tour de la présidentielle et la défaite de Nicolas Sarkozy, Penelope Fillon signe un contrat avec la SA Revue des Deux Mondes, pour une durée de travail fixée à 218 jours par période annuelle et une rémunération de 3 950 euros net mensuels. Penelope Fillon concède avoir elle-même trouvé ce salaire « généreux ». C'est le grand patron qui en aurait fixé le montant. En vertu d'une autre de ses règles de base : éviter ce qu'il appelle « les trois C, qui sont le conformisme, le clonage et la consanguinité ». La masse salariale prend d'un coup une autre ampleur, puisqu'il n'y avait qu'une salariée jusqu'à présent au sein de la SA. Les pigistes, les vrais collaborateurs du magazine, sont, eux, payés 150 euros la page. L'embauche de Mme Fillon interpelle, alors que le résultat net de la publication, en 2012, fait apparaître un déficit de 494 000 euros. « Cela ne mettait en rien en danger la survivance de *La Revue des Deux Mondes*, puisque Fimalac la recapitalisait chaque année », estime le PDG. Que ne ferait-on pour la plus ancienne revue européenne.

Et en faveur d'un vieil ami.

Voici donc Penelope Fillon nantie du prestigieux titre de « conseiller littéraire », elle devra mener une « réflexion » sur « l'orientation de la politique éditoriale et dans le choix des thématiques ». Elle rendra compte directement auprès du « président du groupe Fimalac ».

Résumons, à ce stade du récit : à la fin de l'été 2012, Penelope Fillon bénéficie, chaque mois, de 7 400 euros net, en cumulant ses deux activités de collaboratrice parlementaire et conseillère éditoriale. Au fait, sans même évoquer le contenu de ces deux activités, un tel cumul est-il autorisé ? Non. Car la durée mensuelle du temps de travail ne doit légalement pas dépasser 190 heures. Alors, François Fillon réfléchit, gamberge, échafaude. Ébauche plusieurs contrats types à l'Assemblée – preuves de ses doutes –, examine diverses solutions : embaucher sa femme du lundi au mercredi, ou encore mentionner aux administratifs du Palais-Bourbon que sa femme travaille seulement 20 heures par mois pour le compte de *La Revue des Deux Mondes*. Finalement, erreur fatale *a posteriori*, si l'ancien Premier ministre valide un contrat pour sa femme à 35 heures par semaine pour le compte de l'Assemblée, il remplit une fiche de renseignements spécifiant que Penelope travaille par ailleurs… 14 heures par mois pour le mensuel de son ami Marc Ladreit de Lacharrière.

Au total, donc, Penelope Fillon est dans les clous, elle travaille selon cette déclaration 165 heures par mois.

Sauf que c'est totalement faux.

Fillon le concède aujourd'hui : il a signé la fiche « trop vite », d'autant qu'il est « impossible de convertir un forfait jours en horaires ». Il insiste : « Je n'aurais pas dû remplir cette fiche. Elle [Penelope] m'a donné un chiffre de 14 heures que j'ai reporté sur le document. On me l'a mis à la signature, et j'ai fait ça trop vite. » Penelope Fillon, de son côté, déclare aux enquêteurs : « À l'époque, j'avais un ou deux livres à travailler. J'avais un ou deux entretiens avec M. Ladreit de Lacharrière sur l'orientation. J'ai estimé que, sur cette période, c'était en moyenne 12 à 14 heures par mois. »

Ça passe. Penelope Fillon demeure salariée de *La Revue des Deux Mondes* jusqu'en novembre 2013. Pour le bonheur financier du couple, mais son plus grand malheur à elle.

Car elle n'est pas prise au sérieux, comme le confirme l'échange de courriels entre Caroline Meffre et Aurélie Julia. Pire, on la méprise. Et pourtant, il faut bien l'admettre, Penelope Fillon tente de justifier son salaire, copieux au regard de sa production et des autres rémunérations en vigueur au sein du mensuel. Elle rédige, à la main, de son écriture appliquée, des pages et des pages de chroniques plutôt laborieuses, à défaut d'être savantes. Elle disserte, décrypte. Philosophe à l'occasion. Au moins ces dizaines de pages existent-elles bien – nous les avons parcourues –, alors que les policiers ont cherché désespérément la trace de ses activités parlementaires. Mais voilà, à *La Revue des Deux Mondes*, on n'en veut pas, de cette prose. On s'en gausse, même. Plus grave, on ne sait rien des conseils qu'elle est censée prodiguer au patron, ni de son CDI. « Jamais Mme Penelope Clarke n'a exercé ces fonctions, s'emporte Michel Crépu. Cela me fait l'effet de quelque chose de tout à fait irréel. Ce contrat ne correspond à aucune réalité. » Lui a vu passer en tout et pour tout deux notes de lecture signées Pauline Camille, dont il n'y avait pas que l'identité à être fictive, apparemment.

De fait, Penelope Fillon n'a vraiment pas rendu les services que l'on attendrait d'une conseillère éditoriale. Elle se contente de rencontrer de temps en temps Marc Ladreit de Lacharrière dans l'appartement du couple, square de La Tour-Maubourg, et se fend de quelques « conseils oraux », comme elle les qualifie pudiquement. Elle lui montre des revues anglaises telles que la *London Review of Books* et espère voir ses « fonctions s'étoffer au fur et à mesure ». Des rendez-vous informels d'une heure, qu'elle a organisés, jure-t-elle, en rédigeant des notes préparatoires. Qui n'ont jamais pu être produites ou retrouvées, elles non plus. « C'était surtout un travail de sensibilité, le ton à donner », commente Penelope Fillon. « L'oral me suffit pour savoir dans quelle direction aller », témoigne le PDG. « Elle m'a fait prendre conscience de l'intérêt d'adapter *La Revue* au monde moderne », dit-il aussi. Bref, il rame. Mais il la défend encore, au début de l'enquête, explique même que, si les abonnements ont crû de 39 % en 2015, elle y a toute sa part ! Une vraie performance, s'agissant d'une collaboratrice fantôme.

Car, de la même manière que Penelope Fillon ne s'est jamais rendue à l'Assemblée, elle ne se déplacera jamais non plus dans les locaux du mensuel, ni ne rencontrera le moindre employé. Passé décembre 2012, il n'y a même plus de rencontres chez les Fillon. « Il n'a pas réalisé que je prenais cela pour un vrai travail sérieux, je voulais m'investir », déplore Penelope Fillon dans une formulation révélatrice. L'homme d'affaires a une devise : « Tout travail mérite salaire. »

Mais pas l'inverse, visiblement.

Il le reconnaît désormais : « J'ai manqué de vigilance auprès d'elle. » Penelope devine à l'époque une « hostilité » dans le peu de retours que suscitent ses fiches de lecture, envoyées via la secrétaire du PDG de Fimalac. *La Revue* lui poste huit livres à chroniquer ? Seules deux notes sont publiées, en septembre et octobre 2012, par Pauline Camille. « J'aurais au final préféré qu'on me dise clairement qu'on n'avait pas besoin de moi, regrette-t-elle. Après l'été, cela n'a pas redémarré, et n'ayant pas osé déranger M. Ladreit de Lacharrière à ce sujet, j'ai estimé que c'était mieux pour tout le monde d'arrêter. » L'homme d'affaires, cela tombe bien, pense aussi à se séparer de sa collaboratrice au retour des vacances de l'été 2013. « J'ai pensé que les apports de Mme Fillon étaient suffisants pour les missions que je lui avais confiées », explique-t-il.

En décembre 2013, Penelope Fillon prend les devants, passe un coup de fil au PDG, elle quitte tous ses emplois et n'est plus chroniqueuse, encore moins conseillère ; il est mis fin également, en parallèle, à son contrat de collaboratrice parlementaire. Coïncidence heureuse : un mois plus tôt, la Haute Autorité pour la transparence de la vie publique (HATVP) a été créée...

Penelope Fillon, qui a joué si gentiment, si longtemps, le rôle peu glorieux de variable d'ajustement pour le compte en banque du couple, ne voit là que le simple fait du hasard : « Mon mari avait décidé à l'automne 2013 qu'il n'allait pas se représenter dans la Sarthe, ni à Paris, mais à l'élection présidentielle de 2017. En même temps je voulais terminer les études que j'avais commencées au début de mon arrivée à Matignon et il y avait une date limite. Et aussi je voulais être très disponible pour mon dernier fils et mes petits-enfants. »

Fin de l'épisode ? Pas du tout.

Très tardivement, en octobre 2018, pour éviter un procès gênant, le PDG de Fimalac fera parvenir un document aux autorités judiciaires. Un courrier dans lequel il reconnaît avoir octroyé un emploi en partie fictif à Penelope Fillon : « Il est exact que, de mai à décembre 2012, il n'y a pas eu de contrepartie suffisante à son salaire, explique Marc Ladreit de Lacharrière. Et à partir de janvier 2013 jusqu'à sa démission en décembre 2013, Mme Fillon n'a fourni aucun travail en contrepartie de son salaire. »

Montant du préjudice : 135 000 euros.

Une paille pour le milliardaire, qui a lâché son vieil ami afin de s'épargner, lui, un procès fâcheux. Le 11 décembre 2018, il a été condamné pour « abus de biens sociaux » à huit mois de prison avec sursis et 375 000 euros d'amende, dans le cadre de la procédure dite de « plaider-coupable ».

De très mauvais augure pour le couple Fillon dans la perspective du procès prévu fin février 2020. Les deux semaines d'audience s'annoncent à la fois tendues et passionnantes.

Pauline Camille aurait pu en faire une belle chronique.

CHAPITRE 11

Le consultant

Pas de repos le week-end pour les soutiers de la direction juridique du géant AXA, premier groupe mondial d'assurances. Ce samedi 2 juin 2012 en fin de matinée, un dossier les préoccupe tout particulièrement : la signature d'un contrat de consulting avec François Fillon. Difficile de s'y opposer, c'est le patron lui-même, Henri de Castries, gentleman-farmer voisin des Fillon dans la Sarthe, qui a impulsé le processus. Le souci, c'est que François Fillon vient de quitter Matignon et s'apprête à redevenir député, à Paris cette fois. Le code électoral est formel : « Il est interdit à tout député de commencer à exercer une fonction de conseil qui n'était pas la sienne avant le début de son mandat. » Il s'agit en fait de prévenir tout conflit d'intérêts. Si on le croit – mais on n'est pas obligé –, Fillon, qui s'apprêtait pourtant à disputer à Copé la tête de l'UMP, n'était pas encore certain de son avenir : « J'avais envisagé d'arrêter la vie politique, assure l'ex-Premier ministre. J'ai finalement décidé de créer une société de conseil. » En avançant en terrain miné.

Nicolas Magnier, responsable juridique, s'en émeut donc auprès de son patron, George Stansfield, dans un courriel expédié très exactement à 11 h 05, ce 2 juin. « D'un point de vue médiatique, je me dis qu'il y a peut-être un risque pour FF [François Fillon] à créer *in extremis* une activité de consulting quelques jours avant son élection, sachant que l'interdiction pour les députés de faire du consulting

est certainement bien connue dans le milieu politique… »
Or, l'échéance est proche. Le premier tour des élections
législatives doit avoir lieu le dimanche 10 juin. Il faut absolument boucler l'opération dans la semaine à venir.

Car Fillon, certain de sa réélection dans la très cossue
2e circonscription de Paris, a déjà tout prévu. Sa femme sera
bientôt embauchée par ses soins comme collaboratrice parlementaire, et il est parvenu, le mois précédent, à la « caser »
à *La Revue des Deux Mondes*. Lui, pour sa part, sait qu'il
disposera à tout le moins de son indemnité de député, soit
7 200 euros mensuels. À eux deux, ils bénéficieront donc
déjà d'environ 14 000 euros de revenus nets par mois, sans
compter les avantages matériels liés à son statut d'ancien
Premier ministre. De quoi quasiment compenser la perte
financière sèche que représente son départ de Matignon, où
il émargeait à plus de 20 000 euros par mois.

Mais ça ne lui suffit pas. Il cherche d'autres sources de
financement.

Consultant dans le secteur privé, cela a tout du bon plan.

Tout le week-end, les équipes d'AXA phosphorent. Un
projet de contrat est établi. Comme toujours, c'est Antoine
Gosset-Grainville, devenu avocat, qui assure le lien avec
l'ancien Premier ministre. Le deal porte sur six mois de
consulting garantis. Le 5 juin, les documents sont prêts
pour la signature. Un forfait mensuel de 10 000 euros est
prévu. Le lendemain, 6 juin, Fillon crée la SARL uniper-
sonnelle 2F Conseil, dont l'objet est le « conseil, l'assistance, dans tous les domaines ». Elle est domiciliée chez
un autre proche de Fillon : René Ricol, à la tête de la
société d'expertise comptable et de conseil financier Ricol-
Lasteyrie. Ce même Ricol propulsé par Fillon commissaire général aux investissements sous le règne de Nicolas
Sarkozy. C'est un tout petit monde très puissant qui se
coopte et se protège quand les vents deviennent contraires.
Quitte à mordre la ligne jaune, parfois, sur le plan éthique.

Le même jour, le futur député appose son paraphe sur le contrat proposé. Le lendemain, Henri de Castries fait de même. Tout est prêt. « AXA a fait sérieusement le travail de contrôle et a conclu qu'il n'y avait pas d'incompatibilité », estime Fillon. Il ne lui reste plus qu'à se faire élire député. Le 17 juin 2012, il l'emporte tranquillement, comme prévu, au second tour, avec 56,46 % des voix face au socialiste Axel Kahn. Deux semaines plus tard, il annonce son intention de conquérir l'UMP. Fillon est sur orbite. Pendant deux ans, il va ferrailler, d'abord avec Jean-François Copé, ensuite Nicolas Sarkozy. Publiquement, officiellement, c'est le Fillon combatif et féru de morale, défenseur de l'intérêt général, le Fillon des villes.

Mais il existe aussi le Fillon des champs. Le consultant empressé, qui mélange allègrement les genres et empoche de substantiels bénéfices.

D'autant qu'il a imité son ennemi, Sarkozy. Le voici qui donne lui aussi des conférences grassement rémunérées, via les sociétés spécialisées London Speaker Bureau ou Speakers Academy : 37 250 euros pour un discours à Washington, 36 000 euros pour un speech sur la situation économique européenne (organisé par son ancien vice-président à la Région, Daniel Augereau), deux forums économiques au Kazakhstan... De jolies sommes, inférieures toutefois à celles perçues par Sarkozy, qui émarge à 100 000, voire 150 000 euros la prestation. Vexant.

Mais le gros de son travail « dissimulé », au sens où il ne s'en vante pas, c'est de donner des conseils. Ou de jouer les intermédiaires entre riches hommes d'affaires. Ainsi Denis Lambert, le patron du volailler LDC (4 milliards d'euros de chiffre d'affaires). Il rencontre des soucis avec le Conseil de la concurrence, qui se méfie de ses projets d'acquisition dans le secteur ? Zorro-Fillon intervient. Le 7 octobre 2014, il envoie ce SMS à Lambert : « Si tu as besoin d'un avis extérieur, Antoine Gosset-Grainville qui a suivi le dossier quand j'étais

à Matignon, il est à ta disposition. » Voilà qui est très clairement exposé. Gosset-Grainville est vraiment l'homme à tout
faire de Fillon, celui qui négocie aussi, pour 2F, ses contrats.

En quelques mois, ces derniers s'accumulent, toujours
plus juteux.

Évidemment, Marc Ladreit de Lacharrière est mis à contribution : 30 000 euros pour une étude sur la réorganisation
de l'actionnariat familial ; 26 000 euros pour une mission au
Kazakhstan, où les deux hommes rencontrent le président,
l'autocrate Noursoultan Nazarbaïev, et 42 344 euros pour
un déplacement en Iran. Il organise aussi une rencontre
entre l'homme d'affaires et le prince héritier d'Arabie saou-
dite, Mohammed Ben Salman. Fillon met le cap à l'est, mais
il ne perd pas le nord, côté financier. Le 19 mai 2015, un
jour où son ami est allé s'exprimer à la radio, il lui écrit ceci :
« Marc, tu as été excellent sur Europe 1, tu es sûr que tu ne
veux pas faire de politique ? Oublié de te demander si on
peut faire un contrat pour le déplacement au Kazakhstan.
Amitiés. François. » Marc Ladreit de Lacharrière met son
chalet de Courchevel à disposition des Fillon – « Je paye
mes forfaits et le reste », s'insurge l'ancien locataire de
Matignon –, octroie aux proches du député de Paris des
places gratuites pour les concerts de Johnny ou Sardou…
Prodigue lorsqu'il s'agit de son ami, encore et toujours.
Une vraie âme de philanthrope, ce Ladreit de Lacharrière ?
Pas que. Il sait que, pour son camarade député, l'Élysée est
alors une perspective crédible. À l'arrivée, c'est du gagnant-
gagnant. Ils sont nombreux à faire ce calcul.

Le cabinet Ricol-Lasteyrie n'est pas en reste. Il débourse
290 000 euros entre juillet 2012 et janvier 2017. Ce même
Ricol, à qui Fillon a remis la Légion d'honneur et dont
il a donc contresigné la nomination en janvier 2010, en
Conseil des ministres, comme commissaire général aux
investissements. « M. Ricol, historiquement proche de
Nicolas Sarkozy, s'est mis en congés pour assurer sa mis-

sion », remarque Fillon. Les travaux du député sont rarement écrits. Il intègre le conseil d'orientation stratégique du cabinet Ricol et effectue pour lui une mission en Russie.

AXA, également, met au pot. 250 000 euros entre septembre 2012 et juin 2014. Henri de Castries est un intime de Fillon, qu'il a régulièrement visité, à Matignon. Comme en atteste une note du 28 juillet 2009, découverte dans les archives de l'ancien Premier ministre. Les assureurs sont inquiets des velléités de contrôle de la Commission européenne ? De Castries se déplace en personne. Et Fillon, selon cette note rédigée par un conseiller, est censé lui tenir ce discours : « Nous partageons les mêmes objectifs [...]. Soyez assuré que la France met la pression sur la Commission pour que cela avance. » L'ex-locataire de Matignon minimise l'importance de ces rencontres : « Il n'y a pas de traitement particulier pour M. de Castries ou M. Ladreit de Lacharrière », clame-t-il. Pour AXA, Fillon se met pourtant en quatre, voyage à Berlin, Londres, Bruxelles... Là encore, nulle production écrite, mais des échanges de courriels qui témoignent d'un lobbying forcené à propos des réglementations « Solvency 2 », gênantes pour le secteur de l'assurance. « La plupart des activités de conseil se traduisent par des réunions de travail en tête-à-tête avec les clients », se justifie Fillon, qui a vite appris les règles du métier. Apporte-t-il réellement une plus-value à ses clients ? « J'ai tout de même été Premier ministre de la France pendant cinq ans ! » se rengorge-t-il.

Il facture aussi 67 061 euros à la société Future Pipe Industries, à qui il permet notamment l'accès direct à Patrick Pouyanné, patron de Total... et ancien directeur du cabinet de Fillon au ministère des Télécommunications, en 1995. Décidément, le carnet d'adresses d'un ancien Premier ministre, ça vaut de l'or. Il est vrai que, avec un intermédiaire de luxe comme Fillon, certaines portes s'ouvrent facilement. Rencontres avec Vladimir Poutine,

Angela Merkel, le ministre des Finances allemand...
Parfois, pourtant, l'ex-Premier ministre s'avoue impuissant. Son ami, le businessman Siamak Siassi, installé en
Suisse, aimerait développer le marché local des télécoms.
Il demande à Fillon s'il peut lui faciliter un rendez-vous
avec Martin Bouygues. Réponse le 2 décembre 2015 du
député de Paris : « Je n'ai pas de bonnes relations avec
Martin B car je lui ai fait perdre beaucoup d'argent en
donnant à Free la 4e licence de téléphonie mobile !!! »

Pas grave, l'argent coule à flots. La société 2F Conseil
est florissante, le réseau relationnel de Fillon fonctionne à
plein. Le député de Paris semble en abandonner toute précaution. Bien sûr, il prend soin de prévenir régulièrement
le service de la déontologie à l'Assemblée nationale de ses
déplacements à l'étranger. Jamais la moindre remarque ne
lui est faite. Personne ne vérifie si le personnel mis à disposition de l'ancien locataire de Matignon par le secrétariat général du gouvernement ne lui sert pas, en fait, à ses
activités privées si lucratives. Ainsi, son assistante Sylvie
Fourmont, détachée et payée par la République, gère les
voyages de Fillon le consultant. « Le collaborateur mis à ma
disposition par Matignon n'est pas dédié à des fonctions
publiques particulières, proteste-t-il. Tant qu'il s'agit de
répondre au téléphone et de transmettre des courriers... »

L'opacité est absolue, le soupçon, partout. « Je n'ai jamais
été dans une situation de conflit d'intérêts, veut pourtant
croire Fillon. Tout cela est très artisanal, je traite les affaires
moi-même. » Et ne fait rien pour faciliter la plus élémentaire
transparence. En 2016, il déclare seulement 22 000 euros de
revenus extraparlementaires à la HATVP. Invraisemblable,
au vu de ce qui précède. En fait, il s'agissait de 220 000 euros !
Il avait omis un zéro. Une « faute de frappe », argue-t-il.
Seulement rectifiée en janvier 2017, après la mise au grand
jour de ses petites activités familiales et personnelles.

Tiens, encore un « oubli ».

CHAPITRE 12

Les lobbyistes de luxe

Réunion d'importance à l'Assemblée nationale, le 16 décembre 2013, dans le bureau plutôt spacieux de François Fillon, côté rue de l'Université. Le même qu'occupera ensuite François de Rugy, redevenu député après avoir dû quitter le ministère de la Transition écologique, en juillet 2019. Sont présents le futur directeur de campagne, Patrick Stefanini, l'homme d'affaires-ami, Marc Ladreit de Lacharrière, et le pieux serviteur, Antoine Gosset-Grainville, bien sûr. Au menu, le financement de la future campagne présidentielle du député de Paris. « C'est la seule réunion à laquelle j'ai assisté », détaille le patron de Fimalac, assurant qu'elle « a duré peu de temps ». « Je n'ai en rien financé son parti. Je lui ai simplement, à un moment, donné des idées », dit-il encore.

Les milieux d'affaires voient dans la candidature de Fillon à la prochaine présidentielle, annoncée depuis le Japon sept mois plus tôt, le 9 mai 2013, une véritable aubaine. Fillon, c'est le retour de la droite conservatrice traditionnelle, celle qui ne s'est jamais vraiment reconnue dans ce Sarkozy décidément trop fruste, à la fois outrancier et imprévisible. Encore faut-il que leur favori porte les bonnes idées. Deux personnalités s'occupent donc de le pousser vers des options nettement moins sociales que celles privilégiées dans sa prime jeunesse politique. En espérant aussi qu'il aura la reconnaissance du ventre qui l'a nourri.

Pierre Danon (ex-Numericable), mais surtout Henri de Castries et Marc Ladreit de Lacharrière jouent les lobbyistes de luxe. Et ça marche, semble-t-il. Le PDG de Fimalac se félicite ainsi d'avoir gentiment bousculé Fillon, au point, se vante-t-il, de lui proposer/imposer « un programme économique beaucoup plus libéral et ouvert sur le monde économique moderne ». Que ces deux businessmen aient eu recours aux services du consultant Fillon, moyennant solide rétribution à sa société 2F Conseil, ne les ennuie pas plus que ça. Et réciproquement.

Le plus actif, c'est Marc Ladreit de Lacharrière. Il inonde Fillon de petits mots manuscrits, flagorneurs juste comme il faut. « François, juste deux mots BRAVO (un triomphe) MERCI », après une bonne prestation télévisée de son poulain. Ou encore : « Juste un mot, cher François MERCI ». Il lui suggère des sorties, des réunions, propose de structurer un « groupe des 20 » autour du candidat, une sorte de think tank électoral et libéral. Fin 2013, il se fend d'une nouvelle note. Il y est question d'un déjeuner avec des politiques le jour de l'anniversaire du général de Gaulle, le 22 novembre, sur le thème du « sursaut », d'un dîner avec le « groupe des 20 », d'un déjeuner avec Alain Weill, le boss de BFM-TV, chaîne dont Ladreit de Lacharrière possède des parts, du dîner de *La Revue des Deux Mondes*, de leur voyage à venir en Israël, en janvier 2014... Bref, Ladreit dresse une véritable feuille de route pour le candidat Fillon. « Des conseils purement amicaux », proteste l'influent homme d'affaires, qui réfute avoir dissimulé la moindre arrière-pensée.

Il récidive un peu plus tard, dans une autre note manuscrite intitulée « propositions Marc », trouvée par la police judiciaire au domicile des Fillon. Le candidat est cette fois invité à se rapprocher des milieux culturels, à rencontrer des artistes, Patrick Bruel par exemple, ou encore Jamel Debbouze, que Ladreit de Lacharrière connaît bien et produit via sa société Webedia. Fillon est aussi prié d'envisager un déplacement en banlieue. Et la conclusion du document, toujours du même tonneau, car une flatterie n'est jamais de trop : « Le plus important : tu es le meilleur. »

Une belle amitié, vraiment.

Ambassadeur de l'Unesco, Ladreit de Lacharrière profite de cette relation privilégiée pour demander au candidat de l'aider à obtenir le renouvellement de son passeport diplomatique. Fillon ne se fait pas prier, il ne peut rien refuser à son ami Marc, alors il sollicite illico les services de Jean-Marc Ayrault, au Quai d'Orsay, en septembre 2016. Le ministre socialiste l'envoie poliment paître…

Toutes les bonnes volontés sont les bienvenues, surtout quand elles sont argentées et influentes – ce qui est bien souvent un pléonasme, surtout en France. Le marathon que constitue une campagne présidentielle lancée de si loin nécessite de puissants appuis, d'autant que Fillon devra d'abord mettre hors d'état de nuire ses concurrents de droite, Juppé et Sarkozy, qui eux aussi guignent le soutien des milieux d'affaires. « Son rôle était celui d'un apporteur d'idées, explique Fillon à propos de Ladreit de Lacharrière. Il donne des conseils sur la structuration de l'équipe de campagne et sur les modalités de la recherche de financements. Mais je tiens à ajouter qu'il n'a pas fait de dons. Il a dû considérer que son apport intellectuel était suffisant. »

L'argent, c'est évidemment le moteur de la campagne, quoi qu'en dise le candidat. Pour l'heure, le système Fillon reste artisanal. Même si l'ancien Premier ministre utilise les déplacements liés aux activités de sa société 2F Conseil pour développer son réseau de militants. Il bénéficie d'un bel avantage : on l'a vu, en tant qu'ancien Premier ministre, la République prend en charge la rémunération de Sylvie Fourmont, son assistante de toujours. Du coup, il peut affecter une partie de ses crédits parlementaires dévolus aux collaborateurs à l'embauche de Penelope Fillon, dans un premier temps. Pour utiliser ensuite à partir de l'automne 2013 les services d'Éric Chomaudon, le chef de son cabinet, qui avait travaillé sous ses ordres à Matignon. On mélange allègrement les activités. Car Chomaudon, par ailleurs assistant parlementaire du député européen (LR) Alain Cadec entre 2012 et 2014, s'occupe aussi de faire croître Force républicaine, le micro-parti fil-loniste, le tout en gérant les factures de conférencier de Fillon ! Toutes ces fonctions « s'entremêlaient », convient Fillon à propos de son stakhanoviste collaborateur.

Dans l'équipe figure également Caroline Morard, l'atta-chée de presse. Tout ce joli monde voyage ensemble pour propager la geste fillonesque. « Lorsqu'il s'agit de dépla-cements à caractère politique, confirme le député de Paris, je suis en général accompagné de M. Chomaudon et Mme Morard. Et dans ce cas, les frais de déplacement sont financés par Force républicaine. » L'équipe voyage ainsi au Qatar, en Russie, en Irak, au Liban, en Jordanie, à Abou Dabi, en Suisse, en Angleterre, ou encore au Maroc. À New York, aussi, où Fillon le patron de 2F Conseil est mandaté et grassement rétribué pour accompagner le banquier Philippe Oddo, tandis que Fillon le candidat en profite pour tenir des réunions publiques. Et réclamer des soutiens financiers pour sa campagne. Ou comment faire d'une pierre trois coups. Oddo ne fait pas mystère de ses penchants fillonistes, dans un SMS qu'il adresse au candi-dat le 5 septembre 2016 : « Je voulais tout d'abord vous renouveler tout mon soutien pour les mois à venir, notre pays a besoin de vous. »

Il n'est pas le seul à user de ce ton encenseur. C'est le moment pour Fillon de rentabiliser – à tout le moins sur le plan politique – les années passées à arpenter les allées cachées du vrai pouvoir. Les discussions avec Patrick Pouyanné, le patron de Total, qui festoie parfois avec François Bayrou, habituel faiseur de président, les approches d'Arthur Sadoun, patron de Publicis, les dîners chez Franz-Olivier Giesbert avec François Pinault…

Tous, ils entourent le candidat, par cercles concentriques, tant l'élan de Fillon, en cette fin d'automne 2016, semble, d'un coup, irrépressible.

CHAPITRE 13

Le bienfaiteur

Le patron du Ritz est venu accueillir lui-même son prestigieux client. Un ancien Premier ministre a droit à tous les égards. Et puis, ce vendredi 2 septembre 2016 au matin, François Fillon est accompagné de l'un des plus assidus flâneurs de la place Vendôme, l'avocat Robert Bourgi, qui est comme chez lui ici. C'est Fillon qui a pris l'initiative d'« inviter » – c'est en fait son hôte qui régale – à petit-déjeuner son vieil ami. Cet homme d'origine libano-sénégalaise est peut-être l'ultime représentant de la « Françafrique », néologisme hérité du gaullisme et désignant les relations très paternalistes, pour ne pas dire parfois néocolonialistes, tissées entre l'État français et certains potentats africains, sur fond d'affairisme et de réseaux occultes.

« Fillon m'avait passé un coup de fil, raconte Bourgi. Matinal comme il sait l'être, il me dit : "Un petit-déjeuner, ça te dit, Robert ?" Je lui dis : "Oui, ça tombe bien, j'ai envie de te voir. On se retrouve où ? Au Flandrin, comme d'habitude ?" Il me dit : "Non, j'ai envie d'aller au Ritz." Une petite gargote, hein ! Et on va prendre le petit-déjeuner au Ritz... »

Bourgi et Fillon, c'est une vieille histoire. Des amis de quarante ans. Ils se rencontrent pour la première fois en 1979, par l'entremise de Jacques Foccart, dont Bourgi a repris le flambeau. Foccart, à la fois affairiste et homme politique, fondateur du SAC, fut le « Monsieur Afrique » du général de Gaulle puis de Georges Pompidou, entre 1960 et 1974.

À l'époque, Bourgi vient de soutenir sa thèse de doctorat de droit public. Le sujet ? « De Gaulle et l'Afrique », évidemment. Le Général et le continent noir : les deux passions de l'avocat d'affaires. « Foccart me dit : "Robert, je rends visite à un homme que j'ai fait nommer secrétaire d'État du temps du Général, Joël Le Theule, c'est un gaulliste, un garçon que j'aime bien. Est-ce que vous voulez m'accompagner ?" »

Père spirituel de François Fillon, Joël Le Theule est alors ministre de la Défense dans le gouvernement de Raymond Barre. « Et je vais au ministère de la Défense, reprend Bourgi. Et là, je rencontre un jeune, beau gosse, bien vêtu... Et c'était Fillon. Et nous ne nous sommes jamais quittés. Il a fait son parcours, je le revoyais en réunion du RPR, puisqu'à l'époque j'étais dans les instances dirigeantes, chargé de mission pour toute l'Afrique auprès de Chirac. Ensuite, entre 1986 et 1988, j'ai été conseiller politique du ministre de la Coopération Michel Aurillac, j'étais le bras droit du ministre. J'ai été délégué national des Clubs 89, pour tous les pays en développement, quand le Club 89 était dirigé par Juppé, Aurillac, Toubon... Du calibre. Et je le voyais, aux grand-messes RPR, et tout. Et j'ai gardé le contact avec le bonhomme, on se voyait : "Salut Robert, comment va l'Afrique ?", "J'ai appris que tu avais vu Chirac"... Mais je ne suis jamais allé chez lui dans la Sarthe. Je n'ai jamais été reçu chez lui, à Paris, je ne suis jamais parti en vacances avec lui, je n'ai jamais vu ses enfants, je n'ai jamais parlé à sa femme. »

Proches, donc, mais pas intimes.

Arrive mai 2007, François Fillon prend du galon, il est propulsé à Matignon par Nicolas Sarkozy, dont le tempérament est totalement aux antipodes du sien.

Or, pour Bourgi, avec Sarkozy, c'est à la vie, à la mort. Son Sarko, il ne manque jamais une occasion d'en faire l'apologie, il l'aime d'amour. Du coup, l'avocat se trouve parfois en porte-à-faux, vu la haine tenace que se vouent l'ex-président et son Premier ministre. Plus tard, il confiera aux policiers que les seules personnalités politiques qu'il « voyai[t] régulièrement étaient Sarkozy et Fillon. Je leur disais ce que je pensais, je leur disais leurs quatre vérités. Et je ne leur ai jamais rien demandé. J'ai même essayé de les réconcilier, mais ça n'a pas marché ».

Bourgi se souvient de s'être ouvert un jour à Fillon de ses états d'âme : « Tu sais, François, Fillon-Sarko, Sarko-Fillon, et moi au milieu, ça devient de plus en plus difficile... Moi, j'aime Nicolas. Il faut que tu le saches. J'ai de l'estime pour toi, mais j'aime Nicolas, par-dessus tout. »

L'avocat se sent à ce point écartelé qu'à deux reprises, plus tard, en 2014 puis en 2015, il va offrir 7 500 euros à l'UMP de Nicolas Sarkozy... et autant à Force républicaine, le micro-parti de François Fillon. Or, s'agissant des financements politiques, la loi plafonne les dons de particuliers à 7 500 euros par an. La double maladresse de Robert Bourgi lui vaudra une condamnation à 2 500 euros d'amende et un mois de prison avec sursis, dans le cadre d'une comparution sur reconnaissance préalable de culpabilité (CRPC), la procédure dite de « plaider-coupable ». Bourgi en perdra même, pour cinq ans, cette Légion d'honneur dont il était si fier, et ça le chagrine fortement.

À compter du printemps 2007, les relations de Fillon avec Bourgi s'intensifient. Les deux hommes ont des passions communes, les belles voitures, les objets de prix... « À Matignon, c'est là que nous nous sommes vus régulièrement, confirme l'avocat. Il me savait proche de Sarko, très proche, or lui, à l'époque, il était le "collaborateur", il était sous la coupe de Guéant, et il savait très bien que j'étais le visiteur du soir de Sarko. Et de Guéant. Quasi quotidien avec Guéant. Donc je lui donnais les infos, il m'invitait à déjeuner au pavillon de la Lanterne dans le jardin de Matignon.» Cela marche aussi, et surtout, dans l'autre sens : Bourgi informe quasi systématiquement Sarkozy et Guéant du contenu de ses échanges avec Fillon, parfois le jour même.

Il suffit de feuilleter les agendas du vieil avocat pour en avoir confirmation. Par exemple, à la date du 10 juillet 2007, apparaissent un rendez-vous avec Fillon, à Matignon, à 14 h 45, puis un autre dans la foulée, à 15 h 30, dans le bureau de Guéant, à l'Élysée.

Bourgi rencontre, puis rend compte.

Ce sont donc deux vieux complices qui attaquent le royal petit-déjeuner du Ritz. Après les amabilités d'usage, Bourgi fait part de son mécontentement à Fillon. Il n'a pas digéré le discours de Sablé-sur-Sarthe, quelques jours plus tôt, lorsque l'ex-Premier ministre a attaqué Nicolas Sarkozy sur le terrain de l'intégrité. « Tu sais, François, j'ai une grosse colère contre toi », lui lance-t-il. Et l'avocat de préciser l'objet de ses récriminations : « Tu n'aurais jamais dû le dire : "Imagine-t-on le général de Gaulle mis en examen ?" D'abord, jamais on n'accole la mise en examen au nom du Général. Jamais. Et tu es dur avec Sarko, ça ne se fait pas, ça. Tu as été son Premier ministre cinq ans, tu m'as demandé de te sauver la mise au moment où Sarkozy voulait nommer Borloo à ta place, je l'ai fait. Mais ça, je ne l'avale pas. Ça, c'est mauvais, c'est méchant. »

Fillon encaisse le sermon, mais ne s'inquiète pas outre mesure. Il le connaît, son Robert, depuis le temps, il peut être sanguin, mais tout finit toujours par s'arranger, avec lui. La preuve, une fois qu'il a lâché ce qu'il avait sur le cœur, Bourgi se fait doucereux. Les deux hommes évoquent la primaire à venir, que Fillon se dit certain de gagner, et bien sûr la présidentielle. « Comme je sais que tu aimes les vêtements d'Arnys, je vais t'offrir des costumes pour la campagne », lui lance Bourgi. « Il me dit : "Ce serait magnifique ! Des costumes comme les tiens ?" Je lui dis : "Oui, tu le sais bien que moi je m'habille Arnys." Je lui ai fait connaître Arnys, il y est allé de lui-même pour s'habiller. »

Sur les conseils de l'avocat, Fillon est effectivement devenu un fidèle de l'enseigne de luxe rachetée en 2013 par Berluti, établissement situé dans le giron de LVMH. Spécialisée dans les costumes sur mesure, la maison Arnys, réputée pour le savoir-faire de ses maîtres tailleurs, a habillé Valéry Giscard d'Estaing et François Mitterrand, notamment. Et donc François Fillon. Ce grand bourgeois a la même appétence pour les vêtements de marque que son ami Bourgi. Un bon client, ce Fillon. De ceux que l'on choie. D'ailleurs, il est le seul à bénéficier d'une remise systématique d'au moins 30 % sur chacun de ses achats. Et parfois, la maison, décidément bienveillante, offre à Fillon une ristourne de 70 % ! Certaines factures ne sont même pas réglées. Pas grave, le client Fillon est roi, ordre de la direction.

Durant son passage à Matignon, le Premier ministre au train de vie dispendieux se fournit régulièrement en chemises haut de gamme dans la boutique de la rue de Sèvres : entre 2008 et 2012, il en commandera une vingtaine, à 500 euros l'unité en moyenne – réductions comprises.

Après son départ de Matignon, en 2012, Fillon reste en relation régulière avec son bienfaiteur. « Il venait me voir deux, trois fois par mois, relate Bourgi, qui joue son rôle favori, celui de conseiller de l'ombre. Avant chacun de ses quatre voyages en Afrique et au Liban, il venait me voir afin que je le conseille. » Il lui organise ainsi des entrevues avec des chefs d'État et l'invite aux meilleures tables parisiennes, le Flandrin, le Bristol, le Stresa, chez Guy Savoy...

Dans leurs discussions, il est souvent question du sujet préféré de François Fillon. L'argent. Il s'inquiète notamment de la prospérité de 2F Conseil, la société qu'il a créée à son départ de Matignon. « Il me dit, rapporte Bourgi : "Voilà, toi, tu as des relations dans le monde des affaires, j'ai fondé 2F et j'ai besoin de clients. Tu sais, j'ai une famille, un château, là-bas, et j'ai besoin d'argent." Je lui dis : "François, je connais ton rapport à l'argent, quand on déjeune, c'est toujours les 3 étoiles" – et c'est vrai : le Plaza Athénée, le Ritz... les grandes tables. Moi, ça ne me coûte rien... enfin, ça me coûte un peu de sous ! Et je lui dis : "Mais ne t'embarque pas dans ce truc, François. Tu veux des clients ? Pas moi. Je suis ton ami, tu vas à ta perte avec 2F, c'est fatal, ça va se savoir, un jour ou l'autre tu ne rendras pas service à un bonhomme qui te prend comme consultant, tu es mort..." »

L'ancien locataire de Matignon passe outre les préventions de son ami.

Peu avant son départ de Matignon, Fillon, qui cherche un nouveau pied-à-terre parisien, demande conseil à Bourgi-les-bons-tuyaux. « Et je lui trouve un appartement, par mon réseau, près de la tour Eiffel, raconte l'avocat. Je m'engage vis-à-vis du propriétaire de l'appartement, avec un autre ami. » Bourgi organise, pour Penelope Fillon, une visite du logement, le 1ᵉʳ février 2012. « Nous payons la caution, reprend-il, soit un mois de loyer, sa femme visite, et tout, et tout... C'est un bon 5 pièces, à 100 mètres de la tour Eiffel, 4 500 euros par mois. Et deux jours après, il ne voulait plus de l'appartement ! Je lui dis : "Comment ? Ta femme l'a visité, elle le trouve bien. Moi je me suis engagé vis-à-vis du bonhomme..." »

Pas rancunier, le munificent Bourgi continue de couvrir son ami d'attentions, d'invitations... et de vêtements coûteux. En septembre 2014, l'avocat d'affaires se rend dans leur boutique préférée, rue de Sèvres. Il lui commande un blazer et un pantalon gris, pour un prix total de 5 180 euros. « Il m'a appelé le 31 décembre 2014 pour me souhaiter la bonne année et me remercier », assure Bourgi.

Au Ritz, ce 2 septembre 2016, le petit déjeuner touche à sa fin. Bourgi indique à Fillon que, comme convenu, un maître tailleur de chez Arnys lui rendra prochainement visite chez lui. Les deux hommes se retrouvent sur le trottoir, place Vendôme, et se saluent chaleureusement.

Le chauffeur de Fillon récupère son patron. Penché par la fenêtre à l'arrière de la voiture, l'ancien Premier ministre lance à son ami : « Direction la Sarthe ! ».

Robert Bourgi lui répond illico : « Et moi, direction Arnys ! »

CHAPITRE 14

Le tailleur de costumes

Jean-Paul Brisard est bien plus qu'un simple tailleur de costumes de luxe. Directeur commercial de la boutique parisienne Arnys depuis 1983, il est un peu la mémoire vivante de la glorieuse enseigne. Brisard a quasiment en tête les mensurations de ses plus prestigieux clients, parmi lesquels François Fillon.

Au lendemain de la victoire triomphale de celui-ci à la primaire de la droite, le 27 novembre 2016, Jean-Paul Brisard reçoit un coup de fil d'un autre habitué, Robert Bourgi. L'avocat d'affaires entend honorer sa promesse d'offrir une « récompense » à son ami Fillon s'il venait à gagner la compétition interne à la droite. « Robert Bourgi m'a appelé après la primaire en me disant qu'il souhaitait offrir deux costumes à M. Fillon, c'était un appel court et il ne m'a rien indiqué d'autre, je n'avais pas besoin de plus d'informations s'agissant de deux clients Arnys, racontera Brisard à la police judiciaire. Je pense que nous sommes juste convenus de partir sur des tissus normaux et j'ai dû lui indiquer que c'était 6 500 euros par costume. »

Dans le même temps, Bourgi appelle Fillon. « Je le félicite et lui dis que j'aimerais bien le rencontrer afin de fêter ensemble sa victoire, rapporte l'avocat. Il me dit qu'il a la tête sous l'eau et me répond qu'il me rappellera plus tard. Je lui réponds que quelqu'un prendra contact avec lui sans lui dire qui. Il s'agissait de la maison Arnys. » Quelques jours plus tard, Jean-Paul Brisard prend contact avec un certain « Guy », qui est au service de François Fillon. Sans même en informer son célèbre client – « pour ne pas le déranger, c'était juste après les primaires », expliquera-t-il –, le tailleur confie à Guy des liasses de tissu afin que l'ancien Premier ministre puisse sélectionner les étoffes qui lui plaisent. Selon Brisard, « Guy s'occupe habituellement des costumes à repasser ou à recoudre ». Agréablement surpris, Fillon découvre donc que son bienfaisant « mécène » lui a réservé un sacré cadeau : de splendides costumes sur mesure, d'une valeur totale de 13 000 euros – prix n'incluant pas l'habituelle réduction de 30 %, puisque seul l'ancien Premier ministre en bénéficiait.

« François choisit lui-même les étoffes avec sa femme, et moi je me tenais au courant », raconte Bourgi. En fait, ce ne sont pas deux costumes que François Fillon doit choisir, mais trois ! Le troisième ? Un cadeau de la maison Berluti qui, décidément, cajole ce client très spécial, il est vrai présenté à ce moment-là comme le probable prochain président de la République. Car, juste après la commande passée par l'avocat d'affaires, Jean-Paul Brisard a rendu compte à son supérieur, Rémi Fritsch-Fontanges, directeur du « sur-mesure » chez Berluti, la maison mère d'Arnys. « C'est à ce moment-là que ce dernier m'a indiqué que la maison Berluti en offrait un, observe Brisard. C'était un geste commercial, il ne m'a pas donné de motif particulier. » Dans ses souvenirs, une offrande d'une telle valeur (6 500 euros, quand même) est une première : « De mon expérience, je n'ai jamais eu de client à qui on a offert un costume », témoigne-t-il.

Quelques jours plus tard, François Fillon débarque en personne dans la boutique de la rue de Sèvres. « Il avait un doute sur un tissu », explique Brisard. Finalement, l'ancien Premier ministre porte son choix sur un ensemble bleu marine, un autre gris foncé, et un troisième costume caviar bleu.

Début décembre 2016, Robert Bourgi s'enquiert de sa commande auprès de Jean-Paul Brisard et découvre à cette occasion, un peu surpris, que son ami, vraiment gâté, a obtenu un troisième costume gratis. En janvier 2017, le candidat Fillon est de retour rue de Sèvres, afin qu'un tailleur dépêché par Arnys reprenne ses mesures. Ses trois costumes lui seront livrés à son domicile parisien : le premier fin janvier, le deuxième mi-février et le troisième fin février. Entre-temps, la secrétaire de Robert Bourgi a débarqué chez Arnys pour remettre à Jean-Paul Brisard un chèque de 13 000 euros. La somme sera débitée sur le compte personnel de l'avocat, ouvert à la banque Monte Paschi.

François Fillon est aux anges. Il aime tellement le confort, apprécie tant les vêtements de grande marque... Au point de ne pas mesurer les risques courus. Opulence peut rimer avec imprudence.

Le voici donc équipé en costumes haut de gamme pour sa campagne. Pour Fillon, cela ne fait guère de doute ; après Giscard et Mitterrand, il sera le troisième à passer du costume d'Arnys à l'habit présidentiel.

L'envie est rassasiée, l'avarice consommée. Il ira jusqu'au bout.

Question d'orgueil.

III

L'ORGUEIL

CHAPITRE 1

Le Chat noir et le Canard

Un chat noir enfoui dans la frangipane de la galette des Rois.

Le symbole est presque trop beau pour être vrai. Et pourtant.

Ce mardi 24 janvier 2017 dans l'après-midi, au siège de campagne de François Fillon, rue Firmin-Gillot dans le 15e arrondissement de Paris, tous les soutiens se pressent pour tirer les Rois. Les vassaux n'en doutent pas une seconde, leur suzerain régnera sur le royaume de France dans quelques semaines.

Réunis au quartier général du vainqueur de la primaire, supporters et élus s'attroupent autour des galettes, dont l'une est immense, près d'un mètre de diamètre. Il y a là l'équipe de campagne et son coordinateur Bruno Retailleau, bien entendu, de même que les parlementaires ralliés à François Fillon.

Le candidat, encadré de son directeur de campagne, Patrick Stefanini, et de son porte-parole, Thierry Solère, coupe lui-même le gâteau géant. On ignore si le pâtissier a des talents divinatoires ou l'art de la provocation, mais une chose est sûre, la découverte de la première fève jette un léger froid dans l'assistance : le petit objet en porcelaine ne représente pas un angelot, un santon de Provence ou un Roi mage, mais... un chat noir. Thierry Solère et Sébastien Lecornu, directeur adjoint de la campagne, sont les premiers à repérer la fève représentant un félin aux poils d'ébène doté de grands yeux jaunes qui semblent sourire ironiquement. Hilare, Solère l'immortalise en la photographiant avec son téléphone portable – il a conservé le cliché, encore aujourd'hui, et ne se prive pas de le faire circuler.

L'ambiance n'est pourtant pas à la fête, au siège de campagne.

Car la galette que se partagent les fillonistes a un goût légèrement acide, et le cidre n'y est pour rien. C'est qu'un début d'inquiétude commence à se répandre dans les locaux sans âme, à deux pas de la porte de Versailles. Le gigantesque QG – plus de 2 500 m² – bruit déjà des révélations à venir du *Canard enchaîné* à paraître le lendemain. Elles portent sur le train de vie des époux Fillon, et plus précisément les multiples rémunérations dont aurait bénéficié « Madame ». L'alerte a été donnée par Gilles Boyer, trésorier de la campagne, qui découvre vers 15 heures, en consultant le compte Twitter de l'hebdomadaire, l'annonce du scoop à venir. Boyer en informe immédiatement Myriam Lévy, conseillère presse du candidat, qui répercute la nouvelle au directeur de campagne. Inquiet, Patrick Stefanini comprend que son candidat va entrer dans une zone de grosses turbulences.

Homme-clé du dispositif mis en place par François Fillon, Thierry Solère a lui-même du mal à dissimuler son inquiétude. Il va falloir donner le change devant les médias. Mais, après tout, ça fait partie du boulot de porte-parole. La journée avait mal commencé, de toute façon. « Le mardi midi, veille de la sortie du *Canard enchaîné*, on est déjà dans une merde totale, se rappelle-t-il. J'ai monté un déjeuner avec Borloo et Stefanini, à côté du QG, dans un petit restau. » Borloo confirme : « J'aime beaucoup Patrick Stefanini et j'ai beaucoup côtoyé Gosset-Grainville, ce sont des gens que je connais bien, nous confie-t-il.

Patrick m'invite à déjeuner, pour avoir mon sentiment sur les fonctionnaires... Ce jour-là, c'était le jour du *Canard enchaîné*, et ils sont allés faire une galette des Rois ! »

Solère se souvient qu'il fallait surtout « préparer le tête-à-tête prévu à 17 heures entre Borloo et Fillon : il faut que Fillon attire Borloo à lui, que Borloo vienne dans la campagne. On voit bien que ça ne va pas être simple. Jean-Louis, c'est une savonnette à la sortie de la douche : vous croyez que vous l'avez attrapé, mais vous ne l'avez pas... ».

Borloo et Fillon s'entretiennent donc, l'ancien ministre de l'Écologie repart sans avoir donné le moindre gage, comme de coutume, puis survient l'épisode de la fève porte-malheur. Solère : « Pendant que la galette est coupée, Borloo m'appelle. Je le prends, je veux qu'il me raconte son rendez-vous. Fillon coupe la grande galette et moi je parle à voix basse. »

— Solère : Comment ça s'est passé ?

— Borloo : Ah là, là, catastrophe, le mec, il est bien à l'ouest, je ne lui en veux même pas. J'ai compris que *Le Canard* allait sortir un truc sur sa femme, il le sait, il m'en a parlé... Le lapin, il n'est pas bien !

Solère raccroche, le regard fixe, presque tétanisé. Et Fillon qui fait comme si de rien n'était... Durant toute la séquence « Penelope », le candidat Fillon impressionnera son entourage par son incroyable sang-froid, que certains assimileront à de l'inconscience. L'ex-porte-parole confirme : « Je le vois couper sa galette, avec les bénévoles... Quel type étonnant ! Mon téléphone vibre. 127 SMS. En deux minutes ! *Le Canard* venait de tomber. Hallucinant. Je pense à Borloo. Je me rappelle la tête de Stefanini... » Le feu se propage rapidement en ce début de soirée : en effet, le journal satirique atterrit dans les rédactions et les ministères le mardi en toute fin de journée. Les chaînes d'info embrayent, l'affaire Fillon est lancée.

La galette expédiée, Fillon s'enferme dans son bureau avec ses plus proches collaborateurs, dont la communicante Anne Méaux. La patronne de l'agence Image 7 gère comme elle peut, depuis 2013, la communication de François Fillon. Tout sauf une partie de plaisir. Le candidat n'a jamais porté les journalistes dans son cœur, excepté quelques éditorialistes influents dont il a su s'attirer les bonnes grâces. Cet homme à la fois taiseux, méfiant et sauvage n'est clairement pas un client facile pour une agence de com' ! Sans compter son goût maladif du secret. Ses plus proches conseillers découvriront ainsi, bien plus tard, que leur patron avait été questionné par *Le Canard* dès le mois de décembre sur la situation de son épouse et notamment son emploi contesté à *La Revue des Deux Mondes*.

Pour cette mini-réunion de crise, Sébastien Lecornu, directeur de campagne adjoint, est également présent dans le bureau du candidat, où doit le rejoindre son supérieur, Patrick Stefanini. « Patrick allait se barrer, se remémore Solère. Je lui dis : "Tu vas où ? Il faut faire un communiqué !" Il me dit : "Non, non, je peux pas, j'ai une réunion pour les DOM-TOM." Il a un côté bon élève… Mais c'était le *Titanic* ! On monte là-haut, au dernier étage, je fonce, Fillon est au téléphone, son attachée de presse est là, il nous regarde alors qu'il parle ostensiblement avec Marc Ladreit de Lacharrière. »

Fillon tente dans l'urgence de mettre au point quelques éléments de langage avec le patron de *La Revue des Deux Mondes*, déjà sous haute pression médiatique. « Le gars devait être harcelé par la presse, opine Solère, alors ils se calent tous les deux. Ils échangent, avec un Fillon très calme qui essaie de rassurer Ladreit. » Impavide, le candidat de la droite continue de désarçonner ses proches par son détachement.

Fillon raccroche, Solère prend la parole : « On vient de prendre connaissance du *Canard*, il faut préparer un communiqué. Il y a deux sujets dans l'article : le Parlement et *La Revue des Deux Mondes* avec les accusations d'emploi fictif, le plus dangereux. Il faut dire que c'est faux et porter plainte pour diffamation, tout de suite. » Pour Solère, Fillon va forcément valider le principe d'une contre-attaque judiciaire foudroyante. « Et là, révèle-t-il, il me regarde et il me dit : "Ah, non, pas une plainte, sinon, il y aura la justice." Là, je comprends. Et la tête de Sébastien Lecornu, à ma gauche... Lui et moi, on se regarde... Il sait. Quand on est clair, on ne craint pas la justice. Et là on se dit : "Waouh... Allô, Houston, il y a un problème !" Puis je fais ma première réaction à l'AFP, basique. »

De fait, Solère assure le service minimum auprès de l'agence France-Presse, à qui il déclare sobrement que Penelope « a bien été la collaboratrice de François Fillon ». « Il est fréquent que les conjoints des parlementaires soient leurs collaborateurs », précise-t-il encore, sans se hasarder à livrer le moindre chiffre sur la rémunération de Mme Fillon, dont il ignore tout.

« Je suis halluciné par un truc en lisant l'article, avoue-t-il aujourd'hui : que Penelope ait bossé alors qu'il était Premier ministre ! » Pour Thierry Solère, dès ce mardi 24 janvier au soir, la rupture avec ce candidat dont il n'avait jusqu'alors jamais douté de la totale intégrité est entamée. « Je ne le verrai quasiment jamais plus, alors que je suis au même étage », soupire-t-il.

Quand il y repense, Thierry Solère juge finalement miraculeux que Fillon n'ait pas été rattrapé plus tôt par ce qu'il appelle « sa vie d'avant », notamment lorsqu'il était à Matignon : « Je ne comprends pas qu'un mec qui est Premier ministre français, aucun journaliste ne s'intéresse à son passé. C'est étonnant qu'aucun enquêteur ne se penche sur ce "gentil seigneur" de province. Son manoir est sublime, me disait Stefanini. »

François Fillon, convaincu qu'il s'agit juste d'un mauvais moment à passer, se replie sur lui-même, comme souvent. Il va passer les jours suivants enfermé dans son bureau du 5ᵉ étage.

Cloîtré dans ses certitudes.

CHAPITRE 2

L'angle mort

Roselyne Bachelot est comme pétrifiée.

La lecture du *Canard enchaîné*, le 25 janvier 2017, la sidère littéralement. Comme peut-on se tromper à ce point sur quelqu'un dont on est si proche ? Bachelot reste interdite. Incrédule. Aurait-elle été crédule, également ?

L'ancienne ministre, intime du couple Fillon, nous révèle son trouble : « Je n'ai jamais su que Penelope était employée par François Fillon ! Personne ne le savait, c'est quelque chose qui m'a, alors là… abasourdie. Penelope prenait des distances stratosphériques avec la politique, elle disait : "Je ne m'occupe pas de ça"… » Entre représentants de l'« ancien monde », Fillon et Bachelot auraient pu/dû partager ce secret de famille. Mais voilà, l'ex-Premier ministre, impénétrable et soupçonneux, n'a jamais laissé quiconque s'aventurer dans son jardin privé. Au point de souvent dérouter, et parfois inquiéter, ses plus proches soutiens, dont certains ont fini par se demander s'ils le connaissaient vraiment.

« Il est muré, secret… confirme Bachelot. Mais je ne vais pas faire comme les gens qui ont comme voisin un horrible assassin et qui disent : "Oh, il était tellement gentil, serviable !" » grince-t-elle. Elle-même finit par l'avouer, le vertige du doute l'avait parfois effleurée, avant l'« affaire ». « Il y a une seule chose qui m'a surprise chez François, dit-elle. Une sorte de *warning* : la modestie de son train de

vie, de sa famille, et ce goût pour des vêtements très coûteux, des gadgets… Et là, je me disais, il y a un angle mort
dans le personnage. »

Mais elle sera présente, jusqu'au bout. Alors, après avoir
concédé que, certes, elle a « bien évidemment été déçue »
par son ami François Fillon, mais qu'il était hors de question de le lâcher pour autant, elle invoque les mânes de
Robert Desnos : « Un jour je te décevrai, et ce jour-là,
j'aurai besoin de toi. » Dans un petit sourire teinté de tristesse, elle dit encore, paraphrasant le poète français : « Si
on n'est pas là pour son ami qui vous déçoit, on n'est pas
grand-chose… »

Membre des trois gouvernements Fillon tout au long
du quinquennat Sarkozy, elle est sans doute la mieux
placée pour décrire, du point de vue des fillonistes, cette
période frénétique qui vit le candidat de la droite vaciller
sous les coups de boutoir de la presse et de la justice. Car
Roselyne Bachelot a un trait de caractère, plutôt incon-
gru dans l'univers politique, elle croit, jure-t-elle, en la
loyauté. Ainsi est-elle restée fidèle à Fillon en dépit des
vents contraires. Aujourd'hui encore, elle fait partie des
rares à avoir conservé le contact avec l'ancien locataire de
Matignon.

« François Fillon est en dehors du fortin dressé autour
de lui », dit-elle de manière imagée. L'affaire ? « Il ne
veut plus en entendre parler, c'est trop douloureux. Je ne
sais même plus s'il est capable de haine, c'est un homme
à terre, dans une opération de survie : il faut se sauver
soi-même. L'humiliation qu'il a vécue est sidérante. La
punition est hors de propos avec les fautes commises : ça
a quelque chose de monstrueux, l'histoire Fillon. » Alors,
de temps en temps, Roselyne Bachelot reçoit les Fillon, ou
plutôt « le » Fillon… « Quand je le vois, il est tout seul,
nous confiait-elle en 2019. La dernière fois, il est venu

seul, alors que Penelope devait l'accompagner. On parle de politique... »

Au menu des discussions, l'actualité internationale, Macron bien sûr, la droite, ou du moins ce qu'il en reste... Mais, surtout, pas question d'emplois fictifs ou de procédures judiciaires. Et il est malvenu d'évoquer ce début d'année 2017 cataclysmique, rythmé par les révélations sur sa « PME » familiale. De toute façon, l'ancien Premier ministre n'a jamais pris réellement conscience, semble-t-il, des menaces qu'elle était susceptible de faire peser sur son avenir politique. Roselyne Bachelot valide sans hésiter cette thèse : François Fillon n'a tout simplement pas compris ce qui lui arrivait.

« Pour lui, il n'a jamais commis quelque chose d'illégal », explique-t-elle, lorsqu'on évoque la réaction du candidat de la droite au début de l'affaire. Ils se parlent à l'époque, bien évidemment. « Il ne pensait pas qu'il était menacé, qu'il avait des casseroles au derrière, ajoute-t-elle. Ça a été le coup de tonnerre dans un ciel serein. Lui, il a pensé qu'il était blanc-bleu, comme des centaines de députés, qu'il y avait une poche d'argent qui était une rémunération, globale, dont on se servait *ad libitum*, couvert par le manteau de Noé de l'Assemblée nationale, une sorte de forteresse dont rien ne sortait. »

De fait, Fillon pourrait avoir une circonstance atténuante à faire valoir, qu'il aura beau jeu d'invoquer à la barre du tribunal correctionnel : combien de parlementaires, ces dernières décennies, de gauche comme de droite, ont employé leurs conjoint(e)s, fils, filles, maîtresses ou amants ? Mais c'est une époque révolue. Celle où magistrats et policiers ne se risquaient pas à enquêter sur des personnalités ; où le journalisme d'enquête balbutiait ; où le terme « transparence » était inconnu du vocabulaire politique... Bref, le bon vieux temps.

Impossible pour le candidat de la droite, en 2017, de rénover son antique logiciel. Il est des habitudes dont on ne peut se départir – surtout les mauvaises. « Il n'a pas fait acte de contrition, souligne Bachelot. Ce serait quitter la gangue, et il ne peut pas la quitter, c'est son problème. Il pense avoir commis des maladresses plus que des erreurs. »

Il est bien le seul.

CHAPITRE 3

L'onde de choc

Ils ont découvert le tableau de Dorian Gray.

Au sein des Républicains, les révélations sur la face obscure de celui qui était devenu, malgré toutes les réticences suscitées en interne, le candidat incontestable de la droite et le grand favori de la présidentielle sont vécues comme un terrible coup de massue.

« Quand *Le Canard enchaîné* paraît, les bras nous en tombent, synthétise Valérie Pécresse. Je l'ai quand même beaucoup côtoyé, Fillon, en 2012... » Xavier Bertrand confesse lui aussi avoir été déconcerté. « Oui, assure le patron des Hauts-de-France, j'ai été surpris, quand même. Fillon, contrairement à ce qu'on pensait, il aime la politique, il avait envie d'être président. Mais là, si Penelope n'a jamais bossé... »

Tel un boomerang, le « Scud » destiné quelques mois plus tôt à Sarkozy revient violemment percuter son expéditeur. « Il ne sert à rien de parler d'autorité, quand on n'est pas soi-même irréprochable... » Fillon, incarnation de l'austérité, à la fois programmatique et personnelle, n'était donc pas ce parangon de vertu qu'il prétendait être.

À cette apparente distorsion entre les discours et les actes s'en ajoute une autre, avec l'époque celle-là. « Il y a toute une génération, résume Xavier Bertrand, qui s'est dit : "La politique, c'est beaucoup d'engagement, c'est moins bien payé, mais il y a des avantages. Visiblement, ils ne sont pas illégaux, puisque c'est permis." Ils n'ont pas compris que cette époque-là était révolue. Que, pour les Français, c'était insupportable. C'est le côté "génération d'avant". Depuis les crises, surtout celle de 2008, les Français en bavent, et là, du coup, c'est pas pareil. » François Baroin partage ce constat : « En fait, explique-t-il, Fillon est l'incarnation de quarante ans de vie politique, de gens aux responsabilités qui, à une période, ont rencontré des personnes qui avaient un niveau de vie très supérieur. Et souvent, cette génération-là est dans la volonté d'avoir un niveau de revenus adapté à la réalité des responsabilités qui pèsent sur leurs épaules. Pour moi, un homme d'argent fait de l'argent. Or, si l'on veut faire de l'argent, on ne fait pas de la politique. »

À l'époque, entre juppéistes, chiraquiens et sarkozystes, le téléphone chauffe.

Comment sortir de la nasse ?

Condamner ou absoudre ?

Au fur et à mesure des révélations de la presse, Benoist Apparu blêmit, à l'image de l'étoile Fillon. « On est tous unanimes, scotchés, rapporte son ancien ministre du Logement (2009-2012). Tout le monde sait que Sarkozy aime le pognon. Il l'assume. Fillon fait une campagne sur le thème : "Moi, je suis austère, clean, de Gaulle, etc." Et en fait, il est pire ! C'est de l'enrichissement perso, ce qui n'est pas le cas de Sarko et Juppé. Et puis, s'il a triché, autant le faire pour des millions, il y a un côté petit bras, gagne-petit. Je ne dis pas qu'il faut voler des millions, mais là, ce n'est pas "seigneur". »

À l'image de la plupart des élus de droite, le maire de Châlons-en-Champagne découvre surtout, abasourdi, que, tel le docteur Jekyll imaginé par Robert Louis Stevenson, François « Hyde » Fillon avait une autre facette, moins reluisante. « Tout le monde sait qu'il est pudique, réservé, mais personne n'imagine qu'il a une double vie, se rappelle ainsi Apparu. Cette austérité, pour nous, ne cachait pas un coffre-fort, mais un homme d'État. On a fait une erreur d'analyse. »

Les chiraquiens, pour la plupart devenus juppéistes, sont particulièrement scandalisés. Même s'ils se sont rangés comme un seul homme derrière le vainqueur de la primaire, ils n'ont pas oublié que les piques répétées de Fillon sur le thème de l'intégrité ne s'adressaient pas seulement à Sarkozy. Leur protégé Alain Juppé, condamné en 2004 dans l'une des affaires relatives au financement illégal du RPR, en l'occurrence pour avoir couvert un système… d'emplois de complaisance, était également visé. Sans compter que Fillon n'a jamais ménagé Chirac. Cette désagréable impression d'avoir été trompés, trahis. Le « père la morale » n'était donc, en réalité, qu'un « père amoral » ?

Jean-Louis Debré, conservateur officieux de cette mémoire chiraquienne dont il est plus que jamais le dépositaire depuis la mort du « Grand », en septembre 2019, n'est pas tendre pour un homme dont il s'est toujours méfié. « Fillon, c'est la droite qui m'avait insulté au moment du mariage pour tous, conservatrice, immobile, attaque Debré. On ne s'engueule pas avec Fillon, il est mou. C'est le beauf de province, fils de notaire, que la fille du bourgeois médecin a envie d'épouser. On va à la messe du dimanche, on invite le curé à déjeuner, on a la plus belle maison… » S'il ne cache pas son aversion totale pour l'homme, l'ancien président du Conseil constitutionnel se dit par ailleurs atterré par son comportement dans l'affaire Penelope.

« Embaucher votre femme ? Ils l'ont tous fait ! » lance d'abord, provocateur, le gardien du temple chiraquien, qui convoque ses souvenirs de président de l'Assemblée nationale (2002-2007). « Le seul que j'avais sanctionné, c'est un député qui avait embauché son jardinier comme assistant parlementaire ! s'esclaffe-t-il. Mais, au moins, les femmes signaient les contrats, là, c'est probablement Fillon qui l'a signé. Et vous demandez pour votre femme un badge d'entrée à l'Assemblée... » Debré insiste, recruter sa moitié, « ils l'ont tous fait, mais ce n'était pas tous des emplois fictifs. Mais Fillon, qui signe le contrat de sa femme, ne met qu'un compte en banque, le sien, et qui ne demande même pas un badge... Ce n'est même pas un grand voyou, c'est un petit voyou ».

Autre héritier du legs chiraquien, François Baroin reconnaît lui aussi avoir assisté à un naufrage sans jamais pouvoir écoper. Il a été marqué par ces terribles journées au cours desquelles les cadres de LR ont craint de voir la présidentielle basculer. Le hasard veut que, juste avant la parution du *Canard enchaîné*, Baroin ait eu rendez-vous avec Fillon. « Quand ça sort, le mardi, je déjeune justement avec lui, confirme le maire de Troyes. Je le revois pour la première fois depuis six semaines. Évidemment, l'affaire, on n'en parle pas, car *Le Canard* sort à 17 heures Il me demande qui je verrais dans l'équipe, qui je pensais utile pour lui de rencontrer... Puis après il part, je crois qu'il voyait Bayrou, pour parler d'un rapprochement avec lui. » Quelques heures plus tard, le scandale éclate. « Je trouve ça bizarre, je suis surpris de ce que j'apprends, comme tout le monde, se souvient Baroin. Mais ayant été au cœur du réacteur de la campagne de Chirac [en 2002], ayant vécu deux présidentielles derrière, on se dit, c'est le début d'un processus, il va apporter les réponses... Je me dis, une campagne présidentielle, 1, il y a des coups, 2, tout doit être transparent, il y a des explications à tout. Bref, ça fait partie du jeu. Donc je suis à la fois surpris, et pas tant que ça, en me disant, c'est la campagne qui commence... » Sur le coup, l'ancien ministre de François Fillon pense être en présence de l'une de ces bonnes vieilles « boules puantes », spécialité des campagnes présidentielles françaises, dont l'odeur fétide se dissipe généralement assez rapidement, pour mieux faire place à la suivante.

Mais celle-là est du genre tenace, son remugle empoisonne l'atmosphère de la campagne. Elle fait soudainement apparaître le janséniste Fillon comme un homme d'argent.

Les sarkozystes, on s'en doute, ne se montrent guère charitables. Car Fillon l'hérétique, coupable du sacrilège ultime en ayant tenté de brûler leur dieu, ils l'avaient déjà excommunié. Alors, le voir rôtir sur le bûcher médiatique leur procure plus que de la satisfaction, le sentiment d'une justice immanente.

Parmi les apôtres sarkozystes, qui ne sont pas tous des saints, tant s'en faut, Henri Guaino est sans doute le plus féroce. « Je n'ai pas été surpris par ses affaires, je ne me suis jamais fait d'illusions sur Fillon, donc je n'ai pas été déçu », commence-t-il. L'ancien conseiller de Sarkozy à l'Élysée, d'où il ferrailla plus d'une fois contre le Premier ministre, se montre impitoyable lorsqu'il évoque la personnalité de Fillon. « Tous les gens qui le connaissent depuis longtemps savaient, assure-t-il. C'est petit, tout est petit, je gratte partout… Je connais des collègues qui employaient leur femme, mais elle travaillait. Le problème de Penelope, c'est que c'était ridicule : pendant des années, elle a donné des interviews pour dire : "Je n'ai jamais travaillé avec mon mari, je ne m'occupe pas de politique !" C'est tellement gros ! » Guaino insiste, les détournements reprochés par la justice à Fillon, « ce n'était pas pour le parti, pas pour la cause ».

Autre sarkophile brevetée, Rachida Dati assure ne pas s'être réjouie des révélations visant un homme qu'elle n'a pourtant jamais pu supporter. « Non, jure-t-elle, parce que je me dis : "Merde, la droite va dans le mur." Parce que, là, je sais pertinemment qu'il n'abandonnera pas, et je sais qu'on va en reprendre pour cinq ans dans la vue. » À l'écouter dresser le portrait au vitriol de l'ancien Premier ministre, on doute tout de même qu'elle ait seulement éprouvé du dépit lors de l'explosion de l'affaire.

« Fillon, attaque l'ancienne garde des Sceaux, il a le fric honteux : on le fout sous le matelas, puis on s'achète une petite veste à 6 000 euros, mais on enlève le logo... Je veux dire, il fait semblant. Alors que Sarko c'est, il faut dépenser, on achète des belles choses... Fillon, il n'aime pas les gens, il aime le Rotary Club. Fillon, c'est la bourgeoisie parvenue. »

Dès la fin janvier 2017, la candidature Fillon semble avoir du plomb dans l'aile. Il a été touché en plein vol.

Et ciblé ?

CHAPITRE 4

« Dieu existe ! »

Un court texto.

Jubilatoire.

Le mercredi 25 janvier, tôt dans la matinée, Jérôme Lavrilleux, après avoir pris connaissance des informations du *Canard enchaîné*, s'empresse d'adresser un SMS à Jean-François Copé. Deux mots, deux simples mots, ponctués d'un point d'exclamation évocateur : « Dieu existe ! »

En première ligne lors du très violent affrontement qui avait opposé copéistes et fillonistes fin 2012 pour la conquête de l'UMP, l'ancien directeur du cabinet du maire de Meaux en a depuis conçu une détestation absolue pour François Fillon. Et une conviction : cet homme-là cachait trop de choses pour ne pas finir par être démasqué.

« Quand j'ai vu ça, c'était une sorte de cri du cœur. Enfin ! Il y a une justice immanente, Dieu existe ! Et Fillon a été rattrapé par la patrouille. Comme le disait ma grand-mère : quand on crache en l'air, ça retombe toujours sur ses godasses. »

Jérôme Lavrilleux a conservé en mémoire un incident révélateur, un premier indice en quelque sorte, datant de la fameuse guerre fratricide entre Copé et Fillon fin 2012. « Je me rappelle que dans un article du *Parisien*, raconte Lavrilleux, l'un des avocats de François Fillon déclarait qu'ils avaient un dossier juridiquement solide pour attaquer Jean-François Copé en justice et contester ainsi avec succès sa victoire. J'ai alors calmement mais fermement fait passer le message à un très proche de Fillon que j'attendais avec gourmandise cette procédure, mais qu'ils devaient s'attendre au pire, à une "frappe nucléaire" de grande ampleur. Je n'ai pas eu besoin d'en dire plus. Cela a débloqué rapidement la situation et permis de commencer à rédiger l'accord Copé/Fillon de sortie de crise en six points auquel, quelques minutes avant qu'il soit rendu public, mon contact chez Fillon m'a demandé d'ajouter *in extremis* un septième point, concernant la renonciation à toute poursuite judiciaire entre les deux camps. Dès cet instant, Jean-François Copé et moi avons compris que Fillon avait sans doute de plus grosses faiblesses que nous ne l'avions imaginé, ou qu'il avait estimé que nous étions au courant de ses éventuelles turpitudes. Ce qui était le cas... ou peut-être pas ! Depuis lors, je n'ai jamais cessé de penser que Fillon ne pourrait pas devenir président de la République, si l'on s'intéressait de près à lui. L'avenir m'a donné raison. »

Longtemps expert ès coups tordus, Lavrilleux observe que Fillon a fait preuve d'une légèreté inconsidérée. « Fillon est secret, dit-il. Il aime aussi vivre près de la flamme, voir jusqu'où il va se brûler... Penelope, il sait qu'il l'a payée, il sait qu'il est candidat à la présidentielle, le premier boulot à faire – c'est pour ça que je pense que Stefanini n'était pas un bon directeur de campagne –, c'est de s'enfermer avec le candidat et de lui dire : "Qu'est-ce qui peut sortir ?" Comme ça, vous pouvez anticiper. Les candidats américains – à part Trump, qui a dit "*fuck*" ! – payent même des détectives pour enquêter sur eux-mêmes. Une fois que vous avez détecté le problème, vous faites un déplacement avec votre femme, vous lui faites faire une interview dans *Elle*, et elle déclare un truc du genre : "J'ai toujours soutenu sa carrière, j'ai travaillé avec lui, j'ai été son assistante..." Et quand ça sort, on renvoie à ça. Dix-huit mois auparavant, alors qu'il savait qu'il allait être candidat à la présidentielle, il aurait fait des photos, posant avec sa femme devant le château et disant : "Ma femme a toujours été à mes côtés, elle a toujours travaillé pour moi…" Et ça passe comme une lettre à la poste, personne ne peut dire : j'en fais un scoop. Regardez la femme de Jean-François Copé, elle a été son assistante parlementaire, et on l'a toujours assumé publiquement. Et elle n'avait pas de bureau. Personne ne nous a jamais attaqués là-dessus, parce qu'elle l'accompagnait sur tous ses déplacements, il est inattaquable. Mais Penelope, je pense qu'elle n'était même pas au courant… »

Jérôme Lavrilleux assure aujourd'hui que le train de vie de celui qu'il surnomme ironiquement « saint François Fillon » lui était rapidement apparu en déphasage avec ses revenus. Voilà pourquoi il dit ne pas avoir « été le moins du monde surpris », déplorant en revanche avoir « prêché dans le désert pendant longtemps ». « Parce que je travaillais pour le "salopard" censé aimer le fric, ajoute-t-il, celui qui avait la gueule de l'emploi : Jean-François Copé. Mais concernant Fillon, franchement, il n'y a que ceux qui voulaient être surpris qui ont pu être surpris. Sur sa femme, je l'apprends quand ça sort dans la presse, mais, le reste, je le savais. Le fait que ce soit un dingue du fric et qu'il aime vivre dans le luxe auquel ses rémunérations officielles ne lui permettent pas d'avoir accès. »

Comparant les déboires judiciaires de Fillon avec ses propres ennuis, liés au scandale Bygmalion dans lequel il est mis en cause pour avoir cautionné le financement illicite de la campagne de Sarkozy en 2012, Lavrilleux pointe une différence fondamentale : « Moi, et la justice l'a vérifié, je n'ai jamais mis la main dans le pot de confiture. Fillon, lui, ne s'est pas dévoué pour le bien de son parti ou de sa famille politique, pas du tout ! Il est poursuivi et renvoyé devant le tribunal parce qu'il est suspecté d'avoir détourné de l'argent pour s'enrichir personnellement. »

Lavrilleux conclut son réquisitoire en évoquant une discussion entre Fillon et Copé, à la mi-2012, peu après la victoire de Hollande – « la seule fois où il y a eu une conversation un peu humaine entre les deux », glisse-t-il. « L'obsession de Fillon, c'était de demander : "Jean-François, avocat, combien tu gagnes ?" C'était son obsession. En cela, Fillon est un vrai sarkozyste : tu ne vaux que par ce que tu peux faire rentrer comme flouze, comme cash, comme fric, comme pèze, tout ce que vous voulez… C'est aussi vulgaire que ça. Plus que Sarkozy, même. Sarko, il a l'argent vulgaire. Fillon, c'est une espèce de quintessence du catho ranci. C'est le catho en loden qui habite à 200 mètres de la basilique, qui est catho pour une seule raison : c'est la seule religion qui permet, en confession, la rémission des péchés de son vivant. »

Pour ce qui est du détail de l'affaire, en revanche, Lavrilleux dit être tombé de l'armoire. « J'ignorais que Penelope Fillon était la collaboratrice parlementaire de son époux, assure-t-il. Malgré les fonctions que j'ai occupées à l'Assemblée nationale. » S'il avait été au courant, à l'époque de la guerre Copé-Fillon ? « Je ne m'en serais pas servi », jure-t-il.

Quand il reçoit le texto de son ancien collaborateur, Jean-François Copé est dans le même état d'esprit : enfin, Fillon est démasqué ! Copé ne fait plus semblant. Surtout lorsqu'il s'agit d'évoquer les déboires de son ennemi intime, François Fillon, dont la chute, il l'assume claire-ment, l'a sincèrement réjoui.

« Lorsque l'affaire a éclaté, je me suis dit deux choses spontanément, explique le maire de Meaux. D'abord, je me suis beaucoup inquiété pour notre famille politique. La première heure, je me suis dit : "Oh, comme c'est lui, ça va passer." Parce qu'on lui passe tout ! Parce qu'on lui avait passé l'histoire du yacht chez le patron de Ferrari, quand même, en 2012. Ce qui est incroyable. Incroyable… Quand je vois ce qu'on m'a fait, pour une photo avec Takieddine à la piscine… Mais, lui, personne ne voyait le problème, il était sur le yacht d'un milliardaire italien, mais personne ne se posait aucune question, il se casse la gueule avec un scooter qui lui était prêté, personne ne voit le problème, il est en béquilles trois mois à cause de ça, personne ne fait le lien… Donc, la première heure, je me suis dit : "Ils vont lui passer", mais le lendemain, j'ai compris, je me suis dit : "Là, ça va être la boîte de Pandore." Et puis quelque part, je me suis dit qu'il y avait quelque chose, là-haut, qui surveillait tout ça ! »

Copé se montre prolixe, comme s'il avait besoin de verbaliser tant de colère et d'acrimonie si longtemps contenues.

« Je vous avoue que j'ai regardé le ciel ! reprend-il. Je me suis dit : "Ah bon, donc il y a bien quelqu'un qui surveille ce qui se passe ?!" Quand même ! » Copé l'assure : « Personne dans la classe politique n'a été étonné par le fait qu'il puisse y avoir ce type de révélations, en revanche, le contenu véritable, moi, personnellement, je n'en savais rien du tout. L'embauche de sa femme, le contrat avec *La Revue des Deux Mondes*, énumère-t-il, je ne savais pas, le financement des mariages de ses enfants, les costumes qu'on lui a offerts… Tout ça, je ne savais pas. »

Mais voilà, à compter du 25 janvier 2017, tout le monde sait.

Et la justice se met en branle. Avec entrain.

CHAPITRE 5

Les faits sont têtus, Fillon aussi

Le Parquet national financier n'a pas traîné.

L'encre des rotatives du *Canard enchaîné* est à peine sèche que le PNF annonce, mercredi 25 janvier 2017, l'ouverture d'une enquête préliminaire pour « détournement de fonds publics, abus de biens sociaux et recel de ces délits ». Une telle réactivité fait tiquer, à droite.

« On peut avoir des interprétations, s'interroge devant nous à haute voix François Baroin. Que le PNF déclenche tout de suite une enquête, quelques heures après les révélations du *Canard*... Dans le contexte présidentiel, c'était politiquement super-lourd. »

En tout cas, dans le camp de l'ex-Premier ministre, on a pris la mesure du danger, il faut donc réagir, et vite. Le patron doit prendre la parole et balayer les soupçons. Après avoir dénoncé, en marge d'un déplacement à Bordeaux, « le mépris et la misogynie » supposés sous-tendre l'article du *Canard enchaîné*, c'est un Fillon pugnace qui s'exprime au journal de 20 heures de TF1, jeudi 26 janvier. Si les faits sont têtus, François Fillon ne l'est pas moins. Face au présentateur Gilles Bouleau, il ne concède rien. La ligne est tracée : il va jouer dur. Non, il n'a « pas le moindre doute » sur l'emploi « légal » et « parfaitement transparent » de sa femme. « Ce travail est réel, je m'en expliquerai évidemment avec la justice », clame-t-il encore. Et puis, il commence à roder sa stratégie, entonner un petit refrain sur l'air du complot : cette histoire, à l'évidence, a été sortie opportunément pour « abattre » sa candidature. « Pourquoi toute cette affaire sort aujourd'hui, à deux mois et demi de l'élection présidentielle ? » interroge-t-il, faussement candide. La réponse coule de source : « On voit bien que, derrière ça, la vraie question, c'est, comment combattre celui qui a gagné la primaire de la droite et du centre. »

Jusque-là, rien que de très classique.

Mais voilà que Fillon surprend son auditoire, et surtout ses soutiens, qu'il n'avait évidemment pas prévenus, en confessant d'abord – sans doute dans l'idée de désamorcer de futures révélations – qu'il a également fait travailler comme collaborateurs, lorsqu'il était sénateur, deux de ses enfants. Une tactique risquée. D'autant que, en précisant avoir mis fin à cette collaboration en 2013 parce qu'il craignait que cela puisse générer des « soupçons », il ne fait rien d'autre que les justifier. Maladroit.

Mais, surtout, Fillon prend tout le monde de court en lâchant, en fin d'interview : « La seule chose qui m'empêcherait d'être candidat, c'est si mon honneur était atteint, si j'étais mis en examen. » Devant leur écran de télévision, les principaux collaborateurs du candidat s'arrachent les cheveux. Quelle inconscience de mettre ainsi son sort entre les mains de la justice !

Jean-François Copé, lui, est choqué. Car il ne croit pas une seconde à la sincérité de François Fillon lorsque ce dernier prend cet engagement : « Ça, c'est plus qu'un mensonge. Pour moi, c'est vraiment une faute impardonnable. Une faute politique, éthique… »

Pourquoi Fillon a-t-il choisi de se lier pieds et poings au calendrier judiciaire, comment expliquer une telle prise de risque ?

Trois hypothèses s'imposent. La première, la moins convaincante, est que le candidat se sent parfaitement sûr de lui, persuadé qu'aucun élément ne pourrait justifier la moindre poursuite. La deuxième, plus crédible, est qu'il mise sur le temps : une enquête préliminaire, qui dure au minimum plusieurs mois, ne peut de toute façon déboucher sur une mise en examen. Pour que des poursuites soient engagées contre lui, il faudrait que le parquet, à l'issue de ses investigations, s'il ne classe pas sans suite, le renvoie en citation directe devant le tribunal, ou plus logiquement désigne un juge d'instruction. D'ici là...

La troisième hypothèse, compatible avec la précédente, est que Fillon a décidé de « provoquer » la justice. En clair, il pense qu'aucun magistrat, mis publiquement au défi de perturber l'élection présidentielle, n'osera prendre la responsabilité d'éliminer, en pleine campagne, le grand favori. En mettant publiquement son destin – et donc celui de l'élection majeure sous la Ve République – entre les mains des juges, François Fillon joue le tout pour le tout.

Il fait tapis, dirait-on au poker.

Quitte à surprendre, même ses défenseurs.

Échaudé par le triple fiasco essuyé par les avocats qu'il avait choisis pour le représenter dans le cadre du scandale Jouyet, Fillon, dès la révélation de l'affaire, souhaite cette fois recourir à une grande figure du barreau. Le nom d'Éric Dupond-Moretti est même proposé dans une réunion en petit comité. Mais le médiatique avocat est d'abord un grand spécialiste des assises, le roi de l'intimidation des jurés. Pas le profil idéal pour une histoire de ce genre, où il faut jouer la finesse juridique et user du relationnel avec les magistrats...

Finalement, sur les conseils de François Sureau, lui-même chaudement recommandé par Stefanini, le choix du

candidat se porte sur un jeune et très prometteur pénaliste, Antonin Lévy, dont Fillon avait pu observer la discrétion et l'habileté au moment de la guerre contre Copé
pour la conquête de l'UMP ; le fils de Bernard-Henri Lévy
l'avait en effet déjà conseillé à l'époque, en prônant une
défense agressive.

Me Antonin Lévy assiste donc au grand numéro de
Fillon, devant sa télévision. Décontenancé, pour le
moins. Le lendemain, il rencontre son client.

— François Fillon : Que pensez-vous de ma phrase ?

— Antonin Lévy : Ça ne prête pas à conséquence, ça
ne s'est jamais vu dans l'histoire de la justice, une mise en
examen aussi rapide, c'est matériellement impossible.

C'est un fait : dans l'entourage du candidat, on
n'imagine pas une seconde la justice, corporation plutôt
encline à la pusillanimité, se lancer dans une procédure
d'exception en pleine campagne électorale.

Thierry Solère se souvient aussi d'avoir été frappé par la
prestation télévisée du candidat Fillon et sa sortie inattendue : « On est dans le bureau de Stefanini, avec Sébastien
Lecornu, qui dit : "Ah, c'est malin, dire qu'il s'en ira s'il
est mis examen...", pfff... »

À droite, on observe avec circonspection le candidat
Fillon s'enferrer dans les dénégations, pour ne pas dire
le déni, et provoquer les magistrats. François Baroin le
rappelle : « Il y avait d'autres moyens de se défendre, en
temps réel, au moment où Le Canard sort, que de s'être
mis la corde autour du cou comme il l'a fait. » Lui-même
avocat – il a d'ailleurs intégré le cabinet de Francis
Szpiner en 2014 –, François Baroin ne cache pas, s'agissant de l'ex-Premier ministre, qu'il « porte un regard très
critique sur sa façon de se défendre : dire que c'est miso-
gyne, puis ne pas répondre et laisser ses équipes en l'air,

ne pas aller au "20 Heures" tout de suite pour mettre tout sur la table... Une fois qu'on a perdu quarante-huit heures sur une affaire, ensuite, c'est très difficile à remonter. Et ensuite, au "20 Heures", avoir dit avec une naïveté incroyable : "Si je suis mis en examen...", là, il se met une deuxième corde au cou. Il aurait pu à mon avis aller jusqu'à la présidentielle avec un sort différent s'il avait eu une défense moins naïve ».

Valérie Pécresse s'inquiète pour sa part de la posture ultra-rigide adoptée par François Fillon.

Elle se démène malgré tout pour trouver une porte de sortie, une solution d'apaisement. « Avec Stefanini, révèle-t-elle, on lui propose de faire un geste, pour montrer que l'argent ne l'intéresse pas, que ce sont des pratiques d'un ancien temps. Tout le monde a fait bosser sa femme. » L'ex-ministre de l'Enseignement supérieur et de la Recherche tente de convaincre son ancien patron : « Je lui dis : "Tu mets en caution l'argent, comme ça, si tu étais condamné..." Il y a un blocage, un déni. Il dit : "Ce serait une reconnaissance de culpabilité, je ne suis coupable de rien, ça se faisait à l'époque, elle a bossé..." » Rien à faire, Fillon est buté, et Pécresse réduite à constater les dégâts, impuissante.

« Quand il dit : "Je m'en irai si je suis mis en examen", on est sous le choc, dit-elle encore. Pourquoi il dit ça ? Personne ne lui demande de le dire. Et ça, c'est de l'orgueil. C'est un pavé dans la mare. Stefanini me dit : "Il dit ça parce qu'il pense qu'il ne sera jamais mis en examen, ce n'est pas possible..." »

Les jours suivants, la perplexité s'impose, à droite.

Se défendre aussi maladroitement, tout de même... Est-ce de la candeur, ou de l'arrogance ?

Xavier Bertrand : « Je n'arrive pas à comprendre. Même le cœur du réacteur de la direction de campagne, Anne Méaux et autres, qui visiblement apprenaient des

trucs lorsqu'il était à la télé, où il parle de ses enfants...
Le sentiment à chaque fois d'apprendre quelque chose
en plus, le sentiment d'une maladresse. »

Comme si une main invisible poussait Fillon vers le
bord du précipice.

Et chacun de s'interroger : qui est le maître de ballet,
dans ce théâtre d'ombres ?

Quelqu'un réglerait-il la chorégraphie ?

CHAPITRE 6
Secret des sources

L'affaire tient en trois mots : secret des sources.

À ce stade du récit, en effet, une précision d'importance s'impose. Lorsqu'une personnalité politique, à l'image de François Fillon, est éclaboussée par une affaire, sa défense publique est généralement celle-ci : pourquoi maintenant ? C'est la fameuse rengaine du « comme par hasard ». Sous-entendu, les « offensives » judiciaires et/ou médiatiques visant des politiques seraient opportunément lancées à l'approche d'une échéance électorale. Comme la France est en campagne quasi permanente, avec un scrutin (municipal, départemental, régional, européen, présidentiel, législatif, etc.) chaque année ou presque, c'est assez pratique. Mais ne vous y trompez pas, la plupart du temps, les responsables politiques eux-mêmes n'en croient pas un mot. Non, entre eux, ils ne se demandent pas « pourquoi ? » ; la seule question qui les taraude, c'est : « Qui ? »

Jamais cette interrogation n'aura été aussi prégnante qu'après l'explosion, en janvier 2017, de la « bombe Fillon ».

Au cours de notre enquête, nous avons été frappés par l'importance que nos interlocuteurs accordaient à l'origine des fuites.

Conspiration politique ? Conjuration judiciaire ? Complot médiatique ? Les trois à la fois ?

Autant d'interrogations, loin d'être secondaires, que nous ne pouvions ignorer, car elles sont devenues un fait politique en soi, d'où les pages à venir. Pourtant, ces chapitres, ils n'allaient pas de soi.

Il est des lieux communs qu'il est bon, parfois, de répéter : le secret des sources des journalistes est sacré. Nul corporatisme derrière ce principe – qui n'est d'ailleurs pas seulement d'ordre déontologique, puisqu'il est aussi reconnu par la loi –, juste le rappel d'une évidence : sans secret des sources, il n'y a pas de liberté de la presse possible. La Cour européenne des droits de l'homme l'a d'ailleurs défini comme une « condition essentielle au libre exercice du journalisme et au respect du droit du public d'être informé des questions d'intérêt général ».

Y porter atteinte, ce qu'ont fait par le passé certains membres de la magistrature, de la police, des services secrets ou d'officines privées, est donc inacceptable. C'est encore plus choquant lorsque ces attaques viennent des rangs des médias eux-mêmes. Tout cela, nous l'avons suffisamment éprouvé puis dénoncé, ces dernières années, pour ne surtout pas déroger à ces principes.

Par ailleurs, il faut préciser que les journalistes du *Canard* ont publiquement assuré avoir mené une enquête d'initiative, contestant vivement que cette affaire leur ait été amenée « sur un plateau ». Et ils sont certes les mieux placés pour le savoir !

Mais, dans tous les cas, il a bien fallu que des personnes détentrices d'informations compromettantes pour François Fillon aient envie de les divulguer. C'est le propre de toute enquête journalistique, *a fortiori* dans un contexte politico-judiciaire.

Autant dire que, en décidant de nous intéresser à l'origine possible des déboires du candidat Fillon, nous savions que nous marchions sur des œufs. Comme des funambules en équilibre sur un filin, nous avons tenté d'éclairer les conditions dans lesquelles, au sein de la droite – mais pas seulement –, une véritable chasse à la « taupe » a été menée.

Sans pour autant attenter aux sources de nos confrères.

CHAPITRE 7

« Vous êtes au courant de la rumeur ? »

Ils ont donc découvert que « Dieu existe ».

Ils l'ont même rencontré, à la faveur de l'affaire Penelope.

Depuis, ils ont la foi du charbonnier, les Copé, Lavrilleux et Cie. Surtout Lavrilleux. En effet, le Professeur savait qu'un coup de Trafalgar se tramait. Et ce, dès le 21 novembre 2016, juste après que Fillon fut sorti large vainqueur du premier tour de la primaire de la droite. L'ex-directeur de cabinet narre l'épisode, étonnant.

« Moi, je l'ai appris le lendemain du premier tour de la primaire, j'ai eu un journaliste qui m'a appelé, et qui m'a dit : "Est-ce que vous êtes au courant de la rumeur sur François Fillon et sa femme, qui serait sa collaboratrice, et aussi de son cabinet de conseil en communication et de ses clients particuliers ?" J'ai répondu : "Sa femme, collaboratrice ? Non, objectivement, je m'en fiche, parce que la plupart l'ont fait. Le cabinet de conseil, oui. C'est un scandale que ça n'ait pas éclaté avant." Basta. Et je dis au journaliste : "Mais, vous allez sortir ça avant le second tour ?" Et il me dit : "Ah non, non, on va le garder pour après." Tout le monde cherchait. »

Malgré nos relances insistantes, Lavrilleux n'a pas souhaité nous dévoiler le nom de ce journaliste. Peu importe, en réalité. Car si ce qu'avance Jérôme Lavrilleux est vrai – et nous ne l'avons jamais pris en flagrant délit de mensonge ou d'exagération –, cela n'est pas sans intérêt, loin de là.

Fillon a bien été visé.

De manière à être abattu, si possible en plein vol.

La liste des suspects est plutôt longue, mais certains le sont plus que d'autres, aux yeux de Lavrilleux. Il désigne sans hésiter les sarkozystes, dont il croit savoir qu'« ils n'avaient pas pensé qu'ils ne seraient pas qualifiés pour le second tour de la primaire. Voilà l'illustration supplémentaire de la violence dans ce métier ». Et lorsqu'on lui demande s'il est certain que le coup est parti de ce camp-là, il se fait formel : « Oui. Ah oui, franchement. La seule chose, c'est que c'est parti un peu tard. Le *timing* était parfait si Sarkozy allait au second tour de la primaire. Ça, c'est sûr. Je ne vois pas Juppé faire ça. »

Davantage que Sarkozy lui-même, Lavrilleux pointe surtout l'entourage de l'ancien président de la République : « Je ne dis pas que c'est le candidat lui-même qui a fait ça, explique-t-il. Les trucs ont dû être mis dans le frigo pendant longtemps, jusqu'à ce que ça puisse être utile à la confection du repas. Je pense que ça vient du côté de chez Sarko. Je ne dis pas Sarko lui-même, mais du côté de Sarko. À qui profite le crime ? C'est Sarko. »

Jérôme Lavrilleux se fait l'écho de ce qui se disait, à droite, au moment de l'éclosion de l'affaire Fillon : « Tous les grands flics de France de cette époque-là étaient ultra-sarkozystes. Tous ceux qui avaient accès à tout. Vous êtes à un niveau où vous avez forcément quelqu'un qui a constitué un dossier sur vous. Et j'espère qu'ils ont fait ça, parce que ça permet de savoir si le président de la République qui vient de se faire, ou va se faire élire, est susceptible d'être mis sous pression par une puissance étrangère ou un groupe mafieux. Donc Sarko savait qu'à un moment donné, si l'autre avait des velléités de le "chercher", il pouvait le tuer. Ça ne lui a pas été utile pendant que

Fillon était Premier ministre, ni les quelques années suivantes, mais ensuite… »

Au mois de juin 2019, une passe d'armes aussi brève que violente opposa Sarkozy à Fillon. Le premier, qui venait de dépeindre dans son livre *Passions* (L'Observatoire) son ancien Premier ministre comme un être « cassant et rancunier », fut repris de volée par le second, qui répliqua : « La passion unique de Nicolas Sarkozy, c'est Nicolas Sarkozy ; cette passion pour lui-même n'a d'égale que sa rancune pour ceux qui l'ont défié. »

Mais à quoi Fillon pouvait-il bien faire allusion ?

CHAPITRE 8

« Quelle histoire ! »

À tout seigneur...

Sarkozy est suspect, forcément suspect.

D'autant qu'il ne rate pas un épisode du feuilleton Fillon. « Sarko, s'esclaffe Thierry Solère, il a une phrase mythique durant l'affaire : d'abord, c'était : "Alors, il se passe quoi ?" Et ensuite : "Quelle histoire !" Quelle histoire... C'est devenu un gimmick pour nous, ce "quelle histoire !". Édouard Philippe me l'envoie tout le temps par texto ! »

Mais lui, Sarkozy, a-t-il joué un rôle dans cette « histoire » qui n'a pas fini de faire pleurer les fillonistes – si tant est qu'il en reste ?

En tout cas, à peine l'affaire Fillon lancée, les regards des « barons » de la droite se tournent immédiatement vers le camp sarkozyste. C'est tentant, il est vrai. Plus que l'hypothèse d'un coup bas des socialistes, avec un Hollande déjà hors course, un PS atomisé et un Macron éloigné du poste-clé de ministre de l'Économie depuis le 30 août 2016. Et puis, depuis une bonne quinzaine d'années, dans l'entourage de Nicolas Sarkozy, où les enfants de chœur ne sont pas légion, ils sont nombreux à avoir été suspectés – rarement à tort – de s'être prêtés à de troubles opérations visant à déstabiliser un adversaire, un ennemi, un rival... et pas seulement politique. Enfin, l'histoire de la Vᵉ République l'a amplement démontré – et les deux tomes de notre saga le confirment largement –, au-delà de Nicolas Sarkozy, la droite française a toujours eu une forte propension à instrumentaliser, voire à déclencher les « affaires ».

Pourtant, selon Patrick Stefanini, lorsque le scandale Fillon sort, déterminer qui pouvait en être à l'origine n'aurait pas préoccupé plus que ça ses équipes : « Non, on n'est pas obsédés par savoir d'où vient le coup, mais comment régler ce problème délicat », dit-il, sans vraiment convaincre – on va le voir un peu plus loin.

Dans toutes les têtes, à droite, l'ombre de Sarkozy plane bel et bien sur l'affaire Fillon. Les raccourcis sont tentants, en période de crise. Non seulement l'ancien président est entouré d'un bataillon d'anciens flics, mais il a su aussi placer des hommes sûrs à tous les postes utiles, dans les ministères, à l'Assemblée…

« Au début, reprend Stefanini, il y a beaucoup de gens qui se disent que ça peut venir de Macron. Même si les esprits bien faits disent : "Oui, mais Macron n'était plus aux Finances." Et aux Finances, on a les feuilles d'impôts des gens, on n'a pas leurs feuilles de salaire. Là, ce qui était frappant, c'est que *Le Canard enchaîné* avait les feuilles de salaire, et les feuilles de salaire, ça ne peut venir que de l'Assemblée nationale. » Plus précisément de la questure, dont dépendent les services financiers et administratifs du Palais-Bourbon.

Le député LR Philippe Briand, soutien de Nicolas Sarkozy durant la primaire de 2016, est dans le collimateur de certains fillonistes. Depuis 2007, soit deux quinquennats d'affilée, Briand est questeur de l'Assemblée nationale, un poste stratégique qu'il a quitté en juin 2017.

Stefanini se montre dubitatif : « Moi, Briand, je le connais depuis très longtemps… » Et l'ex-directeur de campagne d'affirmer : « Je n'ai de contact avec Briand que lorsqu'il m'appelle le mardi 28 février dans l'après-midi pour me dire que Fillon va être mis en examen. »

Alors, Sarkozy à la baguette ? Stefanini n'accuse ni ne dédouane l'ancien président, se contentant de répondre prudemment : « Honnêtement, je ne sais pas. »

Officiellement, ils sont nombreux à mettre hors de cause Sarkozy. Le confident de toujours, Brice Hortefeux par exemple : « Je ne crois pas que Nicolas y soit pour quelque chose. Il fallait avoir l'information. » Quant à Henri Guaino, il « n'a aucun indice sur le fait que Sarkozy ait organisé cela. Je ne suis pas sûr que Sarkozy ait jamais cru à Fillon président ! Ça peut être aussi un collaborateur sur lequel Fillon s'est essuyé les pieds toute sa vie ». Une assistante jalouse de Penelope Fillon, par exemple…

Mais le chef de l'État n'est-il pas réputé pour avoir conservé de solides réseaux au cœur du pouvoir ? « Sarkozy, il a été chef de l'État, abonde Thierry Solère, il a tous les services de l'État pour lui pendant le quinquennat, alors qu'il sache que son Premier ministre a fait employer son épouse par son suppléant ne me paraît pas délirant, ça me paraît même très probable, qu'il ait été mis au courant par Guéant et tout ce qu'il y a autour de lui, il doit savoir ça. »

Dans cette cruelle partie de Cluedo politique, où l'on connaît l'arme du crime mais pas son auteur, chacun se perd en conjectures, cherche la bonne piste. À droite, tout le monde soupçonne tout le monde. Fillon s'est fait tant d'ennemis…

« Est-ce Sarkozy qui ourdit le complot contre Fillon avec les emplois fictifs ? s'interroge devant nous Roselyne Bachelot. Je ne vois pas qui l'a alimenté, le complot, je ne vois pas comment, d'après mes renseignements, ça pourrait venir de la rue de Miromesnil. Rachida Dati le poursuit de sa haine… Tout vient de la questure de l'Assemblée, mais Rachida n'est pas députée. »

Ancien président de l'Assemblée nationale (de 2002 à 2007), Jean-Louis Debré, lui, est formel : « Il sort de la questure, le contrat Fillon ! s'exclame-t-il. Pendant des siècles, rien ne sortait. J'étais président, je réglais ça avec les députés de l'opposition. Ça a changé. Les journalistes n'ont fait que relayer. Bon, ce n'est pas forcément la questure, cela peut être l'administratif, qui sait où sont les archives, elles sont conservées à l'Assemblée. Si on y a accès, il y a une trace. Si j'étais juge enquêteur, je me régalerais sur ce dossier ! » s'exclame l'ancien juge d'instruction.

Et l'hypothèse sarkozyste ? « Je peux concevoir, imaginer, que Sarkozy ait lancé la contre-offensive, concède Debré. Je n'ai pas de preuves. À l'époque, on avait des personnages. Là, ce sont des personnages de mauvaise comédie, comme Fillon, de tréteaux de boulevard. Tout est médiocre. Les règlements de comptes entre personnages, l'un, Fillon, minable, l'autre, Sarkozy, replié sur lui-même car battu et orgueilleux... »

Thierry Solère, quant à lui, dédouane Philippe Briand, à qui il a brièvement succédé à la questure en juin 2017 : « Quand on est questeur, on n'a pas accès aux bulletins de paie des collaborateurs », tranche-t-il. La piste menant à l'Assemblée ne doit toutefois pas être écartée, précise Solère : « À la direction des affaires financières, c'est eux qui éditent les bulletins de paie. Il y a les bulletins de paie de Mme Fillon, là-bas. Les questeurs ont autorité sur eux. Je l'ai été, mais je ne me vois pas appeler les affaires financières, ça laisse trop de traces. »

François Baroin ne pense pas que le coup soit venu de Sarkozy. « Non, assure-t-il. Ça ne me paraît pas conforme à sa personnalité. Il aime le combat, mais ce n'est pas un tordu. S'il a quelque chose contre vous, il vous dit les choses, et s'il fait un coup, il vous le dira. Donc, s'il a un truc à reprocher à Fillon, il ne va pas faire donner des officines, il est capable de dire à Fillon des gros mots, que sa méthode n'est pas acceptable… Mais ce sera à la loyale. »

Séduisante, l'hypothèse Sarkozy ne convainc définitivement pas le maire de Troyes : « C'est crédible, on peut le croire, mais ce n'est pas parce que c'est crédible que c'est arrivé. »

Et inversement.

CHAPITRE 9

La que(s)te de la taupe

Créée par Napoléon Bonaparte en 1803, la questure, depuis toujours, suscite de nombreux fantasmes, tant on prête de pouvoirs à ceux qui la dirigent. Le terme de « questeur » n'a pas été choisi tout à fait par hasard par Napoléon, qui venait d'être sacré consul à vie : inspiré du latin, il fait directement référence à la Rome antique, et plus précisément au verbe *quaerere*, qui signifie chercher, enquêter.

Il faut toujours en revenir au latin, finalement. *Quaerendo invenietis* : c'est en cherchant qu'on trouve.

Alors, à droite, ils sont nombreux à avoir cherché. Notamment du côté de Philippe Briand, donc. En voilà un à avoir une bonne tête de coupable. On nous l'a si souvent désigné, lors de notre enquête. Ses oreilles ont dû siffler, à force. Philippe Briand, 59 ans, député d'Indre-et-Loire sans discontinuer de 1993 à 2017, a épousé tous les soubresauts – et les sigles qui vont avec, du RPR à LR en passant par l'UMP – de la droite néogaulliste des vingt-cinq dernières années. Richissime chef d'entreprise (300e fortune de France, selon le classement 2019 du magazine *Challenges*), éphémère secrétaire d'État dans le gouvernement Raffarin au début de l'année 2004, Philippe Briand a donc surtout occupé, à l'Assemblée nationale, le poste-clé de questeur. Dix années d'affilée, de 2007 à 2017, sous Sarkozy puis Hollande. Un bel exemple de continuité républicaine.

C'est l'exercice de cette fonction, et surtout l'utilisation supposée des informations privilégiées dont ses titulaires bénéficient, qui ont nourri les soupçons de ses « amis » de droite dès le début de l'affaire Fillon.

De la même manière que le ministre de l'Intérieur est réputé être l'homme le mieux informé de France, les questeurs sont censés, au Sénat comme à l'Assemblée (qui en comptent chacun trois), être ceux qui en savent le plus sur leurs collègues parlementaires. « Les questeurs exercent des pouvoirs étendus en matière financière, comptable et administrative, expose le règlement de l'Assemblée nationale. Pour accomplir leur mission et prendre les décisions qui relèvent de leurs compétences, les questeurs disposent notamment des services administratifs dirigés par le secrétaire général de la Questure, qui a en charge tous les aspects non législatifs de la vie de l'Assemblée. »

En somme, s'il y avait, début 2017, des personnes susceptibles de détenir les informations les plus précises sur les rémunérations du couple Fillon, c'étaient bien les trois questeurs de l'Assemblée. Et comme Philippe Briand était réputé proche de Nicolas Sarkozy, au point d'avoir été choisi par ce dernier pour présider l'association de financement de sa campagne présidentielle en 2012 (et de s'être, du coup, trouvé impliqué dans le scandale Bygmalion), pour nombre de fillonistes, le crime était signé, le coupable parfait.

Enfin, presque parfait.

Depuis près de trois ans, Philippe Briand rumine, en silence. Au printemps 2017, la débâcle de la droite consommée, il a brutalement quitté la scène médiatique et surtout politique – il ne s'est pas représenté à la députation. Certes, avec un patrimoine évalué à plus de 300 millions d'euros, Briand n'est pas à plaindre. Il n'empêche, c'est un homme « écœuré » – c'est son expression – qui, exceptionnellement, a accepté de rompre le mutisme auquel il s'est astreint ces dernières années. Parce qu'il n'en peut plus de porter le chapeau pour d'autres, que ce soit dans l'affaire Bygmalion, où la justice le soupçonne d'avoir cautionné le système de fausses factures destiné à masquer les dérapages financiers de cette malheureuse campagne présidentielle de 2012, ou dans l'affaire Fillon.

Deux accusations qu'il vit comme autant d'injustices.

Avant d'évoquer l'incrimination la plus infamante – celle d'avoir œuvré dans l'ombre contre Fillon – que ses ex-collègues ont complaisamment relayée au plus fort de l'affaire, Philippe Briand tient à crever un premier abcès nommé Bygmalion. « Cette affaire, lâche-t-il, c'est un gros préjudice moral. Moi, ça m'empêche de dormir, ce truc. C'est pour ça que je ne me suis pas représenté à l'Assemblée, j'ai été dégoûté. Dégoûté… »

Renvoyé devant le tribunal correctionnel aux côtés de Sarkozy et consorts, Briand le vit très mal. Il parle de « quelque chose d'invraisemblable, même », lui qui souligne qu'il n'était « pas trésorier comme ça a été faussement raconté, mais président de l'Association de financement, chargée de recueillir les dons ».

« J'ai récolté 5,8 millions et il n'y a pas eu un problème, rappelle-t-il. Et ensuite, j'étais chargé de payer les factures qui me sont présentées par le candidat. C'est-à-dire que je n'avais même pas à les contrôler. » Briand l'assure, il n'a jamais été informé du système occulte mis en place.

« Dans cette campagne, relève Briand, j'ai passé en tout quarante-deux heures, alors que j'avais perdu ma femme quelques mois avant. Je leur avais dit : "Je n'ai pas le temps de m'en occuper", ils m'avaient répondu : "Tu seras juste trésorier-payeur général, on te demande d'acquitter les factures." Je l'ai fait, et je me retrouve dans un sale bain, je peux vous dire que je suis très amer. Très, très amer. »

Si Briand maugrée, c'est aussi parce qu'il a la désagréable impression d'avoir été pris pour un imbécile, utilisé comme une caution censée garantir la validité d'un processus en réalité délictueux, le tout à un moment où il était psychologiquement affaibli pour des raisons privées.

« Cette escroquerie, elle s'est faite au sein de l'UMP, tonne-t-il. Je n'ai pas d'accusations à porter, mais je ne veux pas porter un chapeau qui n'est pas le mien. »

C'est le moment de dissiper un autre malentendu, cette supposée « étroite proximité » entre Briand et l'ex-chef de l'État Nicolas Sarkozy, source de déductions faciles au moment de la « chasse à la taupe » menée par les plus boutefeux des fillonistes.

Intimes, les deux hommes ? À en croire l'ex-député d'Indre-et-Loire, rien n'est plus faux.

Et d'appuyer sa démonstration sur un petit *flash-back*, quelques années en arrière : « Pour cette présidentielle de 2017, j'étais bien embêté parce que j'avais trois copains qui se présentaient, commence Briand. Le premier, celui pour qui j'ai le plus grand attachement, c'est Alain Juppé, parce que c'est celui qui m'a formé, qui m'a accueilli, à côté de qui j'étais dans l'hémicycle, qui m'avait nommé vice-président de l'UMP chargé des affaires étrangères… J'étais très proche. Le deuxième, c'est François Fillon. François, c'est mon voisin de circonscription, dans la Sarthe, et on avait un rituel à toutes les législatives : la dernière réunion de campagne, il la faisait chez moi. Donc, c'est un très très bon copain aussi, avec un côté toujours un peu mystérieux chez François, parce qu'il y a la part publique connue, et puis, il peut disparaître quinze jours sans qu'on sache où il est, avec qui il est… Ça lui est arrivé fréquemment. Et puis, le troisième, dont je suis en fait le moins proche, c'est Nicolas Sarkozy ! Moi, j'ai combattu Nicolas Sarkozy pendant de nombreuses années. Quand il a fait le choix Balladur, j'ai pris son poste auprès de Chirac pour l'animation des jeunes, dans la campagne 1995. Sous Sarkozy [alors ministre du Budget], en son temps, on m'a envoyé un contrôle fiscal ! Pour me dissuader d'aider Chirac. Et il m'avait menacé de ne plus jamais être député, etc. On a mis très longtemps avant de se reparler. » Sarkozy devenu président, les deux hommes ont renoué, parce que « c'est la famille politique », mais sans effusion. « Ce n'est pas celui dont je suis le plus proche, insiste Briand, d'où pour moi l'ironie de me trouver dans cette affaire Bygmalion. »

Et, *a fortiori*, d'être soupçonné d'avoir été mandaté par Sarkozy pour « tuer » Fillon…

CHAPITRE 10

« Sur mon bureau, le dossier Fillon »

L'affaire Fillon, donc.

Philippe Briand, désireux de balayer une fois pour toutes les sous-entendus méphitiques distillés sur son compte, livre pour la première fois sa vérité sur cet épisode et raconte la séquence de l'intérieur.

« Il y a d'abord la révélation dans la presse, commence-t-il. Tout le monde regarde ça avec stupéfaction, mais en se disant, bon, c'est normal, c'est les coups bas de campagne, c'est les saloperies qui commencent, etc. Puis, ça commence un petit peu à gonfler. Alors, Patrick Stefanini m'appelle, il me dit : "Philippe, on est emmerdés, je ne sais pas ce qu'il y a là-dedans, François est très hésitant, il faut préparer une réponse pour lui, le problème, c'est qu'il n'a conservé aucun papier, et ça serait bien que tu puisses nous reconstituer sa carrière depuis qu'il est à l'Assemblée nationale." Je lui dis : "Écoute, les services sont faits pour répondre aux demandes des députés, je vais donc demander aux services de le faire." »

Philippe Briand convoque alors à son bureau le secrétaire général de la questure, Christophe Pallez – qui n'a pas souhaité répondre à nos questions. « Je lui ai demandé de bien vouloir me reconstituer la carrière de François Fillon, c'est-à-dire ses traitements de parlementaire depuis l'origine, sa consommation d'enveloppe parlementaire, et un double des contrats qu'il a signés. Ça a posé un vrai problème parce que l'Assemblée nationale était une maison assez archaïque, c'est moi qui ai fait numériser ses archives – sept ans avant que je parte. Donc j'ai demandé à Christophe Pallez de bien vouloir me donner ces éléments-là. »

Quelques jours plus tard, Pallez vient trouver Briand. « Il est revenu me voir pour me dire : "C'est embêtant parce que nous n'avions numérisé, à l'Assemblée nationale, que depuis quelques années, avant tout est archivé dans des cartons, ça va prendre du temps." Donc on a commencé à aller chercher ça, on a mis deux ou trois personnes des services qui sont parties dans les entrepôts et qui ont dû ouvrir des cartons pour chercher les dossiers de Fillon, année après année, faire des photocopies des dossiers et les ramener. Pour dire la vérité, ça a mis des jours. »

C'est long, très long, trop long pour le camp Fillon, qui tente désespérément d'éteindre l'incendie.

« Alors, j'appelais Stefanini, qui me disait : "Mais enfin, c'est pas possible..." Et je lui dis : "Écoute, François, il a été aussi à l'Assemblée, est-ce qu'il a voté pour la moderniser ? Je peux te donner les cinq dernières années, mais je ne peux pas te donner comme ça spontanément ce qui s'est passé avant, il y a une difficulté." »

Quelques jours après le déclenchement des « recherches » dans les archives, la commande secrète passée à Christophe Pallez touche au but : l'historique parlementaire de Fillon est enfin reconstitué, documents à l'appui. « J'ai eu sur mon bureau le dossier de François Fillon, avec le double de ses traitements, l'utilisation de son enveloppe parlementaire, et les contrats signés, confirme Briand. J'ai appelé Stefanini qui m'a envoyé un porteur spécial, je lui ai remis l'enveloppe et ça s'est terminé là. »

Avant de transmettre l'épaisse enveloppe au directeur de campagne, Briand jette quand même un œil à son contenu. Il ressort convaincu de sa rapide lecture que le candidat Fillon a du plomb dans l'aile, tant il apparaît qu'il a généreusement rémunéré son épouse sur une très longue période. Briand lui-même ignorait, dit-il, que Fillon avait embauché sa femme sur son enveloppe de parlementaire.

À cette date, la préoccupation de Stefanini est moins de chercher la « taupe » que d'obtenir le maximum d'éléments susceptibles de nourrir en urgence la défense de son candidat. Briand, de son côté, acquiert rapidement la conviction que les informations publiées dans le but de nuire à Fillon ne viennent pas de l'Assemblée nationale. « L'Assemblée, assure-t-il ainsi, c'est une maison qui ne "fuite" pas, les collaborateurs sont payés très très cher. Jusqu'à ce que cette affaire se révèle, personne n'avait pensé à regarder », dit-il encore à propos des archives Fillon. Philippe Briand en a la conviction, car, comme il nous le révèle, dans un second temps, il a diligenté une enquête interne « officieuse » auprès de ses services, cette fois afin d'essayer de déterminer l'origine de la fuite.

Une mission quasi impossible. À titre d'exemple, comme l'a mis en lumière en janvier 2018 une enquête de BFM-TV, pas moins de 95 personnes ont accès aux fiches de paie des collaborateurs de l'Assemblée nationale : 74 à la direction des ressources humaines (DRH) et à celle des ressources financières, 15 au service chargé d'envoyer les bulletins de salaire et 6 chez le prestataire extérieur chargé de gérer le logiciel contenant toutes les informations de cette nature ! Sans même parler des directeurs, adjoints ou non, qui détiennent les codes de l'intranet. François de Rugy, président de l'Assemblée de juin 2017 à septembre 2018, peut en témoigner, lui qui s'est heurté à la même difficulté au moment de l'affaire Benalla, à l'été 2018. À l'époque, quelques informations fuitent vraiment trop vite, notamment celle concernant le badge parlementaire obtenu par Alexandre Benalla, et cela irrite en haut lieu macroniste. « Un député dit même : "J'ai la preuve que Benalla a un badge de l'Assemblée nationale", se rappelle de Rugy. Il brandissait sur son téléphone portable une capture d'écran de ce badge ! Je demande aux services si cela est vrai, ils font une recherche, et oui, un badge était attribué sur le quota du président de l'Assemblée. On a donc fait une enquête interne. Le député avait eu cette information par un fonctionnaire de l'Assemblée. De fait, plusieurs fonctionnaires avaient fait des recherches informatiques sur des badges Benalla. Mais on ne pouvait pas prouver la suite, la transmission au député. »

Tant de personnes ont accès à ces données…

Le souci est rigoureusement le même, un an et demi plus tôt, début 2017. « Il y avait un certain nombre de gens qui savaient dans l'affaire Fillon, estime François de Rugy. Et pour aller chercher des preuves, il faut des documents, et donc des gens qui ont accès aux bases informatiques. »

Du coup, impossible pour Briand de laisser retomber l'affaire sans tenter, *a minima*, de lancer un début d'audit interne.

« J'ai dit, il faut qu'on vérifie que ça ne vient pas de chez nous, se souvient Briand, qui mandate verbalement Christophe Pallez. Et quelques jours après, il me dit : "M. le questeur, ça ne vient pas de chez nous, seul a accès aux informations le service de la paye – et ça, c'est un service très fermé. Et deuxièmement, s'ils voulaient monter un dossier, ils n'avaient que cinq années, puisque tout le reste est dans des cartons et qu'on ne les a pas tous à disposition à l'Assemblée." Et dans ces fameux entrepôts d'archives, où il y a deux ou trois personnes qui veillent dessus, il n'y a jamais eu de demande pour entrer, pour aller fouiller les dossiers de Fillon… »

Philippe Briand dit s'être contenté du rapport oral de son secrétaire général. « S'il y avait eu une instruction ou une plainte sur la fuite, explique-t-il, j'aurais demandé un rapport écrit, mais comme il n'y avait rien... »

Afin de tenter d'éclaircir définitivement cet épisode, nous avons questionné les deux autres questeurs de l'époque, les socialistes Marie-Françoise Clergeau et Jean Launay, qui ont en commun d'avoir tous les deux quitté la vie politique au terme de leur mandat de député, en juin 2017. Leurs versions concordent avec celle de Philippe Briand. Loquace, Mme Clergeau se souvient que, dès la parution du *Canard enchaîné*, les trois questeurs, en mode collégial, avaient sollicité leur secrétaire général. « On a demandé à M. Pallez de rassembler en urgence les contrats et bulletins de salaire du couple Fillon, mais aussi les documents concernant Marc Joulaud, raconte-t-elle. Il y avait des archives papier boulevard Saint-Germain, celles portant sur les années 1990 et 2000, jusqu'à 2005 précisément, date à partir de laquelle ça a commencé à être numérisé, les plus anciennes étaient entreposées boulevard Ney. »

Même son de cloche chez Jean Launay. S'agissant des conclusions de l'enquête interne, l'ex-député du Lot confirme qu'« il n'y a pas eu de rapport écrit » et que ses conclusions ne l'ont pas surpris. « Je ne crois pas que les fuites aient pu venir de l'Assemblée », assure-t-il.

Briand conclut : « Quand je vois le temps qu'on a mis à extraire tous les documents des archives de l'Assemblée nationale... Il a fallu plusieurs jours à trois hommes. Donc vous ne pouvez pas avoir un seul bonhomme qui fasse ça, il faudrait qu'il ait pu pénétrer, puis qu'on l'ait laissé fouiller, etc. Ce n'est matériellement pas possible. »

Mais, alors, d'où vient la fuite ?

CHAPITRE 11

Fillon désigne le « traître »

La rencontre a lieu un peu avant l'été 2019.

Quelques semaines après l'implosion finale de la droite provoquée par l'immense claque des élections européennes. François Fillon convie à déjeuner Philippe Briand, l'un des rares, au sein de sa famille politique, à ne pas l'avoir traité comme un pestiféré depuis son cuisant échec au premier tour de la présidentielle, en avril 2017.

Au menu ce jour-là, les nouvelles activités – très lucratives, évidemment – de Fillon, désormais associé chez Tikehau Capital, un fonds spécialisé dans la gestion d'actifs et d'investissement auprès duquel il fait fructifier son copieux carnet d'adresses. Généralement, l'ancien favori de la présidentielle évite toute allusion à l'« affaire ». Mais, cette fois-là, elle s'invite pourtant à la table des deux compères. D'emblée, Briand fait comprendre franchement à son ami qu'il a prêté le flanc à la critique en rémunérant si longtemps sa compagne. Fillon proteste mollement.

« Il est emmerdé, rapporte Briand. En gros, son truc, c'est de dire : "Écoute, tu me connais, je ne suis pas malhonnête, ça se faisait comme ça, je n'y ai pas vu malice, et puis, Penelope, elle bossait quand même, elle recevait les gens, elle allait aux manifestations, ceci, cela, c'est aussi une part de travail, on ne peut pas la négliger. Alors après, qu'est-ce que ça vaut, qu'est-ce que ça ne vaut pas…" »

Amer, l'ancien Premier ministre ? « Il peut, opine Briand. Parce qu'il a tout raté pour une connerie. Il avait fait jusqu'à présent un parcours sans faute, il avait l'image de l'homme très moral, très droit, très honnête, etc. Je pense honnêtement qu'il est encore très très touché. »

Voilà pour le fond de l'histoire. Mais il y a autre chose. C'est qu'entre les deux hommes il reste comme un non-dit dans l'air. Fillon sait – son entourage le lui a assez répété – que Briand est suspecté d'avoir été à l'origine de ses déboires. Bref, autant crever l'abcès. Alors, un peu fébrile, Briand sonde son interlocuteur.

Et pousse intérieurement un grand soupir de soulagement en constatant que Fillon le met catégoriquement hors de cause.

Ce dernier s'est-il dit victime du camp sarkozyste, au cours de ce déjeuner-vérité ? « Victime, non, mais qu'ils ne lui aient pas fait de cadeaux, oui », répond Briand. Sur l'origine de ses tracas, « il n'a pas de certitudes, je ne crois pas », assure Briand. « De notre conversation, poursuit-il, il pensait que ça pouvait venir quand même de l'administration fiscale. Pour avoir autant de précisions, sur autant d'années. »

L'administration fiscale ? En clair, le pouvoir socialiste, voire Emmanuel Macron lui-même. Après tout, l'ancien ministre de l'Économie, qui avait quitté Bercy à la fin de l'été 2016, n'était-il pas celui dont le mobile était le plus fort ? Sur la route le menant à l'Élysée, Fillon n'était-il pas son plus dangereux adversaire ? Mais un mobile ne signe pas un crime – et heureusement. D'autant qu'au cours de ce fameux repas François Fillon finit par s'épancher. Car la personne à la source de tous ses ennuis, l'ancien Premier ministre pense l'avoir identifiée.

« Les soupçons, nous révèle Philippe Briand, ont avant tout pesé sur un administrateur de l'Assemblée, que François avait embauché dans son cabinet et dont il s'est séparé quelques mois après. Je pense qu'il devait gérer les relations avec le Parlement, quelque chose comme ça. Et c'était un type qui était assez fermé, bon, les administrateurs ne sont pas d'un naturel très ouvert, mais... Je le connais. Et Fillon l'a foutu dehors. »

Selon Briand, « le type est intelligent comme ces types-là, parce qu'ils réussissent les concours les plus difficiles, mais il avait une part d'autisme certain. Il était sûrement capable d'élaborer des trucs très intelligents, mais incapable de les vendre. Il n'aurait pas réussi à vendre une parka à un Esquimau ! »

L'homme suspecté par François Fillon, Philippe Briand nous l'a confirmé, c'est Jean-Pierre Camby, professeur associé de droit constitutionnel à l'université Paris-I, familier de l'Assemblée nationale puisqu'il en est le directeur adjoint des services depuis 2017, après une longue carrière en son sein. Embauché en qualité de conseiller parlementaire au cabinet de François Fillon lorsque celui-ci a été nommé Premier ministre, le 17 mai 2007, Camby avait été brusquement congédié, moins de cinq mois plus tard, le 8 octobre 2007. À l'époque, pour justifier ce limogeage, l'Hôtel Matignon, sollicité par l'AFP, avait évoqué « une erreur de casting », tandis que Camby l'avait qualifié de « brutal », se refusant à d'autre commentaire. Viré de Matignon, Camby retrouve alors l'Assemblée dès l'automne 2007, avec autorité sur les services administratifs. D'administrateur, il devient en effet directeur adjoint.

Nous avons bien entendu sollicité un entretien auprès de Jean-Pierre Camby. Dans un premier temps, celui-ci nous a fait savoir, par SMS, en octobre 2019, qu'il ne souhaitait « pas [s]'exprimer sur les conditions de [s]on départ en octobre 2007 du cabinet du Premier ministre, ce dernier n'en est nullement responsable ». S'agissant plus précisément de l'« affaire Fillon », il ajouta ceci : « Totalement étranger à cette "révélation", je ne puis vous répondre, ni apporter d'éléments à votre enquête. Toute personne qui citerait ou vous a cité mon nom en m'identifiant d'une manière quelconque à cette "révélation" se trompe. Il s'agit, au sens strict du terme, d'un mensonge ». Manifestement choqué d'avoir pu être ainsi soupçonné, Jean-Pierre Camby nous a écrit une nouvelle fois, quelques jours plus tard, pour souligner que « cette accusation, que rien ne peut étayer, ne peut être motivée que par intention profonde de me nuire », avant de stigmatiser des « personnes suffisamment indignes pour être capables d'un tel mensonge délibéré ».

Philippe Briand lui-même se dit sceptique quant au rôle prêté à Jean-Pierre Camby. « Il ne pouvait pas aller chercher des documents, ce n'est pas possible », assure-t-il.

« Moi, développe Briand, je me suis mis dans la tête deux choses, à tort ou à raison. La première, c'est que les fiches de paie et tout ça, c'est transmis au député à sa permanence – jusqu'à cette période-là, car après ça a été transmis à son domicile. Donc, ça peut être une collaboratrice, ou un collaborateur, qui en a marre d'être payé avec une poignée de clous et qui voit l'autre [Penelope Fillon] qui ne fait pas grand-chose et qui est payée un maximum. Ça, c'est déjà arrivé. Deux : la précision des chiffres sur autant d'années, il n'y a que les impôts qui les ont. Le service le plus informatisé de France depuis des années, qui est capable de vous reconstituer votre carrière, c'est le service des impôts. »

En l'occurrence, la Direction générale des finances publiques, alors dirigée par Bruno Parent (il a été le patron de la DGFiP de juillet 2014 à mai 2019). Une piste déjà envisagée par le député des Hauts-de-Seine Thierry Solère : « À la DGFiP, il y a tout, et ils savent bien faire. Quand Sarkozy est ministre de l'Économie et des Finances, Claude Guéant est directeur de cabinet, et Bruno Parent est directeur général des impôts. Et ensuite directeur général des finances publiques... »

Sollicité à plusieurs reprises, Bruno Parent n'a pas souhaité donner suite à nos demandes d'entretien, se bornant à nous indiquer par mail, le 7 octobre 2019 : « Rien à dire sur le sujet ». Puis un bref et cinglant : « Halte aux absurdités ! Je n'ai pas de temps à perdre avec cela. »

Une chose est certaine aux yeux de Philippe Briand, « autant de précisions, cela ne peut pas être inopiné. C'est beaucoup de travail, ce n'est pas un truc qui sort comme ça. Après, je peux être candide, mais j'avais un camp, c'est comme une famille, et je ne pense pas que ça vienne de chez nous ».

Même du côté copéiste ?

CHAPITRE 12
Les gueules de l'emploi

Jean-François Copé et son supposé « porte-flingue » Jérôme Lavrilleux figurent en bonne place sur la liste des « balances » potentielles.

Ils le haïssent tellement, ce Fillon, que les imaginer être à l'origine de ses déboires médiatico-judiciaires ne peut relever de la simple hypothèse d'école.

« Mais ça fait partie du mythe, sourit le maire de Meaux. Dans ces cas-là, on invente les théories complotistes. C'est comme quand Fillon a expliqué que ça venait de Hollande ! Je ne vois pas comment ni pourquoi, m'enfin bon… Mais moi, je ne crois pas à tout ça, parce qu'il faut avoir accès aux informations, or honnêtement, je ne vois pas comment je peux savoir qu'il se fait offrir des costumes, ou pour les contrats de collaborateurs ou je ne sais pas quoi d'autre… »

Lavrilleux est encore plus direct : « Évidemment, on m'a interrogé quand sont sorties les affaires Fillon pendant la présidentielle, et la question, c'était : "Est-ce que c'est vous ?" Non, ce n'est pas moi, je m'en fous ! Je pense que d'autres avaient leurs dossiers bien à jour. Je ne crois pas que ce soit forcément la questure, ajoute Lavrilleux. Vous prenez un responsable des finances d'un groupe, il a accès à tout ça, à tous les assistants parlementaires, il sait qui a été assistant de qui, etc. Donc *a priori*, ça vient de l'Assemblée. »

Lavrilleux veut croire, avant toute autre chose, à l'accumulation des ressentiments inévitablement générés par une trajectoire politique aussi longue.

« Fillon a cru la victoire acquise, dit l'ancien député européen. Puis, il ne s'est pas rappelé de tout ce qu'il a fait de pas bien à ses petits copains. Sauf qu'eux ils se rappellent, depuis longtemps, et c'est un monde qui vit ensemble depuis des lustres. Fillon est entré à l'Assemblée en 1981 ! Vous avez eu le temps de mépriser plein de gens, de ne pas les considérer, de ne pas parler bien à une secrétaire, à un chauffeur, de le virer, de l'humilier… » Et Lavrilleux d'avoir recours à l'une de ces images dont il a le secret : « Fillon, on ne lui avait jamais regardé le slip de toute sa carrière politique. »

Le vainqueur de la primaire de la droite et du centre aurait finalement, selon cette thèse, d'abord payé sa solitude, puis son ingratitude. C'est aussi l'avis de Rachida Dati : « Sarko, il est très "copains". En vacances, sa maison en est pleine. Copé aussi : il gagne à être connu, parce qu'il ne lâche pas ses amis. Et il a des amis. Ce qui n'est pas le cas de Fillon. Fillon, il n'a pas d'amis, il a des relations. Retailleau, quand vous voyez que c'est son double, il a gagné la primaire, et il ne le rappelle pas… Ce ne sont pas des amitiés. »

Puisqu'il gagne apparemment à être connu, on laisse le dernier mot à Jean-François Copé : « Que les sarkozystes se soient ensuite vengés ? Ça, c'est bien possible. Je crois que Nicolas Sarkozy lui-même a eu envie d'en finir. »

Et s'agissant de Philippe Briand, vers qui convergent nombre de regards, et dont la proximité avec Nicolas Sarkozy est pointée par les fillonistes comme par les copéistes ? « Ils ont de très bonnes relations, mais bon… soupire Copé. Vous savez, le nombre de gens qui connaissent les données des députés, c'est énorme. Bercy, l'Assemblée… Moi je pense que c'est une petite main, ou plusieurs d'ailleurs. Tout cela est lamentable, et triste. »

Une « petite main » ? Et pourquoi pas, plutôt, une « pointure », qui pourrait, par exemple, vivre dans le 7ᵉ arrondissement et avoir été la ministre de la Justice de… François Fillon ?

CHAPITRE 13

La cible Dati

Les regards se sont très vite braqués sur elle, évidemment. Rachida Dati.

La sarkolâtre ultime. Dati l'indomptable – « J'essaye de me contrôler », s'excusera-t-elle un jour devant nous. Dati, qui n'a peur de rien, ni de personne, capable de mettre un coup de poing devant témoin, dans un ascenseur, à Brice Hortefeux, qu'elle qualifie de « facho », d'insulter publiquement Nathalie Kosciusko-Morizet, de menacer Claude Guéant ou de rudoyer Nicolas Sarkozy dans son bureau élyséen, et bien sûr de rapporter les pires horreurs sur ses « camarades » du parti qui lui ont manqué. Celle, aussi, qu'on accuse à intervalles réguliers dans son camp de « balancer » sur les uns ou les autres. Celle, enfin, dont l'aversion absolue pour François Fillon est notoire.

N'a-t-elle pas dégainé, dès le 9 juillet 2014, un tweet qui lui revient illico pleine face, trois ans plus tard ? « L'habit ne fait pas le moine, écrit-elle alors. Que François Fillon soit transparent sur ses frais, ses collaborateurs et Force républicaine ! » Tout de même... Et celui-ci, rédigé dans la foulée : « Mais la théorie de la "bonne apparence" dont se sert allègrement François Fillon n'autorise pas tout, y compris des méthodes de voyous ! »

Cible un peu trop voyante, Dati, désignée par la *vox populi* politico-médiatique, n'a pourtant pas le profil d'un Machiavel. C'est même tout l'inverse. Ses « coups », plutôt

que les fomenter dans l'ombre, elle a tendance à les revendiquer au grand jour, comme en témoignent ses tweets.

Avec sa franchise coutumière, l'ex-garde des Sceaux
nous lâche d'emblée : « Moi, on m'a accusée ! Je suis
honnête, on l'a dit. » À force de côtoyer, à Bruxelles ou
à Strasbourg, le député européen Marc Joulaud, l'ancien
suppléant de Fillon dans la Sarthe, et de « supporter » le
député Fillon dans « son » fief, le 7ᵉ arrondissement de
Paris, sans compter sa présence dans son gouvernement,
Dati savait beaucoup de choses. Et puis, si elle n'a pas
toujours bonne presse, elle fréquente aussi beaucoup de
journalistes…

« Pour nous, ce n'était pas une nouveauté, confirme-
t-elle, le parlementaire européen Marc Joulaud est avec
nous, c'était son suppléant, je m'entendais bien avec lui. Et
tous les collaborateurs apparaissent sur le site Internet de
l'Assemblée. Penelope, elle apparaissait, mais quand ça a
commencé à bouger, ils l'ont enlevée. Donc, franchement,
ce n'était pas compliqué d'appuyer sur le bouton. Mais
c'est l'Assemblée nationale, moi, je n'y ai pas accès, donc
je pense que c'est quelqu'un du bureau du groupe [LR],
ou… Enfin, c'est très interne à l'Assemblée. Car pour avoir
y compris les relevés de passage… Car, au Parlement, tout
est opaque. Moi, je pense qu'à un moment, quand quelque
chose est sorti, tout le monde s'y est mis. Et puis après,
évidemment, ça a servi les intérêts de certains. »

Mais tout de même, on insiste : n'a-t-elle pas été tentée
d'« appuyer sur le bouton », comme elle dit, pour régler
son compte à cet homme qu'elle vomit ? « Mais non !
proteste-t-elle. Reprenez toutes mes bagarres, Squarcini,
Hortefeux, Charon, et même Sarko, j'ai toujours été en
frontal. J'aimerais me retenir, mais je ne peux pas ! Par
exemple, quand on a eu des problèmes avec Goasguen :
tout le monde le déteste, mais personne ne lui dit. Donc en
réunion, je lui ai lancé : "Tout le monde te déteste, arrête

de te comporter comme ça", et tout le monde était dans ses petits souliers ! Et Wauquiez me disait : "Arrête !" Mais je ne peux pas m'en empêcher. Donc tout est en frontal avec moi. » C'est un fait. Du coup, sa campagne pour conquérir Paris charriera son lot de violences, c'est une certitude. Mais Dati ne part pas battue.

Au terme de deux mandats à la mairie du 7ᵉ arrondissement, un constat s'impose : l'improbable greffe semble avoir pris. Comme un pied de nez à l'establishment. Elle en rirait presque : « Il était improbable que je sois maire du 7ᵉ, ça, je dois le reconnaître. C'est un super-coup de Sarko ! On voulait me mettre à Poissy, dans le 93… Guéant avait même proposé Saint-Trop' ! J'ai dit : "Vous rigolez ?" Et Sarko a dit : "Vous n'avez rien compris, c'est dans le 7ᵉ qu'il faut la mettre." Mais j'adore ce fief, maintenant. Tous les jours, on me fait chier pour prendre ma place, mais j'ai tracé mon sillon. J'ai été super-bien élue ici, je connais la messe en latin ! » lance celle qui effectua une partie de sa scolarité dans l'enseignement catholique. « Ici, opine Dati, je ne suis pas en décalage, c'est mon enfance : les curés, le catéchisme, les gna gna gna, gna gna gna… J'allais à la messe à deux ans et demi, je faisais les retraites, etc. Même si je suis musulmane. »

Mais ne comptez pas sur Rachida Dati pour verser dans l'angélisme, ce n'est pas exactement dans sa nature. Pour preuve, lorsqu'elle en vient soudain à dépeindre la face très obscure de « son » arrondissement, l'un des plus chics de Paris. « On est confronté à la nature humaine : ça dénonce, ça dénonce… Les travaux, les jardins intérieurs, etc. C'est des amis, et ils se balancent à mort ! Ici, c'est assez antisémite. Ils n'étaient pas *Charlie*, ici ! Je l'ai entendu, ça : "Écoutez, pour quatre juifs, c'est bon…" Moi, je ne veux jamais qu'on me ramène à l'islam. J'ai fait dix-huit ans chez les carmélites. Les choses blasphématoires me heurtent, mais chacun fait comme il veut, je ne vais pas buter un journaliste. Et quand j'ai dit sur RMC : "Moi, une caricature du pape qui sodomise un gamin, ça me heurte aussi", qu'est-ce que j'ai eu comme compliments ici : "Bravo, il n'y en a que pour les juifs à la télé d'habitude, merci de défendre les catholiques." Des courriers, signés en plus ! J'ai eu un type m'écrivant qu'il y avait une synagogue clandestine rue Amélie. Je réponds, non, j'en parle au commissaire, qui me dit : "Mais non, c'est juste une famille orthodoxe qui habite là." Je réponds à la personne : "Après vérifications, il n'y a pas de synagogue à cet endroit." Et elle me répond : "Même vous, vous vous faites avoir, ils sont plus malins que vous !" Pendant ma campagne, certains me disaient : "Rassurez-nous, vous n'êtes pas juive ?" Ici, ils sont antisémites, mais pas FN. Ici, c'est pas le 16ᵉ. »

Évoquant devant nous, en décembre 2018, l'élection de François Hollande six ans plus tôt, elle enfourche le même thème : « Sarkozy, en 2012, il est battu par sa propre famille politique. Il y a de l'aigreur, de l'amertume et de la jalousie. Et puis, il y a des gens dans notre camp qui ne voulaient plus de cette droite-là. Certains disaient : "On ne veut plus de cette droite trop populaire." Ils voulaient une droite "blanche", pas en référence à la couleur de peau, mais une droite… comme celle que j'ai dans le 7ᵉ, un peu antisémite… »

Des propos à l'image du personnage, susceptibles de faire sursauter, et pas seulement dans l'arrondissement. Si le franc-parler est une maladie, ce qui reste à prouver, alors Rachida Dati est inguérissable. « Moi, je suis sans filtre ! » résume-t-elle d'ailleurs. Avant de préciser, malgré tout : « Même si je transgresse, j'ai toujours essayé de faire attention à m'arrêter "au bord". » Pour l'heure, elle ratisse les arrondissements parisiens. Mûrit ses propositions. Il ne faut pas la sous-estimer. Elle connaît Paris et peut arpenter les quartiers cossus comme les cités sensibles, son aplomb lui permet de passer d'un univers à l'autre. S'il en est une qui peut garder l'équilibre en talons aiguilles dans la boue, c'est elle. Si elle gagne, ses contempteurs s'inclineront. La droite pourra de nouveau bomber le torse, espérer reléguer cette funeste présidentielle au rayon des mauvais souvenirs.

De cette période où elle était quasiment en permanence au chevet de son père (décédé en avril 2017), Rachida Dati a tiré une certitude : « Fillon s'est mis sur le toboggan tout seul. » « Il y avait déjà des choses sur lui avant cette affaire », croit-elle savoir. Des éléments dont Sarkozy était – apparemment – parfaitement informé. « Parce qu'il y a plein de gens qui sont venus lui dire, opine-t-elle. Et puis on le voyait, le côté, et le château, et j'aime les bagnoles, et je me fais payer un truc… Donc, on voyait bien. Sarko, il dit : "C'est les gens qui ont l'argent honteux. Mais ils sont bien contents d'en avoir." Parce que Sarko, lui, il n'a pas l'argent honteux. Il assume, totalement ! Mais il dit : "Je l'ai gagné. Je ne l'ai pas hérité, je l'ai gagné." »

Pour autant, la théorie selon laquelle Nicolas Sarkozy aurait voulu couler Fillon, Dati n'y « croi[t] pas du tout. Sur Penelope ? Mais il ne le savait même pas, qu'il faisait bosser sa bonne femme ! Et puis je vais vous dire – c'est pas bien, je sais –, mais comme tout le monde le faisait… » Et de dégainer le nom d'un député européen qui, selon elle, « fait bosser sa compagne… sans qu'elle bosse ». « Donc, reprend l'intarissable Dati, tout le monde est concerné. Si moi j'étais venue voir Sarko pour lui dire : "Tu te rends compte, il fait bosser sa bonne femme", il m'aurait dit : "Oui, et les autres ?" Rappelez-vous, les hommes politiques de gauche et de droite, au début de l'affaire, ça ne réagit pas beaucoup, parce que chacun se reconnaît ! C'est comme au moment de l'affaire Strauss-Kahn ou de "Balance ton porc" : il n'y a plus personne sur les plateaux, notamment les mecs, pour dire : "C'est scandaleux." Ils se disent, surtout : "Qui, moi, je me suis tringlé ?!" » grince Dati.

Avant de conclure, tout de même : « Mais, en revanche, que des sarkozystes aient fait du zèle… » Tels les habituels spadassins, les Pierre Charon – le sénateur le mieux renseigné de l'Hexagone –, Brice Hortefeux, et *tutti quanti*.

Conclusion (provisoire) ?

Certains journalistes, dixit Lavrilleux, savaient pour l'emploi de Penelope, et ce, bien avant janvier 2017, date de la sortie du premier article du *Canard*. Alimentés par les politiques, dont bon nombre avaient connaissance eux aussi, selon Dati, de ce manège familial. Quelques « bonnes âmes » ont ensuite achevé le candidat Fillon, en laissant fuiter contrats, montants et primes.

Dénoncé, Fillon doit désormais se défendre des assauts judiciaires. Pour l'heure présumé innocent, comme son épouse, l'homme supposé vénal va se frotter au Code pénal.

CHAPITRE 14

La stratégie illisible

Illisible, incompréhensible, déroutante. Voire suicidaire.

Jusque dans le premier cercle de François Fillon, c'est peu dire que la stratégie de défense choisie au début de l'affaire par le candidat de la droite est, aujourd'hui, jugée sévèrement.

Sur le fond, comme sur la forme.

Un peu facile, *a posteriori*. Car nous sommes là en pleine *terra incognita*. Un candidat, favori de l'élection présidentielle, sommé de se rendre à une convocation de police le 30 janvier 2017, au lendemain... de son grand meeting de campagne, porte de la Villette, à Paris !

Du jamais-vu.

« Une audition fondamentale, et je ne peux même pas voir mon client, se rappelle Me Antonin Lévy. Je finis par le voir à la sortie de son discours à la Villette, à 23 h 30, il est vidé... Il ne m'écoute pas. Organiser une défense dans ces conditions, c'est compliqué. » À tel point que, lors de cette première audition, réalisée en catimini, à Versailles, dans des locaux anonymes afin d'éviter la presse, François Fillon « oublie », on l'a vu, de parler de ses premiers contrats avec Penelope Fillon, en 1981, et sous-entend que son fils Charles a travaillé pour le compte de Nicolas Sarkozy lors de sa campagne présidentielle 2007, tout en étant rémunéré par les fonds du Sénat.

Par ailleurs, son intervention du 26 janvier au « 20 Heures » n'ayant manifestement pas suffi à éteindre l'incendie, entretenu par de nouvelles précisions du *Canard enchaîné*, qui revoit bientôt à la hausse les sommes perçues par Penelope et deux des enfants du couple, François Fillon tranche définitivement en faveur du registre complotiste esquissé sur TF1. Après les sous-entendus, place à la dénonciation explicite d'une conspiration de grande envergure supposément orchestrée par l'exécutif.

Le 1ᵉʳ février, deux jours après son audition par la PJ, il va jusqu'à stigmatiser « un coup d'État institutionnel » organisé contre sa candidature, accusant « la gauche », et plus précisément « le pouvoir en place », d'être à l'origine de l'opération destinée à l'éliminer. Fillon emprunte même le terme de « cabinet noir » aux sarkozystes – qui en avaient usé et abusé au cours du quinquennat Hollande lorsque leur patron avait maille à partir avec la justice –, suggérant clairement qu'il est victime d'une cabale orchestrée au plus haut niveau de l'État français.

Des accusations vivement réfutées par François Hollande lors d'un entretien qu'il nous a accordé dans ses bureaux d'ancien président, rue de Rivoli. « D'abord, nous n'avions aucune information, et nous n'en recherchions pas, c'étaient les principes que j'avais fixés, rappelle l'ex-chef de l'État. Donc aucune information, sauf celles que la presse à un moment a pu faire apparaître, mais aucune donnée venant de je ne sais quelle source, policière ou judiciaire, n'existait, en tout cas aucune ne nous a été transmise. C'est pourquoi, lorsqu'il a été évoqué un "cabinet noir" – ce n'était pas la première fois d'ailleurs, c'est une formule qui avait déjà été avancée par Nicolas Sarkozy sur une question liée à l'accès à des archives à l'Élysée [dans l'affaire Tapie] –, il n'y avait rien de cette nature. Mais je crois que c'était pour mieux camoufler qu'ils pouvaient craindre que ça venait de leurs propres amis ! En tout cas, moi, ce que je peux dire, c'est que du côté du pouvoir, c'est-à-dire l'exécutif, dans toute sa dimension, il n'y avait rien qui venait donner un éclairage particulier sur ce qu'aurait pu faire François Fillon. »

Dernière précision de l'ancien chef d'État : « Sur son entourage familial, le fait qu'il travaillait – ou qu'il ne travaillait pas –, ça, je ne pouvais pas le savoir. Ensuite, sur les liens professionnels qu'il pouvait avoir, ça, on avait des informations, qui étaient publiques d'ailleurs puisqu'il avait constitué une société, mais je n'en savais pas davantage. »

Accessoirement, quel aurait été l'intérêt de François Hollande, qui n'a jamais été pris en flagrant délit d'instrumentalisation de la justice, d'essayer de nuire au candidat de la droite à l'approche d'une présidentielle dont il a été contraint de se mettre de lui-même hors jeu ? Favoriser les intérêts d'Emmanuel Macron, à qui il n'a jamais pardonné sa « traîtrise » ? Pas très crédible.

Cela importe peu, Fillon a besoin de se trouver un ennemi, dans l'espoir de convaincre non seulement les militants, mais aussi ces citoyens de bonne foi de plus en plus nombreux à prêter une oreille attentive aux théories conspirationnistes.

« Pour Fillon, reprend Bachelot, c'est d'abord un complot journalistique. Il a accusé le pouvoir socialiste, mais il ne le croyait pas. Et s'il accusait Sarkozy, il allait se le mettre à dos, or il en avait besoin pour sa campagne, cela aurait été une maladresse. Mais il en voulait à Sarko. Et accuser une officine du pouvoir, ça ne risque rien. »

Comme grisé par sa propre exaltation, Fillon s'agite et se vit en état de siège. Pas un jour sans une nouvelle information – ou plutôt rumeur. Penelope Fillon aurait tenté de se suicider, la presse people s'apprêterait à publier des photos du candidat avec ses supposées conquêtes, un contrat de business aurait été signé avec Poutine, il serait en fait un agent du FSB... Tout y passe, c'est le bal des *fake news*. Derrière, le camp du candidat rame toujours pour obtenir les précisions liées au salaire de Penelope Fillon. « Quand je vois le temps qu'il me faut pour faire ressortir ces infos, se rappelle Mᵉ Antonin Lévy, je me dis que quelqu'un a eu ces informations avant nous, et la personne a manifestement un accès très privilégié, car les sommes dans les articles sont les bonnes, à la virgule près ! »

Une fois les documents en main, les proches du candidat découvrent avec inquiétude que Penelope Fillon avait commencé à être salariée par son époux non pas à partir de 1997, mais dès 1981.

Ce n'est pas ce qu'il a dit lors de sa première audition.

Au moins la défense de Fillon peut-elle désormais communiquer sur des montants nets, les sommes évoquées dans les journaux jusqu'alors étaient présentées en brut, donc forcément d'un montant supérieur encore plus délicat à assumer vis-à-vis de l'opinion publique...

Les précieux détails enfin obtenus, Fillon se laisse convaincre par la prêtresse de la com', son amie Anne Méaux, qui lui organisait des dîners à la maison avec des journalistes soigneusement sélectionnés, de tenir une grande conférence de presse, le 6 février. S'il assure n'avoir jamais octroyé le moindre emploi de complaisance à ses proches, et que les contrats dont ont bénéficié sa femme et deux de ses enfants étaient parfaitement légaux, il admet dans le même temps avoir eu tort de recourir à cette pratique, « désormais rejetée par les Français », selon ses propres termes. « En travaillant avec ma femme et mes enfants, j'ai privilégié cette collaboration de confiance qui aujourd'hui suscite la défiance, reconnaît Fillon. C'était une erreur. Je le regrette profondément et je présente mes excuses aux Français. Comme beaucoup d'autres parlementaires, j'ai agi selon un usage, certes légal, mais dont il est clair que nos concitoyens ne veulent plus. »

Voilà pour l'aspect médiatique : attaques tous azimuts et semi-contrition.

Mais l'autre urgence, la vraie, est judiciaire.

Dès le départ, les proches du candidat lui conseillent de collaborer au plus vite et au maximum avec le PNF. Avec un triple espoir : faire passer le message que le candidat n'a rien à craindre de la justice ; manifester le respect qu'elle lui inspire ; espérer dissiper rapidement les soupçons. Me Lévy récupère ainsi en catastrophe des brassées de documents, notes, rapports, mails, contrats d'embauche, fiches de paie et autres, qu'il dépose au PNF… qui n'en demandait pas tant. Car si, en termes d'image, les fillonistes pensent avoir marqué un point important en mettant en scène leur volonté d'aider la justice, sur le plan procédural, ils se tirent surtout une balle dans le pied ! Plusieurs policiers et magistrats ayant eu à connaître cette affaire nous ont ainsi confié avoir été surpris par le zèle manifesté par le camp Fillon pour alimenter la procédure.

Car, ce faisant, Fillon a permis aux investigations d'avancer rapidement, là où son propre intérêt aurait peut-être commandé l'inverse. Patrick Stefanini lui-même le reconnaît à demi-mot d'ailleurs, admettant aujourd'hui ses « doutes » sur le choix qui a alors été fait. « Plusieurs semaines après l'élection présidentielle, confirme-t-il dans le livre *Déflagration* (Robert Laffont, 2017), un parlementaire prestigieux, qui est aussi avocat, m'a indiqué qu'après l'ouverture d'une enquête préliminaire par le Parquet national financier, il aurait fallu réagir autrement. Selon lui, il eût été préférable que les avocats de Fillon ne se précipitent pas pour apporter aux enquêteurs les premiers éléments de preuves dont celui-ci disposait, quant à la réalité du travail de son épouse. Selon lui, il aurait fallu gagner du temps. »

L'avocat de Fillon balaie l'argument : pour son client, il était hors de question de « jouer la montre ». « Il ne lui a jamais traversé l'esprit de faire obstruction au travail de la justice, il n'y avait pas de débat », explique Mᵉ Lévy.

De ce fait, du temps, c'est le PNF et ses enquêteurs de l'Office central de lutte contre la corruption et les infractions financières et fiscales (OCLCIFF) qui en gagnent. Trop heureux de l'aubaine, les policiers analysent les nombreux documents que le camp Fillon leur a livrés sur un plateau, tandis que la polémique ne cesse de prendre de l'ampleur dans l'opinion publique. L'affaire, c'est évident, ne se dégonflera pas. D'ailleurs, le jeudi 16 février, le Parquet national financier, fait inhabituel en cours d'enquête – preuve de la pression intense qui pèse sur les épaules de sa patronne, Éliane Houlette –, publie un communiqué pour signifier que « les nombreux éléments déjà recueillis ne permettent pas d'envisager, en l'état, un classement sans suite de la procédure ». Le message est limpide : le dossier ne sent pas bon pour François Fillon. Il est reçu cinq sur cinq dans le camp du candidat de la droite. Même si Mᵉ Lévy déplore les termes utilisés par le PNF. « Le premier communiqué du parquet dit qu'il n'y a pas lieu à classer, pour moi, il est illégal au regard des textes de loi, car il ne communique pas de façon objective sur les faits », dénonce l'avocat.

Dans la foulée, Fillon prend une nouvelle initiative étonnante, dribblant une énième fois ses principaux soutiens : il confie le jour même à son entourage que, finalement, même mis en examen, il ira jusqu'au bout. Avec un argument-massue : il est de toute façon beaucoup trop tard pour que la droite change de candidat. Moi ou le chaos, en quelque sorte.

À l'arrivée, ce sera lui ET le chaos.

Dès le lendemain du communiqué du PNF, le 17 février, dans *Le Figaro*, Fillon le confirme implicitement : « Plus on s'approche de la date de l'élection présidentielle, plus il serait scandaleux de priver la droite et le centre d'un candidat. Je m'en remets désormais au suffrage universel. »

Trois semaines après avoir promis devant des millions de Français de renoncer au cas où des poursuites viendraient à être diligentées contre lui, François Fillon revient tout simplement sur son engagement. Comment justifier pareil revirement, perçu – à juste titre – comme un reniement ? Fillon brandit une nouvelle fois l'argument éculé du complot « médiatico-politico-judiciaire », mais cela ne trompe personne.

Au QG de la rue Firmin-Gillot, l'atmosphère est au sauve-qui-peut. Dans l'urgence, les communicants, pour être « raccord » avec la ligne fixée par leur leader, élaborent des éléments de langage destinés à convaincre les médias que le changement de pied du candidat n'a rien d'une volte-face, mais entérine une situation de fait. Pourtant, dans son propre camp, le rang des sceptiques ne cesse de s'enrichir de nouveaux membres. Benoist Apparu, par exemple : « Fillon qui dit : "On m'en veut", qui dénonce "la haine des journalistes", "la haine du système"… C'est une défense débilissime. Du type en plus qui veut être garant des institutions et qui tape sur la justice ! La réalité, c'est qu'il accrédite qu'il y a quelque chose… »

Rachida Dati, une fois n'est pas coutume, trouve quant à elle des circonstances atténuantes à Fillon : « La thèse du complot ? Bah, c'est normal, tout le monde à sa place penserait la même chose sans doute, c'est tellement dur. » François Baroin se montre également indulgent : « Je comprends que, de son côté, il se dise : "Il y a quand même un complot", estime le maire de Troyes. Et une fois qu'on se dit qu'il y a un complot, et qu'en plus on a de l'orgueil et, comme souvent les politiques, une nature un peu paranoïaque – mais, comme disait Oscar Wilde, même les paranoïaques ont des ennemis –, on a raison de se méfier. Donc lui avait raison de se méfier. » Surtout, Baroin juge que, dès ce moment-là, Fillon était coincé : « Il ne pouvait plus s'en sortir, et compte tenu de son expérience, il pouvait prendre la décision la semaine suivante [suivant celle des révélations] de dire : "Je ne serai pas en situation de me défendre et de vous entraîner à la victoire." Voilà, je pense que, s'il devait sortir, c'était la semaine suivante. »

Reste une question qui, trois ans après, continue de tarauder l'ancien ministre de l'Économie, et une grande partie de la droite française avec lui : « Est-ce que si Fillon n'avait pas dit : "Si je suis mis en examen, j'arrêterai", au "20 Heures", est-ce que la justice serait allée jusqu'à la mise en examen avant le premier tour de la présidentielle ? » Pour dire les choses autrement, l'institution judiciaire ne s'est-elle pas sentie en quelque sorte « incitée » par le candidat Fillon à le mettre en examen en pleine campagne ? « La procureure était sous une extrême pression, poursuit Baroin. C'est une femme respectable, intelligente... Mais je maintiens qu'avec une défense différente sur le plan médiatique, y compris par rapport au PNF – parce que ça a créé une pression sur le PNF, c'était exorbitant pour eux –, je pense que l'histoire aurait pu être différente. Je pense que ça n'aboutissait pas forcément à une mise en examen. Et s'il avait ensuite été élu président de la République, le truc aurait été mis sous cloche et serait sorti cinq ans plus tard... »

On ne réécrit pas l'histoire.

Mais on peut la revisiter.

CHAPITRE 15

Enquête express

François Fillon l'a clamé, martelé, pilonné : il a été la victime d'un authentique traquenard judiciaire.

Ses principaux arguments, il les a scandés jusqu'à l'écœurement : la justice a fait preuve à son encontre d'une célérité jamais vue ; il n'a à aucun moment été traité comme un justiciable ordinaire ; il y a eu une volonté d'accélérer le processus judiciaire afin de pouvoir le mettre en cause avant le scrutin présidentiel, et l'on en passe… L'accusation n'est pas mince, elle méritait d'être confrontée aux faits. Au terme d'une enquête de plusieurs mois, nourrie aux meilleures sources, une conclusion s'impose. Elle ne manquera pas de surprendre puisque émanant de deux journalistes que l'ancien Premier ministre exècre tout particulièrement.

Il faut donc l'écrire : oui, François Fillon a bien « bénéficié » d'un traitement particulier de la part de la justice, un traitement de défaveur en quelque sorte ; oui encore, dans le suivi de cette affaire hypermédiatique, la magistrature a fait preuve d'un zèle jamais vu jusqu'alors ; oui, enfin, tout a été fait pour que le candidat de la droite puisse être mis en examen le plus rapidement possible, en tout cas avant le premier tour de l'élection présidentielle.

Ce triple constat appelle une question majeure, dont la réponse ne va pas forcément de soi. Dans l'affaire Fillon, la justice a-t-elle commis une faute impardonnable, fait preuve de partialité, altéré le jeu démocratique, attenté au sacro-saint principe d'égalité des citoyens devant la loi – et donc la justice – figurant dans la Déclaration des droits de l'homme de 1789 et ayant valeur constitutionnelle depuis 1975 ? Ou, au contraire, a-t-elle rempli son rôle de vigie au service du peuple, agi conformément à « l'esprit des lois » théorisé par Montesquieu : « Pour qu'on ne puisse abuser du pouvoir, il faut que, par la disposition des choses, le pouvoir arrête le pouvoir » ?

Chacun se forgera son opinion à la lumière des faits. Les voici.

Ouverte le jour même des premières révélations du *Canard enchaîné* par le Parquet national financier, le 25 janvier 2017, l'enquête préliminaire est immédiatement confiée aux policiers de l'office anti-corruption.

Décidément, les temps ont changé. Il fut un temps, pas si lointain, où les autorités judiciaires, tout particulièrement les parquets à qui revient la responsabilité d'engager des poursuites, se montraient extrêmement réticentes à l'idée de s'attaquer à des personnalités politiques, surtout sur la base de simples articles de journaux – et *a fortiori* en période électorale !

Cette époque-là est révolue, on est même passé d'un extrême à l'autre. Depuis plusieurs années, et notamment la création du PNF fin 2013, c'est en effet le processus inverse qui est à l'œuvre : les magistrats, à l'affût de tout ce que publient les médias, déclenchent des enquêtes au moindre soupçon. Ainsi, en moyenne, près d'une procédure sur dix diligentée par le Parquet national financier est ouverte sur la base… d'un article de presse.

À peine lancées, les investigations visant les Fillon sont menées au pas de charge.

Dès le 30 janvier, le couple est interrogé. Auditions, perquisitions, réquisitions… Les enquêteurs tentent de boucler au plus vite une affaire relativement simple, tout de même.

La patronne du PNF, la prudente et solitaire Éliane Houlette, a donné des consignes strictes : vu la sensibilité du dossier et le contexte particulier dans lequel il s'inscrit – le premier tour de la présidentielle a lieu le 23 avril, soit dans moins de trois mois –, les investigations doivent progresser très rapidement.

L'empressement du Parquet financier à ouvrir une procédure, puis sa volonté de la mener tambour battant, frappent tous les observateurs. Officieusement, le PNF fait rapidement savoir aux journalistes qu'il s'agit d'éviter l'écueil de la prescription. En effet, une toute nouvelle loi portant sur la prescription pénale, votée le 16 février, dont il est prévu qu'elle entre en application dès la fin du mois, et rédigée de manière extrêmement confuse s'agissant de son éventuelle rétroactivité, faisait planer, à en croire le Parquet financier, un sérieux risque sur la procédure.

Cet emballement inquiète les fillonistes, évidemment.

Ils ne sont pas au bout de leurs (mauvaises) surprises.

Moins de trois semaines après le déclenchement des investigations visant les époux Fillon, une rumeur se répand dans les rédactions comme dans les principaux QG des candidats à la présidentielle : le parquet aurait décidé de clôturer l'enquête préliminaire. Déjà. La défense de Fillon obtient les mêmes informations confuses : « Mme Houlette craint une prescription, et l'info qui nous remonte, c'est qu'elle veut faire une citation directe avant le dépôt des candidatures, prévu le 17 mars, relate Me Lévy. Afin de saisir la 32e chambre correctionnelle pour "cranter" la situation et se débarrasser du dossier. »

Contactée, Éliane Houlette, pourtant désormais à la retraite, a refusé de s'exprimer. Se réfugiant derrière l'imminence du procès Fillon, elle nous a indiqué par texto, fin octobre 2019 : « Il ne m'apparaît pas opportun, ni conforme à la règle que je me suis fixée de ne jamais m'exprimer sur une affaire particulière, de répondre à votre sollicitation. »

Qu'importe, dans l'entourage de l'ex-procureure, on confirme que seule la crainte de la prescription l'a convaincue de stopper l'enquête préliminaire, mais on dément en revanche qu'elle ait eu l'intention de faire citer Fillon en correctionnelle aussi rapidement. Le parquet privilégiait bien la procédure de citation directe mais elle n'aurait pu intervenir avant la présidentielle, car trop d'actes restaient à effectuer.

Une chose est certaine en tout cas : l'information selon laquelle le parquet s'apprête à prendre une décision importante nous parvient, de sources extrêmement fiables, au début de la semaine du 20 février 2017. Tout classement sans suite – qui signifierait l'absence d'infraction – semblant exclu, surtout depuis l'inattendu communiqué du PNF la semaine précédente, deux possibilités sont théoriquement envisageables. Le renvoi des époux Fillon directement devant le tribunal selon la procédure dite de citation directe, mais cela semble totalement improbable, pour les raisons évoquées précédemment. Reste l'hypothèse la plus logique : l'ouverture d'une information judiciaire et donc la désignation d'un juge d'instruction – magistrat hiérarchiquement indépendant de l'exécutif, contrairement au procureur –, nécessaire lorsqu'il s'agit de mener des investigations approfondies, procéder à des confrontations, répondre à des demandes d'actes des différentes parties, permettre à la défense d'accéder au dossier... Selon nos informations, durant ces jours de haute tension au sommet de l'institution judiciaire, plusieurs thèses s'affrontent parmi les magistrats.

Au PNF, tout particulièrement au parquet, certains sont convaincus que la procureure Éliane Houlette souhaite garder le dossier en enquête préliminaire, car elle estime pouvoir mener la suite des investigations. De fait, les policiers de l'OCLCIFF eux-mêmes, dans leur rapport de synthèse, se gardent bien de préconiser la saisine d'un juge d'instruction. D'autres, qui ne portent pas forcément dans leur cœur l'ex-procureure, considèrent qu'elle a pris prétexte de la menace de prescription supposée peser sur la procédure pour s'éloigner d'un dossier dans lequel il n'y avait que des coups à prendre.

Au sommet du tribunal de grande instance (TGI) de Paris, en revanche, les choses paraissent claires : il est temps que le parquet « lâche » le dossier, afin de pouvoir le confier à un juge d'instruction.

Vendredi 24 février au matin, deux sources judiciaires différentes nous confirment l'imminence de l'ouverture d'une instruction par le PNF, suivie dans la foulée de la désignation d'un ou plusieurs juges d'instruction par la présidence du tribunal, dont c'est l'une des prérogatives.

Cette volonté de boucler si rapidement l'enquête préliminaire interpelle. Moins d'un mois d'investigations pour une affaire de cette nature ? C'est à n'en pas douter un record ! Un document du Parquet national financier portant sur son action en 2017 révèle d'ailleurs que le délai de procédure moyen s'agissant des enquêtes préliminaires menées par le PNF est de… deux ans et demi. Quant au délai moyen des informations judiciaires ayant *in fine* conduit à un jugement en 2017, il s'élevait à six ans et demi – on va y venir.

Le vendredi 24 février 2017, dans son cabinet du pôle financier, une juge attend de pied ferme le dossier Fillon. Cette juge, c'est Patricia Simon, une magistrate discrète et énergique, inconnue des médias, mais, à en croire ses collègues, dotée d'un caractère bien trempé. C'est elle qui, avec sa collègue Claire Thépaut, n'a pas craint de mettre en examen Nicolas Sarkozy pour « corruption » et « trafic d'influence » dans l'affaire Azibert, trois ans auparavant, ni d'enquêter sur les Balkany, le MoDem de François Bayrou ou le financement suspect de l'ex-Front national. Autant dire qu'elle sait gérer les procédures sensibles. Mais, surtout, Patricia Simon est de permanence cette semaine-là. Même si ce n'est pas automatique, le juge de permanence est celui qui, traditionnellement, récupère les nouveaux dossiers, les procédures ouvertes la semaine où il est d'astreinte. Surtout lorsque son « profil » cadre avec l'affaire en gestation, ce qui est le cas en l'espèce.

Au pôle financier, le vendredi, les couloirs bruissent de rumeurs, chacun s'interroge. Qui va hériter du dossier Fillon ? La magistrate de permanence, comme la logique le commanderait ? Il se murmure que sa gestion de l'affaire Azibert-Sarkozy n'a pas été appréciée dans les hautes sphères judiciaires. Le président du tribunal, Jean-Michel Hayat, aurait notamment été choqué que la juge Simon se permette de perquisitionner le « saint des saints » judiciaires, à savoir la Cour de cassation.

Alors, Patricia Simon se fera-t-elle « griller la politesse » par le juge Renaud Van Ruymbeke, « star » du pôle financier, familier – et amateur – des affaires politico-financières ? Celui-ci, au même moment, est à l'étranger, où il exécute une commission rogatoire internationale, mais cela n'empêcherait pas sa désignation. Reste l'hypothèse Serge Tournaire, la nouvelle « terreur » des politiques, dont la désignation ressemblerait à une déclaration de guerre au clan Fillon.

Les heures s'écoulent, 15 heures, 16 heures, 17 heures... Toujours rien. Curieux. À 18 heures précises, la permanence de Patricia Simon, entamée lundi 20 février au matin, s'achève. Elle n'a pas récupéré la procédure Fillon, le parquet n'ayant finalement pas ouvert cette instruction dont de nombreux journalistes attendaient depuis des heures l'officialisation.

Ce sera sans doute pour la semaine prochaine.

Et puis, coup de théâtre, en début de soirée, un peu avant 20 heures, le PNF publie un communiqué annonçant l'ouverture d'une instruction pour « détournements de fonds publics, abus de biens sociaux et recel, trafic d'influence et manquement aux obligations de déclaration à la Haute Autorité sur la transparence de la vie publique ». L'information judiciaire a été formellement ouverte un peu avant 19 heures. Quelques minutes après que la permanence de la juge Simon a pris fin. Troublant. Le parquet précise que, vu l'importance de l'affaire, trois juges seront chargés de l'instruire. Mais leurs noms ne sont pas communiqués.

Pour justifier sa décision d'ouvrir une instruction, le PNF évoque, explicitement cette fois, le risque de voir une partie des faits susceptibles d'être reprochés au couple Fillon frappés par la prescription du fait de la prochaine promulgation de la nouvelle loi : « Le Parquet national financier a décidé d'ouvrir, dès ce jour, une information judiciaire en raison de l'ancienneté d'une partie des faits concernés et de l'exigence de la mise en œuvre de l'action publique résultant de l'article 4 de la loi adoptée définitivement le 16 février 2017. »

Dans le camp Fillon, où la crainte de voir le candidat de la droite renvoyé en citation directe en correctionnelle était réelle – et justifiée –, on respire. « La procédure d'enquête préliminaire, non contradictoire et émaillée de fuites à charge préjudiciables à l'exercice serein de la justice, était inacceptable, surtout à quelques semaines de l'élection présidentielle », commentent les conseils du couple dans un communiqué. Leur calcul est simple : l'instruction va devoir tout reprendre de zéro, elle s'annonce longue. À l'évidence, aucun juge n'aura la possibilité d'en boucler l'essentiel en moins de huit semaines. Aucun juge ne prendra l'initiative de convoquer dans l'urgence François Fillon. Aucun juge n'aura l'audace, l'inconscience même, de mettre en examen le favori de la présidentielle d'ici le premier tour, programmé deux mois plus tard.

Aucun, vraiment ?

CHAPITRE 16

Tournaire, forcément Tournaire

L'équivalent d'un direct au foie.

Lorsqu'ils apprennent, durant le week-end du 25 au 26 février, l'identité de celui qui a été choisi pour conduire l'enquête sur leur leader, les proches de François Fillon manquent de défaillir. Et pour cause : Serge Tournaire a été désigné premier juge. Le pire scénario possible. Car Tournaire, 52 ans, est un juge réputé impitoyable, dur, sans concession. Visage émacié du marathonien confirmé qu'il est, totalement allergique aux médias, ce végétarien convaincu a un faible pour... les gros gibiers. Mafieux corses, politiciens corrompus et hommes d'affaires véreux sont son quotidien.

Bernard Tapie, qui a eu affaire à lui, nous résumait ainsi le personnage, au début de l'année 2019 : « J'en ai pratiqué beaucoup, des juges. Lui, c'est un chasseur. J'ai du respect pour lui, mais je le déteste. » L'homme d'affaires avait, il est vrai, été mis en examen puis renvoyé en correctionnelle par Tournaire dans l'affaire de l'arbitrage contesté de son litige avec le Crédit lyonnais. Or, le dossier s'est achevé par une relaxe en faveur de l'ancien patron de l'OM.

« Ce n'est pas un juge politique, le procès qu'on lui fait ne tient pas, précise néanmoins Tapie. Il est à charge. C'est le meilleur dans le corps-à-corps, on voit qu'il a travaillé sur la pègre à Marseille. C'est un justicier. Il trouve que la société est mal faite, qu'il y a trop de privilégiés. Il préfère se tromper au détriment de quelqu'un que de rater un coupable. La société ne peut pas marcher, s'il n'y a que des Tournaire. » Lui-même poursuivi et renvoyé devant le tribunal par ce magistrat dans l'affaire Bygmalion, Jérôme Lavrilleux aurait plutôt tendance à penser que la société « marcherait » mieux avec plus de Tournaire ! Jusqu'à nous confier : « Le juge Tournaire m'a réconcilié avec la justice ; il a fait une enquête fouillée, complète, irréfutable, n'hésitant pas à accorder des expertises complémentaires. Sans ce juge, j'aurais été brûlé en place publique. »

Formé à l'école des JIRS, ces juridictions interrégionales spécialisées mises en place pour lutter contre le crime organisé, Tournaire applique aux politiques les méthodes employées contre les truands d'envergure : écoutes, filatures, recours à la détention provisoire... À peine saisi de l'affaire libyenne, il avait ainsi d'emblée placé sous surveillance téléphonique l'ancien président Nicolas Sarkozy – ce qui donnera naissance à l'affaire Azibert. Certes, la présidence du tribunal lui a adjoint deux autres juges pour le seconder, Aude Buresi et Stéphanie Tacheau, mais c'est toujours le juge désigné en premier qui conduit les investigations, définit les axes d'enquête et prend toutes les décisions importantes. Le patron, c'est Tournaire.

Sa désignation inquiète vraiment l'entourage de Fillon. Le 8 février, les avocats du candidat s'étaient pourtant déplacés jusque dans le bureau de Jean-Michel Hayat, et le président du TGI leur avait indiqué, en substance, que le dossier serait traité avec la prudence nécessaire, compte tenu du contexte. En clair, tout sauf Tournaire ! C'est en tout cas ce qu'avaient compris les avocats.

« Je m'étais renseigné sur la permanence financière, c'était la juge Patricia Simon, se rappelle Antonin Lévy.

Cela devait être Simon première désignée, car c'est l'usage, le doyen n'a pas de marge d'appréciation, on ne choisit pas son juge ! Et la désignation de Tournaire en premier est une surprise, ce n'est pas ce qui nous avait été dit par le président et ce n'est pas ce que prévoyait le "rôle". Je ne voyais pas Van Ruymbeke ne pas être désigné, en vérité, compte tenu de sa résistance à la pression. C'est une tombe, et un homme raisonné. » Erreur – et dépit – sur toute la ligne. Dans le camp Fillon, c'est la douche froide.

Le choix du président du tribunal interpelle certains responsables politiques, à l'image de François Baroin, qui nous lâche aujourd'hui : « Il a dû y avoir une pression pour que ce soit Tournaire, c'est sûr. » Il provoque aussi des remous au sein de l'institution judiciaire. Certes, dans cet univers compassé où les comptes se règlent à voix basse, rien ne filtre à l'extérieur de ces tensions. Mais en interne, surtout au pôle financier, des interrogations se font jour.

Pourquoi avoir attendu la fin de la permanence de Patricia Simon pour ouvrir une information judiciaire dont le principe était acquis depuis plusieurs jours ? Pourquoi ne pas avoir tenu compte de l'avis de ces policiers de l'OCLCIFF qui, s'ils ont un immense respect pour Serge Tournaire, avaient fait savoir qu'ils souhaitaient voir Patricia Simon désignée ? Pourquoi ne pas avoir confié le dossier au débonnaire Renaud Van Ruymbeke, le plus expérimenté de tous en matière de dossiers sensibles, et dont la pondération légendaire était susceptible de faire baisser la pression colossale pesant sur l'institution judiciaire ?

Beaucoup de questions et une certitude, à l'arrivée : il FALLAIT que ce soit Serge Tournaire.

Un choix pesé, réfléchi, qui est d'abord celui d'un homme : Jean-Michel Hayat. C'est lui qui a insisté pour

que Tournaire soit nommé premier juge. Au pôle financier, il n'a échappé à personne que, traditionnellement,
lorsqu'il s'agit de désigner un ou plusieurs magistrat(s)
instructeur(s) dans la foulée de l'ouverture d'une information judiciaire, le doyen des juges (Roger Le Loire à
l'époque) et le premier vice-président de l'instruction
(Renaud Van Ruymbeke à cette date) sont au moins
consultés, parfois associés et même, dans certaines circonstances, décisionnaires.

Dans le cas Fillon, cela n'a pas été le cas.

Et c'est bien le président du TGI de Paris qui, *in fine*,
a imposé ses vues et désigné Tournaire. Au risque de
s'exposer à la critique. D'ailleurs, selon nos informations,
quelques jours après l'attribution du dossier à Serge
Tournaire, la juge Patricia Simon a eu un entretien ora-
geux avec Jean-Michel Hayat. La magistrate, convaincue
que le dossier Fillon devait lui revenir, aurait fait savoir
son mécontentement à son supérieur. Animée d'un désagréable sentiment, celui d'avoir été contournée et flouée.
L'écho de cette entrevue, pour le moins inhabituelle, a
rapidement résonné dans les couloirs du pôle financier,
alourdissant un peu plus l'ambiance déjà passablement
plombée depuis quelques semaines par le « clash » inédit ayant opposé les deux grandes figures du pôle, les
inévitables Van Ruymbeke et Tournaire. Un incident
très loin d'être anecdotique. Il éclaire au contraire le
contexte dans lequel a été choisi le juge chargé du dossier Fillon.

À la fin du mois de janvier 2017, l'instruction de
l'affaire Bygmalion est terminée. Le moment est venu
pour les juges qui l'instruisent de rédiger l'ordonnance
par laquelle ils vont renvoyer devant le tribunal les personnes mises en cause sur lesquelles pèsent, à leurs yeux,
des charges suffisantes. Également premier juge dans ce

dossier, l'incontournable Serge Tournaire fait équipe, ou plutôt cohabite, avec Renaud Van Ruymbeke, qui avait été désigné juge numéro deux. Les deux hommes se respectent, entretiennent des relations empreintes de courtoisie, mais ne s'apprécient guère. Leurs tempéraments comme leurs méthodes – ceci expliquant cela – sont aux antipodes. C'était apparu une première fois lorsque « VR » avait décidé, à la surprise générale – y compris celle de son collègue Tournaire –, de ne pas mettre en examen Nicolas Sarkozy dans le dossier des pénalités. Van Ruymbeke est un homme tout en rondeur, urbain, ouvert aux avocats et hostile à la détention provisoire, quand Tournaire, souvent qualifié de « moine soldat », se méfie des avocats, il est du genre psychorigide, intraitable avec les délinquants en col blanc et partisan des mesures coercitives.

Afin d'arrondir les angles entre ces deux personnalités si opposées, un troisième magistrat a été chargé de jouer les juges... de paix : il s'agit du doyen Roger Le Loire, un ancien flic tendance sarkozyste, à la bonne humeur contagieuse, un magistrat atypique apprécié pour sa bonhomie.

Or, dans le dossier Bygmalion, Van Ruymbeke, soutenu sur ce point par Le Loire, a un désaccord majeur avec le « numéro un » : selon lui, il n'y a pas dans la procédure d'éléments suffisants pour renvoyer Nicolas Sarkozy en correctionnelle. Le risque d'une relaxe à l'audience est trop grand. Pour « VR », l'ancien chef de l'État doit obtenir un non-lieu, au bénéfice du doute en quelque sorte. Le hic, c'est que Tournaire est d'un avis contraire. À ses yeux, le candidat Sarkozy est responsable non seulement moralement, mais surtout pénalement de ses comptes de campagne, dont l'enquête a irréfutablement démontré qu'ils avaient été sciemment truqués.

À la cantine du pôle financier, le désaccord entre les deux hommes sur ce dossier hypersensible est au menu de toutes les discussions en ce début d'année 2017.

Tournaire et Van Ruymbeke, dont les cabinets sont situés aux deux extrémités du 3e étage du pôle financier – tout un symbole –, ont quelques échanges tendus, même si Le Loire tente de rapprocher leurs points de vue, le tout sous le regard inquiet des magistrats du parquet préoccupés à l'idée que ce désaccord au sommet n'éclate au grand jour et n'affaiblisse considérablement le dossier. Ce qui ne manque pas de se produire. Car, entre les deux juges, pas d'accord possible. Serge Tournaire est une personnalité inflexible ? Certes, mais Renaud Van Ruymbeke, sous des dehors plus souples, est du genre obstiné. Chacun campant sur sa position, Serge Tournaire, à qui le statut de premier juge confère le pouvoir de trancher, se résout à signer seul, le 3 février 2017, l'ordonnance de renvoi. Contre l'avis de ses deux co-désignés, fait rarissime dans les annales de la justice financière. Une aubaine pour les avocats de Sarkozy, qui s'empresseront d'exploiter cette spectaculaire divergence, aussi bien médiatiquement, pour critiquer et discréditer publiquement l'accusation, que juridiquement, en demandant – en pure perte – l'annulation de l'ordonnance de renvoi.

Au sein du pôle financier, cette passe d'armes est jugée emblématique. Elle illustre jusqu'à la caricature le fossé béant qui sépare les juges réputés prudents, tel Van Ruymbeke, horrifiés à l'idée que l'un de leurs dossiers se termine au procès par une relaxe, vécue comme un désaveu, et les magistrats « va-t-en-guerre » comme Tournaire, qui ne craignent pas de prendre le risque de voir leurs prévenus innocentés à l'issue de l'audience. Ainsi, selon ses collègues, Serge Tournaire n'a pas été particulièrement affecté que l'affaire de l'arbitrage Tapie se soit soldée, le 9 juillet 2019, par un retentissant non-lieu général (dont le parquet général a fait appel).

On l'a compris, en choisissant le juge Tournaire pour instruire le dossier Fillon, Jean-Michel Hayat a pris une décision dont il ne pouvait ignorer qu'elle serait lourde de conséquences. Si les qualités intrinsèques de Serge Tournaire ne sont nullement en cause – au contraire, il est considéré comme l'un des meilleurs juges d'instruction de sa génération –, le désigner pour conduire ce dossier ne pouvait être neutre. Faire ce choix, c'était la certitude que les investigations seraient conduites de manière offensive et... rapide. Tout sauf un détail. Plusieurs magistrats du PNF nous ont fait part de leur certitude que la désignation du juge Tournaire correspondait à un choix politique – au sens stratégique plus que partisan du terme. Une stratégie dont la conséquence majeure aurait inévitablement un impact pour le coup totalement politique : l'affaiblissement de l'un des favoris de l'élection présidentielle à venir.

Toutes les sources judiciaires – y compris des juges d'instruction financiers – que nous avons interrogées, confidentiellement, lors de cette enquête nous ont certifié que la plupart, pour ne pas dire la quasi-totalité, des juges d'instruction affectés au pôle financier n'auraient sans doute pas pris l'initiative de mettre en examen François Fillon à moins de deux mois du premier tour de l'élection présidentielle. Au nom de cette fameuse « trêve judiciaire », tradition régie par aucun texte, mais encore solidement ancrée dans les esprits, au nom de laquelle les magistrats s'abstiendraient d'effectuer des actes visant des personnalités politiques engagées dans une campagne électorale. Le genre de pratiques aux antipodes de la méthode Tournaire ; lui appartient à cette caste de magistrats intransigeants, convaincus que les politiciens ne doivent bénéficier d'aucun passe-droit.

Tout cela, le président du TGI de Paris l'avait parfaitement en tête en le désignant. D'autant que la personnalité et le parcours de Jean-Michel Hayat ne dissipent pas les interrogations.

Tant s'en faut.

CHAPITRE 17

Le plaidoyer du président du tribunal

Avant d'être classé à gauche, Jean-Michel Hayat est d'abord ce que l'on appelle un magistrat de « haut rang ». Si cet homme avenant de 64 ans a commencé sa carrière au début des années 1980 comme juge d'instruction, c'est en tant que président de tribunal qu'il s'est fait connaître – et remarquer.

Il a dirigé quelques-uns des plus beaux TGI du pays, de Versailles à Nanterre en passant par Nice et donc, de juillet 2014 à octobre 2019, Paris. C'est à ce titre qu'il a eu à superviser l'affaire Fillon, et notamment le processus – déterminant – de désignation des juges chargés de l'instruire. Promu en octobre 2019 premier président de la cour d'appel de Paris, l'un des postes les plus prestigieux de la magistrature française, Jean-Michel Hayat n'ignore rien des soupçons d'instrumentalisation politique qui pèsent sur ce dossier et son traitement par la justice.

C'est sans doute pourquoi il a bien voulu répondre à nos questions, fin octobre 2019, et expliquer en détail, fait rarissime, comment il a été amené à prendre des décisions dont l'impact sur l'élection présidentielle de 2017 est incontestable.

Si Éliane Houlette invoque ce qu'elle juge être son devoir de réserve pour éviter les questions gênantes, Jean-Michel Hayat, lui, revendique une certaine transparence. « Tout d'abord, affirme le magistrat, l'idée selon laquelle il pourrait y avoir des tractations, des discussions, des négociations entre le PNF et la présidence sont de réelles absurdités. » Hayat insiste sur ce point qu'il sait majeur : la décision d'ouvrir une information judiciaire relevait de la seule compétence de la patronne du PNF, Éliane Houlette. « Jamais je ne me suis permis de débattre de quoi que ce soit, qu'il s'agisse d'un problème de prescription ou de solliciter une ouverture d'information selon un quelconque calendrier, martèle le magistrat. Tout cela est ridiculement faux. En revanche, il est fort possible que certains juges d'instruction du pôle financier contactent les magistrats du PNF pour obtenir des éléments concernant la date d'ouverture de l'information. Je me place à mille lieues de toute cette agitation et j'ai toujours laissé à M. Molins [ex-procureur de Paris] ou à Mme Houlette le soin de décider du moment où ils souhaitaient m'aviser d'une ouverture d'information, sans aucunement peser sur le moindre arbitrage. Je suis absolument formel. »

Cela posé, l'ex-président du tribunal nous fournit des précisions extrêmement instructives sur la séquence ayant conduit au déclenchement d'une instruction : « Je pense avoir été avisé par Mme Houlette 48 heures à l'avance de l'ouverture d'information concernant M. Fillon, qui a eu lieu, en définitive, un vendredi. »

Le PNF a donc bien attendu le vendredi 24 février 2017 au soir pour ouvrir une information dont le principe était acquis depuis au moins le mercredi 22. « Il n'y a eu aucun conciliabule, aucun échange sur le fond, insiste encore Hayat. C'est bien mal me connaître que d'imaginer que l'on puisse "dealer" avec moi. Je considère, pour être tout à fait clair, que je dois pouvoir préserver mon indépendance de magistrat du siège, dans l'exercice de mes fonctions de chef de juridiction. »

Pour ce qui est de la non-désignation de Patricia Simon, qui figurait pourtant cette semaine-là au « tableau de permanence », ce dernier, estime Hayat, « n'est pas une référence pour ce que l'on appelle les ouvertures "sur courrier", c'est-à-dire lorsqu'aucune personne n'est déférée directement au tribunal à l'issue de sa garde à vue. La présidence détermine lors des ouvertures sans déféré, au cas par cas, sans référence à la permanence ». En clair, selon Hayat, contrairement à ce que soutient par exemple le conseil de Fillon, Me Lévy, les juges de permanence n'hériteraient que des procédures ouvertes dans l'urgence, au terme d'une garde à vue par exemple. « En l'espèce, reprend le nouveau président de la cour d'appel de Paris, dans le dossier concernant M. Fillon, c'est une ouverture "sur courrier", et le fait que Mme Simon soit de permanence, qu'il soit 14 heures, 17 heures ou 19 heures, est indifférent. » Ce qui n'explique pas pourquoi le PNF a précisément attendu la fin de la permanence de la juge Simon pour ouvrir l'information judiciaire tant attendue...

S'agissant justement du choix des juges, Jean-Michel Hayat en assume pleinement la responsabilité. Et argumente. « J'ai décidé seul, en conscience, en examinant toutes les possibilités qui s'offraient à moi, dit-il. Il m'est apparu tout d'abord que c'était impossible de désigner Mme Thépaut et M. Van Ruymbeke, qui étaient saisis de deux dossiers concernant l'ex-Front national, dans lesquels Mme Marine Le Pen, d'ores et déjà candidate à l'élection présidentielle, risquait sérieusement d'être convoquée par les magistrats instructeurs. C'est très exactement ce qui s'est passé et je ne voulais pas d'une polémique visant à dénoncer le fait que c'étaient les mêmes magistrats instructeurs qui avaient, dans des dossiers distincts, deux candidats déclarés à l'élection présidentielle. »

Pourquoi, dans ce cas, ne pas avoir choisi Patricia Simon ? « Je n'ai pas retenu la possibilité de désigner Mme

Simon, qui avait été atteinte par l'annulation de deux actes de procédure ordonnés par arrêt de la chambre criminelle de la Cour de cassation dans le dossier dit des "écoutes Sarkozy". En l'espèce, il s'agissait de l'annulation de la saisie d'un document couvert par le secret professionnel et la transcription d'une écoute téléphonique également couverte par le secret. Sa désignation aurait immédiatement suscité la polémique. J'ai voulu la protéger et je l'ai désignée par la suite dans d'autres dossiers. »

Hayat confirme donc que c'est bien sa gestion de l'affaire dite Azibert, dans laquelle Sarkozy est poursuivi et renvoyé en correctionnelle pour corruption et trafic d'influence, qui a fait perdre du crédit à la juge Simon. Le président du TGI ne nie par ailleurs pas avoir eu un échange « musclé » avec la magistrate, désagréablement surprise de ne pas avoir été désignée pour instruire l'affaire Fillon. Mais il refuse d'en dire plus. « Je n'entends pas en revanche faire part de mes échanges avec les juges d'instruction, qui sont couverts par le secret professionnel », indique le président Hayat.

Quant à l'hypothèse Roger Le Loire, elle aurait été balayée pour une tout autre raison. « Je n'ai pas cru devoir retenir M. Le Loire et en cela je me réfère à la série d'articles publiés dans *Le Monde* et auxquels je n'ai rien à ajouter », révèle Hayat. Il fait notamment allusion à un article du 6 août 2016 évoquant la volonté de Roger Le Loire de s'engager en politique, côté LR ; le magistrat avait de fait demandé à être déchargé des procédures visant des personnalités politiques.

Autre option pour le patron du TGI, nommer la juge Charlotte Bilger. Mais cette dernière, assure Hayat, « ne souhaitait pas se voir confier de tels dossiers avant l'échéance de l'élection présidentielle. Cette position m'est apparue sage et je l'ai respectée scrupuleusement ». Une preuve supplémentaire, s'il en était besoin, que les juges financiers ne sont pas tous sur la même ligne, s'agissant de la pertinence d'instruire sur un candidat en période électorale.

« Il restait donc M. Tournaire, Mme Buresi et Mme Tacheau, conclut Jean-Michel Hayat. Les deux premiers magistrats avaient déjà travaillé ensemble dans des dossiers sensibles et le travail en équipe, au sein d'une collégialité vivante, m'apparaissait garanti. Enfin, je savais à quel point ces magistrats faisaient l'objet d'appréciations favorables pour la qualité de leurs dossiers d'instruction, tant par les présidents de chambre correctionnelle que par la chambre de l'instruction. »

En d'autres termes, le président du tribunal n'aurait eu d'autre choix que de nommer ce trio... sachant que désigner Tournaire en numéro un n'était évidemment pas indifférent.

Hayat précise par ailleurs que, durant son « quinquennat » à la tête du TGI, il a soigneusement évité de « confier tous les dossiers politico-financiers aux mêmes juges ». « J'ai tout au contraire veillé à répartir les risques en évitant de concentrer sur les mêmes juges tous les dossiers les plus sensibles. Ainsi, dès après l'élection présidentielle, j'ai confié à Mmes Bilger et Simon le dossier du MoDem – qui a provoqué la démission de deux ministres –, puis à M. Blanc et à M. Gastineau le dossier concernant La France insoumise, après la perquisition houleuse effectuée sous l'autorité du parquet de Paris. Dans le dossier concernant les Mutuelles du Mans et Richard Ferrand, j'ai désigné M. Van Ruymbeke et Mme Meyer-Fabre. Enfin, dans le dossier dit Carlos Ghosn ouvert l'été dernier, dans lequel des prestations fictives sont évoquées, j'ai désigné Mme de Perthuis, Mme Simon et Mme Meyer-Fabre. »

Reste à crever un abcès, politique celui-là : le supposé engagement à gauche de Jean-Michel Hayat, source de nombreuses interrogations, notamment chez les fillonistes.

Ces derniers pointent notamment que M. Hayat a long-temps été membre du Syndicat de la magistrature, qui revendique un positionnement très à gauche, et qu'il a également été, entre 1997 et 2000, conseiller technique de Ségolène Royal, alors ministre déléguée chargée de l'Enseignement scolaire dans le gouvernement Jospin, du temps de la « gauche plurielle ».

« J'ai quitté le Syndicat de la magistrature en 1999, sur un désaccord de fond, portant sur son appréciation portée sur la délinquance des mineurs et son opposition de l'époque au PACS, répond Jean-Michel Hayat. Je n'ai donc aucun engagement partisan, je ne fais partie d'aucun groupe de pensée et ne participe à aucune réflexion animée de près ou de loin par un mouvement politique ou par un satellite. Mes choix sont exclusivement guidés par des critères strictement professionnels. »

Quant au traitement particulièrement rapide de l'affaire Fillon, Jean-Michel Hayat en défend crânement le principe. « Je crois qu'il va falloir s'habituer à une justice pénale plus rapide, glisse-t-il. Dernier exemple en date qui concerne cette fois-ci une autre mouvance politique : deux dossiers d'information distincts ont été ouverts concernant Alexandre Benalla et confiés à deux autres équipes de juges d'instruction, dont Mme Rosso et Mme Turquey. Dans l'un des deux dossiers, le mis en examen a été placé en détention provisoire. La simple évocation de ce dossier doit vous convaincre que la justice pénale, au TGI de Paris, tant dans la phase d'instruction que lors de la phase de jugement, avance de manière beaucoup plus rapide, dans toutes les matières, y compris en matière de terrorisme. Quant à la "trêve électorale", ce que j'en pense n'a guère d'intérêt. Je suis comptable de la célérité dans le traitement des dossiers qui sont confiés aux magistrats du siège. Dès lors que le parquet de Paris, le PNF et désormais le PNAT [Parquet national antiterroriste] ouvrent des informations, mon devoir est de ne rien freiner, ralentir ou bloquer. »

Et à en croire l'expérimenté magistrat, avec la nouvelle loi dite « fake news » du 22 décembre 2018 relative à la manipulation de l'information, la justice risque de frapper de plus en plus vite – et de plus en plus fort. Hayat le rappelle, selon le nouvel article du code électoral, « le juge des référés du seul TGI de Paris aura 48 heures pour statuer sur une assignation introduite par "toute personne ayant intérêt à agir", à la suite de la publication d'"allégations inexactes ou trompeuses d'un fait de nature à altérer la sincérité du scrutin", dès lors que ces allégations sont diffusées de "manière délibérée artificielle ou automatisée et massive". En cas d'appel, la cour d'appel devra également statuer dans un délai de 48 heures, à compter de sa saisine ». Conclusion de Jean-Michel Hayat : « Reportez-vous à l'âpreté du débat électoral du premier semestre 2017 et vous verrez qu'avec une telle loi les juges ne connaîtront pas de trêve durant la période électorale. »

Au moins les futurs candidats à la présidentielle de 2022 sont-ils prévenus.

CHAPITRE 18

Lucky Luke

Oublié « le moine soldat », voici « Lucky Luke ».

À la faveur de l'affaire Fillon, Serge Tournaire a hérité d'un nouveau surnom au pôle financier. Lucky Luke, donc. L'homme qui dégaine (les mises en examen, bien sûr) plus vite que son ombre ! De fait, le magistrat n'a pas traîné. À peine nommés, lui et ses deux collègues co-désignées ont avalé en un week-end, celui du 25 au 26 février, l'intégralité de l'enquête préliminaire effectuée par l'OCLCIFF à la demande du parquet. Et en ont rapidement conclu que, s'il restait encore de nombreux actes à effectuer, les policiers avaient déjà mis au jour suffisamment d'indices graves et concordants à l'encontre du couple Fillon pour qu'il y ait matière à poursuites. « Ils n'ont pas le temps matériel de lire tout le dossier durant le week-end, réfute M⁰ Lévy. Ils ne peuvent qu'en prendre connaissance. »

Lundi 27, la conviction des trois juges est pourtant déjà forgée : ils vont convoquer sans attendre François Fillon aux fins de mise en examen. Serge Tournaire prend une décision aux implications politiques lourdes. Notifier des poursuites en pleine campagne à un candidat à la présidentielle, le favori qui plus est, c'est une première. « Je n'ai jamais vu des juges prendre connaissance d'un dossier le week-end et convoquer aux fins de mise en examen deux jours après, tempête Antonin Lévy. Ça n'arrive pas. Là où c'est choquant, c'est que la plupart des actes d'enquête sont réalisés postérieurement à la mise en examen. Il restait de nombreux éléments à vérifier ! À tel point que le juge a refait des perquisitions déjà effectuées. Ce dossier a été traité sans aucune prudence. »

Les trois juges retiennent la date du 15 mars pour la notification officielle des poursuites, soit deux jours avant la clôture des parrainages pour la présidentielle.

Dès le mardi 28 février, au QG de Fillon, la nouvelle d'une convocation par les juges commence à se répandre.

Antonin Lévy est en déplacement à Washington quand il reçoit un mail, assez peu équivoque pour l'avocat pénaliste qu'il est, le 28 février, à 10 h 29 : « Maître, bonjour, seriez-vous disponible pour passer au pôle cet après-midi vers 16 heures ? Bien à vous, Serge Tournaire, Aude Buresi. » L'avocat a compris, évidemment. Les juges veulent l'informer de la convocation, et donc probablement de la mise en examen à venir pour Fillon. Il appelle immédiatement son client, l'avertit de ce qui se prépare.

Silence au bout du fil.

En ce début de soirée du 28 février, c'est pourtant l'effervescence au QG, les conciliabules s'enchaînent. Comme le racontera *Le Monde* dans une longue enquête publiée le 21 juillet 2017, c'est au cours de l'une de ces réunions que Stefanini évoque l'idée d'organiser une grande manifestation de soutien au candidat. Dans l'immédiat, Fillon décide d'annuler sa visite au Salon de l'agriculture, où il est attendu le lendemain matin.

À ses côtés, une grande partie de son équipe de campagne, qui se réunissait précisément ce jour-là. Il y a là Bruno Retailleau, son coordinateur de campagne, ou encore l'ancien dirigeant d'AXA Henri de Castries. Un absent de marque, Thierry Solère, qui s'est brisé la jambe la veille. Une triple fracture de la malléole pour une glissade malencontreuse à quelques pas du QG… Solère, qui, le jour de la fameuse galette des Rois, avait repéré le premier les fèves de mauvais augure, est décidément le chat noir de cette campagne.

Dans le premier cercle du candidat de la droite, c'est la consternation. Une mise en examen juste avant le premier tour de la présidentielle, quel cauchemar !

Dès son avion du retour posé à Roissy, mercredi 1er mars, Me Lévy file au pôle financier, où le juge Tournaire lui annonce, comme prévu, son intention de convoquer Fillon pour un interrogatoire de première comparution, à l'issue duquel il devrait être mis en examen. La date du 15 mars lui est officiellement indiquée, elle sera ensuite avancée de vingt-quatre heures, oralement, afin d'éviter les fuites et les photographies d'un Fillon défait.

Le candidat de la droite est ulcéré. Les quelques fidèles lui ayant signifié, le week-end précédent, que la désignation du juge Tournaire était un sinistre présage, un message sans équivoque de l'institution judiciaire, avaient donc raison. Confiant, l'ancien Premier ministre s'était plutôt fié aux propos rassurants de son directeur de campagne, Patrick Stefanini. Ce dernier ne le conteste pas : « Je me souviens que Fillon m'appelle le samedi 25, complètement affolé, ses avocats lui disent : "Voilà, il y a Tournaire dans les juges qui ont été désignés, et Tournaire veut te mettre en examen", et je me souviens très bien de ce que je lui réponds : "Mais, François, ça ne tient pas la route une minute, on n'aurait jamais vu ça, ils sont trois magistrats instructeurs, pour qu'ils se mettent d'accord entre eux pour une décision de mise en examen, il faut quand même qu'ils lisent le dossier, qu'ils confrontent leurs points de vue, donc l'idée que tu sois mis en examen en début de semaine prochaine, c'est juste de la folie..." Je me suis lourdement trompé. Moi, je n'ai jamais participé de la thèse du complot, car je n'ai aucun élément factuel, je ne sais pas s'il y a eu un cabinet noir, etc., mais par contre, ce que je sais, c'est que quatre jours, dont deux de week-end, entre l'ouverture de l'information judiciaire et la mise en examen, je pense qu'on n'a jamais vu ça. Fillon doit ressentir ça comme une injustice profonde », conclut Stefanini, qui insiste sur la fameuse « trêve » que la justice observait en période de campagne électorale : « Elle l'avait toujours fait jusqu'alors… »

Pour l'ancien Premier ministre, qui sombre progressivement dans une forme de paranoïa, cela ne fait désormais plus de doute : il est la cible d'une cabale d'envergure mêlant journalistes hostiles, magistrats engagés, adversaires et/ou rivaux politiques.

Il lui faut réagir, le plus rapidement possible. Il va le faire, à sa manière, à la fois intraitable sur le fond et offensif sur la forme. Et improviser dans l'urgence une stratégie qui, *in fine*, se révélera catastrophique.

Mercredi 1er mars, tôt le matin, tandis qu'au Salon de l'agriculture les rumeurs se succèdent, tant l'absence non expliquée de Fillon semble étrange, le service de communication du candidat est aux abonnés absents. À droite, c'est la panique totale. Mais Fillon a une idée en tête : il se prépare à contre-attaquer, violemment. Il multiplie les échanges téléphoniques avec les ténors du parti, Sarkozy, Juppé, Le Maire… Il les informe de sa convocation – et de la stratégie qui va désormais être la sienne. À midi, il fait venir les journalistes dans la salle de presse de son QG. Après avoir révélé être convoqué aux fins de mise en examen, Fillon, plus combatif que jamais, annonce qu'il ne se dérobera pas au rendez-vous que lui ont fixé les magistrats le 15 mars : « Je me rendrai à la convocation des juges. Je suis respectueux de nos institutions, je ne désespère pas de la justice, même si ce que nous venons d'en voir n'est pas de nature à nous rassurer. »

Costume et cravate noirs, chemise blanche, la mine grave, François Fillon, planté devant un aréopage de journalistes, donne le sentiment de présider à un enterrement, celui de sa propre carrière politique. Pourtant, il est plus déterminé que jamais.

Campé derrière son pupitre siglé « Fillon2017.fr », il assure que, malgré son engagement de se retirer en cas de mise en examen, il reste candidat. « Je ne céderai pas, je ne me rendrai pas, je ne me retirerai pas », clame-t-il. Surtout, il se livre à une charge féroce contre la justice, justifiant sa décision de maintenir sa candidature, en dépit de sa promesse initiale, par le fait de « ne pas avoir été traité comme un justiciable comme les autres ». Du Sarkozy dans le texte ! L'ancien président a maintes fois déclaré, comme en mars 2014, après que *Le Monde* a révélé sa mise sur écoute dans le dossier Azibert : « Je n'ai jamais demandé à être au-dessus des lois, mais je ne peux accepter d'être en dessous de celles-ci. »

D'une voix ferme où perce la colère, Fillon accuse purement et simplement les juges de s'en prendre à lui pour des raisons purement politiques. « Ce n'est pas moi seulement qu'on assassine, c'est l'élection présidentielle, tonne-t-il. Il est sans exemple, dans une affaire de cette importance, qu'une convocation aux fins de mise en examen soit lancée quelques jours à peine après la désignation des juges, sans qu'ils aient pris connaissance du dossier ni procédé à des investigations supplémentaires, sur la simple base d'un rapport de police manifestement à charge, c'est-à-dire pour condamner », dénonce le candidat. Batailleur, voire agressif, Fillon précise ses accusations visant la justice, et à un degré moindre les médias : « Cette convocation s'inscrit dans la ligne d'une enquête menée dès le début exclusivement à charge. L'enquête préliminaire a été ouverte en quelques heures. Les procès-verbaux, contrairement à la loi, ont été immédiatement communiqués à la presse sans qu'à aucun moment le garde des Sceaux ne s'en émeuve. » François Fillon fait ici allusion au fait que, le 6 février, nous avions publié dans *Le Monde* des informations provenant de l'enquête préliminaire.

« Que je ne sois pas un justiciable comme les autres, poursuit-il, on le voit au simple choix de cette date du 15 mars, deux jours avant la clôture des parrainages, entièrement calculée pour m'empêcher d'être candidat à la présidentielle et, au-delà, pour empêcher que la droite et le centre disposent d'un tel candidat. » L'accusation est lourde. Car, si l'on suit le raisonnement de François Fillon, il est victime d'une forme de « coup d'État judiciaire » – et donc le pays avec lui.

Au sein de la droite, le caractère de battant exprimé à cette occasion par le candidat et surtout ses arguments font mouche. L'immixtion de la justice dans cette élection que l'opposition pensait déjà gagnée en scandalise plus d'un.

Valérie Pécresse, aujourd'hui encore, dit avoir très mal vécu cette séquence : « La justice a été tellement vite, c'est hallucinant, confie-t-elle. C'est ce qui a soudé autour de lui, car on a eu le sentiment d'une instrumentalisation de la justice très forte. On n'a jamais pratiqué comme ça dans la Vᵉ République, on a toujours sanctuarisé les périodes de campagne électorale. Cela aurait pu être "manipé", faux… Je trouve cela scandaleux de mettre quelqu'un en examen pendant une campagne électorale. La mise en examen vaut culpabilité médiatique. » Dans l'entourage du candidat en tout cas, la ligne est fixée, les éléments de langage installés, la stratégie élaborée par Fillon définitivement établie. Elle repose sur un diptyque : 1, il est victime d'un complot des juges ; 2, il maintient sa candidature, car il n'est pas traité de manière équitable.

Mais, en attendant, que faire de cette très embarrassante convocation des juges ?

Y déférer, comme il vient de s'y engager publiquement, ou pas ?

CHAPITRE 19

L'occasion ratée de Fillon

Réunion de crise au QG de campagne, dans le bureau du candidat Fillon, en ce début du mois de mars 2017. Sont présents le sénateur Bruno Retailleau, la communicante Anne Méaux, l'avocat Antonin Lévy et quelques autres conseillers de premier plan. Au menu, le rendez-vous fixé par le juge Tournaire. L'un des participants ose dire tout haut ce que certains susurrent tout bas et propose au candidat de ne pas se rendre à la convocation, comme vient de le faire Marine Le Pen.

Fillon, sec : « Non. Premièrement, je ne suis pas comme Marine Le Pen. Deuxièmement, on ne peut pas se présenter à l'élection présidentielle et ne pas accorder le respect dû à la justice. On reçoit une convocation, on y va. » Une posture parfaitement républicaine, l'adopter est d'autant plus méritoire que, d'un point de vue purement tactique, elle va sans doute à l'encontre de l'intérêt du candidat.

A posteriori, il est toujours aisé de distribuer les bons et surtout les mauvais points, de se gausser d'une initiative dont on assure qu'elle était à l'évidence vouée l'échec ou d'affirmer que telle autre aurait nécessairement produit des effets positifs.

Il n'empêche. C'est aussi le rôle des journalistes, imparfaits historiens du temps présent, de décrypter les événements récents à la lueur de leurs connaissances acquises postérieurement.

Ainsi, avec le recul, il est permis de se demander si François Fillon n'a pas commis d'importantes erreurs stratégiques dans son bras de fer avec la justice. Car, en choisissant de dénoncer la supposée partialité des juges tout en annonçant son intention de déférer à leur convocation, François Fillon n'a pas seulement pris le risque d'apparaître contradictoire. Pour emprunter au vocabulaire tennistique, il a surtout donné le sentiment de commettre une « double faute » à un moment-clé. De celles qui vous coûtent une compétition, présidentielle en l'occurrence.

Plusieurs personnalités rencontrées au cours de cette enquête, y compris des magistrats de haut rang, nous ont confirmé que l'ancien Premier ministre aurait sans doute gagné à adopter la tactique inverse. À savoir, d'un côté, tenir des propos très respectueux à l'égard de la justice, affirmer avec force n'avoir jamais douté de son indépendance, dire sa confiance totale dans les juges chargés d'instruire son dossier et être évidemment désireux de répondre à toutes leurs questions en s'engageant à leur fournir tous les documents voulus… Et simultanément, annoncer que, en vertu de la séparation des pouvoirs, se rendre à une convocation judiciaire à quelques semaines de l'élection du président de la République dont il est l'un des principaux candidats lui semblait impossible. Et qu'il suffisait de repousser sa convocation juste après l'élection.

« Il pouvait ne pas y aller, mais il n'est pas câblé comme ça », rétorque Antonin Lévy. De toute façon, le conseil de Fillon pense que les magistrats, craignant précisément que l'ancien Premier ministre ne leur pose un lapin, avaient déjà prévu une parade. « Les juges s'attendaient à ce qu'il ne vienne pas, affirme ainsi Me Lévy. Mais ils auraient mis en examen son épouse : elle est convoquée presque en même temps. C'est là qu'on voit que le truc est orchestré. Si ce n'est pas la balle dans la tête, ce sera la balle dans le cœur. Quelle était l'urgence de la convoquer, elle ? »

Les magistrats auraient ainsi estimé que mettre en examen Penelope Fillon, convoquée le 28 mars, revenait à poursuivre le couple.

Par ailleurs, l'entourage de Fillon juge que se dérober aurait valu au candidat de droite de vives critiques. De fait, il aurait immanquablement été accusé de mépriser, voire défier la justice ; ennuyeux pour un potentiel futur président, constitutionnellement garant de l'indépendance de l'autorité judiciaire. On l'aurait aussi suspecté de gagner cyniquement du temps pour parier sur son accession au pouvoir, en bénéficiant de l'immunité présidentielle le mettant à l'abri des juges.

Certes. Mais cela pèse-t-il lourd en regard des avantages qu'il aurait pu retirer d'un bras de fer avec ses juges ?

Une chose semble certaine, tenir des propos plus mesurés sur la justice lui aurait déjà permis d'éviter de se mettre à dos une grande partie de l'opinion publique, y compris nombre de ses propres soutiens, choqués par la virulence de ses attaques contre l'institution judiciaire. Surtout, en refusant de se rendre chez les juges à la mi-mars, il les aurait sans doute menés dans une impasse. Et se serait *de facto* dégagé un espace pour concourir à l'élection sans traîner le boulet d'une mise en examen à haute charge symbolique, même si sa femme, elle, aurait difficilement pu y échapper, en effet.

Car qu'auraient pu faire les magistrats instructeurs si François Fillon n'avait pas déféré à sa convocation ? Le faire comparaître de force ? Inconcevable, ne serait-ce que juridiquement : encore député à l'époque, il ne pouvait être l'objet d'aucune mesure coercitive. Le mettre en examen par courrier ? Impossible également. Un juge peut certes expédier à tout justiciable, par voie postale, une convocation « aux fins de mise en examen », mais cela ne signifie pas qu'il l'est formellement. La nuance est d'importance.

Scénario inimaginable, objectera-t-on ? Pas du tout, la preuve, cette manœuvre a donc été employée, exactement à la même période, par Marine Le Pen. Elle aussi candidate à la présidentielle et dans la course pour la victoire finale, elle aussi députée – au Parlement européen, dans son cas –, elle aussi convoquée par un juge du pôle financier... Le 3 mars 2017, la patronne du futur Rassemblement national fit savoir officiellement, par courrier, son refus de se rendre à la convocation du juge Van Ruymbeke, déterminé à la mettre en examen dans l'affaire des emplois fictifs au Parlement européen. « Certains veulent instrumentaliser la justice pour interférer dans cette élection présidentielle, je ne participerai pas à cette instrumentalisation, les choses sont très claires », se justifia-t-elle quelques jours plus tard sur les ondes de France Bleu Berry, en marge d'un meeting dans le Gers. Elle déférera à son rendez-vous judiciaire – à l'issue duquel elle fut bien mise en examen – le 30 juin 2017 seulement, après la présidentielle et les législatives, donc. Pour la petite histoire, au pôle financier, il se dit que Renaud Van Ruymbeke avait pris l'initiative de convoquer la dirigeante d'extrême droite en mars pour ne pas apparaître timoré par rapport à son collègue Serge Tournaire.

Un destin judiciaire tient à si peu de choses.

CHAPITRE 20

Fillon sans têtes

Fillon s'entête et bientôt… sans têtes.

Car s'il a reboosté la frange la plus radicale de ses partisans en profitant de la révélation de sa convocation pour fustiger pêle-mêle médias, juges et adversaires politiques, François Fillon s'est mis à dos ses principaux soutiens. Y compris chez Les Républicains.

Pour les têtes d'affiche de la droite, ce mercredi 1er mars 2017 marque un tournant, c'est le jour où ils ont compris que leur candidat les emmenait droit dans le mur. Et, pour certains, qu'il fallait le lâcher avant de s'écraser avec lui. S'il devait y avoir une idéologie à laquelle la droite française se raccroche encore, elle se rapprocherait sans doute du darwinisme. La loi du plus fort s'applique, et le troupeau n'a aucune pitié pour la bête blessée, fût-elle la cheffe de meute.

Benoist Apparu a encore en mémoire ces heures fiévreuses. « Fillon annule le Salon de l'agriculture à 8 heures sans dire pourquoi ; moi, je suis assailli par les journalistes. Puis il va donner une conférence de presse en générant une attente délirante, et là, tout bascule. C'est ce jour-là où Bruno Le Maire, Édouard Philippe et moi, on dégage. »

Pourtant, durant la matinée, ce 1er mars, Fillon n'a pas ménagé ses efforts, s'entretenant à l'aube au téléphone avec Sarkozy, puis Juppé, recevant, à son QG, Le Maire,

Bertrand, Pécresse, Baroin... Chacun donne son avis, certains comme Le Maire prônent un retrait pur et simple, d'autres conseillent de gagner du temps. Le factotum politique du candidat Fillon, le sénateur vendéen Bruno Retailleau – « l'abbé Retailleau », comme le surnomme Solère –, partisan d'une ligne dure sur la forme comme sur le fond, le pousse à se maintenir, tout comme la communicante Anne Méaux.

Valérie Pécresse raconte : « Au moment de la mise en examen, il nous voit tous, séparément, dans son bureau. Je lui dis : "Est-ce que tu es prêt, François, à prendre le risque de faire arriver Marine Le Pen au pouvoir ? Face à cette responsabilité-là..." Il me dit : "J'ai Hervé Morin et Lagarde [patron de l'UDI] avec moi, à partir du moment où le centre reste avec moi, ça passe." Je suis surprise que Morin et Lagarde restent... Comme son mode de fonctionnement est assez malin, il nous voit séparément chacun, on ne sait pas ce que les autres ont dit. On a envie de savoir ce que Bertrand ou Baroin ont dit ! Pour ne pas être tout seul à dire : "Il faut que tu lâches"... »

Rachida Dati non plus ne risque pas d'oublier cette journée, particulièrement éprouvante pour elle sur un plan personnel. « Au moment de la crise Fillon, se souvient-elle, je suis à l'institut Gustave-Roussy au chevet de mon père. Le matin du Salon de l'agriculture, je me retrouve à 8 heures dans le bureau de Sarko, le reste du temps j'étais à l'hôpital avec mon père. Pendant qu'on parle, Michel Gaudin était là aussi, et Fillon appelle. »

L'ancienne garde des Sceaux ne rate pas une miette de la discussion.

— Fillon : Je vais être mis en examen, je ne vais pas au Salon de l'agriculture, qu'est-ce que je fais ?

— Sarkozy : Je ne peux pas te dire ce que tu dois faire, mais si tu me demandes : « Qu'est-ce que toi tu ferais dans ma situation ? », vu ce que tu t'es pris, moi, je protégerais ma famille et je renoncerais.

Sorte de boussole humaine pour sa famille politique, malgré son échec dès le premier tour de la primaire, Sarkozy est bombardé de coups de fil. Les grands fauves du parti veulent faire ripaille, leur leader grièvement touché, il va y avoir une place à prendre. Thierry Solère résume crûment : « Ce n'est pas très agréable de voir un cerf acculé dans un corner par vingt-trois chiens à côté... »

Dati poursuit son récit : « À ce moment-là, Baroin, Wauquiez puis Bertrand appellent. Baroin veut être le recours. Sarko dit : "OK, les mecs, mais mettez-vous d'accord", car Wauquiez lui a dit : "Si Baroin y va, moi aussi !" Et Bertrand est en embuscade. Je suis dans le bureau, j'entends tout. Sarko tourne dans son bureau, ils veulent tous y aller. » Une étonnante guerre des « sous-chefs », dont Sarkozy est l'impuissant arbitre et Dati un témoin privilégié.

L'ancienne garde des Sceaux l'assure : « Il y avait une bagarre entre Baroin et Bertrand. Je me souviens parfaitement, l'un et l'autre disant : "Et pourquoi pas moi ?" » Selon la maire du 7ᵉ, « Sarko, lui, veut Baroin ». Et le met en garde.

— Sarkozy : Si Fillon se retire, ça va être toi, mais comme les autres sont dans les starting-blocks, mettez-vous d'accord.

— Baroin : Dis-lui de se retirer...

— Sarkozy : D'accord, mais je ne peux pas lui dire de se retirer, s'il n'y a personne derrière et que vous vous battez !

Tandis que les cadors du parti s'agitent pour trouver une solution qui fasse l'unanimité, le porte-parole du candidat Fillon, lui, juge la situation intenable. La sienne tout particulièrement. Depuis plusieurs semaines, Thierry Solère « ramait », contraint de servir sur toutes les antennes un discours prémâché en défense d'un candidat dans lequel il ne croyait plus lui-même.

« Paradoxalement, ça facilite ma mission de porte-parole », dit-il aujourd'hui en évoquant l'annonce de la mise en examen de Fillon. Pour lui, c'est désormais évident : impossible de continuer à soutenir un candidat aux prises avec la justice, et surtout qui a renié sa promesse de se retirer en cas de mise en examen. Il informe Fillon de sa décision. Les jours suivant sa conférence de presse, le candidat pousse son porte-parole à le rester, lui demande comme un service personnel de ne pas l'abandonner en rase campagne présidentielle, comme l'atteste le SMS publié dans l'incipit de cet ouvrage. « Mais au-delà de l'échec électoral, sourit Solère, je vois Macron positivement, je me dis que la nature est bien faite. »

Fillon, lui, est touché, mais la bête respire encore.

CHAPITRE 21

Le va-tout du Trocadéro

Comment faire ? Comment stopper l'hémorragie qui se profile, les désertions qui menacent ?

François Fillon n'est pas très surpris de se voir lâché de tous côtés. Snobé avant la primaire, redevenu « bankable » après sa victoire inattendue, infréquentable depuis l'annonce de sa mise en examen, il a appris à ne plus se faire aucune illusion sur le personnel politique, tout particulièrement au sein de sa propre famille. Les retournements de veste font partie du patrimoine génétique de la droite française.

Pourtant, jusqu'au bout, durant cette première semaine de mars, progressivement abandonné par ses supposés amis politiques, Fillon tente de trouver des appuis, une solution lui permettant de maintenir sa candidature. « Chez Gosset-Grainville, il y a eu une réunion avec Borloo et Fillon, révèle Thierry Solère. Fillon cherche à le faire venir, il est à deux doigts de le faire en lui proposant d'en faire ensuite son Premier ministre. Mais Borloo n'a pas d'atomes crochus avec lui. Et il est frappé moralement par la situation sordide de cet homme. » Solère ne quitte pas le navire sans états d'âme. Car observer le candidat Fillon trahi de toutes parts, ça le touche : « C'est dur, ça ne me fait pas rire. »

Ils sont rares, à droite, à s'apitoyer sur le sort de Fillon, à qui ils en veulent tant. Ainsi, pour Henri Guaino, « quand il fait sa conférence de presse sur le thème "si je coule, tout le monde coulera avec moi", ça s'appelle de la mesquinerie. Il ne pouvait pas se retirer, sinon c'était s'effondrer personnellement. Un type fort, il se retire. Un type faible, il ne se retire pas. Ça le tient debout ».

Contraint lui-même dans un tout autre contexte – notamment sous la pression de Fillon, d'ailleurs – d'abandonner le leadership de la droite en mai 2014, Jean-François Copé ne rate pas l'occasion de régler son compte à son vieil ennemi. « Moi, plastronne Jean-François Copé, j'ai fait la preuve que, dans ce cas-là, je partais ! Je suis parti, parce que je savais que, pour ma famille politique, c'était une véritable prise d'otage. Parce que ça veut dire que vous imposez à votre famille politique que son chef soit en permanence discrédité, dans tout ce qu'il peut dire. Donc, il y a un moment, il faut prendre ses responsabilités. » Jean-Louis Debré partage ce point de vue. D'après l'ancien président du Conseil constitutionnel, cela ne souffre pas la discussion : « Si Fillon avait eu le sens de l'intérêt général de la droite qu'il représentait, il fallait se retirer. »

Un autre responsable politique, et pas n'importe lequel, a pris la décision de ne pas représenter sa famille, un certain François Hollande. Réduit à l'impuissance depuis son renoncement, en décembre 2016, le chef de l'État observe, en ce début de printemps 2017, la déliquescence de la candidature Fillon avec étonnement, mais aussi quelques remords, une interrogation tournant en boucle dans sa tête : n'aurait-il pas dû se représenter, finalement ? Vu l'écroulement du candidat de droite, n'aurait-il pas eu ses chances, malgré tout ? « Pour tout dire, ce qui m'a le plus surpris, nous confiera l'ancien président en février 2018, c'est que la droite ait pu maintenir François Fillon comme candidat. Jusqu'au bout. Donc, n'ayant pas de connaissance particulière des faits, ne sachant pas exactement ce qu'il fallait en penser sur le plan judiciaire – même s'il y avait une mise en examen –, ce qui m'a surpris, sur le plan politique, et dans la place où j'étais, qui était hélas de n'être qu'observateur, c'est qu'il ait pu être maintenu. Politiquement, chacun comprenait bien que, en maintenant François Fillon jusqu'au bout, il y avait un risque majeur d'élimination au soir du premier tour au bénéfice de l'extrême droite, ce qui s'est produit. »

Esseulé, Fillon va jouer une dernière carte, comme on abat un va-tout : une grande manifestation de soutien dont le lieu et la date ont été rapidement choisis : ce sera le dimanche 5 mars au Trocadéro.

Mais l'information fuite immédiatement, et de la pire des manières. En effet, dès l'après-midi du 1er mars, le très droitier hebdomadaire *Valeurs actuelles* annonce en une sur son site Internet, barré d'un « Exclusif », que « la riposte du peuple de droite est lancée », révélant « l'organisation dimanche au Trocadéro d'une marche contre le coup d'État des juges », accusés de « confisquer l'élection présidentielle », rien de moins. À trop frayer avec la frange la plus radicale de son électorat, Fillon s'exposait à ce genre de mésaventures.

Résultat, le grand rassemblement populaire que Stefanini et consorts souhaitaient annoncer est présenté comme une manifestation quasi factieuse contre les juges ! Les effets délétères de cette communication non maîtrisée ne tardent pas à se faire sentir : plusieurs leaders de droite se désolidarisent de l'initiative, voire pour certains de la campagne elle-même. « Avec moi, ça clashe au moment du Trocadéro, confie par exemple Valérie Pécresse. Le vendredi d'avant, le 3 mars, je lui dis : "Je n'irai pas manifester au Trocadéro contre les juges, c'est contraire à ce que je pense." Et là, il me dit : "Il faut me laisser jusqu'au Trocadéro, ne dites rien." Il ne s'engage à rien. »

Ce même vendredi 3 mars, un nouveau mini-séisme ébranle le candidat : Patrick Stefanini lui-même jette l'éponge. Il avait déjà fait part de ses sérieux doutes à Fillon deux jours plus tôt, mais ce dernier pensait être parvenu à le convaincre de ne pas quitter le navire si près du port. « Mercredi matin, écrit Stefanini à Fillon dans un courrier qui fuite rapidement dans *Le JDD*, je t'ai indiqué qu'après l'annonce faite à tes avocats de ta convocation en vue d'une mise en examen, il me paraissait préférable que tu arrêtes ta campagne. Tu as pris une autre décision. Je la respecte. Je constate qu'à cette occasion, j'ai été minoritaire au sein de ton équipe. Je ne suis donc plus le mieux placé pour diriger ta campagne et j'en tire les conclusions. »

Trois ans plus tard, Stefanini ne renie en rien sa décision, ressentie par Fillon comme un coup de poignard dans le dos. « Je ne retire pas un mot de ma lettre de démission, assure-t-il. Le recul m'a totalement donné raison. En se maintenant, il a fait courir à la droite le risque de ne pas être présente au second tour, ce qui s'est produit. C'était l'hypothèse la plus probable. Je me serais bien passé d'avoir raison. Et en plus, on voit qu'aujourd'hui la droite est totalement fracassée... »

Début mars 2017, à quelques encablures du premier tour, le candidat de la droite républicaine n'a plus de directeur de campagne.

Inédit, là encore.

« À ce moment-là, raconte Stefanini, je suis démissionnaire, je ne parle plus à François Fillon, après lui avoir remis ma lettre vendredi en fin de matinée. Fillon essaye de m'appeler pour que je démente la nouvelle de ma démission, qui a fuité, et ça, c'est hors de question, évidemment. » Poussé par le sens du devoir et, sans doute, un fort sentiment de culpabilité, Stefanini accepte toutefois de rester à son poste jusqu'au dimanche. « Le samedi, se souvient-il, je fais une réunion d'organisation au QG et le lendemain je vais au Troca, à 10 heures du mat', bref, le boulot d'un directeur de campagne. »

Même si la colonne des « déserteurs » ne cesse de grossir, Fillon, qui « fête » dans l'ambiance que l'on imagine son 63e anniversaire ce samedi 4 mars, résiste, pourtant. Non sans panache. « Non, proteste Stefanini aujourd'hui, je ne suis pas impressionné par son panache, de même qu'on a exalté son courage. Non mais, enfin, quand vous êtes candidat à une campagne présidentielle... »

À la fois entêté et habité, Fillon n'a plus qu'une obsession, gagner du temps, résister, tenir... Tenir jusqu'à dimanche et cette manifestation où, pressent-il, la France de droite va se lever comme un seul homme pour éviter de se faire « voler » son élection. Fillon a en tête l'exemple du général de Gaulle, dont le pouvoir vacilla au printemps 1968 sous les assauts d'une rébellion estudiantine devenue insurrection nationale, et qui reprit magistralement la main le 30 mai à la faveur d'une manifestation géante sur les Champs-Élysées.

Mais n'est pas de Gaulle qui veut.

CHAPITRE 22

« Ils se font niquer ! »

Le « peuple de droite » a défié les éléments.

Malgré les bourrasques et les premières gouttes de pluie, ils sont nombreux à affluer, dimanche 5 mars 2017, vers la place du Trocadéro, à Paris. L'esplanade du Trocadéro, également nommée parvis des Droits-de-l'Homme : quel meilleur symbole pour l'ancien Premier ministre, déterminé à dénoncer l'injustice qui lui est faite ? Et puis, le « Troca », c'est aussi l'un des quartiers les plus huppés de Paris, avec vue sur la tour Eiffel, Fillon est sûr de jouer à domicile.

Ce meeting du Trocadéro, pour la droite, c'est l'acmé d'une semaine de frénésie, de démesure et de surenchère, à l'image d'un Bruno Retailleau, le dernier des fidèles, tweetant dès la fin de la manifestation : « Réunir 300 000 personnes, c'est historique ! » C'est surtout matériellement impossible, du fait de la configuration de la place. On dénombrera finalement environ 50 000 personnes. Un vrai succès, tout de même.

En coulisses, cette manif de la dernière chance a donné lieu, les jours précédents, à des tractations, pressions et autres coups de bluff insensés.

Durant ces journées plus hystériques qu'historiques, le destin de la présidentielle va se nouer, au cours d'une partie de poker menteur ; en réalité, un jeu de dupes. Car, dans les heures qui précèdent le grand rassemblement du

Trocadéro, les téléphones des caciques de la droite sont en surchauffe. Ils sont de plus en plus convaincus que la seule solution raisonnable, déjà envisagée au début de l'affaire, est de convaincre Fillon d'abandonner la course et de passer la main. La logique voudrait que le finaliste malheureux de la primaire, Alain Juppé, le supplée. Sarkozy, arrivé troisième, a fini par se faire une raison : il a beau conserver une aura extraordinaire auprès des militants LR de base, les Français ont définitivement tourné la page sarkozyste. Alors, même s'il lui en coûte terriblement, l'ancien chef de l'État accepte de jouer les « médiateurs », résigné à endosser le costume de faiseur de roi à défaut de récupérer lui-même son sceptre, perdu en 2012. Il va devoir convaincre Fillon d'arrêter et Juppé de le remplacer au pied levé.

Une gageure, baptisée « plan B ».

« Le plan B revient à ce moment-là, confirme Benoist Apparu, alors soutien de Juppé. Il était déjà apparu puis, avait disparu. Et Fillon va gagner du temps. Fillon annonce le Trocadéro, il annonce une manifestation contre la justice, et on se casse tous. On essaie à plusieurs de pousser Juppé et Sarko à se parler. Ils vont se parler le samedi soir, avant le Trocadéro. Ils sont sur la même ligne : Sarko accepte qu'il faille dégager Fillon et que ce sera Juppé. On a des signes réels de Sarko en ce sens. Il lâchera Fillon et soutiendra Juppé. Des collaborateurs de Sarko nous le disent. »

Léger détail, ce scénario implique préalablement de convaincre Fillon d'accepter de passer la main. Or, suivant ses interlocuteurs, le vainqueur de la primaire envoie des signaux contradictoires, laissant entendre aux uns que, si la manif au Trocadéro est un succès, il se maintiendra, aux autres qu'au terme de ce rassemblement il annoncera son retrait.

Au cœur du psychodrame, Rachida Dati raconte : « Le samedi, je suis à l'hôpital, j'ai Sarko, il me dit : "C'est bon." Il a appelé Juppé, et il négocie avec lui : "On te fait une fleur, mais tu prends Baroin Premier ministre." Juppé en rêve, il ne voulait que sa gueule ! Il laisse le "mécano" Sarko à la manœuvre, le sale boulot est pour lui. Samedi soir, j'ai Michel Gaudin [directeur du cabinet de Sarkozy] : "Demain dimanche, Fillon fait le '20 Heures' et il annonce qu'il s'en va." Et ça, Sarko me l'avait dit aussi. »

À en croire Dati, Fillon aurait confié à Sarkozy, avant le rassemblement du Trocadéro, présenté comme un baroud d'honneur : « Je fais le "20 Heures", et je me retire »...

Après le Trocadéro, relate Dati, « Fillon dit à Sarko : "OK, je vais voir, je te rappelle." Mais Fillon a ce défaut-là, quand ça va mieux, il ne rappelle plus ! Et Fillon a considéré qu'il avait repris la main, il n'appelle plus Sarko du tout. »

Juppé, quant à lui, sent l'entourloupe. D'abord, il n'a jamais caché le profond mépris que lui inspire Baroin, et la simple idée de devoir former un « ticket » avec le maire de Troyes lui donne des haut-le-cœur. Les deux hommes entretiennent de longue date des relations exécrables. Baroin n'a jamais pardonné à Juppé, alors Premier ministre, de l'avoir évincé du gouvernement en novembre 1995, à peine six mois après sa nomination comme porte-parole. Et puis, surtout, Juppé a bien noté que Baroin s'était rendu au Trocadéro, affichant ostensiblement son soutien à Fillon. Drôle d'attitude pour quelqu'un censé le lâcher.

« Quand Juppé a vu Baroin au Trocadéro, il a flairé l'arnaque, confirme Dati. Gaudin me dit : "Il pense qu'il va se faire arnaquer par toute la bande." Christian Jacob et Baroin ne font pas un pas sans l'assentiment de Sarko, donc je ne vois pas Baroin y aller sans l'accord de Sarko. »

Et s'il n'y avait que le soutien ostensible à Fillon affiché par son ennemi Baroin qui interpelle Juppé... Celui-ci, encore maire de Bordeaux, doute clairement des assurances que plusieurs pontes de la droite, Sarkozy compris, lui ont donné sur l'état d'esprit de Fillon ; il le voit mal jeter l'éponge après le Trocadéro.

Thierry Solère non plus : « Je ne crois pas à cette histoire ! Fillon, il est mort de faim, il n'a aucune envie de s'arrêter. Demandez à Stefanini, qui a une grande qualité : quand il ment, il est encore plus rouge que d'habitude ! » On a effectivement demandé à Stefanini, mais c'était par téléphone, impossible de vérifier si notre interlocuteur est devenu cramoisi ou pas. « Sur l'histoire du Trocadéro, confie donc Stefanini, on nous dit que François Fillon aurait trompé son monde... J'ai entendu François Baroin plusieurs fois le dire. Donc, est-ce qu'il les a tous roulés dans la farine en laissant entendre que... ? C'est possible, pourquoi François Baroin, pour qui j'ai de l'estime, inventerait-il cette histoire ? »

En milieu d'après-midi, tandis qu'une violente averse s'abat sur l'esplanade, Fillon surgit enfin et s'approche du pupitre gris anthracite. L'ancien Premier ministre se lance dans un discours enflammé, à même de ravir ses partisans, parmi lesquels nombre de militants de la droite dure, de l'UNI, le syndicat universitaire, à l'association Sens commun, en pointe contre le mariage pour tous. L'allocution de François Fillon ne laisse planer aucune ambiguïté : même s'il ne le formule pas explicitement, il est clair qu'il entend maintenir sa candidature. Le soir, au « 20 Heures » de France 2, il lève les derniers doutes : « Personne ne peut aujourd'hui m'empêcher d'être candidat », martèle-t-il. Devant leur écran de télévision, ils seront nombreux parmi les dirigeants de la droite et du centre à éprouver ce sentiment désagréable d'avoir été bernés en beauté. Parmi eux, Alain Juppé, qui fait savoir que la plaisanterie a assez duré : il ne jouera pas les roues de secours. Nicolas Sarkozy, aussi, se sent floué, lui qui confie alors à Rachida Dati : « Fillon fait l'erreur de sa vie, cela va être une tragédie pour lui. »

Pour l'ancienne ministre de la Justice, François Fillon a trompé son monde en faisant mine de se laisser infléchir par tous ceux qui l'adjuraient d'arrêter les frais. « C'est pour ça que tout le monde est choqué, c'est pour ça que Juppé est ivre de rage, qu'il dit qu'il n'est pas un plan B, qu'il n'a rien demandé, etc. Fillon avait dit à Sarko : "Laisse-moi juste faire mon Trocadéro", genre mon chant du cygne... C'est pour ça que les Baroin, Jacob, etc., tout le monde vient au Troca. » Et la maire du 7e de synthétiser, dans son langage fleuri : « Ils se font niquer ! »

En retrait lors de cette campagne présidentielle, Xavier Bertrand, lui, a compris que Fillon ne lâcherait pas le gouvernail. Le contraindre à abandonner risquait d'être contre-productif pour la droite. « Si Fillon ne renonce pas de lui-même, les électeurs de la primaire se sentiront trahis, je l'ai toujours pensé, s'il ne le dit pas lui-même, ça ne peut pas marcher, confie aujourd'hui le patron des Hauts-de-France. Et s'il est changé, par quoi ? Un cénacle de connards ? »

Du coup, Bertrand, même s'il lui en coûte, continue de soutenir le candidat Fillon. « Moi, se justifie-t-il, je ne voulais plus y aller. Ses propos sur les juges, le Trocadéro... Mais je fais campagne jusqu'au bout, parce que mon idée, c'est que quand il faudra choisir contre Le Pen, j'aurai encore du poids. Tous ceux qui sont partis avant, Le Maire et les autres, ils ne sont pas audibles. Moi, le fait d'être resté jusqu'au bout, quand je vais à la télé sur France 2, et que je dis : "Maintenant, c'est Macron", je suis audible. »

Triste fin de soirée, dimanche 5 mars. Quand Fillon se sent enfin soutenu, voire respecté, grâce à sa démonstration de force au Trocadéro, c'est toute une droite qui courbe l'échine. Et s'en remet à une très hypothétique offensive d'Alain Juppé.

Lui seul peut encore inverser le cours de l'histoire.

CHAPITRE 23

Le mauvais plan (B)

Que de beau monde chez Thierry Solère, le dimanche 5 mars 2017 au soir : Édouard Philippe, Gilles Boyer, Bruno Le Maire, Gérald Darmanin, Sébastien Lecornu, Benoist Apparu, et même Jean-Louis Borloo.

Engagées pour certaines dans des écuries concurrentes, ces différentes personnalités représentatives de la droite et du centre ont regardé et écouté avec attention, dans l'après-midi, le discours de François Fillon, qu'elles ne désespèrent toujours pas de « débrancher ».

« Après le Troca, on ne sait pas ce qui va se passer, Fillon avait ouvert une petite porte, rapporte ainsi Benoist Apparu. On sait par Darmanin que Sarko fera un geste, il lui dit qu'il fera un communiqué de presse à 9 heures le lendemain. » En clair, Sarkozy est toujours prêt à adouber l'option Juppé. Au cours du dîner, Apparu se met un instant à l'écart de la tablée pour s'entretenir avec Gilles Boyer, l'autre lieutenant du maire de Bordeaux. « Le patron n'est vraiment pas décidé, j'espère qu'on a un peu de temps avant qu'il dise des conneries », confie Boyer à Apparu. Connaissant l'ego démesuré de leur champion, les deux juppéistes redoutent qu'il refuse d'endosser le costume du « sauveur », en l'occurrence plutôt l'uniforme du pompier de service. Leurs craintes sont fondées.

Sa Majesté Juppé ne jouera pas les roues de secours.

« Et pendant le dîner, sans prévenir personne, sinon ce n'est pas drôle, ironise Apparu, Juppé balance qu'il tiendra une conférence à Bordeaux à 10 heures le lendemain matin. On se dit qu'il va arrêter, et on le dit aux autres. »

De nouveau, les coups de fil se multiplient, le temps presse s'il faut remettre en catastrophe Juppé dans le jeu. Solère lui-même tente sa chance auprès de l'ancien Premier ministre : « Juppé finit par m'envoyer un SMS : "Merci de ton amitié, Thierry, mais j'ai pris ma décision…" »

Darmanin de son côté appelle Sarkozy, dont il fut l'un des lieutenants lors de la primaire. « Il le convainc de faire un geste, raconte Apparu, car Juppé pense qu'il n'aura pas le soutien de Sarko, puisque Baroin était là au Trocadéro. Juppé était convaincu que Baroin avait été envoyé par Sarko. Or, moi, je suis totalement convaincu que Baroin joue sa carte de potentiel Premier ministre si Fillon gagne. »

Dans l'esprit de Boyer et Apparu, tout n'est pas perdu : « On a Larcher et Accoyer qui lâchent Fillon, résume Apparu. On sent que ça va lâcher partout… »

Après s'être rapidement concertés, Apparu et Boyer décident de partir en catastrophe pour Bordeaux. Il n'est peut-être pas trop tard, après tout. Il faut absolument qu'ils puissent voir leur chef avant sa conférence de presse afin de le dissuader de jeter l'éponge, puis au contraire le convaincre de se poser en recours ; et rendre ainsi la position de Fillon intenable.

Les deux hommes se donnent rendez-vous dans Paris à 3 heures du matin et foncent en voiture sur l'autoroute A10. Ils arrivent à Bordeaux à 9 h 30 et s'engouffrent dans le bureau du maire. Ils ont une demi-heure pour convaincre ! Alors, l'un après l'autre, ils plaident. En vain. « On n'a pas été bons, confesse Apparu. On n'a pas bien répété le truc. On a fait une erreur en lui disant : "C'est ton devoir", plutôt que lui dire : "Donne-nous 24 heures, si tu ne veux pas y aller, on s'en branle, l'objectif est de dégager Fillon pour sauver l'honneur de la droite." Il nous envoie bouler à la Juppé : "Garde tes leçons de morale et de devoir pour toi, ça fait quarante ans que je fais le mien." »

Valérie Pécresse aussi a longtemps cru pouvoir faire ployer l'inflexible Juppé. « Moi, je me dis que Juppé peut revenir, confie-t-elle aujourd'hui. Je l'ai au téléphone. Au début, on sent qu'il est tenté. Et puis, après, il ne répond plus. Et là, c'est qu'il n'est plus tenté du tout. C'est assez compréhensible, qu'il n'y aille pas. Peut-être qu'il a tourné la page après la primaire. Cela a été dur, il n'a plus envie d'y retourner. Il veut être accueilli avec un tapis rouge, et il ne veut pas de Baroin Premier ministre. Sarko n'est plus en situation d'imposer quoi que ce soit. »

La présidente de la région Île-de-France se souvient d'une discussion avec François Baroin, venu la trouver quarante-huit heures après l'épisode du Trocadéro. « Si Juppé avait accepté que je sois Premier ministre, on aurait fait un tandem », lui indique-t-il. « Il y a un énorme sujet Juppé-Baroin, qui remonte à la nuit des temps, avec une rancœur épouvantable depuis 1995, rappelle utilement Pécresse. Baroin refuse de parler à Jérôme Monod [ancien conseiller de Jacques Chirac, décédé en 2016] et Alain Juppé, à l'époque. »

À l'instar de Benoist Apparu, Valérie Pécresse pense que François Baroin a surtout joué sur tous les tableaux, mettant plusieurs fers au feu qui se propageait à droite. « Baroin veut être Premier ministre de Fillon, assure-t-elle, c'est pour ça qu'il va au Trocadéro, il pense que "ça y est, c'est fait", vu qu'il n'y a plus personne. Baroin ne veut pas de Juppé. Et il est poussé par certains à y aller lui-même, mais il a un mouvement de recul, il était le numéro 2 désigné, Sarko l'aurait soutenu. »

Étrange pièce de théâtre.

Avec un Fillon qui joue les escamoteurs, un coup j'y vais, un coup j'y vais pas, dans un invraisemblable jeu de bonneteau politique. Un Juppé qui ne sait plus quel rôle on entend lui faire jouer, recours providentiel, choix par défaut... Un Sarko encore puissant et respecté, mais sans vrai pouvoir d'influence. Et un Baroin en éternel indécis. Le Petit Prince de la droite, « qui aimerait bien avoir l'air, mais qu'a pas l'air du tout », dirait Brel...

CHAPITRE 24

Baroin : « Si je fais un putsch... »

Il a un peu hésité avant de valider le principe d'un entretien. Pas franchement envie de ressasser le passé, de revenir sur une période cauchemardesque pour sa famille politique...

Et puis, il prépare l'avenir. Le sien.

Finalement, François Baroin a dit oui. D'abord, il voulait remettre certaines choses au point, surtout s'agissant de son propre rôle lors de cette séquence surréaliste – il le sait, nombre de ses petits camarades le soupçonnent toujours d'avoir joué double, voire triple jeu. Lui non plus n'a jamais digéré que sa famille politique ait pu passer à côté de cette élection présentée par tous les observateurs comme « imperdable » pour la droite.

« C'est pour ça que j'ai accepté de vous rencontrer, parce qu'il y a eu toutes les versions sur cette histoire », nous lance-t-il d'emblée. « Il y a eu une démarche Larcher-Accoyer le vendredi, commence Baroin, évoquant une initiative commune du président du Sénat et du secrétaire général de LR. Je crois qu'ils vont voir Sarkozy, et ils lui disent : "Fillon, ce n'est plus possible." Et il y a un échange le vendredi matin Fillon-Sarkozy, où Sarkozy dit à Fillon : "Ce n'est plus possible, tu vas être obligé de lâcher, la manif du Trocadéro est dangereuse, on se voit lundi, avec Juppé, on prend une solution, tous les trois." Sarkozy m'appelle ensuite, l'après-midi, pour me tenir informé, il me raconte l'échange avec Fillon, et il sort effectivement en étant à peu près convaincu d'avoir persuadé Fillon de jeter l'éponge, et même de ne pas faire la manif. S'il me le dit, compte tenu de ma place dans l'échiquier politique à ce moment-là, c'est qu'il se dit : "Il va falloir que tu joues un rôle, que tu m'aides." Donc il me le dit aussi pour que je réfléchisse, pour voir de quelle manière on peut imaginer une solution. Donc ça, c'est le vendredi, et effectivement Sarkozy est à peu près convaincu qu'il jettera l'éponge, et qu'il n'y aura pas de manif. »

Concentré sur son récit, Baroin poursuit : « Le samedi soir, j'ai Sarko, je crois aux alentours de 20 h 30, et il me dit : "Il faut que je te parle, j'ai eu Juppé au téléphone." Il faut savoir que Sarkozy et Juppé n'ont eu aucun échange depuis les débats avant le premier tour de la primaire ! Donc c'est Juppé qui a pris l'initiative d'appeler Sarkozy. »

Non sans mal.

Car Juppé tente de joindre Sarkozy un peu après 17 heures, à plusieurs reprises. En vain. Logique. Car cette fin de samedi après-midi, l'ex-président la passe dans le carré VIP du Parc des Princes où le Paris Saint-Germain de son ami Hamad Ben Khalifa Al-Thani, l'émir du Qatar, reçoit Nancy. Et quand le PSG joue, plus rien d'autre ne compte pour Sarkozy.

« Même quand Carla appelle, il ne répond pas, en dehors de la mi-temps ! s'exclame Baroin. Donc Juppé, qui reprend contact avec Sarkozy, ce qui était probablement un gros effort pour lui, laisse un premier message : "Rappelle-moi." Il doit en laisser un juste avant la mi-temps : "Bon, si tu ne veux pas me parler, tu me le dis", il doit en laisser un troisième sur le thème : "Si tu ne veux pas me parler, fais-le savoir…" »

Pas de chance pour Juppé en plus, dans ce match face à un adversaire largement à sa portée, le PSG bute sur un mur et le suspense reste entier jusqu'au bout. Finalement, un penalty d'Edinson Cavani à dix minutes du coup de sifflet final libère tout un stade... et Sarkozy.

Qui rappelle enfin, une heure après la fin du match, un Juppé excédé. Ce dernier a toujours reproché à Sarkozy une forme de légèreté, indigne selon lui d'un homme d'État. « Ils sont au téléphone, reprend Baroin, et Sarkozy dit à Juppé ce qu'il m'a dit, c'est-à-dire, en gros : "Fillon va jeter l'éponge, il faut qu'on se voie lundi matin." Juppé lui dit OK. Sarkozy lui dit qu'il n'y aura probablement pas de manif. "J'ai parlé avec Baroin, avec les équipes, etc., et on se parle", dit-il à Juppé. »

L'idée d'un ticket Juppé-Baroin est au cœur des discussions. À son tour, Juppé appelle Baroin, pour lui expliquer la nouvelle donne. À Juppé aussi, il en coûte de faire ce geste, tant les deux hommes entretiennent des relations exécrables, ou plutôt inexistantes. Le maire de Troyes restitue l'échange.

— Baroin : Qu'est-ce que t'en penses ?

— Juppé : Écoute, il faut qu'on voie, est-ce que toi, t'es prêt ?

— Baroin : Franchement, ce n'est pas mon projet, et il est bien tard...

« Je n'avais aucune raison de mettre mon nom dans une aventure dont j'imaginais désormais qu'elle était plus ou moins perdue, explique Baroin. Mais si Juppé avait la force et le courage et s'il fallait écrire l'histoire d'un ticket Juppé-moi, ce qui au fond bouclait la boucle de ces vingt ans ou vingt-cinq ans de politique incroyable à droite et dans la famille RPR... J'avais donné mon accord à Sarkozy. »

Baroin était donc prêt à se rallier, plus ou moins à contrecœur, à cette idée de ticket dont il doutait qu'il soit gagnant. Et Baroin de conclure la conversation avec

Juppé sur ces mots : « Moi, je n'ai pas l'intention d'aller à la manif, mais si je change d'avis, je t'appelle. »

Et il va changer d'avis. Car, dans la foulée, c'est cette fois l'ami Christian Jacob, président du groupe LR à l'Assemblée, qui téléphone à Baroin. « Il me dit : "Écoute, Fillon est à l'agonie, il va partir, je pense que c'est bien si on est quelques-uns à aller au Trocadéro. » Je rappelle Sarkozy pour lui dire : "Finalement, je vais y aller..." Et la manif se tient, un peu à la surprise générale, et moi, j'y vais vraiment par empathie personnelle, parce que je trouvais que c'était quand même beaucoup pour un seul homme. Il venait de subir trois mois terribles, et il n'allait pas être président de la République. Et puis, comme il fallait recoller les morceaux, je pense que c'était important que, globalement, on l'accompagne sur ce qui devait être la fin. On est donc un certain nombre à aller au Trocadéro en étant convaincus qu'il va annoncer, peut-être pas devant la foule, mais le soir, son retrait. En tout cas, moi, c'est mon état d'esprit. » Le dernier baiser au mourant.

Mais Fillon, galvanisé par ses partisans, se garde bien d'annoncer son retrait au Trocadéro, et pour cause... Peut-être a-t-il choisi d'attendre son intervention sur France 2 le soir même pour le faire, espère encore Baroin à ce moment-là.

Il va tomber de haut : « Fillon m'appelle à 19 h 30 et il me dit : "Bon, j'ai accepté de faire le '20 Heures'." Moi : "Très bien, et qu'est-ce que tu vas dire ?" Je suis assez impatient, quand même, quand je lui pose la question ! » Baroin narre la suite de l'échange.

— Fillon : Qu'est-ce que tu me conseilles ?
— Baroin : Alors, là...
— Fillon : J'ai envie de dire que tu seras mon Premier ministre.

— Baroin : Écoute, François, chaque chose en son temps. Mais je comprends que tu restes ?

— Fillon : Oui, ça a été un grand succès, et puis les gens qui étaient là ne comprendraient pas désormais que j'arrête, je pense que c'est gagnable...

Cette fois, Baroin a compris, Fillon, depuis le début, a leurré son monde, faisant mine d'être prêt à abandonner une course dont il a toujours pensé, au fond de lui, qu'il sortirait vainqueur. Ne lui avait-on pas déjà promis qu'il jouerait les utilités à la primaire, lui qui était donné au mieux quatrième au premier tour, derrière Bruno Le Maire, mais surtout très loin des deux grands favoris, Nicolas Sarkozy et surtout Alain Juppé ? Comme François Hollande en son temps, Fillon a fini par se raccrocher à l'idée qu'une « bonne étoile » guidait son destin.

Et puis, il y avait autre chose, une arme secrète, en quelque sorte...

« Il était vraiment dans son truc », confirme Baroin.

Son « truc » ?

« Un sondage extérieur qui croisait avec un logiciel toute une batterie de données et qui avait toujours donné la victoire à ceux qui ne l'attendaient pas, c'était un truc qui avait donné Trump gagnant, révèle Baroin. Donc, lui, il restait accroché au fait qu'il était toujours devant, il y avait une sorte de Paul le Poulpe informatique, ou numérique... C'est un truc canadien, mais c'est super-important, dès le départ. Ça, on ne l'a su qu'après, mais ça a été un élément. Si lui est resté, c'est parce qu'une partie de ses conseillers s'accrochaient comme des rats sur un sac de grains à la réalité de ce modèle qui, c'est vrai, ne s'était jamais planté... jusqu'à Fillon. »

En fait de logiciel « magique », François Baroin fait allusion à Filteris, une société privée spécialisée en « Web réputation ». Cette entreprise canadienne analyse les mouvements d'opinion sur les réseaux sociaux via de puissants algorithmes. Les fillonistes se sont fiés aux études réalisées par Filteris les dernières semaines de la campagne, sans doute parce que, à rebours de toutes les enquêtes d'opinion, elles donnaient leur leader au second tour (face à Jean-Luc Mélenchon). Or, Filteris avait déjà, à chaque fois contre l'avis des instituts de sondage, prédit la victoire de Donald Trump à la présidentielle américaine, en novembre 2016, et surtout, à la même période, celle de Fillon lors de la primaire de la droite. De quoi nourrir de vrais espoirs, en effet.

Baroin revient à sa conversation téléphonique avec ce candidat déterminé à se cramponner jusqu'au bout à son rêve élyséen, jusqu'à lui proposer Matignon : « Donc Fillon me raconte ça et je lui dis : "Écoute, ne me parle pas de Matignon, ça n'a aucun intérêt..." Et donc, je comprends qu'il reste. J'appelle Sarkozy pour lui dire : "Il va faire le '20 Heures' et il va rester." Ensuite, Juppé est injoignable. Ils devaient se rencontrer, je crois, le lundi matin à 10 heures, le truc est annulé, et après c'est fini... Et Juppé doit faire sa déclaration le lundi matin, mais on a déjà compris que ce n'était pas pour être candidat. Et voilà, c'est quasiment le clap de fin. »

Dans son souvenir, lorsqu'il informe Sarkozy que Fillon ne cédera pas, l'ancien président lui est apparu « résigné ». « Eh bien, il va falloir qu'il assume », lui lâche-t-il alors. L'ancien président et le maire de Troyes en sont désormais certains, pour la droite, la victoire est désormais compromise. C'est mort !... On n'est pas complètement tombés de la dernière pluie », soupire Baroin.

Et lui-même, dans cette séquence insensée où tout semblait possible, surtout le pire, n'a-t-il pas pensé à jouer sa propre carte ? Plan « B » rime bien avec Baroin...

« Beaucoup me disent : "Tu aurais dû..." convient-il. J'ai bloqué des appels de parlementaires. En faveur de ma candidature. J'ai bloqué des centaines de maires, qui voulaient m'envoyer au Conseil constitutionnel ! Mais j'ai dit : "Non, si je fais un putsch, j'aurai la moitié des mecs de Fillon qui ne voudront pas, donc, de toute façon, ce qu'on gagne d'un côté, on le perd de l'autre." »

Il n'empêche, près de trois ans plus tard, Baroin a toujours ce bouquet âcre de la défaite dans la bouche. On lui avait tellement ressassé que cette présidentielle ne pouvait échapper à la droite... « Donc je me dis, est-ce que j'aurais pu faire plus, mieux ? Je sais qu'éventuellement, en janvier, si Fillon seul... C'est lui qui avait la clé. Il avait toutes les clés. D'abord il avait la clé personnelle, parce qu'au fond il n'y avait que lui qui connaissait son histoire. Il avait la clé politique : il avait été désigné, et élu. Il avait la clé du coffre, puisqu'il avait les financements. Donc rien ne pouvait se faire sans lui. Vous pouvez refaire le match à l'endroit, à l'envers, à la fin des fins, vous tournez autour de la responsabilité de Fillon. C'était à lui de prendre la décision. S'il avait pris la décision, si ça avait été Juppé... Après tout, il avait fini numéro 2, sauf que ce n'est pas les Jeux olympiques, où si le numéro 1 est dopé, le 2 récupère la médaille d'or ! Ce n'est pas ça, la politique, le numéro 2, il est battu sur un projet. »

Mais Fillon est resté inébranlable.

« Donc, conclut Baroin, ça ne pouvait se faire que par Fillon qui transmettait à quelqu'un : Juppé ou moi. Au fond, il n'y avait plus que ces deux-là qui pouvaient encore servir éventuellement à cette période, conclut-il dans une drôle de formulation. Voilà. Donc oui, immense gâchis ; oui, un goût amer pendant longtemps pour tout le monde. Mais, même en refaisant le match, c'était fermé... »

Refaire le match présidentiel de 2017, un sport très pratiqué à droite ces dernières années, tant ils sont nombreux à n'avoir toujours pas accepté cette défaite qui semblait impossible.

Le mercredi 8 mars 2017, trois jours après le psycho-drame du Trocadéro, un autre match, de football cette fois, se déroule à Barcelone. Le PSG, sous les yeux de Sarkozy évidemment, est humilié par le Barça (1-6) en huitièmes de finale retour de la Ligue des champions, dont il prend ainsi piteusement la porte. Un scénario plus qu'improbable, tout simplement inimaginable ! Car, après sa victoire triomphale au match aller (4-0), chacun jugeait la qualification du club parisien dans la poche, et pour cause : jamais dans l'histoire des coupes d'Europe, une équipe nantie d'une telle avance n'avait été éliminée. Mais il n'y a pas de match « imperdable ».

Pas plus que d'élection.

CHAPITRE 25

Fillon droit dans ses bottes

Cinquante-trois longues minutes exactement, à se morfondre.

Assis, dans le couloir, au troisième étage du pôle financier, avec son avocat. En attendant la décision des trois juges qui se concertent, dans le secret du cabinet de Serge Tournaire. C'est interminable. François Fillon fixe le bout de ses souliers, impeccablement cirés comme de coutume. La porte s'ouvre. Enfin.

Mardi 14 mars 2017, il est presque 11 heures. Serge Tournaire prend la parole. Il s'adresse à Fillon, hors procès-verbal ; ces propos-là ne seront pas consignés. « Si on ne vous met pas en examen maintenant, on ne pourra plus le faire par la suite, si vous êtes élu », dit-il au candidat de la droite républicaine, en guise de propos liminaire.

Fillon, la mâchoire serrée, ne relève même pas. Il a compris.

Un peu plus tôt dans la matinée... Il est 9 heures précises lorsque François Fillon, accompagné de son conseil Antonin Lévy, découvre l'antre du juge Tournaire, escorté pour l'occasion, car le moment est grave, des deux magistrates qui le secondent dans cette procédure hypersensible, Aude Buresi et Stéphanie Tacheau.

Serge Tournaire a beau être un magistrat réputé pour son intransigeance sur le fond des dossiers qu'il traite, il est aussi capable, sur la forme, de faire preuve d'un peu d'indulgence. Le juge s'est ainsi montré sensible aux arguments de Me Antonin Lévy, désireux d'éviter à son client les images dégradantes d'une arrivée au pôle financier, cerné par l'inévitable meute des photographes et des cameramen. Tournaire a donc accepté, en toute confidentialité, d'avancer de vingt-quatre heures la convocation de l'ancien Premier ministre, attendu initialement le mercredi 15 mars au matin.

Pour cet interrogatoire de première comparution, François Fillon, qui avait le choix de garder le silence, ce qui aurait pu être assimilé à une dérobade, ou de répondre aux nombreuses questions des juges, perspective plutôt pénible, a opté pour la troisième option : faire une déclaration. Un exercice dans lequel l'ancien locataire de Matignon excelle. Les jours précédant sa convocation, il a longuement travaillé le texte qu'il entend lire aux magistrats. « Lui, il voulait s'expliquer, décrypte Me Lévy. Alors, pourquoi faire une déclaration devant le juge plutôt que répondre à ses questions ? On ne convainc pas quelqu'un qui ne veut pas entendre. Je pensais que son procès-verbal allait fuiter, alors je préférais maîtriser la totalité de ce qui y figurait, je voulais le sortir au plus vite de là. »

Cette stratégie permettait notamment d'éviter que fuitent les questions des juges. Tout sauf un détail lorsqu'on sait que, pour les meilleurs juges d'instruction, et Serge Tournaire en fait partie, les questions sont plus importantes que les réponses.

Durant près de trois quarts d'heure, Fillon va donc plaider sa propre cause avec conviction, traçant les grandes lignes de sa défense. Il n'en déviera plus, et elle devrait encore être la sienne le moment du procès venu, à partir du 24 février 2020 – près de trois ans après sa première « rencontre » avec des magistrats financiers.

D'emblée, Fillon indique qu'il était de son « devoir de répondre à la convocation » des juges : « Quels que puissent être mes désaccords sur la méthode qui a présidé à la détermination de la date de cet interrogatoire, le respect dû à l'autorité judiciaire s'impose à chacun d'entre nous. » Après cette entrée en matière plutôt conciliante, Fillon en vient immédiatement au sujet principal. « Il est également de mon devoir de venir aujourd'hui devant vous afin de vous affirmer : oui, j'ai employé mon épouse et la réalité de son travail est indéniable, commence-t-il. Cette réalité a été confirmée dans le détail par plusieurs personnes qui ont travaillé à ses côtés durant de nombreuses années. »

Fillon la martèle : « Il est faux de prétendre que tout le monde ignorait que mon épouse était collaboratrice parlementaire. Il est tout aussi faux de prétendre que son emploi à *La Revue des Deux Mondes* n'avait aucune réalité. » Dénonçant de manière implicite une instruction à sens unique, Fillon affirme : « Depuis l'origine, la charge de la preuve a été renversée, me mettant dans l'obligation, contrairement à la règle, de démontrer mon innocence, c'est-à-dire l'effectivité du travail de mon épouse, quelles qu'en aient été les formes. » Et l'ancien député de la Sarthe d'énumérer tous les éléments établissant selon lui l'inanité des soupçons d'emplois fictifs émis à l'encontre de sa femme. « Pendant toutes ces années, résume-t-il, mon épouse a travaillé à mes côtés et aux côtés de mon suppléant pour assurer une parfaite continuité entre lui et moi. »

Voilà pour le fond. Mais le candidat Fillon a un autre argument majeur à faire valoir ; il l'aborde en milieu d'audition. « L'emploi de mon épouse comme collaboratrice parlementaire n'était pas fictif et il n'appartient pas à l'autorité judiciaire de porter une appréciation sur la qualité ou la teneur de ce travail », tranche-t-il. En d'autres termes, la justice se mêlerait de ce qui ne la regarde pas.

« Entendons-nous bien et dissipons tout malentendu, précise-t-il. Les élus ne bénéficient pas d'une immunité absolue confinant à l'impunité dans l'emploi des ressources mises à leur disposition par le Parlement. Les mots, cependant, ont encore un sens. »

L'ex-Premier ministre excipe de l'article 16 de la Déclaration des droits de l'homme et du citoyen qui, rappelle-t-il avec solennité, « a gravé dans le marbre la séparation des pouvoirs, fondement même de nos institutions, de la démocratie et donc de l'autorité judiciaire elle-même ». Or, selon Fillon, « il n'est pas possible, sans violer cette séparation des pouvoirs, de porter un jugement sur le travail d'un parlementaire et la manière dont celui-ci s'organise avec ses collaborateurs parlementaires [...]. Je ne demande ni dérogation, ni faveur, mais simplement le respect du droit ».

À la fin de sa déclaration, après avoir déploré qu'« on ne lutte jamais à armes égales avec le soupçon », François Fillon se fait beaucoup plus agressif à l'égard des magistrats, conformément à ses sorties publiques. « Vous avez décidé de me convoquer de façon précipitée pour des faits remontant pour certains à près de vingt ans, persifle-t-il. Vous savez que je consacre mes journées à faire campagne pour l'élection présidentielle qui aura lieu dans quarante jours. Je respecte les institutions judiciaires et la charge que la loi vous confie. » Et Fillon de conclure : « J'attends d'être traité comme tous les citoyens de notre pays, sans précipitation et avec le seul souci que la justice soit rendue en toute impartialité. »

Il est 10 heures du matin. Après avoir écouté les observations de Me Lévy, les trois juges suspendent l'audition pour délibérer. Bien entendu, le candidat de la droite ne se faisait pas beaucoup d'illusions en pénétrant dans le cabinet des juges, mais sait-on jamais ?

De bonne surprise, ou plutôt de miracle, il n'y aura pas pour l'ancien Premier ministre. À 10 h 53 très précisément, après l'avoir fait patienter près d'une heure, les trois juges notifient donc à François Fillon sa, ou plutôt ses mises en examen. Il est poursuivi, s'agissant des fonds perçus par Penelope, pour « détournements de fonds publics, complicité et recel », pour « complicité et recel d'abus de biens sociaux » concernant l'emploi de cette dernière à *La Revue des Deux Mondes*, et enfin pour « manquements aux obligations déclaratives à la Haute Autorité pour la transparence de la vie publique » – pour avoir omis de déclarer en 2012 le prêt de Marc Ladreit de Lacharrière d'un montant de 50 000 euros.

Fillon encaisse le coup, sans ciller, imperturbable comme toujours.

Un détail toutefois le fait tiquer au moment de prendre congé de ses « bourreaux », juste après que ceux-ci l'ont informé que, « compte tenu de son choix de faire une déclaration spontanée ce jour », ils vont le reconvoquer, cette fois pour un interrogatoire en bonne et due forme. « Demandons à M. Fillon, indiquent les magistrats sur le procès-verbal, de nous faire connaître une ou plusieurs dates avant la fin du mois de mars auxquelles il serait susceptible d'être convoqué, dans la mesure où nous n'envisageons pas une convocation au mois d'avril, et jusqu'à l'issue de l'échéance présidentielle. »

Après avoir rapidement échangé avec Fillon, Me Lévy répond que, compte tenu précisément de la campagne présidentielle et de l'agenda du candidat, il lui apparaît « impossible de préparer efficacement la défense de son client en vue d'un interrogatoire avant la fin du mois de mars ». Mais l'observation des juges s'agissant du calendrier est troublante, puisqu'elle peut laisser suggérer que, de leur point de vue, une convocation du candidat Fillon entre le 1er avril et le second tour de la présidentielle, fixé le 7 mai 2017, risquerait de parasiter le processus électoral. En creux, cela ne signifie-t-il pas acter le fait qu'un acte judiciaire de cette nature peut affecter le scrutin présidentiel, et donc que le principe d'une « trêve » judiciaire reste pertinent ? Et dans ce cas, pourquoi ce qui paraît valable pour début avril ne vaudrait-il pas pour la mi-mars ?

Certes, la campagne officielle débute treize jours avant le premier tour seulement, soit le 10 avril, et par ailleurs les juges ont pris soin de mettre en examen François Fillon quelques jours avant la date limite (fixée au 17 mars) du dépôt des candidatures ; mais, dans les faits, François Fillon était en campagne depuis des mois – au moins à compter de novembre 2016 et sa victoire surprise à la primaire de la droite et du centre – et, depuis le début de l'année 2017, la compétition présidentielle était déjà lancée.

François Fillon est ressorti du pôle financier, ce 14 mars 2017, un peu plus convaincu d'être tombé dans un guet-apens judiciaire. Deux semaines plus tard, sa femme Penelope sera à son tour mise en examen pour « complicité et recel de détournement de fonds publics », « complicité et recel d'abus de biens sociaux » et « recel d'escroquerie aggravée ».

Mais, entre-temps, un nouveau missile a été tiré sur le malheureux candidat de la droite, déjà un genou à terre. Fillon, décidément, avait sous-estimé le nombre de ses ennemis, y compris dans son propre entourage.

Et leur détermination.

CHAPITRE 26

La vengeance

Nous voici dans le sillage de tant de chefs d'État africains, politiciens français, journalistes et businessmen
en tous genres ; après eux, l'on pénètre dans un cabinet
d'avocat du 16e arrondissement au décor surchargé, entre
photos de famille, bibelots divers, tableaux, bustes et
autres évocations historiques, de Napoléon à de Gaulle...
Et puis, en haut, là, sur l'étagère qui surplombe le poste
de télévision, un petit Pinocchio, comme un clin d'œil
– ou un rappel à la prudence.

C'est que l'occupant des lieux, l'avocat-intermédiaire
Robert Bourgi, 74 ans, conte des histoires tellement
incroyables que, parfois, l'on pourrait craindre que, tel le pan-
tin de Geppetto, son nez ne s'allonge. Et pourtant, l'homme
qui a porté le second coup à François Fillon, déjà empêtré
dans l'affaire Penelope, n'est pas un mythomane – même s'il
s'emmêle parfois un peu dans les dates. Heureusement, il y a
ses agendas, conservés pieusement dans sa résidence secon-
daire ajaccienne. Et, loin d'être une simple marionnette dans
ce qui est devenu « l'affaire des costumes », c'est bien lui qui
tirait les ficelles. Avec, sinon l'approbation, au minimum la
bienveillante neutralité de Sarkozy.

Ah, « Nicolas »... Robert Bourgi lui voue un culte presque
irrationnel.

Autant, dans l'affaire Penelope, l'implication des sarkozystes reste à étayer, pour ce qui est de celle des cos-

tumes, l'attentat est clairement signé, revendiqué même. Pour comprendre la genèse de cette vendetta, étonnante de la part d'un homme lié à Fillon depuis près de quatre décennies, il faut revenir un peu en arrière, évoquer ces années durant lesquelles l'ancien Premier ministre va se rendre coupable du pire aux yeux de Bourgi : faire preuve d'ingratitude. À son égard, bien sûr, mais aussi vis-à-vis de son idole, Nicolas Sarkozy.

« Cet homme, Fillon, il piétine les valeurs, résume l'intermédiaire. J'avoue que c'est très tardivement que j'ai perçu que l'homme était… bizarroïde. Et son rapport à l'argent est maladif. Maladif. » Robert Bourgi a gardé en tête toutes ces fois où il estime que François Fillon, à qui il a rendu tellement de services, offert tant de cadeaux, lui a manqué.

Ce qui va suivre est son récit, avec sa part d'exactitude… et d'imprécisions, voire parfois d'exagérations, peut-être. Tout ne pouvait pas être recoupé dans le détail, bien sûr, mais nous avons choisi de le restituer. Parce que ses déclarations, contextualisées, sont crédibles et éclairantes, tout simplement. Et confirmées sur de nombreux points, à la fois par l'enquête judiciaire, des documents que nous nous sommes procurés et des témoins que nous avons pu rencontrer.

Été 2010. Il y a du remaniement dans l'air, le poste de Fillon est clairement menacé, et Borloo fait figure de favori pour lui succéder à Matignon. À en croire ses souvenirs, Bourgi est alors sollicité par un Fillon désireux de sauver son poste à tout prix. « Un jour, rapporte-t-il, il se fait très insistant, me fait venir, on déjeune… »

— Fillon : Tu as entendu parler de l'arrivée de Borloo ?
— Bourgi : Je lis la presse !

— Fillon : J'aimerais rester à Matignon, et je ne te cache pas que tu es l'une des rares personnes à pouvoir plaider ma cause auprès de Sarko.

— Bourgi : Pas de problème, tu peux compter sur moi, d'autant plus que Borloo n'est pas l'homme désigné pour aller à Matignon.

Toujours selon ses dires, Bourgi aurait alors été trouver Sarkozy.

« Je lui ai dit exactement ceci : "Nicolas, Fillon, il rouspète, il rouspète, mais c'est un toutou dans l'âme. Il rouspète, mais, dès qu'il te voit, il s'écrase. Tu n'as pas de cohabitation. Borloo, il est ingérable. Tu vas avoir une cohabitation difficile, avec Borloo. Il va péter les plombs, tu vas péter les plombs." Il me dit : "Ah oui, vu sous cet angle…" »

Robert Bourgi l'assure, il aurait donc joué un rôle décisif – ils sont nombreux à se l'attribuer ! – dans la décision de Sarkozy de ne pas nommer un nouveau locataire à Matignon. « Voilà comment François Fillon est resté Premier ministre », promet-il, avant d'ajouter, et on touche là au cœur de l'affaire : « J'attendais un "merci". Ça existe : "Robert, merci", ou un truc comme ça. C'est là que j'ai commencé à sentir que le bonhomme n'était pas… consistant. »

Et puis, sur le plan purement politique, le positionnement très anti-sarkozyste de Fillon, désireux de reprendre le leadership de la droite française après la défaite de 2012, heurte l'avocat. « Il s'inscrit tout de suite dans une lutte avec Sarko », regrette-t-il. Il évoque ce déjeuner au cours duquel l'ex-Premier ministre lui aurait lancé : « Sarko appartient au passé, et c'est moi qui vais être le chef de la droite. »

Vient la terrible guerre de succession, et l'affrontement Fillon-Copé à couteaux tirés pour rafler l'UMP. « Il me dit : "J'aimerais bien que tu plaides pour moi", et je lui ai pris deux "poissons" extrêmement proches de Sarko : Guéant, qui a fait un meeting pour lui, et Alain Joyandet, qui était le dernier ministre de la Coopération de Sarko. Je les ai reçus ici l'un après l'autre en une semaine. C'est pas mal, Joyandet et Guéant qui prennent fait et cause pour Fillon. »

Là encore, Bourgi aurait aimé un simple signe de reconnaissance. « Et rien ! s'exclame Bourgi. Rien ! Quand on boit un pot, fais en sorte que tu payes une seule fois le saint-julien ! Je n'attends pas après 20 euros, mais il y a des gestes, dans la vie. C'est toujours moi qui payais. Toujours. Donc je commençais à voir le bonhomme. »

Les mois passent et Sarkozy, témoin de l'éclatement de sa famille politique, mais aussi de l'impopularité croissante du pouvoir socialiste et tout particulièrement du président Hollande, se met en tête d'effectuer son come-back dans la perspective de 2017. Première étape, remettre la main sur l'UMP. Et pour ça, il a besoin de « Robert ».

« Nicolas a son retour en tête, mais ne l'a pas encore annoncé. Il me dit : "Je veux revenir à la tête du parti, il faudrait que tu puisses faire en sorte que Fillon me laisse la route libre." J'ai réussi à obtenir un déjeuner Sarko-Fillon dans un restaurant aux Invalides. » L'entrevue ne rapprochera pas les positions.

Mais, pour Robert Bourgi, la situation devient intenable, d'autant que durant les années 2014-2015 Sarkozy est cerné par les incendies judiciaires, et Fillon souffle avec entrain sur les braises, y compris devant lui. « Un jour, révèle l'avocat, j'ai organisé un déjeuner avec les trente-cinq plus gros noms de la communauté libanaise en France, au Bristol : des top niveau, le patron de Mercedes, le patron de Smart, un prof agrégé de médecine... Des gros calibres. Et Fillon, dans ce déjeuner, a fait un discours, où il a dit : "De toute façon, l'aventure de Sarkozy va s'arrêter, être interrompue, à cause de ses ennuis judiciaires." Alors que les Libanais, les Arabes ont un faible pour Sarko. Et moi qui suis là, la puissance invitante, je ne savais plus où me foutre. Et il l'a dit plusieurs fois. Plusieurs fois ! À des chefs d'État africains. Parce que je l'accompagnais, quand il allait voir des chefs d'État de passage à Paris. » Ainsi, les deux hommes rencontrent, à l'hôtel Park Hyatt de la place Vendôme, le 10 juillet 2012 dans la matinée, Macky Sall, élu quelques semaines plus tôt président du Sénégal. Le 1er décembre 2015, c'est avec l'omnipotent chef d'État équatoguinéen Teodoro Obiang, au pouvoir depuis... 1979, que Bourgi ménage, pour Fillon, un entretien, dans le cadre pompeux de l'hôtel Bristol. À en croire Bourgi, chaque fois, Fillon en profite pour savonner la planche de son ennemi Sarkozy.

« Il leur disait : "Je sais que vous avez un faible pour Sarkozy, mais vous savez, président, Nicolas, il va s'arrêter, les ennuis judiciaires..." »

Quasi systématiquement, Bourgi, après avoir quitté Fillon, obtient un rendez-vous avec Sarkozy, voire Guéant, afin de « rendre compte ». Et ce, depuis 2007. Les agendas de ce drôle d'agent double en témoignent, on l'a vu. Même principe après la défaite de Sarkozy, que Bourgi voit par exemple le 13 décembre 2012 à midi, juste après avoir discuté avec Fillon en milieu de matinée, au George-V. Le petit manège se poursuivra ainsi jusqu'à la fin de l'année 2016...

Pris dans un conflit de loyauté inextricable, entre le respect que lui inspire l'ancien Premier ministre et l'admiration affectueuse qu'il éprouve pour l'ex-président, lassé de ce double jeu qui l'amuse de moins en moins, mais aussi animé de cette volonté de réunir la « famille » néogaulliste, Bourgi est de plus en plus mal à l'aise. Son embarras s'accroît encore lors de la révélation, en octobre 2014, du déjeuner Jouyet-Fillon. « Quand je l'apprends, j'étais mal, très, très mal, confirme-t-il. Parce que ça ne faisait que confirmer ce qu'il m'avait dit à moi et ce qu'il avait dit aux Libanais, au Bristol, ce qu'il disait aux chefs d'État que je lui faisais rencontrer. » Cette fois, c'en est trop, Bourgi s'en ouvre à nouveau à Sarkozy. En des termes dont il dit se souvenir parfaitement.

— Bourgi : Nicolas, maintenant il va falloir que je m'arrête, que j'arrête de faire le lien, ce bonhomme est un pourri.

— Sarkozy : Je t'avais dit ce qu'était ce bonhomme…

— Bourgi : Que veux-tu, je pensais, moi, pouvoir t'être utile… Mais c'est un pourri, une planche pourrie.

Les deux hommes, Bourgi et Fillon, continuent d'entretenir des relations, mais désormais légèrement refroidies, jusqu'à l'année 2016. La sarkophilie assumée de Bourgi commence à avoir un effet répulsif sur Fillon. La primaire de la droite et du centre approche, et l'ancien Premier ministre a fait de l'ex-chef de l'État sa cible principale dans sa campagne. « Malgré cela, poursuit Bourgi, il m'invite dans la Sarthe pour la journée de son parti Force républicaine. Je préviens avant Nicolas qui me dit : "Ah non, là, tu déconnes, Robert", je lui dis : "Non, je vais y aller, il m'a demandé de venir." »

La journée en question, le 28 août 2016, c'est celle du discours dans lequel Fillon lance : « Qui imagine un seul instant le général de Gaulle mis en examen ? » Robert Bourgi est installé aux premières loges. Cueilli à froid. Il s'interroge, tente de comprendre. Comment Fillon a-t-il pu faire ça à celui qui l'a fait Premier ministre ? Et à lui-même, dont il sait à quel point il est proche de Sarkozy, pourquoi l'avoir invité précisément à assister à ce discours-là, en ce jour d'exécution et même d'humiliation publique ? Le tout, en invoquant la mémoire du Général, que Bourgi vénère plus que quiconque.

Intérieurement, l'avocat tempête, il s'en veut, aussi. Il a le sentiment d'avoir été piégé, pris en otage, comme si l'on avait voulu le contraindre à assister à la mise au bûcher de son idole. Il ne s'en est toujours pas remis : « Oh là, là, là, là… Je me dis : "Bon Dieu, et Sarko qui me sait ici…" Je suis rentré, je l'ai appelé, je lui ai dit : "Tu sais, je vais mettre les choses au point avec Fillon." J'étais mal. Quand j'ai été voir Sarko, en plus, il a fallu que je lui demande pardon d'avoir assisté à ça… Et là j'ai pris la décision de faire en sorte de lui couper les jambes, à Fillon. »

Cette attaque, c'est celle de trop.

C'est donc ce dimanche 28 août 2016, dans le cadre champêtre de Sablé-sur-Sarthe, que Robert Bourgi a décidé de « châtier » François Fillon, coupable d'avoir été trop loin, d'avoir humilié « son » Sarko. Et de n'avoir pas su faire preuve d'un minimum de reconnaissance à son égard, aussi.

CHAPITRE 27

Le « merci » de Sarkozy

Robert Bourgi est encore au lit. Serein et impatient à la fois. Sa compagne, Catherine, est à ses côtés. Il doit être sept heures et demie, dimanche 12 mars 2017, lorsque son portable sonne. « Cathy est à côté, elle regarde qui c'est : "Nicolas Sarkozy." Elle me dit : "C'est Nicolas", moi : "Oui, passe-le-moi." »

L'échange est pour le moins succinct, selon Bourgi :

— Bourgi : Oui, bonjour Nicolas…
— Sarkozy : Merci.

Rien de plus. « Et il raccroche. Il m'a dit "merci", et il a raccroché ! » s'esclaffe Bourgi, encore ravi, aujourd'hui.

C'est l'épilogue de l'histoire. Fillon ne s'en remettra pas. Petit flash-back. Fin novembre 2016.

La primaire remportée, c'est comme si Robert Bourgi, qui vient de lui offrir de somptueux costumes, était devenu *persona non grata* aux yeux de François Fillon. L'ancien Premier ministre ne prend plus l'avocat au téléphone. « Je lui envoyais des messages auxquels, avant, il répondait immédiatement, raconte Bourgi. Une semaine, deux semaines, trois semaines, quatre semaines… Pas de réponse. En décembre, je lui envoie un message : "François, buvons notre habituel saint-julien – son vin préféré –, invite-moi, que je boive un verre avec toi."

Je ne demande rien, ce n'est pas à mon âge que je vais demander un portefeuille ministériel ! Et pas de réponse. Aucune. Noël. Je lui envoie un message, je lui dis : "Joyeux Noël et bonne année, malgré ton silence." Je savais qu'il portait les costumes Arnys, je le voyais, à la télé ! Il me répond : "J'ai la tête sous l'eau, laissons passer le temps, dans les semaines qui viennent, on se reverra." L'homme qui passait te voir quatre fois par mois, que tu voyais régulièrement... Et il m'envoie un *smiley*, le bonhomme qui sourit. »

Mais de *smileys* rigolards, entre les deux hommes, il n'en sera bientôt plus question.

Début janvier 2017, Nicolas Sarkozy convie son ami avocat dans ses locaux d'ancien président, rue de Miromesnil. « À l'accueil, à son bureau, il vient, j'avais la tête des mauvais jours, à cause de Fillon », explique Bourgi, qui lance à Sarkozy : « Le bonhomme que tu n'aimes pas, je le déteste ! La mise en examen ne passe pas, et de Gaulle, tu sais le culte que j'ai pour le Général, ça ne passe pas. Il va me le payer cher. » L'avocat narre la suite : « Je lui dis : "Nicolas, il ne sera pas président." Lui : "Qu'est-ce que tu racontes ?" »

Bourgi s'interrompt un instant et s'enquiert de savoir si nos téléphones sont bien réglés en position dictaphone : « Ça enregistre bien ? » Bourgi tient à ce que l'on restitue au plus près le récit de ses représailles. Des propos donc invérifiables – Sarkozy refuse de nous parler, comme Fillon –, mais dignes d'être rapportés, d'autant qu'ils correspondent aux auditions de Bourgi devant les policiers.

— Bourgi : Nicolas, je vais le niquer.
— Sarkozy : Mais tu vas le niquer... Comment ? Comment tu vas le niquer ?
— Bourgi : Je ne te le dirai jamais. Parce que si je te le dis, comment je vais le niquer, tu vas appeler Hortefeux, tu vas appeler Pécresse, tu vas appeler Pierre, Paul ou

Jacques, et ça sera éventé, et ça ne marchera pas. Je vais le niquer. Un jour, tu l'apprendras.

— Sarkozy : Tu es sûr de ton coup ?

— Bourgi : Je pense.

— Sarkozy : Mais tu me préviendras ?

— Bourgi : Je te dirai à quel moment le coup fatal sera porté.

Nicolas Sarkozy est donc parfaitement informé, selon Bourgi, dès le début de l'année 2017, qu'un traquenard a été tendu à Fillon. Il ne le dissuade pas, en aucun cas.

Sarkozy se contente de l'alerter des « risques de dégâts collatéraux », dixit Bourgi.

Ce n'est pas la première fois que l'avocat joue les justiciers pour son idole. À l'en croire, il y a eu au moins un précédent, et cette fois-là, il aurait été directement mandaté par Sarkozy pour trucider un rival soupçonné de l'avoir trahi. C'était le 11 septembre 2011. Dans les colonnes du *Journal du dimanche*, déjà, Bourgi avait accordé une interview au lance-flammes dans laquelle il affirmait avoir remis des fonds occultes, en espèces, venant de chefs d'État africains, à Jacques Chirac et surtout à Dominique de Villepin. Or, Robert Bourgi nous le révèle aujourd'hui, il aurait agi sur service commandé de Nicolas Sarkozy, furieux que son rival puisse être blanchi par la justice dans l'affaire Clearstream, qui avait violemment opposé les deux hommes, le premier étant à l'origine du renvoi du second en correctionnelle. Bourgi : « C'est Sarko qui m'a demandé de le faire, parce qu'il craignait que la relaxe de Villepin ne soit définitive. » De fait, Villepin, mis hors de cause en première instance, en janvier 2010, attendait alors avec impatience la décision de la cour d'appel, prévue le 14 septembre 2011... trois jours après l'interview incendiaire de Bourgi dans *Le JDD*. Scandalisés, Chirac et Villepin annoncèrent leur intention de déposer plainte en diffamation, tandis que le parquet de Paris déclenchait une enquête préliminaire sur les faits dénoncés, procédure classée sans suite, faute de preuves, quelques mois plus tard...

Retour au début de l'année 2017. Robert Bourgi tente toujours désespérément de se rapprocher de l'ancien Premier ministre, entre-temps mis en cause pour les emplois contestés de son épouse. En vain : « J'avais les boules... je multipliais les textos, parce qu'il fallait que j'aille jusqu'au bout. » Mais si Fillon avait daigné répondre, témoigner à l'homme de la Françafrique la considération que ce dernier réclamait, aurait-il remisé son mauvais plan ? Il ferme les yeux l'espace d'un court instant et lâche : « Peut-être que j'aurais réfléchi. Peut-être. Mais le destin a voulu qu'il ne me réponde jamais. Et ce que j'avais en tête, je l'ai accompli. »

Début mars, c'est le « coup fatal » promis à Sarkozy : Robert Bourgi contacte le journaliste qu'il avait choisi, bien plus tôt, pour l'aider à rédiger ses Mémoires – un projet éditorial auquel il dit avoir renoncé sur instruction de Nicolas Sarkozy. Voici *Le Journal du dimanche* paré à lancer l'« affaire des costumes », ces étoffes luxueuses offertes par Bourgi à Fillon quelques semaines plus tôt.

La veille de la parution de l'article, samedi 11 mars 2017, un vent de panique s'empare du camp Fillon, sollicité par l'hebdomadaire pour réagir aux informations qu'il s'apprête à publier. Robert Bourgi, comme souvent le dimanche, déjeune en famille au Bristol. Son téléphone se met soudain à vibrer, plusieurs fois de suite, il se garde bien de répondre. « J'ai quatre, cinq appels de suite de Fillon : "Robert, appelle-moi s'il te plaît, c'est urgent." L'homme qui ne m'avait plus appelé depuis des mois », grince Bourgi.

C'est ensuite Anne Méaux, la communicante du candidat, qui se fait pressante : « Robert, s'il te plaît, rappelle-moi, c'est Anne, s'il te plaît, c'est urgent. »

Bourgi savoure sa revanche, laisse mariner Fillon, bien décidé à faire durer le suspense, ou plutôt le supplice. Il finit par le rappeler. Et rapporte aujourd'hui la conversation :

— Bourgi : Ah, François ! Tu sais que je suis vivant, toujours ?!
— Fillon : Écoute, *Le JDD* m'appelle, cette affaire de costumes…
— Bourgi : Ah ? C'est pas moi, je ne suis pas au courant.
— Fillon : Essaye de voir au niveau d'Arnys s'il y a eu une fuite, qui a organisé la fuite.
— Bourgi : Je vais appeler Jean-Paul [Brisard, le directeur d'Arnys]…
— Fillon : Il ne faut rien dire.

« Ensuite j'appelle Anne Méaux, rapporte Bourgi, qui me dit : "Robert, s'il te plaît, il ne faut rien dire. Sinon, François est mort. Il est mort. On n'en parlera plus, de Fillon." Je lui dis : "Écoute, je vais essayer d'appeler, de savoir ce qu'il y a derrière tout ça…" »
Robert Bourgi jubile, toute la frustration accumulée les mois et même les années précédents explose. Pour faire partager son bonheur assassin à celui qu'il dit « aimer d'amour », il passe un coup de fil : « J'appelle Sarko. »

— Bourgi : Nicolas, demain, t'achètes *Le JDD*.
— Sarkozy : Pourquoi tu veux que j'achète *Le JDD* ? Qu'est-ce que c'est que cette histoire ?
— Bourgi : T'achètes *Le JDD*, c'est tout, je ne vais pas te déranger plus longtemps, je suis avec mes petits-enfants et tu sais que, comme toi, je suis une mère poule !

Nous ne savons pas si Sarkozy a bien acheté *Le JDD* le dimanche 12 mars 2017. En revanche, ce qui est certain, c'est qu'il a savouré l'information. Et il sait à qui il la doit, son petit « merci » en atteste.

Quelques jours plus tard, l'enquête du juge Tournaire est étendue aux costumes de luxe offerts à François Fillon depuis 2012, via un réquisitoire supplétif ouvert par le parquet financier pour « trafic d'influence ». Au terme de l'enquête, aucune charge ne sera finalement retenue contre l'ancien Premier ministre sur ce point. Mais, médiatiquement, le mal était fait, depuis longtemps.

Fillon est devenu « l'homme aux costumes Arnys », l'épris de luxe.

Deux jours après le scoop du *JDD*, le candidat est mis en examen dans le cadre de l'affaire Penelope. Tumulte et brouhaha, la campagne vire au chemin de croix.

Dimanche 23 avril 2017, à la mairie du 7ᵉ, il est 11 h 41 très précisément lorsque François Fillon, après avoir fait la queue quelques minutes comme un électeur lambda, dépose son bulletin dans l'urne. Photographes et cameramen des chaînes d'info immortalisent l'instant. Le candidat de la droite semble épuisé. La campagne, il est vrai, a été particulièrement éprouvante pour lui. Fillon, le visage fermé, est vêtu d'un costume sombre du plus bel effet. Un ensemble siglé Arnys, cette marque qui lui a coûté si cher… politiquement.

Devant son écran télé, Bourgi arbore un immense sourire. Il a vengé « son » Nicolas, et lui-même au passage.

Encore tout content du mauvais tour joué à Fillon, l'avocat nous confie aujourd'hui, à propos de cette affaire de costumes : « Celle-là, c'est la casserole qui tue. Et si elle ne l'avait pas tué, je lui en aurais mis une autre, de casserole. »

De fait, Robert Bourgi semble détenir encore quelques secrets inavouables. Nous avons évidemment tenté de suivre la piste de cette « casserole », qu'il envisageait de faire tintinnabuler aux oreilles de son nouveau souffre-douleur. Faute d'avoir pu les recouper, nous avons décidé de ne pas publier ses déclarations. Quelle que soit la réalité qu'elles recouvrent, elles en disent long sur la haine que François Fillon peut susciter, y compris chez ses plus vieux amis.

CHAPITRE 28

« Signé Sarko »

Elle n'en revient pas. Une nouvelle fois. L'affaire Penelope, déjà. Un choc. Et maintenant, les costumes ?

Restée proche du couple Fillon, Roselyne Bachelot en est encore tout ébaubie, au point de convoquer une célèbre pièce de Jules Romains. « C'est *Monsieur Le Trouhadec saisi par la débauche*, ose-t-elle. L'angle de fuite de cette vie vendue comme un argument personnel et politique, une femme qu'on n'a jamais vue avec un bijou, une toilette de couturier. C'est de la sottise. » « Quand on est sous la menace, on serre les fesses, on n'accepte même pas une bière à la terrasse d'un café », ajoute-t-elle, allusion aux costumes offerts par Bourgi à Fillon.

Mais voilà, désormais, elle a compris le mécanisme qui a mené à la catastrophe : « Fillon, c'est un type qui a toujours vécu de la politique, il n'a pas de roue de secours. Passer de 21 000 euros mensuels à rien, quand il quitte Matignon, avec une femme et cinq enfants à entretenir… »

Fillon s'est aveuglé, puis enivré. Tombant dans un piège qu'il s'est lui-même tendu. Ils étaient si nombreux, en arrière-plan, à attendre le moment propice. Pour enfoncer la dague.

À droite, pour ceux qui en doutaient encore, l'affaire des costumes a en effet levé les ultimes interrogations : les déboires de Fillon dans la dernière ligne droite de la présidentielle sont signés du camp Sarkozy.

Peu importe qu'il n'ait pas forcément été lui-même le « donneur d'ordres », l'empereur de la droite française a toujours été entouré d'une cour de légionnaires prêts à tout pour protéger leur chef, laver son honneur ou régler ses comptes. Jean-François Copé, pour s'être parfois frotté aux plus zélés des sarkozystes, n'a jamais été dupe de quoi que ce soit. Les preuves abondent moins que les soupçons ? Il rétorque, presque triomphant : « Il manque le *smoking gun* ? Eh bien, Bourgi. Bourgi ! C'est lui-même qui le raconte ! Bourgi qui dit : "Je l'ai dit à Nicolas Sarkozy, qui ne m'a pas dissuadé de le faire." Donc si Nicolas Sarkozy considère qu'il ne faut pas qu'il le fasse, parce qu'il faut que la droite gagne, eh bien, il sait trouver les mots quand même ! »

Les fillonistes, passés ou présents, en sont tout autant convaincus. Patrick Stefanini par exemple. « Ce qui est signé Sarko, c'est l'affaire Bourgi. L'affaire des costumes, ça me paraît signé. D'ailleurs, Bourgi affiche une proximité très forte avec Sarkozy », confirme l'ancien directeur de campagne de Fillon. « Des sarkozystes derrière cette affaire ? Tout est possible, estime Valérie Pécresse. Après, si vous ne voulez pas que des affaires sortent, il ne faut pas qu'elles existent. Quand on veut incarner la probité, on est probe. » Évoquant « une terrible déception » à propos de cette histoire, elle estime que « c'est au moment des costumes que c'est fini. C'est quelque chose de pas compréhensible par les gens. Peu de gens en France ont des costumes à 6 000 euros ! Et après la primaire ! Ce n'est même plus un angle mort, je suis dans l'incompréhension la plus totale et la stupeur ».

Téléguidée, encouragée ou tolérée par Sarkozy, l'affaire des costumes a dessillé les dernières paupières dans les rangs de la droite. Ceux qui voulaient encore croire au mythe d'un Fillon à l'austérité quasi monacale, le jansénisme fait homme, tombent de haut.

François Baroin approuve. D'après lui, l'épisode des costumes, « c'est une faute immense. C'est incompréhensible ». Henri Guaino le reconnaît à son tour, « avec Bourgi, on est tombés des nues. Bourgi, on voit qui c'est, hein... ».

Pourtant, ce goût pour les objets de luxe, les vêtements de marque, les voitures de milliardaires, tout cela n'aurait-il pas dû alerter son entourage ? « Son train de vie ? Mais, si vous voulez, ça ne sautait pas aux yeux, se défend Stefanini. Aujourd'hui, c'est facile de réécrire l'histoire. Moi je suis allé deux fois à Sablé dans cette période-là, avec des collaborateurs, avec François Sureau, Pierre Lellouche, des gens comme ça, c'était le soir, en plein hiver. J'ai fait deux dîners, j'ai vu le salon et la cuisine, mais ça ne m'a donné aucune idée de l'ampleur du domaine, la seconde fois, c'était au printemps, mais aucune vision d'ensemble. Donc si le problème, c'est l'entretien de cette propriété, et apparemment ça a joué un rôle, il fallait être dans le cercle intime, invité à passer des week-ends chez les Fillon, moi je n'étais pas dans ce cas-là... Et puis, il roulait dans sa voiture de fonction d'ancien Premier ministre, pas en Maserati ou en Ferrari. Après, oui, il avait des jolis costumes, mais, bon, il y a quand même beaucoup d'hommes politiques qui sont bien habillés ! Si j'avais été un collaborateur de longue date de François Fillon, mais moi je l'étais depuis 2013, donc... »

Même l'un des plus implacables procureurs du fillonisme, l'ancien juge d'instruction Jean-Louis Debré, assure avoir été stupéfait par l'épisode. « Quand on a appris pour les costumes, cela reflète un besoin d'argent. Même moi, qui voyais quelqu'un d'hypocrite, de faux, de fuyant, je n'imaginais pas qu'il puisse prendre contact avec M. Bourgi, qu'il puisse se faire acheter un costard, avoir ce goût de l'argent. L'un de ses proches, Jean-Paul Faugère [directeur du cabinet de Fillon à Matignon de 2007 à

2012], m'a dit : "Mais moi non plus !" Alors que vous êtes désigné comme candidat à la présidence de la République, comment vous pouvez vous faire payer des costumes par M. Bourgi ? Quand on sait le mal qu'on avait eu pour sortir Chirac de ce mec-là... Il est extraterrestre, Fillon, rien n'a de prise sur lui. »

Ses amis et ennemis ont pu se faire leur opinion, en ce printemps 2017. Reste à connaître celle des Français.

CHAPITRE 29

Le goudron et les plumes

Constat de déroute. L'inéluctable se produit, le 23 avril 2017.

Avec 20,01 % des voix, François Fillon, donné pourtant grand favori du scrutin après sa victoire à la primaire de la droite le 27 novembre 2016, finit seulement troisième du premier tour de l'élection présidentielle. Il est devancé par Marine Le Pen (21,30 %) et Emmanuel Macron (24,01 %), qui se disputent sans grand suspense la victoire : l'ancien conseiller de François Hollande l'emporte largement le 7 mai.

La droite républicaine est en miettes ; pour la première fois sous la Ve République, son représentant n'est pas parvenu à atteindre le second tour d'une élection présidentielle.

Le Dalton-Fillon quitte la politique couvert de goudron et de plumes, et Lucky Luke-Tournaire est loin d'en être le seul responsable. Un déshonneur mérité, selon Jean-François Copé, évidemment : « Pfff, il aurait dû faire 30 %, balaye-t-il non sans hargne. Le leader de la droite, après cinq ans d'opposition ? Il finit au fond de sauce de la droite, c'est lamentable... Fillon a tué la droite, et durablement ! »

Et si l'ex-Premier ministre payait aussi, au passage, les errances de la droite depuis trop longtemps ? Peu suspect d'empathie à l'égard de l'ancien Premier ministre,

Jean-Louis Debré lui-même l'admet : « L'échec n'est pas dû uniquement à Fillon. »

Depuis cette défaite historique à la présidentielle, ils sont nombreux dans la galaxie LR à entamer leur examen de conscience. À l'image de Roselyne Bachelot, désormais animatrice à la télévision : « Fillon était plus un symptôme qu'une cause, juge-t-elle. La mort de la droite est programmée par l'usure du pouvoir, par une série de trahisons successives. Pompidou, Chirac, Balladur… c'est l'histoire de la droite des trahisons. Il y a une logique implacable dans le dernier duel Sarkozy-Fillon, le dernier chapitre d'un livre qu'on pourrait appeler "haines", entre guillemets », conclut Bachelot, dans un clin d'œil involontaire au titre de notre premier tome. « À gauche, reprend l'ancienne ministre, il n'y a pas ce phénomène de trahisons, c'est différent. À gauche, c'est l'idéologie qui vous mène au pouvoir, à droite, ce sont les hommes qui vous mènent au pouvoir. »

Même Copé, en luttant très fort contre son penchant naturel, s'interroge à haute voix, à l'instar de Bachelot : et si l'échec de Fillon n'était rien d'autre que « l'ultime épisode du suicide généralisé de la droite sur la dernière décennie » ? Pour le maire de Meaux, « ça a disjoncté, oui, mais ce qui a disjoncté surtout, c'est ceux qui étaient censés être les leaders. Sarko, en revenant, a prédéterminé une violence extrême dans les primaires, parce qu'en plus il n'avait pas préparé suffisamment son retour, il était persuadé que tout cela se ferait facilement, et donc ça s'est très mal passé. Juppé était d'une rigidité extrême, donc s'est condamné à perdre des voix bêtement, et Fillon finalement a été élu par défaut. La droite ne voulait plus de Sarko. Donc ils étaient prêts à Juppé pour ne pas avoir Sarko. Et puis quand tout d'un coup ils se sont dit : "Ben dis donc, Fillon a l'air plus à droite que Juppé", ils ont pris Fillon ».

Benoist Apparu estime, lui, que la droite dans son ensemble a payé une cure d'opposition totalement ratée, en offrant un visage peu reluisant durant les cinq années qui ont suivi la défaite de Nicolas Sarkozy, en mai 2012. « On a un quinquennat Hollande très faible, or, l'opposition, les seuls coups d'éclat qu'elle va faire, c'est Copé/Fillon, les affaires Azibert, Bygmalion, Jouyet, Fillon… égrène-t-il. Une opposition qui ne va faire que de l'électoralisme, de l'opportunisme et de la politicaillerie. Le seul message qu'on va adresser aux Français, c'est ça. Rien d'autre ne sort. Des querelles et des affaires. Le seul visage qu'on a offert est cataclysmique. »

Le constat, accablant, est empreint de lucidité. On ne sort pas indemne d'une opposition basique, stérile, en pilotage automatique. « L'affaire Fillon, ça masque une réalité stratégique, poursuit Apparu. Sans l'affaire Fillon, le résultat aurait été à peu près le même. Il a un mois de décembre plutôt bon, les courbes avec Macron s'inversent, avant son affaire. »

Apparu a un regret réel, un seul : « Quand Fillon fait cette erreur stratégique de laisser Bayrou signer avec Macron. Ça fait cinquante ans en France que la droite et le centre gouvernent ensemble. Sarko a poussé le centre français vers la gauche, alors qu'elle était devenue plus fréquentable. La présidentielle se perd avec Bayrou, il file 4 points à Macron et il en perd 4. Il ne fait pas un score si pourri que ça, mais, si vous lui ajoutez les 4 points de Bayrou, il est devant. »

Bien sûr, c'est Fillon qui a décidé, *in fine*, de laisser partir Bayrou. Il n'a jamais écouté que lui-même, il lui manquait sans doute, dans son staff, un cador de l'ombre, l'un de ces conseillers politiques que l'on suit presque aveuglément, parce qu'ils savent déceler les voies parfois sombres menant à la lumière. En outre, Juppé et Sarkozy n'ont jamais vraiment voulu/su se rapprocher du candidat

Fillon, forcer leur tempérament et vaincre leurs réticences. Le candidat, du coup, s'est complu dans une solitude assumée. Prenez ce rassemblement du 9 avril 2017, peut-être le meeting de la dernière chance : 25 000 personnes assemblées porte de Versailles, à Paris. Ce jour-là, une affiche aurait pu tout changer, peut-être. Fillon-Sarkozy-Juppé à la même tribune échangeant des sourires, forcément factices, mais le symbole aurait été si rassérénant pour un électorat déboussolé… Xavier Bertrand y a cru jusqu'au bout : « J'essaye avant le premier tour, je lance : "Il faudrait un meeting avec Juppé, Sarkozy et Fillon." Je passe mon week-end au téléphone pour savoir s'ils seraient bien d'accord, les trois, pour faire le meeting. Ça achoppe au final, c'est Fillon qui ne veut pas. Si on montre que les trois sont ensemble, ça affiche un message. »

Bertrand se souvient dans le détail des atermoiements et fausses excuses. « Fillon me dit : "C'est Sarkozy qui ne veut pas." Sarko me dit : "Ce que tu me demandes n'est pas facile, mais s'il le faut, je le ferai." Juppé me dit : "C'est pas facile, mais on est prêt à le faire." Et je connais mon Sarkozy, quand il ne veut pas, il dit non. Fillon me dit : "OK, je vais l'appeler." Et il ne l'appelle pas. Il n'a pas envie. C'est son droit. C'est la question de l'ego. Il ne veut pas partager, il ne veut pas entendre des "Nicolas, Nicolas !". »

En politique, inimitié rime parfois avec cécité.

Mais que dire, aussi, de ce programme présidentiel, aux allures de purge ? Un vrai repoussoir…

CHAPITRE 30

La potion tragique du docteur Fillon

Presque de quoi lui gâcher son Noël. François Fillon se réveille de fort méchante humeur, ce 21 décembre 2016.

Le candidat de la droite vient de prendre connaissance d'une tribune à paraître dans *Le Monde* de l'après-midi. Signée par le député LR Henri Guaino, contempteur infatigable de l'ancien Premier ministre, elle porte un titre choc et provocateur : « La droite n'aurait-elle rien de plus sérieux à proposer qu'une politique obéissant à la même inspiration que celle de Laval en 1935 ? »

Décidément, la référence – offensante – à Pierre Laval revient souvent chez les sarkozystes lorsqu'il s'agit d'évoquer François Fillon. « Il n'a pas aimé, se délecte encore Guaino. Je l'ai croisé ensuite à l'Assemblée. Je lui ai dit : "Bonjour !" Il a serré les dents en disant : "Laval…" Mais, s'il avait été élu, ce serait encore pire qu'aujourd'hui. »

Car, au-delà des affaires, des haines, des alliances, du positionnement stratégique du candidat ou encore de son tempérament, il y a le programme de Fillon lui-même. Létal, à en croire de nombreuses figures de la droite. Beaucoup trop radical en tout cas pour emporter l'adhésion d'une majorité de Français. Le docteur Fillon, qui avait diagnostiqué un pays en très mauvaise santé, est aujourd'hui accusé d'avoir concocté un sérum mortel pour le malade. Le remède magique a viré à la potion tragique.

« Quand il a vu le programme qu'il faisait, genre 500 000 fonctionnaires en moins, Sarko m'a dit : "Le pays va être à feu et à sang, c'est pas possible", se souvient Rachida Dati. Parce que, dans le programme de Fillon, il n'y a pas une mesure... d'empathie, rien. Donc Sarko dit : "Je ne vois pas comment il y arrive. Et s'il y arrive, le pays, un mois plus tard, il est dehors..." Oui, lui président, la France aurait été dans la rue, il aurait fracturé, ç'aurait été terrible... »

Henri Guaino lui aussi fait partie de ceux qui sont persuadés, et ils sont nombreux, que l'ancien Premier ministre n'a pas perdu à cause des affaires. « Il n'est pas mort de cela, assure l'ancien conseiller de Sarkozy. Il est mort de son programme, qui lui ressemblait. » Et qui ressemblait encore plus à ses conseillers de l'ombre, les Castries ou Ladreit de Lacharrière.

Plus nuancée qu'Henri Guaino, ce qui n'est pas très difficile, Valérie Pécresse, soutien de Juppé avant la primaire, estime aussi que « Fillon n'avait pas le bon dosage des réformes ». D'après l'ancienne ministre de l'Enseignement supérieur, « la victoire de Fillon est la victoire d'un programme économique et social très dur, trop libéral, pas assez social, ce qui est bizarre pour un gaulliste social. Pour gagner, il a été obligé de forcer le trait, il est allé sur quelque chose de trop libéral ».

Xavier Bertrand est sur la même ligne, sur le fond. Évoquant d'abord la campagne de Fillon et son « évanouissement » juste après sa victoire à la primaire, le président de la région Hauts-de-France rappelle que « la politique, surtout pour la présidentielle, c'est un marathon, qui finit par un sprint ! Je pense que si Fillon est élu, s'il applique son programme tel qu'il est, c'est pas la crise des "gilets jaunes", qu'on a ! Et on en a une six à douze mois avant ». L'ancien ministre de la Santé se souvient que, s'il avait « de vraies limites sur son projet », Fillon lui avait proposé, à peine sa victoire à la primaire actée, d'en faire son Premier ministre s'il était élu. « Je lui ai dit : "On va parler du fond" », rapporte Bertrand. Il restitue son échange avec le candidat, qu'il date très précisément du mardi 29 novembre 2016.

— Bertrand : Tu veux faire la suppression de l'ISF, OK, mais je veux une baisse de l'impôt sur le revenu sur les deux premières tranches.

— Fillon : Ah, mais tu comprends, ça va coûter...

— Bertrand : Tu veux la retraite à 65 ans, OK, mais, à la fin de ce quinquennat, je ne veux plus personne qui a bossé qui ait moins de 1 000 euros par mois.

— Fillon : Oui, mais...

— Bertrand : Non-remplacement d'un fonctionnaire sur deux ? Je veux avoir de vraies marges. À l'hôpital, je suis d'accord pour les administratifs, mais on ne touchera pas un seul cheveu d'un soignant.

— Fillon : Non mais, Xavier...

— Bertrand : François, l'ambiguïté, personne n'en sort si ce n'est à son détriment, alors je vais faire campagne jusqu'au bout et je vais rester à la tête de ma région, c'est très bien comme ça.

Bertrand poursuit son récit : « Je sors, il appelle Larcher et lui dit : "Xavier, ça ne va pas aller." On n'était d'accord sur rien. Les idées auxquelles je crois, je ne pouvais pas les appliquer. On pouvait en faire quelque chose, de ce programme, mais, s'il l'appliquait à 100 %, ça ne marchait pas. » Xavier Bertrand, lui aussi, a observé que, très vite après sa large victoire à la primaire, Fillon avait dégringolé dans les sondages, notamment à la suite de ses propos sur la réforme de l'assurance maladie, préconisant par exemple que seules les affections les plus graves soient prises en charge par la Sécurité sociale. Le député du Val-d'Oise, Jérôme Chartier, avait aggravé le cas du candidat en laissant entendre le 12 décembre 2016 sur France Inter que certains rhumes pourraient ne plus être pris en charge. « Le toboggan du début, explique Bertrand, il est inquiétant, personne n'a jamais autant baissé dans les sondages, avant même son affaire. Quand c'est flou, c'est qu'il y a un loup, il confond système de santé avec système de remboursement de soins, avec Chartier sur le rhume... »

Coupable d'avoir anéanti sa famille politique, François Fillon en a déçu plus d'un, lors de cette séquence présidentielle. Humainement et politiquement. François Baroin, par exemple.

« Si j'en veux à Fillon, nous confie le maire de Troyes, c'est de ne pas avoir cru suffisamment qu'il allait être un jour président de la République et de ne pas avoir créé les conditions, sur le fond de son projet comme sur son organisation personnelle, de tout mettre sur la table et de donner toutes les explications pour chacun des sujets qui sont liés à la période qui est la nôtre désormais, à savoir celle de l'ultra-transparence. Et je lui en veux donc d'avoir entraîné un peuple tout entier dans, au fond, une histoire qui n'était que son histoire : sa volonté de revanche sur Sarkozy, et l'impasse dans laquelle il nous a emmenés. »

Depuis le désastre d'avril 2017, les deux hommes se sont revus. « Je crois qu'il est heureux de sa nouvelle vie, dit Baroin. Mais la politique, c'est fini, ce n'est pas parce qu'il est insondable qu'il est insensible. On n'est pas fait de bois, ça restera des souffrances éternelles. »

Patrick Stefanini, lui, a tiré un trait. Conserver des relations avec ce candidat au service duquel il s'était mis avec ardeur ? « Non, répond-il froidement. On ne peut pas en avoir. J'ai travaillé pour lui bénévolement de mai 2013 à fin 2016, je lui ai consacré l'essentiel de mon temps libre, sacrifié une partie de ma vie familiale... Voilà, c'est la vie, il n'était pas obligé de me dire la vérité, d'autant moins qu'il a considéré probablement, en toute bonne foi, que tout cela [les affaires] n'avait aucune importance. Bon, il s'est trompé, le problème est qu'il nous a entraînés dans sa chute. Après, il aurait peut-être perdu sans ça, on ne le saura jamais. Mais ce que disent les sarkozystes en disant que son programme l'aurait tué, c'est un peu facile *a posteriori*. Pour le reste, il doit être bien seul. Je me souviens lui avoir dit : "Tu sais, François, au tribunal, on y va tout seul…" »

Enfin, pas tout à fait : du 24 février au 11 mars 2020, c'est au côté de sa femme Penelope que François Fillon comparaîtra sur le banc des prévenus, devant la 32ᵉ chambre du tribunal correctionnel de Paris. Au total, le tribunal ne siégeant pas le week-end, treize jours d'audience. Un chiffre porte-malheur, à l'image d'un homme qui aura jeté un mauvais sort sur sa famille politique.

CHAPITRE 31

La guerre des trois aura lieu

La droite doit reconstruire sur les décombres.

Et se retrouver un chef. Mais qui pour incarner ce leadership au niveau national, maintenant que les Fillon, Juppé, Sarkozy ont été balayés, et que Les Républicains, dans l'indifférence générale, se sont dotés d'un président, Christian Jacob, plus proche du syndic de faillite que du leader charismatique ?

« La droite française n'est pas idéologique, elle n'a pas un corpus arrêté, puissant, supérieur aux hommes qui dirigent, rappelle Benoist Apparu. Le jour où vous n'avez plus de leadership évident, vous vous effondrez. Giscard, Chirac, Sarko, ce sont des évidences. Dans notre histoire politique, on ne rêve que d'une chose, avoir un chef. Si vous n'avez pas de chef, vous êtes orphelin. » D'autant que, comme le résume Jean-Louis Borloo, « la Ve République, c'est une monarchie : quand le roi a gagné, les troupes adverses sont décimées ».

Ils sont trois, début 2020 en tout cas, à se disputer les reliques de la droite et son commandement : François Baroin, Xavier Bertrand et Valérie Pécresse.

À la fin, il n'en restera sans doute qu'un(e).

Sont-ils assez équipés pour ce long périple en terre forcément hostile ?

Rachida Dati, qui ne caresse pas d'ambitions nationales, en tout cas pour l'instant, a son idée sur la question.

« La politique, c'est d'abord un phénomène de bande, estime la candidate à la mairie de Paris. On ne fonctionne plus en bande. Pécresse, Baroin, Bertrand, ce n'est pas le niveau de ce que l'on a connu. Baroin, je l'adore, mais il ne bosse pas. Bertrand ? Pas assez étoffé. Pécresse, c'est le retour à la petite bourgeoisie. » Dans son style abrupt, l'ancienne garde des Sceaux ne cite évidemment pas ces noms par hasard, tant ces trois personnalités semblent se dégager pour incarner la relève, chacune dans son registre : l'ancrage territorial aux relents presque « rad-soc » pour Baroin, la droite populaire et régalienne version Bertrand, le créneau libéral-francilien de Pécresse. Trois « quinquas » qui peuvent s'appuyer chacun sur une forteresse, la mairie de Troyes – et l'Association des maires de France – pour Baroin et, surtout, les régions Hauts-de-France et Île-de-France, respectivement dirigées par Bertrand et Pécresse.

Sur le papier, François Baroin a une belle carte à jouer. Respecté et même apprécié dans sa famille politique, le président de l'AMF souffrirait toutefois selon ses collègues d'un handicap rédhibitoire, résumé par Jean-Louis Debré, en écho à Rachida Dati : « François Baroin, il est paresseux. Il est sympa, a une belle image, une belle voix, mais il ne travaille pas. » Jean-François Copé opine : « Il n'aime pas travailler. » S'il veut espérer s'imposer, ne serait-ce que dans son camp, Baroin va devoir forcer sa nature dilettante.

Âgé de 54 ans, le maire de Troyes ne semble pas, de toute façon, franchement emballé à l'idée de devenir le nouveau calife de la droite française. Par manque d'envie, peut-être, ou tout simplement parce qu'il n'y croit pas, ce qui revient à peu près au même, finalement. D'ailleurs, lorsqu'on l'interroge sur l'avenir de la droite en général et de LR en particulier, il ne cache pas son pessimisme : « C'est la fin d'une histoire, dit-il. Ça me fait de la peine de répondre à cette question, parce que c'est vingt-cinq ans de vie, matin, midi et soir… » Lui qui a perdu, en cet automne 2019, son précepteur politique, Jacques Chirac, mais aussi ses espoirs de voir renaître une droite tout à la fois conquérante et apaisée. « J'ai pleinement conscience du caractère historique de ce qui se passe. Historique pour la droite, c'est-à-dire peut-être la fin du mouvement gaulliste tel qu'il s'est constitué depuis cinquante ans. Moi, j'en suis convaincu. Sarkozy, sans le formuler comme ça, en est convaincu. C'est un immense gâchis, un immense sentiment d'amertume et un immense sentiment d'impuissance, aussi. On s'est tous refait le film vingt fois... On a tous notre part de responsabilité. La défaite de Fillon, mécaniquement, et quelle qu'ait été la personne à la tête du parti, crée les conditions de la fin des Républicains, c'est-à-dire de la formation gaulliste. Ce qui arrive n'est que la poursuite de la queue de comète d'un dispositif qui remonte à loin, qu'on peut dater éventuellement de la période Balladur-Chirac. Parce qu'au fond, on n'a jamais réussi à pleinement et totalement cicatriser. »

Alors, Baroin a choisi de se placer en réserve de la République. « Moi, je me suis mis de côté, dit-il plus simplement. Il se trouve que j'ai encore la présidence des maires et que jamais l'AMF ne doit prendre autant d'espace, mais c'est parce que Macron s'y est mal pris avec les collectivités locales. »

Mais attention, ne pas trop se fier, non plus, à cet apparent détachement. La politique, c'est une ambition, certes, mais aussi des circonstances. Celles-ci pourraient être favorables à cet homme et à sa voix de velours, gendre et candidat idéal aux yeux de ses partisans. Laurent Wauquiez s'est désintégré, libérant une place occupée désormais par le vaporeux Christian Jacob à la tête de LR. Or Baroin ne s'est pas fait prier pour accepter de regagner les instances des Républicains, en octobre 2019, dans la foulée de l'arrivée de Jacob. Il a la haute main sur le fichier des adhérents, les finances, sans avoir besoin de se perdre dans les querelles intestines. Une parfaite position d'attente, façon chasseur en battue.

Et si l'homme providentiel qu'attend la droite était… une femme ? Valérie Pécresse porte, depuis le cataclysme du printemps 2017, une partie des espoirs d'un courant politique en mal d'idées comme de porte-drapeau. Si elle est encore relativement jeune (52 ans), plusieurs fois députée et ministre, l'actuelle patronne de la région Île-de-France, où elle a été élue en décembre 2015, a déjà derrière elle une solide expérience, à défaut d'une immense notoriété. Et elle a fondé à l'été 2017 son propre mouvement, « Libres ! », qui se réclame d'« une droite ferme et humaniste ».

« Le sujet aujourd'hui est l'espace politique et l'incarnation, résume-t-elle. Ce qui est frappant, c'est de voir comment certains de nos leaders ont conduit à rétrécir la droite en s'appuyant sur un noyau dur qui est de plus en plus petit. C'est incompréhensible et je n'arrive pas moi-même à comprendre comment on en est arrivé là. Parce que ce n'est pas normal. Entre Macron et Le Pen, il y a un espace politique. Mais simplement, pour l'occuper, il ne faut pas être obsessionnel pour courir derrière Marine Le Pen, il faut au contraire être au barycentre de ce qu'a toujours été la droite : une vocation sociale assez forte et une fermeté régalienne. »

Au risque d'apparaître à contretemps, Pécresse s'est résolue à quitter LR en juin 2019, après le calamiteux résultat du parti aux européennes. « Pécresse, je pense qu'elle va partir au moment de l'EM Lyon, après ce que Wauquiez dit sur elle », glisse Xavier Bertrand, allusion aux propos imprudents tenus par celui qui était encore le patron de LR devant des étudiants lyonnais, en février 2018. Se croyant *off the record*, Wauquiez, après avoir accusé Sarkozy d'avoir mis sur écoute ses ministres, avait lâché, à propos de Pécresse : « Le nombre de conneries qu'elle peut faire ! »

« Là, reprend Bertrand, elle a l'occasion de dire : "Ça va, s'il n'y a même plus de respect entre nous, je pars." À sa place, je pars. Mais, au niveau timing, peu de gens ont compris, y compris beaucoup de ses soutiens. »

Bertrand, lui, avait claqué la porte dès décembre 2017. « Moi, dit-il, si je pars, c'est que l'élection de Wauquiez vient compléter un cycle. On est au dernier étage de LR, au lendemain du premier tour de la présidentielle, et se pose la question : "Qu'est-ce qu'on décide ?" Et là, je vois Ciotti, Wauquiez, qui commencent à dire : "On ne peut pas appeler à voter Macron." Et moi, je dis : "Vous pouvez continuer à chercher tous les trucs, pour moi, c'est clair, je prendrai position." Pour eux, il faut ménager les législatives. Calculs à la con, d'épiciers, de boutiquiers… Ce jour-là, je me dis : "Ce n'est plus possible." »

Au-delà de la question du moment où Pécresse s'est résolue à quitter Les Républicains se pose surtout celle du pourquoi. Quelles sont les véritables ambitions de l'ancienne ministre de l'Enseignement supérieur, quel projet précis porte-t-elle ? « On est dans une période de reconstruction de la droite assez floue, élude-t-elle. J'ai regardé le parti conservateur britannique, après Blair, on passe de Thatcher à Cameron. Il y aura une droite différente qui émergera après Macron. Dans les deux ans ou dans les dix ans ? Il y aura une droite alternative. Le RN est incapable de concevoir un projet. Il va falloir reconstruire brique par brique quelque chose qui tienne la route. Il faut reconstruire à partir de quelque chose de radicalement neuf. »

Quant à l'édification d'une éventuelle stature de présidentiable, elle estime, comme Xavier Bertrand, qu'elle passe nécessairement par l'échelon local. « Moi, assure-t-elle, je fais la politique comme j'aime, j'essaie de changer la vie des gens, apporter ma pierre. On verra… Si Macron réussit, l'espace à droite sera faible. Il y a eu une erreur de stratégie et d'analyse en 2017, qui est liée à la misogynie en politique, ils ont cru que Marine Le Pen, qui a raté son débat, était morte. Or, c'est tout l'inverse. Elle est résiliente et forte. »

Lorsqu'on évoque le positionnement de la patronne de la région Île-de-France sur l'échiquier politique, Bertrand confie : « On n'a pas la même approche. La question n'est pas de se constituer un espace entre Macron et Le Pen. Ça ne marchera pas. » Les deux, pourtant, se ménagent. « Ce n'est pas un pacte de non-agression avec Pécresse, précise Bertrand. On est complémentaires, ce ne sont pas les pactes qui font quoi que ce soit. »

Si elle se garde bien de clamer ses ambitions personnelles, sur le fond, Valérie Pécresse reste optimiste pour le courant de pensée auquel elle continue de croire. « On aurait dû gagner la présidentielle, c'était notre tour ! se persuade-t-elle. Il ne faut pas parler de décrépitude à droite, c'est une erreur d'analyse. Nos idées sont plébiscitées aujourd'hui dans le pays. On a un Macron qui arrive du centre gauche, une espèce de Tony Blair, un libéral à gauche, c'est un ovni, plutôt communautariste et libertarien, mais ce sont les solutions de droite qui sont plébiscitées, en termes d'autorité, de baisse des impôts, d'équilibre rural et urbain, de laïcité… On peut parler de décrépitude de LR, de torpillage d'une candidature, mais, idéologiquement, jamais nos idées n'ont été aussi fortes ».

Encore faut-il en faire la démonstration, pratique. Puis trouver sa place, au-delà du « tandem » Macron-Le Pen qui agit comme un aimant destructeur pour les formations politiques classiques comme LR. Mission impossible ? Thierry Solère, passé dans le camp Macron, n'est pas loin de le penser.

Pour une raison simple, que l'ex-député LR résume dans un sourire goguenard : « Ça ne sert à rien de reconstruire la droite, elle est déjà au pouvoir. »

CHAPITRE 32

Des racines et des ailes

Il lui faudra d'abord conserver sa région. Et tout lui sera alors permis, croit-il. Xavier Bertrand, le patron des Hauts-de-France, mérite que l'on s'arrête sur son cas. Et sur sa méthode. À l'inverse de Valérie Pécresse, et même de François Baroin, il n'élude aucune question, préférant avancer à découvert et parler cash, même si l'on ne peut exclure que ce positionnement relève de la posture. À l'évidence en tout cas, du trio pressenti pour reprendre le flambeau de la droite, Bertrand (54 ans) est celui qui s'y prépare le plus activement.

Le 9 octobre 2019, quelques jours après avoir reconnu sur France 2 « penser » à une candidature en 2022, il nous lance d'ailleurs, quand on lui demande des précisions sur son calendrier d'ici la présidentielle : « Il sort quand, le bouquin ? Mi-janvier ? Ce n'est pas dans ma strat'… » Xavier Bertrand a beau avoir, pour partie, perdu l'usage de la langue de bois, il parle toujours couramment la « novlangue » propre aux politiciens madrés.

Sa « strat'», donc. « J'ai une stratégie, des idées, mais pas le projet, je n'ai pas encore de programme, développe-t-il. Je n'ai pas réponse à tout. Il faut aussi voir si ça tourne, d'où l'intérêt de La Manufacture, qui me permet de comprendre. » Créée par Bertrand fin 2012, cette structure, qui se veut un laboratoire d'idées, rassemblerait désormais, à en croire son créateur, « quelques dizaines de milliers de personnes ». Mais, précise-t-il aussitôt, « je ne veux pas montrer mes muscles, ça ne sert à rien. Des parlementaires, j'en ai pas mal. Et puis, au bout d'un moment, c'est : vous pouvez faire gagner ou pas. C'est l'envie et la niaque ».

Apparemment, il possède ces deux attributs, carburants indispensables à toute ambition. Sans doute parce qu'il (re)vient de loin. Il a été plusieurs fois ministre, il a eu le « melon », dérapé, perdu, combattu le FN, accepté l'aide des socialistes en 2015 lors des élections régionales ; un apprentissage politique à la française. Désormais, il ne porte plus de cravate, et il assure que cela ne correspond pas au désir de se construire une nouvelle image : « Les cravates, ça m'a toujours fait chier. » Il cible ses interventions médiatiques, tente d'éviter de verser dans la caricature, bien loin du Bertrand d'avant : « Le matin, vous aboyez, le midi, vous mordez, le soir, vous étranglez. C'est un jeu à somme nulle. C'est vrai que j'ai été trop agressif. Mais l'agressivité à la con, je l'ai rangée au vestiaire. On n'est pas obligé en politique de marcher sur la tronche des autres… »

Xavier Bertrand dit avoir appris, à défaut d'avoir réellement évolué sur le fond. « La politique n'intéresse plus, dit-il. Des rock-stars de la politique, il n'y en a plus. J'ai eu ces trucs d'ego, de mec de province. Jamais je n'aurais pensé que je serais ministre. Une grande partie des conneries, je les ai faites avant. Les claques dans la tronche, les élections législatives de 2012… J'ai compris un truc : j'étais jugé comme l'homme de Sarko. Je veux bien payer les factures, mais les miennes, pas celles des autres. »

Désormais, Xavier Bertrand a choisi ses priorités. D'abord, terrasser le RN, qu'il continue à appeler « FN », sans doute parce que le parti d'extrême droite l'obsède depuis de très longues années.

Il sera jugé là-dessus, il le sait. Terrasser le parti de Marine Le Pen sur ses terres, cela peut devenir son fait d'armes. « Avec le FN, on ne se parle pas, dit-il. Économiquement, ils sont nuls, incompétents. Quand vous parlez culture, santé, waouh, c'est dangereux. Il ne faut pas faire comme avec le Brexit, genre : "S'ils sont élus, le soleil ne se lèvera plus." Il faut arrêter les conneries. Il y a une vitrine, Hénin-Beaumont. J'ai vu le maire, Steeve Briois, faire des discours, ce serait un autre élu, ce serait pareil. Un maire qui fait que sa ville soit propre, "sécure", et qui ne fait pas d'erreurs, normalement, s'il est sympa et qu'on le voit partout… »

Seule solution, selon lui : faire ses preuves, défier l'ennemi sur son propre terrain. Se reconnecter aux gens, jouer la proximité, jusqu'à l'épuisement. Il le dit drôlement : « Il y a marqué "connard de politique" sur mon front. »

Il compte sur La Manufacture, base arrière, ou plutôt arrière-boutique. « Je bouscule les gens », raconte-t-il, qu'il aborde la délinquance en Corse ou le chômage à Oyonnax. Surtout pas une machine à se créer de futurs élus, ni même des affidés, jure-t-il, même si l'on n'est pas obligé de le croire : « J'ai compris. La nature humaine étant ce qu'elle est, je retombais sur un parti, et si je recommence à gérer ce type de problèmes… Je vais me prendre le chou. Pas d'investitures, pas de candidatures, je ne vais pas m'emmerder avec ça, ou je vais bouffer mon énergie. C'est vraiment un *think tank* où je teste mes idées. »

Bertrand est clairement lancé sur une trajectoire toute personnelle, attendant d'être jugé sur ce qu'il espère être son marchepied pour l'Élysée. Élu en janvier 2016 avec les voix de la gauche à la tête de ce qui s'appelait encore la région Nord-Pas-de-Calais-Picardie, Xavier Bertrand est un témoin privilégié de l'irrésistible ascension de l'extrême droite dans cet ancien bastion communiste. « C'est un beau pays qui se rapproche du point de bascule », soupire-t-il, craignant que la progression du RN ne se poursuive encore sur le plan national. Pour Bertrand, les partis traditionnels ont abandonné le terrain des idées, sa famille politique la première. « L'état de la droite, c'est avant tout un problème de travail, et d'être en concordance avec ce qu'est devenue la société française, diagnostique-t-il. La droite ne travaille pas assez. Les partis ne bossent plus depuis longtemps, c'est juste un outil de conquête du pouvoir, et comme ils estiment que celui qui est en face est nul, il n'y a pas besoin de se forcer, le balancier reviendra naturellement. Sauf qu'ils n'ont pas compris que ça ne se jouait plus à deux [droite contre gauche]. Il y a, ou le RN, ou un ovni nommé Macron. »

Pour échapper à ce tête-à-tête empoisonné, Xavier Bertrand (sur)joue la carte de l'humilité, mais surtout celle de l'enracinement. Lui qui, âgé de 20 ans à peine, se lança dans le grand bain politique dans le Nord, à Saint-Quentin plus précisément, martèle son mantra : c'est en labourant le terrain à l'échelon local que l'on fera revenir au bercail républicain les électeurs égarés.

Il détaille avec l'éloquence du prêcheur ses multiples initiatives, dont il n'est pas peu fier. Par exemple, le dispositif « En route pour l'emploi », lancé en 2017 afin de permettre aux demandeurs d'emploi de louer à la Région une voiture pour 2 euros par jour seulement. « On a mis en place plus de 400 voitures qui tournent, je me suis fait planter une seule fois. Quand j'ai remis les clefs, les gens y croyaient à peine », se glorifie un Bertrand enthousiaste, persuadé que ses racines saint-quentinoises lui donneront des ailes… « Le vrai sujet, c'est : est-ce que je fais réussir ma région ? confirme-t-il. Je ne suis plus un "diseux", mais un "faiseux". Et d'autre part :"Est-ce que vous avez les bonnes solutions pour redresser ce pays ?" J'ai eu cette discussion avec Macron, dans son bureau, en novembre 2018. Je pensais vraiment qu'ils étaient mieux préparés que ça. Ils sont tous pareils : c'est la conquête du pouvoir qui est excitante pour eux, pas l'exercice. Si vous n'avez pas une idée de comment vous transformez le pays, il ne faut pas y aller. C'est un chemin de croix physiquement pour celui qui est en place. Regardez Macron. Si vous n'êtes pas préparé, ça ne sert à rien. »

Le patron des Hauts-de-France l'assure, « le travail de fond, il n'y en a plus. Aucune idée depuis vingt ans n'a été lancée par un parti politique. Citez-moi une seule idée nouvelle née dans un parti ? Il n'y en a pas, même les 35 heures, c'est entre Aubry et DSK dans un déjeuner ». De l'imagination, Bertrand n'en manque pas apparemment, et la Région lui sert de cobaye. « Sarkozy élu en 2007, explique-t-il, c'est aussi parce qu'il avait un "démonstrateur", le ministère de l'Intérieur – et de façon brève, le ministère de l'Économie et des Finances. Il a réussi ainsi à démontrer sa capacité à faire des choses. Les gens se sont dit : "Ça a été un bon ministre de l'Intérieur, il peut être un bon président de la République"… »

Le raisonnement vaudrait-il également pour un « bon » président des Hauts-de-France ? C'est le pari de Bertrand, qui devra d'abord, s'il veut espérer concourir à la présidentielle de 2022, être réélu lors des régionales, en mars 2021.

D'ici là, première étape de l'« opération Élysée », Xavier Bertrand compte bien multiplier les rencontres avec les électeurs, en privilégiant les échanges en petits comités, à l'image d'un Macron sillonnant le pays dans le cadre du Grand Débat national lancé début 2019. « Les réunions que fait Macron, ça fait des années que je fais ça, sourit-il. Tant mieux, ce n'est pas déposé, il n'y a pas de droits d'auteur ! »

Pour autant, pas question d'être récupéré par le chef de l'État, qui avait d'ailleurs pensé à lui pour Matignon, en mai 2017. « Macron du Nord ? Je n'ai pas cette étiquette, les gens font bien la différence, assure-t-il. Le côté "Macron-compatible", c'est parce que tout le monde est persuadé que j'ai le profil du Premier ministre de Macron. Sauf que si j'avais voulu entrer dans le gouvernement, c'était à l'époque, en 2017. Mais on a tellement de différences... Je peux faire une demi-heure dessus ! On est un pays où l'on a besoin de premiers de cordée, mais ce n'est pas d'eux dont il faut s'occuper en premier. Ça fait une sacrée différence. Et sur le régalien, la naïveté, l'absence d'engagement, ça peut leur coûter très cher. C'est ce que je leur ai dit, en mai 2017, quand ils me proposent d'entrer. On n'est pas élu président de la France à 39 ans quand on n'a jamais été élu, même quand on est supérieurement intelligent. Être élu, c'est se prendre des baffes, des permanences... Vous mettez des gouvernements de techniciens, et, au bout d'un moment, ça donne quoi ? Les extrêmes, comme en Italie. »

L'ancien secrétaire général de l'UMP est tout aussi hostile à l'idée de participer à une éventuelle primaire de la droite et du centre : « La primaire ? C'est leur affaire. Moi, j'ai ma primaire, ce sont les régionales. »

« Je ne suis pas certain d'être candidat en 2022, dit-il encore. Est-ce que j'ai les réponses aux problèmes ? Et derrière, une vision et un projet ? Et est-ce que j'ai l'équipe ? Non, et ce n'est pas de la "flûte". Mon problème n'est pas d'être candidat, je ne cherche plus une place, mais de savoir, si je suis élu, est-ce que je fais la différence ? »

Xavier Bertrand en a parfaitement conscience, il prospère sur les vestiges d'une droite totalement atomisée. Longtemps destiné aux seconds rôles, il peut croire en ses chances de décrocher le premier. Inespéré pour cet homme qui ne s'était jamais rêvé un destin présidentiel. « Je ne suis pas dans la logique de ceux qui, jeunes ou ados, vous racontent l'histoire "j'avais des posters des présidents de la

République", dit-il. Moi, j'avais des posters de Cruyff ou Platini. » Deux immenses footballeurs, qui ont remporté chacun de grandes compétitions. Mais la plus prestigieuse, la Coupe du monde, elle leur a toujours échappé.

Épilogue

Nous arrivons au terme de notre voyage en terre de droite. Une visite à Jérôme Fourquet s'impose. L'homme qui lit dans les entrailles des Français. L'augure ultime – et utile.

Il est grand temps d'analyser avec recul et distance, après avoir narré ou révélé les haines recuites, les comportements délictueux, les coups bas, le déficit d'idées ou les impasses programmatiques. Après les politiques, il fallait la science.

Amène et pédagogue, Jérôme Fourquet est le directeur du département Opinion de l'IFOP. Cela fait des années qu'il « sonde » les âmes et les cœurs des Français. Le cerveau débordant de chiffres, de pourcentages, de cartes et autres graphiques, il a acquis une connaissance sans égale du paysage politique français, dynamité en 2017. Et s'est forgé un avis on ne peut plus éclairé sur la faillite de la droite.

La défaite de Fillon était-elle évitable ? Les affaires ont-elles obéré ses chances de victoire ? La droite s'en remettra-t-elle ? Autant d'interrogations auxquelles Jérôme Fourquet tente de répondre lui-même depuis le tremblement de terre du printemps 2017.

Reprenant l'image du séisme, le dirigeant de l'IFOP tient d'emblée à cadrer le débat. « Il y a la responsabilité propre de Fillon, mais il y a aussi une tectonique de plaques plus profonde, que Macron récupère, analyse-t-il. La tectonique, c'est qu'il y a des plaques qui bougent depuis longtemps, jusqu'au moment où un événement ou un homme cristallise. Donc, s'agissant de la droite, peu importe le cas Fillon, on est bien sur ce phénomène de dislocation. L'échec de 2017 a été une étape dans la décomposition de la droite. »

Dans *L'Archipel français* (Seuil), Prix du livre politique en 2019, l'analyste, à rebours du politiquement correct, diagnostique une société française en état de désagrégation avancée et annonce « la naissance d'une nation multiple et divisée ». Un pays pliant sous le poids combiné de forces – en apparence – contradictoires : le communautarisme, produit d'un regain de religiosité dans son acception la plus rétrograde ; les obsessions identitaires et victimaires, souvent concurrentielles ; l'individualisme, exacerbé par la toute-puissance devenue « toute-nuisance » de ces si mal nommés réseaux sociaux…

Cet Hexagone émietté, les leaders de la droite française (ils ne sont pas les seuls, loin de là) ne l'ont pas vu surgir, jusqu'au moment où ils ont senti le socle sur lequel ils s'appuyaient depuis plus d'un demi-siècle se dérober brutalement. « La séquence 2017-2019 renforce l'idée de l'archipel, explique l'auteur de l'ouvrage éponyme. Ce bloc de droite, qui agrégeait des retraités, la bourgeoisie, une France du travail attachée à la méritocratie, à l'effort, à l'ordre, etc., tout ça s'est délité. Certains sont partis au Front, les autres chez Macron. Et il vous reste, en gros, eh bien l'os, c'est-à-dire des cathos et une certaine bourgeoisie traditionnelle conservatrice, c'est Bellamy, donc c'est 8 %. » On touche là, sans doute, à l'essentiel : au-delà des détestations personnelles et des scandales politico-financiers qui l'ont achevée, la droite républicaine – tout comme la gauche de gouvernement – a payé au prix fort sa méconnaissance totale des mouvements de fond qui « travaillaient » le pays, de manière souterraine, donc d'autant plus violente.

Les alertes ont été nombreuses, pourtant, mais souvent esquivées, parfois volontairement négligées. Comme le rejet par les Français, lors du référendum de mai 2005, du traité constitutionnel européen.

Pourtant, à quelques mois de l'échéance présidentielle de 2017, chacun s'accordait pour considérer que la droite avait une « autoroute » devant elle, *a fortiori* avec un candidat quasiment plébiscité par les siens lors d'une primaire gagnée haut la main, jusqu'à apparaître imbattable à la fin de l'année 2016. Le souci, à en croire Fourquet, c'est que la victoire de Fillon à la primaire portait sans doute en elle les germes de sa défaite cinq mois plus tard. Le nez dans ses courbes, le professeur Fourquet réfléchit, décrypte.

« Fillon étant élu triomphalement à la primaire, explique-t-il, il se dit que son programme est validé par l'électorat de droite, et donc, en gros, on peut y aller à fond sur le libéralisme, etc. Sauf que le profil de l'électorat de droite qui est allé voter à la primaire est un profil très spécifique, c'est un "super" électeur de droite en quelque sorte, plus vieux, plus riche… Donc vous pouvez avoir un candidat qui coche toutes les cases dans cet électorat-là, mais devant l'ensemble du corps électoral, y compris l'électeur de droite lambda, vous êtes décalé. Par exemple, dans son électorat, on voit les retraités surreprésentés. On a fait une étude pour voir les zones où la droite locale s'est fortement mobilisée et celles où elle s'est sous-mobilisée, et ce qui nous avait attiré l'œil, c'est ce cordon, tout le littoral, en fait c'est l'électorat retraité aisé qui s'est investi dans la primaire. C'est la partie la plus aisée et la plus âgée de l'électorat de droite qui est allée voter. »

À l'image d'un Sarkozy pensant voir dans les impressionnantes files d'attente, lors de ses séances de dédicaces, la preuve qu'il avait reconquis le cœur des Français alors qu'il réchauffait uniquement celui de ses fans, Fillon a cru avoir séduit le peuple de droite quand il n'en avait convaincu qu'une partie.

« Dès le début janvier, observe Fourquet, sondages à l'appui, ça commence à baisser, avec la polémique petits rhumes/gros rhumes, déterrée à l'époque par Juppé. D'ailleurs, ça, c'est aussi la leçon de la primaire : c'est vos copains qui balancent les peaux de banane qui sont ensuite reprises par les autres ! Donc, nous, on voit d'ores et déjà un tassement, et c'est préalable aux affaires. Et avec cette histoire petits rhumes/gros rhumes, on était sur le modèle de protection sociale. Or le positionnement de Fillon parlait à son électorat des beaux quartiers, mais pour parler à la droite "qui se lève tôt", pour reprendre la terminologie de Sarko, il était complètement à l'ouest ! Et quelque part, je pense que ça, il ne l'a toujours pas intégré, parce que, quand il a déclaré, en octobre 2019, en gros : "Macron, c'est un petit joueur, moi j'ai fait bien plus", eh bien, quand on se rappelle de l'état du pays au moment de la crise des Gilets jaunes et que lui voulait supprimer 500 000 postes de fonctionnaires, on a envie de lui dire : "Montre-nous comment tu fais !" Accessoirement, ce programme maximaliste a énormément servi Macron, qui a dit : "Avec moi, ce n'est pas la purge, ce n'est pas 500 000, ce n'est que 150 000", donc il apparaissait beaucoup plus raisonnable. »

Jérôme Fourquet note que Fillon a « tenu » dans « la frange catho du vote de droite, la fameuse droite Trocadéro, où il retrouve les scores de Sarkozy en 2012. Pareil sur les retraités, Fillon fait à peu près pareil que Sarkozy cinq ans avant chez les cadres, il grignote un peu. Donc on a bien cet effet de primaire, où l'on ne parle qu'à eux. Par contre, c'est la droite qui se lève tôt, celle du monde du travail, qui s'est débinée, et là les pertes ont été massives. Chez les employés, c'est divisé par deux par rapport à Sarko en 2012 ! Si on prend les professions intermédiaires, les employés, les ouvriers, donc en gros la moyenne des salariés classiques, Fillon fait environ 10 % ! Le candidat de droite fait seulement dix points dans la France du travail ! Elle est partie, c'est le principal problème, du fait d'un programme très libéral. Donc, c'est fini, vous ne pouvez pas y arriver. »

Du coup, le rôle des affaires, qu'il s'agisse de Penelope Fillon puis des costumes, n'a-t-il pas été surestimé ? « Sur les affaires, la baisse était actée avant, approuve Fourquet. Ça n'a pas fait de bien, ça l'a scotché à 17-18, et il finit à 20, donc incontestablement ça a eu un effet, mais la courbe ne s'écroule pas, cela avait déjà commencé et ça vient fragiliser davantage. »

Les affaires auraient finalement eu un impact marginal sur les intentions de vote en faveur du candidat de droite, mais il a peut-être été décisif, vu l'étroitesse des écarts entre les favoris. « On ne le saura jamais, mais il est à moins de 1,5 point de Marine Le Pen et, sans les affaires, il aurait peut-être pu aller le chercher, ce point et demi. Et après, ça change tout, parce qu'au second tour on ne sait pas trop ce qui se passe dans ce cas-là. » Toutefois, l'analyste se garde bien d'être formel sur ce point. « Regardez, lance-t-il, les cathos, des électeurs sensibles sur les affaires et la morale : on l'a observé, à chaque révélation, ça baissait, et puis, finalement, ça remontait. Ils faisaient la part des choses en se disant : "Bon, on ne va quand même pas voter pour les autres." Donc, les affaires, ça a joué, ça lui a peut-être coûté sa qualification au second tour, mais on peut dire aussi que son programme trop libéral lui a coûté. S'il passait, les Gilets jaunes, on les avait en novembre 2017, pas fin 2018 ! »

Et à en croire Fourquet, pour la droite, les lendemains ne s'annoncent pas franchement radieux. Les vieux logiciels ont la vie dure, apparemment. « La droite aujourd'hui a toujours du mal à intégrer la nouvelle période, opine Fourquet. Quand vous entendez Gérard Larcher le lendemain des européennes dire : "Il faut rassembler d'urgence la famille de la droite et du centre." Mais ça, on le dit le lendemain d'une défaite contre la gauche ! Le centre ? Mais Bayrou, il est parti en 2017, et les juppéistes, en 2019... Donc c'est quoi, la famille ? Il ne reste plus que vous, les autres, ils sont partis ! C'est quand même une rupture de modèle, et ils ne l'intègrent pas. »

Une fois élu, Emmanuel Macron, après s'être « occupé » de la gauche pour s'emparer du pouvoir, a fait de même avec l'autre grande famille politique. Une entreprise de destruction massive aussi dangereuse pour le pays qu'efficace électoralement pour son inspirateur.

« Macron, très stratégiquement, s'est dit : on a envoyé une torpille au PS, il ne va pas s'en remettre, maintenant – et c'est hyper-dangereux –, je veux rassembler et être la seule alternative pour tous les gens raisonnables, mais il y a encore un truc qui résiste, c'est la droite, analyse Fourquet. Donc je mets Philippe à Matignon, je nomme Le Maire, Darmanin, Blanquer, je fais une politique "qui va bien", et on y va ! Ensuite, la droite se choisit Bellamy, c'est-à-dire un "corner", et il fait 8,5 aux européennes : donc, ça y est, le dernier pilier qui résistait a été dynamité. » Conclusion, selon Fourquet : « Je pense que le clivage gauche-droite n'a pas disparu, mais les deux partis qui l'incarnaient, le PS et LR, sont rétrogradés en deuxième division. Du coup, vous êtes obligé de vous reclasser dans le duel Le Pen-Macron au second tour. Et les électeurs commencent à intégrer ça : "Vous ne serez pas au second tour, alors je vote utile." »

Le directeur des études de l'IFOP n'est décidément pas très optimiste pour la suite. « À droite, ça fait deux ans et demi qu'ils disent "on va reconstruire", comme Pécresse, qui a fini par partir de LR, observe-t-il. Mais c'est quoi, les nouveaux logiciels de la droite ? Il n'y en a pas ! L'OPA de Macron sur cette droite repose sur deux ressorts principaux : les réformes – ce qu'il fait avec les retraites – et l'Europe. Et de manière paradoxale, la crise des Gilets jaunes, dont Macron se serait certes bien passé, mais qui lui a ajouté un troisième ressort : c'est le parti de l'ordre. À cause des beaux quartiers abîmés, de l'Arc de Triomphe souillé, des flics tabassés... »

S'attardant sur le cas de la présidente de la région Île-de-France, Fourquet note ceci : « Quand Pécresse dit – c'est une super formule – : "La droite, c'est ni Macron ni Buisson", OK, mais *so what* ? Pour moi, l'espace entre les deux, c'est 10-12 %, la plus-value de la "droite Pécresse", par rapport à Macron, c'est zéro. »

D'où ce sombre pronostic en guise de conclusion, la morale d'une histoire qui ne l'est vraiment pas : « La relégation de la droite, je pense que c'est durable. Ils n'ont pas vu que la société changeait du tout au tout. Les gens ont dit : "Mais votre langue, on ne la comprend même plus", y compris leur électorat naturel. Plus les coups bas. Toute l'énergie des états-majors et des stratèges de la droite s'est consumée dans ces guéguerres, pendant qu'il y avait une recomposition très profonde, et ils sont passés complètement à côté. Et c'est quand même cocasse quand Fillon dit que la droite s'est fait hara-kiri, qu'elle s'est sabordée toute seule, sur des conflits de personnes. On se pince ! Que lui dise ça... »

En octobre 2019, François Fillon, dans des propos recueillis par la Radio télévision suisse (RTS), a en effet tenu des propos décapants. « Je pense que la droite française s'est suicidée avec ses divisions, affirma l'ancien Premier ministre. Ça ne commence pas avec la campagne présidentielle, c'est bien plus ancien. » Et d'ajouter :

« C'était intéressant de voir, aux obsèques du président Chirac, tous ces hommes et ces femmes qui s'étaient battus les uns contre les autres, qui avaient sorti les poignards. » Déplorant « des batailles uniquement personnelles », Fillon concluait ainsi : « Il n'y a pas beaucoup de débat idéologique. »

Autant de constats extrêmement pertinents, ils sont même au cœur de notre enquête. Mais ils paraissent pour le moins cocasses, voire surréalistes, dans la bouche d'un homme qui n'a pas peu contribué à ces petits meurtres entre « amis », pour aboutir au suicide généralisé de son courant politique.

Voilà, c'est fini. Les cavaliers de l'Apocalypse s'en sont donné à cœur joie. En s'entre-tuant, les « tontons flingueurs » de la droite française ont rempli leur sombre office, jusqu'à ratiboiser leur propre famille. Audiard le disait si bien : les voici relégués au terminus des prétentieux.

Il est un court dialogue,
au cœur du film *Apocalypse Now*.
Scène de guerre au Vietnam, deux soldats américains
filmés dans l'enchevêtrement des corps.
L'un d'eux progresse péniblement, fourre ses rangers
où il le peut. Une voix gutturale s'élève alors.

« Bon Dieu de merde, tu me piétines la gueule !
— Ben, excuse-moi, j'te croyais mort…
— Eh ben, tu t'es trompé, connard ! »

À méditer, tout de même.

Remerciements

Nous souhaitons exprimer notre gratitude, en premier lieu, à toute l'équipe des éditions Fayard : Diane, Thomas, Anne, Sandie, Katy, Laurent, Catherine, Jérôme…

Dream team s'il en est.

Et bien sûr, mille révérences devant l'inégalée et incomparable Sophie de Closets.

Merci également à Jérôme Fenoglio et Luc Bronner, le duo de directeurs du *Monde*, pour nous avoir permis d'enquêter, longuement, pour nos différentes séries parues en 2019 dans les colonnes du *Monde*.

L'écriture de cette saga n'aurait pas été possible sans le concours des grands témoins de cette page d'histoire politique. Qu'ils en soient ici tous chaleureusement remerciés. Ils ont accepté de se livrer, d'être enregistrés et de ne pas relire leurs propos.

Enfin, cette précision utile, quand les populismes menacent de tout emporter : la politique est un art majeur, qui ne saurait se circonscrire aux errances de quelques-uns.

Table des matières

La Haine
Les années Sarko

I. LA GUERRE DES NERFS
Où Lavrilleux use sa jeunesse ;
et Sarkozy son Premier ministre

II. LE NERF DE LA GUERRE
Où Sarkozy se lance
dans une campagne pharaonique

III. La guerre de tranchées
Où Sarkozy observe ses successeurs s'entretuer

IV. La guerre totale
Où Sarkozy et Fillon désignent
le coupable idéal

Apocalypse
Les années Fillon

III. L'ORGUEIL

Cet ouvrage a été imprimé en France par
CPI Bussière
Z.I. rue Pelletier Doisy
18200 Saint-Amand-Montrond (France)

pour le compte des Éditions Fayard
en mars 2021

PAPIER À BASE DE
FIBRES CERTIFIÉES

Fayard s'engage pour
l'environnement en réduisant
l'empreinte carbone de ses livres.
Celle de cet exemplaire est de
2,0 kg éq. CO_2
Rendez-vous sur
www.fayard-durable.fr

N° d'édition : 39-1567-1/02 - N° d'impression : 2057047